감정, 이성보다 깊은

감정 그리고 문학 · 음악 · 예술에서의 감정의 역할

탈경계인문학 번역총서 3
감정, 이성보다 깊은
감정 그리고 문학 · 음악 · 예술에서의 감정의 역할

2015년 2월 25일 초판 1쇄 발행
2015년 7월 10일 초판 2쇄 발행

지은이 | 제니퍼 로빈슨
옮긴이 | 조선우
편집 | 선우애림
교정교열 | 정난진
펴낸이 | 이찬규
펴낸곳 | 북코리아
등록번호 | 제03-01240호
주소 | 462-807 경기도 성남시 중원구 사기막골로 45번길 14
우림2차 A동 1007호
전화 | 02-704-7840
팩스 | 02-704-7848
이메일 | sunhaksa@korea.com
홈페이지 | www.북코리아.kr
ISBN | 978-89-6324-266-8 (93120)
978-89-6324-261-3 (세트)

값 25,000원

탈경계인문학 번역총서 3

감정, 이성보다 깊은

DEEPER THAN REASON

감정 그리고 문학 · 음악 · 예술에서의 감정의 역할

제니퍼 로빈슨 지음 | 조선우 옮김

북코리아

감사의 말

나는 20여 년 동안 이 책에서 다루어진 이슈들에 대해 연구해왔다. 감정에 대한 나의 논문이 처음 출판된 것은 1983년이었다. 그것은 탁상공론식 이론화 작업의 결과였고, 그때 이후로 나의 견해와 연구방법은 모두 상당히 많이 바뀌었다. 그럼에도 불구하고 내가 여기에서 옹호하는 '반판단주의적(anti-judgmentalist)' 견해의 일부 토대는 그때 이미 준비되어 있었다. 1995년부터 1998년에 쓰인 보다 최근의 논문들은 그간 내가 학습한 경험적 연구의 영향을 반영하는데, 특히 오랫동안 나와 함께 감정에 대한 수업을 맡아 가르쳐온 나의 동료이자 심리학자인 빌 뎀버(Bill Dember)의 영향을 반영한 것이다. 미학적 질문들에 대한 나의 관심은 훨씬 더 이전으로 거슬러 올라가 예술에서의 재현과 표현에 대해 쓴 나의 박사 논문에서 시작되었다. 사실 내가 감정 이론에 이끌리게 된 것은 예술작품이 감정을 표현하고 환기한다고 말할 때, 그리고 예술 양식이 기질이나 인격의 표현이라고 말하거나 음악의 의미는 음악의 감정적 내용이라고 말할 때 그것이 의미하는 바가 정확히 무엇인지 스스로 묻기 시작했을 때였다.

이 질문들에 대한 나의 생각은 오랜 시간 동안 발전되어왔기 때문에 그 여정에서 나에게 도움을 준 모든 이들을 기억해내지 못하는 것은 어쩔 수 없는 일일 것이다. 그렇지만 나에게 가장 중요한 영향을 준 이들은 기억해냈기를 바란다. 내가 학업의 길을 시작한 이래 나의 사고에 폭넓은 영향을 미쳤던 몇몇 사람들에게 나는 감사하고 싶다. 불행히도 먼로 비어즐리(Monroe Beardsley)와 리처드 볼하임(Richard Wollheim)은 더 이상 우리와 함께 있지 않지만, 최소한 나는 이 책으로 이어진 그 길 위에 나를 세워준 토론토 대학에서의 나의 스승 프랜시스 스파샷(Francis Sparshott)에게는 감사의 말을 전할 수 있을 것이다.

내가 이 책에서 지목하여 비판하기도 한 몇 사람은 나에게 가장 많이 도움을 주고 나를 지지해주던 이들이다. 특히 감정 이론에 대해 내가 쓴 모든 것은 밥 솔로몬(Bob Solomon)의 견해에 대한 비판으로 시작하는데, 솔로몬은 수년간 한결같이 나에게 너그러웠고, 나에게 힘이 되어준 사람이다. 나는 또한 피터 키비(Peter Kivy)의 견해에 대해서도 지속적으로 비판적인 입장을 취하고 있는데, 그 역시 마찬가지로 아주 오랜 시간 동안 나에게 친절하게 도움을 준 사람이다. 내가 이 책에서 공격하고 있는 그 밖의 친구들로는 노엘 캐롤(Noël Carroll), 스티븐 데이비스(Stephen Davies), 제럴드 레빈슨(Jerrold Levinson) 그리고 켄들 월튼(Kendall Walton)이 있다. 나는 이 친구들이 지금처럼 남기를 바란다.

감정 이론과 관련하여 내가 가장 큰 빚을 지고 있는 사람은 나의 친구이자 동료인 윌리엄 뎀버(William Dember)이다. 그는 나에게 감정에 대한 심리학 문헌들을 소개해주었고, 계속해서 지혜의 원천이 되어주고 있다. 존 비클(John Bickle)과 밥 프랭크(Bob Frank)는 신경과학과 관련하여 나에게 도움을 주었고, 데이비드 릭스(David Ricks)는 감정에 대한 임상적 관점을 제공해주었다. 나는 또한 로널드 드수자(Ronald de Sousa), 패트리샤 그린스펀(Patricia Greenspan), 폴 그리피스(Paul Griffiths), 제시 프린츠(Jesse Prinz), 그리고 로버트 솔로몬(Robert Solomon)과의 대화를 통해 많은 것을 배웠다. 문학과 관련하여 내가 가장 큰 빚을 지고 있는 이들은 마이클 앳킨슨(Michael Atkinson)과 앨런 필(Ellen Peel)이다. 그들과 함께 수업을 하면서, 그리고 그 후에도 나는 그들로부터 많은 것을 배웠다. 또한 나는 캐서린 롱(Cathryn Long)과 돈 보겐(Don Bogen)에게도 정말 큰 빚을 지고 있는데, 나는 정기적으로 그들과 함께 문학적 물음들에 대해 논의했다. 나는 또 문학철학 영역에서 피터 라마르크(Peter Lamarque)와 밥 스테커(Bob Stecker)에게 배움을 얻었다. 음악에 대해서는 특히 스티븐 칸(Steven Cahn), 그레고리 칼(Gregory Karl), 세버린 네프(Severine Neff) 그리고 에드워드 노와키(Edward Nowacki)에게 감사하고 있다. 앤드루 캐니아(Andrew Kania), 조너선 크레이머(Jonathan Kramer), 프레드 마우스(Fred Maus), 메리 수 모로(Mary Sue Morrow), 프랭크 사마로토(Frank Samarotto) 그리고 앨런 샙(Allen Sapp)은 특정 사항들과 관련하여

나에게 도움을 주었다. 그 외에 다양하고 잡다한 방식으로 내가 빚을 지고 있는 이들로는 로즈 비앙키(Rose Bianchi), 도널드 구스타프손(Donald Gustafson), 존 핸콕(John Hancock), 다이앤 해슬럼(Diane Haslam), 반 퀸(Van Quinn), 얼 리버스(Earl Rivers) 그리고 짐 영(Jim Young)이 있다. 나는 캐서린 롱과 태피 로스(Taffy Ross)에게 특별한 빚을 지고 있는데, 이들은 수년 동안 내가 이 주제들에 대해 고민할 때 공감하며 들어주고 도움이 되는 제안을 해주었다.

나는 몇몇 사람의 궁극적 희생, 즉 이 책의 부분들을 실제로 읽고 그것들에 대해 평해준 것에 감사하는데, 특별히 노엘 캐롤, 윌리엄 템버, 스티븐 데이비스, 수전 피건(Susan Feagin), 크리스토퍼 거커(Christopher Gauker), 그레고리 칼, 제럴드 레빈슨, 앨런 필, 스테파니 로스(Stephanie Ross) 그리고 마이클 손택(Michael Sontag)에게 감사하고 싶다. 존 딜워스(John Dilworth), 제니퍼 저킨스(Jennifer Judkins), 앤드루 캐니아, 제럴드 레빈슨 그리고 사라 워스(Sarah Worth)는 내가 미국철학회(American Philosophical Association)와 미국미학회(American Society for Aesthetics) 모임에서 발표한 이 책 중 여러 장의 이전 버전들에 대해 논평해주었다. 많은 학생들 또한 내 연구를 접하고 종종 도움이 되는 피드백을 해주었다. 그 학생들로는 잭 코글리(Zac Cogley), 프레드 해링턴(Fred Harrington), 그레고리 존슨(Gregory Johnson), 존 롱(Jon Long) 그리고 마이클 손택이 있다.

몇몇 사람은 이 원고의 정말 많은 부분을 읽어주었다. 나는 특별히 원고의 많은 부분들을 읽고 그에 대해 평해주었던 캐서린 롱, 알렉스 닐(Alex Neill)뿐만 아니라 원고 전체를 읽고 수많은 유용한 제안을 해주었던 맬컴 버드(Malcolm Budd), 그레고리 커리(Gregory Currie) 그리고 로널드 드수자에게 빚을 지고 있다.

내가 발표했던 다양한 자리에서 만난 관객들 역시 이 원고를 발전시키는 데 간접적인 도움을 주었다. 그러한 관객들에는 브리티시컬럼비아 대학(University of British Columbia), 브리스틀 대학(University of Bristol), 캘리포니아 주립대학 풀러턴 캠퍼스(California State University at Fullerton), 캘리포니아 주립 공과대학 퍼모나 캠퍼스(California Polytechnic State University at Pomona), 찰스턴 대학(College of Charleston), 신시내티 대학 음대(the College Conservatory of Music at the University of Cincinnati), 듀크 대학(Duke University), 플로리다 주립대학(Florida State University), 리즈 대학(University of Leeds), 사우샘프턴 대학(University of Southampton), 서식스 대학(Sussex University), 텍사스 대학

알링턴 캠퍼스(University of Texas at Arlington), 빅토리아 대학(Victoria University), 버지니아 대학(University of Virginia), 버지니아 공과대학(Virginia Polytechnic University), 요크 대학(the University of York), 미국철학회의 다양한 모임, 미국미학회의 다양한 모임, 그리고 퀘백 시에서 있었던 국제감정연구회(International Society for Research on Emotion)와 옥스퍼드에서 있었던 영국미학회(British Society for Aesthetics) 모임들의 관객들이 포함된다. 나는 이런저런 방식으로 내가 받은 논평들의 대부분을 고려하려고 노력했지만, 모두를 만족시켰을 것이라고 기대하지는 않는다.

2002년 여름, 제럴드 레빈슨은 예술, 마음, 인지과학에 관한 인문학연구소를 위한 국가 지원 사업(National Endowment for the Humanities Institute on Art, Mind, and Cognitive Science)을 감독했고, 도미닉 로페스(Dominic Lopes)와 내가 그와 함께 감독했다. 나는 나에게 도움이 된 논의들을 함께한 그 연구소의 구성원들, 특히 에이미 코플란(Amy Coplan), 스테이시 프렌드(Stacie Friend), 제임스 해럴드(James Harold), 제럴드 레빈슨, 도미닉 로페스, 숀 니콜라(Shaun Nichola), 로라 페리니(Laura Perini), 마일스 린드(Miles Rind), 스테파니 로스 그리고 제임스 셸리(James Shelley)에게 감사한다.

나는 2002~2003학년도에 국립 인문학센터에서 인문학 국가기금의 지원을 받았다. 또한 연구 부학장실(The Office of the Vice-President for Research), 찰스 펠프스 태프트 추모 기금(the Charles Phelps Taft memorial fund), 신시내티 대학의 맥미켄 예술과학대학 학장(the Dean of the McMicken College of Arts and Sciences at the University of Cincinnati)에게서도 어느 정도의 지원을 제공받았다. 국립 인문학센터는 작업하기에 이상적인 곳이었다. 나는 그 기금에 감사할 뿐만 아니라, 아주 행복했고 많은 것을 남길 수 있었던 그 한 해 동안 함께했던 동료들과 스태프들에게 감사하고 싶다. 특히 시그룬 스바바스도티르(Sigrun Svavarsdottir)와 수 허시(Sue Hirsch)는 계속해서 나를 격려해주었다. 나는 또한 옥스퍼드 대학 출판부의 피터 몸칠러프(Peter Momtchiloff)와 그의 훌륭한 스태프들, 그리고 색인 작업을 할 때 수고를 아끼지 않은 그렉 존슨(Greg Johnson)에게 감사한다.

마지막으로 나는 거의 35년이라는 시간 동안 애정 어린 지지를 보내준 남편 존 마틴(John Martin), 그리고 내가 감정적으로 온전할 수 있도록 도와준 나의 아이들 제인 마틴(Jane Martin)과 닐 마틴(Neil Martin)에게 가장 따뜻한 감사를 보내고 싶다. 이 책을 그 세 사람에게 바친다. 그들은 감정에 대한 현장연구의 풍부한 자원을 제공해주었으며, 우리가 함께했던 많은 행복한 경험들 중 적어도 일부는 미적인 것이었다. 처음에 말했듯이 이 책이 만들어지는 동안 20여 년의 세월이 흘렀고, 나에게 신경 써야 할 가족이 없었다면 이 책은 어쩌면 좀 더 일찍 완성되었을지도 모른다. 하지만 그랬다면 내 삶과 이 책 모두 훨씬 빈약했을 것이다. 1, 2, 3장은 'Emotion: Biological Fact or Social Construction?', Robert C. Solomon (ed.), *Thinking About Feeling: Contemporary Philosophers on Emotion* (New York: Oxford University Press, 2004), 28–43; 'Theoretical Issues in the Role of Appraisal in Emotion: Cognitive Content Versus Physiological Change', Robert R. Hoffman, Michael F. Sherrick, and Joel S. Warm (eds.), *Viewing Psychology as a Whole: The Integrative Science of William N. Dember*, (Washington, DC: American Psychological Association, 1998), 449–69 그리고 'Startle', Journal of Philosophy 92 (1995), 53–74의 내용에 토대를 두고 있다.

4장과 5장은 오래전에 쓰인 'Experiencing Art', *Proceedings of the Eleventh International Congress in Aesthetics* (Nottingham Polytechnic, England, 1988), 156–60에 기원을 두고 있다.

6장은 'L'éducation sentimentale', Australasian Journal of Philosophy 73 (1995), 212–26 (옥스퍼드 대학 출판부에서 허가를 받고 사용함) [Stephen Davies (ed.), *Art and Its Messages* (Pennsylvania State University Press, 1997), 34–48에 재수록]이 많이 수정되고 확장된 것이다.

7장은 축약된 형태로 'The Art of Distancing: How Formal Devices Manage Our Emotional Responses to Literature', *Journal of Aesthetics and Art Criticism 62* (2004), 153–62(블랙웰 출판사에서 허가를 받고 사용함)로 게재되었다.

9장은 나의 이전 논문인 'Art as Expression', Hugh Mercer Curtler (ed.), *What Is Art?* (New York: Haven, 1983), 93–121에 대해 논의한다.

10, 11, 12장을 읽는 주의 깊은 독자들은 그 장들이 음악철학에 대한 나의 이전 연구들과 다소 중첩된다는 것을 발견할 수도 있을 것이다. 특히 중첩되는 나의 이전 글들에는 'The Expression and Arousal of Emotion in Music', *Journal of Aesthetics and Art Criticism 52* (1994), 13–22 [Peter Lamarque and Stein Olsen (eds.), *Aesthetics and the Philosophy of Art: the Analytic Tradition* (Oxford: Blackwell, 2003), 470–9에 재수록]과 'Shostakovich's Tenth Symphony and the Musical Expression of Cognitively Complex Emotions' (with Gregory Karl), *Journal of Aesthetics and Art Criticism 53* (1995), 401–15 [Jenefer Robinson (ed.), *Music and Meaning* (Cornell University Press, 1997), 154–78과 *Music and Meaning* 서문에 재수록]이 있다.

이 책의 주제들 중 많은 것은 'The Emotions in Art', Peter Kivy (ed.), *The Blackwell Guide to Aesthetics* (Oxford: Blackwell, 2004), 174–92에서 개괄적으로 소개되고 있는 것이다.

나는 이 모든 이전 글들을 사용할 수 있도록 허가해준 데 대해 감사한다.

2장의 그림 2.1은 Paul Ekman, *Emotions Revealed* (New York: Henry Holt, 2003), 9에서 가져온 것이며, 허가를 받고 여기에 수록하였다.

제니퍼 로빈슨

신시내티

2004년 10월

그렇게 말하면서 애너는 이성보다 더 깊은 어떤 본능이 자신의 소중한 것을 지키기 위해 솟아오르는 듯 어떤 예감으로 몸이 떨렸다. 그러나 대로우의 얼굴에는 실소가 스쳐 지나갈 뿐이었다.

이디스 워튼(Edith Wharton), 『암초(*The Reef*)』

CONTENTS

그림 목록

1부

감정이란 무엇이며,
감정은 어떻게 작용하는가?

수천 년 동안 사람들은 감정과 예술 사이에 어떤 특별히 깊은 연관관계가 있다고 가정해왔다. 플라톤이 『국가론(*Republic*)』에서 시가 종종 사람들에게 그렇게 나쁜 도덕적 영향을 미치는 이유 중 하나는 그것이 영혼의 '최고' 부분인 이성보다는 감정에 호소하기 때문이라고 불평한 것은 유명하다. 감정이 예술과 긴밀하게 연결되어 있다는 아이디어는 아리스토텔레스에게도 받아들여졌고, 그는 여기에 보다 공감적인 비틀기를 가했다. 그 후 거의 언제나 서구 사상가들 사이에서는 예술과 감정 사이에 어떤 특별한 관계가 있다는 확신이 널리 퍼져 있었다.[1)]

그러나 아주 최근까지도 감정이 정말 무엇이고, 그것이 어떻게 작용하는지에 대한 의견 일치는 거의 없었다. 따라서 예술과의 관계에서 감정이 정확히 어떻게 작용하는지 정확히 판단하기도 어려웠다. 이러한 상황은 이제 바뀌기 시작했다. 지난 30여 년 동안 실험심리학과 임상심리학, 신경생물학, 인류학, 사회학 그리고 철학 같은 다양한 학문 영역에서 감정에 대한 연구가 급격히 증가했다. 우리는 이제 감정이 무엇인지에 대해 훨씬 더 잘 알고 있다. 완전한 의견 일치가 있다는 것이 아니다. 오히려 의견 일치로부터 멀리 떨어져 있다. 서로 경쟁하는 이론들이 만연하다. 그럼에도 불구하고 감정에 대한, 그리고 감정의 가장 중요한 구성요소가 무엇인지에 대한 의견 일치는 빈번해지고 있다.

나는 감정에 관한 현대의 심리학적 연구 및 여타 경험적 연구로부터 얻어진 통찰을 예술에 대한 우리의 감정적 관여에 대한 질문들에 가져오기 위해 이 책을 썼다. 그래서 나는 최근의 경험적 연구에서 얻어진 최고의 증거들에 의해 뒷받침되는 하나의 감정 이론을 펼치는 것으로 시작해서, 이 이론에 비추어 예술에서 감정이 작용하는 몇몇 방식을 검토할 것이다. 이 책은 감정과 감정이 작용하는 방식, 특히 예술에서의 감정 표현, 예술에 대한 감정적 경험, 그리고 보다 일반적으로는 예술에서의 해석에 대한 물음들에 관심을 가지는 모든 사람을 위해 기획되었다.

---

1) 내가 '서구'라고 말한 것은 이 책에서 내가 주로 서구 문화에 대해 이야기할 것이기 때문이다. 그러나 이러한 관념들은 서구의 것에만 한정되지 않는다. 예를 들어 인도 미학의 오랜 전통에서는 문학과 음악작품을 특정한 감정들과 연관시킨다.

1부는 감정에 대한 부분으로 감정이 무엇이고, 감정을 왜 가지며, 감정이 어떻게 작용하는지에 대해 다루고 있다. 우리는 감정과 예술에 대한 좀 더 어려운 질문들과 씨름하기 전에 감정이 무엇인지에 대해 확실히 이해할 필요가 있다. 2부는 문학과 감정, 특히 사람들이 시, 희곡, 소설 그리고 다른 유형의 문학작품들에 보이는 감정 반응에 대한 것이다. 우리가 시나 소설을 적절하게 이해하기 위해서는 그 작품들에 감정적으로 반응해야만 하는가? 훌륭한 소설은 우리에게 삶에 대한 감정적 교육을 제공하는가? 우리의 감정 반응을 이끄는 것과 관련하여 소설이나 시의 구조가 담당하는 역할은 무엇인가? 등에 대해 고찰해본다. 3부는 감정 표현을 다룬 것으로, 감상자의 감정 반응으로부터 예술가—작가, 작곡가, 화가, 안무가, 영화제작자 등—에 의한 감정 표현으로 관심을 돌린다. 예술이 그 제작자의 감정 표현이라는 아이디어는 18세기 말과 19세기의 오랜 시간 동안 지속된 낭만주의 운동에서 자명한 것이었고, 여전히 많은 사람이 그러한 아이디어를 지지하고 있다. 나는 오늘날 사람들이 예술적 표현에 대해 생각하는 방식이 낭만주의의 뿌리로부터 분리될 수 없음을 보일 것이다. 이 책의 마지막 부분은 음악에 대한 것으로, 음악에서의 감정 표현과 음악에 대한 감상자의 감정 반응 모두를 다룬다. 명백하게 내용이 없는 '순수' 기악음악이 감정을 표현할 수 있다거나 감정을 환기할 수 있다는 것은 종종 역설적이라고 생각된다. 나는 감정에 대한 적절한 이해가 어떻게 이 명백한 역설을 해결하는 데 도움이 될 수 있는지 설명할 것이다.

그래서 나는 감정—사랑, 화, 두려움, 시샘, 비탄, 수치심 등—으로 논의를 시작할 것이다. 1부에서의 나의 목표는 실험심리학과 신경과학 그리고 여타 경험적 학문 영역의 최근 연구에 기대어 하나의 감정 이론을 수립하는 것이다. 내가 개괄하고 옹호하는 그 이론은 **감정에 대해 현재 구할 수 있는 증거들을 가장 잘 설명하는 이론**이라고 생각한다. 다시 말해, 경험과학에서 더 많은 연구 결과가 나옴에 따라 많은 것이 바뀔 수 있지만, 지금 현재 구할 수 있는 최고의 증거들은 내 이론이나 그것과 아주 비슷한 무언가가 우리에게 주어지는 가장 그럴듯한 설명임을 시사한다.

1장은 인지 또는 '판단'을 강조하는 감정 이론들에 집중한다. 인지 이론이 제공하는 통찰은 감정에 대한 어떤 만족스러운 이론도 지켜내야 하는 것이다. 그러나 판단 이론이 주장하는 것처럼 인지나 판단이 감정의 필수 구성요소가 될 수 없음을 보여주는 많은 이유가 있다. 2장은 심리학과 신경과학에서 이루어진 연구 결과를 검토하고, 3장에서 내가 전개할 이론을 위한 토대를 마련한다. 그 이론에서 감정은 본질적으로 하나의 과정으로 취급되며, 그 과정에서 특별한 종류의 자동적인 '정감적 평가'가 특징적인 생리적 · 행위적 변화를 유도하고, 그 뒤를 내가 그 상황에 대한 '인지적 모니터링'이라고 부르는 것이 따라온다. 비록 하나의 감정 **과정** 중에 많은 인지적 활동들이 진행되긴 하지만, 그 과정 자체는 언제나 반성 전에 일어나는 자동적인 정감적 평가에 의해 시작된다. 감정은 자동적인 정감적 평가에 의해 촉발되기 때문에 어떤 중요한 측면에서 합리적 혹은 비합리적이라는 평가의 영향을 받지 않는다. 감정은 이디스 워튼(Edith Wharton)이 제명(epigraph)에서 시사하듯 '이성보다 깊다(deeper than reason)'.

01
판단으로서의 감정

감정은 세계를 파악하는 하나의 특정한 방식이다.

장폴 사르트르(Jean-Paul Sartre),
『감정 이론을 위한 스케치(*Sketch for a Theory of the Emotions*)』

감정이란 무엇인가?
감정은 느낌인가, 행위인가, 생리적 징후인가, 아니면 판단인가?

'감정이란 무엇인가?'라는 질문에 많은 사람들은 직설적으로 감정이 **느낌**이라고 대답한다. 어떤 격정적인 감정적 경험을 할 때 화남, 고양됨, 그리움 혹은 시샘을 **느낀다**고 말하는 것이 자연스럽기 때문이다. 우리가 왜 이런 식으로 말하는지에 대한 하나의 설명은 감정이 단순히 느낌**이라는** 것이다. 이를테면 화의 느낌, 고양되는 느낌, 그리움의 느낌, 시샘의 느낌처럼 말이다. 우리는 우리가 가지는 느낌을 자신만의 사적인 마음 상태 혹은 **의식** 상태라고 생각하는 경향이 있다. 그리고 자신만이 기쁨이나 두려움이라는 자신의 느낌, 그리고 화나 시샘이라는 자신의 내적 파도에 접근할 수 있다고 믿는 경향이 있다. 따라서 만약 감정이 느낌일 뿐이라면 이것은 감정이 사적인 마음 상태나 의식 상태라는 것, 그리고 내가 내적 성찰을 통해 내 감정이 무엇인지 알게 된다는 것을 의미할 것이다.

그러나 설령 느낌을 가지는 것이 감정 경험에 포함된다고 하더라도 단순히 감정과 느낌을 동일시할 수 없다는 것은 아주 조금만 생각해봐도 알 수 있다. 감정이 아닌 느낌들도 많이 있기 때문이다. 우리는 속 쓰림이나 요통의 느낌은 말할 것도 없고, 허기를 느끼거나 성적 충동을 느끼며, 다양한 종류의 가려움이나 간지러움을 느낀다. 그리고 그와 동시에 사랑처럼 고상한 감정을 배 속에 나비가 있는 것 같은 내적 느낌으로 환원해버리는 것도 잘못된 것처럼 보인다. 사랑하는 사람이 눈앞에 나타났을 때 얼마나 떨리든, 내 사랑이 단지 그와 같은 떨리는 느낌이라고 말하는 것은 옳지 않은 것 같다. 왜냐하면 긴장했을 때나 계단을 너무 빨리 뛰어 올라갔을 때도 나는 떨릴 수 있기 때문이다. 사랑하는 사람을 볼 때만이 아니라 운동을 막 끝마쳤을 때에도 내 안에 뭔가 따뜻하고 타오르는 듯한 느낌이 있을 수 있다. 또 나는 짜증이 날카롭게 폭발하는 것도 경험할 수 있지만, 날카로운 느낌의 소화불량도 경험할 수 있다.

감정을 단순한 내적 느낌이라고 보는 견해에 대한 하나의 뚜렷한 반응으로, 20세기 중반 들어 일부 철학자들과 심리학자들은 — 행동주의(behaviorism)의 지배적인 영향 아래에서 — 감정이 특정한 방식으로 행동하는 성향이나 특징적인 행동으로 분석되어야 한다고 주장했다. 이러한 사고방식에 따르면, 나의 사랑은 나의 떨리는 느낌이 아니라 나의 보살피는 행동이다. 나의 화는 내가 가지는 격동하는 내적 느낌이 아니라 앙갚음하려는 행동이다. 감정을 이렇게 이해할 때의 한 가지 문제는 때때로 감정에 행동이 전혀 동반되지 않는 것처럼 보인다는 것이다. 우리는 비밀스럽게 사랑에 빠지거나 겉으로 드러나는 행동에는 어떤 조짐도 보이지 않으면서 짜증내거나 두려워할 수 있는 것 같다. 그래서 행동주의적 견해를 지지하는 사람들은 흔히 감정이란 특정한 방식으로 행동하는 **성향**이라고 말하기를 선호한다. 화는 앙갚음 혹은 공격적 행동을 하려는 성향으로 간주되고, 사랑은 그 사랑의 대상을 돌보고 소중하게 여기려는 성향이며, 다른 것들도 마찬가지이다. 다시 말해, 내가 화가 나거나 사랑에 빠진다면 나는 기회가 주어지면 행동할 그런 방식으로 내 감정을 드러내려는 성향을 가질 것이다. 따라서 내가 화를 내는 대상 혹은 내가 사랑하는 대상이 멀리 떨어져 있다면, 내가 행동하는 방식을 보는 것만으로는 내가 화가 났는지 혹은 사랑에 빠졌는지 알기 어려울 것이다. 왜냐하면 특정한 방식으로 행동하려는 나의 성향은 적절한 상황에서만 활성화될 것이기 때문이다.

그러나 감정을 행동으로 보거나 특정 행동에 참여하려는 성향으로 보는 것은 몇 가지 이유에서 좋은 생각이 아니다. 그것은 첫째, 수치심과 당혹감 혹은 후회와 개탄 같은 서로 다른 두 감정과 연관된 행동이 완전히 동일할 수 있기 때문이다. 즉, 행동이나 특정한 방식으로 행동하려는 성향으로는 밀접하게 관련된 두 감정을 구분할 수 없다. 두 번째로 고려할 것은 나의 보살피는 행동이 정말로 당신을 향한 내 사랑의 징후일 수도 있지만, 나는 단순한 의무감에서도 같은 방식으로 행동할 수 있다는 것이다. 따라서 행동 자체가 사랑의 감정과 동일한 것일 수는 없다. 결과적으로, 행동이 최소한 일부 감정의 중요한 구성요소일 수는 있지만, 감정을 행동이나 행동 경향과 동일시할 수는 없다. 감정을 내적 느낌과 동일시할 수 없는 것과 마찬가지로 말이다.

감정의 또 다른 두드러진 특징은 다양한 종류의 생리적 반응들이다. 우리는 화난 사람을 볼 때, 그의 얼굴이 붉게 상기되고 손이 떨리고 있음을, 땀을 흘리기 시작하고 얼굴이 일그러지는 것을 알아챌 수 있다. 이 모든 것은 그의 감정 상태를 보여주는 생리적 징후들이다. 하지만 그렇다고 단순하게 감정과 생리적 변화를 동일시하는 것도 적절하지 않아 보인다. 어쨌든 방금 열거한 화의 징후들 각각은 단지 격렬한 운동의 결과로 나타난 징후일 수도 있기 때문이다. 무거운 역기를 들어 올리는 사람의 얼굴도 일그러지고 붉게 상기될 수 있으며, 그런 사람은 대개 땀을 흘리고 몸을 떨 것이다. 행동과 마찬가지로 생리적 징후들도 감정의 중요한 구성요소이지만, 그것이 감정에 있는 전부는 아니다.

최근에 가장 널리 받아들여지고 있는 감정 이론은 아마도 감정에 대한 '인지(cognitive)' 이론 또는 '판단(judgement)' 이론일 것이다. 사랑에 빠졌을 때의 떨리는 느낌과 계단을 너무 빨리 뛰어오를 때의 떨리는 느낌 사이의 커다란 차이는 결국 무엇인가? 하나의 상황에서 그 느낌은 (부분적으로) 갑작스러운 격렬한 운동이 불러온 심박수의 급격한 증가에 의해 야기된다. 또 다른 상황에서 그 느낌은 마찬가지로 심박수의 급격한 증가에 의해 야기되지만, 이번에는 그 심박수의 증가가 — 너무 빨리 달리기 같은 — 내가 참여하고 있는 어떤 신체적 활동 때문이 아니라 내가 내리는 어떤 판단, 즉 내가 사랑하는 사람이 도착했고 그 사람이 바로 내 마음에 품은 사람이라는 판단에 의해 야기되는 것으로 보인다. 이와 유사하게 날카로운 소화불량의 느낌은 생양파를 너무 많이 먹어서 야기된 것일 수도 있지만, 날카로운 짜증의 폭발은 어떤 판단, 즉 나의 계획이나 이해관계에 방해가 되는 어떤 일이 일어났거나 누군가가 그것에 방해가 되는 무엇인가를 했다는 판단에 의해 야기되는 것으로 보인다.

또한 판단 이론은 동일한 행동 혹은 특정한 방식으로 행동하려는 동일한 경향이 때로는 어떤 감정의 결과이지만, 때로는 그렇지 않은지에 대한 이유를 설명해준다. 만약 내가 당신에 대한 사랑으로 당신을 보살피고 소중히 여긴다면, 내 행동을 당신이 내 마음에 품은 사람이고 멋진 사람이며 당신과 함께 있으면 즐겁다는 판단의 결과로 이해하는 것은 그럴듯하다. 그 대신에 만약 내가 오직 의무감에서 당신을 보살피고 소중히 여긴다면, 당신을 보살피고 소중히 여기는 나의 행동은 나의 의무감에 의해 야기된 것이다. 즉, 나는 당신을 내 마음에 품은 사람으로 판단하지 않으며, 당신에게 무관심할 수도 있고, 심지어 당신을 싫어할 수도 있다.

더 나아가 판단 이론은 어떻게 동일한 행동이 서로 다른 두 감정의 특징일 수 있는지 설명해준다. 수치심과 당혹감 모두 전형적으로 움츠러들거나 숨는 행동과 연관된다. 결국 이 두 감정 사이의 차이는 인지적인 것으로 보인다. 수치심을 느낄 때 나는 (부분적으로) 내 자존감을 위태롭게 하는 어떤 방식으로 모멸 당했다고 판단하고 있는 것 같다. 반면에 단지 당혹감을 느낄 때 나는 사회적으로 어색한 상황에 있긴 하지만, 그 상황이 반드시 나를 모멸하거나 내 자존감을 위태롭게 하는 것은 아니라고 판단한다. 개탄과 후회 사이의 차이 역시 인지적인 것으로 보인다.[1] 후회를 경험할 때 나는 그 책임이 나에게 있을 수도 있고 그렇지 않을 수도 있는, 그리고 일어나지 않았으면 하고 바라는 뜻밖의 무엇인가가 일어났다고 판단한다. 반면에 개탄을 경험하는 경우에 나는 내 생각에 도덕적으로 옳지 않고 나에게 책임이 있는, 그리고 내가 하지 않았더라면 하고 간절히 바라는 어떤 행동을 내가 했다고 판단한다.

---

1) 내가 제시한 사례들에서의 판단은 대략적인 것들이다. Gabriele Taylor, *Pride, Shame, and Guilt: Emotions of Self-Assessment* (New York: Oxford University Press, 1985)에는 훨씬 더 세밀한 분석이 실려 있다. 이런 개념들이 어떻게 사용되어야 하는지에 대한 철학자가 아닌 이들의 견해를 보려면 June Price Tangney and Kurt W. Fischer, *Self-Conscious Emotions: The Psychology of Shame, Guilt, Embarrassment, and Pride* (New York: Guilford, 1995) 참조.

감정에 대한 판단 이론

아리스토텔레스에서 데카르트, 스피노자 그리고 흄에 이르기까지 위대한 철학자들은 감정에 대해 논의할 때 전형적으로 감정의 인지적 내용을 강조했다. 그래서 아리스토텔레스가 화를 '자신 혹은 자신에게 속한 이를 향한 정당화되지 않은 명백한 모욕으로 인한, 고통을 동반하는 앙갚음의 욕구'라고 정의한 것은 잘 알려져 있다. 데카르트는 종종 감정에 대한 '느낌' 이론을 가지고 있는 것으로 희화화되지만, 사실 그의 이론은 굉장히 정교하다. 그의 이론에는 감정의 생리학과 신경생리학, 생리적 반응과 느낌의 관계, 그리고 인지적 측면과 생리적 측면이 상호작용하는 방식에 대한 분석이 담겨 있다. 데카르트는 또한 많은 감정들의 인지적 내용에 대해 놀라울 정도로 섬세한 설명을 제공한다. 흄을 단순히 '느낌' 이론가로 묘사하는 것 역시 적절하지 않다. 자부심과 사랑 및 여타 복잡한 감정들에 대한 그의 분석은 오늘날의 인지 이론가들에게 많은 관심을 불러일으킨다. 스피노자 역시 그 자신의 방법론을 따르는 '판단 이론가'이다. 그는 비록 감정을 '부적절하거나 혼연한 아이디어'와 동일시하긴 하지만, 감정을 사고의 한 종류로 보았다.[2] 이와 같이 감정에 대한 기존의 많은 설명들이 매우 섬세하다는 사실에도 불구하고 나는 이 책에서 감정에 대한 현대 이론가들에게 거의 전적으로 초점을 맞출 것이다. 오늘날 판단 이론은 로버트 고든(Robert M. Gordon), 가브리엘 테일러(Gabriele Taylor), 로버트 솔로몬(Robert C. Solomon), 윌리엄 라이온스(William Lyons), 마사 누스바움(Martha Nussbaum), 피터 골디(Peter Goldie) 같은 철학자들과 리처드 라자루스(Richard Lazarus), 앤드루 오토니(Andrew Ortony), 피비 엘스워스(Phoebe Ellsworth) 같은 심리학자들을 비롯하여 감정에 대해 글을 쓰고 있는 가장 잘 알려진 몇몇 심리학자들과 철학자들에 의해 옹호되고 있다.

2) Cheshire Calhoun and Robert C. Solomon, *What Is an Emotion?: Classic Readings in Philosophical Psychology* (New York: Oxford University Press, 1984) 참조. 감정에 대한 아리스토텔레스(Aristotle)의 견해를 보려면 특별히 그의 『수사학(*Rhetoric*)』 참조. 내가 인용한 구절은 W. W. Fortenbaugh의 선집, *Aristotle on Emotion* (London: Duckworth, 1975), 12에 있는 아리스토텔레스의 『수사학』에서 가져온 것이다. 데카르트(Descartes)의 이론은 René Descartes, 'The Passions of the Soul', *The Philosophical Writings of Descartes* (Cambridge: Cambridge University Press, 1985)에서, 스피노자(Spinoza)의 이론은 Baruch Spinoza, *Ethics* (Indianapolis: Hackett, 1992)에서, 흄(Hume)의 이론은 David Hume, *A Treatise of Human Nature*, ed. L. A. Selby-Bigge (London: Clarendon, 1967)에서 찾을 수 있다. 관련 구절들은 Calhoun and Solomon, *What Is an Emotion?*에서 발췌하였다.

몇몇 철학자들은 인지과학의 틀 안에서 감정이라는 주제를 다룬다. 예를 들어, 로버트 고든에 따르면 감정 상태를 그러한 상태로 만드는 것은 인지적 원인론(aetiology)이다. 즉, 감정은 그것을 **야기하는** 믿음과 욕구의 특정한 구조를 통해 식별되는 심적 상태라는 것이다. 고든이 연구하는 모든 감정은 몇몇 종류의 명제를 향해 있는 것으로, 그것들은 이러저러한 것이 사실**이라는 것**(that)에 대한 화나 기쁨 혹은 두려움이다. '사실적' 감정 — 존스가 당신을 모욕했다는 것에 대한 기쁨이나 화 혹은 분노 같은 감정 — 은 존스가 당신을 모욕**했다는** 지식과 어떤 바람의 충족(그가 당신을 모욕해서 당신은 기쁘다) 혹은 어떤 바람의 좌절(그가 당신을 모욕해서 당신은 화가 나거나 분노한다)에 근거를 두고 있다. 이와 대조적으로 존스가 당신을 모욕할 것이라는 두려움이나 희망 같은 '인식적(epistemic)' 감정은 불확실성이라는 인식적 상태(존스가 당신을 모욕할지 안 할지 당신은 모른다)와 더불어 어떤 바람(존스가 당신을 모욕한다)의 충족이나 좌절에 의해 야기된다. 고든이 제공하는 감정에 대한 설명은 분명히 감정을 인지와 매우 유사한 것으로 다루고 있다. 그는 감정을 우리의 행동을 설명하고 예측하는 믿음-욕구 구조로 취급하는 감정에 대한 컴퓨터 시뮬레이션을 만들어냄으로써 감정을 인지과학의 영역으로 가져오려 한다. 그러나 우리는 고든이 제시한 대부분의 사례들이 상당히 '사고적인(thinky)' 것들이라는 점에 주목할 필요가 있다. 앞에서 말한 것처럼 그것들은 모두 명제적이며, '비가 올 것이라는 두려움'과 '솔방울을 밟았다는 후회' 같은 '감정적이지 않은' 예들도 그런 사례들에 포함된다. 그가 기술하는 감정들 중 쥐에게 귀속되거나, 심지어 원숭이에게라도 귀속될 수 있을만한 것은 거의 없다. 그리고 인간의 경우에는 실제로 전혀 감정적으로 느끼지 않으면서 '사실적인' 혹은 '인식적인' 감정 상태에 있게 되는 것이 완벽하게 가능해 보인다.[3] 현대 미국의 도시 문화에서 사람들이 비가 올지 오지 않을지에 대해 크게 흥분하는 것은 아주 예외적인 상황에서만 벌어지는 일이다. 설령 우리의 감정 상태가 고든이 묘사한 방식으로 믿음과 바람에 의해 야기된다고 해도 진정한 감정 경험을 이끌어내는 인과의 연쇄에는 분명히 그 밖의 무엇인가가 있어야 하는 것 같다.

3) 고든(Gordon)에게 공정하게 말하자면, 그는 믿음과 바람이 **구체화되지 않은 어떤 다른 조건들**과 함께 감정의 충분조건이라고 말함으로써 믿음과 바람이 감정의 충분조건이 아님을 암묵적으로 인정한다. 고든의 설명은 도널드 데이비슨(Donald Davidson)의 행동 이론에서 영향을 받은 것이다. 특히 Donald Davidson, 'Actions, Reasons, and Causes', *Essays on Actions and Events* (New York: Oxford University Press, 1980) 참조.

가브리엘 테일러는 수치심, 자부심 그리고 죄책감에 대한 인지적 분석을 제공하는데, 이것은 그 유형상 고든의 분석과 유사하다. 예를 들면 그녀는 (자부심이라는 성격적 특징과 대조되는) '자부심이라는 정념(passion)'을 다음과 같이 분석한다.

> 자부심을 경험하는 사람은 어떤 측면에서 바람직하다고 생각하는 어떤 대상(사람, 행동, 상태)과 자신이 귀속(belonging) 관계에 있다고 믿는다. 이것이 설명적 믿음에 대한 일반적인 기술이다. (그녀가 보기에는) 그 관계가 자신과 그 바람직한 대상을 묶어주기 때문에 그녀는 그와 관련된 측면에서 자신의 가치가 올라간다고 믿는다. 이 믿음은 자부심이라는 느낌을 이룬다. 설명적 믿음과 식별적 믿음 사이의 간극은 해당 대상과 자신이 연결되어 있는 것이 그 자체로 가치 있는 것이라는, 혹은 그러한 연결이 자신의 성취라는 믿음에 의해 연결된다.[4]

달리 말하자면, 자부심이라는 느낌은 그 자체로 어떤 믿음, 즉 자부심이라는 감정을 **식별하는** 믿음으로 구성된다. 이 믿음은 다시, 왜 그 사람이 그 식별적 믿음을 가지는지를 **설명하는** 믿음에 토대를 두고 있다. 예를 들어 내가 키우는 비글(beagle)인 바비에 대해 자부심을 가진다고 가정해보자. 테일러가 보기에 이것이 의미하는 바는 바비가 **나**에게 속한 멋진 비글이라고 내가 믿는다는 것, 그리고 이 눈부신 피조물을 소유하고 있다는 사실 때문에 내 가치가 올라간다고 믿는다는 것이다. 이것은 흥미로운 분석이지만, 고든의 분석과 마찬가지로 자부심 같은 감정을 **감정적**이게 하는 것의 핵심에는 이르지 못하고 있다.

실존주의적 배경에서 감정이라는 주제에 접근하는 철학자 로버트 솔로몬에게는 동일한 비판이 적용될 수 없다. 1976년에 나온 그의 주목할 만한 저서 『정념들(*The Passions*)』에서 솔로몬은 감정이 특별한 종류의 판단 혹은 그런 판단들의 집합이라고 주장한다. 즉, 감정은 언제나 '[어떤] 사건의 **의미(significance)**에 대한 **개인적 평가**'를 포함한다는 것이다. 감정은 '우리 자신과 이 세계에서 우리가 차지하는 위치'에 대한 평가적 판단이다. 감정은 우리 자신과 우리의 이해관계, 가치 및 목표에 매우 중요한 문제들과 관련된 판단이다.[5] 따라

4) Taylor, *Pride, Shame, and Guilt*, 41.

5) Robert C. Solomon, *The Passions*, 1st edn. (Garden City, NY: Anchor Press/Doubleday, 1976), 187.

서 화라는 감정의 핵심에는 누군가가 나를 부당하게 대우했거나 나를 공격했다는 평가적 판단이 있다. 감정에는 개인적 평가와 **도덕적** 판단, 즉 도덕적 기준에 대한 호소가 포함된다. '나의 화는 판단들의 그러한 집합이다.'

감정에 대해 솔로몬이 제시하는 설명의 핵심은 감정이 판단과 마찬가지로 — 보통은 최소한 — 어떤 것에 **대한** 것이라는 것이다. 철학자들이 말하듯 감정에는 **지향성**이 있다. 즉, 감정은 어떤 것을 향해 있다. 내가 부러워하고 있는데 무엇을 부러워하는지 모른다는 것, 혹은 내가 사랑에 빠졌지만 어떤 특정한 사람과도 사랑에 빠지지 않았다는 것은 말이 안 되는 것 같다. 이와 유사하게, 판단도 무언가에 **대한** 것이며 지향성을 가진다. 이를테면 나는 존스가 나를 부당하게 대우했다고, 혹은 조가 사랑스럽다고 판단한다. 그래서 감정과 판단은 모두 내용을 가지며, 둘 다 인지적 측면을 포함하는 것으로 보인다. 물론 이것은 감정이 판단이라는 것을 입증하지는 않는다. 그렇지만 이것은 감정이 판단일 수 있다는 것을 보여준다. 이것은 또한 감정이 단지 찌릿한 통증이나 강렬한 고통, 심박수의 증가, 얼굴 근육의 변화, 혹은 도망치거나 울려고 하는 성향일 수만은 없음을 시사한다. 감정은 느낌이나 생리적 상태 혹은 행동들로 환원될 수 없다.

솔로몬은 나의 평가적 판단이 변했다는 바로 **그 사실 때문에** 감정의 변화가 일어날 수 있다고 주장하고 싶어 한다.[6] 사실 당신이 나를 모욕한 것이 아니라는 것을 알게 된다면, 나는 당신이 나를 모욕했다고 화를 낼 수 없다. 당신이 'You cow!'라고 말했다고 생각했는데, 알고 보니 실제로는 'Oh wow!'라고 말했다면, 나의 화는 안도감과 즐거움으로 바뀔 가능성이 크다. 판단의 변화는 감정의 변화 그리고/혹은 감정의 포기를 함축하는 것으로 보인다.

감정이 단지 평가적 판단**이라는** 견해는 극단적이라고 생각될 수도 있다. 왜냐하면 행동 성향이나 생리적 변화 같은 다른 것들 역시 감정에 중요한 것처럼 보이기 때문이다. 하지만 감정이 최소한 어떤 종류의 판단을 **포함해야** 한다고 생각하는 것은 꽤 합당한 것 같다. 당신이 나를 모욕적인 이름으로 불러서 화가 난다는 것은 당신이 한 말이 모욕이라고 내가 판단한다는 것을 함축하는 것으로 보인다. 이를테면 나는 당신이 '나를 모욕적인 이

6) Robert C. Solomon, 'Emotions and Choice', Amélie Rorty (ed.), *Explaining Emotions* (Berkeley: University of California Press, 1980); Solomon, *The Passions*.

름으로 부르고' 있었고, '모욕적인 이름으로 부름으로써 나를 부당하게 대하고' 있었다고 판단한다. 마찬가지로, 내가 내 아이들을 방치했다는 것을 인정하고 그들을 방치한 것이 나쁜 일이라고 평가하지 않는 한 내 아이들을 방치한 것에 대해 수치스러워하거나 개탄하는 것은 불가능한 것 같다.

게다가 우리는 사람들과 그들의 감정에 대해 따져본다. 이를테면 우리는 당신이 나를 조금도 모욕하지 않았기 때문에 내가 당신에게 화가 나서는 **안 된다**고 말한다. 우리는 또한 내가 내 아이들을 방치한 것은 비도덕적이기 때문에 내가 그것에 대해 수치심을 느껴**야 한다**고 말한다. 이는 우리가 평가적 판단에 대해 따져보고 있다는 것을 시사한다. 당신은 내가 특정한 평가적 판단을 하는 것이 옳다고 혹은 옳지 않다고 나를 설득하려 하고 있는 것이다. 만약 감정이 단지 느낌이나 생리적 변화일 뿐이라면 이러한 논쟁은 핵심을 벗어난 것이다. 통상적으로 당신은 누군가에게 찌르는 듯한 통증이나 고통 혹은 심박수 증가에서 벗어나라고 주장하려 하지 않을 것이기 때문이다.

윌리엄 라이온스는 분석철학의 전통에 뿌리를 두고 있지만, 그 역시 판단 이론의 한 버전을 주장한다. 그의 1980년 저서 『감정(*Emotion*)』은 특히 예술 이론을 연구하는 철학자들을 비롯하여 감정을 연구하는 철학자들에게 큰 영향을 주었다. 그는 이 책에서 스스로 감정에 대한 '인지-평가' 이론이라 부르는 것을 옹호했는데, 이 이론은 판단과 생리적 변화 모두를 강조한다. 좀 더 엄밀하게 말하자면, 감정은 '자신의 상황에 대한 주체의 평가에 의해 야기된 생리적으로 비정상적인 상태'로 정의된다.[7] 그렇다면 라이온스에게 감정이란 판단과 동일시되는 것이 아니라 판단에 의해 야기된 생리적 상태와 동일시되는 것이다. 그러나 다른 인지주의 이론가들과 마찬가지로 그는 감정이 어떤 상황에 대한 '인지적 평가'에 의해 야기되며, 서로 다른 감정은 그 감정에 특징적인 평가를 통해 구분된다고 믿는다. 그는 '일반적으로 말해 감정은 속성들에 대한 지식이나 믿음에 기초하고 있다'고 말한다.[8] 예컨대 사랑은 사랑받는 사람이 가지고 있다고 믿어지는 (사랑할 만한) 속성들에 기초하고 있으며, 화는 누군가 나를 부당하게 대우했다는 평가적 믿음에 기초하고 있다.

---

7) William E. Lyons, *Emotion, Cambridge Studies in Philosophy* (Cambridge: Cambridge University Press, 1980), 58.

8) Ibid. 71.

고든과 테일러, 라이온스 그리고 솔로몬 사이의 차이가 무엇이든 그들 모두는 한 가지 중요한 점에 동의한다. 그것은 감정에 관련된 '판단'이 우리 자신의 필요, 바람, 가치, 이해관계 그리고 목표라는 측면에서 어떤 상황에 대해 내리는 **평가적** 판단이라는 것이다. 그 판단은 (내적 혹은 외적) 환경, 즉 다른 사람, 대상, 사건이라는 외적 환경이나 우리 자신의 생각, 기억, 상상이라는 내적 환경에서 벌어지고 있는 어떤 일의 개인적 의미에 대한 평가이다. 라이온스가 말한 것처럼 감정에는 '나를 둘러싼 세계의 어떤 대상이나 사건 혹은 상황에 대한, 나와의 관계에 입각한 판단 혹은 나의 규범에 따른 판단'이 포함된다.[9] 더 나아가 솔로몬은 감정이 '우리 존재의 핵심, 즉 의미들과 가치들의 체계이며 그 안에서 우리의 삶은 발전하고 성장하거나 굶주리고 정체한다'고까지 말한다.[10] 굉장히 '사고적인' 이론을 가진 고든조차 우리의 필요와 바람이 감정에 결정적으로 중요하다는 점에 주목하고 있다.

우리는 감정에 대한 인지 이론을 옹호하는 심리학자들에게서도 유사한 주제를 발견한다.[11] 예를 들어, 리처드 라자루스는 감정의 '핵심'을 형성하는 관련된 '판단'이 언제나 '개인-환경 관계의 의미에 대한 평가'라고 주장한다. 사실 그는 그러한 평가가 감정이 일어나기 위한 '필요조건이자 충분조건'이라고 주장한다. 즉, '개인적 평가(이를테면 해롭다거나 이롭다는 평가)가 없으면 감정도 없을 것이고, 그러한 평가가 이루어지면 어떤 종류의 감정은 불가피하다'는 것이다.[12] 심리학자들은 감정을 체계화하는 데 관심이 있기 때문에 그들은 이러한 평가들의 유형 분류체계를 만들어내려 시도했다. 라자루스는 각각의 '기본 감정' 유형의 '핵심 관련 주제들'이라고 부르는 것을 식별해냈는데, 이것들은 본질적으로 각 기본 감정 유형에 필수적인 평가를 규정한다. 그래서 화의 주제는 '나와 나에게 속한 것을 향한 모욕적인 공격'이고, 부러움의 주제는 '다른 누군가가 가진 것을 원하는 것'이고, 슬픔(비탄

9) Ibid. 59.

10) Solomon, *The Passions*, p. xvii.

11) 내가 명시적으로 다루진 않았지만, 판단 이론을 옹호하는 다른 많은 철학자들이 있다. 최근에 추가된 문헌들 중 주목할 만한 것으로는 Aaron Ben-Ze'ev, *The Subtlety of Emotions* (Cambridge, Mass.: MIT, 2000)와 Peter Goldie, *The Emotions: A Philosophical Exploration* (Oxford: Clarendon, 2000), 그리고 신 스토아학파 철학자인 누스바움의 Martha Craven Nussbaum, *Upheavals of Thought: The Intelligence of Emotions* (Cambridge: Cambridge University Press, 2001)가 있다.

12) Richard Lazarus, *Emotion and Adaptation* (New York: Oxford University Press, 1991), 177.

과 비통)의 주제는 '돌이킬 수 없는 상실을 경험하는 것'이다.[13] 라자루스가 생각하는 '기본 감정들'은 화, 불안감, 섬뜩함, 죄책감, 수치심, 슬픔, 부러움, 질투, 역겨움, 행복, 자부심, 안도감, 희망, 사랑, 동정심이다. 그가 이 목록의 토대로 사용하는 것은 각 감정의 기초가 되는 개인과 환경 사이의 상이한 관계들이다. 그는 다음과 같이 말한다. '핵심 관련 주제는 간단히 말해 우리가 환경에 적응하는 과정에서 발생하는 마주침들(adaptational encounters)의 중심적인(따라서 핵심적인) 관계적 해나 이익으로, 이것이 구체적인 각 종류의 감정의 토대가 된다. …… 각각의 개별 감정 혹은 감정군은 하나의 구체적인 핵심 관련 주제에 의해 규정된다.'[14]

심리학자 앤드루 오토니는 다소 다른 연구 전략을 사용했는데, 그는 감정을 산출하는 서로 다른 종류의 평가, 즉 '목표에 기초한 평가', '기준과 규범에 기초한 평가', '취향과 태도에 기반을 둔 평가'에 근거하여 감정의 세 집단을 구분했다.[15] 오토니와 그의 동료들은 '감정가(valence)'의 상이한 유형들을 식별하는데, 그 유형들이란 사건의 바람직함이나 바람직하지 않음, 행위자의 칭찬할 만하거나 비난할 만함, 그리고 대상의 호소력이나 호소력의 결여 같은 것들이다. 그들은 감정이 의식적이고 지속적인 방식으로 (독특한 느낌과 인지를 통해) 각 개인이 이해한 상황의 중요한 국면들을 표상한다고 추정한다. 오토니는 — 고든과 마찬가지로 — 자신의 이론 전반에 걸쳐 감정을 '야기하는 조건들', 즉 감정적 경험을 촉발하는 '평가들'을 강조한다.

라자루스의 이론과 오토니의 이론은 양자 간의 차이에도 불구하고 모두 감정에 핵심적인 평가가 해와 이익에 대한 것임을 강조한다. 우리가 어떤 종류의 생물인지를 고려할 때, 어떤 사건이 '나와 나에게 속한 것을 향한 모욕적인 공격' 혹은 '돌이킬 수 없는 상실'로 평가되면, 그 사건은 나에게 해로운 결과를 가져오는 다른 방식들처럼 부정적으로 평가된다. 이와 유사하게, 오토니는 감정적 평가가 우리의 안녕에 영향을 줄 수 있는 세 가지 상이한 방식을 본질적으로 구분했는데, 그것은 우리가 어떤 사람이나 상황 및 사건을 우리

---

13) Ibid. 122.

14) Ibid. 121.

15) Andrew Ortony, 'Value and Emotion', William Kessen, Andrew Ortony, and Fergus Craik (eds.), *Memories, Thoughts, and Emotions: Essays in Honor of George Mandler* (Hillsdale, NJ: Erlbaum, 1991). 또한 Andrew Ortony, Gerald L. Clore, and Allan Collins, *The Cognitive Structure of Emotions* (Cambridge University Press, 1988) 참조.

의 목표, 기준과 규범, 혹은 우리의 취향 및 태도를 증진시키거나 그것들과 충돌하는 것으로 평가할 수 있다는 것이다.

판단 이론의 문제는 무엇인가?

지금까지 살펴본 바와 같이 판단 이론가들은 감정과 판단의 관계를 정확히 어떻게 특징지을 것인가에 대해 서로 의견을 달리한다. 어떤 이들은 감정이 판단과 동일하다고 보고, 다른 이들은 판단이 감정의 **충분조건**이라고 보며, 또 다른 이들은 판단이 감정의 필요조건이기는 하지만 충분조건은 아니라고 본다.

감정이 '평가(appraisal)' 혹은 평가적 판단(evaluative judgement)과 동일시되어야 한다는 견해에 대해 가장 명백한 반론이 되는 것은 우리가 상응하는 감정을 느끼지 않으면서도 관련된 판단을 내릴 수 있다는 사실이다. 솔로몬은 내 차를 훔친 존스에 대한 나의 화는 존스가 내 차를 훔침으로써 나를 부당하게 대우했다는 판단**이라고** 주장한다. '이와 유사하게, 나의 당혹감은 내가 매우 어색한 상황에 처해 있다는 나의 판단**이다**. 나의 수치심은 어떤 좋지 않은 뜻밖의 상황이나 사태가 나의 책임이라는 취지의 판단**이다**. 나의 슬픔과 비탄 그리고 비통함은 내가 상실을 경험했다는 식의 다양한 종류의 혹독함에 대한 판단들**이다**.'[16] 하지만 당연히 나는 당혹감을 느끼지 않고서도 내가 어색한 상황에 처해 있다고 판단할 수 있다. 나는 그 상황에 재미있어하거나 우울해할 수도 있고, 아니면 그저 냉담하거나 냉정할 수도 있을 것이다. 이와 유사하게, 나는 슬프거나 비탄에 빠지거나 비통해하지 않으면서도 내가 상실을 경험했다고 판단할 수 있다.

평가적 판단이 감정의 충분조건이라는 견해, 즉 일단 그러한 판단을 내리게 되면 그것만으로 감정이 일어날 수 있다는 견해에 대해서도 동일한 반론이 있을 수 있다. 예를 들어, 라자루스는 개인과 환경 사이에서 일어나는 상호작용의 개인적 의미에 대한 평가가 감

16) Solomon, *The Passions*, 187.

정의 필요조건이자 충분조건이라고 주장한다. 만약 내가 그 상황을 나와 나에게 속한 것에 행해진 모욕적 공격으로 평가한다면, 화는 불가피하다는 것이다. 그러나 라자루스가 제공하는 평가의 모든 사례는 솔로몬의 사례들과 마찬가지로 앞에서와 동일한 반론에 열려 있다. 즉, 나는 나와 나에게 속한 것에 모욕적인 공격이 가해졌다는 것을 냉정하게 판단하고, 철학적으로 머리를 흔들면서 '세상이 그렇지 뭐'라고 관대하게 중얼거릴 수도 있다. 즉, 설령 내가 '올바른' 판단을 내리더라도 화는 불가피하지 않다는 것이다. 판단은 감정이 일어나기 위한 충분조건이 아니라는 — 최소한 판단 이론가들이 전형적으로 제공하는 사례들과 관련해서는 판단이 충분조건이 아니라는 — 결론에 저항하기는 어렵다.

솔로몬은 이런 반론에 대해 알고 있었으며, 그것을 다시 반박하려 시도했다. 가끔 그는 하나의 감정은 하나의 판단이 아니라 판단의 체계라고 주장했다. 나의 화는 단지 '당신이 나를 모욕했다'는 판단이 아니라, 다른 판단들의 집합이라는 맥락 안에서의 판단이라는 것이다. 예컨대 이 판단들에는 '나를 젖소(cow)라고 부르는 것은 반여성주의적(anti-faminist)이고 저속하며 모욕적이다', '이것은 개인적인 모욕이며, 개인적인 모욕은 비도덕적이다', '모욕은 자존감을 훼손할 수 있다는 점에서 비도덕적이다' 등이 포함될 수도 있다. 그러나 이런 식으로 단지 판단의 수를 늘려나가는 것은 그 자체로 해결책이 될 수 없다. 왜냐하면 내가 화와 동일시되는 판단 체계 안에서 모든 판단을 내리면서도 실제로 '화나는' 일 없이 냉정한 방식으로 판단을 내릴 수 있을 것이라고 상상할 수 있기 때문이다.

다른 글에서 솔로몬은 감정이 특별한 종류의 판단이라고 말한다. 그에 따르면 감정은 '자신을 관여시키는 상대적으로 **강렬한** 평가적 판단이다. …… 우리의 감정을 이루는 판단과 대상은 우리에게 특별히 중요하고 의미심장한 것들이며, 우리가 우리 자신을 투자하는 문제들에 대한 것이다'.[17] 또 다른 글에서 그는 감정을 '긴박한' 판단으로 특징짓는다. 즉, '감정 반응은 응급 행동이다'. 감정은 '어떤 어려운 상황에 대한 반응으로 필연적으로 성급한 판단'이다.[18]

그러나 당신이 이미 어떤 판단들이 감정이라고 확신하고 있지 않다면, 어떤 판단을

---

17) Ibid. 188.

18) Solomon, 'Emotions and Choice', 264-5.

'강렬한' 것이라고 부르는 것은 이상한 것 같다. 감정은 강렬할 수 있지만, 판단은 보통 강렬함의 정도를 허용하는 종류의 것으로 생각되지 않는다. 그리고 감정을 '긴박한' 판단으로 정의하는 것에도 문제가 있다. 나는 몇 달 동안의 수고스러운 통계 분석 후에야 — 이를테면 내가 보유한 주식 상태에 대해 — **염려하기** 시작할 수 있다. 이와 유사하게 만약 나의 화가 나와 나에게 속한 것에 모욕적인 공격이 가해졌다는 판단과 동일시된다면 이것 역시 길고 주의 깊은 연구에서 나온 판단일 수 있다.

몇몇 판단 이론가들은 판단이 감정의 충분조건이 아님을 인정한다. 예를 들어, 고든은 정부가 세금을 올렸다는 믿음과 정부가 세금을 올리지 **않았더라면** 하는 바람이 **다른 특정 조건들과 함께** 정부가 세금을 올렸다는 것에 대한 화, 분개 혹은 분노의 충분조건이 된다고 본다. 그러나 고든은 이 다른 조건들이 무엇일 수 있을지 전혀 언급하지 않는다.

라이온스는 다음과 같이 좀 더 구체적인 제안을 한다. 평가적 판단은 그 자체로 감정이 일어나기 위한 충분조건이 아니지만, 만약 그 평가가 '비정상적인 생리적 반응'을 야기한다면 그것은 감정 발생의 충분조건**이다**. 이것은 가치 있는 제안으로, 어떤 의미에서 정확한 것으로 판명될 것이다. 그러나 이 제안이 가지고 있는 문제는 왜 어떤 때는 평가적 판단이 생리적 변화와 감정으로 이어지는 반면, 또 다른 때는 그와 완전히 동일한 평가적 판단으로 보이는 것이 생리적 변화와 감정으로 이어지지 **못하는지**에 대해 설명하지 않는다는 것이다. 따라서 라자루스의 사례들 중 하나에 기대어 이야기하자면, 나 혹은 나에게 속한 것에 모욕적인 공격이 가해졌다는 판단은 때로는 화를 유발하지만, 때로는 염려를, 그리고 때로는 슬픔을 유발하며, 때로는 그저 철학자처럼 어깨를 으쓱하게 한다. 동일한 명제적 내용을 가진 동일한 판단이 때로는 생리적 변화를 일으키지만, 때로는 그렇지 않은 것이다. 이것은 설명될 필요가 있다. 그럼에도 불구하고 라이온스의 제안은 훌륭하다.[19] 본질적으로 그는 감정은 평가적 판단을 요구하지만, 이것은 감정의 필요조건일 뿐 충분조건이 아니라고 주장하고 있다.

19) 감정에 대해 종종 이루어졌던 구분과 관련하여 라이온스는 감정 반응이 개별 평가에 의해 야기된 생리적 반응이라는 것이 **개념적으로** 필연적이라고 생각한다.

환경을 보는 방식으로서의 감정

내가 지금까지 논의해온 판단 이론들은 모두 평가적 판단을 내리는 것이 감정을 가지는 데 필요하다는 것에 동의한다. 즉, 판단 없이는 감정이 있을 수 없다는 것이다. 또한 판단 이론가들은 모두 감정에 있어 그렇게 중요한 평가가 우리 자신의 이해관계, 욕구, 목표 등의 측면에서 환경에 대해 내리는 평가라고 믿는다. 어떤 것을 위협이라고 평가하지 않고서 어떻게 염려할 수 있는가? 혹은 내 행동이 도덕적으로 잘못된 것이라고 평가하지 않고서 어떻게 수치스러워할 수 있는가?

더 나아가, 감정이 그 감정에 요구되는 평가를 통해 서로 구분될 수 있다고 추정하는 것은 타당한 것 같다. 서로 다른 이론가들은 이러한 평가를 엄밀하고 섬세하게 — 그 엄밀함과 섬세함의 정도 차이는 있지만 — 특징화한다. 솔로몬과 테일러의 감정 이론은 우리가 진정으로 수치심이나 자부심 등을 느낀다고 말하려면 어떤 평가가 이루어져야 하는지 아주 상세하게 설명하고 있다.[20] 이와는 다른 항목들에 대해 논의하는 다른 이론가들은 정밀함의 측면에서 이보다 덜하다. 예를 들어 긍정적인 사실적 감정과 부정적인 사실적 감정에 대한 고든의 분석은 서로 다른 많은 감정 상태들을 뭉뚱그려 다루고 있다. 그래서 'p'가 어떤 명제를 나타낼 때 p에 대한 화, 분노 혹은 분개는 모두 p라는 믿음과 not-p라는 바람을 포함한다. 또한, 심리학자로서 개념적 분석의 미묘한 차이보다는 실험연구와 임상 실무에서 사용할 수 있는 틀에 더 관심을 가지고 있을 것이라고 추정되는 라자루스는 각각의 감정에 필요한 것으로 간주하는 서로 다른 평가들에 대해 상당히 대략적인 설명만을 제시한다. 예를 들어, 우리는 '돌이킬 수 없는 상실'을 경험하지 않고서도 슬플 수 있을 것으로 추정되며, '(은유적으로 말해) 소화하기 어려운 대상을 취하거나 그것에 가까이 간다는 것'은 기껏해야 역겨움에 필요한 평가에 대한 어설픈 분석이다.[21] 모든 심리학자들이 그런 것처럼 라자루스도 감정에 대한 과학적 연구를 위한 틀을 제시하고 싶어 한다. 그래서 그가 '화난

---

20) 이와 같은 선상의 또 다른 훌륭한 설명은 질투에 대한 대니얼 패럴(Daniel Farrell)의 분석이다. Daniel Farrell, 'Jealousy', *Philosophical Review* 94 (1987).

21) 폴 로진(Paul Rozin)은 어쩌면 '역겨움'에 대한 선도적 연구자일 것이다. 그는 그 개념에 대해 훨씬 더 정교한 설명을 제시한다. 일례로 Paul Rozin and A. E. Fallon, 'A Perspective on Disgust', *Psychological Review* 94 (1987) 참조.

(angry)', '슬픈(sad)', '역겨운(disgusting)' 같은 영어 단어들의 사용 방식에 대한 정확한 설명을 제시하는 것보다는 감정의 기본 **유형**들에 필수적이라고 생각하는 인지적 평가들에 대한 일반적 이론을 제공하는 것에 더 관심을 가지는 것은 자연스럽다.

철학자들은 감정을 '명제를 향한 심적 상태'라고 생각하는 경향이 있다. 이것은 감정을 순수하게 내적인 심적 현상으로 보이게 한다. 이와는 대조적으로, 심리학자 라자루스는 그의 '핵심 관련 주제들'을 어떤 사람이 참이라고 판단할 **명제**의 측면에서가 아니라 환경과 사람들이 상호작용하는 **상황**의 측면에서 기술한다. 라자루스는 자신이 이런 상호작용을 어떤 식으로 보고 있는지 분명히 밝히지 않지만, 그것은 다음과 같을 것이다. 만약 나의 화가 '나 또는 나에게 속한 것을 향한 모욕적인 공격'에 의해 유발된다면, 그런 공격이 일어났다는 확고한 믿음을 내가 실제로 가지고 있든 아니든 나는 내가 '모욕적인 공격'이라고 '보는' 상황에 반응하고 있음에 틀림없다. 그리고 내가 비통해할 때 나는 내가 '돌이킬 수 없는 상실'이라고 보는 상황에 반응하고 있는 것이다. 다시 말해, 나는 특정한 기술 — 모욕적인 공격 혹은 돌이킬 수 없는 상실이라는 식의 기술 — 하에서 환경을 본다. 비록 내가 환경이 현재 나에게 나타나는 그대로라는 깊은 숙고를 거친 견해를 반드시 가질 필요는 없지만 말이다.

감정은 때때로 소위 '형식적 대상'의 측면에서 대략적으로 범주화될 수 있다. 예컨대 염려할 때 나는 그 상황을 위협적인 것으로 간주하며, 사랑에 빠졌을 때 나는 그 사람을 애정이 가는 그리고/혹은 탐나는 사람으로 간주한다. 두려움은 필연적으로 위협적인 상황을 향하고, 화는 필연적으로 모욕적인 공격을 향하며, 성인의 성적 사랑은 필연적으로 탐나는 사람을 향한다. [혹은 어쩌면 우리는 성인의 성적 사랑이 사람 같은 생명체를 향한다고 말해야 할 것이다. 왜냐하면 소설가 마리안 엥겔(Marian Engel)에 따르면 곰과 사랑에 빠지는 것도 가능하기 때문이다.][22] 우리는 감정이 향하는 대상을 명제로 (나는 **내가 공격당했다는 것**에 화가 난다는 것처럼) 기술할 필요가 없다. 사실 나는 내가 명제와 사랑에 빠진 적이 있다고(혹은 그 문제에 대해서라면, 곰과 사랑에 빠진 적이 있다고도) 생각하지 않는다. 그 대신 우리는 이러한 형식적 대상들을 '어떤 특정 국면에서 고려한 혹은 바라본 환경'(위협적인, 모욕적인 혹은 사랑스러운 환경)으로 특징지을 수 있다. 라이온스는 이를 다음

22) Marian Engel, *Bear* (New York: Atheneum, 1976).

과 같이 서술하고 있다.

> 어떤 감정 상태에는 …… '사랑'이나 '비통함'보다는 '두려움'이라는 이름표가 붙는다. 왜냐하면 [그 감정 상태는] 무언가가 매력적이라는 (혹은 나라고 하는 사랑하는 이의 눈에 좋다는) ― 사랑에 전형적일 ― 평가나 무언가가 엄청난 상실이나 불행이라는 ― 비통에 전형적일 ― 평가보다는 위험하다는 평가의 결과라고 믿어지기 때문이다. '위험한 것들'과 '매력적인 것들' …… 그리고 '엄청난 상실이나 불행'은 각각 우리가 두려움, 사랑, 비통함의 형식적 대상이라고 부르는 것들이다.[23]

라이온스는 여기서 위험한 땅에 발을 디디고 있다. 라자루스가 슬픔의 핵심 관련 주제를 '돌이킬 수 없는 상실에 대한 경험'의 측면에서 정의하는 것이 부적절한 것과 마찬가지로 두려움이 언제나 '위험한 것들'을 향해 있다고 기술하는 것도 부적절하다. 잘 알려져 있듯, 나는 내 그림자에도 두려움을 느낄 수 있기 때문이다. 그러나 그의 전반적인 요점은 유용하다. 즉, 다양한 감정을 정의하는 데 도움이 되는 평가는 서로 다른 다양한 국면에서 고려하거나 바라본 환경에 대한 평가, 즉 위협이나 공격으로, 친근하거나 적대적인 것으로, 비극적이거나 희극적인 것으로 보이는 환경에 대한 평가이다.

철학자들은 명제를 향한 사적이고 의식적인 심적 상태로서의 감정에 대해 이야기하는 경향이 있기 때문에 감정을 본질적으로 인간적인 현상이라고 생각하는 경향도 있다. 그러나 감정은 본질적으로 유기체가 자신의 환경과 상호작용하는 방식이다. 앞으로 보게 되겠지만, 물고기나 심지어 곤충조차 자신들의 환경에 감정적으로 반응하며, 일부 비인간(non-human) 포유류들도 상당히 충만한 감정적 삶을 살아간다. 인간은 언어 능력을 가지고 있기 때문에 물고기나 원숭이보다 더 다양하고 섬세하게 분화된 감정 상태를 향유하지만, 인간이 가진 감정들 역시 본질적으로 사적인 사건들이 아니라 환경과의 상호작용이며, 인간이 처한 특징적인 상황 ― 물리적 · 사회적 환경뿐만 아니라 인간이 가진 물리적 한계의 본성에서 발생하는 상황 ― 에 대처하는 방식이다. 감정은 주어진 환경이 유기체에 어떻

23) Lyons, *Emotion*, 100.

게 영향을 미치는지의 측면에서 그 환경을 평가하는 방식이다. 그래서 이것은 우리가 가재, 개구리, 고양이, 침팬지에 대해 생각하든 인간에 대해 생각하든 참이다. 이러한 이유만으로도 나는 감정적 상태가 명제(존스가 내 차를 훔침으로써 나를 공격했다는 사실 혹은 내가 돌이킬 수 없는 상실을 겪었**다는 생각**)를 향한 것이 아니라, 특정 국면에서 위협적인 것, 우호적인 것, 공격적인 것 등으로 보이는 내적 환경(우리의 생각과 상상) 혹은 외적 환경(존스와 죽음과 세금)에 의해 유발된 것으로 보는 것이 현명하다고 생각한다. 감정은 개구리나 고양이 혹은 인간이 환경 — 그들의 필요, 이해관계 그리고 목표에 미치는 영향의 측면에서 바라본 환경 — 과 상호작용할 때 유발된다.

판단 이론에서 말하는 판단은 무엇인가? — 그린스펀과 로티에 대한 비판

평가를 내리는 것이 감정 일반의 필요조건일 뿐만 아니라 한 감정과 다른 감정을 구분하는 데에도 필수적이라는 것에 대해서는 일반적인 동의가 이루어진 것 같다. 문제는 그 '평가'가 언제나 판단 이론가들에 의해 논의된 종류의 평가적 **판단**은 아닐 수 있다는 것이다. 철학자들은 감정이 평가적 **판단**을 함축한다는 아이디어에 의문을 제기하기 위해 수많은 논증을 개진했다. 어떤 이들은 감정에 포함된 판단이 평가적 판단처럼 명제적 내용을 가지기는 하지만, 감정에서 이 내용이 참으로 **판단되거나 믿어지지는** 않는다고 주장한다. 감정을 느낄 때 우리는 명제적 내용에 대해 믿음이나 판단보다는 덜 엄밀한 어떤 태도를 취한다는 것이다. 또 다른 철학자들은 좀 더 극단적인 입장을 취하여 어떤 경우에는 감정이 명제적 내용을 전혀 가지지 않으며, 감정을 경험하는 것은 무언가가 사실이라고 판단하거나 믿는 것보다는 특정한 방식 — 일종의 '~로서 보기' — 으로 무언가를 지각하거나 그것에 주의를 기울이는 것이라고 주장한다.

패트리샤 그린스펀(Patricia Greenspan)[24]은 감정에는 판단이나 믿음과는 다른 합리성의 기

24) Patricia S. Greenspan, 'A Case of Mixed Feelings: Ambivalence and the Logic of Emotion', Amélie Rorty (ed.), *Explaining*

준이 있기 때문에 감정이 판단이나 믿음일 수 없다는 것을 보여주기 위해 고안해낸 기발한 논증을 제시한다. 좀 더 일반적으로, 그녀는 감정이 판단이나 믿음과는 다른 형식논리적 속성을 가진다는 것을 보여준다. 그린스펀은 한 친한 친구(그녀를 '제인'이라고 부르도록 하자)와 내가 어떤 상 같은 탐나는 것을 두고 경쟁하고 있는 상황을 상상해본다. 제인이 그 상을 받을 때 나는 '복잡한 느낌'을 경험한다. 한편으로 나는 그녀가 상을 받아서 **행복하다**. 왜냐하면 그녀는 내 친구이고 나는 그녀를 사랑하기 때문이다. 그러나 다른 한편으로 나는 그녀가 상을 받아서 **불행하다**. 왜냐하면 나는 내가 상을 받길 원했기 때문이다. 그린스펀에 따르면, 만약 감정이 판단이라면 이러한 상상의 사례에서 나는 제인이 상을 받은 것이 좋다고, 그리고 동시에 좋지 않다고 판단하고 있는 것이다. 그러나 이 판단들은 모순이므로 그 둘을 동시에 주장하는 것은 비합리적일 것이다. 만약 내가 이 판단들과 관련하여 합리적이려면 나는 그것들을 **한정하여** 그녀가 상을 받은 것이 어떤 측면에서는 좋지만 어떤 측면에서는 좋지 않다고 판단하든지, 아니면 그 대안으로 내 판단들을 **합산하여** 그녀가 상을 받은 것이 전반적으로 좋거나 전반적으로 좋지 않다고 판단해야 할 것이다.

그러나 그린스펀은 이것이 그 판단에 상응하는 감정들에 대해서는 참이 아니라고 주장한다. 제인이 상을 받아서 행복한 동시에 제인이 상을 받아서 불행하다면, 합리적인 사람이 되기 위해 내가 그 감정들을 한정하거나 합산해야 하는 것은 아니라는 것이다. 나의 행복과 나의 불행을 둘 다 유지하는 것은 완벽하게 합리적이기 때문이다. 물론 나는 나의 감정들을 한정하거나 합산하여 내 친구가 상을 받은 것에 대해서는 행복해하면서 내가 상을 받지 못한 것에 대해 불행해하거나, 친구가 상을 받은 것에 대해 전반적으로 행복해하거나 전반적으로 불행해할 수 **있을 것이다**. 그러나 그린스펀의 요지는 내가 합리적이기 위해 그렇게 **해야만 할** 필요는 없다는 것이다. 반면 그에 상응하는 판단의 경우, 나는 합리적이기 위해 그렇게 해야만 한다.

그린스펀의 주장에 따르면, 공정한 판단은 구할 수 있는 **모든** 증거에 근거하여 합리성을 평가받아야 하는 반면, 감정은 '그 감정에 반하는 이유들이 무엇이든 그 감정에 적합

Emotions (Berkeley: University of California Press, 1980); ead., *Emotions & Reasons: An Inquiry into Emotional Justification* (New York: Routledge, 1988).

한 이유가 있는 한 적절하다'. 감정은 '관련된 모든 이유에 대한 고려보다는 의식에 들어오는 특정 사실들에 대한 반응에 기초한다'.[25] 그래서 제인이 상을 탔다는 것에 대한 나의 동시적 행복과 불행은 구할 수 있는 증거들의 서로 다른 부분집합에 기초하며, 따라서 그것은 관련된 **모든** 자료를 고려하여 내린 공정한 판단이 모순적일 수 있는 것과 같은 방식으로 모순적인 것이 아니다. 그린스펀의 결론은 감정이 '우리 자신을 관여시키고' 우리에게 특별히 중요하거나 의미심장한 문제들을 향해 있다는 솔로몬의 아이디어에 새로운 이해를 더해준다. 왜냐하면 만약 감정이 구할 수 있는 증거들의 어떤 부분집합에만 기초하고 있다면, 이것은 아마도 우리가 '자신'에게 특히 중요한 상황의 국면들에만 초점을 맞추기 때문일 것이다. 이 특정한 사례에서 증거의 한 부분집합은 나에게 영향을 주는 것으로서의 상황에 대한 것이고, 이와 다른 또 하나의 부분집합은 '나에게 속한 것' 중 하나인 제인에게 영향을 주는 것으로서의 상황에 대한 것이다.

홍미롭게도, 그린스펀이 지적한 감정의 이러한 특징들은 감정을 믿음이나 판단과 연결시키는 것이 아니라 욕구와 연결시킨다. 제인이 상을 받은 것에 대한 나의 동시적인 행복과 불행은 동시적인 두 욕구, 즉 한편으로는 내 친구가 상을 받았으면 하는 욕구와 다른 한편으로는 내가 상을 받았으면 하는 욕구에 기인한다. 감정과 마찬가지로 욕구는 한정과 합산에 저항한다. 이 욕구들을 합산하여 전반적으로 이들 중 하나가 다른 것보다 더 우세하다는 요약적 욕구에 도달하지 않고, 이 두 욕구 모두를 가지고 있는 것은 완벽하게 합리적이다.[26] 자신의 욕구를 충족시키기 위해 행동하는 것은 인간의 환경 순응적인 특징이지만, 다른 사람들, 특히 우리와 가장 가까운 사회집단에 속한 사람들의 욕구를 충족시키기 위해 행동하는 것 역시 인간의 안녕에 중요하기 때문이다. 따라서 내 가까운 친구 제인의 욕구를 충족시키기 위해 행동하는 것도 나에게 있어 환경 순응적인 것이다. 그렇다면 그린스펀이 지적한 것처럼 내가 내 욕구들을 합산하여 전반적으로 제인이 상을 받는 것이 좋다고(혹은 나쁘다고) 판단하는 것이 반드시 합리적인 것은 아닐 것이다. 이와 유사하게, 내가 나

25) Greenspan, 'A Case of Mixed Feelings', 237.

26) 감정이 합산에 저항하는 것은 감정이 욕구와 공유하는 여타의 두 가지 특징, 즉 모순에 대한 관용 및 변화에 대한 저항과 밀접하게 관련된 것이다. Jenefer Robinson, 'Emotion, Judgment, and Desire', *Journal of Philosophy* 80 (1983) 참조.

의 욕구를 한정하여 어떤 측면에서 한 욕구가 다른 욕구보다 더 중요하다고 판단하는 것도 반드시 합리적인 것은 아니다.

감정에 대한 이후의 연구에서 그린스펀은 감정을 '평가적 명제를 향한 편안함 혹은 불편함'의 상태로 묘사한다. 다시 말해, 그녀는 감정에 '평가적 요소'가 있다고 생각하지만, 이 평가적 요소가 반드시 판단이라는 것은 부정한다. 그녀의 견해에 따르면, 감정은 언제나 어떤 명제를 향해 있지만, 그 관련된 '명제적 태도'가 믿음일 필요는 없다. 내가 특정한 감정 상태에 있을 때 나는 단지 관련된 명제를 품고 있을 수 있다. 내가 그것을 승인할 필요는 없는 것이다. 예를 들어 나는 사랑스럽고 무해한 늙은 개 파이도를 무서워할 수 있다. 그것은 어쩌면 내가 어릴 때 개와 관련해서 겪은 어떤 충격적 경험 때문일 수 있지만, 그렇다고 내가 반드시 파이도가 위험하다고 믿거나 판단하는 것은 아니다. 나는 단지 파이도가 있을 때 '위험에 대한 **생각**'을 하는 것일 수 있다. 그린스펀은 두려움에 평가적 요소가 있다는 데 대해서는 판단주의자들과 의견을 함께하지만, 이 평가가 평가적 **판단**이나 믿음이 되어야 한다는 것은 거부하려 한다. 그린스펀은 불쌍한 늙은 파이도를 무서워할 때 내가 마치 위험이 임박한 것'처럼 느낀다'고 말한다. 비록 파이도가 위험하지 않다는 것을 내가 진심으로 믿는다 해도 나는 어떤 의미에서 파이도가 위험하다고 평가하고 있는 것이다.[27)]

또 다른 예에서 그린스펀은 자신이 '눈보라 속에서의 자동차사고 이후로 미끄러짐에 대한 약간의 공포증적 두려움'을 가지고 있다고 말한다. 그때 이후 언젠가 한산한 도로를 따라 천천히 안전하게 운전하며 누군가와 함께 여행하던 중, 차가 살짝 미끄러지자 그녀는 '잠시 동안 두려움 때문에 밖으로 들릴 정도로 헉 소리를 낸' 적이 있었다는 것이다. 그린스펀은 자신이 '잠시 동안 마치 위험이 임박한 것처럼 느꼈지만', 자신이 위험에 처해 있다고 **믿었거나** 판단했더라면 했을 것처럼 행동하지는 않았다고 말한다. 예를 들면, 그녀는 다른 동승객들에게 위험을 알리지 않았다. 그린스펀은 이 상황을 자신이 위험에 처했다고 믿지 않으면서, 즉 자신이 위험에 처했다고 의식적으로 판단하지 않으면서 무의식적인 '위험-판단'(그녀가 '위험-판단'이라고 부르는 것)을 내린 상황으로 해석한다.[28)]

27) Greenspan, *Emotions & Reasons*, 14-19.

28) Ibid. 참조.

그린스펀이 집중하고 있는 경우들은 비합리적인 두려움의 사례들이다. 이를테면 어떤 사람은 늙은 개 파이도와 미끄러짐이 둘 다 무해하다는 것을 알면서도 그것들을 두려워하는 것이다. 이러한 경우에 과연 '사고(thinking)'라는 것이 그 어떤 일반적인 의미에서든 조금이라도 개입되고 있는지 전혀 분명하지 않다. 그러한 반응은 반사작용처럼 자동적인 것 같다. 이러한 것들은 라이온스가 '파블로프적' 감정이라고 부른 것들의 사례이며, 이 예들은 어떤 유형의 믿음이나 판단 혹은 '인지적 판단'이 감정에 본질적이라고 주장하는 어떤 견해에도 문제가 된다. 만약 내가 두려움을 느낄 때, 내가 위험에 처해 있다는 믿음보다 단지 '믿음에 대한 생각'만 가진다면, 이것이 왜 나에게 조금이라도 어떤 행동을 하도록 **동기를 유발하는지** 알 수 없다. 만약 파이도가 나로 하여금 마치 위험이 임박한 것처럼 느끼게 할 뿐이라면, 나는 왜 더 젊고 크고 사나운 개를 피할 때와 똑같이 주의하면서 파이도를 피하는가? 그린스펀이 미끄러짐 후 동승객들에게 위험을 알리도록 동기 부여되지 않았다고 인정한 것은 사실이다. 그러나 그 미끄러짐이 단지 위험에 대한 생각만 야기했다면 그녀는 왜 소리친 것인가? 표면적으로 볼 때 위험에 대해 두려워하거나 그것을 피하려고 노력하지 않으면서도 그것에 대해 하루 종일 생각하는 것은 가능한 것으로 보일 것이다. 마찬가지로 위험에 대한 생각은 두려움의 어떤 생리적 징후를 이끌어내기에도 충분하지 않아 보인다.[29)]

그린스펀의 이론이 가지고 있는 또 다른 문제는, 그녀는 감정이 명제를 향해 있다고 주장하려 하기 때문에 그녀의 견해에 따르면 비인간 동물들은 감정을 갖지 못한다는 것이다. 예를 들어 우리가 '고양이에게 상황에 대한 최소한의 어떤 평가를 귀속시킬' 수 없다면, 우리는 고양이가 진짜 화났다고 말할 수 없다. 명제적 대상이 없을 때 그 고양이의 상태에 '감정적'이라는 용어를 붙이는 것은 적절하지 않다. 고양이가 가지는 것은 '순수하게 동요된 느낌'이며, 의인화하여 생각하는 사람들이 인간이 화를 낼 때 볼 수 있는 지각적 원인과 행동적 결과를 고양이의 행동에서 찾아 거기에 '화'라는 용어를 잘못 붙이는 것이다.[30)]

몇몇 철학자들은 그린스펀보다 한층 더 멀리 나아가 감정에는 명제적 내용이 있어야

---

29) 그러나 생각이 그 자체로는 감정에 충분하지 않다고 해도 우리는 종종 생각에 감정적으로 반응한다. 사실 이 아이디어는 5장에서 '허구의 역설'에 대해 논의할 때 더 확실하게 드러날 것이다.

30) Greenspan, *Emotions & Reasons*, 48. Jenefer Robinson, 'Startle', *Journal of Philosophy* 92/2 (1995), 74도 참조.

할 필요가 전혀 없으며, 믿지 않으면서 '마음에 품는' 내용조차 있을 필요가 없다고 주장했다. 아멜리에 로티(Amélie Rorty)는 감정이 때때로 그에 상응하는 판단이나 믿음이 기각될 때조차 지속되는 방식에 주목했다.[31] 로티는 조나의 이야기를 사례로 드는데, 이 이야기에서 조나는 그의 어린 시절 및 그의 어머니와의 관계로 거슬러 올라가는 뿌리 깊은 이유들 때문에 그의 여성 직장 상사인 에스더에게 분개하는 남자이다. 하지만 그는 에스더가 불공정하고 독단적이라고 판단하거나 믿는 것은 아니다. 실제로 그는 그녀가 그렇다는 것을 진심으로 부인한다. 그의 감정은 그것이 의존하고 있는 것으로 보이는 판단이 기각될 때에도 여전히 지속된다.

앞에서 살펴보았듯이, 솔로몬은 만약 **존스가 내 차를 훔쳤다는** 것이 거짓임을 알게 되면 나는 존스에게 화낼 수 없다고 주장한다. 그러나 이러한 상황에서 존스가 내 차를 훔쳤다는 것에 대해 내가 더 이상 화나지 않는다고 말하는 것이 엄밀히 말해서 옳다고 해도 나는 여전히(어쩌면 비합리적으로) 화날 수 있고, 심지어 존스에게 화가 날 수도 있다. 나는 존스의 부도덕함을 드러내는 사례들을 기억해내거나 만들어내서라도 존스에게 화낼 거리를 찾으려 할 수도 있다. 혹은 나는 더 이상 존스에게는 화나지 않지만, 내 아이가 세발자전거를 치우지 않은 것에 화나게 된다! 화가 한쪽에서 억눌리면, 그 화가 다른 쪽으로 넘쳐흘러가 버리는 것이다. 마치 제임스 조이스(James Joyce)의 『더블린 사람들(*Dubliners*)』의 「짝패들(Counterparts)」 이야기처럼 말이다.

로티는 감정이 발생하는 모든 경우에서 판단을 찾기보다는 감정의 '지향적 요소'가 때로는 '지향적 두드러짐의 패턴'이라는 형태, 예를 들어 '여성 행동의 여러 국면 중에서 능숙하거나 불안해하는 것으로 해석되는 것들보다는 지배하려 하거나 적대적인 것으로 해석되는 것들에 주목하는 패턴' 같은 형태를 취한다고 제안한다.[32] 조나는 에스더가 하는 것들에 선택적으로 주의를 기울이고, 그것을 특정한 방식으로 지각한다. 그녀의 행동들 중 어떤 것은 그에게 두드러지게 드러나고, 다른 것들은 두드러지게 드러나지 않는다. 그리고 그

---

31) Amélie Rorty, 'Explaining Emotions', ead. (ed.), *Explaining Emotions* (Berkeley: University of California Press, 1980).

32) Ibid. 112. 로티(Rorty)의 정식화는 우리가 감정들을 '주목의 대상들, 탐구의 흐름들, 그리고 추론의 전략들 사이에서 발견되는 결정적인 두드러짐의 패턴들의 종들(species)'로 본다는 로널드 드수자(Ronald de Sousa)의 아이디어에서 반복된다. Ronald de Sousa, *The Rationality of Emotion* (Cambridge, Mass.: MIT, 1987), 196.

는 이 두드러진 행동들을 부정적으로 해석한다. 그는 에스더를 폭군이라고 **판단하는** 것이 아니라, 단순히 그녀를 그런 방식으로 **볼** 수밖에 없는 것이다. 하지만 아주 흥미로운 것은 이 사례에서조차 조나는 그의 상사를 — 지배적이고 적대적이라고 — **평가하고** 있는 것으로 보인다는 것이다. 비록 그가 그녀를 지배하려 하거나 적대적이라고 **믿는** 것은 아니지만 말이다. 그린스펀의 사례들에서와 마찬가지로 조나의 감정적 평가와 믿음은 연결되어 있지 않다. 그러나 만약 감정이 어떤 종류의 '~로서 보기'를 개입시킨다면, 많은 비인간 동물들이 인간과 마찬가지로 감정을 가질 수 있는 것으로 보일 것이라는 점에서 로티의 입장은 그린스펀의 입장보다는 강점을 가진다. 모든 유기체는 자신의 필요와 이해관계에 따라 주어진 환경에 선택적으로 주목한다. 어쩌면 조나가 에스더를 보는 방식은 조나의 이해관계에 도움이 되지 않는다는 반론이 있을 수도 있을 것이다. 그러나 로티의 이야기에 따라, 우리는 조나가 에스더를 그런 식으로 보는 이유에 대한 그럴듯한 설명을 추론해낼 수 있다. 그 이야기 속에서 조나는 (간접적으로) 자신의 필요와 이해관계를 충족시키려 노력**하고 있다**. 그는 어머니의 사랑을 원했다가 다시 거부당할까 봐 두렵기 때문에 권위를 가진 여성들을 폭군으로 보고 그렇게 취급함으로써 여성들로부터 자신을 방어한다. 이것은 어머니-대리인으로부터 상처받지 않고 싶어 하는 그의 강렬한 욕구를 충족시킨다. (비록 이것이 그의 진짜 목표인 어머니의 애정을 얻어내지는 못하지만 말이다.)

로티와 마찬가지로, 로버트 크라우트(Robert Kraut) 역시 감정과 지각의 관계를 강조한다.[33] 크라우트는 라이온스의 이론 같은 감정에 대한 인지적 평가 이론은 많은 감정적 현상들에 비추어봤을 때 그럴듯하지 않다고 지적한다. 특히 사랑의 경우, 그것을 사랑의 대상에 대한 평가적 믿음의 측면에서 분석하기는 어렵다. 크라우트가 보여주는 것처럼 사랑은 속성들의 집합을 향하는 것이 아니라 특정한 사람들을 향한다. 만약 월터가 오직 샌드라의 속성들 때문에 그녀를 사랑한다면 — 그는 자신을 매료한 것이 어쩌면 그녀의 경이로운 피아노 연주였을 것이라고 암시한다 — 그는 정말로 샌드라를 사랑하는 것이 아니다. 왜냐하면 샌드라의 도플갱어(즉, 샌드라 2)도 샌드라의 모든 속성을 가질 것이고, 그래서 월터

33) Robert Kraut, 'Objects of Affection', K. D. Irani and G. E. Myers (eds.), *Emotion: Philosophical Studies* (New York: Haven, 1983).

에게 똑같이 사랑받아야 하기 때문이다. 그러나 크라우트에 따르면, 월터가 샌드라를 사랑한다면 샌드라 2도 사랑한다는 것은 참이 아니라는 것이 사랑을 규정하는 특징이다. 월터가 샌드라를 사랑한다는 사실로부터는 분명히 그가 샌드라 2도 사랑한다는 것이 따라 나오지 않는다. 사실상 만약 월터가 샌드라뿐만 아니라 샌드라 2도 정말 사랑한다면, 그는 다른 속성들에 기초해서 샌드라 2를 사랑해야 할 것이다. 여기서 크라우트가 강조하고 있는 것은 사랑이 어떤 판단이나 판단들의 집합에 토대를 두고 있지 않은 감정이라는 것이다. 즉, 사랑은 지향적으로 어떤 명제를 향하는 것이 아니라, 대체 불가능한 특정 개인을 향한다. 크라우트도 로티와 유사한 방식으로, 감정을 설명하는 더 나은 모델은 믿음이나 인지보다는 지각일 것이라고 주장한다. 이와 동시에 크라우트는 로티와 유사하게, 감정이 어떤 종류의 평가에 기초해 있다고 가정하는 것으로 보인다. 이를테면 월터는 특정 개인인 샌드라를 사랑스럽다고 본다는 것이다. 결국 지각은 믿음이 그런 것처럼 가치를 담지하고 있다.

로티와 그린스펀은 모두 '논리적 자비'의 원칙을 견지하려 한다. 그 원칙에 따르면 우리는 그러지 말아야 할 좋은 이유가 없는 한 여러 믿음들 사이에 합리성과 일관성이 있다고 가정한다. 그러나 사람들이 믿는 것이 비합리적이라는 것과 그들이 그러한 믿음들의 토대로 삼는 증거들이 부족하다는 것을 보여주는 최근의 많은 연구를 고려해보면,[34] 감정에 핵심적인 평가들과 여타의 평가적 믿음들 — 감정과 달리 믿음은 합리성의 법칙을 따른다는 근거에서 우리가 가질 수도 있을 것들 — 을 구분할 수 없을지도 모른다. 로티와 그린스펀이 사람들의 믿음은 일반적으로 일관적이며, 그 믿음은 증거들의 어떤 부분집합이 아닌 모든 증거에 대한 조사에 기초하고 있다고 주장하는 것은 그저 틀린 것일 수 있다. 사람들의 믿음은 자주 모순적이고 비합리적이며 부적절한 증거에 기초해 있는 것 같다. 만약 이것이 참이라면, 파이도에 대한 두려움이 파이도가 위협이 된다는 믿음에 — 무의식적인 믿음에조차 — 기초할 수 없다는 주장은 그 근거가 빈약한 것처럼 보인다. 파이도를 무서워하는 사람은 또한 모순적으로 — 그리고 비합리적으로 — 파이도가 위협이 되지 않는다고도 믿을 수 있다. 이와 유사하게 조나는 에스더가 폭군이라고 믿지 않는다고 **말하면서도**

34) 전거(locus classicus)가 있는 글을 보려면 R. E. Nisbett and T. D. Wilson, 'Telling More Than We Can Know: Verbal Reports on Mental Processes', *Psychological Review* 84 (1977) 참조.

어쩌면 무의식적으로 그녀가 폭군이라고 **진짜** 믿을 수도 있다.

그러나 이런 문제들에도 불구하고 그린스펀과 로티 그리고 크라우트는 판단 이론에 대한 가치 있는 비판을 제공했다. 그들은 설령 감정이 본질적으로 어떤 종류의 평가를 포함한다 하더라도 그 평가가 무엇인지는 전혀 명백하지 않다는 것을 보여주었다. 평가는 **믿음**에서 구현되어야 하는가? 평가는 **무의식적**일 수 있는가? 평가는 단지 **생각**일 수 있는가? 평가는 **지각** 혹은 '~로서 보기'의 한 유형인가? 반사적인 반응처럼 보이는 것에도 평가가 있을 수 있는가? 2장에서 우리는 이러한 질문들로 돌아갈 것이다.

몇 가지 결론

지금까지의 논의들로부터 우리는 수많은 결론을 이끌어낼 수 있다. 첫째, 감정이 단지 판단**이라고** 말하는 이론은 틀렸다. 우리는 감정을 판단의 측면에서 정의할 수 없다. 왜냐하면 우리가 관련된 판단을 어떻게 기술하든 그 판단을 하면서도 그에 상응하는 감정 상태에 있지 않는 것이 언제나 가능할 것이기 때문이다. 이를테면 나는 화나지 않으면서도 당신이 나를 부당하게 대했다고 판단하거나 나를 부당하게 대하는 '것으로 당신을 볼' 수 있다. 나는 당신을 사랑하지 않으면서도 당신이 다정하고 탐난다고 판단하거나, 다정하거나 탐나는 사람으로 당신을 볼 수 있다. 이와 동시에 감정에는 **어떤 종류의 평가가 필요한 것**으로, 그리고 **우리는 한 감정과 다른 감정을 그것들이 필요로 하는 상이한 종류의 평가를 참조함으로써 구분하는 것**으로 보인다. 나의 화는 대략적으로 누군가가 나 혹은 나에게 속한 것을 부당하게 대우했다는 식의 어떤 종류의 평가를 필요로 한다. 당신에 대한 나의 사랑은 이러저러한 측면에서 내가 당신에게 애정이 간다든가 탐난다고 보는 것을 필요로 한다.

둘째, 내가 논의한 모든 이론이 **감정과 우리의 이해관계, 필요, 바람, 가치, 목표 사이의 연결**을 강조한다는 점에 주목하는 것이 중요하다. 판단 이론가들 중 고든은 감정을 믿음과 바람의 측면에서 분석하고, 오토니와 클로어(Clore)는 감정을 목표, 규범 그리고 태도의 측면에서 분석한다. 솔로몬과 라이온스 그리고 라자루스는 모두 감정에 관련된 판단이 어떤 사건이나 상황의 개인적 의미에 대한 평가라고 이야기한다. 또한, 감정이 (생각이나 일종의 '~로서 보기'보다는) 믿음이나 판단을 포함하는지에 대해 의문을 제기하는 이론가들조차 환경과 감정적으로 마주할 때 우리는 무엇이 우리에게 중요한지의 측면에서 그 환경에 대해 생각하고 그 환경을 본다는 점을 강조한다. 그린스펀이 보기에 감정에서의 평가적 사고는 우리의 편안한 혹은 불편한 상태가 향해 있는 대상이다. 로티는 감정의 평가적 요소가 판단보다는 '두드러짐의 패턴' — 어떤 특정한 국면 하에서 세계에 주목하는 것 — 으로 사고될 수 있다고 주장한다. 그러나 그녀 역시 자신이 사용하는 사례들에서 감정을 가질 때 우리가 주의를 기울이는 것은 정확히 자신의 이해관계, 필요 그리고 목표에 중요한 것으로 보이는 세계의 국면들임을 인정하는 것 같다. 간단히 말해, 감정에 포함된 평가가 무엇이든 그것은 우리가 원하는 것, 우리가 관심을 가지는 것, 그리고 우리의 이해관계 측면에서 내린 평가라는 것이다. 만약 이것이 참이라면, 이는 감정이 왜 일반적으로 환경 적응적인지, 그리고 우리가 왜 냉정한 믿음에 더하여 조금이라도 감정을 가지는지를 설명하는 데 도움이 된다. 왜냐하면 감정은 유기체가 주어진 환경을 자신의 필요와 이해관계를 만족시키거나 만족시키지 못하는 것으로 평가하는 방식인 것으로 보이기 때문이다.

셋째, 모든 감정적 마주침에는 어떤 종류의 평가가 있다는 것에 대해 광범위한 의견 일치가 있긴 하지만, 여전히 **이런 평가가 무엇인지에 대해서는 의견이 크게 불일치하고 있다**. 판단 이론들에 따르면 그와 관련된 평가는 판단 혹은 믿음이다. 이 이론들을 비판하는 사람들에 따르면, 관련된 평가는 평가적 생각이거나 주의를 기울이는 방식 혹은 심지어 위험이 임박했다는 불편한 감각일 수 있다. 감정은 명제적 내용을 가진 복잡한 판단인가, 아니면 감정에 필요한 것은 어떤 종류의 좀 더 원초적이고 '비사고적인' '~로서 보기' 혹은 주의의 집중뿐인가? 우리는 2장에서 이 질문을 다시 다룰 것이다.

마지막으로, 만약 감정이 단순히 어떤 종류의 평가 이상을 요구한다면, 우리는 그 이상의 어떤 것이 무엇인지 알아내야 한다. 라이온스는 감정에 필요한 다른 요소가 어떤 종류의 생리적 변화라고 주장한다. 이는 감정 이론에서 오래된 아이디어이며, 심리학자들이 광범위하게 탐구해온 것이다. 이 장에서 나는 주로 철학자들과 그들의 논증에 대해 이야기했다. 다음 장에서 우리는 심리학자들에게 주의를 돌려 그들이 감정의 문제를 어떻게 조명할 수 있는지 살펴볼 것이다.

02
피의 끓음

그러나 자연과학자(natural philosopher)와 변증가는 각각의 정서 상태들을 서로 다르게 정의할 것이다. 이를테면 '화란 무엇인가?'라는 질문에 서로 다르게 답하는 것이다. 변증가는 그것이 복수를 하고자 하는 욕구나 그와 비슷한 무엇이라고 말하겠지만, 그에 반해 자연과학자는 그것이 피가 끓고 심장 주변이 뜨거운 것이라고 말할 것이다.

아리스토텔레스(Aristotle), 『영혼론(*De Anima*)』

감정에서 생리적 변화가 갖는 핵심적 중요성

근대 심리학의 아버지 윌리엄 제임스(William James)는 생리적 변화가 감정에 필수적이라고 주장했다. 그가 자신의 주목할 만한 저작인 『심리학의 원리(*Principles of Psychology*)』[1]에서 '신체적 변화는 그것을 자극하는 사실을 지각할 때 즉각적으로 따라오며, …… 그 변화가 일어날 때 그것에 대한 우리의 느낌이 감정**이다**'라고 주장한 것은 잘 알려져 있다.

그러나 제임스가 '어떤 신체적 변화도 그것이 일어나는 순간에 예리하게든 아니면 애매하게든 **느껴진다**'고 말한 것은 거의 확실히 잘못된 것이다. 왜냐하면 감정적 경험을 하는 동안 일어나는 모든 생리적 변화를 우리가 의식적으로 자각한다는 것은 사실이 아니기 때문이다. 특히 몸의 내부적 변화는 많은 경우 우리가 자각할 수 있는 수준 아래에서 일어

1) William James, *The Works of William James*, ed. Frederick H. Burkhardt, 3 vols.(Cambridge, Mass.: Harvard University Press, 1981), ii. 106-57. 모든 인용은 이 판본에서 왔다.

난다. 우리는 우리의 위장에서 일어나는 대부분의 일들을 알지 못한다. 게다가 인간이 아닌 많은 동물들도 두려움, 분노, 만족감 같은 감정을 드러내지만, 그 동물들이 자신의 신체적 상태를 의식적으로 자각할 수 있는지, 어느 정도로 자각할 수 있는지는 분명하지 않다. 그러나 거의 늘 그렇듯이, 감정에 대한 그의 중심 생각들은 적중하고 있다. 앞으로 보게 되겠지만, 그가 '대상들은 미리 조직화된 메커니즘을 통해 신체 변화를 자극한다'고 지적한 것은 정확하다. 그리고 그가 '**우리가 어떤 강한 감정에 대해 생각한 다음, 그것에 대한 우리의 의식에서 감정의 신체적 징후에 대한 느낌 전부를 끄집어내려 하면, 우리는 아무것도 남아 있지 않게 된다는 것을 보게 된다**, 즉 감정을 이룰 수 있는 "심적인 것들"은 없는 채로 냉정하고 중립적인 상태의 지적 지각만이 거기에 남겨진다'고 말한 것은 옳다.

제임스는 종종 감정이 단지 신체적 변화에 대한 느낌일 **뿐이라고** 주장하는 것으로 받아들여진다. 그러나 이 인용문에서 그가 말하고 있는 것은 어떠한 감정이라도 있으려면 그 전에 '지적 지각'이 있어야 한다는 것인 듯하다. 다만 지적 지각 자체만으로는 감정이 일어나기에 **충분하지** 않고, 지적 지각이 감정 상태가 되기 위해서는 생리적 변화가 필수적이라는 것이다. 간단히 말해 제임스는 생리적 변화 없이도 지적 지각이 있을 수 있다는 중요한 관찰을 한 것이다. 이를테면 여기 위험한 상황이 있다는 지적 지각은 있지만, 감정적으로 두려워하는 반응은 일어나지 않는 식이다.[2] 1장의 용어들을 사용해서 말하자면 '평가'는 감정을 일으키기에 충분하지 않다. 거기에는 생리적인 변화도 있어야 한다. 제임스가 오래 지속되는 감정 — 조에 대한 나의 오랜 사랑이나 줄리아에 대한 부러움 같은 감정 — 에 대해 이야기하고 있는 것이 아님이 명백하다는 것에 주목하자. 그는 감정 반응이라는 단기적 반응에 대해 이야기하고 있다. 우리가 앞으로 보게 될 것처럼 그 감정 반응들이 연속해서 일어날 수도 있지만 말이다.

제임스의 영향력에 크게 힘입어 심리학에는 감정의 생리적 징후에 대해 연구하는 오

---

2) 이어진 논문에서 제임스는 그의 이전 정식화의 '성급한 간결함'이 오해를 낳을 수 있음을 인정한다. William James, 'The Physical Basis of Emotion', *Psychological Review* 1 (1894), 519. 엘스워스가 지적한 것처럼 '그 곰'에 대한 제임스의 생생한 암시가 사람들의 마음에 박혀버려서 '제임스의 실제 주장 — 신체적 변화의 감각이 감정의 필요조건이라는 주장—은 단순화되고, 감정이 단지 신체적 변화의 감각일 뿐이라는 아이디어로 빠르게 굳어버렸다. Phoebe Ellsworth, 'William James and Emotion: Is a Century of Fame Worth a Century of Misunderstanding?', *Psychological Review* 101 (1994), 222.

랜 전통이 있어왔다. 그러나 감정이 일종의 일반화된 동요를 포함하는지, 아니면 개별적 감정 상태들에 특징적인 뚜렷한 생리적 변화들이 있는지에 대해서는 논란의 여지가 있다. 제임스의 입장은 각각의 감정에는 독특한 생리적 징후 때문에 유발되는 독특한 '느낌'이 있다는 것이다. 그러나 그는 서로 다른 감정들이 서로 다른 생리적 활동의 패턴들을 드러낸다는 것을 보여주는 어떤 견고한 경험적 증거도 제공하지 않았다. 이와 반대로, 그의 옛 제자이면서 그의 비판자가 된 월터 캐넌(Walter B. Cannon)은 감정에 일반화된 패턴의 교감신경계 동요가 포함된다고 보았다. 그는 자신이 '응급 반응'이라고 부르는 것이 감정 상태에서뿐만 아니라 고통, 배고픔, 추위 같이 감정적이지 않은 상태에서도 일어난다고 보았다.

응급 반응 — 때때로 '싸움 혹은 도주(fight or flight)' 반응이라고 지칭되는 반응 — 은 에너지를 동원하는 생리적 활동의 패턴으로 '직접적으로 혹은 에너지 동원에 기여하지 않는 생리적 활동을 억제함으로써' 에너지를 동원한다. 니코 프리자(Nico Frijda)는 동요 패턴을 이루는 반응을 다음과 같이 묘사한다.

> 심박동수와 심박출량의 증가, 근육 혈류량 증가, 기관지 확장, 땀샘의 활동 증가와 그로 인한 정신 전류(psychogalvanic) 피부 반응, 혈당 레벨 증가, 피부 · 위장 · 생식기의 혈관 수축, 위장의 운동성 감소, 침 흐름 감소, 항문과 비뇨기의 괄약근 수축, 동공 확장, 그리고 방금 언급된 수많은 반응을 다시 촉발하는 에피네프린 분비량 증가. 이에 더하여 증가한 산소요구량에 맞추기 위해 호흡은 더 깊고 빨라진다.[3]

이 패턴은 '스트레스 호르몬'이라고 불리는 ACTH(adrenocorticotropic hormone) 방출 같은 특징적인 호르몬 변화로 보충되고, 이 호르몬은 스트레스를 주는 사건에 반응하여 스트레스에 저항하기 위해 에너지를 동원한다. 예를 들어, 이 호르몬은 부신피질을 자극하여 코티졸 생산을 증가시키고, 이는 혈류 내에 포도당을 만들어낸다. 동물이 스트레스를 받을 때는 이화작용 호르몬(신진대사를 향상시키는 호르몬)이 증가하고, 동화작용 호르몬은 감소하는 경향이 있다. 스트레스 상황이 끝나면, 동화작용 호르몬(에너지를 회복시키는 호르몬)의 분비량이

3) Nico Frijda, *The Emotions* (Cambridge: Cambridge University Press, 1986), 155.

다시 증가한다.

캐넌의 '응급 반응'은 스트레스 상황에서 실제로 일어난다. 그러나 그 동일한 반응이 모든 감정에 나타난다는 것은 사실이 아니다. 가장 명백한 것은 교감신경계의 활동은 동요나 스트레스와 연관되는 반면, 부교감신경계는 휴식 및 평온과 연관된다는 것이다. 차분하거나 수동적인 감정 상태는 교감신경계보다는 부교감신경계의 우세를 반영한다. 둘째로, 동요된 감정 상태들 중에서도 동요 패턴상의 차이가 있는 것으로 보인다. 1950년대로 거슬러 올라가 액스(A. F. Ax)는 두려움 그리고/또는 불안이 에피네프린[아드레날린] 분비량의 증가와 연관되고, 화는 노르에피네프린[노르아드레날린] 분비량의 증가와 연관된다는 것을 밝혀냈다.[4)]

응급 반응을 나타내는 표식들 중 하나는 피부 전기전도율이 증가하는 것(전기를 전도할 수 있는 능력의 상승)이다. 이것은 땀샘의 밀도가 높은 손바닥이나 발바닥에서 가장 잘 측정된다. 피부전도도는 땀을 흘리는 것과 동일한 것은 아니지만, 그것과 강한 상관관계를 맺고 있다.[5)] 흥미로운 것은 서로 다른 감정들이 피부전도도 상의 차이를 통해 어느 정도 구별될 수 있다는 것이다. 1950년대에 진행된 액스의 연구는 두려움이 화에 비해 평균적으로 더 높은 피부전도도와 '더 잦은 근육 긴장의 최고조, 더 높은 심박동수, 그리고 더 빠른 호흡'을 나타낸다는 것을 밝혀냈다.[6)]

보다 최근에 에크먼의 협동연구자 중 한 명인 로버트 레빈슨(Robert Levenson)은 우리가 화, 혐오, 두려움 그리고 슬픔이라는 부정적 감정들 사이의 네 가지 믿을 만한 차이와 있을 수 있는 다섯 번째 차이를 식별해낼 수 있다고 주장했다.

> 그 차이들은 다음과 같다. (a) 화는 혐오보다 심박수의 더 큰 증가를 유발한다. (b) 두려움은 혐오보다 심박수의 더 큰 증가를 유발한다. (c) 슬픔은 혐오보다 심박수의 더 큰 증가

---

4) Theodore D. Kemper, 'Power, Status, and Emotions: A Sociological Contribution to a Psychophysiological Domain', Klaus Scherer and Paul Ekman (eds.), *Approaches to Emotion* (Hillsdale, NJ: Erlbaum, 1984), 377. 여기서는 특히 A. F. Ax, 'The Physiological Differentiation between Fear and Anger in Humans', *Psychosomatic Medicine* 15 (1953)를 인용하고 있다.

5) Frijda, *The Emotions*, 133-5.

6) 이것과 뒤이은 참조문헌들에 대해서는 Ibid. 163 참조.

를 유발한다. (d) 화는 두려움보다 손가락 온도의 더 큰 증가를 유발한다. …… 가능한 다섯 번째 차이는 슬픔이 다른 부정적 감정들보다 말초 혈관의 더 큰 확장과 말단까지의 더 빠른 혈류속도를 유발한다는 것이다.[7)]

요컨대 이러한 증거들이 시사하는 것은 캐넌의 응급 반응이 모든 감정에 나타나는 특징이 아니라는 것, 그리고 서로 다른 감정은 서로 다른 패턴의 생리적 활동을 드러낸다는 것이다.[8)] 그러나 감정 특정적(emotion-specific)인 생리학을 뒷받침하는 증거는 그리 많지 않다. 내가 보기에 우리는 아직 각각의 '기본' 감정에 그것을 고유하게 식별해낼 수 있게 하는 생리적 프로필이 있다고 추론할 수 없다. 레빈슨과 다른 이들이 찾아낸 감정들 간의 차이들은 매우 흥미롭기는 하지만, 각각의 감정을 고유하게 가려내기에 충분하지는 않다.

프리자는 이 문제에 다른 방식으로 접근한다. 그는 서로 다른 감정들이 나타내는 다양한 생리적 징후들에 대해 알려져 있는 것들을 꼼꼼히 목록화한 후 각 연구마다, 그리고 '두려움'이나 '쾌'의 각 종류마다 반응들이 다르게 나타난다고 결론 내린다. 그가 주장하는 바는 일반적으로 다음과 같다.

생리적 반응 패턴들은 서로 다른 감정들에 상응하기보다는 환경에 대처하기 위해 기능적으로 요구되는 것들에 상응한다. …… 캐넌의 견해에 따르면, 감정에서 생리적 반응이 하는 역할은 에너지를 필요로 하는 적극적인 반응을 준비하는 것이다. 환경에 대처하는 다른 방식들 — 다른 방식의 활동이나 활동 통제 혹은 다른 방식의 대처 반응 — 은 다른 생리적 반응 패턴들에 상응하거나 어떤 주어진 패턴 내의 변주들에 상응할 것이라고 기대될 수 있다.[9)]

7) Robert Levenson, 'The Search for Autonomic Specificity', Paul Ekman and Richard J. Davidson (eds.), *The Nature of Emotion: Fundamental Questions* (New York: Oxford University Press, 1994), 255.

8) 이 아이디어의 변형은 르두에 의해 제안되었다. '강한 심적 동요를 포함하는 어떤 조건에나 …… 구별되지 않은 자율신경계의 활동이라는 배경이 있다. 이것은 불특정한 동요의 일반적 상태를 반영하고, 이를 배경으로 좀 더 특정한 변화들이 표현된다.' Joseph LeDoux, 'Emotion-Specific Physiological Activity: Don't Forget About CNS Physiology', Ekman and Davidson (eds.), *The Nature of Emotion*, 249. 이 참조문헌과 관련하여 나는 마이클 손택(Michael Sontag)에게 감사한다.

9) Frijda, *The Emotions*, 165.

다시 말해, 프리자는 생리적 활동의 서로 다른 패턴들이 감정을 유발하는 주어진 상황에서 요구되는 행동들에 상응한다고 본다. 두려움이나 화 같은 서로 다른 감정들은 어떤 경우에는 동일한 활동 패턴을 보이겠지만, 어떤 경우에는 그렇지 않을 것이다. 마찬가지로, 동일한 감정(예를 들어 화, 두려움 혹은 슬픔)이 언제나 동일한 패턴의 활동을 나타내지도 않을 것이다. '차분한 기쁨과 활발한 기쁨이 있고, 경직된 두려움과 움직이는 두려움이 있으며, 활발한 화와 차단된 화 또는 내면 지향적 화 등이 있는 것이다.'[10] 요컨대 프리자는 생리적 변화가 특정한 감정 상태보다는 특정한 행동-준비 상태와 연관된다고 본다.

그렇다면 이와 같은 지금까지의 논의로부터 내릴 수 있는 타당한 결론은, 비록 몇 가지 '기본' 감정 반응들 사이의 어떤 구분 — 특히 피부전도율과 심박동수에서의 구분 — 이 있을 수 있긴 하지만, 반응을 억제하거나 좌절시키는 다른 조건들이 없는 '표준적' 사례들의 경우 한 감정의 모든 사례를 다른 감정의 모든 사례와 분명하게 구분해낼 — 각 감정들을 고유하게 식별해낼 — 어떤 생리적 특징들도 발견된 바 없다는 것일 것이다. 현 단계에서는 마치 감정이 어떤 특정 패턴의 생리적 변화를 통해서가 아니라, 어떤 종류의 평가를 통해 개별화되어야 할 것처럼 보인다.

감정과 표정

그러나 그런 결론은 지나치게 성급한 것일 수 있다. 적어도 몇몇 감정의 경우 특정 종류의 생리적 변화, 즉 얼굴 근육의 변화를 통해 우리가 어떤 감정 상태를 다른 감정 상태와 구분할 수 있다는 것을 보여주는 흥미로운 증거들이 있다. 훨씬 더 놀라운 것은 적어도 몇몇 감정은 어떠한 종류의 적절한 평가도 이루어지지 않은 채 일어날 수 있는 것처럼 보인다는 것이다.

사람의 얼굴에 나타나는 감정 표현에 관한 연구의 선구자는 폴 에크먼(Paul Ekman)으로,

10) Ibid.

그는 최소한 몇몇 감정에는 그것들 각각에 보편적인 표정이 있다는 것을 확실하게 보여주었다.[11] 그는 화, 두려움, 즐거움, 슬픔, 혐오의 표정과 관련하여 상이한 방법을 사용하는 서로 다른 연구자들의 의견이 주목할 만큼 일치한다는 것을 보여주었다. 가장 최근의 저서에서 그는 놀람과 경멸에도 보편적 표정이 있다는 것에 확신을 표했다.[12] 그렇지만 에크먼은 이러한 감정들의 모든 경우에 하나의 고유한 표정이 나타난다고 보지는 않았다. 그보다는 모든 감정 **군**에 그것을 식별할 수 있는 표정들이 있다고 보았다. '예를 들어 화는 **강도**의 측면에서 다양하여 짜증에서 격노에까지 이를 수 있고, **유형**의 측면에서도 다양하여 몇 가지만 언급해보자면 시무룩한 화, 억울해하는 화, 분개에 찬 화, 그리고 냉담한 화가 있을 수 있다.'[13] 그리고 이 차이들은 얼굴에 드러난다. 에크먼과 그의 동료 프리즌(W. V. Friesen)은 60개가 넘는 화 표정을 발견했다. 그러나 중요한 것은 각각의 화 표정이 특정한 근육 패턴을 공유하기 때문에 그 패턴을 통해 화 표정들이 두려움 표정 군, 혐오 표정 군 등과 확실히 구별될 수 있다는 것이다. '예를 들어, 화 군에 속하는 모든 표정에서 눈썹은 내려가고 한데 모이며, 위쪽 눈꺼풀이 올라가고 입술 근육은 조여진다.' '조여지고 낮아진 눈꺼풀, 굳게 꽉 다물어지거나 네모난 모양으로 경직되게 열린 입, 입술 끝이 조여지고 아랫입술을 위로 미는 것 등'과 같은 다른 근육 활동은 화 표정에서 눈에 띌 수도 있고 그렇지 않을 수도 있는 것들이다.[14] 에크먼은 표정을 측정하는 가장 잘 알려진 장치를 고안해냈는데, 이것은 주어진 표정에서 각 근육의 움직임을 구별해낸다.

에크먼이 말한 일곱 가지 '기본 감정'에 각각 보편적 표정이 있다는 증거는 '이 표정들

11) 그 예로 Paul Ekman, 'An Argument for Basic Emotions', *Cognition and Emotion* 6 (1992); Paul Ekman, *Emotions Revealed* (New York: Henry Holt, 2003); id. 'Expression and the Nature of Emotion', Scherer and Ekman (eds.), *Approaches to Emotion*; id. 'Facial Expression and Emotion', *American Psychologist* 48 (1993) 참조. 이에 대한 확증은 특히 캐롤 이자드(Carrol Izard)의 글, 예를 들어 *The Face of Emotion* (New York: Appleton-Century-Crofts, 1971)에서 찾을 수 있다. 이에 반대하는 이들도 있는데, 그중 유명한 것은 알란 프리들룬드(Alan Fridlund)로, 일례로 Alan Fridlund and Bradley Duchaine, 'Facial Expressions of Emotion and the Delusion of the Hermetic Self', R. Harré and W. G. Parrott (eds.), *The Emotions: Social, Cultural and Biological Dimensions* (London: Sage, 1996) 참조.

12) Ekman, *Emotions Revealed*, 58. 과거에 그는 경멸과 역겨움을 나타내는 표정이 구분될 수 있다는 것에 대한 확신을 덜 가지고 있었으며, 한 선문자문화에서는 두려움과 놀람을 나타내는 표정들 간의 구분이 없었던 것으로 보인다(두려움/놀람이 화, 슬픔, 역겨움, 행복감과는 구분되었지만 말이다). Ibid. 10 참조.

13) Ibid. 58.

14) Ekman, 'An Argument for Basic Emotions', 172.

이 나타내는 것에 이름을 붙일 때 문자문화권과 선문자문화권(pre-literate culture) 모두에 걸쳐 나타나는 높은 정도의 의견 일치'에 근거를 두고 있을 뿐만 아니라, '감정 — 의도적 감정과 저절로 일어나는(spontaneous) 감정 모두 — 의 실제적 표현에 대한 연구, 그리고 사회적 상호 작용의 맥락과 표현의 연관성에 관한 연구'에도 토대를 두고 있다.[15] 에크먼은 몇 가지 상이한 종류의 실험을 수행했다. 그중 전형적인 것은 서구인들과 이전에 접촉한 적 없는 뉴기니 사람들에게 초점을 맞추어 진행한 것이다. 일군의 실험들에서 피험자들은 어떤 이야기를 듣고 그 이야기에 가장 적합한 표정의 사진을 고르라는 요청을 받았다. 또 다른 일군의 실험들에서 피험자들은 표정 자체를 지어보라는 요청을 받았다. 그들의 표정은 비디오로 촬영되어 미국 학생들에게 보여졌으며, 학생들은 그 표정이 무엇을 나타내는지 식별하라는 요청을 받았다.

만약 에크먼이 옳다면, 적어도 몇몇 감정의 경우에는 혹은 몇몇 감정 군의 경우에는

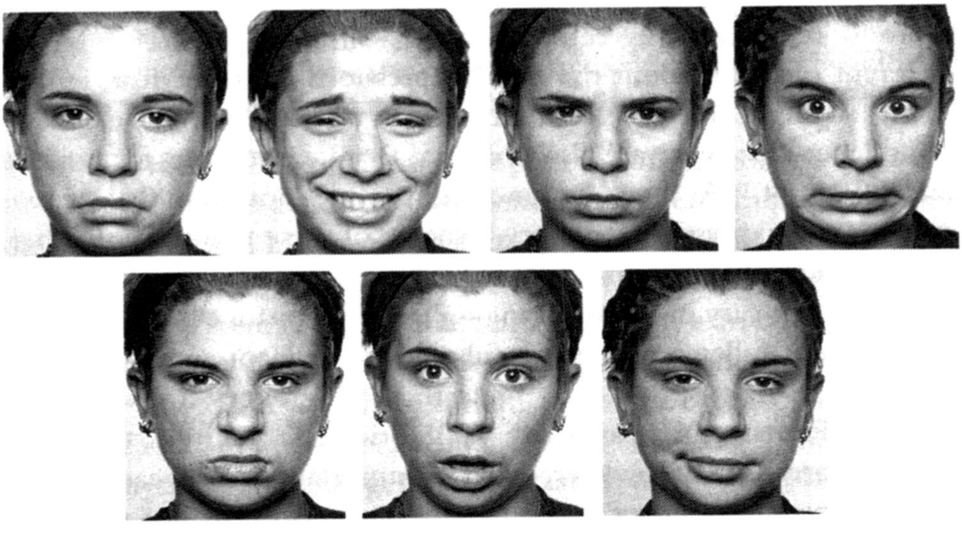

〈그림 2.1〉 감정에 따른 표정 변화 예시 ⓒ Paul Ekman 2004

15) Ibid. 176.

감정 특정적인 생리학이 **있다**.[16] 우리는 서로 다른 '기본 감정들'을 그 감정에 특유한 표정을 통해 판별할 수 있다.

만약 기본 감정을 나타내는 표정이 보편적인 것이라면, 서로 다른 문화권에 있는 사람들은 왜 같은 상황에서 다른 표정을 짓는 것일까? 에크먼은 기본 감정들을 나타내는 보편적인 표정이 **있다는** 것, 그리고 표정과 관련된 문화적 차이는 서로 다른 문화권에 있는 서로 다른 '전시 규칙(display rule)'의 측면에서 설명되어야 한다는 것을 보이기 위해 기발한 실험을 진행했다. 이 실험에서는 (미국에 있는) 미국인 학생들과 (일본에 있는) 일본인 학생들에게 유혈이 낭자한 불쾌한 영화를 보여주고, 그들 모르게 그들의 표정을 관찰했다. 각 집단의 학생들은 혐오와 역겨움을 드러내는 같은 표정으로 반응했다. 그런 다음 그 학생들에게 이번에는 영화 관람 동안 연구자가 곁에 있을 것이라고 말했다. 이러한 시나리오에서 미국인들은 계속해서 역겨움을 표현했지만, 일본인들은 공손하게 미소 지었다. 일본인들의 전시 규칙이 그들에게 권위적 인물이 있는 상황에서 부정적 감정을 드러내서는 안 된다고 지시한 것이다.[17] 그러나 사람들이 전시 규칙을 따를 때는 거의 언제나, 아주 잠깐이라도 그들이 **실제로** 느끼는 감정이 '누출'될 때가 있다. (에크먼은 이것을 '미세 표정'이라고 부른다.)

에크먼은 계획되지 않고 저절로 일어나는 감정 표현과 고의적이고 자발적인(voluntary) 감정 표현 사이에 중요한 차이가 있음을 보여주었다. 예를 들어, 고의적 미소는 저절로 일어나는 미소보다 더 자주 비대칭적이다.[18] 그리고 고의적 미소는 너무 짧거나 너무 길게 유지되어 시간의 측면에서 저절로 일어나는 미소와 다르고, 고의적 미소는 눈 주변 근육을 잘 이용하지 않는다.

흥미로운 것은 감정의 저절로 일어나는 표현과 고의적인 표현에 서로 다른 신경 경로가 이용된다는 것을 보여주는 좋은 증거가 있다는 것이다. 안토니오 다마지오(Antonio Damasio)는 뇌졸중으로 뇌 좌반구의 운동피질이 손상된 환자는 고의적으로 정상적인 미소를 짓

16) 발설 표현에 대한 유사한 연구, 예를 들어 클라우스 쉐러(Klaus Scherer)와 그의 동료들의 연구는 더딘 진전을 보였다. Klaus R. Scherer, *Facets of Emotion: Recent Research* (Hillsdale, NJ: Erlbaum, 1988) 및 쉐러의 'Vocal Affect Expression: A Review and a Model for Future Research', *Psychological Bulletin* 99 (1986), 그리고 쉐러와 동료들의 'Vocal Cues in Emotion Encoding and Decoding', *Motivation and Emotion* 15 (1991) 참조.

17) Ekman, 'Expression and the Nature of Emotion', 320-1 참조.

18) Ibid. 322-3.

지 못한다는 것에 주목했다. 환자의 근육은 잘 움직이지 않았고, 입은 아직 정상적으로 움직일 수 있는 쪽을 향해 당겨지는 경향이 있었다. 그러나 농담을 듣고 미소 짓거나 웃을 때(즉, 저절로 웃게 될 때) 이 환자의 표정은 완전히 정상이었다.[19] 이와 대조적으로, 다른 신경손상을 입은 환자들은 저절로 미소 짓게 될 수만 있을 뿐 고의적으로는 미소 지을 수 없었다.

에크먼은 또한 거짓말탐지기에 대해 연구했는데, 그는 최근 저서인 『얼굴의 심리학(*Emotions Revealed*)』에서 거짓말에 관해 연구하다가 자신이 '판사, 경찰, 변호사, FBI, CIA, AFT 그리고 유사 기관들'과 접촉하게 되었다고 기록한다.[20] 어떤 사람의 표정이 무엇을 의미하는지 아는 것은 종종 매우 중요한데, 그 사람이 무슨 감정을 느끼고 있는지를 나타내는 다른 단서들과 표정이 충돌할 때 특히 그렇다. 어떤 사람들은 다른 사람들의 표정을 더 잘 읽어낸다. 그뿐만 아니라, 분명히 어떤 사람들 — CIA 요원들이나 잘 훈련된 테러범 같은 이들 — 은 표정과 다른 방식들 모두에서 다른 사람들보다 감정을 잘 감춘다. 에크먼은 자신의 저서 『텔링 라이즈(*Telling Lies*)』에서 거짓말탐지기의 결과에 지나치게 의존할 때 야기될 수 있는 몇 가지 위험을 지적한다.[21]

『얼굴의 심리학』은 부분적으로 실용적인 의도를 담고 있는 책이다. 에크먼은 다양한 기본 감정들 및 그 감정들이 섞여 있는 것을 경험할 때 우리가 저절로 짓게 되는 표정에서 얼굴의 다양한 지점들이 어떤 모습을 드러내는지 공들여 보여주고, 책의 말미에서 독자들에게 표정을 얼마나 잘 구별해낼 수 있는지 시험해볼 것을 요구한다. 또한 그의 연구 결과는 최근의 보톡스 열풍이 가져올 수 있는 결과를 조명하기도 한다.[22] 보톡스의 주입은 얼굴 근육을 마비시키기 때문에 아름다움의 대가는 비표현성(inexpressiveness)과 그에 따른 인간관계에서의 문제들이 된다!

---

19) Antonio R. Damasio, *Descartes' Error: Emotion, Reason, and the Human Brain* (New York: G. P. Putnam, 1994), 140. 뒤셴(Guillaume-Benjamin Duchenne)은 19세기 중반이라는 이른 시기에 진짜 미소는 고의적 미소와는 다른 근육을 필요로 한다는 것에 주목했다. 두 경우 모두 입 주변의 근육이 움직이지만 진짜 미소의 경우에만 눈가 근육인 안륜근의 반사적 수축이 있다. Ibid. 142와 Ekman, 'Expression and the Nature of Emotion', 321-4도 참조.

20) Ekman, *Emotions Revealed*, 15.

21) Paul Ekman, *Telling Lies: Clues to Deceit in the Marketplace, Politics, and Marriage* (New York: Berkley Books, 1985). 한 흥미로운 『뉴요커(*New Yorker*)』 기사는 에크먼의 연구가 법 집행에 적용된 몇몇 사례를 설명하고 있다. Malcolm Gladwell, 'The Naked Face', *The New Yorker*, 5 August 2002.

22) Richard A. Friedman, 'A Peril of the Veil of Botox', *New York Times*, 6 August 2002.

또 다른 연구에서 에크먼은 감정에 특징적으로 나타나는 표정과 자율신경계 변화에 관해 연구하고, 그로부터 매력적인 결과를 얻어냈다. 그것은 얼굴 근육조직의 조작을 통해 특정 감정들에 특징적인 생리적 변화가 직접 유도될 수 있다는 증거가 있다는 것이다. 에크먼은 자신이 어떤 표정을 짓도록 요청되고 있는지 모르는 채 피험자들이 얼굴 근육을 움직였을 때, 그들의 피부 온도와 심박동수 모두에서 특정 감정에 특유한 활동이 나타나게 된다는 것을 발견했다.[23] 다시 말해, 표정은 그 자체로 특정 감정에 특징적인 자율신경계 변화를 이끌어내기에 충분하다는 것이다. 에크먼은 자신이 보기에는 얼굴 근육조직을 감독하는 운동피질의 경로들과 자율신경계 활동에 관여하는 시상하부 영역 사이에 — 인지적 중재가 배제될 수는 없겠지만 — 직접적이고 중요한 연결이 있다고 말한다.[24] 양자 모두는 에크먼이 '정감 표현'이라고 지칭하는[25] '복잡하고 공동작용하는 자동화된' 일련의 반응들의 일부인 — 자율신경계의 표현들과 표정 및 목소리 표현을 포함하는 — 자동적으로 유도되는 반응체계에 속한다.

지금까지의 결과를 요약하면, 우리에게는 이제 '평가'만이 감정에 필요한 전부가 아니라고 믿을 만한 충분한 이유들이 있다. 그리고 에크먼의 연구 결과는 어쩌면 평가가 어떤 경우에는 필요하지도 않을 수 있음을 시사한다. 그러나 다양한 종류의 신체 변화는 감정에 필수적인 요소인 것 같다. 제임스가 시사하는 바와 같이, 감정에 '감정성'을 부여하는 것은 생리적 변화이다. 개념적 토대와 경험적 토대 모두에서 제임스의 이러한 주장은 옳은 것으로 보인다. 개념적으로는 어떤 종류의 구분되는 생리적 활동이 없으면 우리가 어떤 감정 반응이라고 식별해낼 수 있는 것은 아무것도 없다. 사실 감정 반응은 적어도 부분적으로는

23) Ekman, 'Expression and the Nature of Emotion', 324-8.

24) 표정의 조작이 특정 감정에 특징적인 생리적 변화를 만들어낼 때, 그와 동시에 그 상황에 대한 '감정적' 평가도 이루어진다는 것을 생각해볼 수 있다. 따라서 피험자가 자신도 모르는 채로 화난 표정을 짓는 것은 화에 (우리가 명시할 수 있는 한) 전형적인 자율신경계 변화뿐만 아니라 '화난 마음의 상태', 즉 화난 생각을 하거나 주변에 있는 누구에게나 화가 나는 경향을 만들어낼 수 있다. 그러나 에크먼의 실험에서 피험자들은 그들이 화를 낼 대상이 실제로는 아무것도 없다는 것을 완벽하게 자각하고 있는 것으로 보였다.

25) 에크먼은 이 용어를 'Biological and Cultural Contributions to Body and Facial Movement in the Expression of Emotions', Amélie Rorty (ed.), *Explaining Emotions* (Berkeley: University of California Press, 1980), 80에서 사용했다. 그것은 Paul Griffiths, *What Emotions Really Are: The Problem of Psychological Categories* (Chicago: University of Chicago Press, 1997), 77에서도 등장한다.

일련의 생리적 반응들이다. 내가 군중 속에서 내 쪽으로 아장아장 걸어오는 길 잃은 나의 두 살짜리 아이를 보고 두려움과 기쁨이 뒤섞인 채로 그 아이를 향해 달려가 울면서 숨을 헐떡이고 웃고 몸을 떨고 하얗게 질리는 것으로 반응할 때, 그 일련의 제스처들과 행동들 및 생리적 반응들이 나의 감정 반응인 것이다. 게다가 제임스의 견해에서 몇몇 특정한 '기본' 감정들에 특징적인 생리적 변화들 — 특히 표정의 변화들 — 이 있다는 정도만큼은 경험적으로 확증되었다. 비록 구별되는 이름을 가진 각각의 모든 감정마다 그 특유의 생리적 국면이 있다고 본 것에 대해서는 그가 틀린 것으로 보이지만 말이다.

1장에서 우리는 모종의 평가가 감정에 필수적이라고 생각할 좋은 이유가 있음을 보았다. 그리고 이제 우리는 생리적 변화 역시 감정에 필수적이라는 것을 알아냈다. 그렇다면 우리는 감정이란 — 적어도 대부분의 경우에 — 우리의 필요와 이해관계 및 목적과 관련하여 무언가가 가지는 중요성의 측면에서 그 무언가를 인지적으로 평가함으로써 야기되는 '비정상적인' 생리적 변화라는 라이온스(Lyons)의 제안을 받아들여야 하는 것일까? 그러나 우리는 또한 1장에서 몇몇 철학자가 감정에 특징적인 평가는 **인지적 평가**가 아니라는 취지의 강력한 논증들을 제공했음을 보았다. 인지적 평가가 일상적인 냉정한 평가적 판단을 의미한다면 말이다. 또한 심리학자들도 인지적 평가나 '인지'가 감정 반응을 시작하게 한다는 것을 의심할 만한 좋은 근거들을 제공했다.

정감이 인지에 선행할 수 있는가?

이 문제와 관련하여 심리학자들이 내놓은 몇 가지 서로 다른 유형의 증거들은 모두 **인지적 평가**가 감정을 유도하는 것이 아님을 보여주는 경향이 있다. 감정이 인지적 평가이거나 인지적 평가를 내포한다는 논제에 의문을 던지는 증거들 중 하나는 발달심리학에서 유래한 것이다. 우리의 가장 초기 감정이나 정감들이 복잡한 인지를 요구하지 않는다는 것을 보여주는 좋은 증거가 있다. 행동주의(behaviourism)의 창시자인 존 왓슨(John Watson)은 신생아들을 대상으로 한 악명 높은 실험을 했다.[26] 그는 신생아의 머리를 움직이는 능력을 제한하는 것은 격노를 일으키는 보편적 자극이고, 갑작스런 지지의 상실(아이를 떨어뜨리는 것)은 두려움을 일으키는 보편적 자극이며, 부드럽게 어루만지는 것은 보편적으로 쾌를 일으킨다는 것을 발견했다(비록 왓슨은 이 반응을 '사랑'이라고 불렀지만 말이다). 그러나 갓난아기들은 '그것은 공격이야!' 같은 인지적 판단을 하기 위해 필요한 인지적 자원을 갖고 있는 것 같지는 않다. 보다 최근에는 — 그리고 보다 윤리적인 방식으로 — 앤드루 멜조프(Andrew Meltzoff)와 티파니 필드(Tiffany Field)가 엄마의 미소 짓는 얼굴 및 그 외의 표정들을 따라 하는 신생아들의 타고난 능력에 대해 연구했다.[27]

앨런 스루프(Alan Sroufe)는 시간이 흐름에 따라 인지 발달과 함께 다양한 감정 체계가 발달되어가는 방식을 연구했다. 예를 들어, 태어날 때 아기들은 '얼굴이 가려지는 것, 신체적 제한' 혹은 '극도의 불편함' 때문에 '강렬하게 울고 팔다리를 마구 흔들어대는 모습'을 보여주는데, 이는 '**격노**의 원형'으로 간주될 수 있다. 그리고 5개월쯤에 아기가 보이는 격노는 '실망'[28] 때문일 수 있는데, 이를테면 눈에 보이는 어떤 대상에 손이 닿지 않는 것 같이 구체적으로 진행되고 있던 어떤 활동이 가로막히는 경우가 이에 해당할 것이다. 스루프가 제대로 된 화(anger proper)라고 간주하는 것은 좀 더 나중에, 예를 들어 아이가 그 가로막힘의 원인을 지각할 수 있을 때 일어난다. 다시 말해, 갓 태어난 아기가 화에 전형적인 인지를 가질 수 없을 때에도 최소한 감정의 '원형'은 거기 있는 것이다. 클라우스 쉐러(Klaus Scherer)도 이에 동의한다. 그는 감정이 스스로 '자극 평가 확인들'이라고 부르는 것들의 연속에 의존한다고 주장하는데, 그는 그러한 자극 평가 확인들 중 가장 기초적인 것들은 아마 적어도 부분적으로는 상위 대뇌피질의 기능과 독립적이면서 신경 발화 패턴의 직접적 결과일 수 있다고 본다. 태어날 때부터 있는 가장 기초적인 자극 평가 확인은 새로운 것에 대한 확인과

---

26) John B. Watson, *Psychology, from the Standpoint of a Behaviorist*, 2nd edn. (Philadelphia: J. B. Lippincott, 1924), 229-31.

27) A. N. Meltzoff and M. K. Moore, 'Imitation of Facial and Manual Gestures by Human Neonates', *Science* 198 (1977); Tiffany Field et al., 'Discrimination and Imitation of Facial Expressions by Neonates', *Science* 218 (1982); A. N. Meltzoff and M. K. Moore, 'Imitation in Newborn Infants: Exploring the Range of Gestures Imitated and the Underlying Mechanisms', *Developmental Psychology* 25 (1989); A. N. Meltzoff and M. K. Moore, 'Infants' Understanding of People and Things: From Body Imitation to Folk Psychology'; J. Bermúdez, A. Marcel, and N. Eilan (eds.), *The Body and the Self* (Cambridge, Mass.: MIT, 1995).

28) Alan L. Sroufe, 'The Organization of Emotional Development', Scherer and Ekman (eds.), *Approaches to Emotion*, 112.

내재적 쾌 및 불쾌에 대한 확인이다. 쉐러 연구의 많은 흥미로운 특징들 중 하나는 유아와 영아들의 경우 어떻게 특정 감정들의 발달이 특정 종류의 인지적 판단 능력의 발달과 병렬적으로 이루어지는지를 보여준다는 것이다.[29] 스루프와 쉐러는 성인의 화, 사랑, 두려움이라는 완전히 발달된 감정의 사례들이 유아의 격노, 쾌, 두려움이라는 원초적 감정(혹은 정감)으로부터 나오고, 그 원초적 감정들을 선결조건으로 요구한다는 데 동의한다.

이 연구가 보여주는 것은 인간에게 내재된 어떤 감정 상태들이 있으며, 그것들은 인지를 필요로 하는 것 같지 않다는 것이다. 그것은 다른 종들의 경우에도 마찬가지이다. 프리자는 '학습되지 않은 자극'에 대해 논의하면서 인간을 포함한 많은 종이 이상하고 기이한 것에 '본능적으로' 반응한다고 지적한다. 예를 들어, 개나 유인원은 그들에게 익숙하지 않은 방식으로 옷을 입었거나 익숙하지 방식으로 행동하는 사람을 두려워하고, 말은 펄럭거리는 비닐봉지를 두려워하며, 붉은털원숭이는 움직이는 기계괴물을 두려워한다.[30] 게다가 태어날 때부터 타고나지 않은 그 외의 두려움 반응들도 아주 약간의 학습으로 쉽게 획득되는데, 이를테면 거미나 뱀에 대한 인간의 두려움이 그에 해당한다.

그러나 인지가 정감보다 우선한다는 것에 의문을 제기하기 위해 가장 많은 작업을 한 사람은 사회심리학자 로버트 자이언스(Robert Zajonc)로, 그는 일련의 글들에서[31] 최소한 감정의 원초적 사례들에서는 선행하는 어떤 인지적 평가 없이도 '정감'이 일어날 수 있다고 주장했다. 심리학자들은 '감정'과 '판단'보다는 '정감'과 '인지'에 대해 이야기하는 경향이 있지만, 사실 철학자와 심리학자 모두 거의 동일한 것에 대해 이야기하는 것이다. 자이언스는 정감이 인지에 선행한다는 것을 보일 것이라고 주장하면서 판단 이론 — 감정이 판단과 동일하다고 말하는 극단적 형식의 이론이든 아니면 인지적 평가가 감정의 (충분조건은 아니지만) 필요조건이라는 좀 덜 극단적인 형식의 이론이든 — 에 직접적인 위협을 가하고 있다.

---

29) Klaus R. Scherer, 'On the Nature and Function of Emotion: A Component Process Approach', Scherer and Ekman (eds.), *Approaches to Emotion; Scherer, Facets of Emotion.*

30) 프리자(Frijda)는 자신의 책 *The Emotions*, 272-3에서 이 같은 많은 연구에 대해 기록하고 있다.

31) Robert Zajonc, 'Feeling and Thinking: Preferences Need No Inferences', *American Psychologist* 35 (1980); W. R. Kunst-Wilson and R. B. Zajonc, 'Affective Discrimination of Stimuli That Cannot Be Recognized', *Science* 207 (1980); Robert Zajonc, 'On the Primacy of Affect', *American Psychologist* 39 (1984); S. T. Murphy and R. B. Zajonc, 'Affect, Cognition, and Awareness: Affective Priming with Suboptimal and Optimal Stimulus', *Journal of Personality and Social Psychology* 64 (1993); Robert Zajonc, 'Evidence for Nonconscious Emotions', Ekman and Davidson (eds.), *The Nature of Emotion.*

자이언스는 정감이 인지적 활동에 선행하며, 따라서 인지적 활동을 필요로 하지 않는다는 것을 보일 수 있도록 기획된 방대한 양의 자료를 모았는데, 내가 보기에 그중 가장 강력한 증거는 특히 다음의 네 가지 자료에서 나온다.

1. 자이언스와 그 외 연구자들은 '단순노출 효과' 실험에서, 사람들이 더 자주 접했던 자극을 선호한다는 것을 설득력 있게 확증했다. 피험자들은 어떤 자극이 너무 빠르게 제시되어 자신이 무엇을 보고 있는지 의식적으로 깨닫지 못할 때에도 자신이 더 자주 접했던 자극을 선호하는 것으로 드러났다. 예를 들어, 한 실험에서 자이언스와 그의 동료 윌슨(W. R. Wilson, 이후에는 Kunst-Wilson으로 표기)은 참가자 집단에게 불규칙한 다각형 슬라이드를 순간적으로 보여주었고, 따로 확인된 바 그 슬라이드는 너무 빠르게 제시되어 피험자들은 자신이 무엇을 보았는지 알아챌 수 없었다. 그리고 참가자들에게는 두 다각형 중 어떤 것을 선호하는지, 그리고 어떤 것을 전에 본 적이 있는지 구별할 것이 요청되었다. 이 연구에서 자신이 무엇을 보았는지를 피험자들이 알아볼 확률은 사실상 우연과 같은 수준이었지만, '오래되고' '친숙한' 다각형들과 '새롭고' '친숙하지 않은' 다각형들 사이에 선호 반응은 확실히 구분되었다. 이에 따라 윌슨과 자이언스는 "자신들이 무엇을 보았는지 의식적으로 알아보지 못하고, 얻을 수 있는 정보가 너무 희박해서 자신들에게 무언가가 제시되었다는 것조차 확신할 수 없을 때에도 개인들은 분명히 대상에 대한 선호를 발달시킬 수 있다"고 결론 내린다. 따라서 이러한 결과는 인지 체계의 광범위한 참여 없이도 정감적 구별을 할 수 있는 능력이 우리에게 있을 수 있음을 시사한다.[32]

2. 보다 최근에 자이언스는 인지의 개입 없이도 새로운 정감적 반응이 분명히 유도될 수 있다는 것을 보이기 위해 기획된 일련의 실험들에 착수했다. 이 실험에서 그와 동료들은 그가 '비의식적(nonconscious)인 정감적 밑칠(priming)'이라고 부르는 것에 대해 연구했다. 그것은 (중국어를 모르는 사람에게 제시된!) 중국 표의문자 같은 중립적 자극에 대한 정감적 반응을 유도하는 것으로, 사전에 그 자극을 행복해하거나 화난 사람의 얼굴과 함께 보여줌으로써 그

32) Kunst-Wilson and Zajonc, 'Affective Discrimination of Stimuli that Cannot Be Recognized', 558.

러한 유도를 피한다. 그러한 밑칠은 피험자들에게 매우 짧은 시간 동안 제시되기 때문에 그들은 자신들이 무언가를 보았다는 것을 자각하지 못하지만, 미소 짓는 얼굴을 통해 밑칠 된 표의문자는 화난 얼굴을 통해 밑칠 된 표의문자보다 훨씬 더 선호되었다. 그러나 그 밑칠이 좀 더 천천히 제시되어 참가자들이 그것을 의식적으로 알아볼 수 있는 경우에 이런 효과는 사라졌다. 자이언스는 자신의 실험 결과를 '차선의[즉, 자각하기에는 너무 빠른] 정감적 밑칠 — 0.0004초 동안에만 보이는 표정의 형태로 제시되는 정감적 밑칠 — 은 그 대상 문자에 대한 피험자의 선호도에 의미 있는 변화를 만들어낸 반면, 최선의 노출 지속시간[즉, 자각할 수 없을 만큼 지나치게 빠르지는 않은] 동안 제시된 동일한 밑칠은 그렇지 않았다'는 것을 보이는 것으로 요약한다.[33)]

3. 자이언스가 인용하는 가장 강력한 몇 가지 자료는 리처드 라자루스(Richard Lazarus, 평가이론가)와 그의 동료 클리어리(R. A. Cleary)가 1950년대 초에 진행한 '역하지각(subception)' 실험이라고 불리는 고전적 실험들에서 가져온 것이다.[34)] 이 실험들에서는 다섯 글자로 이루어진 의미 없는 열 개의 단어가 사람들에게 제시되었다. 그리고 조건화되지 않은 자극으로 전기충격을 사용하여 열 개 중 다섯 개의 단어들에 피험자들의 피부 전기전도 반응이 나타나도록 조절되었다. 다시 말해, 열 개의 '단어들' 중 다섯 개가 충격과 연결되었고, 그 단어들을 보게 되었을 때 참가자들은 높아진 피부 전기전도 반응을 보였다. 우리가 바로 앞에서 논의한 바와 같이, 그러한 반응은 캐넌이 말한 '응급' 반응의 일부이다. 열 개의 자극 모두는 같은 횟수로 제시되었고, 그래서 참가자들은 열 개 모두에 같은 정도로 익숙해졌다. 참가자들이 이런 식으로 조건화된 후, 이번에는 단어들을 순간노출기의 속도(알아보기에는 너무 빠른 속도)로 제시한 후 피험자들에게 그들이 '보았던' 단어가 무엇인지 말하도록 요청하는 검사가 시행되었다. 이번 검사에서는 전기충격이 주어지지 않았지만, 피험자들에게는 이것을 알리지 않았다. 이 실험의 주목할 만한 결과는 충격과 연결된 단어들에 대한 피부 전기전도 반응이 충격 없음과 연결된 단어들에 대한 것보다 훨씬 높았으며, 참가자들이 자신

33) Murphy and Zajonc, 'Affect, Cognition, and Awareness', 726.

34) Richard S. Lazarus, *Emotion and Adaptation* (New York: Oxford University Press, 1991), 155-6.

들에게 제시된 단어들을 **식별할 수 없을 때조차** 그랬다는 것이다. 라자루스는 이러한 효과를 '역하지각'이라고 불렀는데, 이는 의식 저변에서 일어나는 종류의 지각을 가리킨다. 즉, 피험자들은 어떤 단어들이 그들 앞에 등장했는지 몰랐지만, 그들의 피부는 알았다는 것이다! 자이언스의 용어를 빌리자면, 피험자들은 특정 단어들을 인지적으로 처리하지 않으면서도, 즉 그것들이 무엇인지 모르면서도 그 단어들을 **싫어했다**.

4. 자이언스는 또한 자신의 결론에 무게를 실어준다고 생각되는 다른 이들의 연구를 많이 인용한다. 예를 들어 그는 존 가르시아(John Garcia)와 그의 동료 루시냑(K. W. Rusiniak)이 1980년에 쓴 글을 인용하는데, 그 글은 독이 든 음식에 대한 조건화 수단으로서 냄새 맡기와 맛보기가 가진 상대적 장점에 대한 것이다.[35] 가르시아는 한 실험에서 쥐들에게 새로운 맛(맛이 가미된 용액)을 제시하고, 15분 후에 메스꺼운 물질을 주었다고 기록했다. 쥐들은 (그가 우리에게 무언인지 말해주지 않은) 그 메스꺼운 물질을 마신 후 그 이전에 주어진 맛에 대한 혐오감을 발달시켰다. 이 실험에서 흥미로운 것은 메스꺼운 물질이 그 동물이 마취된 상태에 있을 때 주어졌다는 것이다. 자이언스의 관점에서 보았을 때 중요한 것은 만약 그 쥐가 어떤 '평가'를 내렸다면 그 평가는 '섭취한 음식과 마취 상태 동안 일어난(그리고 아마도 모호하게만 접수된) 메스꺼움 사이를 상당히 멀게 연결'하는 것이었어야 한다는 것이다. 자이언스는 '그 동물이 뒤따르는 조건화를[새로운 맛을] 거부했을 때, 거기에 어떤 종류의 평가 과정이 — 무의식적인 평가 과정조차 — 개입되었을 것이라고 보기는 어렵다'고 결론 내린다.[36]

정감적 평가

35) J. Garcia and K. W. Rusiniak, 'What the Nose Learns from the Mouth', D. Muller-Schwarze and R. M. Silverstein (eds.), *Chemical Signals* (New York: Plenum Press, 1980).

36) Zajonc, 'On the Primacy of Affect', 120. 자이언스는 정보로 독자를 압도하려고 한다. 그러나 그 정보 중 일부는 매우 인상적으로 들리긴 하지만, 정말로 결정적인 것들은 아니다. 나는 다른 곳에서 그의 연구 결과에 대해 보다 상세히 논의하고 있다.

우리는 1장에서 감정에 대한 판단 이론을 주장한 철학자들이 감정과 관련된 판단이 우리의 필요와 목표에 매우 중요한 문제들에 대한 것이라는 데 널리 의견을 같이한다는 것을 보았다. 평가이론가인 심리학자들도 이와 의견을 같이한다. 라자루스는 감정의 '핵심'을 이루는 판단이 언제나 '사람과 환경의 관계가 가지는 의미'에 대한 평가라고 강조한다. 그는 '개인적 평가(즉, 해나 이익에 대한 개인적 평가) 없이는 감정도 없다. 그리고 그러한 평가가 이루어질 때, 어떤 종류의 감정이 반드시 있게 된다'고 주장한다.[37] 오토니(Ortony)와 그의 동료들은 감정의 중심이 되는 평가들이 환경이 우리의 안녕에 영향을 미치는 방식에 대한 것이라는 데 동의한다. 그들의 용어를 빌려 말하자면, 감정과 관련된 평가는 우리의 목표, 가치 혹은 취미와 태도에 영향을 미치는 평가들이다.

그렇지만 내가 1장에서 강조했던 것처럼 단지 인지적 평가만으로는 감정 반응이 일어나기에 충분하지 않다. 이를테면 우리는 자신이 어색한 위치에 처해 있음을 발견하는 것같이 어떤 상황을 인지적으로 평가하면서도 당혹감을 느끼지 못할 수 있다. 혹은 어떤 상황을 위험한 것으로 인지적으로 평가하면서도 두려움으로 반응하지 않을 수 있다. 어떻게 이럴 수 있는 것일까?

이 질문에 대해 자이언스의 연구 결과가 시사하는 답은 유기체에게 **중요한** 것들에 대해 매우 빨리 자동적으로 일어나는, 그리고 자각의 문턱 아래에서 일어나는 **정감적(affective) 평가**가 있다는 것이다. 그러한 정감적 평가는 **비인지적인데**, 어떠한 인지적 평가도 일어나기 전에 그러한 평가와 독립적으로 일어난다는 점에서 그렇다. 정감적 평가는 내적 환경 및 외적 환경에서 인간이나 동물에게 중요한 것들을 골라내고 그것들에 주의를 집중하며, 그것들이 **어떻게** 중요한지의 측면에서 그것들을 평가한다. 이를테면 그것들이 좋은 것인지 나쁜 것인지, 위협인지 공격인지의 측면에서 그것들을 평가하는 것이다. 그러한 정감적 혹은 비인지적 평가는 생리적 변화를 초래하는데, 그러한 생리적 변화는 평가의 대상이 위협적이라든가 좋아할 만한 것이라는 식의 평가를 강화하고 그 대상에 주의를 고정하도록 돕는 피드백 역할을 한다.

자이언스는 스스로의 연구 결과를 감정은 인지에 선행하며, 따라서 인지적 평가는 감

---

37) Lazarus, *Emotion and Adaptation*, 177.

정에 필수적이지 않다는 것을 보여주는 증거로 해석한다. 그러나 그가 인용한 자료들은 최소한 몇몇 감정은 의식의 저변에서 고차원적 인지과정과 독립적으로 일어나는 원초적 평가를 포함한다는 것을 보여주는 것으로도 그럴듯하게 해석될 수 있다. 그러한 예들에는 단순노출 실험에서 피험자들에 의해 밝혀진 선호도 — 피험자들은 자신들이 좀 더 자주 보아왔던 색들이나 다각형들을 다른 것들보다 더 유쾌한 것으로 '평가했다' — 가 포함될 것이다. 이와 유사하게, 역하지각 실험들에서 피험자들은 어떤 음절들을 위협이 되는 것으로 '평가했다'. 가르시아가 언급한 실험에서 쥐들은 (마취 상태에서) 메스꺼운 물질과 연결시키도록 길들여진 그 맛이 첨가된 음료를 역겨운 것으로 '평가했다'. 즉, 쥐들은 그것을 싫어했다. 또한 이와 유사하게 두려움, 격노 그리고 애착 같은 유아적 감정에 대한 쉐러와 스루프의 연구는 '원초적인' 신생아의 감정들에 평가가 포함되지 않는다는 것이 아니라, 그 감정들이 특별한 종류의 평가, 특히 어떠한 고차원적 인지과정도 포함하지 않는 평가를 포함한다는 것을 보여주는 것으로 간주될 수 있다.

자이언스가 강조했던 종류의 정감은 매우 빠르고 자동적으로 일어난다. 만약 우리가 이러한 정감들에 빠르고 자동적인 **평가**가 포함된다고 본다면, 이러한 평가에는 선호나 반감, 역겨움 그리고 위협이라는 평가가 포함될 것이다. (3장에서 여기에 대해 좀 더 논의할 것이다.) 진화적 관점에서 보자면, 빠르고 자동적인 평가들은 고차원적 인지과정보다 더 빠르게 일어나기 때문에 그것들이 환경 순응적(adaptive)이라고 추정하는 것은 그럴듯해 보인다. 어쩌면 이것은 왜 우리가 인지뿐만 아니라 **감정적** 평가 역시 필요로 하는지 설명해준다. 즉, 정감적 혹은 비인지적 평가가 매우 빠르게 일어나는 것은 우리가 지각하는 것에 매우 빠르게 반응하는 것이 종종 중요하기 때문이라는 것이다. 환경 속의 무언가가 우리에게 호의적인지 적대적인지, 우리의 안녕에 도움이 되는지 아닌지를 즉각적으로 아는 것은 우리에게 매우 중요할 수 있다. 신속한 감정적 평가가 느리고 신중하며 냉정한 평가 — 참과 정확성이 즉각적 반응보다 더 중요한 평가 — 와 다르게 진행될 가능성은 높아 보인다. 게다가 앞에서 살펴보았듯이 감정적 평가가 우리에게 중요한 문제들, 즉 우리의 생존 그리고/혹은 우리의 안녕에 중요한 문제들에 대한 것이라는 점에 대해서는 평가 이론가들도 널리 동의하고 있다. 우리는 환경에 대한 감정적 평가를 할 때 철학적 질문이나 지적 호기심으로 그것을 묻는 것이 아니다. 최소한 가끔씩은 자기보존을 위해 신속한 반응이 필요하기 때문에 그러한 평가들이 빠르게 이루어져야 하는 것일 수 있다는 것에는 일리가 있다.

우리는 또한 감정이 신호를 보내는 장치로 기능한다는 사실을 기억해야 한다. 운동 활동과 자율신경계 변화에서 감정의 역할을 강조한 자이언스나 에크먼 같은 심리학자들은 감정에서 얼굴 근육의 움직임을 포함한 운동 활동이 중요한 역할을 한다는 데 주목했는데, 그것은 자신이 어떤 특정한 상태에 있다는 것을 다른 이들에게(그리고 어쩌면 자신에게) 알리는 신호로 기능하고, 특정 감정에 맞는 운동 행위 패턴들을 촉진하여 적합한 행동(싸우거나 피하거나)을 할 수 있도록 유기체를 준비시킨다. 그러한 신호들은 아마도 종종 아주 빠르게, 어쩌면 자기 자신이나 지각된 다른 사람(혹은 다른 유기체)의 마음 상태에 대해 깊이 생각해 볼 시간을 가지기도 전에 만들어지고 재인되어야(recognized) 할 것이다. 표정은 다른 이들을 향한 중요한 신호이다. 만약 당신이 이를 드러내고 귀를 뒤로 젖히며 나를 위협한다면, 나는 스스로 뒤로 물러서거나 겸손하게 보이는 게 좋겠다는 것을 즉각적으로 알게 된다. 당신의 표정에 대한 나의 평가는 매우 빨리 이루어지고, 그래서 믿을 만한 것이 아닐 수도 있다. 그러나 멈춰 서서 깊이 생각하다가 공격당하는 것보다는 당신의 미소를 으르렁거림으로 오해하고 빠르게 반응하는 것이 더 낫다. 감정적 평가가 빠르고 자동적이며 그것이 인지와는 다른 신경 경로를 이용할 수 있다는 아이디어는 — 감정적 평가가 우리의 생존 그리고/혹은 안녕에 있어 중요한 환경의 특정 국면들에 주의 깊게 집중하는 방식들이라는 아이디어와 결합되어 — 감정을 특별한 종류의 정보처리 장치로 개념화되어야 한다는 아이디어와 감정에 핵심적인 것은 내가 비인지적 평가 혹은 정감적 평가라고 불러온 것이라는 아이디어를 시사한다.

정감이 인지에 선행한다는 자신의 입장을 뒷받침하기 위해 자이언스가 라자루스의 역하지각 실험을 인용하는 것은 역설적이다. 왜냐하면 앞에서 살펴보았듯이 라자루스는 감정이 평가를 요구한다는 이론의 주창자이기 때문이다. 1980년대에 자이언스는 라자루스와 상당히 격한 논쟁을 벌였는데, 라자루스는 감정은 평가를 요구하기 때문에 자이언스의 예들은 전혀 감정이 아니라고 주장했고, 자이언스는 반대로 라자루스가 감정을 반드시 평가를 요구하는 것으로 정의해버리고서 평가를 요구하지 않는 현상들이 바로 그러한 이유로 감정으로 간주될 수 없도록 했다고 비난한다. 그러나 좀 더 최근에 라자루스는 여전히 정감이 평가를 내포한다고 주장하면서도 자이언스의 예들이 정감의 예**라는** 것을 받아들이는 것으로 보인다.[38] 그의 해결책은 두 종류의 평가, 즉 의식적이고 고의적인 평가와 무의식적이고 자동적인 평가를 상정하는 것이다.

감정에 대한 라자루스의 지난 40여 년간의 연구를 요약하고 있는 1991년 저서 『감정과 적응(*Emotion and Adaptation*)』에서 그는 '평가에는 두 가지 상이한 양상(어쩌면 체계)이 있다. 하나는 **의식적이고 고의적이며 의지의 통제 아래 있는** 것이고, 다른 하나는 **자동적이고 무의식적(unconsûous)이며 통제 불가능한** 것이다'라고 주장한다. 예를 들어 역하지각 실험은 '위협과 위협이 아닌 것 사이의 구별이 전의식적(pre-conscious)이거나 무의식적인 수준에서 일어났다는 것에 대한 의심의 여지를 거의 남기지 않았다. …… 달리 표현하자면 피험자들은 자각하지 못하는 채로 자동적 평가를 하고 있었다.'[39] 간단히 말해 라자루스는 피험자들이 '정감'을 경험하고 있었다는 것은 인정하지만, 그럼에도 불구하고 그들이 주어진 자극을 단순하고 자동적인 방식으로 '평가하고' 있었다고 주장한다. 즉 '의미가 **언제나**(고위험 단어) 감정에 포함된다고 주장하는 것은 그리 말도 안 되는 것이 아닌데, 왜냐하면 모든 혹은 대부분의 포유류 생물들은 해, 위협 그리고 이익이라는 기본적인 범주적 구분에 관한 단순하고 학습된 평가를 할 수 있기 때문이다. 인지적 활동을 감정의 필요조건으로 간주하지 말아야 할 논리적 이유나 실증적 이유는 없다.'[40]

라자루스가 지적한 것처럼 우리는 환경의 동일한 부분을 두 가지 상이한 방식으로 처리할 수 있기 때문에 우리가 환경에 대해 서로 모순되는 것들을 동시에 믿는 것은 가능하다. 예를 들어 관련된 통계 자료에 대한 연구를 포함하여 의식적이고 합리적인 숙고의 결과로 나는 비행이 안전하다고 결론 내릴 수 있다. 그러나 그와 동시에 나는 비행기가 막 이륙하려 할 때 그것이 위험하다는 — 통제할 수 없고, 의식적이지 않으며, 자동적인 — 평가를 내릴 수 있다. 나의 용어들로 말하자면, 나는 그 상황을 '비인지적으로' 두려운 것으로

38) 그 논쟁을 보려면 R. B. Zajonc, 'Feeling and Thinking'; Richard S. Lazarus, 'Thoughts on the Relations between Emotion and Cognition', *American Psychologist* 37 (1982); Zajonc, 'On the Primacy of Affect' 참조.

39) Lazarus, *Emotion and Adaptation*, 153, 156.

40) Ibid. 190.

평가하면서 인지적으로는 그 상황을 안전한 것으로 평가한다. 나는 스스로 두려워하지 말아야 한다고 이성적으로 알고 있는 것이다. 라자루스는 '전의식적 평가(pre-conscious evaluation)'는 의식과 언어가 허용하는 '정밀한 분석적 구분'[41]이라기보다는 '좋거나 나쁜'과 같은 대강의 구분만 할 뿐이라고 지적한다.

그러나 흥미롭게도 자이언스는 정감이 어떠한 인지적 활동보다 선행할 수 있다고 주장하고 싶어 하는 반면, 라자루스는 여전히 두 종류의 평가 모두 인지적 활동에 기반을 두고 있다는 입장을 고수한다. 그러나 피비 엘스워스(Phoebe Ellsworth)와 다른 이들이 지적하듯,[42] 정감이 인지에 선행하는지의 여부는 정감과 인지가 무엇을 의미하는지에 달려 있다. 대부분의 이론가들은 우리가 '인지'라는 용어를 고차원적 과정을 이야기하는 데 사용해야 한다는 데 동의한다. 비록 우리의 현재 지식 상태를 고려할 때 무엇이 '고차원적' 혹은 '저차원적'으로 간주되는지 아주 정확하게 규정할 수 있는 것은 아니지만 말이다. 나는 내가 신피질 영역에 국한된 과정들에 대해 이야기할 때에만 '인지'라는 용어를 사용하는 대다수의 무리에 속해 있다고 본다. 이와 대조적으로 라자루스는 분명히 피질하부 수준에서 이루어지는 평가조차 인지로 본다. 그러나 핵심은 이와 같은 빠른 감정적 평가가 인지적인지 아닌지의 여부는 '인지'를 어떻게 정의하는지에 달려 있다는 것이다. 여기에서 의미 있는 지점은 그러한 빠른 감정적 평가가 존재한다는 것, 그리고 그러한 평가는 어떠한 고차원적 과정도 요구하지 않는다는 것이다. 만약 쾌, 혐오 혹은 새로움이라는 자동적 평가가 정감으로 간주된다면, 정감이 어떤 고차원적 인지 과정이 있기 전에도 일어날 수 있다는 것에 거의 모든 사람이 동의할 것이다. 나는 그러한 평가를 '정감적 평가'라고 부를 것이다. 그리고 나는 그러한 평가가 어떠한 의식적 숙고나 자각 없이도 일어날 수 있으며, 그것이 어떠한 복잡한 정보처리과정도 포함하지 않는다는 의미에서 그 평가가 '비인지적'인 것이라고 가정할 것이다.[43]

---

41) Ibid. 158.

42) Phoebe Ellsworth, 'Levels of Thought and Levels of Emotion', Ekman and Davidson (eds.), *The Nature of Emotion*, 193.

43) '인지'의 두 가지 의미, 즉 '의식적 자각'과 '복잡한 정보처리'를 구분한 프리자의 글 참고. Nico Frijda, 'Emotions Require Cognitions, Even If Simple Ones', Ekman and Davidson (eds.), *The Nature of Emotion*, 197. 프리자 자신은 비인지적으로 유도될 수 있는 '정감'과 그가 보기에 언제나 '정보처리'라는 의미에서의 인지를 요구하는 '감정' 사이에 차이가 있다고 주장한다. 설령 그 정보처리가 아주 복잡한 것이 아니더라도 말이다. 예를 들어 그는 다른 것보

다른 이론가들도 두 종류의 평가를 유사한 방식으로 구분했는데, 하나는 신속하고 자동적이며 감정에 필수적인 평가이고, 다른 하나는 더 느리고 숙고를 거친 의식적인 평가이다. 키스 오틀리(Keith Oatley)도 내가 보기에는 — 라자루스보다는 덜 분명하게 하고 있지만 — 본질적으로 동일한 구분을 하고 있다. 오틀리는 그 자신이 '**의미론적 메시지**'라고 부르는 명제적 내용을 포함하는 메시지와 '분석되거나 해석될 필요 없이' 단순히 특정 인지적 체계 그리고/혹은 운동 체계를 활성화하는 기능을 하는 '**통제 메시지**'를 대조시킨다.[44] 오틀리는 감정 신호들이 일종의 통제 메시지라고 주장한다. 어떤 메시지는 공격할 수 있도록 우리를 준비시킬 수 있고, 다른 메시지는 두려움에 찬 경계태세를 활성화할 수 있다. 오틀리가 '기본 감정 신호'를 묘사하는 방식은 그가 그 신호를 내가 묘사하려 했던 종류의 '비인지적 평가'로 본다는 것을 시사한다.

> 첫째, 그것들은 분석이나 해석 혹은 오래 걸리고 완성되지 않을 수도 있는 다른 연산화 과정 없이 진행 중인 활동을 가로막고 새로운 활동을 위한 준비 태세로 전환되게 하여 그 체계로 하여금 빠르고 통합된 반응을 할 수 있게 한다. 둘째, 보다 장기적인 유지가 가능해져 그 체계가 하나의 조직화된 상태나 분위기에 머무르면서 추가적인 전환이나 다른 관심사들로부터의 침해에 저항할 수 있게 된다.[45]

요약하자면 '감정 통제 신호'는 우리 자신의 소망, 필요 그리고 관심사에 있어 중요한 어떤 환경 속 상황이나 사건에 주의를 집중한다. 그 신호는 상황이 이어지는 한 주의 집중을 유지하고, 그 상황을 '의미론적 내용' 없이 빠르고 자동적인 방식으로 '평가한다'.

여기에서 다음과 같은 반박이 있을 수도 있다. 환경 속 특정 사건에 선택적 주의를 기

다 '예기치 않은 강렬한 자극'과 '자기주도적 움직임에서의 신체적 제한과 여타의 방해'에 의한 감정 유발이 '하나 이상의 국부적 자극'과 '전체 틀이나 기대에 비추어 자극을 비교하는 것'을 포함한다고 보는데(Ibid. 200-1), 이 둘 모두는 인지를 포함하는 것이다. 나는 그러한 자극에 반응하는 것이 '복잡한 정보처리'를 포함하며, 따라서 인지를 포함한다는 것에 대한 확신을 덜 가지고 있다.

44) Keith Oatley, *Best Laid Schemes: The Psychology of Emotions* (Cambridge: Cambridge University Press; Paris: Éditions de la Maison des Sciences de l'Homme, 1992), 53.

45) Ibid. 54.

울이는 것과 그 사건을 빠르고 자동적으로 평가하는 것이 감정에 필수적일 수는 있지만, 그러한 주의와 평가는 감정적이지 않은 상황에도 있다는 것이다. 이를테면 새로 지은 집을 점검하는 목수는 의심할 여지없이 자신의 관심을 끄는 것들과 자신이 아는 것들에 선택적인 주의를 기울이겠지만, 우리가 보통 '감정 상태'라고 간주할 상태에 있을 필요가 없다. 이러한 반박에 대한 답은 감정에 포함되는 '비인지적 평가'는 **언제나 생리적 동요나 표정의 변화 혹은 어떤 다른 생리적 반응을 야기하는** 반면, 그 목수는 상당히 냉정할 수 있다는 것이다. 감정 상태에 있는 사람들은 그 상황을 자신들의 필요, 소망, 가치, 목표, 이해관계 그리고 관심사에 있어 중요한 것으로 자동적으로 '평가할' 뿐만 아니라 그 상황에 생리적으로 반응한다. 그들은 변화된 생리적 상태에 있게 되고, 이것이 그 평가를 강화하고 주의를 유지시키며, 다시 이것이 다른 이들에게(그리고 아마도 자신들에게) 자신이 어떤 상태에 있는지를 알린다.

인간 감정의 생물학적 기능은 유기체의 이해관계, 목표, 필요 혹은 가치에 있어 필수적 중요성을 지닌 (내적 혹은 외적) 환경 속 무언가에 대해 주의를 환기시키는 것이다. 추정건대 곤충과 물고기에게는 가치와 목표 — 최소한 명제적 형태로 명료화될 수 있는 가치와 목표 — 가 없지만, 그들의 감정은 인간 감정과 거의 동일한 생물학적 기능을 수행한다. 정감적 평가는 서로 경쟁하는 다수의 자극들 중 유기체에게 중요하고 처리되어야 하는 것들을 선별한다. 생리적 변화는 그 유기체가 적합한 행동을 하기 위해 준비되도록 돕는다. 실제로 몇몇 이론가는 행동 경향이 감정 과정의 가장 중요한 국면이라고 믿는다.

그러나 생리적 변화는 그 밖에도 우리가 잊어서는 안 될 두 가지 중요한 역할을 한다. 첫째, 그와 같은 많은 변화는 유기체의 외양에 영향을 미치고, 그것은 유기체가 특정한 상태에 있다는 것을 다른 이들에게 알리는 신호로 작용한다. 아기는 엄마의 미소에 대한 반응으로 미소를 짓고, 그를 통해 엄마의 애정을 강화한다. 화가 난 고릴라의 표정은 공격받고 싶지 않으면 물러서는 게 좋을 것이라고 다른 고릴라들에게 알린다. 슬픈 표정은 — 그것이 고릴라의 것이든 인간의 것이든 — 집단의 다른 구성원들에게 그가 위로를 필요로 한다는 것을 알려준다. 수치스러운 표정은 집단의 다른 구성원들에게 그가 잘못했다는 것을 알려준다. 또한 어쩌면 그것은 그가 집단의 기준과 제재를 받아들이며 집단에 다시 속하게 되기를 요청한다는 것을 알리는 신호이다.

감정 반응을 구성하는 생리적 변화의 또 다른 중요한 역할은 그것이 그 체계에 피드백으로 작용하면서 정감적 평가를 강화하고, 그것에 주의를 집중하도록 돕는 것이다. 어떤 사람이나 동물이 갑작스런 충격이나 큰 소음에 깜짝 놀랄 때, 그에게는 즉각적인 자동적 반응이 있게 되고 그것이 그 자극에 주의를 집중하도록 돕는다. 이와 같은 반응의 순화된 버전은 생리학자들이 '지향(orienting)' 반사라고 부르는 것이다. 이와 유사하게, 내가 기쁠 때는 기쁨에 특징적인 생리적 변화가 나에게 일어난 모든 멋진 일에 주의를 고정시키도록 돕는다. 그리고 슬플 때는 생리적 변화가 내가 내리는 슬프다는 평가를 강화한다.

신경생리학에서의 관점

신경생리학자 조지프 르두(Joseph LeDoux)는 그의 1996년 저서 『감정적 뇌(*The Emotional Brain*)』로 마무리되는 일련의 글들에서, '감정'이라 불리는 단일한 현상은 없으며, 오직 다양한 감정 체계들만이 있을 뿐이라고 주장했다. 감정은 인간이나 '고등' 동물들에게만 고유하게 있는 것이 아니다. **기본적** 감정 체계는 많은 '하등' 동물 종들, 심지어 곤충이나 물고기에게서도 발견된다. 이러한 기본적 감정 체계는 유기체가 기본적인 삶의 마주침들에 대처할 수 있도록 고안되어 있다. 유기체와 환경 사이에 일어나는 특정 종류의 중요한 상호작용에 진화를 통해 맞추어진 것으로 기본적 감정 체계를 보는 것이 중요하다. 르두는 기본 감정들의 목록이 '생존에 있어 중요한 특별한 적응 행위들'의 목록과 상응할 것이라고 본다. 그의 '작업가설(working hypothesis)'은 '감정적 행위의 상이한 집합들은 동물들에게 있는 상이한 종류의 문제들을 다루는 상이한 종류의 기능을 표상하며, 그것들을 전담하는 상이한 뇌의 체계가 있다'는 것이다.[46]

---

46) Joseph LeDoux, *The Emotional Brain: The Mysterious Underpinnings of Emotional Life* (New York: Simon & Schuster, 1996), 126-7.

르두가 가장 광범위하게 연구했던 감정 체계는 두려움이다. 그의 연구 대상은 쥐에게 조건화된 두려움이었지만, 그의 연구는 인간의 두려움을 포함하는 자연스럽게 일어나는 두려움뿐만 아니라 감정 일반에 대한 연구에도 넓고 중요한 함축을 가진다. 르두는 당신이 어떤 감정 이론을 가지고 있든지 관계없이 감정 체계의 '핵심'은 '자극의 정감적 의미를 연산하는 메커니즘'이라고 본다.[47] 다시 말해 유기체는 자극의 감정적 의미를 어떻게든 '평가'할 수 있다는 것이다. 내가 설명한 것처럼 자이언스의 연구 결과는(그리고 다른 연구 결과들은) 그러한 '평가'가 매우 빠르게, 그리고 어떠한 의식적 인지나 복잡한 정보처리과정보다 앞서 일어날 수 있음을 보여준다. 감정 연구에 대한 르두의 큰 기여는 이것이 어떻게 일어나는지를 보여준 것이다. 그와 그의 동료들은 자각 없이 매우 빠르게 작동하는 뇌 속의 두려움 회로를 발견했다. 주어진 자극이 어떤 것인지 유기체가 알아보지 못할 때에도 그 회로는 자극의 정감적 의미를 연산할 수 있다.

르두는 충격(조건화되지 않은 자극)을 사용하여 버저음(조건화된 자극)에 대해 쥐가 두려움을 느끼도록 조건화했다. 위협이라는 '평가'는 유기체가 그 임박한 위험에 대처할 수 있도록 준비하는 수많은 서로 다른 반응을 촉발한다. 흥미롭게도 르두는 실험자가 그중 어떤 반응에 집중하고 어떤 반응을 측정하는지는 그리 중요하지 않다는 것을 알아냈다. 왜냐하면 언제나 동일한 뇌의 회로가 관여하는 것처럼 보이기 때문이다. 르두 자신은 얼어버리는 반응에 대해 연구했는데, 그 반응에서 두려움에 찬 동물은 모든 움직임을 멈추고 그에 수반되는 혈압에도 변화가 나타나게 된다. 지각된 위험에 대한 반응으로 얼어버리는 현상은 서로 다른 많은 종에 걸쳐 널리 나타난다. 종종 그것은 위험에 직면했을 때 할 수 있는 가장 안전한 것이다. 그것은 또한 그 동물로 하여금 그에 뒤따르는 빠른 탈출이나 방어적인 싸움을 할 수 있도록 준비시킨다. 탈출이나 방어적 싸움 역시 매우 널리 퍼져 있는 반응이다. 물론 그것들의 형태는 해당 동물의 신체 구조에 달려 있지만 말이다. 예를 들어 새는 위험으로부터 멀리 날아갈 것이고, 물고기는 헤엄칠 것이다. 또한 조건화된 두려움 반응은 자율신경계를 활성화한다. 근육은 더 많은 혈액을 요구하고, 그 결과 얼어버리는 반응을 유지하도록 돕는 다양한 심혈관 반응과 여타 내장 반응(visceral responses)이 일어나며, '신체가 위

47) Joseph LeDoux, 'Cognitive-Emotional Interactions in the Brain', *Cognition and Emotion* 3 (1989), 271.

협적 상황에 대처하는 것에 더 도움을 주기 위해' 스트레스 호르몬이 혈류로 방출된다. 깜짝 놀라거나 눈을 깜빡이는 것 같은 반사작용 역시 '강력해져' '통상적으로 방어적 움직임을 불러일으키는 자극들에 대해 좀 더 빠르고 좀 더 효율적으로 반응'할 수 있게 한다.[48] 요약하자면, 그와 같은 조건화된 반응은 버저음에 조건화되는 것을 통해 인위적으로 유도되는 타고난 반응인 것이다.

뇌 속 두려움 체계의 핵심은 편도체, 즉 종종 '변연계(limbic system)'로 지칭되는 것에 있는 작은 아몬드 모양의 기관이며, 여기에 위협의 감정적 의미가 입력된다.[49] 르두는 쥐가 버저음을 들을 때 **청각시상**이 활성화된다는 것을 알아냈다. 그 시상은 들어오는 자극을 받아 그것을 다양한 감각 양상(시각, 청각 등)의 고차원적 처리과정을 책임지고 있는 피질의 상이한 부분들로 보내기 때문에 뇌 속 '중간 기착지'라고 불려왔다. 청각시상은 청각 신호를 받아 그것을 **청각피질**로 보내며 거기에서 그 소리가 '인지적으로 처리된다.' 이를테면 그 소리는 거기에서 식별되는 것이다. 그런 다음 그 청각피질은 편도체로 신호를 보내는데, 거기에서 버저음의 감정적 충격이 산정된다. 또한 청각시상은 완전히 **피질을 우회하여** 편도체로 직접 신호를 보내기도 하는데, 이 점이 중요하다. 그 편도체는 주어진 자극이 무엇인지에 대한 보다 정확한 정보가 청각피질로부터 오기 **전에** 그 자극의 정감적 의미를 연산한다. 중요한 것은 쥐의 경우 어떤 청각적 자극이 시상으로부터의 직접적 경로를 거쳐 편도체에 도달하는 데 0.012초가 걸리는 반면, 그것이 피질 경로를 횡단할 때는 거의 두 배의 시간이 걸린다는 것이다.[50] 시상-편도체 경로와 피질-편도체 경로는 편도체의 측면 핵에서 만난다. 그리고 일단 측면 핵에 도달한 신호는 편도체의 중심핵으로 보내지는데, 그 중심핵은 특징적인 두려움 반응들, 얼어버리는 반응, 스트레스 호르몬의 혈류 방출, 그리고 다양한 심혈관 반응과 내장 반응들 — 혈압이 증가하고, 땀을 흘리고, 피부전도도가 증가하는 등 — 을 통제한다. 만약 시상-편도체 경로에서 오는 정보가 피질-편도체 경로에서 오는 정보와 함께 조정되는 것이라면, 추정해보건대 청각피질에서 오는 정보가 시상-편도체 경로에서 직접 얻어진 정보를 확증하거나 부당하다고 입증하는 것이 가능할 것이다.

---

48) LeDoux, *The Emotional Brain*, 149.

49) 르두는 '변연계'라는 개념이 사실 잘못 규정된 것이라고 본다.

50) LeDoux, *The Emotional Brain*, 163.

즉, 그것은 '정감적 평가'가 적절한지 아닌지, 그리고 일어난 반응이 유지되어야 하는지 아니면 중단되어야 하는지를 확실하게 알려줄 수 있을 것이다.

중요한 것은 청각시상이 자극에 대해 아주 세밀한 구별을 하지 못한다는 것이다. 세밀한 구별은 청각피질에서 이루어진다. 르두는 자신이 동일한 소리를 처리하는 두 개의 상이한 통로가 있음을 발견했다고 결론 내린다. 그중 한 통로는 '약식(quick and dirty) 처리체계'로 그것은 아주 빠르게 반응하고, 무언가 위험한 것이 주변에 있다고 유기체에게 경고하면서도 그것이 무엇인지 아주 주의 깊게 식별해내지는 않는다. 그리고 그것이 무엇이든 유기체로 하여금 그것에 적절하게 대응하도록 한다. 다른 한 통로는 더 느리고 좀 더 정교하게 식별하는 처리체계로, 피질을 통해 작용하면서 시상-편도체의 '정감적 평가'가 적절한지의 여부를 밝혀낸다.

> 숲속을 걷는다고 상상해보라. 어디선가 타닥거리는 소리가 들린다. 그 소리는 시상경로를 통해 편도체로 직행한다. 또한 그 소리는 시상으로부터 피질을 향하며, 피질은 그 소리가 당신의 신발 무게에 눌려 부러진 마른 잔가지에서 나온 소리인지 아니면 방울뱀이 꼬리를 흔드는 소리인지 알아낸다. 그러나 피질이 이것을 알아낼 즈음에 이미 편도체는 뱀과 맞설 준비를 하기 시작하고 있다. 시상으로부터 주어진 정보는 걸러지지 않은 것이고, 반응을 유발하도록 편향된 것이다. 피질의 역할은 적절한 반응을 산출하기보다는 부적절한 반응을 막는 것이다. 다른 예로, 가늘고 구부러진 형체가 길에 놓여 있다고 가정하자. 그 형체의 곡률과 가느다란 모양은 시상으로부터 편도체에 도달하지만, 피질만이 구부러진 막대기와 똬리를 틀고 있는 뱀을 구별한다. 만약 그것이 뱀이라면, 편도체가 게임에서 앞서는 것이다. 생존의 관점에서 본다면, 위험할 수도 있는 사건에 대해 마치 그것이 실제인 것처럼 반응하는 것이 반응하지 못하는 것보다 낫다. 결국, 막대기를 뱀으로 취급하는 것이 뱀을 막대기로 취급하는 것보다 적은 비용이 든다.[51)]

동일한 감각 자극에 대한 두 가지 상이한 처리 메커니즘이 있다는 생각은 새로운 것이

51) Ibid. 163-5.

아니다. 40여 년 전에 윌리엄 뎀버(William Dember)는 다음과 같이 주장했다.

> 자극의 지각적 처리는 두 가지 수준에서 일어난다. …… 지각 처리의 첫 번째 수준은 감정을 개입시킨다. 시각계는 주어진 자극의 감정적 의미를 파악하기 위해 충분한 정보를 끌어내어 그것이 위협을 주는지 아니면 보상을 암시하는지 결정한다. 일단 그 자극의 감정적 의미가 포착되고 나면 그것의 다른 속성들로 관찰자의 주의가 옮겨질 수 있다. 주어진 자극을 분류하고 식별하는 것은 지각 처리의 두 번째 수준이자 보다 고차원적인 수준에서 이루어지는데, 많은 이론가들은 이것을 인지 및 의식과 연관시킨다.[52]

르두가 한 일은 최소한 두려움 체계에서 이러한 두 가지 수준의 처리를 책임지고 있는 뇌의 회로를 발견한 것이다.

르두는 두 가지 상이한 처리 체계의 존재를 잘 보여주는 매우 흥미로운 실험을 인용한다. 이 실험에서는 유사한 두 신호음이 사용되었는데, 그중 하나는 충격에 조건화된 것이고 다른 하나는 그렇지 않은 것이다. 그리고 토끼들은 충격과 연관된 소리에는 심박수 증가로 반응하지만, 다른 소리에는 그렇지 않도록 조건화되었다. 그런 다음 실험자들은 토끼들의 청각피질을 잘라 시상에서 청각피질로 향하는 경로를 끊어버렸다. 그러자 토끼들은 더 이상 이 두 가지 유사한 소리를 구별하지 못했고, 그래서 그들은 마치 이 두 가지 소리가 모두 이전에 충격과 연관되었던 것처럼 두 소리 **모두**에 감정적으로 반응했다. 르두는 청각피질을 향해 있는 시상 속 뉴런들은 '좁게 조정되어 있어서 그것들이 무엇에 반응할지와 관련하여 매우 까다롭다'고 말한다. 그러나 편도체를 향해 있는 시상 속 뉴런들은 '덜 까다롭다'.[53] 즉, 그것들은 미세한 구별을 하지 않는다. 결과적으로 토끼들의 청각피질이 손상되었을 때 그들이 의존할 수 있는 것은 직접적인 시상-편도체 경로밖에 없으며, 편도체는

52) Dean G. Purcell, Alan L. Stewart, and Richard B. Skov, 'Interference Effects of Facial Affect', Robert R. Hoffman, Michael F. Sherrick, and Joel S. Warm (eds.), *Viewing Psychology as a Whole: The Integrative Science of William N. Dember* (Washington DC: American Psychological Association, 1998), 434. 참조된 문헌은 William N. Dember, *The Psychology of Perception* (New York: Holt, Rinehart & Winston, 1960), 321이다.

53) LeDoux, *The Emotional Brain*, 162.

두 개의 (유사한) 자극을 동일한 방식으로 취급한다.

요약하자면 르두는 '감정 반응이 보다 복잡한 자극 변화 — 대상을 의미론적 실체로 알아보는 데 관여하는 것들 같은 — 에 앞서, 혹은 그것과 독립적으로 원래 그대로의 자극 속성들에 기초하여 빠르게 시작될 수 있다는 것'을 보여준다.[54] 그는 감정과 인지가 '서로 분리되어 있으면서도 상호작용하는 뇌 기능들에 의해 중재되는, 서로 분리되어 있으면서도 상호작용하는 심적 기능들'로 사고되어야 한다고 주장한다.[55] 두려움에 대한 초기 반응은 인지적 개입이 있기 전에 매우 빠르게 일어나는 편도체의 '감정적 평가'에 의해 일어난다. 그것을 뒤따르는 더 느린 '인지적 평가'는 주어진 자극을 보다 정확하게 분석하고, 앞선 자동적 반응의 적합성을 평가하며, 아마도 초기의 평가와 그것을 뒤따르는 유기체의 반응 모두를 수정하고 통제하려 시도한다. 그러한 정감적 평가는 '감각적 입력 값(sensory inputs)을 인지 체계(즉, 해마)로 먼저 전송하지 않고 그 입력 값을 정감 체계(즉, 편도체)로 전송하는 경로의 존재'를 요구할 것이다.[56] 그리고 르두가 보인 것처럼 그러한 경로는 실제로 존재한다. 이러한 메커니즘이 지닌 진화적 이점은 이것이 매우 빠르게 작동하여 유기체에게 매우 중요한 무언가의 성패가 달려 있을 때 그 유기체가 즉각적 행동을 취할 수 있도록 준비시킨다는 것이다.

판단 이론에 대한 재고

1장에서 나는 감정에 대한 판단 이론, 즉 감정이 판단 혹은 '인지적 평가'이거나 그것을 함축한다는 이론에 대해 논의했다. 우리는 이 이론이 틀렸음을 보았다. 고든이나 테일러가 논의한 종류의 의식적이고 복잡한 판단을 요구하지 않는 감정 — 혹은 최소한 '정감' — 의 사례들이 실제로 존재하는 것이다. 그러나 동시에 어떤 종류의 평가는 감정에 정말로 필

54) LeDoux, 'Cognitive-Emotional Interactions in the Brain', 272.

55) LeDoux, *The Emotional Brain*, 69.

56) LeDoux, 'Cognitive-Emotional Interactions in the Brain', 279.

수적인 것처럼 보인다. 비록 그 문제의 평가가 의미론적 내용을 가진 고의적이고 의식적인 평가는 아니지만 말이다. 그 평가는 오히려 인지적 개입을 요구하지 않는 정감적 평가이다.

1장에서 우리는 감정이 판단이나 믿음을 포함한다는 견해에 대해 몇몇 철학자가 제기했던 반론들을 고찰했다. 그린스펀(Greenspan)은 우리가 감정의 명제적 내용을 믿을 필요는 없으며, 단지 마음에 담거나 품을 수 있다고 주장한다. 로티는 감정이 판단이나 믿음이라기보다는 두드러짐의 패턴에 좀 더 가까운 것이라고 본다. 마지막으로 솔로몬은 감정이 판단이기는 하지만 특별한 종류의 판단, 즉 긴급하게 내리는 판단 혹은 응급 판단이라고 주장한다. 나는 '비인지적 평가' 개념이 우리로 하여금 이와 같은 다양한 제안들을 이해할 수 있게 한다고 본다. 왜냐하면 비인지적인 정감적 평가는 판단 이론에 비판적인 철학자들이 지적한 많은 특성을 가지고 있기 때문이다.

그린스펀은 감정에 포함된 판단들은 합산이나 한정에 저항한다는 점에서 냉정한 판단과 다르다고 지적한다. 나는 합리적이 되기 위해 명백하게 모순되는 두 정감적 평가를 **합산할** 필요가 없다. 모든 것을 고려했을 때 내 친구가 상을 받은 것이 좋거나 좋지 않다고 결론 내릴 필요가 없는 것이다. 또한 내 친구가 상을 받은 것이 어떤 측면에서는 좋지만, 다른 측면에서는 좋지 않다고 나의 평가를 **한정할** 필요도 없다. 내 친구가 상을 받은 것에 대해 내가 행복해하면서도 동시에 불행해할 때, 나의 정감적 평가들 각각은 얻을 수 있는 증거들 전체의 부분집합에만 주목한다. 그녀가 상을 받아서 내가 행복해할 때, 나는 그녀가 자신이 원했던 것을 얻었다는 사실과 그녀 자신이 원하는 것을 얻을 때 내가 그것을 좋아한다는 사실 — 그리고 그것이 나에게 중요하다는 사실 — 에 주목하고 있다. 다른 한편으로 그녀가 상을 받아서 내가 불행해할 때, 나는 내가 원하던 것을 얻지 못했다는 사실과 내가 원하는 것을 얻지 못할 때 그것을 좋아하지 않는다는 사실 — 그리고 그것이 나에게 중요하다는 사실 — 에 주목하고 있다. 이러한 각각의 경우에 내가 얻을 수 있는 증거들 전체의 어떤 부분에만 주목하고 있다는 그린스펀의 발견은 르두의 신경생리학적 관찰에 의해 제대로 확증된다. 그것은 '감정 체계를 활성화하는 표상들은 사실과 합치하는(veridical) 지각보다는 불완전하고 파편화된 정보에 기반을 둔다'는 것이다.[57] 우리의 감정 경로들은 빠르

57) Joseph LeDoux, 'Cognitive-Emotional Interactions in the Brain', in Ekman and Davidson (eds.), *The Nature of Emotion*,

고 '거칠며(dirty)' 나의 이해관계와 욕구의 측면에서 지각된 상황을 강조한다. 나는 전체 상황에 대한 냉정한 그림이 아니라, 나의 이해관계에 호소하는 것들에 기반을 둔 부분적 그림을 얻는다. 물론 아직 '혼합된 느낌'의 경우 우리 머릿속에서 어떤 일이 일어나는지 알 수 없지만, 감정이 부분적 증거에 기반을 둔다는 그린스펀의 견해를 르두의 발견이 확증한다는 것을 보는 것은 매우 흥미롭다.

로티는 정감적 평가가 풍부한 반대 증거에 직면할 때조차 감정이 어떻게 변화에 저항하는지, 그리고 정감적 평가가 믿음과 일치하기는커녕 종종 믿음과 어떻게 상충하는지 강조한다. 들어오는 자극을 처리하는 두 가지 경로가 있다는 것을 기억하는 것이 여기에서도 다시 도움이 된다. 해당 인물에게 중요한 것으로 간주되는 것이 무엇이든 그것을 즉각적으로 고려하는, 편도체를 통한 빠르고 정감적인 경로와 피질을 통한 느리고 '인지적인' 경로가 그것이다. 로티의 예에서 조나는 자신의 상관인 에스더와 관련하여 그녀가 적대적이라는 것을 자신이 믿지 않는다고 진실하게 주장하면서도 그녀를 적대적으로 보는 것을 멈출 수 없다. 로티가 이야기하듯이 권위를 가진 여성을 적대적으로 보는 그의 성향을 설명해주는, 그와 그의 어머니의 관계로까지 거슬러 올라가는 깊이 자리 잡은 이유가 있는 것이다. 자이언스와 르두의 발견에 비추어볼 때, 자신의 상관에 대한 조나의 인지적 평가는 여기에 그저 자신의 일을 하려 하는 합리적인 사람이 있다는 것을 신호로 보내고 있는 반면, 상관에 대한 그의 정감적 평가는 여기에 적이 있다는 것이다.[58] 조나의 정감적 평가는 그의 합리적 믿음과 모순된다. 일단 그가 어떤 여자보다 하위에 있는 상황에 처하게 되면 특정한 감정 반응들이 자동적으로 일어나게 되고, 이것은 그의 주의가 그 여자의 '독재자적 특질들'에 고정되도록 돕는다. 로티는 조나가 권위를 가진 여성을 적이라 여기고 반응하는 패턴을 습득하게 되었다고 묘사한다.

마지막으로, 솔로몬은 감정이 판단이라고 주장하면서도 그것이 특별한 종류의 판단이라고 말하고 싶어 한다. 감정은 '우리가 우리의 자아를 투자하는 문제들과 관련하여 우리에게 특히 중요하고 의미 있는', '자신을 관여시키는 비교적 **강렬한** 평가적 판단'이라는

221.

58) 두려움이 분명히 조나의 반응에서 어떤 역할을 하고 있는 것 같기는 하지만, 당연히 우리는 두려움보다는 '적대감'의 정확한 신경 경로를 잘 알지 못한다.

것이다.[59] 다른 곳에서 그는 감정이 '긴박한' 판단이며, 감정 반응은 '응급 행위'라고 말한다. 감정은 '어려운 상황에 대한 반응으로, 필연적으로 성급한 판단'이라는 것이다.[60]

비인지적 정감적 평가라는 개념은 솔로몬이 가리키는 감정적 판단의 특징들을 매우 잘 수용하고 있다. 감정적 평가는 사람이나 여타 유기체의 매우 중요한 이해관계가 걸려 있는 상황에서 매우 빠르게 혹은 '긴급하게' 작동한다. 그것은 '우리에게 특별히 중요한' 문제들에 관여한다. 그러한 평가는 즉각적으로 해당 사람이 가능한 **응급** 행동을 할 수 있도록 생리적으로 준비되게 한다. 그 전체 과정은 **강렬함**으로 표시된다. 즉, 지금 일어나고 있는 일은 그 사람에게 매우 중요하며, 그(녀)의 독점적인 관심을 요구하는 것이다. 그러나 엄밀히 말해, 강렬한 것은 평가라기보다는 평가가 유도하는 생리적 활동이다. 그리고 이러한 활동은 **긴박한** 중요성을 가진 것으로 지각되는 것에 계속해서 주의를 집중하게 하고, 만약 필요하다면 응급 행동을 할 수 있도록 준비시킨다.

또한, 비인지적 평가가 자동적으로 생성되고 자동적으로 생리적 변화를 만들어낸다는 견해는 전통적으로 왜 감정이 우리가 의식적이고 고의적으로 만들어내는 판단이라기보다는 정념(passion)으로, 즉 우리에게 영향을 미치지만 직접적으로 우리의 통제 아래 있지는 않은 현상으로 취급되어왔는지를 설명해준다. 비인지적인 정감적 평가는 간접적인 경우를 제외하고는 통제될 수 없다. 나는 나를 특정한 방식으로 길들이거나 세뇌하려고 시도할 수 있다. 나는 치료사에게 갈 수도 있다. 그러나 나는 내 앞의 방울뱀을 보았을 때 반응하지 않기로 결정해버릴 수 없다. 그린스펀이 자동차가 미끄러진다고 느낄 때 반응하지 않기로 결정할 수 없는 것처럼 말이다.

---

59) Robert C. Solomon, *The Passions*, 1st edn. (Garden City, NY: Anchor Press/ Doubleday, 1976), 188.

60) Robert C. Solomon, 'Emotions and Choice', Amélie Rorty (ed.), *Explaining Emotions* (Berkeley: University of California Press, 1980), 264-5.

결론

1장에서 우리는 감정이 복잡한 인지적 판단을 필요로 하며, 그러한 판단을 통해 우리가 우리의 감정 상태를 다른 감정 상태와 구분한다고 생각할 수 있는 많은 좋은 이유들을 살펴보았다. 그러나 이제 감정은 비인지적 평가만을 필요로 하는 것으로 보인다. 나는 내 앞에 뱀이 있다고 판단하지 않으면서도 두려워할 수 있다. 나는 그저 숲에 떨어져 있는 구부러진 막대 형태를 보았을 수도 있다. 이와 유사하게 존스에게 화나기 위해 나는 존스가 나의 차를 훔침으로써 나에게 잘못했다고 믿을 필요가 없다. 나는 내가 왜 그렇게 반응하는지 잘 알지 못하면서도 자동적으로 화를 내며 반응할 수 있다. 마찬가지로 솔로몬이 판단상의 변화가 일어나면 바로 그 때문에 감정에 변화가 생긴다고 주장하는 것은 잘못된 것이다. 솔로몬이 존스가 내 차를 훔친 게 아니라 단지 오후 동안에만 빌린 것이라는 것을 내가 알게 되면 내가 존스에게 화날 수 없다고 생각한다는 것을 기억해보라. 이것은 너무 단순하다. 내가 진짜 상황을 알게 된 이후에도 나의 화는 사라지기를 거부할 수 있다. 나의 이성은 그가 나에게 잘못하지 않았다는 것을 알지만 나의 생리적 반응은 계속되고, 나의 정감적 평가는 여전히 '그가 나에게 잘못했다'고 주장할 수 있다.

그러나 우리는 여기에서 몇 가지 어려운 질문에 직면한 것 같다. 첫째, 존스가 내 차를 훔침으로써 나에게 잘못했다는 판단(화)과 내가 내 아이들을 방치했는데 그들을 방치하지 말았어야 했다는 판단(회한)은 내가 논의해온 의미에서의 정감적 평가가 아니다. 그것들은 인지적 판단이며, 그렇기 때문에 그것들은 생리적 반응을 시작하기에 충분하지 않고, 따라서 감정을 시작하기에도 충분하지 않다. 그러나 동시에 우리는 이런 종류의 복잡한 인지적 내용을 통해 하나의 감정을 다른 감정과 구별할 수 있는 것처럼 보인다.

둘째, 로티와 그린스펀의 사례들에서 감정을 식별하는 판단이나 관점으로 주의를 돌려보면, 이것들은 정감적 평가의 몇몇 표식 — 증거들의 부분집합에만 의존하고, 변화에 저항하는 것 — 을 가지고 있다. 그러나 그것들은 여전히 자이언스와 르두가 이야기하는 신속하고 전언어적인(pre-linguistic) 평가들과 동일한 것으로 보이지 않는다. 로티의 예에서 조나의 평가는 권위를 가진 저 여성은 독재자라는 것이다. 그린스펀의 예에서 문제가 되는 평가는 내 친구가 상을 받은 것이 좋거나 나쁜 일이라는 것이다. 이러한 사례들은 약식의 신경 경로를 사용하는 대략적인 평가처럼 들리지 않는다. 그렇다면 우리는 특정 감정들을 규정하는 평가들이 인지적으로 복잡한 것들이라는 사실과 감정의 원천으로서 비인지적인 정감적 평가에 대한 자료들을 어떻게 화해시킬 수 있는가? 다음 장에서 나는 이 난제를 해결하려 시도할 것이다.

03
과정으로서의 감정

—

우리의 마음을 움직이는 방식들은 숲속의 빛들만큼이나 다양하다.
그것들은 때로 서로를 무효화하는 일 없이 교차하거나, 형태를 이루었다가
사라지거나, 충돌하거나, 열정으로 폭발하거나, 변형될 수도 있다.

수잔 랭거(Susanne Langer), 『예술의 문제들(*Problems of Art*)』

—

해결된 수수께끼

1장에서 우리는 감정에 대한 판단 이론을 점검하고, 판단만으로는 감정 반응의 발생을 설명할 수 없다고 결론지었다. 그와 동시에 어떤 종류의 평가는 감정에 있어 본질적인 것일 수도 있는 것처럼 보이기도 했다. 감정은 전형적으로 어떤 중요한 목표나 필요나 이해관계가 거기에 걸려 있다는 일종의 평가에 의해 촉발되고, 서로 다른 감정은 서로 다른 종류의 평가에 의해 구분되는 것처럼 보인다. 일부 철학자들은 문제의 그 평가가 판단일 필요는 없으며, 그 평가는 대상을 바라보는 서로 다른 방식과 좀 더 유사하거나 대상에 대한 서로 다른 관점과 유사하다고 제안했다. 그렇지만 이렇게 판단 이론을 한정하더라도 이 이론에는 문제가 있다. 주된 문제는 어떤 사람이 올바른 종류의 판단을 내리고 올바른 방식으로 사물들을 '보면서도' 여전히 감정적으로 반응하지 않을 수 있다는 것이다. 무언가가 빠져 있다.

2장에서 우리는 빠져 있는 그 무언가가 일종의 생리적 활동이거나 행동 경향일 가능

성을 살펴보았다. 나는 어떤 종류의 생리적 변화는 감정에 필수적이라는, 그리고 실제로 우리는 특정 방식으로 생겨난 생리적 반응이 아니면 어떤 반응을 **감정적**이라고 하지 않는다는 윌리엄 제임스(William James)의 생각을 받아들였다. 게다가 어느 정도는 각 감정에 따라 독특한 생리적 특징이 있다. 우리는 몇몇 기본적 감정이 독특한 패턴의 자율신경계 활동과 식별 가능한 표정을 나타낸다는 것을 보았다. 그러나 영어로(혹은 일본어나 다른 어떤 언어라도) 구분 가능한 **모든** 감정적 상태가 어떤 독특한 패턴의 생리적 변화를 통해 식별될 수 있을 가능성은 극히 적다. 특히 만약 우리가 회한, 죄책감, 수치심, 당혹감 같은 서로 밀접하게 관련된 감정들을 구분하고자 한다면, 판단 이론가들이 주장했던 것처럼 감정의 평가적 요소에 호소함으로써 그렇게 해야 하는 것처럼 보인다.

심리학자들은 감정적 변화에 특징적인 생리적 변화가 내가 '비인지적 평가'라고 부르는 것에 의해 촉발될 수 있다는 것을 보여주었다. 2장에서 나는 실험생리학자들이 연구한 원초적 사례들에서 비인지적 평가가 감정 반응, 즉 자동적인 신경계 변화, 표정과 목소리 표현의 변화 그리고 행동 경향 중 일부를 개입시키는 생리적 변화를 야기한다는 증거를 제시했다. 이러한 비인지적인 정감적 평가는 아주 빠르고 자동적으로 일어나며, 이것은 생명체의 삶 그리고/또는 안녕 그리고/또는 그것이 속한 '집단'의 안녕에 중요한 것으로 받아들여진 환경 내의 사건들에 주의를 집중시키고 그것을 긴급하게 다루도록 고안된 것으로 보인다.

그러나 실험생리학자들에 의해 연구된 감정 반응들은 매우 원초적이고 단순하며, 철학적 판단 이론가들에 의해 연구된 복잡한 인지와는 아주 다른 것으로 보인다. 비인지적 평가는 사람들만이 아니라 개구리, 초파리, 그리고 다른 종의 저급 생물들에 의해서도 내려질 수 있다. 물론 인간은 (지금껏 우리에게 알려진) 다른 종들보다 훨씬 더 복잡한 인지적 평가를 내릴 수 있다. 예를 들어 초파리는 자기 새끼를 방치한다고 **수치스러워하지** 않고, 다른 초파리들이 자신들의 새끼들을 방치했다고 **경멸**할 수 없다고 추정된다. 그러나 인간과 초파리라는 두 종 모두는 두려움이라는 감정의 특징인 무언가가 해롭다는 평가 같은 본능적이고 자동적인 평가를 내리고, 그에 따라 도피 행위에 참여한다는 의미에서 환경에 대한 정감적 평가를 내린다.

이제 우리는 하나의 난제를 마주하게 되었다. 우리는 임시변통의 신속하고 간단한 평가도 감정 반응을 촉발하기에 충분하다는 것을 알지만, 그와 동시에 인간의 많은 감정이 인지적으로 복잡한 내용을 가진 것처럼 보인다는 것 또한 안다. 그것들은 도덕적 · 정치적 믿음에 대한 반응이거나 권위를 가진 여성 혹은 명망 있는 상을 받은 친구에 대한 반응이다. 또한 임시변통의 신속하고 거친 평가는 죄책감과 수치심 혹은 질투와 부러움을 구분하기에 충분하지 않기 때문에 감정들이 서로 구분될 수 있는 것은 이러한 복잡한 인지를 통해서인 것 같다.

하나의 간단한 감정 에피소드 안에서 무슨 일이 일어나는지에 대한 르두(LeDoux)의 모델은 우리가 마주한 난제에 대한 하나의 답을 시사한다. 르두가 연구한 간단한 사례들에서 보면, 정감적이고 비인지적인 평가가 이루어지고, 그것이 자율신경계의 변화와 운동 변화를 야기하며, 그 뒤를 인지적 모니터링이 뒤따른다. 다시 말해, 감정의 간단한 에피소드조차 하나의 **과정**이며, 이 과정은 수많은 서로 다른 사건을 포함하며, 특히 정감적 평가**와** 인지적인 평가 **모두를** 포함한다. 이 모델에 따르면 — 제임스도 이렇게 말했을 수 있는데 — 감정 반응을 구성하고 감정에 감정성(emotionality)을 부여하는 자율신경계의 변화와 운동 변화를 만들어내는 것은 정감적 평가이다. 정감적 평가는 행동 경향과 행동을 낳는다. 그러나 이 모든 활동은 뒤따르는 **인지적 모니터링**에 의해 즉각 수정된다.

이제 르두의 연구 결과를 일반화해보자면, 가장 간단하고 골자만 있는 감정 과정에는 (1) 상황에 대한 최초의 **정감적 평가**가 있는데, 이것은 그 생명체에게 있어 이 상황이 가지는 중요성에 주의를 집중시키고, (2) 이것이 다양한 종류의 생리적 반응 — 특히 자율신경계 활동과 얼굴 근육의 변화 — 과 운동반응을 야기하며, 이것들은 그 생명체로 하여금 정감적 평가를 통해 아주 대략적으로 평가된 대로 그 상황을 처리하게 하고, (3) 이후에 그 상황에 대해 훨씬 더 날카롭게 식별하는 인지적 평가 혹은 모니터링이 이어진다. 다시 말해, 감정은 하나의 사물이나 반응, 상태 혹은 경향이 아니라 하나의 **과정**이며 사건들의 연속이다. 정감적 평가는 주변 환경에서 나 혹은 나에게 속한 것에게 중요한 무언가로 나의 주의를 이끌고, 내 신체가 적합한 행동을 취할 수 있도록 준비시킨다.[1] 그런 다음 즉시 인지적

1) 폴 에크먼도 이와 유사한 정식화를 제공한다. 가장 최근에 발표한 책에서 그는 다음과 같이 말한다. '감정은 하나

평가가 개입하여 그 정감적 평가가 적절한지 확인하고, 자율신경계 활동을 수정하며, 행위를 모니터한다. 인간 감정의 좀 더 복잡한 사례는 지각이 아닌 생각이나 믿음에 대한 정감적 반응을 포함할 수 있고, 인지적 모니터링은 그에 상응하는 정도로 정교할 수 있다. 그렇지만 감정의 핵심에는 항상 자동적인 정감적 평가에 의해 야기되고 이후의 인지적 모니터링으로 이어지는 생리적 반응이 있을 것이다.

우리는 이런 패턴이 작동하는 것을 위협적인 상황에 처한 계통발생학적 범위의 모든 동물에게서 볼 수 있다. 총소리와 같은 갑작스러운 큰 소리에 깜짝 놀라는 반응(startle response)은 잠재적으로 해가 될 수 있는 새로운 정보에 대한 본능적 평가의 좋은 예로, 이러한 평가는 자동적으로 흠칫 놀라거나 뛰어오르는 것을 포함한 일군의 생리적 · 행위적 반응들을 낳는다.[2] 깜짝 놀라는 반응은 너무 빠르게 일어나기 때문에 인간은 그 반응을 완전히 억제하거나 그것을 설득력 있게 시뮬레이션할 수 없다.[3] 그러나 총소리를 듣고 자동적으로 반응한 직후에 인지적 모니터링이 개입하면서 인간들은 자신들의 행위를 조정한다.[4] 사실은 어린 아들이 내 발 밑에 폭죽을 터뜨린 것임을 깨닫고 안도의 미소를 짓거나 못마땅하여 얼굴을 찡그릴 수도 있고, 실제로 총소리가 난 것임을 깨닫고 두려움에 바닥에 바짝 엎드릴 수도 있다.

흥미로운 것은 매우 비슷한 일련의 사건들이 더 단순한 생물에게서 관찰될 수 있다는 것이다. 예를 들면, 신경과학자들은 가재가 보이는 깜짝 놀라는 반응의 신경 경로를 연구하면서 두 가지 유형의 꼬리 동작을 발견했다. 하나는 두 개의 거대 축색돌기들에 의해 중

의 과정이며, 우리의 진화적 과거 및 개인적 과거의 영향을 받는 특정한 종류의 자동화된 평가이다. 그러한 과정 속에서 우리는 우리의 안녕에 있어 중요한 무언가가 일어나고 있음을 감지하고, 일군의 생리적 변화와 감정적 행동들이 그 상황을 다루기 시작한다.' Paul Ekman, *Emotions Revealed* (New York: Henry Holt, 2003), 13.

2) Jenefer Robinson, 'Startle', *Journal of Philosophy* 92/2 (1995)에서 나는 깜짝 놀라는 반응이 감정 반응 일반의 좋은 모델이라고 주장했다.

3) Paul Ekman, 'Expression and the Nature of Emotion', Klaus R. Scherer and Paul Ekman (eds.), *Approaches to Emotion* (Hillsdale, NJ: Erlbaum, 1984)과 Paul Ekman and Wallace V. Friesen, 'Is the Startle Reaction an Emotion?', *Journal of Personality and Social Psychology* 49 (1985), 1416-26 참조. 깜짝 놀라는 반응이 '자동적'인지 아닌지의 여부는 에크먼이나 내가 가정했던 것보다 더 복잡한 문제인 것으로 드러난다. Michael E. Dawson, Anne M. Schell, and Andreas H. Bohmelt (eds.), *Startle Modification: Implications for Neuroscience, Cognitive Science, and Clinical Science* (Cambridge: Cambridge University Press, 1999) 참조.

4) C. Landis and W. A. Hunt, *The Startle Pattern*, 2nd edn. (New York: Johnson Reprint Corp., 1968), 136.

재되는 것으로, 이것들은 갑작스럽게 시작되고 보통 300~700만분의 1초의 매우 짧은 잠복기를 가진 자극에만 반응한다. '이 같은 잠복기는 그 거대 축색돌기들의 반응장에 내재된 코딩을 넘어서서 그 자극의 본성과 위치를 평가할 수 있는 시간을 거의 주지 않는다.' 이것과 일관적으로, 항상 따라오는 꼬리의 탈출운동은 정형화되어 있다. 가재는 위협에 대한 반응으로 그저 재빠르게 도망친다. 반대로 거대 축색돌기로 중재되지 않는 탈출회로는 훨씬 더 느린 반응들을 낳는데, 이것들은 '아마도 위협에서 멀어지면서 안전하다고 알려진 장소를 향하는 시각적으로 인도된 궤도를 정확하게 제공하기 위해 유연하게 구조화된' 반응들이다.[5] 종종 거대 축색돌기로 중재된 반응 뒤에 하나 혹은 그 이상의 거대 축색돌기로 중재되지 않은 반응이 뒤따른다.

> 강하고 급작스러운 위협은 종종 거대 축색돌기로 중재된 반응을 야기하고, 그것을 거대 축색돌기로 중재되지 않은 수영 연속이 따라온다. 이것은 각각의 통제 체계가 지닌 한계를 고려할 때 탈출을 위해 최적으로 조정된 전략이다. 거대 축색돌기로 중재된 반응은 그 동물로 하여금 거의 즉각적으로 자극에서 멀어지게 하고, 몸을 구부렸다가 다시 펼 무렵(약 100~200msecs)까지 충분한 시간이 흘러 축색돌기로 중재되지 않은 제대로 지시된 동작이 준비될 수 있게 된다.[6]

내가 2장에서 인용한 르두가 이미 예견했듯이, 인간이 가지는 두려움과 관련해서도 매우 비슷한 일이 일어난다. 숲속을 걷던 어떤 사람이 나뭇가지 갈라지는 소리를 듣는다. 소뇌의 편도체가 방울뱀에 맞서 방어 태세를 취한다. 그 사람은 뒤로 뛰어오르고, 그 후에야 실제로 저기에 방울뱀이 있으며 안전한 거리를 두고 그것을 둘러서 걸어야 한다는(혹은 저기에 있는 건 방울뱀이 아니라 막대기라서 어떤 특별한 행동도 할 필요가 없다는) 보다 느리게 작동하는 피질 보고가 따라온다. 요약하자면, 즉각적이고 본능적인 반응이 일어나고 그 후에 상황에 대한 인지적 모니터링이 이어져 그에 따라 행위가 조정된다.

---

5) Franklin B. Krasne and Jeffrey J. Wine, 'The Production of Crayfish Tailflip Escape Responses', Robert C. Eaton (ed.), *Neural Mechanisms of Startle Behavior* (New York: Plenum, 1984), 180.

6) Ibid. 181.

여기에 대해 혹자는 가재에게는 인지적 평가를 할 수 있는 능력이 없다고 반박할 수 있다.[7] 그러나 르두가 지적했듯, 많은 저급한 생물들에게도 '신피질의 구조적이고 기능적인 기준을 만족시키는 부분'이 있다.[8] 비록 그 부분이 포유류와 동일한 위치에 있지는 않더라도 말이다. 어쨌든 깜짝 놀라는 감정 반응은 가장 먼저 일어나는 정감적 평가의 결과지만, 그 정감적 평가가 다시 더 고차원적인 과정에 의해 모니터링 된다는 것은 계통발생학적 범위에서 참인 것 같다. 결과로서의 행위는 처음 단계에서는 오로지 정감적 평가(**이것은 이상하다, 새롭다, 예기치 못한 것이다, 위협적이다**)에 의해 야기되지만, 나중 단계에서는 인지에 의해 모니터링 되고 통제된다. 물론 사람은 가재와 비교하여 훨씬 더 큰 인지적 유연성을 갖는다. 나중에 살펴보게 되겠지만, 인간의 감정 과정에서 인지적 모니터링은 광범위하고 복잡해서 위협이나 공격을 어떻게 극복할지 따져보는 것에서부터 감정 반응의 그럴 듯한 원인을 알아내고 우리 삶 전체에서 그것이 가지는 중요성에 대해 숙고하는 것까지 거기에 포함된다.

그러나 나는 우선 감정과정을 시작하게 하는 정감적 평가에 대해 좀 더 이야기하고자 한다.

무엇이 감정을 촉발하는가?

인간은 성장해감에 따라 인지적으로 더 복잡해지면서 자신 주변의 환경에 대해 훨씬 더 복잡한 **인지적** 평가를 할 수 있게 된다. 인간은 누군가의 구토물만이 아니라 어떤 이의 경멸할만한 행위에 대해서도 역겨움을 느낄 수 있다. 우리는 어둠 속에서 어렴풋이 나타나는 형체뿐 아니라 내가 가진 주식가치의 급작스러운 하락에도 두려움을 느낀다. 인지적으로 복잡한 믿음과 판단이 — 판단 이론가들에 의해 식별된 종류의 믿음과 판단이 — 어떻게 단순한 지각이 감정을 유발하는 것처럼 뚜렷하게 감정을 유발하는 것일까? 여기에 대

7) 이와 유사한 깜짝 놀라는 반응이 경골어류에게서도 발견되었다. Eaton (ed.), Ibid. 213-66 참조.

8) Joseph E. LeDoux, *The Emotional Brain: The Mysterious Underpinnings of Emotional Life* (New York: Simon & Schuster, 1996), 100.

한 답은 내가 어둠 속의 흐릿한 형체에 대해 하는 것과 동일한 방식으로 내 주식에 대해서도 정감적 평가를 할 수 있다는 것이다. 정감적 평가는 빠르고 자동적이며, 직접적으로 통제할 수 없고, 르두가 말했듯 '신속하고 간단하며' 즉각적인 생리적 변화를 가져온다. 그렇기 때문에 나는 내 주식이 어떻게 되고 있는지를 알아보기 위해 오래 그리고 열심히 연구한 후에야 내 주식이 잘되지 않고 있다는 깨달음에 대한 감정 반응을 가질 수 있다. 내가 주식투자를 얼마나 못하고 있는지를 깨닫는 것은 오랜 동안의 인지적 평가(evaluation) 이후에만 가능하지만, 일단 이러한 발견을 하고 나면 나는 갑자기 이 발견과 함께 나의 안녕과 관련된 이것의 함축에 주의를 고정시키게 된다. 나는 갑자기 겁먹거나 마음이 약해진다. 그러한 상황에서는 정감적 평가 이전에 인지적 활동이 있지만, 오직 정감적 평가가 있고 나서야 감정 반응이 있을 수 있다. 우리는 이러한 정감적 평가를 일종의 '메타 반응'으로, 즉 이미 존재하는 인지적 평가에 대해 임시변통 식으로 — 예를 들면, **내게 좋거나 나쁜 것으로** — 평가하는 것으로 생각할 수 있다. 이러한 논지를 극적으로 표현하자면, 인지를 감정으로 바꾸는 것은 정감적인 평가와 그에 동반되는 생리적 변화이다.

그렇다면 우리는 정감적 평가에 대해 어떻게 생각해야 할까? 2장에서 나는 정감적 평가를 매우 빠르게 두뇌 중심의 하단을 통해 자동적으로 작동하는 비인지적 평가라고 특징지었는데, 이러한 정감적 평가는 내적 혹은 외적 환경에서 무언가 개인적으로 중요한 것에 주의를 집중시키고 임시변통 식으로 그것을 평가한다. 정감적 평가는 내적 혹은 외적 환경에서 인간과 동물에게 중요한 것들을 골라내고 그것들에 주의를 집중시키고, 그것들이 **어떻게** 중요한지의 측면에서 그것들을 매우 광범위하게 평가한다. 그러나 우리가 이 '중요한 것(mattering)'을 어떻게 개념화해야 하는가는 열린 질문이다. 우리가 살펴보았듯, 많은 심리학자들은 내가 방금 정의한 의미에서의 정감적 평가 같은 것의 존재를 알고 있으면서도 이러한 평가를 다소 다른 식으로 생각하는 경향이 있다. 만약 정감적 평가가 그 정의상 명제적 혹은 언어적 용어로 기술될 수 없다면, 이러한 평가를 일상적인 언어로 어떻게 기술할 수 있을지 알기 어렵다. 르두의 실험에서 조건화된 쥐가 어떤 소리에 '두려움'이라는 생리적 징후로 대응할 때, 우리가 이 쥐의 비인지적 평가를 '나는 이걸 좋아하지 않아'라거나 '내 인생의 중요한 목표와 맞지 않아' 혹은 '이건 위협적인 상황이야' 같은 것이라고 생각해야 할까? 명백하게도 우리는 쥐에게 그것을 물어볼 수 없고, 만약 물어보는 것이 가능하더라도 그리 도움이 되는 대답을 얻지 못할 것이다. 그러나 이 문제는 쥐에게만 국한된 것이 아니다. 바로 앞에서 똬리를 틀고 앉아 있는 방울뱀을 보고 두려움으로 반응하는 인간에게도 정확히 동일한 질문을 던질 수 있기 때문이다. 그 평가는 본능적이기 — 매우 빠르게 스쳐 지나가는 인지이기 — 때문에 인간이 그 질문에 쥐보다 더 잘 답하게 되지는 않는다.

그러나 이 질문은 무엇이 감정을 촉발하는가를 묻는 것과 마찬가지라는 점에서 감정 연구에 있어 아주 필수적이다. 보다 정확히 말해, 어떤 비인지적 평가가 감정 반응에 특징적인 생리적 변화와 행동 경향을 만들어내는가? 일반적으로 심리학자들은 네 가지 방식 중 하나로 이 질문에 대해 대답해왔다. 나는 그것들을 각각 선호-혐오 접근법, 구성요소 접근법, 목표 지향 접근법, 기본 감정 접근법이라고 부르겠다.

1. 선호와 혐오 자이언스(Zajonc)의 실험을 검토해보면, 그가 논의한 평가들은 선호와 혐오의 측면에서 특징지어지는 경향이 있다. 단순 노출 실험에서 피험자들은 좀 더 익숙한 다각형을 '선호한다고' 기술된다. 정감적 밑칠 실험에서 피험자들은 웃는 얼굴로 밑칠 된(primed) 자극을 화난 얼굴로 밑칠 된 자극보다 훨씬 더 '좋아한다'고 언급된다. 가르시아(Garcia)가 인용하고 자이언스가 다시 한 번 인용한 실험에서는 쥐들이 마취 상태에 있는 동안 메스꺼움을 일으키는 물질을 투여함으로써 새로운 맛이 쥐들에게 메스꺼움을 일으킬 수 있도록 조건화되는데, 쥐들은 조건화된 자극(새로운 맛)에 대한 '혐오감'을 발전시킨다고 기술된다.

이런 실험들은 생물들이 타고난 프로그래밍에 근거해 좋아하는 것과 싫어하는 것을 가진다는 것을 보여주는 것으로 여겨진다. 예를 들어, 우리는 환경의 익숙하거나 낯선 국면들에 상이하게 반응하고, 낯선 것들보다 익숙한 것을 더 선호하는 경향을 보이도록 구조화되어 있음이 분명하다. 이와 유사하게 쥐들은 메스꺼운 물질들과 그 물질들을 사용함으로써 조건화된 어떤 것에든 혐오스럽게 반응하는 방식으로 구조화되어 있다. 우리는 모두 특정한 것들을 좋아하고 싫어하도록, 그리고 환경의 다양한 측면에 긍정적이거나 부정적으로 반응하도록 프로그램 된 생물들이다. 그래서 정감적 평가를 개념화하는 하나의 방식은 그것이 '**나는 그걸 좋아해**!'라거나 '**나는 그걸 싫어해**!'라고 '말하는 것'이라고 보는 것이다. 나는 이 비인지적 평가를 강조하기 위해 두꺼운 글씨체를 사용했다. 왜냐하면 내가 말하려는 것은 '더 좋은 게 있다는 걸 알지만, 이것도 괜찮아' 혹은 '이건 싫지만 견딜 수는 있어' 같은 식의 감정이 결여된 평가가 아니라 나에게 필요한 것과 가치 있는 것, 그리고 나 자신에게 중요한 것에 대한 빠르고 자동적이고 '열정적인' 평가이며, 바로 이 때문에 생리적 활동과 행동 경향이 따라오는 것이다.

그러나 비인지적 평가의 의미를 이런 식으로 개념화하는 데는 어려움이 있다. 첫째, 감정적으로 보이지만 그 자체로는 긍정적이거나 부정적인 감정가(valence)가 없는 상태가 있다. 예를 들어, '놀람'이라는 감정 반응은 놀라게 하는 자극이 즐거운지 불쾌한지의 측면에서 중립적인 것 같다. 그것은 단지 예상하지 못한 것이다. 몇몇 이론가는 '이런 감정가의 결여가 놀람은 진짜 감정이 아님을 보여주기에 충분하다'고 생각했다. 예를 들어, 라자루스는 놀람이 호기심이나 주목, 반사(orienting reflex) 같은 '선감정(pre-emotion)'이라고 말한다. 이런 상태는 '앞으로 일어날 일을 평가하도록 사람이나 동물을 준비시키지만',[9] 실제로 평가를 포함하지는 않는다는 것이다. 오틀리(Oatley)와 존슨-레어드(Johnson-Laird)는 놀람은 어떤 감정도 동반할 수 있고, 그래서 아마도 그 자체로는 감정이 아닐 것이라고 주장했다.[10] 물론 이 이론가들은 반가운 놀람과 반갑지 않은 놀람 사이를 구분하는 다른 언어들에 반해 좋은 놀람인지 나쁜 놀람인지 관계없이 놀람을 위한 오직 하나의 단어를 가지고 있는 영어라는 언어의 특이성에 주목하는 것일 수도 있다.[11]

둘째, **나는 그게 좋아**와 **나는 그게 싫어**라는 비인지적 평가에는 애매함이 있다. 한편으로 그것들은 '이것은 유쾌하거나 유쾌할 수 있어'와 '이것은 불쾌하거나 불쾌할 수 있어'를 의미할 수 있지만, 다른 한편으로 그것들은 '이것은 내 목표, 필요, 이해관계 등에 도움이 돼'나 '이것은 내 목표, 필요, 이해관계 등에 방해가 돼'를 의미할 수 있기 때문이다. 많은 비인지적 평가들은 즉각적인 기쁨이나 불쾌함과 별로 관련이 없어 보인다. 예를 들어,

9) Richard S. Lazarus, *Emotion and Adaptation* (New York: Oxford University Press, 1991), 54.

10) Keith Oatley, *Best Laid Schemes: The Psychology of Emotions* (Cambridge: Cambridge University Press; Éditions de la Maison des Sciences de l'Homme, 1992), 60 참조.

11) James A. Russell, 'Culture and the Categorization of Emotions', *Psychological Bulletin* 110 (1991), 431.

불안은 불쾌하거나 부정적인 감정이지만 그것이 '이것은 불쾌하다!'라는 비인지적 평가를 포함하는 것 같지는 않다. 오히려 그것은 일어날 수 있는 불쾌함에 대한 평가, 즉 위협에 대한 평가이다. 게다가 몇몇 감정 반응은 유쾌함과 불쾌함의 혼합을 포함하는 것으로 보인다. 내 아이가 군중 속으로 아장아장 걸어가는 것을 보면 두려움과 기쁨의 혼합된 감정을 가지게 되는 것처럼 말이다. 이러한 예들은 비인지적 평가가 단지 쾌나 불쾌를 넘어서는 서로 다른 다양한 차원이나 요소를 가진다는 것을 시사하는 것으로 보인다.

셋째, 이 마지막 논지를 강화하는 것은 다양한 '기본 감정들'에 따른 독특한 생리적 변화가 어느 정도 있다는 것으로, 그 생리적 변화들은 내가 지금 개념화하려 하는 비인지적 평가의 즉각적인 산물이다. 만약 화, 두려움, 슬픔, 역겨움이 독특한 생리적 특징들을 갖는다면, 그 특징들이 독특한 비인지적 평가로 인해 야기된다는 것은 거의 확실하다.[12)]

비록 선호와 혐오라는 정감적 평가들이 어쩌면 사랑과 증오를 포함한 감정을 촉발할 수 있는 후보들 중에 속할 수 있다 하더라도 나는 선호-혐오 접근법이 그 자체로는 부적절하다고 결론 내린다.

2. 구성요소 접근법　소위 '구성요소' 이론가들은 감정을 일으키는 다양한 평가 — 단지 **나는 그걸 좋아해**!와 **나는 그걸 좋아하지 않아**!가 아닌 평가 — 가 있다고 주장하는데, 이러한 평가들은 **나는 그걸 좋아해**!와 **나는 그걸 좋아하지 않아**!와 마찬가지로 특정한 감정 상태들과 어떤 명백한 방식으로도 일대일 대응하지 않는다. 그러한 예로는 **나는 이걸 좋아해/싫어해**!뿐만 아니라 (호기심, 불안, 즐거운 놀람의 요소를 포함할 수 있는) **이건 이상해**!(사랑과 증오의 구성요소이지만, 기쁨과 두려움의 구성요소가 될 수도 있는), **이 사람은 친구다/적이다**!, **이것은 확실치 않아**!, **나는 이걸 통제할 수 없어**!, **이건 장애물이야**!가 포함될 것이다.

2장에서 내가 언급했듯, 클라우스 쉐러(Klaus Scherer)는 자신이 '자극 평가 확인'이라고 부르는 것이 무엇인지 규정했다. 그중 일부는 태어날 때부터 있는 것 — 새로움(신생아들은 새

12) 하나의 매력적인 대안은 이러한 서로 다른 부정적 감정들을 서로 다른 인지적 평가들 — 이를테면 '이것은 공격이다', '이것은 위협이다', '이것은 손실이다' 혹은 '이것은 메스껍다' 같은 것들 — 에 '**나는 그걸 좋아하지 않아**!'라는 정확히 동일한 비인지적인 '촉발(trigger)' 평가가 더해진 것으로 보는 것이다. 나는 이것이 그럴듯하지 않다고 본다. 왜냐하면 해당 정감적 평가들로부터 나온 생리적 상태들이 각각의 경우에 매우 상이하기 때문이다.

로운 자극을 향하여 그들의 머리를 돌린다)과 내적 쾌 및 불쾌 확인 — 이고, 일부는 아이들이 인지적으로 혹은 다른 방식으로 발달함에 따라 발달하는 것이다. 그가 구분하는 다섯 가지는 1) 새로움 2) 내적 즐거움 3) 자신의 필요 그리고/혹은 목표에의 기여 4) 자극에 **대처하는** 능력 5) 자극이 자기 자신의 규범과 자아에 대한 이해(sense)와 양립 가능한지의 여부이다.[13)] 쉐러가 보기에 각각의 감정은 그것이 요구하는 자극 평가 확인의 특정한 그룹에 의해 구분된다. 보다 최근에 쉐러는 자신의 틀을 정교화했다. 그는 이제 총 15개의 '국면' 혹은 '벡터'를 인정하는데, 이것들은 원래의 자극 평가 확인의 다섯 가지 기본 유형의 국면들이다. 그러므로 '대처 잠재력 확인'은 어떤 사건에 대한 주체의 통제 정도, 그 사건의 결과를 바꾸거나 피할 수 있는 주체의 상대적 능력, 최종 결과에 대한 주체의 적응 잠재력을 포함한다.[14)] 그러나 태어날 때부터 있는 것들을 그럴듯하게 제외하고 나면, 이 확인들이 인지적 활동을 포함한다는 것은 명백하다. 쉐러는 특별히 비인지적인 '평가 확인'을 식별하려 하지 않는다.

구성요소 접근법의 또 다른 버전은 엘스워스(Ellsworth)와 스미스(Smith)가 제공한 것으로,[15)] 이들은 '평가적 특징들이나 요소들'의 목록을 구분했다. 유쾌함, 예상되는 노력, 주의를 요하는 행동, 확실성, 인간 주체(agency), 상황의 통제, 지각되는 장애물, 중요성 그리고 예측 가능성이 그것이다. 엘스워스와 스미스는 쉐러와 마찬가지로 기본적인 자극 평가를 상정하고 있는데, 그중 어떤 것도 특정한 감정과 상응하지 않으며, 각 감정은 특정 무리의 자극 확인들에 따라오고, 그것에 의해 정의되는 것으로 사고된다. 쉐러처럼 그들도 자신들이 감정에 필수적이라고 생각하는 평가들을 분석하는데, 그것들이 인지적이든 비인지적이든 상관없이 그렇게 하는 것으로 보인다. 더 중요한 것은 엘스워스와 스미스가 인간 피험자들에게 특정한 현재의 감정 상태나 그들이 기억하는 감정 상태에서 감지해내는 특징들(dimensions)에 대해 물어보는 방식을 통해 자료를 얻는다는 것이다. 그러나 이런 특징들이나 구성요소들이 실제로 그 감정을 촉발하거나 야기한다고 생각할 만한 이유는 없다. 예

---

13) Klaus R. Scherer, 'On the Nature and Function of Emotion: A Component Process Approach', Scherer and Ekman (eds.), *Approaches to Emotion*, 310.

14) Klaus R. Scherer, *Facets of Emotion: Recent Research* (Hillsdale, NJ: Erlbaum, 1988), 58.

15) Phoebe Ellsworth and C. A. Smith, 'From Appraisal to Emotion: Differences among Unpleasant Feelings', *Motivation and Emotion* 12 (1988).

를 들어 내가 방금 시험에서 탈락했다고 들었을 때의 나의 불안(엘스워스 실험에서 사용된 상황 중의 하나)에 대해 생각해보자. 나는 불확실성과 상황에 대한 통제의 결여를 감지할 수 있지만, 그로부터 불확실성과 상황에 대한 통제의 결여가 그 감정 상태의 원인이었다는 것이 따라 나오지는 않는다.

만약 우리가 매우 신속하게 일어나는 비인지적 평가에 관심이 있다면, 통상적으로 설문지에 대답하는 피험자의 자기보고서에 의존하는 것은 어떤 경우에나 신뢰할 만하지 않다. 왜냐하면 비인지적 평가는 전형적으로 매우 빠르게 의식 저변에서 일어나며, 그것이 피험자들에 의해 믿을 만하게 보고된다고 가정할 이유가 없기 때문이다. 물론 쥐는 설문지에 대답하기를 거부하지만, 성인 인간 피험자들이라고 해서 그들의 비인지적 평가를 ― 혹은 실제로 인지적인 평가조차 ― 더 정확하게 기록할 수 있는 것은 아니다. 사실 우리가 사람들에게 어떤 비인지적 평가가 그들의 감정 반응을 야기했는지 물었을 때 정확한 대답을 얻을 수 있다면, 우리는 비인지적 평가를 개념화하는 데 아무런 어려움을 느끼지 않을 것이고, 이러한 이슈에 대해 여기서 논의할 필요도 없을 것이다.

나는 자기보고서에 의존하는 구성요소 이론들은 무엇이 감정 반응을 촉발하는가에 대한 이론으로서 그리 결실이 있을 것으로 생각되지 않는다고 결론 내린다. 하지만 다른 한편으로 새로움, 낯섦, 내적 유쾌함과 불쾌함 같은 일부 구성요소적 평가들은 감정 반응의 촉발제인 것으로 드러날 수도 있다.

3. 목표 지향 이론들 일부 이론가들은 행위자가 가진 목표의 측면에서 감정 반응을 촉발하는 중요한 평가들을 정의했다.[16] 리처드 라자루스(Richard Lazarus)에 따르면, 감정은 **일차적** 평가에 의해 촉발되는데 이 평가는 세 가지 구성요소를 갖는다. '목표와의 관련성, 목표와의 일치 혹은 불일치, 그리고 자아 관여(ego-involvement)의 유형'이 그것이다.[17] 조금이라도 어떤 감정 반응이 있으려면 그 상황이 어떤 목표와 **관련되어** 있다는 평가가 있어야 한다. **목표와의 일치 혹은 불일치**라는 평가는 부정적 감정과 긍정적 감정을 구분한다. '(내 필

16) 이것이 쉐러가 말하는 '구성요소들' 중 하나임에 주목하자.

17) Lazarus, *Emotion and Adaptation*, 149. 라자루스는 일차적 평가를 이차적 평가와 구분한다. 나는 이 장의 뒷부분과 7장에서 이차적 평가에 대해 더 이야기할 것이다.

요와 목표를 고려할 때) 이것은 내게 좋은 것이다'와 '(내 필요와 목표를 고려할 때) 이것은 내게 나쁜 것이다'로 구분되는 것이다. 그리고 **자아개입의 유형**에 대한 평가는 그 사건이 좋은 것 혹은 나쁜 것으로 평가될 수 있는 서로 다른 방식들을 구분한다.

자아 관여에 대한 논의는 그리 만족스럽지 않다. 라자루스가 구분한 다양한 종류의 자아 관여는 개인에게 중요할 수도 있는 어떤 것이든 포함하는 것 같고, 잡다한 요인들이 매우 많이 포함되어 있다. 라자루스는 그 요인들로 자긍심, 사회적 존경(social esteem), 도덕적 가치들, 자아-이상들(ego-ideals), '다른 사람들과 그들의 안녕', '의미들과 관념들', '삶의 목표'를 나열한다. 이 모든 것들이 감정 발생에 중요할 수 있음은 의심할 여지가 없지만, 이런 것들은 인간이나 다른 종의 생물들에게서도 발견되는 감정의 비인지적 촉발제들을 상세화하는 데 도움을 주지 않는다. 내가 엘리자베트 슈바르츠코프(Elizabeth Schwarzkopf)를 성공적으로 립싱크 했다는 평가는 나를 자랑스럽게 할 수 있지만, 내가 보기에는 이와 같은 평가가 모든 사람과 어쩌면 한두 마리의 쥐에게서도 발견될 수 있는 기본적이고 비인지적인 평가인지 의심스럽다.

라자루스의 이론은 다양한 방식으로 상술될 수 있다. 한 가지 방식은 감정적 반응을 촉발하는 정감적 평가를 **이것은 내 목표나 필요, 이해관계에 도움이 돼**와 **이것은 내 목표나 필요, 이해관계에 방해가 돼** 혹은 어쩌면 더 좋을 수도 있는 **예**!나 **아니오**!로 (혹은 심지어 **그래~**!와 **안 돼~**!로도) 간주하는 것이다.

이런 식으로 볼 때, 이 이론은 우리가 선호-혐오 가설과 관련하여 논의했던 것과 동일한 반박 중 하나에 열려 있는 것으로 보인다. 놀람과 호기심은 목표에 도움이 되거나 방해가 된다는 직설적인 평가를 포함하지 않는다. 오히려 우리는 놀람과 호기심 가운데 우리의 목표에 적절한 것으로 밝혀질 수도 있고 아닐 수도 있는 무언가와 대면한다. 그러나 만약 우리가 새로운 지식의 습득을 근본적인 목표로 생각한다면, 놀람과 호기심은 모두 새로운 정보에 대한 반응이기 때문에 어떤 의미에서 그것들은 목표의 실현을 표상한다(혹은 라자루스가 생각한 것처럼 새로운 지식이라는 목표를 실현하기 위한 **준비됨**의 상태를 표상한다). 이와 유사하게, 불안과 희망은 각각 어떤 것이 목표에 반대되거나 도움이 된다는 평가를 포함하지는 않지만, 무언가

가 목표에 반대되거나 도움이 **될 수도 있다**는 평가는 포함한다.[18)]

목표 지향적 접근법은 쾌-혐오 가설과 또 하나의 문제를 공유한다. 두려움, 분노, 혐오 같은 감정들은 생리적으로 구분될 수 있다. 이것이 시사하는 바는 우리가 정감적인 비인지적 평가들을 단순히 무언가가 나의 목표를 돕거나 방해한다는 측면에서 개념화해서는 안 된다는 것이다. 우리의 생리적 국면은 그것보다 더 세밀한 구분을 한다. 감정 상태에 있을 때 우리의 몸은 단순히 무언가가 우리의 목표에 도움이 된다는(혹은 반대가 된다는) 것보다 더 많은 것을 말해준다.

4. 기본 감정들 라자루스의 이론을 상술하는 또 다른 방법은 그 자신이 선택한 방법이다. 이것은 구체적 목표들에 상응하고, 그 목표들에 의해 규정되는 제한된 수의 주제들 — 그가 '핵심 관련 주제들'이라고 부르는 것들 — 이 있다는 아이디어이다.[19)] 우리가 1장에서 보았듯이 이것들은 무언가가 '나와 나에게 속한 것에 대한 모욕적인 공격이다'(분노), '다른 누군가가 가진 것을 원한다'(부러움), 그리고 '돌이킬 수 없는 상실을 경험했다'(슬픔)라는 평가를 포함한다. 우리가 보았듯이 이런 방식의 특징화는 그리 만족스럽지 않으며, 라자루스가 이러한 평가를 비인지적인 것으로 본 것도 아니다. 그러나 이 접근법에 진실의 일면이 있을 수도 있다.

많은 감정 이론가들은 비교적 작은 집합의 **기본 감정들**이 있다는 가설을 세워왔다. 이러한 견해에 따르면, 적은 수의 기본 감정 체계가 있으며 이것들은 보통 표정을 포함한 뚜렷하게 구분되는 생리적 징후들을 통해 식별된다. 현재의 맥락에서 그 아이디어는 각 기본 감정에 상응하는 기본적인 **정감적(비인지적) 평가**가 있다는 것이 될 것이다. 예를 들어

---

18) 흥미로운 것은 '구성요소적'인 비인지적 평가의 직관적으로 그럴듯한 후보들 중 몇몇은 목표 지향적 견해에 의해서도 다루어질 수 있다는 것이다. '이 사람은 친구다/적이다'는 '이 사람은 나의 이해관계에 기여하는 사람이다'로 생각될 수 있다. '이것은 불확실하다', '이것은 새롭다' 혹은 '이것은 이상하다'는 모두 놀라움과 호기심이라는 주제의 변주들이다. '이것은 장애물이다'와 '나는 이것을 통제할 수 없다'는 모두 '이것은 나의 목표와 대치된다'로 분석될 수 있다. 그러나 이런 식의 재기술은 그것이 대체하는 구성요소적 분석보다 훨씬 덜 세밀하다. 쾌-혐오 가설에서와 마찬가지로, 목표 지향적 분석은 한 감정 반응을 다른 감정 반응들로부터 구분하는 데 있어 인지적 판단이 주된 역할을 하도록 만든다.

19) 라자루스의 견해를 이해하는 좀 덜 자비로운 또 하나의 방식은 그가 '일차적 평가'가 무엇인지에 대한 상이하고 비일관적인 다양한 이론들을 가지고 있다고 보는 것이다.

'두려움'이라는 감정 반응은 **이것은 위협이다**라는 정감적 평가에 의해 유발된다. 혐오는 **이것은 역겹다**라는 정감적 평가에 의해 유발된다. 화는 **이것이 나(혹은 나에게 속한 것)를 부당하게 대우한다** 혹은 **이것은 공격이다**라는 정감적 평가에 의해 유발된다. 그러한 정감적 평가는 에크먼이 기본 감정을 식별하는 '정감 프로그램'이라고 부른 것의 일부일 수도 있다.

르두는 상이한 '기본적인 인생의 업무들'을 처리하는 상이한 감정 체계가 있다고 상정했다. 사람들이 보편적으로 기본 감정을 가진다는 것은 모든 사람(과 다른 많은 생물)에게 생식하고, 집단의 구성원으로 받아들여지고, 적을 피하고, 자기 자신과 자신이 속한 집단의 생명과 안녕을 지키고, 독이 있는 음식을 피하는 등의 동일한 기본적인 인생의 과업들이 있다는 사실에서 나온다. 이러한 견해는 비인지적인 정감적 평가가 자신의 목표와 이해관계의 측면에서 이루어진다는 아이디어뿐만 아니라 우리가 좋아하는 것과 싫어하는 것이 감정 반응을 촉발한다는 아이디어를 통합시킨다. 기본 감정 가설은 특정 종류의 감정 반응을 촉발하는 특정 목표들이 있음을 시사한다. 표면상으로는 기본 감정 이론과 구성요소 이론이 상당히 달라 보이지만, 그것들은 보이는 것만큼 대조적이지 않을 수 있다. 어쨌든 몇몇 사례에서는 구성요소주의자들이 감정을 야기하는 것으로 식별해낸 구성요소들이 기본 감정 이론가들이 '정감적 평가'라고 식별한 것들과 동일한 것들이기 때문이다. 그러한 예로는 다음과 같은 것들이 있을 수 있다. **이것이 나(혹은 나에게 속한 것)를 위협한다!**(두려움), **이것은 친구이다!**(사랑/애착), **이것은 적이다!**(증오), **이것은 낯설고 예기치 못한 것이다!**(놀라움).

감정에 필수적인 비인지적 평가를 이런 방식으로 개념화하는 것의 한 가지 문제는 얼마나 많은 기본 감정들이 있고, 그것들이 무엇일지 우리가 아직 모른다는 것이다. 우리가 보았듯이 르두 자신은 두려움 체계에 대해서만 연구했다. 우리는 분노 체계나 혐오 체계, 애착/사랑 체계 혹은 증오 체계가 있는지의 여부에 대해서도 아직 알지 못한다.[20] 만약 혐오, 분노, 두려움의 체계가 있다면 수치심의 체계도 있는가? 놀람은? 호기심은? 분명히 영어로 이름 붙은 모든 감정에 상응하는 상이한 감정 체계들이 있지는 않을 것이다. 왜냐하면 기본 감정 체계에 대해 이야기하는 이유 자체가 그것들이 생물학에 기반을 두고 있고

---

20) 잭 팽크셉(Jaak Panksepp)은 격노, 두려움, 사랑, 비통, 기쁨과 연관된 신경회로를 연구했다. 그의 저서 *Affective Neuroscience* (New York: Oxford University Press, 1998) 참조.

인간들에게 보편적이라는 것이기 때문이다. 그렇지만 옳은 기본 감정 모두를 식별하는 것은 실제적 문제이지 이론적 문제가 아니다. 나의 직감은 현재 가장 유망한 이론이 기본 감정 이론이라고 말한다. 정감적 평가를 개념화하는 것에 대한 다른 제안들은 너무 대략적이거나(**나는 그게 좋다!**, **나는 그게 싫다!**처럼) 특정한 목표에 너무 좁게 집중하고 있어서(엘리자베트 슈바르츠코프를 립싱크 하는 문제처럼) 우리가 현재 이해하는 것처럼 감정의 스펙트럼을 파악할 수 없다. 그러나 이 문제는 해결되지 않은 채로 남아 있다. 해결되지 않은 채로 남아 있지 **않은** 것은 우리가 감정적이라고 정의하는 생리적 변화와 행동의 변화를 초래하는 정감적 평가가 실제로 있다는 것이다. 게다가 감정 반응을 촉발하는 것으로 **보이는** 것이 어떤 인지적으로 복잡한 생각과 믿음이라 하더라도 감정 반응 자체는 그러한 생각이나 믿음에 대한 임시변통의 정감적 평가의 결과이며, 이러한 평가가 그 생각이나 믿음으로 우리의 주의를 이끌고 적절한 행동을 준비시킨다.

복잡한 인지는 어떻게 정감적 평가를 유발하는가? — 감정적 기억의 역할

어떻게 완전히 동일한 비인지적인 정감적 평가가 때로는 (뱀이나 거미에 대해 우리가 두려움으로 반응하는 것처럼) 우리가 어떻게 반응할지 미리 프로그래밍 되어 있거나 어떻게 반응할지 아주 쉽게 학습하게 되는 자극에 의해 유발되고, 때로는 정교한 학습 과정의 결과로서만 가능한 복잡한 인지에 의해 유발될 수 있는 것일까? 어떻게 나는 내 상사의 어떤 조용한 말을 **공격**으로(정말로 공격일 수 있고, 공격으로 의도된 것으로) 해석할 수 있는가? 어떻게든 나의 뇌는 매우 다양한 현상을 **공격**으로 분류하고, 그것들에 동일한 방식으로 반응하는 것처럼 보인다. 나는 이 질문에 대한 완전한 답을 가지고 있는 척하지 않을 것이고, 다른 어떤 사람도 그런 답을 가지고 있다고 생각하지 않는다. 그러나 내가 할 수 있는 것은 우리가 이렇게 할 수 있는 능력을 실제로 가지고 있으며, 이를 위한 신경 통로가 있다는 것, 그리고 이것에 대한 연구가 어느 정도 이루어졌다는 것을 보여주는 증거를 가리키는 것이다. 나는 이러한 가능성을 이해하기 위한 중요한 단서가 **감정적 기억 체계**의 존재라고 믿는다.

르두는 기억이 뇌 속의 단일한 체계가 아니며, 명시적이거나 진술적(declarative)인 기억과 독립적인 감정적 기억 체계가 있다는 사실에 주의를 기울여왔다.[21] 두 종류의 기억이 존재한다는 것을 보여주는 좋은 사례는 에두아르 클라파레드(Edouard Claparede)에 의해 제공되었는데, 그는 20세기 초반에 활동했던 프랑스 의사로서 그에게는 내측 측두엽 기억 체계에 손상을 입었음이 틀림없어 보이는 여성 환자가 있었다. 클라파레드가 그 환자를 방문했을 때 그녀는 그를 결코 알아보지 못했고 그를 전에 봤다는 것도 기억하지 못했다. 그가 몇 분간만 그 방을 떠났다가 돌아오면 그녀는 마치 전에 그를 만난 적이 전혀 없는 것처럼 그를 맞이하는 것이었다. 그러나 어느 날 클라파레드는 손에 압정 하나를 숨기고 악수하면서 그 압정이 그녀의 손에 박히게 했다. 그가 다시 그녀를 만났을 때 그녀는 평소처럼 그를 알아보지 못했지만, 이 사건 이후로 그녀는 그와 악수하기를 거부했다. 그녀에게는 그 사건에 대한 진술적 기억은 없었지만, '감정적 기억'이 있었던 것이다.

이 이야기는 진술적 기억과 **감정적 기억**을 위한 두 개의 구분된 기억 체계가 있다는 것을 잘 드러낸다. 나에게 어떤 사건이 정신적으로 대단히 충격적이라는 — 이를테면 자동차 사고에 대한 — 명시적인 혹은 진술적인 기억이 있다고 가정해보자. 명시적 기억은 측두엽 체계에 의해 중재되고, 감정적 결과를 낳지 않는다. 나는 내가 누구와 함께 있었고, 내가 어떤 차종을 운전하고 있었는지 등을 기억한다. 그러나 르두에 따르면, 그와 동시에 나는 '피하고 싶은 감정적 기억' — 편도체를 관여시키는 암묵적인 두려움 기억 체계 같은 — 과 '감정적 기억 체계'에 의해 중재되는 현재적인 신체적 반응도 가질 수 있다. 그 두 기억은 의식 속에서 섞일 수 있기 때문에 나는 정신적으로 충격적인 상황에 의해 감정적으로 동요되었다는 것을 (명시적으로) 기억할 수도 있다. 혹은 진술적 기억이 관련된 한에서는 그 전체를 잊어버리지만, 내가 운전하고 있던 것과 완전히 똑같은 차를 보는 것 같은 어떤 단서가 감정 반응을 촉발할 수도 있다. 이러한 논의가 암시하는 것은 어떤 것이든 감정적 기억에

---

21) Joseph LeDoux, 'Emotion, Memory and the Brain', *Scientific American* 270 (1994) 참조. 또한 Larry Squire과 Daniel Schachter의 연구, 예를 들어 L. R. Squire, B. Knowlton and G. Musen의 'The Structure and Organization of Memory', *Annual Review of Psychology* 44 (1993) 참조. 르두는 LeDoux, *The Emotional Brain*, 1802에서 클라파레드에 대해 이야기했다. 그것은 또한 Oliver Sacks, *An Anthropologist on Mars* (New York: Vintage Books, 1995), 53에서도 언급되었다.

새겨져 적절한 상황이 주어질 때 감정 반응을 유발할 준비를 하고 있을 수 있다는 것이다.

1장에서 나는 비합리적인 두려움의 몇 가지 예들—늙은 개 파이도에 대한 그녀의 두려움과 여름에 말라 있는 길에서 미끄러질까 봐 그녀가 가지는 두려움—에 대한 그린스펀(Pat Greenspan)의 설명을 비판했다. 우리는 이제 이 예들을 이해할 수 있게 되었다. 두 사례 모두에는 자극에 대한 감정적 기억에 기반을 둔 자동적이고 본능적인 반응이 있다. 한 사례에서는 그녀에게 개와 관련된 나쁜 경험이 있었고, 이제 그녀는 길들여진 늙은 개 파이도를 보고도 정신적으로 충격을 받는다. 다른 사례에서 그녀는 미끄러짐을 두려워하게 되어 이제 얼마나 무해하든 관계없이 모든 미끄러짐에 자동적으로 반응한다. **두 사례 모두에는 그녀가 위협받고 있다는, 혹은 위험한 상황에 처해 있다는 비인지적 평가가 있는데**, 이것은 두려워할 것이 없다는 그녀의 인지적 평가와 일관적이지 않다.[22] 이와 유사하게, 조나에 대한 로티(Rorty)의 예에서 조나는 나이가 많고 권력을 가진 여성을 보면 그 여성이 얼마나 자애롭든 상관없이 자동적으로 야기되는, 어머니 같은 인물에 대한 일련의 반응을 자신의 감정적 기억에 프로그래밍한 것이다.[23]

그린스펀이 보기에 위와 같은 정감적 평가를 이끌어낸 것은 미끄러짐에 대한 정신적으로 충격적인 기억이다. 그리고 로티가 보기에 여자 상사에 대한 조나의 비정상적인 반응을 야기한 것은 (조나가 믿기에) 어머니의 사랑을 받지 못한 정신적 충격이다. 정신적으로 좀 덜 충격적인 종류의 예를 생각해보면, 짜증나는 한 동료와 이전에 수없이 마주쳤던 기억이 그가 싫다는 정감적 평가나 그를 피해야 할 필요를 이끌어낼 수 있다. 그가 복도 저쪽에서 보이면 그에 대한 어떤 의식적인 생각이 형성되지 않고서도 혈압이 오르고 주먹이 쥐어지기 시작한다. 내가 그의 주변에 너무 오랫동안 있었기 때문에 그를 그저 보기만 하는 것으로도 분노와 짜증이라는 즉각적인 감정적 반응이 유도되는 것이다. 윌리엄 제임스라면 내가 '본능적으로' 반응한다고 말했을 수도 있다. 마치 감정 반응이 감정적 기억 속에 프로그래밍 되어 일단 그 기억을 깨우는 어떤 자극에 주의가 집중되면, 그 반응이 자동적으로 야기되고 즉각적으로 생리적 변화가 일어날 준비가 되어 있는 것처럼 말이다. 이러한

22) Patricia S. Greenspan, *Emotions & Reasons: An Inquiry into Emotional Justification* (New York: Routledge, 1988), Robinson, 'Startle'.

23) Amélie Rorty,'Explaining Emotions', ead. (ed.), *Explaining Emotions* (Berkeley: University of California Press, 1980).

주의 집중은 의식적이지 않을 수 있다. 내 심장은 복도에서 걸어오는 것이 존스라는 것을 의식적으로 생각하기 **전에** 마구 뛰기 시작한다. 이와 유사하게 그린스펀은 그녀가 미끄러지고 있다는 것을 의식적으로 알아차리기 **전에** 숨을 멈춘다. 그리고 로티는 조나의 새로운 상사가 자기 가족사진을 책상 위에 올려놓을 시간을 가지기도 전에 조나가 불평을 시작한다고 말한다.

이와 같은 사례들은 어떤 **범주의 사건이나 사람**에 대한 비인지적 평가를 처리하여 **그 범주의 어떤 구성원에 대해서든** 자동적인 정감적 반응을 낳는 신경 통로가 있음을 시사한다. 이것이 어떻게 이루어지는지는 확실치 않다. 그렇지만 이것이 **이루어진다는 것**은 확실하다.

로버트 자이언스는 두려움이라는 반응이 운동 기억에 저장되어 인지적 중재 없이 자동적으로 야기될 수도 있다고 주장한 바 있다.[24] '절차적 기억'(어떻게 업무를 수행하는지에 대한 기억으로, 진술적 기억과 대조되는 기억)의 다양한 사례들의 저변에 있는 여러 메커니즘에 대한 최근의 연구 결과는 자이언스의 직감을 확증하는 것으로 보일 것이다. 어떻게 수영을 하는지, 어떻게 자전거를 타는지, 어떻게 터진 파이프를 수리하는지 등의 운동 기술들은 구분된 운동 기억에 저장된다. 게다가 우리는 진술적 기억을 잃었을 때에도 어떻게 자전거를 타고 어떻게 수영하는지 기억할 수 있다. 그렇다면 감정적 기억을 설명할 수 있는 하나의 가능성은 그것이 상이한 정감적 평가에 의해 생성되는 운동 반응의 기억이라는 것이다.

신경과학자인 안토니오 다마지오(Antonio Damasio)는 이보다 좀 더 정교한 제안을 내놓았다. 그는 전두엽 피질의 복내측 부분에 손상을 입은 환자들에게 '특정 범주의 상황과 자극에 의해 떠오른 이미지들과 관련된 감정들을 만들어내는' 능력이 없다는 것,[25] 그래서 그들이 적절한 신체적 **느낌** — 그가 '신체적 표식'이라고 부르는 느낌 — 즉, (그가 생각하기에) 특정 유형의 시나리오들을 배움으로써 연상되는 어떤 신체적 변화의 느낌을 가질 수 없다는 것을 발견했다. 내가 사용하는 용어들을 통해 표현하자면, 이 환자들은 비인지적인 정감적 평가를 내릴 수 없고 그래서 이들에게는 비인지적인 정감적 평가의 결과로 나타나는 생리

---

24) R. B. Zajonc and Hazel Markus, 'Affect and Cognition: The Hard Interface', Carroll E. Izard, Jerome Kagan, and Robert B. Zajonc (eds.), *Emotion, Cognition, and Behavior* (New York: Cambridge University Press, 1984).

25) Antonio R. Damasio, *Descartes' Error: Emotion, Reason, and the Human Brain* (New York: G. P. Putnam, 1994), 138.

적 변화도 나타나지 않는다.

자신의 책 『데카르트의 오류(*Descartes' Error*)』에서 다마지오는 일반적으로 전적인 합리성의 영역이라고 생각되는 업무들을 처리하고 결정을 내리는 데서 감정이 담당하는 역할에 일차적인 관심을 가진다. 그는 개인적으로나 사회적으로 중요한 문제들에서 올바른 결정을 내리기 위해서는 감정적 요소가 필요하다고 본다. 그러한 결정을 내리려면 특히 예상되는 가능한 특정 결과들을 이롭거나 해로운 것으로 신체적으로 표시함으로써 행위 선택지의 범위가 좁혀져야 한다. 결정을 내리기 위해 숙고할 때 우리는 신체적으로 좋다고 혹은 나쁘다고 표시된 선택지들만 고려한다. 비록 통상적으로 (손익분석 같은) 합리적 전략들도 사용해야 하지만 말이다. 만약 다마지오가 옳다면, 뇌는 **유사한 시나리오를 가진 과거 경험들에 기초하여** 시나리오들을 해롭거나 이롭다고 분류할 수 있으며, 그것은 이러한 시나리오의 범주들을 **신체적 방식으로** 표시함으로써 이루어진다. 우리는 신체적 변화의 느낌을 통해 이것에 접근할 수 있다.

나는 다마지오의 이론에 대해 더 자세하게 논의하고 싶지는 않다. 나는 우리가 자극의 집합들을 신체적 방식으로 표시함으로써 좋고 나쁜 것으로 연상하는 법을 배운다는 그의 아이디어에 집중하고자 한다. 나의 용어를 사용하여 말하자면, 즉각적으로 몸의 반응을 낳는 비인지적 평가를 통해 우리는 자극을 **좋고 나쁜** 것으로, 또한 어쩌면 **이상한** 것으로, **친구 혹은 적**으로, **위협이나 공격**으로 분류하도록 배운다.[26] 그럴 때 감정적 기억은 특정 집합의 신체적 반응과 어떤 (유형의) 시나리오의 병렬일 수 있다.

다마지오는 흥미로운 일련의 '도박 실험들'에 대해 기술하는데, 그 실험 속에서는 전두엽이 손상된 환자들이 정상적인 피험자들과 비교된다. 피험자들은 게임을 하면서 네 벌의 카드 A, B, C, D 군에서 한 벌을 골라 카드들을 뒤집도록 요청되었다. 뒤집어진 카드에 따라 피험자들은 돈을 받거나 '은행가'에게 돈을 지급하게 되어 있었다. 참가자들은 그 게임이 언제 끝날지에 대해 듣지 못했고, 그 게임에 대한 다른 어떤 정보도 얻지 못했다. A와 B 군의 카드가 C와 D 군의 카드보다 더 큰 배당금을 주는 것으로 밝혀졌지만, 전자의 카드

26) 심리학자 폴라 니덴탈(Paula Niedenthal)도 감정이 자극을 범주화한다고 주장했다. P. M. Niedenthal and J. B. Halberstadt의 'Emotional Response as Conceptual Coherence', Eric Eich et al. (eds.), *Cognition and Emotion* (New York: Oxford University Press, 2000) 참조.

들은 은행가에게 더 큰 돈을 지급하도록 요구하는 것이기도 했다. 한참 후에 정상적인 피험자들은 거의 C와 D 군에서만 카드를 선택한 반면, 전두엽에 손상을 입은 환자들은 거의 A와 B 군에서만 카드를 선택했다(그리고 손해를 메우기 위해 은행가에게서 돈을 여러 번 빌려야 하게 된 이후에도 그 환자들은 계속해서 그렇게 했다). 다마지오는 이러한 행위에 대한 여러 가지 가능한 설명을 살펴보고, 가장 그럴듯한 설명은 전두엽에 손상을 입은 환자들이 '미래에 대한 근시안'이라는 문제를 가지고 있다는 것으로 결론 내린다. 즉, 그들은 보상과 처벌 모두에 여전히 민감했지만(예를 들어 그들은 한 번 나쁜 결과가 나오고 나면 즉시 그 나쁜 카드 군을 피했다), '처벌도 보상도 미래 결과에 대한 예측을 자동적으로 표시하거나 그 예측을 유지하는 것에 기여하지 못했고, 그 결과 이들은 즉각적인 보상이 따라오는 선택지를 선호했다.'[27]

이러한 결론은 도박 실험 중의 피부전도도에 대한 흥미로운 연구에 의해 뒷받침된다. 두 그룹 모두의 피험자들은 적절한 카드를 뒤집은 직후 피부전도도가 변하는 것으로 반응했지만, 정상적인 피험자들은 나쁜 카드 군 중 하나로부터 카드를 선택하기 **전에도** (점점 더 큰) 반응을 점차적으로 보이기 시작한 반면, 전두엽에 손상을 입은 피험자들은 '**어떤 종류의 예측하는 반응도 보이지 않았다**.'[28] 이러한 일련의 실험들이 분명하게 보여주는 것은 사람들이 몸에 즉각적으로 입력되는 방식으로 시나리오들을 나쁘거나 좋다고 분류한다는 것(그리고 이러한 능력은 삶에서 현명한 결정들을 잘 내릴 수 있는 능력과 관련하여 매우 중요하다는 것)이다. 그 실험들은 이러한 '신체적 분류'가 **배움**을 통해 얻어지는 것이며, 무언가가 **이롭다는** 그리고 **해롭다는** 평가에 대한 자동적 반응은 사람들이 반응하도록 사전에 프로그래밍 된 특정 자극들에 대한 반응만이 아니라는 것을 뚜렷하게 나타낸다.

흥미롭게도, 전두엽 손상을 입은 환자들은 A와 B가 나쁜 카드 군이라는 것을 '이성적으로는' 알았지만, 그것을 감정적으로 **느끼지는** 못했다. 그런 환자들은 우리 대부분이 감정적이라고 경험할 모든 상황에 다마지오가 '평지 효과(flat affect)'라고 부르는 것으로 반응한다. 예를 들어 다른 실험들에서 그들은 충격적인 이미지를 충격적인 것으로 인지하지만, 그것에 의해 충격을 받지는 않는다. 자율신경계 측정과 자기보고서 모두가 그들이 '감정적

---

27) Damasio, *Descartes' Error*, 216-17.

28) Ibid. 221.

이 되지' 않는다는 것을 보여준다.

요약하자면, 내 목적과 관련하여 다마지오가 보여준 것은 정상적인 감정적 기능은 **학습된 자극**을 감정적 의미를 가진 것으로 범주화하는 것을 필요로 하며, 이러한 의미는 신체적 반응 — 혹은 내가 추정해보건대 신체적 반응을 야기하는 정감적 평가 안 — 에 저장된다는 것이다. 다시 말해, 어떤 것이든 '위협'으로 범주화될 수 있고, 우리가 이것들 중 하나를 지각하든 아니면 단순히 생각하기만 하든, '**위협**!'이라는 정감적 평가는 자동적으로 촉발될 가능성이 크다. 그 결과로 우리는 우리가 선천적으로 위협이라고 평가하게끔 되어 있는 것들뿐만 아니라, 우리의 개인적 경험의 결과로 위협이라고 범주화된 자극들에도 감정적으로 반응한다. 다마지오는 또한 이러한 능력들을 중재하는 신경 통로 중 일부를 식별해냈다.

감정 과정에 대한 모니터링

지금까지 나는 감정적(심리적) 반응을 만들어내는 정감적 평가와 어떻게 사람들이 — 큰 소리나 우리 쪽으로 뛰어오르는 큰 동물 같은 — 어쩌면 태어나면서부터 반응하도록 프로그래밍 된 자극뿐만이 아니라 복잡한 학습된 자극에도 정감적으로 반응할 수 있는지에 집중했다. 이제 나는 감정 과정의 다른 쪽 끝, 즉 우리의 반응을 수정하고, 우리의 초점을 바꾸고, 우리의 행위를 조정하는 인지적 모니터링의 과정으로 주의를 돌리고자 한다. 구성요소 이론가들에 대해 논의할 때, 나는 그들이 재인하는(recognize) 많은 구성요소들이 감정 반응을 유발하지 못할 가능성이 크다고 불평했다. 그러나 제안된 평가적 구성요소들 중 많은 것은 사실 감정 과정에서 초기의 비인지적 평가가 이루어진 **이후에** 일어나는 평가들일 가능성이 큰 것으로 보인다. 스미스와 엘스워스가 식별해낸 평가의 구성요소들 중에는 '예상된 노력', '상황의 통제' 그리고 '예측 가능성'이 있다. 비록 이것들은 감정을 촉발하는 비인지적 평가의 후보가 될법하지 않은 것들이지만, 그런 평가들이 감정 과정의 어딘가에서 일어나는 것은 전적으로 가능하다. 나는 갈라지는 소리를 듣는다. 나는 뛰어오른다. 그리고 나는 정말로 거기에 방울뱀이 있다는 것을 본다. 나는 이 상황에서 빠져나가기 위해 노력이 필요하다는 것, 그 상황이 예측 불가능하다는 것, 내가 그것을 통제할 수 없다는 것을 깨닫는다. 이러한 과정 전체는 두려움에 있어 특징적인 것일 수 있다. 요약하자면, 일단 감정 과정이 시작되고 나면, 그 상황에 대한 지속적인 인지적 모니터링이 있게 된다.

이와 유사하게 심리학자 리처드 라자루스는 그가 초기 감정 반응이라고 생각하는 일차적 평가에 뒤따르는 '이차적 평가'가 있다고 보는데, 거기에서 평가의 주체는 탓할 것과 공으로 인정할 것을 가늠하고, 자신이 그 상황에 대처할 수 있을지 그렇지 않은지, 그리고 자신의 미래에 대한 예측은 어떠한지를 가늠한다. 그는 사람 혹은 동물과 환경과의 모든 마주침은 계속 변화하면서 피드백을 생성하기 때문에 사람이나 동물이 주어진 상황을 모니터함에 따라 정감적 평가도 변하고, 뒤따르는 인지적 평가와 재평가도 변한다고 강조한다.

평가와 재평가에 대한 논의들 중 많은 것들은 다소 추정적인 것들이다. 우리는 우리의 행동이 상황에 따라 변하기 때문에 — 확정적인 것에서 잠정적인 것으로, 조용히 앉아 있는 것에서 울음을 터뜨리는 것으로, 굳어 있는 것에서 도망치는 것으로, 도망치려고 하는 것에서 다시 조용히 앉는 것으로 변하기 때문에 — 인지적 평가나 재평가가 일어난다고 추론한다. 비록 두려움의 경우에는 르두에 의해 인지적 평가가 정감적 평가보다 더 천천히 일어난다는 것이 밝혀지긴 했지만, 그 인지적 평가는 여전히 상당히 빠르게 일어나고, 만약 그가 옳다면 인지적 평가나 그와 상당히 유사한 무언가가 의식이 없는 생물에게도 일어난다. 인간의 인지적 평가와 재평가가 전형적으로 정감적 평가와 마찬가지로 의식의 차원 저변에서 일어난다는 것은 놀라운 것이 아니다. 따라서 감정 반응을 촉발하는 비인지적 평가를 정확히 어떻게 말로 표현할지 말하기 어려운 만큼이나 전형적으로 감정 반응을 모니터하는 특수한 종류의 인지적 평가와 재평가가 있는지, 그리고 만약 그러한 것이 있다면 그러한 평가와 재평가의 연속은 어떤 형태로 이루어질지 알기도 어렵다. 하나의 감정 반응이 또 다른 감정 반응으로 빠르게 변할 때, 우리가 무엇을 경험하고 있는지 알 수 없다는 것도 놀라운 것이 아니다. 우리가 행하는 대부분의 심적 조정은 주로 의식 저변에서 일어날 가능성이 높아 보인다. 그러나 평가와 재평가가 실제로 어떻게 연속되든지 간에 감정이 그러한 연속을 포함한다는 것은 분명하다. 감정은 주어진 상황이 평가되고 재평가됨에 따라, 그리고 지속적인 피드백이 일어남에 따라 펼쳐지는 하나의 **과정**이다.

윌리엄 제임스의 감정 이론에 대해 논의하면서 피비 엘스워스 역시 감정들이 과정들임을 강조했다. 그러나 그녀는 그 아이디어를 한 단계 더 끌고나가 하나의 감정 과정에서 일어나는 다양한 사건들은 그 자체로 어느 정도 독립적으로 펼쳐지는 과정들이라고 주장한다. 대부분의 이론가들은 자극의 해석, 심리적 각성, 표현적 행위, 행동 경향 그리고 주관적 느낌들이 모두 감정에 포함된다는 데 동의하지만,

> 해석, 주관적 느낌, 본능적이고 운동적인 반응들은 자신들의 고유한 시간의 흐름을 가진 과정들이다. 어떤 주관적 느낌이 일어나기 전에 모든 신체적 피드백이 뇌에 도달해야 한다거나, 몸이 반응하기 전에 주어진 상황에 대한 해석이 완성되어야 한다거나, 혹은 해석이 시작될 수 있으려면 그 전에 미세한 차이들이 완전하게 드러나는 감정적 경험이 일어나야 한다고 믿어야 할 이유는 없다. …… 계속되는 상호작용의 연속에서, 그리고 종종 그 연속이 매우 빠를 때에도 시간의 흐름에 따라 해석도 발전하고 느낌도 변한다. 해석도, 신체적 피드백도, 주관적 경험도 먼저 오지 않는다. 기껏해야 우리는 이 복잡한 시간적 과정들 중 어떤 것이 먼저 **시작되는지** 이야기할 수 있을 뿐이다.[29)]

엘스워스는 '매우 단순한 평가들', 이를테면 주목이나 새로움의 감각, 끌림이나 혐오의 감각, 불확정성의 감각이 '감정 영역으로의 진입지점'으로 기능한다는 것을 시사한다.[30)] 나의 용어를 사용하자면, 감정 과정은 언제나 비인지적인 정감적 평가에 의해 촉발된다. 감정적(심리적) 반응을 촉발하고 행동 경향들과 연결되는 그러한 평가가 없다면 우리는 하나의 과정을 **감정적**이라고 하지 않을 것이다. 우리가 살펴보았듯 이러한 비인지적 평가들의 정확한 본질이 무엇인지에 대해서는 논쟁이 있다. 그러나 우리가 그것들에 대해 어떻게 생각하든 (인간과 '저차원적' 동물들 모두에 있어) 그 비인지적 평가들 자체는 더 고차원적인 인지적 과

---

29) Phoebe Ellsworth, 'William James and Emotion: Is a Century of Fame Worth a Century of Misunderstanding?', *Psychological Review* 101 (1994), 227.

30) Ibid.

정에 의해 모니터링되거나 평가되고, 정감적 평가에 의해 시작된 행동 경향들은 뒤따르는 인지적 평가에 상응하여 수정된다. 엘스워스는 그 과정을 다음과 같이 유려하게 기술한다.

> 환경의 어떤 변화에 의해 혹은 의식의 흐름에 의해 유기체의 주의가 환기되는 순간 뇌 속의 특정한 신경회로가 활성화된다. …… 심장이 느려질 수 있고, 머리를 돌릴 수도 있으며, 유기체는 그 사건 전에 느끼던 것과 **다르게 느낀다**. 주의의 환기가 필연적으로 감정으로 이어지는 것은 아니지만 — 그 새로운 사건이 사소한 혹은 친숙한 사건으로 쉽게 설명되어 그 유기체가 원래 상태로 돌아갈 수도 있지만 — 주의를 기울이는 것은 아주 자주 감정 유발의 첫 단계이다. 이름이 붙을 수 있는 어떤 감정도 아직 발전되지 않았지만 이미 인지적, 심리적, 행위적 그리고 주관적 변화는 거기 있다. 만약 그 자극이 매력적이거나 혐오스럽다는 것을 그 유기체가 감지하면, 신체적 반응은 다시 한 번 변한다. 각각의 뒤따르는 평가가 이루어짐에 따라 마음과 몸과 느낌은 다시 한 번 변한다. 그러한 연속은 모두 한꺼번에 일어나는 것처럼 보일 수도 있고, 훨씬 더 긴 시간에 걸쳐 펼쳐질 수도 있다. 모든 필수적인 평가들이 이루어지고 나면, 빠르게든 느리게든 그 평가의 주체는 자신이 고대와 현대의 분류학자들에 의해 목록화된 친숙한 감정들 중 하나에 상응하는 상태에 있다고 말할 수 있다. 그럼에도 불구하고 그러한 상태들은 드물 수 있다. …… 주어진 상황은 종종 하나 혹은 그 이상의 평가들과 관련하여 애매할 수도 있고 평가가 변할 수도 있다. 또는 우리가 지각하는 상황 자체가 변하거나 그 상황이 우리의 행위에 대한 반응으로 변할 수도 있다. 그래서 최소한 나중에 뒤돌아보면서 그 감정을 목록화하기 전까지는 어떠한 지속적인 상태도 있을 수 없다.[31]

이 인용문에는 수많은 통찰이 담겨 있다. 첫째로, 여기에는 감정 과정 안에서 그 과정의 모든 국면이 각각 자신의 고유한 시간의 흐름을 따르며, 한 국면에서 다른 국면으로 다양한 종류의 지속적인 피드백이 주어진다는 아이디어가 담겨 있다. 예를 들어 생리적 변화는 나의 주의가 환경 속의 중요한 무언가에 고정되도록 도울 수 있다. 나를 깜짝 놀라게 하

---

31) Ibid. 228.

는 큰 소리는 나로 하여금 눈을 깜빡이고 호흡을 점검하게 함으로써 내가 내 주변에서 일어나는 이 갑작스러운 새로운 사건에 신경 쓰고 내 주의가 그것에 집중될 수 있게 한다. 만약 내가 어떤 사건 때문에 본능적으로(비인지적으로) 놀라거나 격분하게 되면, 뒤따르는 인지적 평가가 그 사건을 확증하거나 부정할 수 있으며, 그중 어떤 경우든 그것은 그 사건에 대한 나의 평가를 변화시킬 것이다('그건 그냥 폭죽이야', 혹은 '누군가가 총을 가졌다!'). 감정 반응에서 비인지적 평가는 생리적 변화와 행동 경향 모두를 낳고, 양자 모두 뒤따르는 인지적 평가와 재평가에 의해 수정될 수 있다. 게다가 두려움에 굳어버리거나 화가 나서 긴장하는 것과 같은 비인지적 평가에 대한 반응으로 취해지는 행동들은 종종 그 상황 자체를 바꾸고 — 어쩌면 적이 물러날 수도 있다 — 그래서 간접적으로 그 상황에 대한 나의 평가와 뒤따르는 나의 행위에도 영향을 미친다. 얼어버리거나 긴장하는 것과 같이 본능적으로 반응한 후 나는 그 상황이 더 이상 위협적이지 않다고 보고 긴장을 풀 수도 있다. 내가 지금껏 그다지 이야기하지 않은 느낌 역시 의식적인 인간들로 하여금 자신의 생리적 상태나 자신이 내리고 있는 평가에, 혹은 둘 모두에 주의를 기울이게 하는 기능을 할 수 있다.[32]

감정 과정의 각 국면에 고유한 시간적 궤적이 있다는 사실도 중요하다. 예를 들어 평가들의 연속이 얼마나 빨리 일어나든지 간에 감정의 심리적 징후들은 더 오래 지속될 수 있다는 것에 주목할 필요가 있다. 내가 무언가를 위협이라고 정감적으로 평가하는데, 나의 인지적 국면은 내가 위험에 처해 있지 않다고 말한다고 가정해보자. 이 경우 내가 안전하다는 것을 깨달은 다음에도 아드레날린이 계속해서 내 혈관을 따라 흐르고, 위협에 대한 호르몬 반응도 몇 시간 동안, 혹은 심지어 며칠 동안 지속될 수 있다. 마찬가지로, 내가 부당한 대우를 받지 않았음을 확인한 다음에도 내가 여전히 '분노할' 수 있는 것은 이러한 이유에서이다. 내 표정과 생리적 반응은 관련된 평가가 거부된 다음에도 여전히 지속될 수 있다. 정감적 평가의 결과로서 착수된 행동 방침은 그 평가와 그에 뒤따르는 인지적 모니터링이 기억에서 희미해진 훨씬 다음에도 지속될 수 있다. 또한 상황에 대한 그 평가가 지

32) 제임스 레어드(James D. Laird)와 니콜라스 아포스톨레리스(Nicholas H. Apostoleris)는 느낌을 신체적 변화와 행위에 대한 지각으로 보는 제임스적 견해를 취하고, 느낌의 기능적 역할을 (무의식적으로) '행위에 대한 정보'를 제공하는 것으로 상정한다. Rom Harré and W. Gerrod Parrott, *The Emotions: Social, Cultural and Biological Dimensions* (London: Sage, 1996), 289. Antonio Damasio, *Looking for Spinoza: Joy, Sorrow, and the Feeling Brain* (Orlando, Fla.: Harcourt, 2003)도 참조.

속되는 중에도 표정은 사라질 수 있다.[33)]

엘스워스의 연구에서 이끌어낼 수 있는 두 번째 중요한 아이디어는 이름 붙일 수 있는 특정한 감정 상태가 상대적으로 드물 수 있다는 것과 우리의 감정적 삶은 '흐름' 속에서 일어나기 때문에 계속해서 변화하는 평가, 계속해서 진화하는 행동과 행동 경향, 계속해서 변하는 신체적 상태에 대한 반응으로 항상 변한다는 것이다. 윌리엄 제임스가 주목했듯, 우리의 감정 과정은 지속적인 변화 속에 있다. 우리는 상당히 빨리 두려운 상태에서 쾌활한 상태로, 불안한 상태에서 화난 상태로 전환될 수 있다. 이러한 견해에 따르면, 이름 붙일 수 있는 특정한 감정 상태는 대개 '뒤돌아보며 감정을 목록화하는 때인' 사건 이후에 인식된다. 그래서 우리가(혹은 우리의 친구들이) 어떤 상황을 그 상황에서 우리가 슬프거나 화났거나 혹은 질투하는, 창피하거나 죄책감을 느끼거나 혹은 단지 후회하는, 차분하거나 지루해졌거나 혹은 세상에 지친 것으로 묘사할 수 있는 것도 오직 사건이 일어난 이후이다. 우리는 이와 같은 일상적 감정 용어를 사용함으로써 감정적 경험을 이해하고 설명하려 한다.

뒤돌아보고 목록화하기

사람들이 종종 비인지적 평가와 어떤 초기적인 인지적 평가를 한 이후에 하게 되는 재평가 중에는 감정에 **이름을 붙임으로써** 통속 심리학의 용어로 그 감정을 설명하려 하는 시도가 있다. 가재나 쥐와 달리 사람은 삶의 중요한 사건들에 대해 감정적으로 반응할 뿐만 아니라 그것들에 대해 **반성한다**. 앞으로 살펴보게 되겠지만, 훌륭한 예술작품은 종종 우리의 감정들에 대해 주의 깊고 상세하게 반성하게 한다. 그러나 일상생활에서 사람들은 상

33) 감정에 대한 심리학자들의 글을 처음 읽기 시작했을 때 나는 감정적 표현이 전형적으로 몇 초 동안만 지속된다는 것을 의미하면서 '감정'이 몇 초 동안만 유지된다고 말하는 그들의 경향에 아연실색했다. '평가'에 관심을 가지는 철학자인 나에게 평가, 특히 두려움이나 사랑에 포함되는 평가들처럼 중요한 평가가 몇 초 동안만 지속될 수 있다는 것은 아주 이상하게 들렸다. 지금의 나는 감정적인 비인지적 평가가 매우 빨리 일어나며, 그것이 유발하는 표현 역시 그러하다는 것을 인정한다. 그러나 우리는 정감적 평가에 대한 인지적 모니터링으로부터 나오는 평가는 평생 동안 지속될 수도 있다는 것을 기억해야 한다.

식이나 '통속' 심리학을 통해 일반화된 이름들(labels)을 적용함으로써 자신의 감정적 경험을 평가하는 경향이 있다. 그래서 나는 혼자 생각하곤 한다. '이제야 내가 왜 바비한테 소리 질렀는지 알겠어. 바비가 수한테만 관심을 쏟고 있어서 수한테 **질투**가 났구나' 혹은 '이제 내가 왜 그렇게 마음이 상했는지 알겠어. 나는 바비한테는 **화**가 나고 수한테는 **분개**했던 거야'. 내 행동과 생리적 상태에 대한 심리학적 설명을 찾으려고 하면서 나는 내가 쓰는 언어에서 내가 알고 있는 감정 단어들 중 하나로 그 감정에 이름을 붙이고, 더 나아가 나의 '질투'와 '화', 혹은 '분개'를 일으킨 것이 무엇이었는지 추정하기도 한다. 나는 내가 바비에게는 **화**가 나고 수에게는 **질투와 분개**를 느낀 이유가 '바비는 수에게 추파를 던지고, 수는 그의 관심을 기꺼이 받아들이고 있었기 때문'이라고 결론 내릴 수 있다. 요약하자면, 나는 나의 감정 반응들의 흐름에 대해 반성하면서 통속 심리학적 용어들을 통해 무엇이 그 반응들을 일으켰는지, 그리고 그것들을 어떻게 분류할 것인지 가늠하려고 하는 것이다.

사회 구성 이론가들(social construction theorists)은 상이한 언어들이 서로 다른 방식으로 감정 영역을 나눈다는 것을 즐겨 지적한다. 어떤 언어들에는 영어로 번역될 수 없는 것으로 보이는 감정 단어들이 있다는 것이다. 이러한 맥락에서 자주 언급되는 감정 단어는 일본어의 '**아마에**(甘え)'인데, 어떤 문헌은 이것을 '일종의 공생에서 발생하는, 타인에게 완전히 수용될 때의 편안함으로부터 나오는 상호의존의 감정'이라고 묘사하고, 또 다른 문헌은 이것을 '타인의 추정되는 관대함에 의존하는 성향'이라고 묘사한다.[34] 또 다른 예는 남태평양의 이파룩 섬에서 발견되는 '**파고**(**fago**)'라는 감정인데, 캐서린 러츠(Catherine Lutz)는 이것을 '공감/사랑/슬픔'이라고 번역했다.[35] 감정 개념들은 그 감정이 일어날 때의 상황이나 맥락의 유형과 특징적인 반응의 유형을 명시한다. 서로 다른 문화들에는 다소 상이한 감정 용어들이 있는데, 이것은 서로 다른 문화들이 다소 상이한 가치들을 가지고 있고 상이한 특성들을 소중히 여기기 때문이다. 독립성, 개별성, 야망 그리고 적극성을 높이 평가하는 미국

---

34) Keith Oatley and Jennifer M. Jenkins, *Understanding Emotions* (Oxford: Blackwell, 1996), 44; June Price Tangney and Kurt W. Fischer, *Self-Conscious Emotions: The Psychology of Shame, Guilt, Embarrassment, and Pride* (New York: Guilford, 1995), 490.

35) Catherine Lutz, *Unnatural Emotions: Everyday Sentiments on a Micronesian Atoll and Their Challenge to Western Theory* (Chicago: University of Chicago Press, 1988), 119.

같은 나라에 상호 의존이 중요한 하나의 사회적 목표임을 암묵적으로 인정하는 **아마에** 개념이 없다는 것은 놀랍지 않다. 이파룩의 **파고**도 마찬가지다. 영어에는 2,000개가 넘는 감정 단어들이 있지만,[36] 영어조차 사람들이 느낄 수 있는 모든 미묘한 감정들에 **이름을 붙일 수 있게 할** 자원을 가지고 있지 않다. 실제로 모든 언어에 이름 없는 감정들이 있다고 하는 것은 그럴듯해 보인다. 어떤 언어로도 이름을 붙일 수 없는 많은 감정이 있다는 것도 정말로 사실일 수 있을 것 같다. 존 벤슨(John Benson)은 엘리엇(Eliot)의 시에서 알프레드 프루프록(J. Alfred Prufrock)이 표현하는 감정 상태를 나타내는 단어가 있으면 좋겠다고 보기도 했다.[37] 그가 제안한 단어는 '프루프록 같음(prufishness)'으로, 예를 들어 '난 요즘 좀 프루프록 같음을 느끼고 있어'라는 식으로 쓰는 것이다.

(나는 질투가 났어, 나는 **파고**하고 있었어, 나는 분개했어 등의) 통속 심리학적인 평가를 내릴 때, 나는 내 감정 상태에 대해 **사후적으로 가늠**하는 것이고, 그런 가늠은 **틀리기 쉽다**는 것을 분명히 하는 것이 중요하다. '나는 분개했어'와 같은 통속 심리학적 평가를 내릴 때, 나는 내 안에서 일어난 실제 평가와 재평가의 연속에 대해 보고하고 있는 것이 아니다. 실제로 일어나는 평가들의 연속은 아주 빠르게 변하고, 전형적으로 나는 대체로 그 대부분을 인식하지 못한다. 사실 전형적으로 우리는 자신이 반응하거나 느끼는 방식에 대해 스스로도 혼란스러울 경우에만 자신의 감정 반응과 느낌에 대해 통속 심리학적 용어로 된 설명을 찾으려고 한다. 그리고 감정에 이름 붙이는 것이 우리에게 중요한 이유는 어쩌면 우리가 왜 그와 같이 반응했는지를 우리가(생각하기에 우리가) 이해할 때 그것이 우리에게 최소한의 통제의 환영, 즉 우리가 감정을 통제할 수 있다는 환영을 주기 때문일 것이다.

하지만 그런 설명을 찾으려고 하는 이유가 무엇이든 간에 그 설명 자체는 **요약 판단**, 즉 내가 생각하기에 내가 무엇에 주목했던 것이고, 어떤 필요와 관심이 걸려 있다고 보았고, 전개되는 상황에 대해 어떤 생각을 하고 있었는지를 요약하는 평가이다. 만약 상사가 방을 나갈 때 몸이 떨리고 주먹을 꼭 쥐었다 폈다 하며 가슴이 뛰는 나 자신을 발견한다면, 나는 스스로 '내가 정말 분개하고 있나 보다. 상사가 나한테 일 처리가 느리다고 했을 때 그

36) Russell, 'Culture and the Categorization of Emotions'.

37) John Benson, 'Emotion and Expression', *Philosophical Review* 76 (1967).

게 진짜 부당하고 모욕적이라고 여겼나 보다'라고 생각할 수 있다. 그런 생각들을 형성하면서 나는 사실상 현재의 감정적으로 동요된 상태에 대해 통속 심리학적 설명을 제공하고 있는 것이다. 나는 내 상사의 행동을 **모욕**으로 보았으며, **내가 정말 그것을 싫어했다**는, 그리고 상사의 행동이 나의 중요한 목표, 이를테면 자존감을 유지하는 것에 대치되었다는 가설을 세운다. 간단히 말하자면, 나는 그 사건 혹은 그 일련의 사건들을 '분개'라는 통속 심리학적 개념 아래에 포섭하는 것이다. 하지만 나는 내가 내린 것으로 (보이는) 평가와 재평가들의 연속 전체에 접근할 수 없다.

이와 같이 나는 아마도 있었을 평가와 재평가들의 연속에 대한 사후 요약을 하고 있는 것이기 때문에 내가 가늠한 바는 믿을 만한 것이 아닐 가능성이 크다. 예를 들어 나와 오랜 시간을 함께한 남편이 더 젊은 여자 때문에 나를 떠나려 한다고 가정해보자. 그런 상황에서 내 감정은 매우 혼란스러울 것이다. 비통과 화, 수치, 절망이 뒤섞이고 나의 경험을 한 단어로 요약하기는 아마도 힘들 것이다. 그러한 감정 과정은 너무 복잡하고 애매할 것이다. 시간이 지난 후에 다시 뒤돌아보며 그 경험을 목록화할 때, 나는 내 남편이 젊은 여자 때문에 나를 떠난 것에 대해 내가 **분노한다고 말할** 수 있다. 하지만 나의 행동과 생리적 반응을 볼 때 나의 주된 감정은 실제로는 수치심과 비통함이었을 수도 있다. 우리 문화에서 분노는 화라는 '강력한' 감정의 한 형태로 여겨지며, 자존감을 유지하기 위해 나는 내 삶에 대한 통제를 잃어버린 것처럼 보이지 않으려고 할 것이다. 분노는 또한 내가 도덕적 우위를 점하고 있음을 함축한다. 우리 문화에서 비통과 수치는 소심하고 연약한 사람들에게 해당되는 것이라고 말해도 크게 과장하는 것이 아니다.

조나에 대한 로티의 예에서처럼 사람들은 때때로 자신이 무의식적으로 감춰놓은 뿌리 깊은 욕구 때문에 자신이 특정한 방식으로 반응한 이유에 대해 완전히 잘못 알고 있을 수도 있다. 새 상사에 대한 조나의 적대적 반응은 조나가 전혀(혹은 최소한 부분적으로) 인식하지 못하고 있는, 그의 어머니와의 과거의 관계와 관련된 뒤엉킨 이야기에 전적으로 기인한다. 이를테면 조나는 새 상사가 폭군이라는 이유를 들어 (그 증거를 찾기 어려움에도 불구하고) 자신의 감정 반응을 상사에 대한 분노라고 **합리화**한다. 어쩌면 조나는 치료를 통해 그의 감정 반응이 실은 일종의 두려움과 실망임을, 즉 다시 한 번 어머니에 해당하는 인물의 사랑을 얻지 못할 것이라는 **두려움**과 그의 실제 어머니가 (그가 생각하기에) 그를 소중히 여기지 않았다는 **실망**임을 깨닫게 될 수도 있다.

이 두 예는 명백하게 복잡한 감정들에 대한 것이다. 하지만 우리가 일상생활의 평범한 감정 사례들에 대해 반성할 때도 우리는 절대 우리가 옳게 이해하고 있다고 확신할 수 없다. 우리는 모두 자신에 대해 좋게 생각하고 싶어 하며, 우리가 어떤 행동을 할 때 그것이 부러움보다는 사랑, 쩨쩨한 질투보다는 정당한 분노, 수치심보다는 자부심에서 나오는 것이라고 생각하고 싶어 한다. 그리고 모든 감정 상황은 어느 정도 다 애매하기 때문에 사람들이 어떻게 정확한 방식보다는 편한 방식으로 자신의 감정에 이름 붙이게 되는지를 이해하는 것은 어렵지 않다.

그러나 흥미롭게도 우리가 감정에 **이름 붙이는** 방식과 그 상황에 대해 **생각하는** 방식은 감정 과정 자체에 영향을 미친다. 우리는 이미 어떻게 감정 과정의 모든 측면이 다른 측면들에 피드백을 주는지 보았다. 내가 감정 단어로 내 상태에 이름 붙일 때도 같은 일이 일어난다고 보는 것이 옳을 것이다. 만약 내가 내 감정에 '수치심' 대신 '비탄'이라는 이름을 붙이면 나의 행동 경향과 행동은 아마도 내가 그 감정을 '수치심'이라고 이름 붙일 때와 다를 것이고, 그 결과 나는 다르게 **느끼기** 시작할 것이다. 만약 내가 비탄에 잠겼다고 생각하면 나는 수치스러운 게 아니라 비탄에 잠긴 것 같이 행동할 것이고, 윌리엄 제임스가 오래 전에 관찰했듯 비탄에 잠긴 것 같이 **행동하는** 것은 실제로 나를 비탄에 잠기게 할 수 있다.

> 풀 죽은 자세로 하루 종일 앉아서 한숨 쉬고 모든 것에 침울한 목소리로 대답하면 당신의 우울함은 지속될 것이다. …… 눈살을 찌푸리지 말고 눈을 밝히고, 배보다는 등 쪽을 수축해서 몸을 펴고, 장조 톤으로 말하며, 다정하게 칭찬을 건네고서도 마음이 점점 녹지 않는다면 당신의 심장은 진짜 얼어 있는 것이 분명하다![38]

자세, 표정, 목소리, 행동 경향을 바꾸는 것은 당신의 생리와 느끼는 방식을 바꾸고, 그

38) William James, *The Works of William James*, ed. Frederick H. Burkhardt, 3 vols. (Cambridge, Mass.: Harvard University Press, 1981) ii. 107-78.

에 따라 — 제임스의 견해에 따르면 — 당신의 감정 상태를 바꾸는 경향이 있다. 그리고 우리가 2장에서 살펴보았듯이 이 점에 있어 그가 옳다는 것을 시사하는 경험적 증거들도 있다. 에크먼은 어떤 특정한 감정을 표현하도록 의도적으로 얼굴 근육을 움직이면, 그 사람 스스로 자신이 그에 맞는 감정 상태에 있다고 보고하게 될 뿐만 아니라 그에게 그러한 감정에 적합한 생리적 변화도 일어난다는 것을 보였다. 요약하자면, 어떤 감정 상태를 '비탄'이라고 이름 붙이는 것은 비탄에 적합한 행동과 신체 상태를 유도하고, 그래서 비탄 자체를 실제로 유도할 수 있다.

나는 지금까지 많은 철학자들에 의해 인용된, 감정 이론에서 가장 유명한 실험 중 하나인 섁터(Schachter)와 싱어(Singer)의 1962년 실험을 이러한 측면에서 이해해야 한다고 생각한다. 표면상 그 실험은 '인지적 요소들과 생리적 동요 상태의 상호작용'이 특정한 감정들을 유도할 수 있음을 보임으로써 인지가 감정에서 담당하는 역할이 있는지 여부에 대한 물음을 해결하려는 것이었다.[39] 피험자들에게는 아드레날린이 주사되었고, 그들은 주사된 약이 아드레날린임을 듣지 못했다. 일부 피험자들에게는 그 약의 실제 부작용에 대해 알려주었고, 다른 일부에게는 아무것도 알려주지 않았으며, 또 다른 일부에게는 잘못된 정보를 제공했다. (또한 위약 조건도 있었다.) 그리고 일부 피험자들에게 점점 더 모욕적인 질문들이 담긴 설문지에 답해달라고 요청했고, 그동안 피험자들 사이에 실험자가 심어놓은 앞잡이가 점점 마음 상해하고 화를 냈다. 또 다른 피험자들에게는 설문지가 주어지지 않았고, 그들 중에 있는 쾌활한 앞잡이가 종이로 만든 공을 가지고 농구를 하는 등 자발적으로 보이는 일련의 게임들을 했다. 피험자들이 앞잡이들과 상호작용하는 동안, 피험자들은 (스스로 모르는 채) 실험자들에 의해 관찰되었고, 그들의 행위가 측정되었으며, 그 실험 후 피험자들은 자신들의 감정 상태를 밝히고 생리적 동요에 대한 자각을 드러내도록 고안된 질문들에 답했다. 에피네프린을 투여하기 전에 피험자들의 심박수가 측정되었고, 실험의 마지막에 다시 한 번 심박수가 측정되었다. 심박수의 증가를 보이지 않은 피험자들과 눈에 띄는 동요의 징후가 없는 피험자들은 그 실험에서 제외되고, 확실하게 모든 피험자들이 생리적

39) Stanley Schachter and Jerome Singer, 'Cognitive, Social, and Physiological Determinants of Emotional State', *Psychological Review* 69 (1962), 381.

동요 상태에 있도록 했다.

그 실험의 결과는 왜 자신의 몸이 (아드레날린 때문에) 이상한지 이해하지 못했던 피험자들, 즉 자신에게 무엇이 투여되었는지에 대해 아무것도 듣지 못했거나 잘못된 정보를 제공받았던 피험자들이 앞잡이들에게 보다 취약했음을 보여주는 것으로 보인다. 실험 마지막에 '얼마나 열 받고, 화나고, 혹은 짜증난다고' 느꼈는지 물었을 때, 화 그룹에 있었던 사람들은 상당히 화나고 열 받았다고 보고했다. '얼마나 기분 좋거나 행복하다고' 느꼈는지 물었을 때, 행복(euphoria) 그룹에 있던 사람들은 상당히 기분 좋거나 행복했다고 답했다. 하지만 두 그룹 모두 같은 생리적 상태에 있는 것으로 보였다. 섁터와 싱어는 그 피험자들이 자신이 화의 상태에 있었다는, 혹은 행복의 상태에 있었다는 **인지적 평가**를 내린 것이라고 생각했다. 이와 대조적으로, 자신들이 왜 그렇게 느끼는지에 대한 설명을 들은 사람들은 자기 자신들에게 화나 행복이라는 상태를 귀속시키려는 경향을 더 약하게 가지고 있었다. 섁터와 싱어는 '감정 상태는 생리적 동요 상태 및 그러한 동요 상태에 적합한 인지와 함수관계에 있는 것으로 간주될 수 있다'고 결론 내렸다.[40]

하나의 흥미로운 사실은 섁터와 싱어의 실험에 대해 기술하는 사람들 모두가 서로 다른 용어들을 통해 그것을 기술하고, 그 실험을 감정에 대한 서로 다른 진실을 보여주는 것으로 기술한다는 것이다.[41] 그 실험의 묘한 점들 중 하나는 섁터와 싱어가 감정에 필수적이라고 주장한 '인지'가 '나는 모욕당했다'거나 '무언가 좋은 일이 나에게 일어났다'는 식의 통상적으로 감정 반응을 촉발하는 종류의 평가라고 대부분의 이론가들이 간주하는 **환경**에 대한 평가가 아니라 **피험자의 내적 상태**에 대한 평가라는 것이다. 이를테면 그 피험자들은 자신들의 내적 상태에 '행복'이나 '화' 같은 감정 이름을 붙이고 있다. 그 실험의 또 다른 묘한 점은 무엇이 그 피험자들로 하여금 그들의 감정 상태에 그렇게 이름 붙이도록 하는지가 상당히 불분명하다는 것이다. 섁터와 싱어는 **사회적 전염** 효과라는 것이 있다고, 즉 어떤 종류의 운동 모방 때문에 피험자들이 앞잡이들이 반응하는 방식으로 반응하는 것이라고 가정하는 것일 수도 있다. 하지만 전염의 메커니즘이 사실 무엇인지 우리는 모른다.

---

40) Ibid. 398.

41) Michael Sontag, 'Emotion and the Labeling Process' (Cincinnati: University of Cincinnati, 2004). Rainer Reisenzein, 'The Schachter Theory of Emotion: Two Decades Later', *Psychological Bulletin* 94 (1983) 참조.

내가 보기에 섹터와 싱어의 실험은 감정이 언제나 자동적인 정감적 평가에 의해 촉발된다는 견해에 잠재적인 반대 논증을 제공한다는 점에서 중요하다. 사람들이 단지 생리적으로 동요되는 것으로 시작해서 환경에 대한 어떠한 정감적(혹은 인지적) 평가도 명백하게 내리지 않은 채 스스로에게 감정을 귀속시키는 경우가 여기에 있는 것이다. 섹터가 '작화증(confabulation)', 즉 사람들이 사회적으로 기대되거나 수용될 수 있다고 생각하는 특정한 방식으로 자신들의 심적 상태나 행위를 설명하는 방식에 대한 연구의 선구자들 중 한 명이었던 것은 우연이 아니다.[42] 그 실험에서 사람들은 '이상하게 느꼈고', 그들의 동료 피험자(앞잡이)가 명백하게 화를 냈기(혹은 행복해했기) 때문에 피험자들이 '사실'과 무관하게 '화'나거나 '행복'해지는 것은 자연스러웠다.

어떻게 그리고 왜 이 피험자들이 화나거나 행복해지게 됐는지, 그것이 전염이나 어쩌면 작화증에 의해서인지 아닌지 우리가 모른다는 것은 참이다. 그러나 사람들이 스스로 화난다고 혹은 행복하다고 생각하기 시작하자마자 그들은 정감적 평가를 내리기 시작하고, 그 감정 상태에 특징적인 표정, 운동 활동 그리고 행동 경향을 취한다. 간단히 말해, 자신이 화났다고 혹은 행복하다고 생각하는 것은 자기실현적 예언이 된다. 게다가 이 특정한 경우에서는 그 모욕적인 설문지를 모욕적이라고 정감적으로 평가하기가 쉬웠을 것이다. [예를 들어, 마지막 질문은 다음과 같았다. '(당신 아버지 외에) 얼마나 많은 남자들과 당신 어머니가 혼외관계를 가졌는가?' 4명 이하/5~9명/10명 이상] 그리고 그 쾌활한 농구 게임을 쾌활하다고 정감적으로 평가하는 것도 쉬웠을 것이다. 다시 말해 그 피험자들은 정말로 화나거나 행복해지기 시작했을 수 있다. 이를테면 그들은 그 감정들에 적합한 정감적 평가를 내리고 적합한 행동에 참여하는 등 그 감정 과정에 참여했을 수 있다. 안타깝게도 그 실험을 진행했던 이들은 실험 마지막에 자세한 생리적 데이터를 측정하지 않았다. 그 데이터를 측정했더라면 화 그룹과 행복 그룹 피험자들의 생리적 상태가 그 실험의 결과로 상이하게 변했는지 아닌지를 보이고, 그래서 두 그룹이 정말로 다양한 감정 상태를 가지게 되었다는 증거를 제공하는 것도 가능했을지 모른다.

그 실험에서 일어난 일을 기술하는 또 다른 방법은 피험자들이 생리적으로 동요된 상

42) Paul Griffiths, *What Emotions Really Are: The Problem of Psychological Categories* (Chicago: University of Chicago Press, 1997). 그리피스는 섹터와 싱어의 사례는 단지 작화증의 예일 뿐이라고 주장한다.

태에 있었고, 자신들이 어떤 감정 상태에 있다고 생각하도록 부추겨졌기 때문에(그들이 어떤 감정 상태에 있었는지 설문지에서 질문했기 때문에) 그들이 실제로 어떤 **기분**(mood) 상태에 있게 되었다는 것이다. 이를테면 그들은 **긴장하거나 초조한** 기분 상태에 있었다. 기분은 보통 어떤 감정 상태에 들어가기 좀 더 쉽거나 좀 더 준비가 된 신체적 상태라고 부분적으로 정의된다.[43] 양쪽 그룹의 피험자들 모두 동요되었고, 투여된 아드레날린 때문에 긴장하거나 초조해했고, 그래서 자신들에게 감정 상태를 귀속시키도록 보다 쉽게 유도되었다. 그리고 내가 앞서 시사했듯, 일단 화 그룹에 있는 사람들이 스스로 '화'났다고 생각하기 시작하면, 그들은 **화나는 생각을 하고 화난 정감적 평가를 내리기** 시작하게 될 것이다. 행복 그룹과 관련해서도 마찬가지이다.[44] 13장에서 살펴보게 되겠지만, 이 같은 일이 음악을 들을 때도 일어날 수 있다.

나는 우리가 어떻게 감정 반응을 '목록화'하는지가 감정 과정이 전개되는 방식에 영향을 미친다고 결론 내린다. 우리의 감정을 화나 두려움으로 혹은 그 외의 것으로 목록화할 때 가끔은 우리도 옳게 한다는 것에는 의심의 여지가 없다. 그러나 특히 애매한 상황에서 우리는 종종 틀릴 수도 있다. 남편이 날 떠나는 것에 대해 내가 괴로워할 때, 나는 내가 정확히 어떤 감정을 경험하고 있는지 알지 못한다. 섁터의 피험자들처럼 나는 어떤 동요 상태에 있지만, 내 상태는 애매하고 나는 내가 왜 그렇게 반응하고 있는지 정확히 알지 못한다. 어쩌면 나는 요동치는 기분을 느끼고 있다고 말할 수 있을 것이다. 하지만 설령 내 주된 감정이 '비탄'이 아니라 '분노'라고 말하는 것이 잘못되었더라도 그러한 이름이 한 번 적용되면 그것은 감정 과정이 전개되는 방식에 영향을 미칠 수 있다. 이를테면 내 비탄과 수치심이 점차적으로 진정한 분노에 길을 내줄 수도 있다.

43) 에크먼은 Paul Ekman and R. Davidson (eds.), *The Nature of Emotions: Fundamental Questions* (New York: Oxford University Press, 1994)의 'Expression and the Nature of Emotion'과 'Moods, Emotions, and Traits'에서 감정과 기분의 차이점들에 대해 논의한다. 나는 13장에서 기분에 대해 좀 더 이야기할 것이다.

44) 여기에서 '기분'과 관련하여 기이한 것은 그것이 극도의 행복감(euphoria)만큼이나 화를 만들어내기도 쉽다는 것이다.

감정 사전

지금까지 나는 정감적 평가, 생리적 변화, 행동 경향 그리고 인지적 모니터링이 모두 정상적인 감정 과정의 부분들이며, 그 각각의 요소가 피드백의 고리 안에서 작용하여 다른 요소들에 영향을 미친다고 제안했다. 이제 나는 통속 심리학의 일상 언어로 이름 붙여진 감정들이 원초적 감정 반응을—(여러 학자들 중) 자이언스와 르두가 수행한 것과 같이 과학적 심리학에 의해 연구된 원초적 반응들을—촉발하는 비인지적인 정감적 평가와 서로 연관될 수 있는 다양한 가능한 방식들에 대해 간단히 추측해보려고 한다.

한 가지 가능성은 일상 언어의 감정 단어들이 단순하게 특정 상황에서의 좋고 싫음에 대응한다는 것이다. 그래서 간략히 말하자면, 행복감(happiness)은 어떤 (좋아하는) 상황에서든지 일어날 수 있는 긍정적인 감정이고, 안도감은 잘 안 될 수도 있다고 예상했는데 결국 잘된 경우에 일어나는 긍정적 감정이며, 자부심은 내가 나와 어떤 방식에서 동일시하는 무언가 좋은 것에 대해 숙고할 때 일어나는 긍정적 감정이다. 이와 유사하게, 불행감은 어떤 (싫어하는) 상황에서든지 일어날 수 있는 부정적인 감정이고, 실망은 실제 일어난 것보다 일이 더 잘될 것이라는 기대가 있었을 때 일어나는 부정적인 감정이며, 개탄은 내가 도덕적으로 잘못되었다고 여기는 무언가를 했을 때 일어나는 부정적인 감정이다. 다른 말로 하면 이러한 분석에서 모든 감정 단어들은 부정적이거나 긍정적이라는 감정가의 측면에서, 그리고 특정한 상황의 측면에서 상태를 기술한다. 그렇다면 솔로몬(Solomon)이나 테일러(Taylor) 같은 철학자들이 할 일은 '개탄하는', '자부심을 느끼는', 혹은 '실망한' 같은 용어를 적용하기에 올바른 상황들이 어떤 것인지를 내가 이 요약에서 한 것보다 더 날카롭고 정확하게 다듬는 것이다.

또 다른 가능성은 일상 언어의 감정 용어들이 서로 다른 '구성요소적' 비인지적 평가, 예를 들어 낯섦이라는 평가(놀람에 대응), 친구나 적이라는 평가(사랑과 증오에 대응), 좋고 싫음이라는 평가(앞서 논의했던 제안과 마찬가지) 등에 대응한다는 것이다.

세 번째 가능성은 각각의 감정 단어가 어떤 상이한 목표나 이해관계에 대응하며, 감정을 촉발하는 비인지적 평가들은 주어진 상황을 단순히 이와 같은 다양한 구체적 목표들에 도움이 되는 것으로, 혹은 방해가 되는 것으로 평가한다는 아이디어를 담고 있다. 그렇다면 질투는 [패럴(Farrell)에 따르면][45] A는 B의 호의를 얻고 싶은데 A가 보기에 B는 A보다 C에게 더 호의를 가지고 있으며, 이것이 **A의 목표에 방해가 된다**!는 것으로 분석될 것이다.

마지막으로, 모든 감정 용어들이 '기본 감정' 체계들 중 하나에 대응하고, 그 체계들에서는 비인지적 평가에 의해 유도된 감정 반응의 단순한 예들이 특유의 생리적 반응과 행동 경향, 그리고 특유의 신경생리학적 경로를 통해 표시될 가능성이 있다. 이 견해에 따르면, 철학자들에 의해 연구된 인지적으로 복잡한 감정들은 서로 다른 감정 체계들에 대응하는 그룹들로 나누어질 것이다. 화 체계는 우리의 언어와 문화에서 '분노', '격노', '격정', '열받음', '신경질', '좌절', '짜증'라고 부르는 것들과 분개, 부러움과 함께 질투, 은혜 모름, 경멸의 일부 사례들을 포함할 것이다. 두려움 체계는 두려움, 놀람, 긴장, 우려, 무서움, 공황 등과 함께 어쩌면 공포, 불안, 의혹, 그리고 어쩌면 당혹감과 질투의 일부 사례들을 포함할 것이다. 행복 체계는 아마도 쾌, 안도감, 즐거움, 쾌활함, 환희, 극도의 행복(euphoria), 행복감(happiness), 기쁨, 낙관주의, 만족, 자족, 재미와 함께 자부심, 희망과 희망참, 감사, 감사함을 포함할 것이다. 불행 체계는 슬픔, 불행, 절망, 실망, 후회, 개탄, 고뇌, 낙담, 우울, 염세주의, 마음 상함과 함께 아마도 수치심, 치욕감, 죄책감, 미안함 그리고 분개의 몇몇 사례들을 포함할 것이다. 어떤 영어 단어들은 에크먼이 기본 감정들의 '혼합'이라고 부르는 것을 표시할 것이다. 이를테면 경악은 불행과 놀라움이, 공포는 어쩌면 두려움과 혐오감이, 그리고 경외는 어쩌면 두려움, 쾌, 놀람이 섞인 반응일 것이다.

감정에 대한 굉장히 많은 일상 영어 단어들이 상당히 제한된 수의 기본 감정 체계들로 분석될 수 있다는 것은 사실 인상적이다. 그 논증은 이를테면 분노라는 개념이 다른 요소들 없이 화로 분석될 수 있다는 것이 아니라, 기본 감정들에 대응하는 감정 반응을 촉발하는 비인지적 평가들이 있고, 이 경우에 분노는 (두려움 평가나 사랑 평가가 아닌) 화 평가에 의해 촉발된다는 것이다. 이것이 감정들의 혼합에 어떻게 적용되는지는 불확실하다. 아마도 **이건 이상하고 예상치 못한 거야**!라는 비인지적 평가와 **나는 이걸 좋아하지 않아**!라는 평

45) Daniel Farrell, 'Jealousy', *Philosophical Review* 89 (1980).

가 모두가 '경악'에 필요할 것이다.[46)]

이런 식으로 생각하는 것의 문제 중 하나는 사회구성 감정 이론가인 제임스 애버릴(James Averill)이 지적한 것이다. 애버릴은 영어 사용자가 '화'라는 단어를 어떻게 쓰는지 집중적으로 연구하고, 일상생활에서 가장 흔하게 화를 유발하는 상황은 대개 화와 관련하여 논의된 물리적 위험이 있는 상황이 아니라 '좌절, 자존감의 상실, 혹은 인간관계에 대한 위협'이라고 결론 내렸다. 게다가 화 반응은 매우 다양하다. 그는 '화를 낼 때의 전형적 반응이 무엇인지 묻는 것은 거의 무의미해 보인다'고 본다.[47)] 더 나아가, 실제의 물리적 공격과 공격하려 하는 충동조차 실제 화의 사례들에는 드물게 나타난다. 조사 대상자들의 자기보고에 따르면 가장 흔한 화의 표현은 '말로 되받아치기 혹은 몇몇 혜택의 거부'였다.[48)] '화나게 한 일에 대해 이야기하기' 같은 비공격적 반응도 공격적 반응들만큼이나 흔했다. 만약 이것이 옳다면, 우리는 화의 모든 사례들이 실제로 화의 '정감 프로그램'에 따라 진행된다고 가정할 수 없으며, 분노, 짜증, 거슬림, 좌절 등의 모든 사례들에 대해서는 더욱 그렇게 가정할 수 없다.

물론, 우리는 주로 인터뷰와 조사 대상자들의 자기보고로부터 얻어진 애버릴의 데이터를 해석하는 올바른 방식이 무엇인지 확신할 수 없다. 하지만 나는 인지적 모니터링이 모든 감정적 마주침에서 매우 중요하다고 보는 것이 유익할 것이라고 생각한다. 라자루스가 강조했듯이, 어떤 감정을 일으키는 상황에 우리가 **대처할** 수 있도록 해주는 것이 인지적 모니터링이다.[49)] 우리는 인지를 통해 우리의 반응을 통제하고 수정한다. 그래서 정상적인 성인이 어떤 개인적 관계에서 정상적인 상호작용을 하는 중에 상대방의 행동이나 말에 도발되어도 그 관계를 위험에 빠뜨릴 만한 공격적 행위를 하지 않고, 대신 '말로 되받아치기'나 '몇몇 혜택을 거부하는 것'에 그치는 것은 조금도 놀랍지 않은 것이다. 그러나 애버릴의 피험자들이 공통적으로 보고했던 유일한 생리적 증상이 화의 '정감 프로그램'과 일치하

---

46) James R. Averill, *Anger and Aggression: An Essay on Emotion, Springer Series in Social Psychology* (New York: Springer-Verlag, 1982), 175.

47) Ibid. 191.

48) Ibid. 208.

49) 남편에게 버려지는 나의 사례에서 나의 감정에 '분노'라는 이름을 붙이는 것은 그 자체로 내가 그 상황에 **대처하는** 방식의 일부일 수 있다.

는 '일반적인 긴장이나 동요의 증가'라는 점은 흥미롭다.[50] (다시 한 번, 에크먼의 전시 규칙 개념을 상기하라. 우리가 화를 드러내는 방식은 부분적으로 비공식적인 사회 규칙에 의해 통제된다.)

요약하자면, 나는 정감적 평가가 (내적 혹은 외적) 환경 속 사건들에 자동적으로 반응하고, 그 사건을 신체적 방식으로 접수하고 그것에 적절하게 반응할 수 있도록 주체를 준비시키는 생리적 변화를 일으킨다고 주장했다. 감정 반응은 비인지적인 정감적 평가에 의해 시작되는 반응이다. 나는 특정한 비인지적 평가와 그것이 일으키는 특정한 행동에 의해 식별되는 제한된 수의 기본 감정 체계가 있을 것이라고 추정한다. 인지적으로 복잡한 감정들은 '원초적' 감정들과 동일한 비인지적 평가에 의해 촉발되지만, 전자에는 복잡한 인지적 활동이 뒤따른다. 특히 자신들의 감정 과정에 대해 반성하는 인간은 언어와 문화에서 구할 수 있는 단어들로 자신의 감정에 이름을 붙인다. 가재의 깜짝 놀라는 반응처럼 사람의 분노는 정감적 평가, 생리적 반응, 인지적 모니터링의 3단계 과정으로 이루어진다. 하지만 놀란 가재와 달리 분노한 사람은 복잡한 사고를 요구하는 무언가에 대해 분노했을 가능성이 크며, 자신의 감정 상태를 단어를 사용하여 목록화하기 쉽다. 이를테면 나는 '분개했거나', '분노했거나', '수치스러웠거나', '당혹스러웠거나', '개탄했거나', '후회스러웠다'. '분노'와 '분개'에 대한 정감적 평가는 동일할 수 있다. **모욕이다!**나 **안 돼~!**, **목표가 거부됐어** 혹은 다른 무언가가 그 평가가 될 것이다. 하지만 오직 인지적 모니터링만이 분노와 분개 사이의 미세한 차이를 구분해낼 수 있다.

서로 다른 언어들은 서로 다른 문화들에 특징적인 서로 다른 가치, 관심사, 목표에 따라 서로 다른 용어들로 감정 영역을 나눈다. 한 문화 안에서 어린아이들은 여러 유형의 상황과 그 상황에 특징적인 반응들의 맥락에서 특정한 감정 어휘를 배운다. 로널드 드수자(Ronald de Sousa)는 그러한 '패러다임 시나리오'가 거의 무한한 수의 감정들을 배우는 기반을 제공할 수 있다고 제안했다. 더 나아가 결코 이름 붙여진 적이 없는 감정 상태들도 많다. 벤슨이 이름을 붙이기 전까지 '프루프록 같음'에는 이름이 없었다. 이와 유사하게, 다른 문학 작품들에서 탐구된 감정들도 적절하게 모니터링되고 이해되기 위해서는 통속 심리학적으로 이름 붙이는 것 이상이 필요할 수 있다. 이 장 도입부의 인용문에서 수잔 랭거가 말했듯

50) Averill, *Anger and Aggression*, 219.

이 우리의 감정들은 '숲속의 빛들만큼이나 다양하다.'

하지만 그렇다면 지금 나는 1장과 2장에서 비판했던 판단 이론으로 되돌아가고 있는 것이 아닌가? 이 질문에 대한 짧은 대답은 '아니다'이다. 판단 이론은 감정이 지향적 대상이 있는 인지적 평가나 판단 자체라고, 혹은 그것들에 의해 야기되는 것이라고 주장한다. 나는 두 주장 모두를 거부한다. 내가 1장과 2장에서 길게 논변했듯이, 인지적 판단만으로는 감정이 야기될 수 없으며, 그것이 감정 **자체일** 수는 더더욱 없다. 하지만 이제 우리는 판단 이론에서 어떤 점이 옳고 어떤 점이 유용한지 볼 수 있게 됐다. 판단 이론가들이 옳게 파악한 것은 인지적으로 복잡한 감정 상태들을 구분하는 것은 인지적 평가라는 것이다. 최고의 판단 이론가들은 우리 문화에서 특정 감정 용어를 사용하는 것이 어떤 조건에서 적합한지를 분명히 함으로써 분개와 분노, 개탄과 후회, 수치심과 당혹감 사이의 차이에 대한 주의 깊은 분석을 제공한다. 이러한 조건들에는 해당 감정이 일어나는 상황, 그 상황에 대한 당사자의 생각과 믿음, 그 상황에서 그 감정을 향한 사회의 태도, 그리고 그 감정을 경험하는 사람의 그 이후 행동 등이 포함된다.

예를 들어 분개의 경우에는 내가 잘 대접받을 것이라고 믿도록 인도된 상황에서 좋지 못한 대접을 받았다는 생각이 **모욕!**이라는 정감적 평가로 이어지는 인과적 연쇄의 일부일 수 있다. 내가 내 감정을 '분개'라고 목록화할 때, 나는 함축적으로 (내 생각에) 내가 잘못 대접받았으며 (내 생각에) 내가 그렇게 대접받을 이유가 없는 그런 상황을 가리키고 있는 것이며, 이런 생각은 감정 과정에서 인과적인 역할을 할 수 있다. **모욕!**이라는 나의 정감적 평가가 실제로 **내가 생각하는 대로의** 그 상황에 대한 정감적 평가일 수 있는 것이다. 그러므로 생각과 믿음, 어떤 상황을 보는 방식이 정감적 평가로 이어지는 인과적 연쇄에 포함될 수 있다는 것은 옳다. 하지만 결코 그것이 전부가 아니다. 그것이 **나쁘다**!거나 **모욕이다**!, 혹은 '**내 목표에 방해가 된다**!'라는 '메타적 평가' 또한 있어야 한다. 그리고 이 메타적 평가는 해로운 것이나 모욕적인 것 혹은 목표에 방해가 되는 것을 감지해내고 그것을 신체적 방식으로 입력하는, 우리에게 내재된 메커니즘의 일부이다.

만약 내가 그 상황에 대해 '분개'했다고 말한다면 나는 어떤 인과적 가설, 즉 분개에 특징적인 어떤 생각 그리고/혹은 믿음 또는 보는 방식이 실제로 내 감정 상태에 인과적 역할을 했다는 가설을 승인하는 것이다. 하지만 내가 나의 심리 상태에 다른 사람보다 더 잘 접근할 수 있는 것은 아니라는 것에 주의하라. 나는 언제나 틀릴 수 있다. 나 자신에게 어떤 생각, 믿음 혹은 보는 방식을 귀속시키면서, 그리고 그에 따라 나 자신을 '분개'했다고 기술하면서 나는 어느 정도 사후적인 통속 심리학을 하고 있는 것이다. 나는 무엇이 내 감정 상태를 야기하는 데 기여했을지에 대해 가설을 세우고 있다. 그러나 나의 생리적 상태, 표정, 목소리 그리고 이후 행동이 내가 그 시나리오에 이름을 잘못 붙였음을 드러낼 수도 있다. 이를테면 그것은 분개 시나리오가 아니고 분노 시나리오였을 수 있다. 그러나 다시 한 번 말하지만, 만약 내가 정말 분개했다고 확신한다면 그렇게 생각하는 것이 결국 나를 정말 분개하도록 할 수 있다.

어떤 반론

폴 그리피스(Paul Griffiths)는 '감정'이라는 이름으로 일어나는 최소한 두 가지 독립적인 현상들이 있으며, 이것들이 서로 거의 무관하다고 주장했다. 그중 하나는 에크먼 식의 '정감 프로그램'이고, 다른 하나는 '더 고차원적인 인지적 상태'이다. 후자는 전자에 비해 덜 연구되었으며, 그리피스가 생각하기에 그것은 사회구성주의적 사고의 연속선상에서 설명될 수는 있어도 '정감 프로그램'과 같은 방식으로 설명될 수는 없다.[51] 그리피스는 통속 심리학에서 두려움, 화 그리고 다른 감정들이 단일한(unitary) 개념들이라고 함축하는 것은 옳지 않다고 주장한다. 따라서 추정건대 그는 모든 감정 반응들이 내가 지금까지 서술해온 그런 종류의 감정 과정의 일부이며 모든(혹은 대부분의) 감정 반응은 비인지적인 정감적 평가에 의해 시작된다고 주장하면서 감정에 대해 일반화하려는 나의 시도를 거부할 것이다.

그리피스는 에크먼이 규정한 기본 감정 체계들 — 두려움, 놀람, 화, 혐오감, 기쁨 그

51) Griffiths, *What Emotions Really Are*. 그리피스는 또한 감정의 세 번째 종류에 대해 논의하는데, 그것은 Robert Frank: 'an irruptive pattern of motivation', Ibid. 120에서 나온 것이다. Robert H. Frank, *Passions within Reason: The Strategic Role of the Emotions* (New York: W. W. Norton, 1988) 참조.

리고 슬픔 — 은 '정감 프로그램'으로 올바르게 기술될 수 있으며, 그 프로그램 안에서 특정한 투입(input)은 언제나 특정 집합의 복잡하고 (여러 요소가) 공동 작용하며 자동적인 반응이나 산출(output)을 낳는다고 주장한다. 그런 다음 그는 더 고차원적이거나 인지적으로 복잡한 반응들은 정감 프로그램과 독립적이며 그것과 완전히 다른 방식으로 설명되어야 한다고 주장한다. 그리피스에 대한 나의 대응은 두 가지이다. 그것은 첫째, 그리피스가 기술하는 식의 정감 프로그램이 정말로 있다는 것을 보여주는 증거가 빈약하다는 것과 둘째, 인지적으로 복잡한 감정들이 그리피스가 정감 프로그램을 논의할 때 언급하는 그런 '원초적' 감정들과 완전히 동일한 방식으로 야기된다는 것을 보여주는 좋은 증거가 있다는 것이다.

1. 그리피스는 각각의 정감 프로그램에 특유한 표정과 목소리, (호르몬 레벨의 변화와 같은) 내분비 변화, 자율신경계 변화, 그리고 (움찔하거나 특정 방향을 향하는 것과 같은) 근골격 변화가 있다고 주장한다. 그리고 그리피스는 어떤 적절한 자극에 의해 촉발되는 단일 신경 프로그램이 있어 그것이 다양한 종류의 반응들 모두를 통제하는 것일 수 있다고 본다. 그리고 그렇지 않을 경우의 대안으로 그리피스는 닐 맥너튼(Neil McNaughton)이 지지했던 견해를 고려하는데, 맥너튼은 서로 다른 체계들이 각기 다른 진화적 이유에서 진화했다는 가설을 세우고, 서로 다른 프로그램들이 주어진 자극 상황의 서로 다른 속성들에 반응한다고 본다. 맥너튼은 어떤 반응의 몇몇 요소가 다른 요소들을 촉발한다고 보고 (어떤 기본 감정에 특징적인 표정을 지으면 그 감정에 특징적인 자율신경계 변화가 발생한다는 것을 에크먼이 발견한 것처럼) 이것이 다양한 반응들이 단일한 제어 프로그램에 의해 감독되지는 않더라도 공동 작용하는 것으로 보이는 이유라고 본다. 그리피스는 이러한 일반적인 접근이 자신의 정감 프로그램 개념과 상당히 잘 맞는다고 말한다. 중요한 것은 서로 다른 많은 종류의 반응들이 모두 자동적이고 공동 작용한다는 것이다.

정감 프로그램이 실제로 존재한다고 본 데서 그리피스는 옳을 수도 있다. 하지만 나는 지금으로서는 그 증거가 전혀 결정적이지 않음을 인정해야 한다고 생각한다. 우리가 살펴보았듯, 몇몇 기본 감정들 각각에 특유한 표정이 있다는 증거가 있긴 하지만, 그 각각에 특유한 자율신경계 활동이 있다는 증거는 훨씬 빈약하다. 또한 그리피스도 언급했듯, 쉐러의 몇몇 전도유망한 연구에도 불구하고 감정들 각각에 특유한 목소리 표현에 대해서는 별로 알려진 바가 없다. '행동 경향' — 근골격과 내분비 변화 — 이 각각의 기본적 감정에 특유하다는 것을 보여주는 몇몇 증거가 있기는 하지만, 우리가 2장에서 살펴보았듯 프리자(Frijda)는 서로 다른 행동 경향들이 특정 감정에 특유한 것이 아니라 특정 목표 — 서로 다른 감정들에 공통적이고, 비감정적 상태에서도 나타날 수 있는 목표 — 에 특유한 것일 수 있음을 회의적으로 지적했다.

더욱 중요한 것은 설령 그리피스가 옳고 어떤 특정한 종류의 비인지적 평가가 정말로 일련의 특유한 반응들(자율신경계 변화, 표정, 근골격 반응, 표현적 발성, 내분비계 변화)에 시동을 건다고 할지라도, 감정에 대한 엘스워스의 분석은 (맥너튼이 시사하듯) 이 반응들 각각이 독립적으로 일어날 수 있을 뿐만 아니라 각각 고유한 시간적 전개의 패턴을 가질 수도 있음을 시사한다는 것이다. 그리고 이보다 더 중요한 것은 그 각각의 반응들이 다른 반응들에 피드백을 주고, 그 반응들 자체도 각각 서로 다른 체계로부터 피드백을 받아 상이한 방식으로 영향을 받을 것이라는 점이다. 아마도 가장 중요한 것은 **뒤따라오는 인지적 모니터링이 이 반응들 각각의 전개에** 어쩌면 상이한 방식으로 상이한 시간에 **영향을 미칠 것이라는 것이다**. 다시 말해, 설령 기본 감정의 전개를 지시하는 프로그램에 대한 그리피스의 그림이 전기 충격에 의해 조건화된 소리에 대한 쥐의 공포나 가재의 놀람 반응과 같은 사전에 프로그램 되어 있는 몇몇 반응들에 대해서는 옳다고 할지라도 인지적 모니터링은 초기의 정감적 평가와 초기의 생리적 변화 이후에 일어나는 모든 것을 바꿀 것이다. 해당 상황의 구체적 요소들이 무엇인지에 따라 인지적 평가와 재평가가 서로 다른 다양한 반응들을 수정할 것이다. 나는 그리피스가 기술하는 방식으로 정감적 평가가 존재한다는 것이 분명하지 않으며, 설령 그것이 존재한다 하더라도 — 그리고 설령 특정한 투입이 자동적으로 특정한 산출을 만들어낸다는 의미에서 몇몇 감정 과정들이 사전에 프로그래밍 되어 있다 하더라도 — 이 감정 과정들은 그 '프로그램'이 진행된 이후에도 유연한 방식으로 지속되고 전개될 것이라고 결론 내린다.

2. 그리피스는 보다 고차원적인 혹은 인지적으로 복잡한 감정들은 기본 감정들과 같

은 방식으로 분석될 수 없다고 본다. 그러나 내가 이 장에서 계속 주장해온 것은 그러한 분석이 가능하다는 것이며, 정말로 **모든** 감정이 기본 감정의 측면에서 분석될 수 있다는 것이다. 또한 나는 어떻게 원초적이고 유연하지 않으며 비인지적인 평가 — **이건 나에게 나빠!**, **이건 위협이야!** 혹은 **여기 적이 있**다! 같은 평가 — 가 복잡한 인지를 투입물로 가질 수 있는지, 그래서 내가 어떻게 나에게 달려와 나를 압도하는 커다랗고 털 많은 곰뿐만 아니라 내 직장 상사의 조용한 최후통첩에도 두려움으로 반응하게 되는지 설명했다. 앞에서 나는 상실, 위험, 위협 등의 중요한 상황들에 대처하기 위해 진화된 기본 감정 체계들이 있으며, 학습을 통해 그것들이 수많은 서로 다른 상황들(비록 그 모든 상황들이 대략적으로는 상실, 위험, 위협의 상황이라고 기술될 수 있지만)에 의해 유발될 수 있게 된다고 주장했다. 우리가 보았듯, 통속 심리학에서 식별된 아주 많은 수의 — 어쩌면 모든 — 감정들은 아주 적은 수의 기본 감정들로 분석될 수 있다. 복잡한 사회적 맥락에서 프로그래밍 된 일련의 반응들은 의사소통 장치로서의 기능을 제외하고는 종종 더 이상 특별히 유용하지 않을 것이다. 이를테면 직장 상사에 대한 반응으로 소리 지르고 달려 나가는 것은 예상외의 반응이며 비생산적일 것이다. 그리고 어쨌든(말하자면) 위협에 대한 비인지적 평가에 대한 반응들 — 표정, 목소리, 운동 등 — 의 각 집합들은 뒤따라오는 인지적 모니터링에 의해 수정될 것이다. 상사가 나에게 모욕을 줄 때, 나는 두려움을 보이는 것이 정치적으로 현명한 반응이 아님을 깨닫고 두려움을 보이는 대신 정중하게 미소 지으며 그냥 '참을' 수 있다. 정중한 미소는 내 문화의 '전시 규칙들'에 의해 지시되고, 오직 내 입 주위의 경직으로부터 '누출되는' 약간의 두려움이나 화만이 그 상황에 대한 나의 정감적 평가가 무엇인지, 그리고 내가 정말 어떻게 느끼고 있는지를 드러낸다.[52]

만약 감정에 대한 이런 그림이 옳다면, 두려움이나 화는 언제나 **위협!**이나 **모욕!**이라는 특정 종류의 비인지적인 정감적 평가에 의해 야기되고 — 해당 위협을 감지하기 위해 얼마나 많고 적은 인지적 작업이 필요한지와는 무관하게 — 언제나 어떤 전형적인 패턴의 신체적 반응들로 이어지는 단일한(unitary) 현상으로 설명될 수 있다. 통속 심리학이 가정하는 바와 같이, 두려움과 화는 언제 어디에서 일어나든 기본적으로 동일하다. 결과적

52) 2장의 전시 규칙에 대한 폴 에크먼의 논의 참조.

으로 내가 보기에, 그리피스는 감정에 대한 통속 심리학 이론의 가치에 대해, 그리고 감정에 대한 과학적 연구에서 통속 심리학 이론에 유용하게 호소할 수 있는 정도에 대해 지나치게 비관적이다.

감정적이 되지 않고 어떻게 화날 수 있는가?

나의 견해에 대한 또 다른 가능한 반론은 만약 내가 옳다면 '화난'이나 '염려하는' 같은 감정 용어들이 언제나 진짜 감정 상태를 지칭하지 않을 것이라는 것이다. 하지만 내 생각에 이것은 심각한 반론이 아니다. 우리는 종종 사람들이 감정적으로 흥분했다는 것을 함축하지 않은 채 그들이 경제 상태에 대해 **화가 났다거나** 로버트 고든(Robert Gordon)의 농부들처럼 비가 올까 **염려한다고** 이야기한다. 어떤 사람이 화, 두려움 혹은 당혹감에 특징적인 인지적 평가를 내리면서도 그에 대해 '감정적이 되지는' 않을 때, 나는 그 사람이 진짜 감정 상태가 아니라 그와 관련된 인지적 상태에 있다고 제안한다. 우리는 그 인지적 상태와 그에 대응하는 감정 상태에 같은 이름을 사용하는 것이다. 이는 그 인지적 상태가 전형적으로 (정감적 평가와) 그 감정 상태로 이어지기 때문이다. 그러나 특정한 경우에는 그렇지 않다. 예를 들어 파티가 취소되어 어떤 사람이 '화났다거나' '염려된다거나' '당혹스럽다'고 말하는 것은 그 사람이 어떤 감정 상태에 있음을 함축하지 않는다. 그 사람이 낙관주의자이고, 잘 먹고, 잘 쉬었고, 좋은 기분에 있으며, 그 파티가 아주 중요한 것이 아니었다면 그 사람은 그 상황에 대해 감정적이지 않을 수 있다.

요약하자면 질투, 화 등의 감정 단어들이 감정 반응 자체를 가리키는 것이 아니라 전형적으로 — 그렇지만 언제나 그렇지는 않게 — 감정 반응을 일으키는 평가들을 가리킬 때, 그 단어들은 파생적 용법으로 사용되는 것이다. 만약 내가 다시 작년으로 되돌아가 파리에 있었으면 좋겠다고 생각한다면, 나는 내가 **파리에 대한 그리움을 느낀다고** 말할 수 있을 것이다. 설령 내가 어떠한 비인지적 평가도 내리지 않고, 생리적 변화를 보이지도 않더라도 말이다. 나는 파리(에 대한 내 생각)에 대한 감정 반응을 경험하고 있는 것이 아니다. 원한다면 내 상태를 '그리움이라는 감정'이라고 부를 수도 있겠지만 여기에는 오해의 소지가 있다. 왜냐하면 내 상태에 '감정성'이나 감정적 격변이 없기 때문이다.[53] 이와 유사하게, 나는 길고 바쁜 하루를 마치고 집에 돌아와서 **행복할** 수 있다. 하지만 내가 적합한 생리적 상태에 있지 않는 한 내가 '행복이라는 감정'을 경험하고 있다고 말하는 것에는 오해의 소지가 있다.

어떤 것에 대해 **화가 났을 때**, 가끔 나는 그것에 대해 감정적이고 가끔은 그렇지 않다. 왜 그런가? 왜 나는 어떤 경우에는 어떤 것에 대해 감정적이고, 다른 경우에는 그렇지 않은가? 우리 둘 다 어떤 사건을 화나는 사건으로 혹은 두려운 사건으로 평가하는데, 왜 그 동일한 사건이 **나**는 감정적으로 만들면서 **당신**은 감정적으로 만들지 않는가? 아주 많은 변수들이 여기에 관여하고 있음이 거의 확실하다.

1. 나를 감정적으로 만드는 대상, 사람 혹은 사건들의 경우, 나의 어떤 중요한 필요나 목표나 이해관계가 그것들에 달려 있음이 분명하다. 나에게 전혀 중요하지 않은 것에 대해 내가 감정적이 되지는 않을 것이다. 사소해 보이는 무언가에 대해 내가 감정적이 될 때, 그것은 구경꾼에게는 보이지 않을 수도 있지만 나 혹은 나에게 속한 것에게 어떤 의미를 가지고 있음이 틀림없다. 당신이 계속해서 내 소유물들을 훔쳐 달아나기 때문에 당신이 내 연필을 빌렸을 때 내가 폭발하는 것이다. 그럼에도 불구하고 이것은 감정 상태에 대한 충분한 설명인 것 같지 않다. 왜냐하면 나는 어떨 때에는 사소한 것에 대해 꽤나 감정적이 되지만, 다른 때에는 그렇지 않을 수 있기 때문이다. 그건 왜 그런가?

2. 가끔 나는 주의가 산만해진다. 해당 사건에 필요한 만큼의 주의를 기울이지 않고 있는 것이다. 보통 당신이 내 물건을 훔쳐 달아날 때, 나는 매우 분개하고 마음 상해한다. 그런데 오늘은 내가 방금 승진을 하고 동료로부터 큰 선물을 받았기 때문에 다른 상황에서라

53) 이 점과 관련하여 나는 Jenefer Robinson, 'Emotion, Judgment, and Desire', *Journal of Philosophy* 80 (1983) 이후 나의 입장을 바꾸었다.

면 내게 모욕감을 주었을 것들에 대해 내가 경계하고 있지 않다. 다시 말해, 그 모욕적인 사건을 모욕으로 접수하기 위해서는 주체가 그 모욕적 사건을 경계하거나 어떤 의미에서 그 사건에 주의를 기울여야 한다.[54)]

3. (감정을 느끼는) 주체는 신체적으로 준비된 상태에 있어야 한다. 잘 알려져 있는 것처럼 잠이 부족할 때 우리는 삶의 일상적인 작은 사고들을 무심한 세계가 나에게 의도적으로 가하는 잘못이나 공격으로 보기 더 쉽다. 즉, 우리가 부정적으로 반응하는 경향이 커지는 것이다. 에너지로 가득 할 때 우리는 세상사가 내 뜻대로 돌아간다고 생각하기 더 쉽다.

4. 내가 어떤 감정 상태에 들어가게 되는가 하는 것은 부분적으로 나의 현재 기분에 달려 있다. 내 기분은 경우에 따라 다를 수 있고, 기분 변화는 그 결과로 특정 감정 상태에 있게 될 성향의 변화를 가져온다. 때때로 나는 애정과 존중을 절박하게 필요로 하기 때문에 당신이 내 허락을 제대로 구하지 않고 내 연필을 가져갈 때 **나는 그걸 정말 싫어한다**. 다른 때에는 내가 보다 자신 있고 낙관적인 기분이기 때문에 당신의 도둑질을 그냥 받아들인다. 기분은 진짜 감정 상태에 들어가는 역치를 낮추는 신체적 상태이다.[55)] 거슬리는 기분일 때 나는 그 연필에 대해 당신에게 화낼 가능성이 크다. 우울한 기분일 때 나는 당신의 행동을 당신의 무례함과 나의 무가치함을 나타내는 신호로 볼 가능성이 더 크다.

5. 서로 다른 사람들은 어쨌든 감정적으로 반응하게 되는 서로 다른 역치를 가지고 있으며, 그것은 낙관주의 대 비관주의 같은 그들의 기질 차이 때문이다. 이를테면 나는 당신에 비해 더 쉽게 부정적으로 반응하는 경향이 있으며, 당신은 좀 더 긍정적으로 반응하는 경향이 있다. 간단히 말해, 두 사람이 같은 때 같은 생각 — '저 여자가 내 연필을 가져가는군' — 을 마음에 품으면서도 그중 한 사람만 그보다 더 나아가 **이건 나쁘다**라는 비인지적 평가를 내릴 수 있다. 다시 말하지만, 감정의 생리적 징후의 강도에 따라, 그리고 어쩌면 여

54) 그러나 '경계함'이라는 이 개념이 정확히 무엇으로 드러날지는 불분명하다. 왜냐하면 감정을 유발하는 '사고'는 무의식적일 수 있기 때문이다.

55) Ekman, 'Moods, Emotions, and Traits', 57.

기에 걸려 있다고 여겨지는 필요와 소망의 강도에 따라 서로 다른 감정 반응들은 그 강도의 측면에서 서로 다를 수 있다.

결론

이 장에서 나는 감정이 **과정**이며, 그 안에서 임시변통의 정감적 평가가 생리적 반응, 운동 변화, 행동 경향, 표정과 목소리 표현의 변화 등을 야기하고 인지적 모니터링이 그에 뒤따른다고 주장했다. 비인지적인 정감적 평가의 기능은 환경에서 나와 나에게 속한 것에게 필수적 중요성을 가진 무엇이든 그것을 향해 신체적 수단을 통해 자동적이고 지속적으로 나의 주의를 끄는 것이다.[56] 이러한 정감적 평가는 갑작스런 큰 소리와 같은 단순한 지각뿐만 아니라 복잡한 사고와 믿음에 의해서도 자동적으로 유발될 수 있다. 우리가 감정을 수동적인 현상으로 경험하는 이유는 절대로 자신의 감정을 완전히 통제할 수 없기 때문이다. 일단 어떤 정감적 평가가 일어나면, 반응도 일어난다. 우리는 뒤따라오는 인지적 모니터링을 통해 오직 간접적으로만 우리의 감정에 영향을 끼칠 수 있다.

감정 과정은 그것의 요소들 간의 끊임없는 피드백을 포함한다. 보다 세밀하게 구별하는 인지적 모니터링은 정감적 평가를 확증하거나 그것의 부당함을 밝히고, 아마도 주체가 그 상황을 어느 정도 통제할 수 있는지, 주체가 그 상황에 대처할 수 있는지, 그리고 그다음에는 어떤 일이 일어날지 등의 문제를 가늠한다. 인간의 감정 과정 — 혹은 보다 복잡한 감정 과정의 한 줄기 — 의 끝은 종종 그 감정을 뒤돌아보며 목록화하는 의식적 판단에 의해 표시된다. 즉, 사람들은 자신의 언어와 문화에서 구할 수 있는 감정 용어들 중 하나로 자신들의 감정에 이름을 붙인다. 그러나 자신의 감정과 그 감정을 야기한 것에 이름을 붙이는 것이 믿을 만하지 않다는 것은 잘 알려져 있다.

---

56) 이 장들을 쓴 이후, 여기에서 옹호되는 것과 유사한 견해를 담은 책이 나왔다. 불행히도 그것에 대해 논의하기에는 너무 늦은 것 같다. Jesse Prinz, *Gut Reactions: A Perceptual Theory of Emotion* (Oxford: Oxford University Press, 2004).

1장에서 우리는 하나의 판단 혹은 판단들의 집합이 그 자체로는 결코 감정에 충분할 수 없음을 보았다. (댄 패럴이 논의한) 테니스 프로 시합에서 나의 젊은 라이벌에 대한 질투,[57] 혹은 (팻 그린스펀이 논의한) 너무 밀어붙이는 보험 영업사원에 대한 나의 경계심 많은 의심[58] 같은 인지적으로 복잡한 상태로 감정 반응이 시작되려면 그 상황에 대한 비인지적인 정감적 평가와 그에 뒤따르는 생리적 변화가 추가적으로 있어야 한다. 만약 이것이 옳다면, 감정에 중심적인 평가는 인지적 평가가 아니라고 지적한 데서 로티, 크라우트 그리고 그린스펀이 옳았다는 결론이 나온다. 솔로몬의 경우, 감정에 중심적인 평가가 특별하고 긴박한 성격의 평가라고 말한 점에서 옳았다. 그리고 라이온스(Lyons)의 경우, 감정을 어떤 평가에 의해 특정 종류의 생리적 반응이 야기되는 과정과 동일시한 점에서 옳았다. 그러나 이들 중 어느 누구도 그 해당되는 평가를 매우 빠르게 일어나며, 지속적인 방식으로 우리의 주의를 집중시키고, 생리적 변화와 행동 경향을 자동적으로 발생시키는 그러한 임시변통의 정감적 평가라고 정확하게 규정하지 않았다. 게다가 판단 이론가들이 논의하는 종류의 인지적 평가는 결코 감정에 필요하지 않다. 예를 들어 내가 위험에 처했다는 믿음은 두려움에 필요하지도 충분하지도 않다. 필요한 것은 **위협**!이라는 정감적 평가뿐이며, 일단 **위협**!이라는 정감적 평가가 내려지면 좋든 싫든 두려운 반응이 있게 된다.

판단 이론가들은 일상 언어라는 자원과 통속 심리학의 용어들을 사용해서 감정 과정에 대한 사후 분류에 참여한다. 그들이 몇몇 특정한 감정에 핵심적이라고 생각하는 믿음이나 생각 혹은 필요는 정감적 평가로 귀결되는 인과적 연쇄에 관여할 수 있다. 그러나 믿음과 생각 그리고 필요는 절대로 감정 과정을 시작하기에 **충분하지** 않다. 감정 과정을 시작하는 것은 정감적 평가이며, 믿음, 생각, 필요들은 기껏해야 이러한 정감적 평가를 이끌어내는 조건들 중 일부일 뿐이다. 판단 이론가들이 우리가 인지적 태도라고 부를 수 있는 것을 설명하고 있는 것이라고 생각될 수도 있다. 이를테면 그들은 내가 '비가 올까 봐 걱정이야' 혹은 '네가 마늘 다지개(garlic-press)를 잃어버려서 유감이야'라고 말하는 것이 언제 옳은지에 대해 정확하게 일반화할 수 있다. 그러나 그들은 감정을 설명하고 있지는 않다. 그들

57) Farrell, 'Jealousy' 참조.

58) Greenspan, *Emotions & Reasons*.

은 실제로 감정 과정이 어떻게 전개되는지에 대해, 즉 어떤 특정한 감정 과정을 실제로 특징짓는 정감적 평가와 인지적 평가의 연속에 대해 설명하고 있는 것이 아니다.

판단 이론가들이 실제로 하고 있는 것은 우리가 언어를 어떻게 사용해야 하는지를 설명하려 시도하고, 우리 스스로를 '화난', '분개한', '개탄하는', 혹은 '후회하는'이라고 기술하는 것이 적합한 상황들의 일반적인 유형을 명시하는 것이다. 우리가 자신의 감정에 사후적으로 이름을 붙일 때, 우리는 철학자와 심리학자들이 우리에게 제공한 분류법, 즉 감정 과정을 우리의 언어와 문화의 맥락에서 이해하고 우리의 생각과 행동을 인식 가능한 사회 패턴으로 끼워 넣는 그런 분류법을 사용한다. 감정을 목록화하는 것은 감정에 대한 일반화의 한 형태이다. 하지만 우리가 정말로 감정들을 그것들의 독특함과 개별성의 차원에서 이해하고자 한다면, 감정 과정이 전개될 때 그 진행을 따라가고 싶다면, 그 과정의 서로 다른 요소들이 어떻게 서로에게 영향을 주고 상호작용하는지 그리고 어떻게 감정적 삶의 흐름들이 서로 섞이고 서로에게로 흘러 들어가는지 이해하고 싶다면, 철학자들과 심리학자들의 일반화를 멀리하고 그 대신 훌륭한 문학에서 발견되는 감정에 대한 상세한 연구들로 주의를 돌리는 것이 더 좋을 것이다.

2부

문학에서의 감정

예술과 감정 사이에 어떤 특별히 친밀한 관계가 있다는 것은 현대의 서구 문화에 깊이 뿌리박혀 있는 아이디어이다. 이제 우리는 감정이 무엇이며 감정이 어떻게 작용하는지에 대해 좀 더 나은 이해를 가지게 되었으므로 우리와 예술과의 만남에서 감정이 담당하는 역할에 대해 살펴볼 것이다. 나는 먼저 문학에 대한 논의로 시작할 것이다.

2부에서 나는 문학이 하는 중요한 일들 중 하나가 독자에게 감정을 유발하는 것이라는 아이디어에 대해 살펴볼 것이다. 4장에서 나는 몇몇 문학작품 — 특히 톨스토이(Tolstoy)와 헨리 제임스(Henry James) 등의 사실주의 소설들 — 이 적절하게 이해되기 위해서는 그 작품들이 감정적으로 경험되어야 한다고 주장한다. 내러티브에 대한 심리학 분야의 몇몇 흥미로운 연구가 있지만, 내러티브를 이해하는 데 있어 감정이 담당하는 역할에 대해서는 거의 아무런 연구도 이루어진 바 없다. 나는 특히 소설의 **등장인물들**에 집중하여 감정이 소설에 대한 우리의 이해를 어떻게 도울 수 있는지 설명할 것이다. 그리고 나는 소설에 대한 그럴듯한 해석은 그 해석에 앞서는 소설에 대한 감정 반응에 의존한다고 주장할 것이다. 5장에서 나는 이러한 아이디어에 대한 가능한 한 많은 반론들 — 소위 허구의 역설을 포함한 반론들 — 에 답할 것이다.

6장에서 나는 이디스 워튼(Edith Wharton)의 소설 『암초(*The Reef*)』를 읽는 한 가지 방식을 제시하면서 『암초』와 같은 도덕적으로 진지한 소설을 읽는 것은 하나의 교육적 수단, 즉 감정에 대한 교육 또는 플로베르(Flaubert)의 말을 빌리자면 '감성적(sentimental) 교육'이라고 주장한다. 다시 말해 감정이 실제로 어떻게 작용하는지에 대해 알게 될 때 우리는 감정적(emotional) 교육이 정확히 무엇인지 좀 더 명확하게 볼 수 있게 된다. 여기서 나는 또한 내가 4장에서 감추어두었던 두 가지 이슈에 대해 다룰 것이다. 첫 번째 이슈는 소설을 이해하는 '적절한' 방식이 무엇**인가** 하는 것이다. 사람들은 동일한 소설이나 희곡 또는 영화에 각기 다른 방식으로 감정적으로 반응하지만, 어쩌면 이런 반응들 중 오직 일부만이 작품 자체에 의해 '인가될(authorized)' 것이다. 소설이나 희곡의 경우 하나의 인가된 버전이 있는가? 나는 그렇지 않다고 생각한다. 그럼에도 불구하고 어떤 감정 반응들은 다른 반응들보다 좀 더 적합하다. 두 번째 이슈는 나의 감정 반응을 유발하기 위해 저자가 하는 역할은 무엇인가 하는 것이다. 나는 저자의 의도대로 반응해야 하는가? 만약 내가 그렇게 반응하지 않는다면 나는 내가 읽고 있는 것을 치명적으로 잘못 이해하고 있는 것인가? 나는 이와 같은 곤란한 문제들을 간단하게 다루면서 6장을 마무리할 것이다. 전반적으로 나는 소설이나 희곡에 대한 우리의 감정 반응을 작품의 해석을 위해 우리가 사용하는 중요한 자료로 취급하는 '독자-반응' 해석 이론을 옹호한다.

7장에서 나는 문학의 형식으로 주의를 돌린다. 나는 심리학자 리처드 라자루스(Richard Lazarus)가 제안하는 대처 메커니즘에 대한 몇몇 발견에서 출발하여 형식이 문학작품에 대한 우리의 감정적 경험을 어떻게 관리하고 인도하는지, 그리고 형식이 우리로 하여금 감정적으로 어렵거나 긴장감 넘치는 내용에 어떻게 '대처'할 수 있게 하는지에 대한 하나의 설명을 전개할 것이다. 나는 다시 한 번 『암초』를 나의 논의를 위한 하나의 예로 사용할 것이지만, 시에 대해서도 어느 정도 논의할 것이다.

이 네 개의 장은 문학에 집중하고 있지만, 나는 내가 살펴보고 있는 아이디어들이 훨씬 더 광범위하게 적용될 수 있다고 믿는다. 왜냐하면 많은 회화, 조각, 영화, 춤, 음악작품들도 그 작품의 풍부함이 모두 실현되기 위해서는 감정적으로 경험되어야 하기 때문이다. (4부에서 나는 감정과 음악에 대해 다룰 것이다.) 그러나 나는 내가 말하는 것이 모든 예술에 대해 참이라고 주장하거나, 당신이 무언가를 감정적으로 감상하지 못한다면 그 무언가는 전혀 예술일 수 없다고 주장하고 싶지는 않다. 상이한 종류의 예술작품들은 매우 상이한 목표를 가진다. 어떤 작품들은 주로 디자인과 형식에 관한 것이다. 다른 작품들은 주로 아이디어들을 다루고, 일차적으로 지적 차원에서 감상되어야 하는 것들이다. 나는 모든 예술작품이 예술로 간주되려면 감정적으로 경험되어야 한다고 주장하는 것이 아니다. 나는 모든 예술작품이 적절하게 이해되려면 감정적으로 경험되어야만 한다고 주장하고 있는 것도 아니다. 예술의 변화무쌍한 특성을 고려할 때, 그러한 일반화가 참이 되기는 어렵다.

이 장들에서 나의 주된 목표는 어떤 유형의 예술작품이나 소설 혹은 시가 우리를 감정적으로 관여시킬 만한지 아닌지를 확실하게 구별하는 것이 아니다. 나의 목표는 우리를 감정적으로 관여시키는 작품들 — 그 작품들이 무엇으로 밝혀지든 — 과 관련하여 이러한 작품들에 대한 **우리의 해석에 감정이 어떻게 개입하는지**, 우리가 작품으로부터 인간의 본성과 동기에 대해 **어떻게 감정적으로 배우는지**, 그리고 형식의 조정을 통해 **어떻게 감정이 작품에 대한 우리의 반응을 관리하고 인도하는지**를 명확히 밝히는 것이다.

04
감정적이 되는 것의 중요성

모든 위대한 시 — 셰익스피어의 희곡들에서, 단테의 『희극(*Comedia*)』에서, 그리고 괴테의 『파우스트(*Faust*)』— 에서 우리는 정말로 전 범위의 감정들을 거쳐가야 한다. 만약 우리가 상이한 음영의 느낌이 가지는 섬세한 뉘앙스들을 파악하지 못한다면, 운율과 어조의 지속적인 변화를 따라가지 못한다면, 갑작스러운 역동적 변화에 마음이 움직이지 않는다면, 우리는 시를 이해하고 느끼지 못할 것이다.

에른스트 카시러(Ernst Cassirer), 『인간에 대한 에세이(*An Essay on Man*)』

이야기를 읽는 방식

좋은 이야기는 우리로 하여금 그 이야기에서 어떤 일이 일어날지 호기심을 갖게 하고, 긴장하게 한다. 그것은 우리를 웃고 울게 하며, 두려움이나 화, 무서움이나 역겨움, 사랑이나 동정을 느끼도록, 즉 정말로 우리 문화에 있는 감정의 전(whole) 레퍼토리를 느끼도록 할 수 있다. 이 장에서 나는 소설과 희곡 및 영화 속 등장인물이나 사건들에 감정적으로 반응할 때 우리의 감정이 어떻게 작용하는지 설명할 것이다. 우리는 소설과 희곡 및 영화 속 인물들과 사건들에 반응할 때의 감정 과정이 실제 삶에서 사람들과 사건에 반응할 때와 정확히 동일한 방식으로 작동한다는 것을 보게 될 것이다.[1] 이 장에서 나는 소설과 희곡 및 영화에 대한 우리의 감정 반응이 그 작품들을 이해하고, 등장인물을 이해하고, 줄거리 안에서 사건이 가지는 의미를 파악하는 것과 관련하여 우리에게 어떻게 도움을 주는지 설명할 것이다. (그리고 6장에서 나는 소설, 희곡 및 영화에 대한 우리의 감정 반응이 또한 어떻게 우리에게 삶 자체에 대해 가르쳐줄 수 있는지 설명할 것이다.) 나는 우리의 감정이 소설이나 희곡 혹은 영화에 대한 만족스러운 요약적 독해, 즉 종종 '해석'이라고 불리는 것의 구축을 돕는다고 제안할 것이다.

이러한 주장은 **모든** 소설과 희곡 및 영화에서 참은 아닐 수 있지만, F. R. 리비스(F. R. Leavis)가 영국 소설의 '위대한 전통'의 일부로 인용한 소설들 같은 사실주의 소설과 희곡 및 영화에서는 분명히 참이다.[2] '실제 삶'에 대한 묘사라고 주장되는 19세기 유럽의 위대한 사실주의 소설들과 미국의 허구작품들의 경우, 그 작품들이 적절하게 경험되고 이해되기 위해서는 감정적으로 경험되어야 한다. 이 장에서 나는 텍스트와 **감정적으로** 상호작용하는 과정에서 독자들이 어떻게 이 같은 작품들의 의미를 파악하는지 보일 것이다. 이러한 의미에서 나는 '독자-반응 이론'의 한 버전을 옹호할 것이다.

비록 독자-반응 이론의 몇몇 형태가 문학 교사들 사이에서 광범위하게 받아들여지고 있기는 하지만, 문학 해석에 대해 논의하는 철학자들 사이에서 그것은 그리 인기 있는 견해가 아니다. 이 이론이 중요한 문제들에 부딪힌다는 것은 사실이다. 만약 사람들의 감정 반응이 부분적으로 소설의 의미를 결정짓게 된다면, 사람들이 동일한 소설에도 매우 다르게 반응한다는 것을 고려할 때, 우리는 소설이 무엇을 의미하는지에 대한 의견 일치에 어떻게 이를 수 있겠는가? 만약 작가가 전혀 의도하지 않은 무언가를 독자들이 그 작품의 주제라고 결정한다면 어떨까? 이런 문제들은 작품에 대한 대담하고 새로우며 혁신적이고 흥미로운 반응이나 그러한 작품 독해를 찾아내는 데 주된 관심을 가지고 있는 문학 비평가들에게는 큰 염려거리가 아닐 수도 있다. 그러나 이 문제들은 철학자들을 정말로 괴롭힐 것이다. 왜냐하면 철학자들은 언제나 명백한 기준과 일반적 참을 찾아내는 데 몰두하고 있기 때문이다. 하지만 나는 이 질문을 잠시 제쳐두고, 먼저 우리가 소설과 감정적으로 상호작용할

---

1) 주된 차이는 소설을 읽거나 영화 또는 연극을 볼 때 우리의 반응은 그 이야기를 전달하기 위해 저자가 사용한 형식적 장치들에 의해 조종된다는 것이다. 이것이 9장의 주제이다.

2) F. R. Leavis, *The Great Tradition: George Eliot, Henry James, Joseph Conrad* (London: Chatto & Windus, 1948) 참조.

때 어떤 일이 있어나는지 보이고, 두 번째로 소설을 읽거나 연극을 관람하는 것을 통해 일어나는 감정 반응을 가지는 것이 실제로 소설이나 연극에 대한 이해를 어떻게 돕는지, 그리고 그것이 어떻게 해석의 기반으로 기능할 수 있는지 보이려 시도할 것이다. 나는 6장의 말미에서 정확함이라는 기준의 문제로 돌아올 것이다.

우리의 감정이 유발되는 것이 어떻게 무언가에 대한 우리의 이해를 조금이라도 도울 수 있는지 이해하기 어려워 보일 수 있을 것이다. 결국 내가 매우 화나 있거나, 염려하거나, 비탄에 빠져 있다면 나는 어떤 것을 이해하기 위한 그리 좋은 상태에 있는 것이 아니다. 게다가 나 자신의 느낌은 내가 읽고 있는 소설의 이해를 돕기는커녕 나의 주의를 그 소설로부터 멀어지게 할 수 있다. 분명히 소설과 마주할 때 나는 나 자신의 느낌 — 나만의 특이한 것이기 때문에 작품으로 나를 이끌기보다는 작품으로부터 멀리 이끌 수 있는 느낌 — 에 집중하기보다는 소설 자체와 그 소설의 특질들을 이해하기 위해 노력해야 한다고 이야기될 수도 있다. 실제로 이야기에 의해 유발된 감정은 내가 그 이야기를 이해하는 데 조금도 도움이 되지 않을 때가 많다. 내가 어떤 영화를 보고 있는데, 영화 속 주인공의 외모가 나로 하여금 나의 사랑 잭을 지속적으로 떠올리게 한다면, 그 주인공은 화면 속 등장인물(우연히 이 인물이 교활한 인간이었다고 하자)과는 아무 관계없는 따뜻하고 좋은 느낌을 나에게 유도할 수 있다. 또는 내 고향 마을을 배경으로 하는 어떤 소설에서 그 마을에 대한 묘사를 읽고, 그곳에서 보냈던 나의 무시무시했던 어린 시절에 대한 우울한 공상에 빠진다면, 나의 우울한 느낌은 소설 속에서 그 마을이 묘사된 방식과는 아무 관계가 없을 수 있다. 더욱이 이러한 사례들에서 나의 주의는 주로 소설을 향한 것이 아니라 잭이나 나의 어린 시절을 향한 것으로 보인다.

그렇다면 소설이나 영화에 의해 유발된 모든 감정이 그 작품을 이해하는 것과 관련 있는 것이 아님은 명백하다. 그러나 감정이 문학작품과 영화에 대한 우리의 이해에 기여**할 수 있는** 논란의 여지없는 수많은 방식들이 있다. 호기심이나 흥미라는 느낌은 작품에 대한 우리의 참여(engagement)보다 앞서 와서 그 작품에 대한 연구를 지속하도록 우리를 재촉할 수도 있다. 또한 작품에 통달하는 것에서 오는 쾌의 느낌이 그 작품에 대한 우리의 경험을 뒤따라 와서 어쩌면 비슷한 보상을 얻기를 희망하며 다른 작품들을 경험하도록 우리에게 동기 부여를 할 수도 있다. 하지만 나는 이런 것들보다는 좀 더 논란의 여지가 있는 문제에 집중하고자 한다. 나는 우리의 감정 반응이 소설에 흥미를 갖게 하고, 우리가 소설에 주의를 기울이는 것에 쾌 혹은 불쾌로 보상할 뿐만 아니라, 우리가 그 작품을 실제로 어떻게 **이해하고 해석하는지**와 관련해서도 중요한 역할을 담당한다고 믿는다. 감정은 우리가 줄거리, 등장인물, 배경 및 관점 같은 이야기의 중요한 측면들에 주의를 기울일 수 있도록 하는 역할을 한다. 특히 서구 전통의 위대한 사실주의 소설을 읽을 때, 우리의 감정은 우리로 하여금 등장인물과 줄거리의 미묘한 부분들 — 그 이야기에 감정적으로 연루되지 않은 독자들은 놓쳐버릴 것들 — 을 발견하도록 이끌 수 있다.

설령 당신이 만약 이런 종류의 소설을 감정적으로 경험하는 것이 그 소설에 대한 우리의 이해를 돕는다는 나의 주장에 동의한다 하더라도 당신은 여전히 텍스트에 대한 보다 사색적인(cerebral) 감상을 통해서도 우리가 동일한 이해에 이를 수 있다고 생각할 수 있다. 이 장의 끝부분에서 나는 이것이 참이 아님을 보이려 시도할 것이다. 즉, 다른 어떤 것도 감정이 하는 일을 할 수 없다는 것이다. 적절한 감정 반응이 없으면 어떤 작품들은 간단히 말해 적절하게 이해**될 수 없다**.

문학 속 등장인물들과 연루되기

소설을 읽을 때 우리가 항상 감정적으로 동요되는 것은 아닐 수 있지만, 전형적으로 감정이 개입하게 되는 순간들이 있다. 이러한 순간들은 작가가 소설에 있어 중요한 사실들이나 사건들을 강조하려 하거나, 인물의 특징을 확립하려 하거나, 줄거리상의 중요한 전개를 표시하려 하거나, 이야기의 주제나 교훈을 전달하려 하거나, 이 모두를 하려 할 때 — 작가는 종종 이 모두를 하려고 한다 — 일어나는 경향이 있다. 나는 소설이나 희곡 및 영화를 이해하기 위해서는 우리의 감정 반응이 종종 필수적이라고 주장하기 위해 텍스트가 종종 작품 속 사건이나 말(remark) 혹은 줄거리의 전환에 대한 독자의 감정 반응을 유발함으로써 독자에게 무언가 중요한 것을 전달하는 방식을 드러내는 몇 가지 예를 제공하는 것으로 논의를 시작할 것이다. 논의를 단순하게 만들기 위해 나는 묘사된 감정 반응이 텍스트에 적합하다는 것과 그것이 아마도 저자에 의해 의도된 반응이라는 것이 꽤 분명한 예들을 선택했다. 이 예들을 살펴보면서 우리는 이 작품들이 실제 삶에서의 감정적 상황들과 완전히 동일한 방식으로 감정 과정을 유발한다는 것을 보게 될 것이다.

안나 카레니나 때문에 울기

안나 카레니나가 다른 어느 때보다 우리의 공감과 동정의 대상이 되는 것은 그녀가 브론스키와 함께 도망가기 위해 남편을 떠난 이후로 한 번도 보지 못한 아들 세르게이를 만나기 위해 그녀의 옛 집에 몰래 돌아왔을 때이다. 우리는 안나가 세르게이를 너무나 보고 싶어 했고, 그 방문을 기쁜 마음으로 고대했다는 것을 안다. 그녀는 아들의 생일을 축하해 주기 위해 굉장히 많은 장난감을 사고, 아침 일찍 카레닌이 일어나기 전에 집에 도착한다. 아이는 반쯤 잠들어 있고, 그녀를 자신이 꾸고 있는 행복한 꿈의 일부라고 생각하는 것처럼 보인다. 다시 아이를 보고 만지면서 그녀는 아이가 많이 자란 것을 보고, 또 자신이 얼마나 아이를 그리워했는지 생각하면서 마음이 동요된다. 그 방문은 짧다. 카레닌이 일어나고, 하인들은 그녀에게 떠나야 한다고 경고한다. 그녀는 서둘러야 한다. 그녀가 떠났을 때 톨스토이는 다음과 같이 통렬하게 덧붙인다. '그녀에게는 전날 자신이 그렇게 슬프게 넘치는 사랑으로 골랐던 장난감 꾸러미를 풀 시간조차 없었고, 그래서 그녀는 그것을 다시 가져와야 했다.'[3)]

이 짧은 에피소드에서 독자들의 공감과 동정은 그 자체로 안나와 그녀의 상황을 이해하는 방식이다. 안나에 대한 우리의 감정 반응의 출처를 살펴보는 것은 안나 자신과 그녀의 상황에 대한 소설에서 묘사되는 그대로의 중요한 사실들을 드러낸다.

로렌스 블럼(Lawrence Blum)에 따르면, 동정은 특징적으로 '상상 속에서 타인이 처한 조

---

3) Leo Tolstoy, *Anna Karenina*, trans. Rosemary Edmonds (Harmondsworth: Penguin, 1971), 566.

건에 머무르고, 그 타인의 선(good)을 적극적으로 고려하고, 그를 동료 인간으로 보고, 어느 정도 강렬한 감정 반응을 보이는 것'을 포함한다.[4] 블럼의 설명은 사려 깊고 설득력 있으며, 나는 이것이 감정에 대한 나의 견해와 전반적으로 일치한다고 본다. 동정에 대한 블럼의 설명은 우리의 주의 집중을 중요한 요소로 포함한다. 즉, 우리는 다른 사람의 조건에 '머무른다'. 그는 동정의 '강도와 지속성'을 강조하여 참된 동정의 '괴로움, 비탄, 희망 및 욕구'를 단순한 '스쳐 지나가는 반응이나 찌르는 느낌'과 대조한다. 후자는 동정에 필수적인 주의 집중이나 행동 경향을 유지하기에 불충분하다.[5] 블럼의 설명은 또한 '어느 정도 강렬한 감정 반응'을 언급한다. 흥미롭게도 그러한 감정 반응이 무엇인지 명시할 때 그는 슬픔이라는 기본 감정 반응을 지칭한다. 동정은 (최소한) 다른 사람이 불운한 상태에 있다는 지각이나 생각에 의해 유발되는 슬픔이라는 기본 감정 반응을 포함한다.

나는 정감적 평가가 항상 자신의 목표, 이해관계, 필요 혹은 소망과 관련된다는 것을 강조했다. 나는 나의 이해관계나 나의 집단(나 혹은 나에게 속한 것들)의 이해관계가 걸려 있음을 지각할 때 감정적으로 반응한다. 감정에 대한 나의 논의 대부분에서 나는 나 자신의 이해관계가 걸려 있는 사례를 강조했다. 제임스 이래로 야생에서 광포하게 날뛰는 곰에게 위협받고 있는 상황은 감정의 전형적인 사례가 되어왔다. 그러나 내가 그 상황에 강렬한 감정으로 반응한다는 것에는 의심의 여지가 없지만, 곰에게 위협당하는 것이 내가 아니라 내 아이일 때 나는 아마도 훨씬 더 강렬한 감정으로 반응할 것이다. 종종 나는 나에게 상처를 주는 이들보다 내가 사랑하는 이들에게 상처를 주는 이들을 향해 훨씬 더 씁쓸한 느낌을 가진다. 그리고 종종 나 자신의 성공보다는 내가 사랑하는 이들의 성공에 더 행복해한다. 보통 나에게 가장 가까운 이들이나 가장 소중한 사람들만이 이런 강력한 감정을 유발하지만, TV 뉴스를 통해 먼 곳에서 일어나는 재난과 잔혹 행위에 대해 알게 될 때 만약 타인들이 어떤 방식으로 우리와 연결된 것처럼 제시된다면 우리는 그들을 향한 감정을 경험하게 될 수 있다.[6] 우리는 방글라데시의 홍수에 대한 글을 냉정하게 읽을 수도 있지만, 우리나 우리 이

---

4) Lawrence Blum, 'Compassion', Amélie Rorty (ed.), *Explaining Emotions* (Berkeley: University of California Press, 1980), 509.

5) Ibid. 512.

6) John Morreall, 'Fear without Belief', *Journal of Philosophy* 90 (1993)에서 모렐은 두려움을 초래하는 심적 표상의 **생**

웃의 아기들과 아주 비슷해 보이는 아기가 물에 빠져 있는 것을 화면에서 보게 될 때, 우리의 냉정함은 격정으로 바뀌기 쉽다.

블럼이 동정은 상상적으로 타인의 조건에 머무는 것을 포함한다고 말할 때, 그는 그 조건에 자기 자신을 연루시키는 것의 중요성에 대해 말하는 것이다. 블럼은 타인과의 **동일시**가 동정에 (종종 도움은 되더라도) 필수적이지는 않지만, 동정을 하려면 우리는 타인이 겪고 있는 것을 상상적으로 재구성할 수 있어야만 한다고 말한다.[7] 이것은 타인의 시점을 상상적으로 취하고, 세계를 바라보는 그 타인의 시각에 자신을 연루시키는 것뿐만 아니라, 한 사람의 동료 인간으로서 그 타인에 대한 관심과 염려를 가지는 것을 포함한다. 다시 말해 우리는 자신을 그 다른 사람과 연결시키고, 어떤 중요한 방식들로 그 사람을 나 자신과 같다고 여겨야 한다. 분파나 사회, 언어 집단이나 인종 집단, 성별이나 종 또는 그 무엇이 되었든 그는 내가 속한 집단의 일원인 것이다. 그는 어떤 의미에서 하나의 '나 자신'이며, 나와 관련되었기 때문에 나의 감정을 유발하는 종류의 생명체이다. 실제로 소설을 읽는 것의 사회적 가치의 일부는 그것이 우리가 공감할 수 있는 이들의 범위를 확장한다는 데서 온다. 우리는 **그런 사람들도** 우리와 같은 사람이라는 것 — 동일한 어려움과 문제들을, 동일한 사랑과 미움을, 동일한 갈망과 희망을 가진 사람들이라는 것 — 을 발견한다.

이와 유사한 방식으로 블럼은 동정심이 있는 사람은 그들이 동정심을 느끼는 대상의 '선'에 '적극적 관심'을 가진다고 강조한다. 감정의 국면들 중 통상적으로 항상 있는 것처럼 보이는 것들 중 하나는 적절한 종류의 행동 경향이다. 문학작품에 참여할 때, 불행한 여주인공을 돕기 위해 우리가 할 수 있는 실제적 행동은 아무것도 없다. 그렇지만 민감하게 반응하는 독자들은 자신들이 여주인공을 돕고 싶어 한다는 것, 그리고 그렇게 할 수 없기 때문에 좌절감을 느낀다는 것을 실제로 보게 될 수 있다. 만약 블럼이 옳다면 동정은 '선한 의도의 행동', 즉 특정한 종류의 행동을 하려는 강한 욕구나 충동이 있을 것을 '요구한다'. 그

생함의 중요성을 강조한다.

7) Shaun Nichols, *Sentimental Rules: On the Natural Foundations of Moral Judgment* (New York: Oxford University Press, 2004), Ch. 2는 이것과 의견을 달리한다. 그는 이타적 행위는 관점을 취하는 것에 의존하지 않는다고 본다. 비록 내가 나의 논의에서 블럼(Blum)의 견해를 암묵적으로 지지하기는 하지만, 동정에 대한 정확한 분석은 이 장에서의 나의 관심사와는 별로 관계가 없다.

리고 (우리가 안나 카레니나를 돕는 것이 불가능한 것처럼) 이것이 불가능할 때, 동정은 '그것을 제공할 수 있는 위치에 있는 이들(예를 들면 카레닌과 같은 인물)을 통한 구제에 대한 희망이나 욕구'가 있을 것을 요구한다.

안나 카레니나가 세르게이를 방문하는 장면을 읽을 때, 우리는 안나를 돕고 싶은 강렬한 욕구와 그녀의 곤경에 대한 강렬한 괴로움과 비탄, 그리고 그녀의 곤경이 해결되었으면 하는 강렬한 욕구와 희망을 느낀다. 그 지문은 정말 너무 통렬해서 눈물뿐만 아니라 슬픔과 괴로움 등 여타 생리적 징후들을 쉽게 유발한다. 그러나 만약 우리가 그 지문을 이러한 방식으로 감정적으로 경험한다면, 우리는 **왜** 우리가 이와 같이 감정적으로 반응하는지 알아볼 수 있는 좋은 위치에 있는 것이다. 그리고 이것은 우리로 하여금 이러한 반응의 기원을 작품 속에서 찾도록 인도할 수 있다. 우리의 감정 반응은 이 지문을 그 이야기에서 중요한 것으로 표시한다. 이를테면 그 지문은 안나가 카레닌을 떠나면서 얼마나 많은 것을 잃었는지, 그리고 자신이 돌아올 가능성이 얼마나 희박해졌는지에 대해 안나가 너무나 분명하게 깨달았음을 나타낸다. 동시에 그녀 자신은 이러한 생각을 명료하게 하고 있지 못하고 어쩌면 반쯤만 의식적으로 알고 있는데, 이러한 그녀의 순진함이 그녀의 고통과 합쳐져 그 지문이 우리에게 유발할 수 있는 특유의 통렬함을 부여한다. 우리가 그녀가 처한 상황의 그 통렬함을 알게 되고, 그래서 그 작품에 대해 더 깊고 풍부한 이해를 얻게 되는 것은 바로 이 지문에 감정적으로 반응하는 것을 통해 이루어진다.

맥베스에 대한 혐오

『맥베스(*Macbeth*)』에는 로스가 맥더프에게, 맥베스가 맥더프 부인과 아이들을 모두 살해했다는 소식을 전하는 소름끼치는 순간이 등장한다. 맬컴이 그를 위로하려 할 때 맥더프는 다음과 같이 대답한다.

> 그에게는 아이가 없어. 내 예쁜 아이들을 모두?

모두라고 말했나? 아, 잔인무도한 자! 모두라니!
뭐라고, 내 예쁜 닭들 모두와 그들의 어미를
단번에?[8)]

맥더프에 대한 동정을 제쳐두더라도 우리는 맥베스 때문에 **무서워지고 역겨움**을 느낀다. 맥베스에 대한 나의 이해는 어떤 개인적 방식으로 나에게 영향을 미친다. 거칠게 말하자면, 그는 나의 중요한 가치체계를 범한 것이다. 나는 맥베스의 무시무시한 행위에 주의를 집중하지 않을 수 없다. 그리고 나는 몸서리치고 몸이 차가워지고 근육을 긴장시키면서 생리적으로 반응할 것이다. 또한 나는 맥베스로부터 멀어지거나 물러서려는 충동을 (그리고 아마도 맥베스에게 섬뜩하게 매료되어 그로부터 물러서지 못하게 되는 것 역시) 경험할 것이다. 다시 말해 맥베스는 나에게 공포와 혐오라는 감정 반응을 유발한다.

어떻게 이 모든 것이 내가 맥베스를 **이해하는** 데 도움을 주는가? 내가 보기에 내가 기술한 감정 반응은 맥베스에 대한 더 깊은 이해로 나를 이끌 수 있다. 공포와 역겨움이라는 감정 반응의 출처를 찾으려 할 때 우리가 발견하는 것은 한 남자이다. 그는 자신과 자신이 선택한 후계자들이 스코틀랜드의 왕위를 확실하게 차지하도록 하기 위해 점점 더 많은 범죄를 저지르다가 맥더프의 부인과 아이들을 살해하면서 — 처음에 던컨을 살해했던 것처럼 — 단순히 정해진 어떤 목표만을 위해서가 아니라 자신을 반대하는 모든 이를 향한 전반적인 두려움과 증오로 악을 퍼뜨리는 데 이른다. 우리가 맥베스에 대해 가지는 공포와 역겨움은 자신을 인간 행위의 규범 밖에 위치시키고, 자신의 인간성을 부인하며, 다른 인간들로부터 자신을 고립시킨 한 남자에 대한 감정 반응이다. 그는 **괴물**이 될 위험에 처해 있고, 그래서 공포와 혐오의 대상이 된다.[9)] 우리는 맥베스에 대한 이러한 견해에 우리 자신

---

8) William Shakespeare, *Macbeth*, ed. Kenneth Muir, 9th edn., *Arden Shakespeare* (London: Methuen, 1962), IV. iii. 216-19.

9) 어쩌면 그는 노엘 캐롤(Noël Carroll)이 말한 '사이의(interstitial) 존재', 즉 종들 사이에 존재하는 것으로 규정한 유형의 생물체가 된 것이다. 왜냐하면 그는 더 이상 완전하게 사람이지 않기 때문이다. 캐롤에 따르면 이런 방식으로 '사이의 존재'가 되는 것은 '예술-공포'라는 감정을 일으키는 '괴물'의 표식이다. 캐롤의 *The Philosophy of Horror: Or Paradoxes of the Heart* (Routledge, 1990) 참조. 나는 맥베스가 이 장면의 중심이 아니라는 것을 덧붙여야 할 것이다. 우리의 주된 감정은 맥더프에 대한 동정이다. 이 사례에 대한 논의와 관련하여 나는 알렉스 닐(Alex Neill)에게 감사한다.

이 개인적으로 연루되어 있다고 느끼는데, 그것은 우리 자신의 염려, 이해관계 그리고 가치 때문이다. 즉, 우리는 인간이며, 근본적인 인간 가치에 대해 그와 같이 경멸을 보여주는 행동을 하는 사람을 두려워하고 싫어한다. 맥베스가 우리를 위협하는 것은 그 역시 사람이면서 자신의 인간성을 부인할 수 있기 때문이다. 어쩌면 또한 이것은 적절한 상황에서라면 우리 자신도 맥베스와 같이 될 수 있다는 가능성을 제기하기 때문이다. 이러한 이유에서 맥베스는 오이디푸스와 달리 우리의 연민을 유발하지는 않을 수 있지만, 우리의 두려움은 유발한다. (그 희곡의 후반부에서 그는 자신의 용기와 명확한 자기 이해에 대한 우리의 마지못한 감탄 역시 유발한다.)

스트레더 보고 웃기

내가 제시하는 세 번째 예는 앞의 두 예보다는 덜 우울한 것이다. 헨리 제임스(Henry James)의 소설 『대사들(*The Ambassadors*)』의 도입부에서, 마리아 고스트리와 스트레더가 이제 막 서로를 알아가는 순간이 있다. 고스트리 양은 스트레더의 이름이 '루이스 램버트 스트레더'임을 방금 알게 되었고, 그녀는 그 이름이 좋다고 말한다.

> '특히 루이스 램버트요. 그건 발자크 소설의 이름이잖아요.'
> '아, 저도 알아요!' 스트레더가 말했다.
> '하지만 그 소설은 지독하게 별로였어요.'
> '그것도 알아요.' 스트레더는 미소 지었다. 그리고 그는 관계없고 얄팍하기만 한 말을 덧붙였다. '저는 매사추세츠 주 울렛(Wollett)에서 왔죠.'

이 말이 우리를 웃게 하는 것은 그 명백한 엉뚱함 때문만이 아니다. 그것은 마리아 고스트리가 지적하듯, 그가 그녀를 '최악'에 대비시키려고 하는 것처럼 그의 출신을 밝히려고 애쓰고 있기 때문이다. 여기에는 발자크에 대한 언급과 울렛에 대한 언급 사이의 우스꽝스러운 부조화도 있다. 마리아 고스트리가 생각하는 것처럼 '발자크는 많은 도시들을 묘

사했는데, 매사추세츠 주의 울렛은 묘사한 적이 없다.'[10]

우리가 스트레더를 어렴풋이 우스꽝스러운 인물로 지각하게 되는 이 사건에서, 우리는 그에게 있는 우스꽝스러운 요소들에 집중하며 잔잔한 웃음이나 미소를 짓도록 유도된다. 우리는 긴장을 풀게 된다. 어쩌면 우리는 애정을 담아 안심시키는 방식으로 그의 어깨를 두드리고 싶은 가벼운 욕구를 느낀다. 이러한 감정적 지각은 그 사건에 대한 우리의 이해에 어떻게 도움이 될 수 있는가? 우리가 보이는 반응의 출처를 찾으려 할 때 우리는 스트레더의 선한 본성과 약간 고상한 체하는 면모('저는 사악한 파리가 아니라 울렛에서 왔죠!'), 그리고 그의 편협함에 주의를 기울이게 된다. 그것은 우리가 스트레더에 대해 이미 가지고 있던, 선하고 좋은 의도를 가지고 있고 지적이며, 또한 순진하고 다소 예의범절을 따르는 여행자라는 인상을 강화시킨다. 하지만 비록 스트레더가 이 지문에서 어렴풋이 우스꽝스러운 사람으로 드러나더라도 우리는 **그를** 비웃기보다는 **그와 함께** 웃는다. 결국, 독자들이 이야기 속 사건을 보게 되는 것은 스트레더의 눈을 통해서이고, 우리는 설령 — 우리가 보았듯 — 그의 심리적 이해가 믿을 만하지 않다 하더라도 그의 정직함을 신뢰한다.[11]

'감정적 연루'란 무엇인가?

『안나 카레니나』 혹은 『대사들』 같은 소설 속 등장인물들과 상황들, 그리고 사건들에 감정적으로 연루된다는 것은 무엇을 의미하는가? 이 책의 1부에서 나는 일반적으로 감정은 유기체와 그의 환경 간의 상호작용의 과정이라고 주장했다. 인간이 그의 (내적 혹은 외적) 환경의 무언가에 대한 감정 반응을 가질 때, 그는 그 대상을 (자신의 필요, 목표, 이해관계를 고려했을 때) **자신에게 중요한 것**이자 자신의 **주의**를 요하는 것으로 골라내는 **정감적 평가**를 내린다. 이러한 정감적 평가는 **생리적 변화와 행동 경향**, 그리고 특징적인 **표정과 목소리 표현**을

10) 모든 인용문들은 Henry James, *The Ambassadors*, Signet Classics (New York: 1960), 12에서 온 것이다.

11) 나는 이 사례가 가진 함축을 끌어내는 데서 나를 도와준 캐서린 롱(Cathryn Long)과 앨런 필(Ellen Peel)에게 감사한다.

포함하는 표현적 제스처를 야기한다. 이것들은 **느낌**으로서 주관적으로 경험될 수 있으며, 이러한 전 과정은 **인지적 모니터링**에 의해 수정된다. 감정 과정의 다양한 국면들은 다양한 방식들로 서로 연결된다. 예를 들어 생리적 반응은 주의를 강화한다. 표현적 제스처, 행동 경향 그리고 행위는 환경을 바꾸어 감정적 상황이 바뀌거나 사라지게 할 수 있다. 인지적 모니터링은 정감적 평가를 확증하거나 그것이 부당함을 보일 수 있다. 요컨대 그 과정은 과정 속의 다양한 요소들로부터 오는 피드백에 대한 반응으로 계속 조정된다.

이러한 분석은 소설 속 사건들과 등장인물들에 감정적으로 연루된다는 것이 무엇을 의미하는지에 대한 수많은 중요한 함축을 담고 있다.

1. 첫째로, 나의 이해관계와 목표 그리고 필요가 어떤 방식으로든 걸려 있다고 보지 않는다면 내가 소설에 대한 어떤 감정 반응도 경험하지 않을 것이라는 것은 분명하다. 이야기는 그것이 전달하는 사건들에 대해 독자가 신경 쓰게 되는 방식으로 전개되어야 한다. 내가 안나 카레니나라는 인물에 감정적으로 반응하려면, 그녀에게 일어나는 일이 어떤 방식으로든 나에게 중요해야 한다. 『안나 카레니나』를 읽을 때 나는 내가 등장인물들, 특히 안나의 운명에 대해 깊이 신경 쓰고 있음을 보게 된다. 이를테면 나는 그녀가 기차에 몸을 던지기를 원치 않는다. 나는 카레닌에게 헌신적이고 그를 미신으로 이끄는 그의 어리석은 친구를 좋아하지 않는다. 나는 카레닌이 좀 더 이해심을 가지기를, 자신의 자아상에 덜 민감해지기를, 그리고 덜 엄격하고 덜 냉혹하길 바란다. 등장인물에게 반응하는 나의 방식은 그들에게 일어나는 일에 나 자신의 필요와 이해관계가 걸려 있다고 느낀다는 것을 시사한다.

2. 감정은 **신체적** 반응으로, 감정적 상황에 대한 우리의 주의를 강화하고, 적절한 행동을 취하도록 우리를 준비시키며, 우리가 어떤 상태에 있는지 다른 사람들에게 신호를 보낸다. 만약 내가 어떤 감정 상태에 있다면, 그것이 의미하는 바는 내가 감정적으로나 생리적으로 동요되었다는 것이다. 내 심박수가 증가할 수도 있고, 눈물을 흘릴 수도 있다. 만약 내가 안나에 대해 진심으로 비탄을 느낀다면 나는 생리적 변화, 특히 자율신경계의 변화를 경험할 것이다. 또한 어쩌면 나의 표정은 비탄에 잠긴 특징적인 표정이 될 것이고, 어쩌면

나는 울 수도 있다. 이러한 생리적 변화는 안나와 그녀의 고통스러운 상황에 대한 나의 주의 집중을 강화한다. 나는 또한 행동 경향을 경험할 수도 있다. 어쩌면 나는 안나를 돕고 싶어 하고, 이를 성취하기 위해 행동하려는 **경향**을 가질 것이다.

3. 만약 내가 진짜 감정 상태에 있다면, 나와 나에게 속한 것에 중요한 이야기의 국면들에 나의 주의를 고정시키는 것은 비인지적인 정감적 평가일 것이다. 감정 반응은 비인지적 · 정감적 평가에 의해 초래되는 생리적 반응이며, 그러한 평가는 나의 필요와 바람 및 나의 목표와 이해관계의 측면에서, 혹은 몇몇 기본 감정들의 집단에 상응하는 특정한 기본적 평가들 — **이것은 위협이다**!, **이것은 공격이다**!, **이것은 멋지다**! 등의 평가들 — 의 측면에서 본능적으로 그리고 자동적으로 이 세계를 평가한다.

우리가 연극이나 영화를 볼 때, 가장 먼저 평가하게 되는 것은 우리 눈앞의 사람들과 행동들이다. 나는 다양하게 진행되는 상황들을 지각하고, 만약 그 연극이나 영화가 깊숙이 자리 잡은 나의 어떤 이해관계나 목표 혹은 가치에 호소한다면 나는 자동적으로 그리고 생리적으로 반응할 것이다. 내 심장이 뛸 수도 있고, 내 손이 끈적끈적해지는 것을 보게 될 수도 있다. 그러나 우리가 반응하게 되는 것들 중 일부는 무대나 화면에서 우리 앞에 제시되기보다는 배우에 의해 보고되거나 배우들의 말과 행동에 함축된다. 고대 그리스의 극에서 최악의 소식 — 이오카스테가 자신의 목을 매달았으며 오이디푸스가 자신의 눈을 멀게 했다는 소식, 바다에서 온 괴물 같은 황소가 히폴리투스를 죽였다는 소식 — 은 언제나 무대 위에서 생생하게 묘사되기보다는 운 없는 시중이나 전령에 의해 보고된다.[12] 만약 우리가 그러한 사례들에 감정적으로 반응한다면, 우리는 상황 그 자체보다는 그 상황 속에서 전개되는 사건들에 대한 생각에 반응하는 것이다. 우리 눈앞에 아무것도 제시하지 않는 소설의 경우, 우리의 반응은 언제나 우리가 직접 지각한 무언가에 대한 것이기보다는 우리가 생각하고 있는 것에 대한 것이다. 우리가 지각하는 것은 지면 위의 단어들이다. 우리가 반응하는 것은 그것의 내용이며, 그것이 유발하는 생각들과 이미지들이다.[13] 둘 중 어떤 경우

12) 참조 문헌은 소포클레스(Sophocles)의 『오이디푸스 왕(*Oedipus the King*)』과 에우리피데스(Euripides)의 『히폴리투스(*Hippolytus*)』이다.

13) 소설에 대한 우리의 이해에서 상상력이 담당하는 역할에 대해 논의하는 글은 많이 있다. 나는 여기에서 이 이슈들

에서든 만약 진짜 감정 반응이 있다면, 그것은 정감적(비인지적) 평가에 의해 생성된 것이다.

4. 감정적 연루는 또한 우리의 주의가 소설 속 사건들에 흡수되어 있음을 의미한다. 우리가 본 것처럼 정감적 평가가 우리에게 개인적으로 중요한 것이나 우리의 이해가 걸려 있는 것들에 주의를 집중시키며, 그로부터 도출된 생리적 변화가 주의 집중을 강화한다는 것을 보여주는 좋은 증거가 있다.

5. 하지만 감정은 정감적 평가에 의해 야기되는 생리적 반응만이 아니다. 심지어 가장 원초적인 사례들에서도 빠르고 자동적인 평가는 그 정감적 평가를 모니터하고, 이후의 행동과 생리적 반응을 수정하는 인지적 평가에 즉시 자리를 내준다. 예를 들어, **위협**!이라는 정감적 평가가 내려진 이후에 어떤 인지적 평가가 정감적 평가를 확증하거나(그래, 위험이 가까이에 있어. 저기 어둠 속에 있는 건 강도야), 정감적 평가를 부인하고 생리적 변화를 무산시키거나(위험은 없어. 저건 어둠 속에 잠복하고 있는 강도가 아니야. 나무 그림자야), 또는 새로운 인지적 평가(저건 강도가 아니야. 예기치 못하게 전쟁터에서 집으로 돌아오는 내 사랑하는 사람이야)와 새로운 생리적 변화 및 운동 변화의 연속을 이끌어낼 수 있다.

나의 정감적 평가에 대한 인지적 평가와 재평가는 또한 나의 생리적 반응과 주의 집중, 그리고 나의 행동과 행동 경향에도 영향을 미친다. 내 이웃에게 동정심을 느낄 때는 아마도 그 이웃을 돕기 위해 내가 할 수 있는 무언가가 있을 것이다. 그러나 내가 방글라데시의 홍수 피해자들에게 동정심을 느낀다면 나는 돕고 싶어도 도울 수 없을 것이다. 이와 유사하게, 안나 카레니나를 돕기 위해 내가 할 수 있는 것은 아무것도 없다.

소설의 독자들 대부분은 이 소설이 우리가 감상하고 있는 **이야기**이며, 우리가 취할 수 있는 적합한 행동은 없다는 인지적 평가를 내린다. 만약 내가 안나 카레니나의 운명 때문에 눈물을 흘리고, 그녀를 돕고 싶어 하고, 내 머릿속에서 그녀를 가르치려 하는('그렇게 하지 마', '넌 후회할 거야') 경향을 가진다 하더라도 나는 그녀를 도울 수 없고, 가르칠 수 없으며, 그녀의 운명에서 그녀를 구해낼 수 없다는 것을 완벽하게 잘 알고 있다. 사실상 그녀에 대한

을 피해갈 것이다. 5장에서 약간의 추가적인 논의가 있을 것이다.

나의 생각의 통렬함은 부분적으로 '나는 이 일련의 사건들을 통제할 수 없다'는 인지적 평가에서 오는 것이다.

인지적 모니터링은 또 다른 중요한 역할들을 하는데, 그것은 우리의 주의를 다시 조정하고 처음의 정감적 평가를 반성하는 것이다. 뒤에서 주장하겠지만, 『안나 카레니나』 같은 복잡한 소설을 읽을 때 우리는 안나에 대한 감정만 과장되게 드러내는 것이 아니다. 우리는 그녀를 향한 우리의 감정 반응을 그녀의 캐릭터에 대한 해석에 필요한 자료로 이용한다. 그리고 물론 그 소설에는 다른 많은 국면이 있지만, 나는 안나의 캐릭터에 대한 해석이 그 소설과 소설의 줄거리 및 주제의 중심에 놓여 있다는 것에 우리 모두가 동의할 것이라고 본다. 안나에 대한 우리의 감정 반응을 인지적으로 모니터링하는 것은 그 책 전체를 해석하는 데 필요한 핵심적인 자료를 제공한다.

6. 우리가 보았듯이, 선언적 기억과 독립적으로 특별한 감정적 기억 체계가 있다는 것을 보여주는 르두(LeDoux)와 다른 연구자들에게서 가져온 증거가 있다. 어떤 이들은 감정 반응이 운동 기억에 저장된다고 믿는다. 실제로, 만약 안토니오 다마지오(Antonio Damasio)가 옳다면 뇌는 주어진 시나리오들을 그 시나리오들과 **유사한** 과거 경험에 기반하여 해롭거나 이로운 것으로 분류할 수 있다. 그리고 뇌는 이러한 시나리오의 유형들을 **신체적**(몸의) 방식으로 표시함으로써 분류하며, 우리는 신체적 변화의 느낌을 통해 여기에 접근할 수 있다. 만약 이것이 옳다면, 소설 속 인물들과 사건들은 우리 자신의 감정적 기억에 기초하여 신체적 반응을 이끌어낼 수 있다. 그러나 좀 더 중요한 것은 만약 소설에 대한 나의 감정 반응이 충분히 강하다면 그 반응은 다시 감정적 기억에 부호화되어 정감적 평가와 신체적 반응(몸의 표시) 사이에 새로운 연결고리를 만들고, 그 소설을 다 읽은 후에도 오랫동안 나의 생각과 믿음에 영향을 미친다는 것이다.

7. 마지막으로 나는 감정이 하나의 **과정**이며, 그 과정 안에서 감정 반응(생리적 반응)이 본능적이고 자동적인 정감적 평가에 의해 활성화되지만, 그것은 그 상황에 대한 인지적 모니터링에 길을 내주며, 인지적 모니터링은 본능적 평가를 되돌아보고, 그에 따라 행동

과 행동 경향뿐만 아니라 표현적 활동, 운동 활동 그리고 자율신경계의 활동들을 수정한다고 강조했다.

요컨대 능숙하게 구성된 사실주의 소설을 읽을 때, 사건들과 인물들에 대한 나의 초기의 정감적 반응은 그들을 마치 실제 사건들과 실제 인물들인 것처럼 다룬다. 내가 소설에 감정적으로 관여할 때, 나는 **나 자신의 필요와 이해관계가 거기에 걸려 있다**고 보고, 내가 읽은 것에 대한 **정감적 평가**를 내리며, 이러한 정감적 평가는 **나에게 생리적으로 영향을 미쳐** 나의 주의를 집중시키고 어쩌면 감정적 기억을 저장한다. 마지막으로 나는 이러한 정감적 평가와 이 평가가 초래한 신체적 변화를 **인지적으로 모니터링한다**. 그러나 이와 동시에 (뒤에서 보게 되겠지만) 나는 안나가 실제 러시아 귀족여성이 아니라 소설 속 등장인물이라는 것, 톨스토이가 들려준 사건들이 허구적이라는 것을 안다. 실제로 내가 한 명의 인간으로서 안나에게 반응할 때조차 나는 그 이야기가 펼쳐지는 방식을 향유하고, 톨스토이의 기교에 감탄하면서 그 복잡한 구성에서 쾌를 취할 수 있다.

공백 메우기

감정이 전부는 아니다. 분명히 문학작품을 조금이라도 경험하려면 그 전에 먼저 작품 속 단어들의 의미를 이해해야 한다. 그리고 만약 당신이 소설을 읽고 있다면, 당신은 그 장르에 특징적인 문학적 패턴과 그 안에서 발견되는 주제들을 포함한 그 장르의 관행을 이해해야 하며, 또한 아마도 문학사와 그 소설의 저자 등에 대해서도 어느 정도 알아야 할 것이다.[14] 그리고 당신은 그 소설을 읽으면서 적합한 **추론**들을 해야 한다.

독자-반응 이론가이자 비평가인 볼프강 이저(Wolfgang Iser)는 저자가 이야기 속에서 우

14) 나는 6장에서 그런 문제들에 대해 좀 더 이야기할 것이다.

리에게 모든 것을 말해줄 수는 없다는 것을 강조했다.[15] 텍스트는 언제나 그리고 필연적으로 **공백**으로 가득하며, 텍스트를 이해하는 것은 필연적으로 **공백을 메우는 문제**라는 것이다. 어떤 동화는 이렇게 시작한다. '옛날 옛적에 책이라는 소년이 있었어요.' 그것은 '책에게는 두 팔과 두 다리, 머리, 간, 창자, 두 개의 신장 그리고 심장이 있었어요'라고 말하지 않지만, 독자는 만약 책이 소년이라면 그가 이 모든 것을 가졌을 것이라고 가정한다. 우리는 적합한 추론을 하면서 그에 따라 공백을 메운다. 책이 하나의 다리만 가지고 있다거나 심장병에 걸렸다고 생각하는 것은 텍스트를 의도적으로 잘못 이해하는 것일 것이다. (다리 하나와 심장병을 가졌다면 그는 콩나무를 기어오르지 못할 것이다.) 요컨대, 저자는 우리가 텍스트를 읽을 때 항상 추론 — 텍스트가 명시적으로 다루고 있지 않은 공백을 메우기 위한 추론 — 을 한다는 것에 의존한다. 다른 한편으로, 어떤 것들은 이야기에서 다루어지지 않은 채로 남아 있으며, 이것들은 그 이야기를 적절하게 이해하는 데 중요하지 않다. 그 이야기는 '책은 곱슬머리와 갈색 눈을 가졌어요'라고 말하지 않는다. 이것은 동화이며, 주인공의 외모에 대한 세부사항은 그 동화를 이해하는 것과 무관하다. 독자들은 원한다면 그가 곱슬머리라고 상상해도 되지만, 그런 문제가 결정되지 않더라도 이야기에는 문제 될 것이 없다.

심리학자 리처드 게릭(Richard Gerrig)은 '텍스트에 있는 다양한 크기의 공백들을 메우기 위해 독자들은 자신의 논리적 능력을 사용할 것이 일상적으로 요청된다'는 것을 확증하는 일련의 경험적 증거를 개괄했다.[16] 심리학자들은 몇 개의 문장으로 이루어진 아주 간단한 내러티브만 연구하는 경향이 있지만, 그들이 찾아낸 것은 우리가 소설이나 영화에서 발견하는 더 복잡한 내러티브에 대한 흥미로운 함축을 가진다. 그 증거는 내러티브의 인지적 처리를 담당하는 '자동적 과정의 핵심'[17]이 있음을 시사한다. 상당한 경험적 증거로 뒷받침되는 맥쿤(McKoon)과 래트클리프(Ratcliff)의 '최소주의 가설'에 따르면, 우리가 내러티브를 읽을

15) Wolfgang Iser, *The Implied Reader: Patterns of Communication in Prose Fiction from Bunyan to Beckett* (Baltimore: Johns Hopkins University Press, 1974); Wolfgang Iser, *The Act of Reading: A Theory of Aesthetic Response* (London: Routledge & Kegan Paul, 1978); Wolfgang Iser, *Prospecting: From Reader Response to Literary Anthropology* (Baltimore: Johns Hopkins University Press, 1989) 참조.

16) Richard J. Gerrig, *Experiencing Narrative Worlds: On the Psychological Activities of Reading* (New Haven: Yale University Press, 1993), 27.

17) Ibid. 40.

때 '독자가 특별한 목표나 전략을 적용하지 않는 한 오직 두 추론 집합, 즉 쉽게 구할 수 있는 정보에 기반을 둔 추론들과 논리적 정합성을 요구하는 추론들만이 읽기 과정에 투입된다(encoded).'[18] 예를 들어 잭의 엄마가 잭에게 저녁을 먹이지 않은 채 잠자리에 들게 했다고 들었을 때, 우리는 자동적으로 잭이 자신의 침대에 누워 있는 것을 상상하지 않는다. 비록 [레이트 쇼(Late Show)를 보기보다는] 침대에 누워 있을 것이라고 추정할 수 있더라도 말이다. 여기에서 시사되는 것은 우리가 계속되는 내러티브를 이해하기 위해 필요한 만큼만 상상한다는 것이다. 잭이 잠자리에 든다는 사실이 줄거리에 필수적인 것이라고 밝혀지지 않는 한, 우리는 그 이야기를 읽으면서 잭의 잠자리에 대해 전혀 생각하지 않을 것이다.

하지만 이와 같은 '자동적 과정의 핵심'이 있어도 '독자의 전략적 통제 아래' 일어나는 다른 과정들도 있다. 다시 말해 서로 다른 독자들은 서로 다른 방식들로 공백을 메우는 것이다.[19] 그 개인적 차이들은 독자들의 배경지식의 차이가 그들의 텍스트 처리에 영향을 미치는 방식을 통해 부분적으로 설명될 수 있다. 예를 들어, '지식의 향상은 독자들로 하여금 내러티브의 좀 더 정보적인 국면에 주의를 향하게 한다.' 야구에 대해 이미 많은 것을 알고 있는 사람들이 야구에 대해 상대적으로 더 적은 지식을 가지고 있는 사람들보다 야구 관련 지문에서 훨씬 더 많은 정보를 떠올린다는 것은 놀라운 것이 아니다. 독자는 관련지식을 가지고 있을 수 있지만, 이것이 내러티브에 대한 이해에 영향을 끼칠 수 있으려면 '적절한 시간에 이용될 수 있어야' 한다. 예를 들어 옷을 세탁한다는 것이 어떤 것인지에 대해 우리 모두가 알고 있을 수 있지만, 어떤 특정 지문이 세탁에 대한 것이라는 것을 독자가 알아차리기 전까지는 그 지문을 해석하기 어려웠다는 것이 실험을 통해 밝혀졌다. 마지막으로, '지식은 이해과정에 접근할 수 있는 형태로 표상되어야' 하는데, 이것은 이를테면 독자가

---

18) Ibid. 31. 여기서는 G. McKoon and R. Ratcliff, 'Inference During Reading', *Psychological Review* 99 (1992), 441을 인용하고 있다. Jerrold Levinson, *Music in the Moment* (Ithaca, NY: Cornell University Press, 1997)에 있는 음악 이해에 대한 제럴드 레빈슨의 설명과 비교해보라.

19) Gerrig, *Experiencing Narrative Worlds*, 39. 이저(Iser)는 때때로 자신의 글에서 '적절하게' 반응하는 이상적 독자가 있음을 시사하는 것으로 보인다. 이와 같은 제한된 종류의 독자-반응 비평은 홀랜드(Holland)와 피시(Fish) 같은 이론가들에 의해 공격을 받아왔다. 또 다른 경우에 이저는 개별 독자들이 자신들만의 방식으로 공백을 메운다는 것을 어느 정도 자각하고 있는 것으로 보이는데, 그 일례로 Wolfgang Iser, 'The Reading Process: A Phenomenological Approach', Jane P. Tompkins (ed.), *Reader-Response Criticism: From Formalism to Post-Structuralism* (Baltimore: Johns Hopkins University Press, 1980), 55에서 그렇게 보인다. 나는 이런 이슈들에 대해 6장에서 좀 더 자세히 논의할 것이다.

이전에 내면화했던 것과의 연관성을 이끌어냄으로써 이루어질 수 있다.[20)]

독자들이 공백을 메우는 가장 중요한 방법들 중 하나는 **인과적** 추론을 하는 것이다. 많은 이론가들은 내러티브를 부분적으로 인과관계의 측면에서 **정의**한다. 예를 들어 노엘 캐롤(Noël Carroll)은 '내러티브에서 인과관계는 표준적으로 이야기의 주제를 통합시키는 접합제'라고 말한다. 그는 '내러티브적 연결'을 부분적으로 인과 개념의 측면에서 정의하면서 '내러티브적 연결에서 선행 사건은 결과 사건과 인과적으로 관련되어 있어야 한다'고 말한다.[21)] 그러나 종종 이야기 자체는 인과관계에 대해 명시적이지 않다. 즉, 적절한 인과적 추론을 해야 하는 것은 **독자**이다. 이야기는 '잭의 엄마가 창밖으로 콩들을 던져버렸어요. 다음날 아침 거대한 콩줄기가 정원에서 자라고 있었어요'라고 말한다. 독자들은 마법의 콩이 그 거대한 콩줄기의 **원인**이라는 인과적 추론을 해내야 한다.

이와 유사한 맥락에서 톰 트래바소(Tom Trabasso)와 그의 동료들은 내러티브를 이해하는 것은 '이야기 속 사건들의 원인과 결과 사이의 관계를 표상하는 **인과적 연결망**'을 이해하는 것으로 이루어진다고 보았다. 독자들은 매 순간 텍스트를 읽으면서 '이야기의 주된 **인과적 연쇄**를 끄집어내는데, 이것이 그 이야기의 중추로 기능하는 인과적으로 중요한 사건들의 연속을 유지한다'는 것이다. 게릭은 트래바소가 몇 개의 짧은 텍스트를 이용한 실험을 통해 '이 텍스트들의 구절들이 얼마나 **중요하고 기억될 만한가** 하는 것은 그것이 주된 인과적 연쇄를 따르는지의 여부와 각 구절이 지닌 인과적 연결성에 의해 예측될 수 있다는 것을 보여주었다'고 기록하고 있다.[22)]

다른 연구자들은 '독자는 작업 기억이라는 자원을 전략적으로 이용함으로써 인과적 연결망을 만든다'고, 그리고 '독자가 내러티브를 읽을 때 내러티브의 인과적 구조가 독자의 주의 할당을 통제한다'고 주장했다.[23)] 플레처(Fletcher)와 그의 동료들은 '현재 상태 선택 전략'이라고 부르는 모델을 지지하는데, 이것은 작업 기억을 최대한으로 이용하기 위해 고

20) 모든 인용구는 Gerrig, *Experiencing Narrative Worlds*, 406에서 가져왔다.

21) Noël Carroll, *Beyond Aesthetics: Philosophical Essays* (Cambridge: Cambridge University Press, 2001), 126-7.

22) Gerrig, *Experiencing Narrative Worlds*, 467에서 이렇게 기술하고 있다.

23) Ibid. 47. 여기서는 C. R. Fletcher, J. E. Hummel, and C. J. Marsolek, 'Causality and the Allocation of Attention During Comprehension', *Journal of Experimental Psychology: Learning, Memory, and Cognition* 16/233-40 (1990), 239를 인용하고 있다.

안된 것이다. 독자들은 '가장 최근에 읽은 구절을 앞선 텍스트의 인과적 선행사건 — 그렇지만 결과는 없는 사건 — 과 동일시한다. 이 구절의 인과적 역할에 기여하는 모든 명제들은 독자가 다음 문장을 읽는 동안 단기 [작업] 기억에 남아 있다.'[24] 여기에 담긴 아이디어는 독자가 '아직 인과적 결과를 산출하지 않은 구절들은 그것이 무엇이든 텍스트가 지속됨에 따라 인과적 결과를 산출할 가능성이 높다'[25]고 가정한다는 것, 그래서 독자가 그것을 작업 기억에 보관할 것이라는 것이다. 몇몇 재치 있는 실험들이 이것이 정말로 독자가 텍스트를 처리할 때 일어나는 일임을 시사한다. 예를 들어 플레처와 그의 동료들이 보여주었듯, 우리가 일련의 문장들을 읽고 있을 때 그 문장들 각각이 어떤 사건을 p, q, r이라는 인과적 연쇄로 묘사하고 있다면, 우리는 그것들의 결과가 알려짐에 따라 그 인과적 연쇄의 단계들을 작업 기억 밖으로 밀어내려는 경향이 있다. 만약 어떤 미래의 사건 s가 인과적 연속에서 보다 앞서 있던 q 단계에 인과적으로 의존한다는 것이 밝혀지면, 독자가 그것을 이해하고 그 인과적 연결을 찾아내는 데는 더 많은 시간이 걸린다.

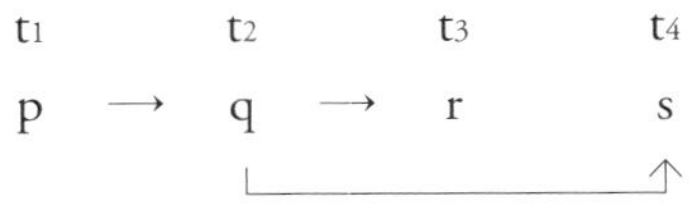

지금까지 기술한 공백 메우기 활동들은 모두 **인지적**인 것들이다. 우리는 인과적 추론이나 세계의 모습에 대한 추론을 통해 공백을 메운다. 그러나 나는 독자들이 인과적 추론에 더해 **감정** 반응을 통해 공백을 메운다고 제안한다. 어떤 텍스트에 감정적으로 반응할 때, 우리는 텍스트에 명시적으로 드러나 있지 않은 인물과 줄거리에 대한 중요한 정보에 민감하게 주의를 기울이게 된다. 그리고 서로 다른 독자들이 자신들의 추론 방식 — 인과적 추론이나 다른 추론 방식 — 에 따라 서로 다른 방식으로 내러티브를 처리하는 것과 마찬가지로, 서로 다른 사람들은 부분적으로는 텍스트에 대한 자신들의 서로 다른 감정 반응 때

24) Gerrig, *Experiencing Narrative Worlds*, 47. 여기서는 Fletcher, Hummel, and Marsolek, 'Causality and the Allocation of Attention During Comprehension', 233을 인용하고 있다.

25) Gerrig, *Experiencing Narrative Worlds*, 48.

문에 텍스트를 서로 다르게 이해한다.

게릭은 감정 반응 일반에 집중하지 않고 스스로 '참여적 반응'이라고 부르는 것에 대해 논의하는데, 그는 '참여적 반응'을 독자가 내러티브에 연루됨으로써 일어나는,[26] 혹은 '내러티브에 대한 독자의 적극적 참여의 결과로 일어나는' 반응이라고 특징짓는다. 그는 '참여적 반응'은 잡다한 종류의 '비추론적 반응들'로서, 스릴러의 긴장감 넘치는 상황에 대한 독자의 감정 반응이나 줄거리가 전개됨에 따라 등장인물과 관련하여 독자가 품게 되는 일종의 희망 혹은 공포를 포함한다고 말한다. 게릭은 내러티브에서 인과관계가 매우 중요하기 때문에 독자들이 목표와 결과들에 많은 주의를 쏟는다는 것, 그리고 주인공이 어떤 목표가 이루어지거나 이루어지지 않을 수 있는 상황에 처할 때마다 독자가 '선호도를 표시할 기회를 가진다는 것'에 주목한다.[27] 게릭이 기록한 그의 실험 중 하나에서는 어떤 이야기가 부정적 결과 — 실제 삶에서는 우리가 반기지 않을 종류의 결과 — 에 대한 선호를 유도하는 경우, 나중에 독자들에게 그 부정적 결과가 실제로 일어났는지 물었을 때 — 그 문제의 구절을 읽은 직후에 묻더라도 — 독자들은 그것이 일어났는지의 여부를 확인하는 데 어려움을 겪었다(더 오랜 시간이 걸렸다). 그는 이것이 '희망과 선호에 대한 심적 표현이 텍스트에서 주어지는 정보들에 대한 표상에 직접적으로 영향을 미치며[미칠 수 있으며]',[28] '통상적이지 않은 선호를 만들어내는 것이 실험 속 이야기에 대한 독자의 경험을 …… 바꿨다'는 것을 보여준다고 말한다. 특히 희망과 선호의 표현은 '내러티브의 세계를 경험하는 과정에서 구축되는 기억 표상에 상당히 중요한 결과'를 가져온다.[29] 이 실험으로 추론해볼 때, 우리가 골치 아프다고 여기는 결과들을 처리하는 것이 더 어렵다고 할 수 있을 것이다.

게릭은 또한 긴장감 넘치는 내러티브에 대한 독자의 반응에 대해서도 논의한다. 그는 긴장감은 희망과 두려움이라는 감정과 함께 무언가 중요하다고 여겨지는 것에 대한 불확실한 인지적 상태를 포함한다고 주장한다.[30] 그리고 그는 우리가 어떤 이야기를 다시 읽고

---

26) Ibid. 66.

27) Ibid. 69.

28) Ibid.

29) Ibid. 76.

30) 게릭(Gerrig)은 Andrew Ortony, Gerald L. Clore, and Allan Collins, *The Cognitive Structure of Emotions* (Cambridge:

있기 때문에 앞으로 어떤 일이 일어날지 알고 있을 때조차 그 정보는 어떤 의미에서 우리가 접근할 수 없는 것이어서 우리는 항상 불확실한 상태에 있게 된다고 말한다. 본 주제에서 벗어나 긴장감에 대해 오래 논의하는 것은 적합하지 않겠지만, 나는 나의 감정 이론에 이러한 현상(때로 '긴장감의 역설'이라고 불리는 현상)에 대한 설명이 준비되어 있다는 것을 간단히 언급하고 싶다. 우리의 정감적 평가는 지각이나 생각에 대한 본능적이고 자동적인 평가이다. 잠시만 반성해보아도 우리가 단지 이야기를 읽고 있을 뿐이라는 것을 알 수 있다는 사실과 관계없이 그것은 불확실한 사건에 우리의 주의를 고정시키고 그 사건을 위협적이라고 평가한다. 만약 우리가 그 이야기를 예전에 읽었고 '어떤 일이 일어날지' 반성적으로 '안다'고 하더라도 우리의 자동적인 정감적 평가는 제시되는 대로의 각 상황과 사건에 주의를 고정시키고, 인지적 모니터링이 개입하기 **전에** 그에 대한 반응을 유도한다.

게릭은 참여적 반응이 추론에 밀접하게 연결되어 있긴 하지만, 일반적으로 '텍스트의 공백을 메우지는 않으며', 따라서 '추론의 고전적 정의에 맞지 않는다'고 말한다.[31] 그러나 게릭과 대조적으로 나는 많은 감정 반응이 텍스트의 공백을 **정말로** 메우는 것이 분명하다고 본다. 어쩌면 그것이 우리가 인과적 추론을 할 때와 완전히 동일한 방식으로 이루어지지는 않더라도 말이다. 헨리 제임스는 '스트레더는 약간 우스꽝스러운 인물'이라고 말하지 않는다. 그는 우리가 스트레더를 보고 웃게끔 유도한다. 이와 유사하게 톨스토이는 안나 카레니나가 통렬한 상황에 있다고 말하지 않는다. 그는 그녀의 상황을 묘사하고 우리 스스로 그것을 감정적으로 경험하게 한다. 우리는 자신의 감정 반응을 통해 등장인물들과 줄거리에 대한 중요한 정보를 수집한다. 만약 이것이 옳다면, 우리의 감정 반응은 내러티브 텍스트를 **이해하는** 데 필수적인 부분이다.

내가 안나와 그녀의 운명에 대한 본능적인 정감적 반응을 가진다면, 이것은 나에게 텍스트에 명시되어 있지 않은 정보를 제공할 것이다. 실제로 게릭 자신도 때때로 '직감적 반응(gut reaction)'이 우리에게 (인지적) 추론과 동일한 정보를 줄 것이라고 지적한다. 따라서 나는 감정 반응이 텍스트의 공백을 메울 수 있고 정말 메운다고, 그 반응이 묘사된 인물들과 사

Cambridge University Press, 1988), 131을 인용하고 있다.

31) Gerrig, *Experiencing Narrative Worlds*, 667.

건들에 대한 정보를 준다고, 그리고 서로 다른 독자들이 인물들과 사건들을 평가하는 서로 다른 방식은 부분적으로는 인물들에 대한 그 독자들의 서로 다른 감정 반응과 함수관계에 있다고 주장할 것이다.[32)]

텍스트를 향한 감정 반응에 대한 반성으로서의 해석

나는 내러티브를 이해하는 것이 공백을 메우는 문제이며, 우리는 텍스트에 대한 우리의 감정 경험을 통해 텍스트 속의 공백 일부를 메운다고 말했다. 그러나 내러티브를 경험하는 것은 그것을 해석하는 것과는 다르다. 작품을 **경험하는** 것, 경험이 일어날 때 그 경험에 대해 **반성하는** 것, 그리고 작품 감상을 마친 후 그 작품에 대한 우리의 경험을 반성하고 기록함으로써, 그리고 전체로서의 그 작품을 요약함으로써 작품을 **해석하는** 것을 구분하는 것이 중요하다.[33)] 우리가 이야기 속 어떤 사건에 감정적으로 반응할 때, 처음의 생각 없는 혹은 본능적인 평가(**아, 안 돼! 이건 위협이야! 난 이게 싫어!** 혹은 다른 무엇)가 이루어지고, 이것이 우리의 주의를 고정시키고 생리적 반응을 생성하며, 그 사건에 대한 인지적 평가가 뒤따른다. 그런 다음 소설 속에서 이어지는 사건들에 비추어 그 사건에 대한 폭넓은 재평가가 이루어지기 쉽다. 소설에 대한 우리의 경험을 **반성할** 때, 우리가 하는 것 중 하나는 우리의 이전 반응들에 대한 **인지적 모니터링에** 참여하는 것이다. 마지막으로, 우리가 충분한 반성을 통해 소설 속 이전 사건들과 이후 사건들에 비추어 그 사건을 이해했다고 생각되면, 우리

32) 마지막으로 지적할 것은 이것이다. 게릭은 자신이 논의하는 대부분의 연구들이 실제 세계와 내러티브 세계, 허구와 비허구에 대한 이해에 동등하게 잘 적용된다는 것에 주목한다. 감정에 대한 나의 논의 역시 허구와 비허구에 동등하게 잘 적용된다. 다만 위대한 사실주의 소설들에서 저자들은 많은 방식들 — 미묘한 방식들과 미묘하지 않은 방식들 — 로 우리의 감정에 호소한다.

33) 음악 이해에 대한 레너드 마이어(Leonard Meyer)의 설명은 이저의 내러티브 이해에 대한 설명과 매우 유사하다. Leonard B. Meyer, *Emotion and Meaning in Music* (Chicago: University of Chicago Press, 1956), 378에서 마이어는 '기대라는 행위 중에 떠오르는' '가정적 의미', '선행 사건과 결과의 관계가 지각될 때'에만 분명히 드러나는 '명백한 의미', 그리고 '작품에 대한 경험이 기억 속에서 영원해진 후에만' 떠오르는 '확정적 의미'를 구분한다. 내가 해석이라고 보는 것은 마이어가 '확정적 의미'라고 부르는 것에 상응한다. 음악에 대한 마이어의 견해에 대해서는 12장에서 논의할 것이다.

는 그 작품에 대한 **해석**을 제공함으로써 우리의 작품 경험에 대한 반성을 기록할 수 있다.

우리가 소설이나 희곡을 이해하게 되는 방식을 이런 식으로 생각한다면, 소설이나 희곡에 대한 우리의 감정 경험은 그 자체로 **이해**의 한 형태이다. 그것이 명료화되지 않았거나 상대적으로 명료화되지 않은 이해더라도 말이다. 만약 내가 모든 적절한 지점에서 웃거나 울고, 벌벌 떨거나 긴장하고, 긴장을 푼다면 나는 그 이야기를 이해했다고 볼 수 있다.[34)] 그러나 만약 내가 소설을 읽는 동안 풍부한 감정 경험을 하는 것뿐만 아니라 비판적 설명 — 하나의 독해나 해석 — 또한 제공하기를 원한다면, 나의 감정 경험에 대한 **반성**이 필요하다. 나는 나의 정감적 평가를 반성하고, 그것들이 무엇이었는지, 이야기 속의 무엇이 그것들을 유발했는지, 그것들이 정당화되는지 아닌지를 파악해야 한다. 이러한 방식으로 나는 소설에 대한 전반적 해석에 이를 수 있는데, 이러한 해석은 정감적 반응들과 그 반응들에 대한 차후의 인지적 모니터링 — 내 최초의 반응들이 적합했는지의 여부에 대한 판단이 포함되는 인지적 모니터링 — 의 결과이다. 작품에 대한 처음의 정감적 평가는 작품 전체에 대한 반성적 해석을 제공할 때 비평가가 끌어 오는 자료의 일부이다.

앞서 언급한 사례들에서 나는 안나 카레니나를 불쌍하게, 맥베스를 공포스럽게, 그리고 스트레더를 약간 재미있게 경험하는 것에 대해 이야기했다. 만약 내가 안나 때문에 울고, 맥베스 때문에 몸서리치고, 스트레더를 보고 미소 짓는다면, 그것은 내가 묘사한 사건들에 대한 나의 **이해**를 명료화되지 않은 방식으로 표현하는 것이다. 만약 내가 **왜** 안나가 불쌍하고, 맥베스가 공포스럽고, 스트레더가 재미있는지 알고자 한다면 나는 이 인물들에 대한 나의 반응의 출처를 살펴볼 수 있다. 예를 들어 안나 카레니나에 대한 나의 동정의 출처를 발견하는 것은 그녀가 처한 상황의 모든 구체적 사항들에서 연민을 불러일으키는 특징을 발견하는 것이다. 그런 다음 소설에 대한 나의 감정 경험을 명료화한다면, 내가 사용하는 단어들은 그 경험을 반영할 것이다. 이를테면 나는 안나를 불쌍한 인물로, 맥베스를 공포스러운 인물로 묘사할 것이다. 작품에 대한 나의 해석은 부분적으로는 그 작품에 대한 나의 감정 반응에 대한 깊은 생각(meditation)이다.

만약 내가 명료화되지 않은 무의식적인 방식으로라도 안나에 대한 동정심을 가지고

34) 12장에서 보게 되겠지만 몇몇 음악에 대해서도 동일한 것이 참이다.

카레닌에게 연민과 경멸이 섞인 것으로 반응한다면, 무관심한 관찰자와 비교했을 때 나는 이 작품 속 인물들과 그들이 전체 소설에서 담당하는 역할에 대해 반성해보기에 더 좋은 위치에 있다. 나는 그 소설에 대한 비판적인 해석적 설명을 제공하기에 더 좋은 위치에 있는 것이다. 왜냐하면 내가 반성하는 것은 단순히 단어들의 집합이나 그것들의 문자 그대로의 기술적 의미만이 아니라 기술된 것에 대한 나의 경험, 인물들에 대한 나의 느낌, 그리고 그들에 대한 나의 감정 반응이기 때문이다. 이러한 경험, 느낌 그리고 반응은 작품에 대한 비판적 독해의 기반을 형성한다. '작품'은 단순히 단어들의 집합이나 그것들의 문자 그대로의 의미가 아니라 독자에게 경험되는 대로의 기술과 대화 그리고 그 밖의 것들이다. 작품에 대한 비판적 해석은 **그 작품에 대한 우리의 감정 경험에 대한 반성**이다.

『안나 카레니나』와의 감정적 마주침은 처음의 정감적 평가, 그를 뒤따르는 생리적 변화와 행동 경향 그리고 상황에 대한 인지적 모니터링과 그 각각의 상이한 체계들로부터 오는 피드백을 포함한다. 실제 삶에서 우리는 종종 우리의 감정 경험들을 이해하기 위해 그것들에 대해 반성한다. 보통 우리는 우리의 언어에 있는 감정 용어들을 포함한 통속 심리학의 용어들을 사용하여 이러한 반성을 한다. 톨스토이의 인물들에 대한 비판적 분석을 제공하려 시도하면서 나도 동일한 종류의 활동에 참여하고 있다. 즉, 나는 여러 장에 걸쳐 그들에 대한 나의 감정 경험을 개괄하고 있다. 나는 톨스토이가 안나를 동정의 대상으로 제시하고 있다고 말함으로써 그것을 개괄할 수 있다. 우리는 그녀의 곤경을 그녀 주위에 있는 사람들의 시점뿐만 아니라 그녀 자신의 시점에서도 경험한다. 우리는 어떻게 그녀가 자신의 결혼 속에 갇혀 있다고 느끼는지, 그러면서도 그녀의 어린 아들인 세르게이에게 헌신하는지, 브론스키를 열정적으로 사랑하지만 그에게 완전히 의존하는 것을 두려워하는지 파악한다. 그녀가 어떤 여자인지, 그리고 그녀가 살고 있는 사회가 어떤 곳인지를 고려할 때 그녀에게 쉬운 답은 없다. 그리고 이것이 독자가 그녀에게 동정심을 느끼기 쉬운 이유이다. 다시 말해 등장인물과 플롯에 대한 비판적 평가는 그 작품을 읽을 때의 **우리의 반응에 대한 인지적 모니터링**, 그리고 그 후에 통속 심리학의 용어를 사용하여 **그 반응들에 대해 개괄하는 것**을 포함한다.

사람들이 내러티브 작품에 감정적으로 연루될 때 그 작품을 더 **좋아한다**는 것은 사실인 것 같다. 예를 들어 사람들이 긴장감 넘치는 내러티브를 좋아한다는 증거가 있다. 이에 대한 하나의 설명은 그러한 내러티브가 동요의 증가 — 점진적인 증가의 연속이나 순간적인 급격한 증가 — 를 이끌어내고, 그것이 또 동요의 감소로 이어진다는 것이다.[35] 사람들이 내러티브에 감정적으로 연루될 때 그 내러티브를 더 잘 **감상하게** 된다고 생각하는 것 역시 타당하다.[36] 우리가 만약 세르게이와 그의 어머니가 등장하는 장면에 감정적으로 반응한다면, 우리는 톨스토이가 얼마나 기교 있게 그 장면과 거기에 포함된 효과적인 세부사항들을 전달하는지, 어떻게 긴장감을 쌓아올리는지, 그리고 어떻게 독자들의 동정심을 유도하는지 더 잘 감상할 수 있다. 그러나 나는 단지 작품을 좋아하기 위해, 혹은 작품을 감상하기 위해 감정적으로 연루되어야 한다고만 말하고 있는 것이 아니다. 내가 제안하고 있는 것은 감정적으로 반응하는 것이 이해의 한 형태이며, 해석 — 소설 전체에 대한 전반적이고 비판적인 반성적 이해를 제공한다고 주장되는 해석 — 은 부분적으로 소설에 대한 우리의 감정 반응에 대한 반성의 결과라는 것이다.

우리가 살펴보았듯이, 감정이 전부는 아니다. 당신은 문학작품 속 단어들의 의미를 이해해야 하며, 만약 당신이 소설을 읽고 있다면 당신은 아마도 문학사에서 그 작품이 차지하는 위치나 그것이 그 소설 장르의 일반적 관행들에 어떻게 부합하는지, 혹은 어떻게 부합하지 않는지 같은 약간의 배경 정보도 필요로 할 것이다. 당신은 또한 적합한 추론을 할 수 있어야 한다. 저자는 우리가 텍스트 속 공백을 메우기 위해 텍스트를 읽으면서 지속적으로 추론하는 것에 의존한다. 그러나 내가 주장하고 있는 것은 소설에 대한 우리의 감정 반응 역시 공백을 메우는 하나의 수단이며, 따라서 그것이 소설에 대한 **이해**의 중요한 부분이라는 것, 그리고 그것이 해석을 위한 자료들의 중요한 원천이라는 것이다.

---

35) 그 아이디어는 벌린(Berlyne)에게서 나온 것이다. D. E. Berlyne, *Aesthetics and Psychobiology* (New York: Appleton-Century-Crofts, 1971) 참조. Gerrig, *Experiencing Narrative Worlds*도 참조.

36) 이것은 Susan L. Feagin, *Reading with Feeling: The Aesthetics of Appreciation* (Ithaca, NY: Cornell University Press, 1996)을 관통하는 주제이다.

감정은 문학적 이해에 필요한가?

문학작품에 감정적으로 반응하는 것이 이해의 한 양상이며, 그것이 우리에게 그 작품에 대한 해석을 얻기 위해 의존하게 되는 자료를 제공할 수 있다 하더라도 혹자는 작품에 감정적으로 연루됨으로써 우리가 얻는 정보는 순수하게 인지적인 수단을 통해서도 똑같이 얻어질 수 있다고 반박할 수 있다. 예를 들어, 나는 왜 내가 앞에서 논의한 일화들을 이해하기 위해 스트레더 때문에 재미를 느끼고 안나에게 동정을 **느껴야만 하는가**? 스트레더 때문에 실제로 재미있어하지 않으면서도 그의 곤경에 대해 냉정하게 이해하고 그것을 익살스럽다고 볼 수는 없는 것인가? 나 자신은 안나에 대한 동정심을 느끼지 않으면서도 안나의 곤경이 비극적이고 그녀가 불쌍하다고 냉정하게 파악할 수는 없는 것인가? 무슨 일이 일어나고 있는지 이해하기 위해 내가 왜 개인적으로 감정적으로 연루되어야 하는가? 보다 일반적으로, 왜 비평가는 작품에 대한 설득력 있는 해석을 해내기 위해 그 작품에 대한 선행하는 감정 경험에 의존해야 하는가?

이런 도전들에 대응하는 다양한 방식들이 있을 수 있지만, 이 장에서는 문학 해석에서 등장인물의 중요성을 강조해왔기 때문에 그것과 발맞추어 나는 등장인물을 이해하는 것이 내가 주로 논의해온 위대한 사실주의 소설들을 이해하는 데 필수적이라는 것, 인물을 이해하는 것은 실제 사람들을 이해하는 것과 관련성 있게 유사하다는 것, 그리고 실제 사람들을 이해하는 것은 그들과 그들의 곤경에 대한 감정적 개입 없이는 불가능하다는 것을 강조하고자 한다.

먼저 감정이 우리의 주의를 집중시키는 방식을 고려해보자.[37] 내가 스트레더를 보고 미소 짓지(혹은 낄낄거리지) 않는 한 나는 스트레더가 우스꽝스러운 인물이라는 것을 눈치 채지 못할 수도 있다. 내가 안나에게 슬픔과 동정으로 반응하지 않는 한 나는 안나의 연약함을 눈치 채지 못할 수도 있다. 감정들은 우리의 필요와 목표 및 이해관계에 있어 중요한 것

37) Noël Carroll, 'Art, Narrative, and Emotion', Mette Hjort and Sue Laver (eds.), *Emotion and the Arts* (New York: Oxford University Press, 1997), 192 참고. 캐롤은 '삶과 예술에서 감정은 주의를 집중시키는 기능을 한다'고 주장하면서 이 주장을 뒷받침하기 위해 나의 글인 'Startle', *Journal of Philosophy* 92 (1995)를 인용한다. 감정이 일차적으로 주의를 집중시키는 장치라는 견해는 Ronald de Sousa, *The Rationality of Emotion* (Cambridge, Mass.: MIT, 1987)에서 가장 강력하게 옹호되었다.

들에 **주의**를 집중시키는 방식들이다. 재미있어하는 것으로 스트레더에게 반응하면서, 슬픔과 동정심으로 안나에게 반응하면서, 그리고 혐오로 맥베스에게 반응하면서 나는 그들 캐릭터의 중요한 국면들, 즉 나로 하여금 그 인물들을 아끼게 하거나 나를 그들로부터 멀어지게 하는 국면들에 집중하고 있다. 실제로, 만약 내가 스트레더가 익살스러운 인물이라는 것 혹은 맥베스가 무시무시한 인물이라는 것을 눈치 채지 못한다면, 나는 해당 문학작품의 매우 중요한 국면들을 놓치는 것이다.

일반적으로, 우리의 감정은 정감적 평가와 뒤따라오는 생리적 반응을 통해 우리의 주의를 집중시킴으로써 무엇이 중요한지 알게 한다. 안나는 깊은 괴로움에 빠져 있는 인물로 묘사되며, 그녀에 대한 나의 감정 반응은 좋든 싫든 내 주의를 잡아두는 방식으로 이러한 사실을 접수한다. 이를테면 나는 '나 자신'의 일부가 '**상실**!'을 경험하고 있다고, 혹은 '**위협**!'을 대면하고 있다고 정감적 평가를 내린다. 생리적 변화 역시 내 감정의 집중을 강화한다. 즉, 행동 경향과 표현적 제스처는 내 몸으로 하여금 그녀에 대해 어떻게 생각하고 있는지에 주의를 기울이게 한다. 나는 지우기 어려운 신체적이고 본능적인 방식으로 안나에게 동정심을 **느낀다**. 그래서 비록 감정적이지 않은 관점이 진짜 감정 반응과 동일한 목적을 이룰 수 있는 것처럼 보일 수 있다 하더라도 사실 안나에 대해 감정적으로 반응하는 데 실패한 사람은 그것의 중요성에 대한 동일한 이해와 동일한 긴급함으로 그녀의 연약함에 집중할 수 없다.

이와 유사하게, 내가 애정을 가지고 스트레더와 함께 웃지 않는다면, 나는 그의 다소 우스꽝스러운 순수함과 세속성의 결여를 눈치 채지 못할 수 있다. 안나의 연약함과는 달리 제임스의 미묘한 희극적 요소를 감지해내는 것은 그리 쉽지 않기 때문에 내가 스트레더로 인해 재미있어하지 않는 한 나는 그의 캐릭터에 있는 이러한 중요한 국면을 완전히 놓쳐버릴 수도 있다. 나는 누군가 나에게 스트레더가 우스꽝스러운 인물이라고 그냥 **말해줄** 수 있을 거라고 생각한다. 그러나 내가 실제로 스트레더 때문에 재미있어하고 그래서 그와 마리아 고스트리의 대화에 대한 묘사에 웃거나 미소 짓지 않는 이상 그가 우스꽝스럽다는 것을 진짜 **이해한** 것일까? 만약 그가 우스꽝스럽다는 것을 내가 이해하지 못했다면, 누군가 나에게 스트레더를 웃기다고 봐야 한다고 말했을 때 내가 왜 그것을 믿어야 하는가? 어쩌면 나는 **그 누군가가** 어떤 이유에서 스트레더를 웃기다고 본다는 것은 받아들이면서도 그것이 스트레더의 어떤 면 때문이라기보다는 그 사람의 어떤 기이한 성품 때문이라고 볼 수도 있다. 다른 한편, 만약 그 누군가가 나의 친구이고 내가 그의 말에 자주 의지한다면, 어쩌면 나는 그녀의 우월한 이해에 내 뜻을 굽히고 스트레더가 정말 우스꽝스러운 인물임을 인정할 수도 있다. 그러나 나는 **왜** 그런지는 여전히 이해하지 못할 것이다. 만약 내 친구가 그것을 — 그건 발자크 소설과 매사추세츠 주 울렛의 우스꽝스러운 부조화 때문이라고 — 설명해주더라도 나는 '**그게** 뭐가 재미있다는 거지?'라고 생각하면서 여전히 혼란스러워할 수도 있다. 어떤 의미에서 이제 나는 **내 친구가 왜 스트레더를 웃기다고 보는지** 이해하지만, 이것은 **스트레더가 왜 웃기는지**에 대한 나의 이해와 같은 것이 아니다. 이와 동일한 것이 실제 삶에서도 참이다. 당신은 나에게 어떤 코미디언이 정말 웃기다고 말하고 왜 그런지 설명하려 할 수 있지만, 나 스스로 웃지 않는 한 나는 그가 왜 재미있는지 정말로 이해할 수 없다. 기껏해야 나는 왜 **당신이** 그를 웃기다고 생각하는지 이해하기 시작할 수 있을 뿐이다.

이것은 소설이나 소설 속 등장인물을 이해하는 것이 명제를 이해하는 것과 동일하지 않다는 두 번째 논점과도 연결된다. 스트레더를 보고 미소 짓는 것과 우리가 미소 지어야 한다는 것을 이해하는 것, 안나 카레니나에게 연민을 느끼는 것과 그녀가 좋지 않은 상황에 있음을 인지적으로 알게 되는 것 사이에는 차이가 있다. 일반적으로, 명제에 대한 인지적인 이해 — 스트레더가 웃기다, 안나가 고통 받고 있다 — 와 사람들이 어떻게 느끼는지를 이해하고 상황이나 사건 혹은 배경의 감정적 의미를 이해하는 것 사이에는 차이가 있다. **무엇보다 감정적 이해는 일종의 신체적 이해이다**. 등장인물과 사건, 상황에 대한 나의 정감적 반응은 자동적이고 본능적이며, 이것은 즉각적으로 이 감정적 평가를 강화시키는 생리적 · 행위적 반응을 낳는다. 결과적으로 나는 안나에 대한 연민을 신체적이고 본능적인 방식으로 **느낀다**. 그리고 문제의 그 신체적인 반응이 덜 격하다 해도 내가 그의 말에 미소 지을 때 — 그 미소가 얼마나 약한 것이든 — 나는 스트레더의 재미있는 특질을 **느낀다**.

셋째, 감정적 이해는 이 세계를 전체적으로 '재구조화(regestalt)'한다. 나는 안나 카레니나에 대해 감정적으로 반응하면서 소설의 전체 세계를 감정이라는 프리즘을 통해 바라보게 된다. 그녀에 대한 내 느낌은 혼인법의 가혹함과 브론스키가 느끼는 직업적 입장에서의 어려움, 예의를 중시하는 사회의 무정함 등에 대한 나의 감정에 영향을 미친다. 안나에 대해 동정심을 느끼는 것은 그녀에 대한 반응일 뿐만 아니라, 소설 전체에 대한 나의 이해에 광범위한 함축을 가지는 반응이기도 하다. 이와 유사하게, 스트레더 때문에 재미있어하는 것은 소설의 전체 구조에 대한 이해와 등장인물들 사이의 도덕적 균형에 대한 나의 이해를 채색한다. 즉, 그것은 스트레더가 선하고 지적인 사람이며, 어떤 의미에서는 '순진한 외국인'이어서 자신이 처한 상황에서 난처해한다는 나의 이해에 기여한다.

감정이 우리의 필요와 목표 및 이해관계의 선상에서 세계를 재구성할 때 그것은 세계에 대한 우리의 정감적 평가를 통해 이루어지는데, 신체적 변화를 통해 강화된 정감적 평가는 세계를 특정 국면 아래 접수한다. 그래서 예를 들면 나는 『안나 카레니나』의 세계를 그 여주인공에게 어렵고 고통스러우며 위협적인 것으로 받아들인다. 나는 상류사회에서의 브론스키의 위치나 그 사회를 향한 그의 태도가 안나에게 가지는 감정적 함축을 그저 냉정하게 알아차리지 않는다. 내가 감정적으로 반응하고 있다면 나는 이러한 함축을 신체적으로 느끼고, 이것은 안나에게(그래서 나에게) 그것이 얼마나 중요한지에 대한 나의 이해를 강화한다. 안나의 세계가 어렵고 고통스럽다는 것을 인지적으로 알아차리는 것은 그 세계가 그렇다고 느끼는 것과 같지 않다.

하지만 혹자는 여전히 실제로 소설 속 인물들에 대한 어떠한 감정을 경험하지 않으면서도 스트레더가 웃기거나 안나가 연약하다는 것을 파악할 수 있으며, 어떤 감정적인 프리즘을 통해 보지 않고서도 소설의 보다 광범위한 맥락에서 안나의 연약함이 미치는 파장을 파악할 수 있다고 반박할 수 있다. 그렇다면 왜 소설에 대한 적절한 이해가 감정적 이해를 필요로 한다고 주장하는가? 이 질문에 대한 답은 실제 삶에서 이러한 종류의 감정적 이해를 결여하고 있는 사람들이 다양한 사회적 부적응을 통해 드러나는 심각한 결함을 가지고 있다는 것이다. 실제 삶에서 우리가 다른 사람들을 적절하게 이해하기 위해서는 감정적 이해와 동료의식이 **필요한** 것으로 보이고, 감정 없는 인지는 그만큼 그 일을 잘하지 못하는 것으로 보인다. 만약 이것이 실제 삶에서 우리가 사람들을 이해하는 것과 관련하여 참이라면, 그것은 허구적 인물들을 이해하는 것과 관련해서도 참일 가능성이 높다. 최소한 그 인물들이 풍부하고 사실적으로 묘사되었을 때 말이다.

일상적인 삶에서 다른 이들에 대한 동료의식을 느낄 수 있는 능력이 중요하다는 것에는 우리 모두 동의한다. 이 능력을 결여한 사람에게는 감정적 결함이 있고 감성 지능(emotional intelligence)이 결여되어 있으며, 그 결과 그들은 둔감하게 행동한다. 동료의식(fellow-feeling)이란 동료 **느낌**으로, 단지 어떤 사람이 곤경에 처해 있다는 지적인 인식이 아니라 동정이라는 '직감적 반응', 즉 감정적이거나 신체적인 반응이며, 자율신경계의 변화와 운동 변화로 이루어진 반응이다. 소위 사람들에 대한 '직관'이라고 하는 것은 아마도 바로 이런 종류의 타인들에 대한 감정적 민감함이며, 이것은 가치 있는 능력이다.

사람들이 이 능력을 결여하고 있을 때 무슨 일이 일어나는지 보기 위해 나는 다양한 사례들을 간단히 살펴보고자 한다. 일반적으로 나는 **감정적** 이해를 결여하고 있는 사람들은 다른 이들을 아주 잘 이해하지 못한다고 보며, 이것은 우리의 이웃이나 친구에 대한 이해뿐만 아니라 소설이나 연극에서 마주치는 인물들에 대한 이해에서도 참이다. 먼저 미묘한 제임스 식 감정이 자신의 감정 경험의 범위 밖에 있기 때문에 스트레더가 웃긴다는 것을 알아차리지 못하는 독자를 상상해보자. 예를 들어 『대사들』을 읽고 있는 조숙한 어린 소녀는 (만약 그녀가 단어들의 문자 그대로의 의미를 이해한다면) 어떤 의미에서 자신이 읽는 것을 이해할 수도 있다. 그러나 그와 다른 보다 깊은 의미에서 그녀는 자신이 읽는 것을 이해할 수 없을 것인데, 왜냐하면 그녀는 그 인물들이나 그들의 동기를 이해할 수 없기 때문이다. 그 책은 그녀에게는 '너무 나이 든(old)' 것인데, 왜냐하면 그것은 그녀의 감정 범위 밖에 있는 경험들을 묘사하기 때문이다. 그녀는 '나는 매사추세츠 주 울렛에서 왔지요'라는 단어들은 이해한다. 그렇지만 거기에 담겨 있는 감정적 함축들의 대부분은 아마도 그녀가 이해할 수 없는 것들일 것이다. 여기에서 인지는 분명히 충분하지 않다. 그 어린 소녀에게는 감정적 정교함 또한 필요하다.

하지만 어쩌면 그와 같은 예는 나의 주장과 무관한 것으로 간주될 것이다. 왜냐하면 그 어린 소녀는 아마도 감정적으로든 인지적으로든 헨리 제임스의 소설에서 어떤 일이 진행되고 있는지 파악하지 못할 것이기 때문이다. 그래서 이번에는 낮은 'EQ' 혹은 낮은 **감성 지능**을 가진 이들에 대해 생각해보자. 이런 사람들의 특징 중 하나는 그들이 다른 사람들의 감정적 제스처나 표정들을 접수하는 데 실패하여 결과적으로 다른 이들의 느낌이나 동기를 이해하는 데 실패한다는 것이다. 피터 살로비(Peter Salovey)는 '다른 이들의 감정을 정확히 지각하고 이해하며 감정 이입할 수 있는 능력에는 개인적인 차이'가 있다고 기록하면서, '이런 것들을 가장 잘하는 사람들은 그들의 사회적 환경에 더 잘 반응하고, 자신들에게 힘이 되는 사회적 연결망을 더 잘 만들 수 있다'고 주장한다.[38] 내가 기술한 종류의 직감적 반응을 가지는 능력이나, 그 반응에 접근하거나 그것을 해석하는 능력이 상대적으로 부족한 사람들은 다른 이들이 어떤 감정을 경험하고 있는지, 그리고 그들의 행동에는 어떤 동기가 있는지 지각하는 데 실패할 가능성이 훨씬 더 높다.[39] 다른 이들이 경험하고 있는 것을 감정적으로 이해하는 이 동일한 능력은 실제 사람들만이 아니라 허구적 인물들을 이해하려는 우리의 시도와 관련해서도 하나의 자산인 것으로 보일 것이다.

마지막으로, 앞에서 우리는 어떻게 안토니오 다마지오가 우리의 뇌가 자극의 종류를 분류하고, 그것을 특정 종류의 신체적 느낌이나 '몸의 표식(somatic marker)'과 연결시킬 수 있다고 제안하는지 보았다. 그의 아이디어는 적당한 종류의 자극을 만날 때, 우리의 몸이 **좋아**! 혹은 **나빠**! 같이 내가 정감적 평가라고 부르는 것으로 자동적으로 반응한다는 것이었다. 그래서 안나가 세르게이를 방문하는 것에 대한 톨스토이의 묘사를 읽을 때, 우리는 어떤 일이 일어나고 있는지 주의를 집중하면서 그것을 나와 나에게 속한 것에 중요하며 **나쁜 일**!이라고 접수한다. 3장에서 나는 일군의 자극들과 몸의 표식들의 이러한 쌍들이 르두가 감정적 기억이라고 부르는 것에 저장된다고 말했다. 만약 이것이 옳다면, 안나 카레니나나 맥베스 혹은 스트레더에 대한 감정이 유발될 때 나는 감정적 기억으로부터 연상을 끄집어낼 수 있으며, 이러한 연상들은 감정적 기억에 저장되어 있기 때문에 특별히 끈질기고 지우기 어렵다. 사람들이 어떤 모습이고 그들이 어떻게 행동할 가능성이 높은지 파악하는 데 감정적 기억에 저장된 이와 같은 직감적 반응이 반드시 필요하다는 것, 그리고 직감적 반응은 그것이 다른 사람들에게 반응하는 것처럼 허구적 인물들에게도 반응할 것이라는 것

38) Peter Salovey et al., 'Current Directions in Emotional Intelligence Research', Michael Lewis and Jeannette M. Haviland-Jones (eds.), *Handbook of Emotions*, 2nd edn. (2000), 506.

39) 많은 사람들은 '마음 읽기'를 '시뮬레이션' 개념을 통해 설명해야 한다고 주장해왔다. 여기서 나는 그와 반대로 다른 이들의 표정과 제스처에서 우리가 **지각하는** 것들, 그리고 다른 사람들의 생각과 세계를 보는 방식과 관련하여 우리가 **듣는** 것들에 대한(그리고 그들의 표정과 제스처와 관련하여 우리가 듣는 것들에 대한) 감정 반응의 역할을 강조하고 있다. 나는 6장에서 이것에 대해 좀 더 논의할 것이다.

은 가능성 없는 이야기가 아닌 것 같다.

전두엽(아마도 복내측의 전두엽 피질)에 손상을 입은 다마지오의 환자들은 구체적인 감정 반응과 느낌을 특정 종류의 시나리오에 연결시키는 '몸의 표식'을 결여하고 있으며, 그래서 도박 실험에서 분별력 있는 결정을 하지 못한다. 다른 이들이 행동하는 방식 및 자신들을 표현하는 방식에 이 환자들이 적절한 감정으로 반응하지 못하는 병리적 실패 역시 이러한 종류의 어떤 결함 때문일 수 있다.[40] 이런 병리들이 존재한다는 것은 그 자체로 인지만으로는 다른 이들을 이해하는 데 불충분하며, **감정적** 이해가 매우 중요하다는 것을 시사한다. 만약 이것이 옳다면 잘 짜여진 사실주의 소설 속에 거주하는 '사람들'을 이해하기 위해서도 감정적 이해가 매우 중요하다고 생각하는 것 역시 합당해 보인다.

나는 여기서 말한 것들의 일부가 추정적이라는 것을 인정한다. 특히 다마지오는 계획을 짜고 결정을 내리는 사람들의 능력에 대해 논의하고 있는 것일 뿐 다른 이들을 이해하는 능력에 대해 논의하고 있는 것이 아니다.[41] 그럼에도 불구하고 나는 내가 실제 세계에서 다른 이들을 이해하려면 아마도 특별한 종류의 감정적인 혹은 신체적인 이해가 필요하다는 것을 보여주었을 만큼 충분한 이야기를 했기를 바란다. 우리는 이것이 옳다는 것을

---

40) 자폐증을 가진 사람들, 즉 전형적으로 사회적 상호작용에서 심각한 어려움을 겪는 사람들에 대한 글이 최근에 많이 등장했다. 자폐증과 연관된 장애들 중 하나는 '마음을 읽는', 즉 다른 사람들이 어떻게 느끼고 생각하는지를 이해하는 능력과 관련된 것이다. 특정 종류의 자폐증의 경우에는 대부분의 인지적 능력이 손상되지 않지만, 고기능 자폐증을 가진 사람들조차 다른 이들에게 적절한 감정으로 반응하는 데 실패한다. 따라서 그러한 사람들이 다른 이들을 이해하는 데 어려움을 느끼는 것은 그들이 자신의 주변에서 어떤 일이 일어나고 있는지에 대해서는 인지적으로 파악할 수 있지만 다른 이들이 어떻게 느끼고 생각하는지를 감정적으로 이해하지 못하기 때문일 수 있다. 다른 한편, 숀 니콜스(Shaun Nichols, 퍼스널 커뮤니케이션)는 나에게 자폐증과 아스퍼거 증후군을 가진 아이들이 단순 감정들을 식별하는 데 능하고, 다른 이들이 겪는 고통에 대해 최소한 약간의 괴로움은 경험하는 것으로 보인다는 것을 지난 세기 동안의 연구가 보여주었다고 말해주었다. 그들이 분명한 감정적 결함을 보이는 것은 자부심과 같은 복잡한 감정을 귀속시킬 때이다. 따라서 자폐증에 성공적으로 개입할 수 있는 것은 **인지적** 요청(demands)일 수 있고, 자폐증은 감정적 정신병리학보다는 인지적 정신병리학으로 치료되어야 하는 것일 수 있다. 그러나 이 모든 것에는 논란의 여지가 있다.

41) 그레고리 커리(Gregory Currie)와 이안 라벤스크로프트(Ian Ravenscroft)는 *Recreative Minds: Imagination in Philosophy and Psychology* (Oxford: Clarendon, 2002), 198에서, 이 둘 모두가 상상 속 '모델링'을 포함한다고 제안함으로써 이 두 가능성을 연결시킨다. 그들은 '당신의 분개가 진짜라 하더라도 그것에 대한 나의 상상적 모델링은 그것을 나의 것으로 표상한다'고 말한다. 나는 이 두 가능성이 연결될 수 있다는 데에는 동의하지만, 이와 같은 방식으로 그것들을 연결하지는 않는다. 특히 나는 당신의 분개를 감정적으로 파악할 때 내가 필연적으로 나 자신의 분개를 느낀다는 가정을 거부한다. 감정적 지성은 다른 이들의 감정을 거울처럼 반영하는 것에 있는 것이 아니다. 9장 각주 35 참조.

안다. 왜냐하면 다른 이들에게 — 그들의 생각과 태도뿐 아니라 그들의 표현, 행동, 제스처에 — 신체적이고 감정적인 방식으로 반응할 수 있는 능력을 결여하고 있는 사람들은 간단히 말해 다른 이들을 아주 잘 이해하지 못하기 때문이다. 더 나아가 나는 위대한 사실주의 소설 속 등장인물들을 이해하기 위해서는 위와 동일한 능력의 신체적 이해가 필요하다고 보는 것이 합당하다고 제안한다. 그리고 당연하게도 등장인물들에 대한 이해는 그들이 등장하는 작품을 이해하기 위해 반드시 필요하다.

냉정함과 무관심성

우리는 냉정한 사람을 이성과 초연함의 본보기로 생각하는 데 익숙해져 있다. 만약 내가 냉정한 독자라면 아마도 나는 내 감정이 나를 이리저리 휩쓰는 것을 내버려두지 않을 것이다. 이것은 좋은 것처럼 들린다. 소설에 대한 정당하고 균형 잡힌 해석에 도달하고 싶다면, 당연히 나는 등장인물들과 사건들에 대한 나의 특정한 감정과는 별개로 그것들을 평가해야 한다.[42] 이와 유사하게, 오랫동안 이론가들은 예술작품을 취하는 적절한 '미적 태도'는 **무관심**, 즉 그 작품에 나의 어떤 개인적인 지분도 걸려 있지 않은 태도라고 주장해왔다. 나는 실제 세계의 '통제에서 벗어나' 작품 '그 자체만을 목적으로 하여' 작품에 집중하며, 작품에 대한 어떤 특별한 '이해관계'나 지분도 가지지 않는다는 것이다. 이 이론가들은 만약 내가 작품으로부터 빅토리아 시대 잉글랜드의 정치에 대해 배울 수 있는 것들에 집중한다면 — 혹은 내가 작품이 내 형제에 의해 쓰였다는 사실을 지속적으로 생각하거나, 오직 관객의 규모나 그 결과로서의 매표소 점유율에 집중하며 연극에서 청중 가운데 앉아 있는 감독이라면 — 나는 작품을 감상하고 있는 것이 아니라고 지적한다.[43]

---

42) 해석에 대한 아주 이지적인(intellectualized) 이론으로는 Annette Barnes, *On Interpretation: A Critical Analysis* (Oxford: Blackwell, 1988) 참조.

43) 이 사례들이나 그와 유사한 것들은 에드워드 블로흐(Edward Bullough), J. O. 엄슨(J. O. Urmson), 그리고 제롬 스톨니츠(Jerome Stolnitz)에게서 가져온 것이다. 미적 무관심성의 전통은 샤프츠베리(Shaftesbury)에게로 거슬러 올

무관심성은 샤프츠베리(Shaftesbury)로 거슬러 올라가는 많은 논쟁의 대상이 되는 아이디어이며, 허치슨(Hutcheson), 흄(Hume), 칸트(Kant)나 다른 주요 인물들의 미학 연구에서도 매우 중요하다. 근대의 학자들 중 제롬 스톨니츠(Jerome Stolnitz)[44]는 '미적 태도'를 '자각의 대상이 무엇이든 오직 그 자체만을 목적으로 하는 그것에 대한 무관심적이고 공감적인 주목과 관조'라고 기술한다. 이후 그는 이런 생각을 더욱 상세히 한다. 미적 태도를 가질 때, 우리가 관조하고 있는 대상은 **우리의 주목을 흡수한다**. 우리는 **공감적으로** 그것을 관조하는데, 이를테면 우리는 '대상을 그 자체의 견지에서 받아들이고' '그 개별적 특질들을 맛본다'. 이것은 대상에 공감적이지 않은 어떠한 반응도 금지한다는 것을 함축한다. 이러한 이유에서 그는 '기독교에 반감을' 가진 이슬람교도는 「성가족(the Holy Family)」 그림에 대한 미적 태도를 취하지 못할 수 있다고 말한다. 무관심적일 때 우리는 '대상이 기여할 수 있는 어떤 궁극적 목적에 대한 관심에서도 그 대상을 보지 않는다'.[45] 이와 유사하게, J. O. 엄슨(Urmson)[46]은 미적 만족을 도덕적 만족(그 소설은 올바른 도덕적 가치를 고취시킨다), 경제적 만족(그것은 베스트셀러 목록에 있다), 개인적 만족(그것은 내 형제에 의해 쓰인 것이다), 그리고 지적 만족(나는 43쪽에서 범인이 누군지 알아냈다)과 대조시킨다.

그렇다면 좋은 독자가 되는 데는 무관심적이 되는 것, 즉 내러티브에 대한 어떤 개인적인 지분이나 **이해관계**도 가지지 않는 것이 필요한 것으로 보일 것이다. 그리고 무관심성은 **냉정함**, 즉 '열정 없이 읽기' 혹은 '감정 없이 읽기'를 함축하는 것으로 보일 수도 있을 것이다.[47] 감정 연구자들은 이제 감정이 나의 어떤 이해관계나 목표 혹은 필요가 걸려 있을 때 일어난다는 데 일반적으로 동의한다. 무언가와 관련하여 나의 이해관계가 걸려 있다고

라가며, 흄(Hume)과 칸트(Kant)에게서도 두드러진다. 몇몇 현대 분석철학자들이 '취미'와 '무관심성'이라는 18세기의 아이디어들을 어떻게 다소 왜곡했는지에 대한 아주 흥미로운 글로 Paul Guyer, 'History of Modern Aesthetics', in Jerrold Levinson (ed.), *The Oxford Handbook of Aesthetics* (Oxford: Oxford University Press, 2003) 참조.

44) Jerome Stolnitz, *Aesthetics and Philosophy of Art Criticism; a Critical Introduction* (Boston: Houghton Mifflin, 1960), 이 글은 Philip Alperson, *The Philosophy of the Visual Arts* (New York: Oxford University Press, 1992), 714에 발췌 인용되었다.

45) Alperson, *The Philosophy of the Visual Arts*, 10.

46) J. O. Urmson, 'What Makes a Situation Aesthetic?', Joseph Margolis (ed.), *Philosophy Looks at the Arts: Contemporary Readings in Aesthetics* (New York: Charles Scribner's Sons, 1962).

47) 사실 대부분의 18세기 사상가들은 좋은 예술작품에 대한 무관심적 주목이 쾌의 느낌을 산출할 것이라고 보았다.

감지하지 않는다면 나는 감정적이 되지 않는다. 따라서 내가 읽고 있는 내러티브에 나의 개인적 지분이 걸려 있지 않다면 나는 그 내러티브에 대해 감정적이 되지 않을 것이다. 예를 들어 『안나 카레니나』에 대한 감정 없는 이해는 추정컨대 단어들이 문자 그대로 이해되고 줄거리도 파악되며, 등장인물들이 왜 작품 속에서 그려지는 특정한 방식으로 행동하는지에 대해 우리가 대략적으로 말할 수 있지만, 그 이야기 속에서 일어나는 일들에 대해 우리가 신경 쓰지 않는 그러한 것이 될 것이다.

무언가에 대해 숙고할 때, 냉정한 사람은 공명정대하게 그 문제의 모든 면을 다 보면서 모든 관련된 고려사항들에 정당한 무게를 부여하려고 노력할 것이다. 하지만 1장 끝부분의 그린스펀에 대한 논의에서 살펴보았듯이 감정적 평가는 그 본성상 **편파적**(**partial, 부분적**)인데, 그 단어가 가진 두 가지 의미 모두에서 그렇다. 즉, 그것은 모든 증거를 고려하는 것이 아니라 오직 그중 일부만을 고려하며, 자신들이나 자신들과 동일시하는 이들의 이해관계와 필요 그리고 목적이라는 관점에서 편파적으로 상황을 본다. 문학작품을 읽을 때 공명정대함은 종종 부적절하다. 우리는 자신을 특정 인물들과 동일시하면서 경우에 따라 다른 인물들을 멸시하고 조롱하고 동정하며 재미있어하거나 짜증내도록 부추겨진다. 정말로 실제적(practical) 세계의 통제에서 벗어난 무관심적이고 냉정한 독자에게는 『안나 카레니나』 같은 식견(scope)과 힘을 가진 소설을 완전히 이해할 수 있는 능력이 없을 것이다. 그러한 독자는 그 이야기에 감정적으로 연루되지 않을 것이고, 그래서 안나와 그녀의 운명에 공감적으로 참여하지도 않을 것이다. 가장 민감한 독자는 그 이야기에 자신들의 무언가가 걸려 있다고 느끼는 이들일 가능성이 크다.

물론 최고의 독자는 작품에 개인적 이해관계를 가진 사람이라고 말하는 것은 그 독자가 작품의 **내용**에 이해관계를 가지고 있다는 것을 의미한다. 『맥베스(*Macbeth*)』를 읽고 있을 때 나는 집의 크기를 재거나 내 이득을 계산하고 있는 것이 아니다. 나는 내 딸의 세 번째 마녀로서의 멋진 공연에 사로잡혀 있는 것도 아니다. 나는 그 극의 내용에, 맥베스의 권력 추구의 여정에, 그가 자신의 야망을 성취하는지의 여부에 '이해관계'를 가지고 있으며 가지고 있어야 한다. 이와 유사하게, 헨리 제임스의 소설 『대사들』을 읽는 민감한 독자는 스트레더가 구세계의 세련된 부도덕성에 의해 더럽혀지지 않고 탈출할 수 있을지의 여부에 이해관계를 가진다. 이러한 결과들에는 내 개인적인 지분이 걸려 있는데, 왜냐하면 그것이 나 자신의 이해관계와 필요에 호소하기 때문이다.

이 이슈에는 또 다른 측면이 있다. 오늘날 많은 사람들은 무관심성이 불가능한 이상이라고 생각하며, 우리가 우리 자신의 지식 상태와 태도, 그리고 우리 자신의 편향(biases)을 텍스트에 가져올 수밖에 없다고 본다. 이러한 관점에서 보았을 때, 미적 무관심성의 원칙을 옹호하는 이들은 단순히 지배적인 '관심적' 견해, 즉 우연히 지배적 문화 혹은 문화 속 지배적 집단에 속한 사람들의 관심적 견해가 되어버린 것을 옹호하는 것이다.

나는 많은 경우에 — 그리고 특히 위대한 19세기 사실주의 소설들의 경우에 — 사람들이 자신이 읽는 소설을 적절하게 이해하기 위해서는 그 소설에 그들의 무언가가 걸려 있어야 한다고 주장해왔고, 우리의 감정 반응은 우리에게 소설에 대한 중요한 정보, 즉 소설에 감정적으로 반응하지 않는 이들은 얻을 수 없는 정보를 준다고 주장해왔다. 이런 이유에서 특정 종류의 작품들에 대한 해석이 설득력을 가지기 위해서는 그것이 감정 반응에 기초해야**만 한다**. 그러나 이것은 무관심성과 냉정함이 해석에서 어떠한 역할도 하지 않는다거나 그것들이 도달할 수 없는 이상이라는 것을 의미하지 않는다. 또한 내가 주장했듯이 작품을 해석할 때 우리는 보통 단순히 감정을 드러내는 것이 아니다. 우리는 자신의 감정 반응을 돌아보며 반성하고, 그것을 자료로 사용하여 해석에 도달한다. 냉정함과 무관심은 열정의 **결여**나 관심의 **결여**로서가 아니라, 우리의 열정적이고 이해관계가 걸려 있는 감정 반응에 대한 합리적 반성의 측면에서 이해되어야 한다.

요컨대, 비평에서의 냉정함과 무관심성은 느낌이나 개인적 이해관계의 결여가 아니라 오히려 작품에 의해 유발되는 많은 상이한 감정 반응들과 거기에 걸려 있다고 느끼는 다양한 개인적 이해관계들에 대한 공정하고 균형 잡힌 (인지적) 평가를 의미해야 한다. 이런 점에서 톨스토이의 소설은 멋진 모델이다. 왜냐하면 『안나 카레니나』의 위대함은 부분적으로 **모든** 주요 인물들이 개별적 인물로 등장하고 있다는 점에 있기 때문이다. 그들은 모두 동일한 이해와 애정으로 다루어진다. [반면, 플로베르(Flaubert)는 그의 모든 등장인물들을, 심지어 실제 삶에서 상당히 용인될 수 있을 법한 인물들조차 싫어하는 것처럼 보인다!] 만약 톨스토이가 냉정한 것으로 보인다면, 이것은 그가 우리에게 모든 등장인물들을 — 심지어 가장 싫어할만한 인물조차 — 동정적 관점에서 보여주기 때문이다. 우리는 모든 인물을 공감적인 방식으로, 감정적으로 경험한다. 이것이 저자 입장에서의 '무관심성'이다. 내가 제안하고 있는 것은 이것이 독자가 본받아야 하는 종류의 무관심성이라는 것이다. 무관심성은 열정의 결여나 어떤 이해관계 혹은 지분의 결여를 의미하지 않는다. 그것은 작품에 대한 우리의 다양한 감정 반응에 대한 냉정한 평가를 의미한다.

무관심성이 불가능한 이상이라고 생각하는 사람들은 문학작품의 해석이 항상 그 작품에 자신의 특정 이해관계가 걸려 있을 수 있는 특정 계급, 특정 젠더 그리고 특정 인종 집단의 특정한 사람에 의해 이루어진다는 사실에 집중한다. 그러나 나는 무관심성이 불가능한 이상이라는 데 동의하지 않는다. 올바르게 이해되었을 때 무관심성은 하나의 이상으로서 유용하다. 설령 그것이 성취하기 어려운 이상이라고 하더라도 말이다. 무관심성과 냉정함은 작품에 대한 어떠한 이해관계나 지분도 가지고 있지 않은 것으로, 혹은 작품에 대한 우리의 반응에 열정이나 감정이 없는 것으로 이해되어서는 안 된다. 비판적 개괄(overview)이나 해석은 우리의 감정 반응을 이해하려는 시도이다. 그렇다면 해석은 전체 작품에 대한 인지적 개괄 — 가능한 한 작품에 대한 우리의 감정 경험 모두를 고려하고, 그것들 사이를 중재하려 시도하는 것 — 뿐만 아니라 초기의 본능적인 정감적 반응에 대한 지속적인 **인지적 모니터링** — 그 반응들의 적합성과 지속성에 대한 평가 — 을 포함한다는 의미에서만 '냉정하다'.[48] 열정의 결여라는 의미에서의 냉정함은 간단히 말해 부적절하다. 예술작품과의 열정 없는 만남은 그 만남을 진행하는 적절한 미적 방식과는 거리가 멀고, 사실상 우리가 작품을 조금이라도 이해하는 것을 막는다.

우리의 반응을 인지적으로 모니터하면서 우리는 우리가 어떤 방식들로 감정에 의해 오도되었음을 발견하거나 저자가 동일한 사건이나 인물에 대해 양립 불가능한 감정 반응을 유도했다는 것을 발견할 수도 있다. 인지적 모니터링은 우리가 소설의 앞부분을 따라가

48) 먼로 비어즐리(Monroe Beardsley)는 *Aesthetics: Problems in the Philosophy of Criticism* (New York: Harcourt Brace, 1958), 144에서 해석의 정확성을 위한 두 가지 기준을 제시했는데, 하나는 일치의 원칙(텍스트 부분들에 대한 해석을 일관적으로 만드는 것)이고, 다른 하나는 풍부의 원칙(해석이 가능한 한 텍스트의 많은 부분과 맞아떨어지게 하는 것)이다. 그의 조언은 여전히 건재하다. 나는 그의 견해를 나의 감정적 독자-반응이라는 관점에 맞게 조정하여 '냉정한' 해석은 우리의 감정 반응들이 텍스트에 대한 어떤 전반적인 독해와 일관적일 때, 그중 가능한 한 많은 감정 반응들을 고려해야 한다고 제안한다. 나는 6장에서 비어즐리의 원칙들에 대해 다시 논의할 것이다.

면서 우리의 감정 반응에 근거하여 도달했던 결론이 소설의 뒷부분에 대한 이후 반응에 비추어 수정되어야 한다는 것을 깨닫게 할 수도 있다. 그러나 어떻게 되든지 간에 우리가 궁극적으로 도달하는 해석은 부분적으로 우리의 감정 반응을 시작하는 초기의 비인지적 평가들과 함수관계에 있을 것이다.

05
수수께끼와 역설들

문제들

4장에서 나는 우리의 감정 반응이 어떻게 그리고 왜 소설(혹은 다른 내러티브)을 이해하는 하나의 방식이며, 그것이 어떻게 해석의 기반으로 기능할 수 있는지 — 그리고 기능해야 하는지 — 설명했다. 사실주의 소설을 읽으면서 자신의 감정이 유발되는 것은 종종 바람직할 뿐만 아니라 그 소설의 적절한 이해를 위해 필요하다. 그러나 이러한 견해를 펼치면서 나는 그 견해에 있을 수 있는 수많은 문제를 지나쳐왔다. 이 장에서 나는 그러한 문제들 중 일부를 다룰 것이다. 철학적 논증의 구체적 내용에 관심이 없는 독자들, 이미 내가 말하는 것에 설득된 독자들은 원한다면 이 장을 건너뛰어도 좋다.

첫 번째 반론: 많은 소설들은 감정적으로 연루될 것을 요구하지 않는다.

나는 많은 소설들이 소설 속 인물들에 대한 강렬한 감정적 투자를 요구하지 않는다는 것을 기쁘게 인정한다. 나는 어떤 '상투적인' 탐정소설이나 할리퀸 로맨스를 읽으면서 그 인물들과 관련하여 감정적으로 흥분하지 않을 수 있다. 그 이유는 단순히 내가 그 소설을 특정 장르의 특징적인 구성원으로 이해하기 때문이다. 내가 그 탐정이나 지방유지 혹은 집사의 느낌을 함께할 필요는 없다. 그들은 상투적인 방식으로 행동하는 상투적인 인물들일 뿐이다. 그러나 다른 한편으로는 상투적인 장르들조차 어떤 감정을 유발한다. 비록 그것이 상투적 감정이더라도 말이다. 우리로 하여금 앞으로 일어날 일에 대해 호기심이나 긴장감을 가지지 않게 한다면 그것은 성공하지 못한 탐정소설일 것이고, 여주인공이 신비로우면서도 어둡고 잘생긴 영웅에 의해 구출될 때 우리에게 만족감을 가지게 하지 못한다면 그것은 할리퀸 로맨스의 실패일 것이다.

더 흥미로운 것은 독자가 플롯의 전개에조차 감정적으로 연루되지 못하도록 고의적으로 막으려 하는 소설들이다. 이탈로 칼비노(Italo Calvino)는 이런 종류 소설의 대가로서, 그는 마치 독자가 부정을 저지르는 인물인 것처럼 독자를 몰아가다가 독자를 바로 그러한 인물로 만들어버린다. 독자가 자기 자신을 잊고 (다른!) 인물들의 고난과 역경에 감정적으로 참여하는 것은 결코 허용되지 않는다. 또 다른 사기꾼 저자는 로버트 쿠버(Robert Coover)로, 그는 자신의 내러티브를 칼비노처럼 분절화하고, 외부에서 봤을 때 본질적으로 '등장인물들'인 희극적 구상물들을 만들어내기도 한다. 이러한 소설들은 내가 논의해온 종류의 작품들에 대한 반응으로 쓰인 것들이다. 이것들은 소설의 형식적 국면을 특히 중시하고, 이야기의 내용은 경시한다. (나는 7장에서 형식에 대해 훨씬 더 많이 이야기할 것이다.)

이언 매큐언(Ian McEwan)은 자신의 베스트셀러 『속죄(*Atonement*)』에서 다른 종류의 속임수를 사용한다. 이 소설은 독자로 하여금 이야기와 인물들에 감정적으로 연루되도록 하다가 결국 끝에 가서는 이야기 속 결말이 거짓말임을 밝힌다. (매큐언이 쓴 허구 속에서) 이야기는 인물들 중 한 명에 의해 쓰여졌는데 그녀가 결말을 조작했기 때문에, '실제로 일어난' 것으로 되어 있던 일이 사실은 일어나지 않았다는 것이 밝혀진다. 자신이 어린아이였을 때 저지른 범죄를 속죄하려 하면서 이 인물/작가는 허구 속에서 '상황을 바로잡는다'. 비록 '실제 삶에서는' 상황이 끔찍하게도 잘못되었지만 말이다. 매큐언은 독자를 조종할 수 있는 저자의 힘에 대해 허구적 저자가 다음과 같이 숙고하는 것으로 소설을 끝맺는다. '결과를 결정할 수 있는 절대적 힘 때문에 자신 역시 신일 때 소설가는 어떻게 속죄를 이룰 수 있는가?' 이 소설이 우리를 깊이 흔들어놓는 이유는 매큐언이 명백히 사실주의적인 소설을 쓰는 데 뛰어나며, 독자들의 감정을 유발하는 데 뛰어나기 때문이다. 허구 작품에 그 모든 감정적 에너지를 '낭비했다'는 것을 알게 될 때 우리는 심란해진다. 당연히 우리는 그것이 허구임을 알고 있었지만 말이다. 단지 우리는 그것이 허구라는 것을 허구적으로 알지 못했다!

이 모든 사례들은 사실주의 소설의 관습과 전통을 고의적으로 가지고 놀며, 내러티브 허구작품에 감정적으로 연루되려고 하는 우리의 성향을 고의적으로 전복한다. 나는 그러한 소설들이 존재하며, 사실상 그러한 소설들이 오늘날 쓰인 가장 흥미로운 소설들의 일부라는 것을 기꺼이 인정한다. 내가 제안하고 있는 것은 톨스토이나 헨리 제임스 혹은 그 밖에 다른 전통적인 사실주의 소설들을 감정 없이 읽는 것이 (의심의 여지없이 소설의 중요한 국면들을 드러내긴 하지만) 매우 부적절하다는 것, 그리고 인물들과 이야기에 감정적으로 연루되는 것이 **이러한 종류의** 소설들을 적절하게 이해하기 위해 필수적이라는 것이다.

두 번째 반론: 우리는 사실 소설에 신체적 방식으로 반응하는가?

연극을 보면서 극장에 앉아 있을 때 혹은 소설책을 들고 거실에 웅크려 앉아 있을 때, 우리가 정말 땀 흘리고 욕하고 울고 신음하는가? 다시 말해, 감정 반응이 **생리적** 반응이라는 내 주장에 비추어볼 때 우리는 예술작품들에 대해 결코 진정한 감정 반응을 하지 않는다는, 혹은 거의 하지 않는다는 반론이 있을 수 있다. 이러한 비판에 대한 한 가지 대응방식은 서스펜스 영화, 러브 신, 코믹 루틴(comic routine) 또는 무서운 영화가 상영되고 있는 가장 가까운 영화관의 관객을 가리키는 것이다. 모든 종류의 나지막한 신음소리와 욕설, 흐느낌, 낄낄거림, 그리고 급히 숨을 들이쉬는 소리가 들릴 것이다. 그리고 만약 불을 켜서 맥박과 전기 피부 반응을 검사해본다면, 우리는 심하게 두근거리는 심장, 땀을 흘리는 손바닥 같은 것들을 많이 발견하게 될 것이다. 몇몇 관객은 감정적으로 연루되었음을 드러내는 훨씬 분명한 징후들을 보여준다. 이를테면 베아트리체가 베네딕트를 이겼을 때 '힘내라!'라고 소리치거나, 영화 「로미오와 줄리엣(*Romeo and Juliet*)」의 결말에서 레오나르도 디카프리오가 독을 마셨을 때 즉각적으로, '안 돼! 그가 **죽는** 거야?'라고 소리치는 것이다.

더 다행스러운 것은 현재 우리에게는 사람들이 텍스트를 읽을 때 감정에 특징적인 생리적 변화를 실제로 경험한다는 것을 보여주는 경험적 연구 자료가 있다는 것이다. 예를 들어, 브라나(Vrana)와 그의 동료들은 '두려운 상황을 묘사하는 문장들을 회상하는 것이 정서적으로 덜 자극적인 텍스트를 회상할 때보다 심박수를 더 크게 증가시킨다'는 것을 보여주었다.[1] 폴 해리스(Paul Harris)는 피터 랭(Peter Lang)과 그의 그룹에서 진행한 수많은 연구들을 검토했는데, 그 연구들 또한 무시무시한 상황을 마주한 순간을 묘사하는 텍스트를 읽을 때 독자에게 '두려움에 대한 생리적(visceral) 부산물들이(이를테면 심박수 증가와 피부전도도가) 촉발된다'는 것을 보여준다.[2] 흥미롭게도, 뱀에 관한 어떤 구절에 대한 두려운 반응은 뱀에 대해 공포증적 두려움을 가지고 있는 사람들에게 보다 강력한 반응을 불러일으킨다.

어쩌면 사람들은 자신이 현실에서 두려워하는 생물들과 관련하여 그들에 대한 생각에도 두려워하는 반응을 보인다는 것은 말이 된다. 그런데 사람들은 안나 카레니나와 관련하여 왜 흥분하는가? 어쨌든 우리 중 그 누구도 19세기 러시아 귀족 여성과 친분을 맺고 있지 않다. 왜 우리는 그녀가 처한 곤경에 생리적으로 반응하는가? 이 문제를 조명해주는 몇 가지 경험적 증거들이 있다. 가령 호세(Jose)와 브루어(Brewer)의 실험에서 어린아이들은 이야기를 읽은 후에 '자신들이 얼마나 주인공과 유사하고, 그 주인공을 얼마나 좋아하는지, 그리고 주인공이 곤경에 처했을 때 얼마나 그들을 걱정했는지'에 대해 등급을 매기도록 요청되었다.[3] 이 실험은 아이들이 이야기 속 선한 인물들을 가장 염려하고, 그러한 인물들을 가장 좋아하며, 자신들이 그러한 인물들과 가장 유사하다고 판단한다는 것을 보여주었다. 호세와 브루어의 주장에 따르면, 아이들로 하여금 그 인물들에 대해 걱정하게 하는 것은 바로 그 인물들에 대한 **동일시**이다. 그러나 설령 우리가 이러한 가정을 하지 않더라도 그 실

---

1) S. R. Vrana, B. N. Cuthbert, and P. J. Lang, 'Processing Fearful and Neutral Sentences: Memory and Heart Rate Change', *Cognition and Emotion* 3 (1989).

2) Paul L. Harris, *The Work of the Imagination* (Oxford: Blackwell, 2000), 70. 랭(Lang)은 앞서 언급한 1989년 연구에서 브라나(Vrana)의 협력자 중 한 명이다.

3) Richard J. Gerrig, *Experiencing Narrative Worlds: On the Psychological Activities of Reading* (New Haven: Yale University Press, 1993), 81. 여기에서는 P. E. Jose and W. F. Brewer, 'Development of Story-Liking: Character Identification, Suspense, and Outcome Resolution', *Developmental Psychology* 20 (1984)을 인용하고 있다.

험은 인물들에게 감정적으로 연루되는 것과 그 인물들을 어떤 측면에서 '나 같이' 혹은 내가 앞에서 말한 식으로 '나 혹은 나에게 속한 것' 같이 생각하는 것이 연결되어 있음을 시사한다. 따라서 우리가 어떤 측면에서 나(혹은 사랑하는 나의 노모) 같은 누군가로서의 안나에게 반응한다면, 우리가 안나에 대해 감정적으로 반응하리라는 것은 말이 된다.

영화는 소설보다 더 강력한 생리적 반응을 일으킬 수도 있다. 이러한 경험적 문제에 대해 무엇이 참인지 알게 되는 것은 흥미로울 것이다. 브라나의 심박동수 결과는 두려움을 유도하는 문장을 조용히 읽어본 피험자들과 적절한 심적 그림을 형성해보도록 요청된 피험자들 모두의 심박동수가 증가했지만, 심적 그림을 형성해본 피실험자들에게 심장 반응이 더 뚜렷하게 나타났다는 점에서 우리에게 시사하는 바가 있다.

다른 한편, 나는 우리가 영화를 보거나 소설을 읽을 때 언제나 혈기왕성한 감정 반응, 즉 생리적 반응이 있다고 단언하고 싶지는 않다. 아마도 우리는 어떠한 생리적 변화 **없이도** 특정 감정 상태에 적절한 관점을 형성할 수 있을 것이다. 그것이 가능한지의 여부는 경험적 문제이다. 그러나 이 가능성을 설명하는 최소한 두 가지 방식이 있다. 내가 소설이나 영화에서 일어나고 있는 일들에 충분히 신경 쓰지 않기 때문에 나의 관점이 신체적 변화에 영향을 미치지 않는다거나 내가 억눌린 신체적 변화를 드러낸다고 설명하는 것이 그것이다.

먼저, 우리가 3장에서 살펴보았듯이 일반적 언어나 통속 심리학의 용어를 사용하여 말하자면 무언가에 대해 **감정적**이 되지 않고서도 그것에 대해 **화나는** 것이 가능하다. 이와 유사하게, 어쩌면 소설이나 영화는 우리로 하여금 묘사된 사건이나 인물들에 대해 실제로 감정적이 되지 않으면서도 그것들에 대한 적절한 생각을 형성하도록 하는 데 성공할 수 있다. 이것이 가능한 이유로는 저자 편의 부적합성에서 청자 편의 주의산만이나 피로에 이르기까지 많은 것들이 있다. 그 이유가 무엇이든 이러한 경우 나는 아마도 등장인물들에 대해 충분히 신경 쓰고 있지 않거나, (혹은 거의 동일한 것이지만) 나 자신의 이해관계와 바람이 감정 반응[생리적 반응]을 일으킬 만큼 충분히 거기에 걸려 있다고 느끼지 않는 것이다. 나는 안나 카레니나에 대해 그녀가 나에게 속한 사람들 중 하나인 것으로 반응하고 있지 않다. 나는 그녀에 대해 동정적인 생각을 가지지만, 슬픔의 생리적 부산물은 그에 따라오지 않는다. 혹은 나는 심박수나 피부전도도의 증가 없이 로미오를 위해(혹은 레오나르도를 위해) 두려워한다. 그러나 나는 누군가 혹은 무언가에게 동정적인 관점 혹은 두려운 관점을 가지는 것이 전형적으로 생리적 반응을 **정말로** 이끌어낸다는 것, 그리고 그것은 우리가 그러한 방식으로 이루어져 있기 때문이라는 것을 강조하고자 한다. 그리고 어떠한 생리적 동요 없이도 슬프거나 두려운 생각을 하는 것이 경험적으로 가능한지의 여부는 아직 드러나지 않은 채로 남아 있다.

둘째로, 폴 에크먼(Paul Ekman)이 보여주었듯이 감정 표현은 종종 우리가 속한 문화의 전시 규칙에 따라 억제된다. 허구 작품에 대한 반응의 경우 **나는 이것을 좋아하지 않아**라는 비인지적 평가는 감정 반응을 만들어내지만 이것은 뒤따르는 인지적 평가, 즉 **그것은 이야기일 뿐이야**라는 평가에 의해 재빨리 **억제된다**. 비록 어떤 사람들은 우리가 거실에 혼자 있을 때 볼을 타고 흘러내리는 눈물과 함께 소설을 읽거나 어떤 이야기 때문에 웃겨서 쓰러진다는 것을 인정하겠지만, 많은 사람들은 의심의 여지없이 '그럴듯한 이유' 없이 혼자 앉아 눈물 흘리는 것을 그저 어리석다고 느낀다. 마찬가지로, 나는 최소한 우리 문화에서는 남성들보다 여성들에게 이러한 측면에서 더 적은 제한이 있지 않나 생각한다. 흥미롭게도 음악 청취에 대한 실험에서 캐럴 크럼한슬(Carol Krumhansl)은 음악에 대한 감정 반응이 그로스(Gross)와 레빈슨(Levensen)이 수행한 연구에서의 억제된 감정 조건에 더 가깝다는 것을 보여주었다.[4]

세 번째 반론: 내가 작가의 조종을 간과하고 있다.

소설 속 인물들에게 감정적으로 연루되는 것에 관한 나의 그림에 주어질 수 있는 또 다른 반론은 나의 반응이 사실상 나 자신의 이해관계, 목표, 필요, 바람, 좋아하는 것과 싫어하는 것을 반영하지 않을 수 있다는 것이다. 이 반론에 따르면 저자는 나를 조종하여 나로 하여금 나의 통상적 이해관계와 목표 및 바람을 포기하고, 그 소설의 목적만을 위해 몇

---

4) 12장 참조.

몇 새로운 이해관계와 목표 및 바람의 집합을 선택하게 한다.[5] 하나의 충격적인 예는 영화 「펄프 픽션(Pulp Fiction)」에서 발견되는데, 영화 속 한 장면에서 우리는 존 트라볼타(John Travolta)가 연기하는 등장인물이 누군가의 얼굴을 총으로 쏘는 광경에 즐거움을 느끼도록 부추겨진다. 만약 우리가 이 장면을 보고 웃는다면, 이후에 우리가 자신의 감정 반응에 대해 반성하면서 소름 끼쳐할 수 있고, 어쩌면 우리를 이런 방식으로 조종한 것에 대해 타란티노(Tarantino)에게 화가 날 수도 있다. 우리는 우리가 반성해볼 때 비도덕적으로 간주되는 방식으로 행동하도록 부추겨졌다는 것에 대해 분개한다. 역으로, 수전 피건(Susan Feagin)은 자신의 가족들, 가난한 사람들, 집 없는 사람들은 간과하면서 허구적 인물들 때문에 우는 '이기적 감성주의자들'이 있음을 지적한다.[6] 그런 사람들은 저자에 의해 그들이 실제로 그러한 것보다 (비록 잠시 동안이지만) 더 나은 사람이 되도록 조종되는 반면, 「펄프 픽션」의 예에서 우리는 더 못한 사람이 되도록 부추겨진다.

이러한 현상은 우리가 정말로 관심을 가질 만한 것이며, 또한 이것은 우리의 감정 반응을 이끄는 데서 저자가 담당하는 역할에 대한 총체적 질문을 제기한다. 그러나 지금은 간단히 소설을 읽거나 영화나 연극을 보는 동안의 나의 이해관계와 필요 및 목표는 내가 읽거나 보고 있지 않을 때의 이해관계와 필요 및 목표와 실제로 다를 수도 있다는 것에 주목하자. 이것은 나의 기본적인 논점에 영향을 주지 않는다. 우리는 우리가 지각하고 생각하는 것에 감정적으로 반응하며, 특히 그것이 생생한 이미지로 제시될 때 그렇다. 우리는 끔찍한 것, 멋진 것 등으로 제시되는 상황을 정감적으로 평가하는데, 왜냐하면 그 상황은 **그 당시** 우리의 목표와 필요 및 이해관계를 방해하는 것으로 혹은 용이하게 하는 것으로 제시되기 때문이다. 감정 반응이 자동적이고 본능적이라는 것을 기억하는 것은 중요하다. 우리는 멈춰 서서 모든 것을 고려해보았을 때 우리가 그 여주인공이 고통을 겪고 있다고 간주하는지 아닌지, 혹은 존 트라볼타의 행동이 재미있는 것인지 아닌지 생각해보지 않는다. (물론 나중에 우리가 바로 그것을 할 수도 있지만 말이다.)

5) 나는 이 점에 대해 계속 생각하도록 해준 수전 피건(Susan Feagin)에게 감사한다.

6) Susan L. Feagin, *Reading with Feeling: The Aesthetics of Appreciation* (Ithaca, NY: Cornell University Press, 1996). Roger Scruton, *Art and Imagination* (London: Methuen, 1974), 131도 참조.

네 번째 반론: 부적절한 감정 반응은 어떤가?

해석에 관한 독자-반응 이론의 자연스러운 결론은 서로 다른 독자들이 해당 작품에 대한 상이한 감정적 경험에 기초하여 상이한 해석들을 산출하리라는 것이다. 내 생각에 이는 환영할 만한 결론이다. (6장의 끝부분에서 살펴보게 되겠지만, 설령 우리가 텍스트에 대한 '정확한' 해석을 제공하는 '함축된 저자'라는 아이디어를 받아들인다 하더라도 이것은 참이다.) 대부분의 사람들은 위대한 예술작품이 광범위한 '타당한' 해석들을 허용한다는 것에 동의한다. 나의 견해는 이것이 어떻게 가능한지를 설명한다. 해석은 우리의 비인지적인 정감적 평가의 결과이기 때문에, 그리고 이러한 비인지적 평가들은 상이한 목표와 필요 및 이해관계를 가진 상이한 사람들에 따라 서로 다를 가능성이 크기 때문에 플롯과 등장인물 및 주제에 대한 뒤따르는 인지적 개관(overview)에 대해서도 의견이 일치하지 않을 가능성이 크다.

그러나 분명하게 부적절해 보이는 반응들, 이를테면 스트레더에 대한 누그러지지 않을 증오나 맥베스를 향한 명랑한 즐거움 혹은 안나 카레니나에 대한 혐오나 역겨움은 어떤가? 우리는 어떤 사람이 그런 반응을 가질 수도 있는 상황을 상상해볼 수 있다. 예를 들어 어머니의 삶에서 가장 중요한 일이 자신의 아들을 보호하는 것이라고 생각하는, 그리고 상황이 어떠하든 불륜에 소름끼쳐하는 여성은 안나를 향한 혐오나 역겨움을 경험할 수도 있다. 그러한 독자가 이와 같은 느낌들로 하여금 소설에 대한 자신의 전체적 해석을 채색하도록 하려면 그녀는 안나의 고통을 경험하기를 거부해야 할 것이다. 그녀는 톨스토이가 쓴 많은 부분을 무시하거나 거부해야 할 것이다. 누군가가 그와 같은 해석에서 벗어나야 한다고 주장할 수 있는가? 그것은 상황에 따라 다르다. 그 사람은 그 소설을 다른 어떤 방식으로도 경험하려 하지 않을 수 있고, 혹은 그러한 경험에 관심이 없을 수도 있다. 그녀는 자신이 놓치고 있는 그 소설의 국면들에 마음을 열기를 거부할 수도 있다. 그러나 나는 이 독자가 소설의 많은 부분을 간과**하고 있다는 것**을 보여줄 **수 있다**.

해석은 작품의 가능한 한 많은 부분을 일관적인 방식으로 말이 되게 하는 개관이라고 주장된다.[7] 이는 우리가 일련의 감정 경험에 기초하여 작품을 해석할 때에도 여전히 참이

7) 비어즐리의 일치의 원칙과 풍부의 원칙을 떠올려보라. 4장의 각주 48 참조.

다. 다시 말하지만, 만약 안나가 러시아인이라는 이유로, 혹은 귀족이라는 이유로 (혹은 양자 모두 때문에) 내가 처음부터 그녀를 싫어한다면 나는 그녀에게 공감적으로 반응할 수 없을 것이고, 이 경우에 나는 그 이야기의 많은 의미를 놓칠 것이다. 또한 내가 다른 나라나 다른 문화 안에서 산다는 것이 어떤 것인지 전혀 모른다면, 나는 안나의 이야기에 그저 어리둥절해하거나 나의 몰이해 때문에 지루함을 느낄 수 있다. 즉, 나의 감정이 조금이라도 연루될 만큼 나와 작품 사이에 충분한 공통점이 없는 것이다. 만약 이러한 읽기가 말할 가치도 없을 만큼 이상하게 들린다면, 우리는 대부분의 사람들이 개인적인 방식으로 소설에 반응한다는 것을 기억해야 한다. 사람들이 개인적인 방식으로 반응한다는 것, 즉 자신들이 읽은 것과 그들 자신의 경험을 연결하고, 그것이 자신들의 필요와 이해관계에 충분히 호소하기 때문에 감정적으로 반응할 수 있게 된다는 것이 반드시 나쁜 것은 아니다. 그러나 만약 우리의 자각의 결여나 우리 자신의 특이한 개인적 이해관계가 우리로 하여금 우리와 중대한 면에서 다른 사람들과 공감적으로 엮임으로써 우리의 감정적 지평이 확장되는 것을 막거나 방해한다면 그것은 나쁠 것이다. 만약 독자가 이 사람들을 '자기 자신'의 일부로 보지 못한다면, 그들은 소설의 의의를 전부 놓칠 수도 있다.

소설의 많은 부분들을 간과하고 있거나, 페이지 위의 단어들에 대한 기본적 이해를 보여주지 않는 해석들을 모두 근절하는 것은 어렵지 않다. 그러나 모든 해석은 필연적으로 작품의 **몇몇** 측면을 간과하는 것으로 나타날 수 있다. 서로 다른 해석들은 필연적으로 어떤 국면들을 강조하고 그 외의 국면들을 경시한다.[8] 이 때문에 전체로서의 작품을 설명한다는 의미에서 (약간의 차이는 있더라도) 모두 타당하지만 언제나 서로 다른 해석들이 있을 것이다. 소설에 대한 학구적 독해는 종종 순진하거나 독단적인 감정주의가 아닌 다른 종류의 문제, 즉 충분하게 감정적으로 연루되지 않는다는 문제로 어려움을 겪는다. 인지적 정교함은 종종 감정적 통찰보다 더 높이 평가된다. 그러나 위대한 예술작품과의 의미 있는 만남은 종종 매우 감정적인 경험들로 이루어진다. 내가 여기서 대략적으로 제시한 견해를 따른다면, 동일한 예술작품에 대한 많은 해석들은 가능할 뿐만 아니라 장려되고 축하된다. 왜냐하면 그것들은 해당 작품에 진짜 감정적으로 연루된 경험에 대한 반성을 표상하기 때문이다.

8) 나는 6장에서 저자가 의도한 역할을 포함하여 해석에 가해지는 제한에 대해 좀 더 자세히 다룰 것이다.

다섯 번째 반론: 허구의 역설

나는 이제 소설, 연극 그리고 영화 속 인물이나 사건들에 대해 우리가 감정적으로 반응한다는 아이디어에 대한 가장 인기 있는 비판인 소위 '허구의 역설'이라 불리는 것에 대해 논의할 것이다. 우리는 안나와 스트레더, 그리고 맥베스 중 어느 누구도 실제로 존재하지 않는다는 것을 완벽하게 잘 알고 있으면서도 어떻게 안나에 대해 동정심을, 스트레더 때문에 즐거움을, 맥베스에 대해 혐오감을 느낄 수 있는가? 이 주제에 대해 글을 쓴 이들 중 감정 이론을 제대로 가지고 있는 사람은 거의 없다. 그러나 우리가 이 문제에 어떻게 답하는가 하는 것은 우리가 감정적 경험이 무엇이라고 생각하는지에 달려 있다.[9] 문제는 사람들이 감정에 대한 판단 이론이 참이라고 생각하는 데서 발생한다. 만약 안나에 대한 동정심이 그녀가 어떤 끔찍한 괴로움을 겪고 있다는 믿음을 필연적으로 포함한다면, 그리고 그와 동시에 그녀가 존재하지 않는다는 것을 내가 완벽하게 잘 알고 있다면 거기에는 분명히 문제가 있다. 자신의 삶을 너무나 견딜 수 없는 것으로 느끼고, 그래서 기차에 자신을 던진 한 여인에 대해 그러한 여인도, 견딜 수 없는 상황도, 그리고 기차도 없다는 것을 알면서 나는 어떻게 그 여인에 대해 동정심을 느낄 수 있는가?

일반적으로 이 질문에 대한 답은 상상적 혹은 허구적 인물 및 사건들에 우리가 감정적으로 관여하고 있음을 아는 것이 우리의 비인지적인 정감적 평가를 바꾸지 않는다는 것이다. 무언가에 대한 감정 반응은 그 무언가가 존재한다는 믿음을 필요로 하지 않는다. 만약 이것이 옳다면 허구의 역설은 실제로 조금도 역설이 아니다. 설명을 해보자.

우리는 모든 종류의 것 — 실제와 허구, 지각된 것들과 단지 생각된 것들, 가능한 것과 불가능한 것 — 에 감정적으로 반응한다. 나는 내 남편이 실험실에서 열심히 연구하고 있다고 생각하며(실제로 그는 그렇게 하고 있다) 사랑과 상냥함을 담아 스스로에게 미소 지을 수 있지만, 나는 그가 비행기 사고를 당해 죽어가고 있는 것을 상상하며(그는 그런 적이 없다) 나 자신을 울게 할 수도 있다. 내가 실제 존재하는 어려움에 처한 나의 이웃들에 대해 동정심을 느

---

9) 노엘 캐롤(Noël Carroll)은 예외이다. 그는 윌리엄 라이온스(William Lyons)를 따른다. Noël Carroll, 'Art, Narrative, and Emotion', Mette Hjort and Sue Laver (eds.), *Emotion and the Arts* (New York: Oxford University Press, 1997) 참조.

낄 수 있는 것처럼 나는 존재하지는 않지만 그녀의 이야기가 허구가 아닌 것으로 판명되는 것을 상상해볼 수 있는 안나 카레니나에 대해서도 동정심을 느낄 수 있다. 어쨌든 톨스토이는 신문에서 읽은, 실제로 기차에 자신을 던진 한 젊은 여인에 대한 기사에 기초하여 그 소설을 썼으니 말이다. 그러나 나는 또한 존재할 가능성이 없다는 것을 내가 알고 있는 누군가에 대해서도 동정심을 느낄 수 있다. 이를테면 내가 사악한 족제비들에게 붙잡혀 그들을 위해 집을 지키도록 강요받는 작은 회색 토끼(Little Grey Rabbit)에게 동정심을 느낄 때처럼 말이다. 나에게는 파란색 앞치마를 두르고 다람쥐, 산토끼와 함께 단정한 작은 집을 지켜나가는 토끼가 존재할 수 있다는 가능성을 인정할 생각이 없지만, 나는 그 토끼에게 동정심을 느낀다.[10] 나는 우리가 **어떤 것이건** — 그것이 여기 있건 없건, 존재하건 존재하지 않건, 구체적이건 추상적이건 — 그것을 감정적으로 볼 수 있으리라 생각한다. 어떤 사람들은 심지어 숫자마저 감정적으로 볼 수 있는 것처럼 보이니 말이다. 수학자 윔 클라인(Wim Klein)은 이를 다음과 같이 잘 표현했다. "숫자들은 나에게 거의 친구와 같다. 3,884. 그것이 당신에게 같은 것을 의미하지는 않는다. 당신에게 그것은 3과 8과 8과 4이다. 그러나 나는 '안녕! 62제곱!'이라고 말한다.[11]

우리는 우리 앞에 일어나고 있는 일들뿐만 아니라 우리가 주의를 기울이는 것들에도 — 그것이 외부 환경에 있는 것이건 우리 마음의 내적 환경에 있는 것이건 — 감정적으로 반응한다. 감정 반응이 일어나기 위해 최소한으로 요구되는 것은 비인지적인 정감적 평가, 그것을 따라오는 특정 종류의 생리적 변화, 또 그것을 뒤따르는 상황에 대한 인지적 평가가 전부이다. (이러한 과정의 각 국면은 서로에게 피드백을 제공한다.) 이러한 감정 과정은 우리의 필요, 목표, 이해관계 등이나 우리 가족이나 집단의 필요, 목표, 이해관계 등이 걸려 있다는 것을 감지할 때 시작된다. 안나 카레니나에게 감정적으로 연루될 때 나는 그녀에게 집중하고, 그녀에 대해 내가 읽은 것을 정감적으로(비인지적으로) 평가하며, 이러한 평가는 생리적 징후와 행동 경향을 낳고(이것이 다시 나의 주의집중을 강화한다) 그 뒤를 인지적 평가와 재평가가 따라온다. 동정심에 대한 블럼(Blum)의 분석에 따르면, 내가 안나에게 동정심을 갖고 감정적으로 반응

10) 나는 앨리슨 어틀리(Alison Uttley)의 어린이 책 시리즈를 언급하고 있다.

11) Oliver Sacks, *The Man Who Mistook his Wife for a Hat* (New York: Harper & Row, 1987), 208-9.

할 때 나는 그녀의 운명에 대해 깊이 생각하고 그녀의 안녕에 대해 적극적인 관심을 가진다. 나는 그녀를 동료 인간으로 보고 '어느 정도의 강렬함을 가진 감정 반응으로' 그녀에게 반응한다. 이것들 중 어떤 것도 안나가 존재함을 내가 믿는다는 것을 함축하지 않는다. 나는 상상적으로 그녀의 운명에 대해 깊이 생각하고, 그녀가 존재하지 않는다는 것을 분명하게 확신하고 있을 때조차 그녀를 위한 희망과 바람을 가진다.

몇몇 철학자들은 내가 안나 카레니나에게 감정적으로 반응하고 있다고 말하는 것이 터무니없다고 본다. 왜냐하면 그녀는 존재하지 않고, 나는 그녀가 존재하지 않는다는 것을 알고 있기 때문이다. 따라서 아마도 나는 실제 삶에서 안나 카레니나에 상응하는 사람에게 반응하고 있는 것일 것이다. 나는 실제로 존재한다는 것만 제외하고는 모든 구체적인 면에서 안나와 같은 **이** 사람에게 반응하고 있는 것이다. 그러나 그에 대해 다른 철학자들은 우리가 연민을 느끼는 것은 안나에 상응하는 누군가가 아니라 **안나 그녀**라는 논증으로 맞선다. 또 어떤 사람들은 우리의 연민이 피와 살을 가진 여자가 아닌, 안나에 대한 **생각**을 향한 것이라고 말한다. 그러나 이러한 논증에 대한 대응은 우리가 **생각**(생각이 무엇을 의미하든)을 향해 동정심을 가지는 것이 아니라 어떤 **여인**을 향해 동정심을 가진다는 것이다. 지난 30년 동안 이러한 담론이 계속되었다.

이 모든 논의들이 간과하고 있는 것은 철학자들은 이런 종류의 구분을 해냄으로써 생계를 유지하지만 우리의 심리는 그렇지 않다는 것이다. 전인지적(pre-cognitive)인 정감적 평가는 진짜 시나리오와 상상된 시나리오를 구분하지 않는다. 나는 나의 이해관계 및 나에게 가까운 이들(내 가족, 내 집단, 내 동료 인간들)과 어떤 관계가 있는 것으로 보이는 무엇에든 감정적으로 반응한다. 내가 진짜에 반응하고 있는지, 단지 상상된 것에 반응하고 있는지, 가능한 것에 반응하고 있는지, 아니면 불가능한 것에 반응하고 있는지 하는 것은 내 감정 체계(두려움, 화, 슬픔 등)에 중요하지 않다. 슬퍼하는 마리아의 조각상이나 한 러시아 귀족 여성의 슬픈 운명에 대한 소설은 지각된 실제 삶 속 상황이나 그 실제 상황에 대한 생각만큼 쉽게 동정심을 유발할 수 있다. 사실 가끔씩은 생생한 생각이 진지한 믿음보다 더 강력하게 감정을 유발할 수 있다. 그러나 초기의 반응 이후 인지적 모니터링이 있게 되고, 그 모니터링은 우리에게 우리가 대리석 덩어리를 위해 울고 있는지 아니면 피와 살을 가진 여성을 위해 울고 있는지, 우리가 실제 인물에 대해 연민을 가지는 것인지 아니면 상상된 인물에 대해 연민을 가지는 것인지 곧바로 말해준다. 이러한 인지적 모니터링은 원래의 반응에 대한 피드백을 주고, 이미 시작된 생리적 징후와 행동 경향을 수정한다. 우리는 울 수 있지만, 성모에게 슬픔 상담을 권하거나 안나에게 좋은 변호사를 얻으라고 권하지는 않을 것이다.

최근의 경험적 증거는 이러한 결론을 뒷받침한다. 폴 해리스(Paul Harris)는 어린아이들이 '믿는 체하기(make-believe)' 상황이 상상된 것일 뿐이라는 것을 알 때에도 그 믿는 체하기 상황에 어떻게 감정적으로 반응하는지를 연구했다.[12] 또 다른 연구들은 자신의 반응이 합리적으로 정당화되지 않는다는 것을 알 때에도 (내 방식으로 말하자면) 사람들이 정감적으로 반응한다는 것을 보여준다. 몇 가지 좋은 예들이 역겨움에 대한 문헌에서 발견된다. 사람들은 개똥 모양의 연한 사탕 먹기나 살균된 바퀴벌레가 담긴 주스 마시기를 거부한다. 그리고 당신이 완전히 새 것인 두 개의 빈 병 중 하나에 '설탕'이라는 이름표를 붙이고 다른 병에는 '독'이라는 이름표를 붙인 후 설탕을 부어 넣는다면, 그리고 '설탕'이라는 이름표를 붙인 병에서 나온 설탕과 '독'이라고 표시된 병에서 나온 설탕으로 두 개의 비커에 설탕물을 만든다면, 사람들은 '설탕'이라고 표시된 병의 내용물로 만든 설탕물을 맛보기를 훨씬 선호한다.[13]

허구에 대해 감정적으로 반응하는 것은 비합리적인가?

그러나 설령 허구의 역설과 관련하여 내가 옳더라도 콜린 래드퍼드(Colin Radford)의 원래 논점은 여전히 참일 수 있다. 즉, 허구적 실체에 대한 우리의 감정 반응은 (설탕물 실험 피험자들의 행동이 비합리적인 것처럼) 여전히 **비합리적**일 수 있다는 것이다.[14] 이것이 맞는가? 많은 사

12) Harris, *The Work of the Imagination*.

13) 모든 예들은 Paul Rozin and A. E. Fallon, 'A Perspective on Disgust', *Psychological Review* 94 (1987), 301에서 가져온 것이다.

14) Colin Radford, 'How Can We Be Moved by the Fate of Anna Karenina?', *Proceedings of the Aristotelian Society*, suppl. vol.

람들은 이야기 읽기(혹은 이야기 듣기)와 같이 평범하고 사회적으로 용인되며 널리 퍼진 활동이 비합리적인 것으로 판명된다는 것에 동의하기를 꺼려왔다. 그러나 엄밀히 말해 래드퍼드는 옳다. 완벽한 남자는 없다는 것을 알면서도, 혹은 그렇게 강하게 추측하면서도 완벽한 남자를 만나길 원한다는 것은 비합리적**이다**. 비행기 추락 사고에서 내 남편이 죽는다고 상상해낸 시나리오에 눈물 흘리는 것은 비합리적**이다**. 작은 회색 토끼가 족제비들에게 납치될 때 거기에 나 자신의 이해관계가 걸려 있다고 느끼는 것은 비합리적**이다**. 어쩌면 숫자 3,844를 사랑하는 것조차 비합리적이다. (왜냐하면 그가 자신의 사랑을 입증하기 위해 할 수 있는 일이 그다지 없고, 사랑을 받는 대상은 아마도 그의 애정을 되갚지 않을 것이기 때문이다.) 그러나 사실 우리는 특정 인물, 대상, 상황, 사건에 대해 생각할 때 그들이 실제로 존재하지 않는다는 것 혹은 실제 일어나지 않았다는 것을 알 때에도 거기에 우리의 필요, 이해관계 그리고 가치가 걸려 있음을 **정말로** 감지한다.

그러나 설령 엄밀한 인지적 관점에서 안나 카레니나나 그녀의 동류와 관련된 필요나 목표를 가지는 것이 비합리적이라 하더라도 그것은 감정적으로 '비합리적'이지 않으며 분명히 환경 비순응적인(maladaptive) 것도 아니다. 우리가 1장에서 살펴보았듯이 팻 그린스펀(Pat Greenspan)은 믿음의 합리성과 다른 '감정적 합리성'의 기준이 있다고 주장했다.[15] '혼합된 느낌'이라는 그녀의 사례에서 각각의 충돌하는 감정 반응들은 구할 수 있는 전체 증거의 어떤 부분집합에만 의존한다. 내 친구 제인이 (내가 받고 싶었던) 상을 받은 것에 대해 내가 행복과 불행을 동시에 느낄 때, 이러한 '대조적 감정들'은 둘 다 '적절하며' 따라서 '기본적으로 합리적'이다.[16] 게다가 그녀는 만약 우리가 마치 감정을 판단이나 믿음으로 다루어져야 할 것으로 보면서 감정의 '기본적 합리성'을 '인지적 기준에 의해 결정되지 않는' 것으로 본다면 혼합된 느낌의 사례는 결국 합리적인 것으로 판명될 것이라고 주장한다. 비록 인지적 토대에서 그런 것은 아니지만 말이다. '감정을 그 행위적 결과에 따라 평가하는 합리성

49 (1975).

15) 그녀는 혼합된 느낌에 대한 그녀의 예를 '감정과 행위 사이의 특별한 관계에 비추어보았을 때 완벽하게 합리적인' 것으로 묘사한다. Patricia S. Greenspan, 'A Case of Mixed Feelings: Ambivalence and the Logic of Emotion', Amélie Rorty (ed.), *Explaining Emotions* (Berkeley: University of California Press, 1980), 238.

16) Ibid. 236.

의 기준 — 이를테면 타인과 동일시하는 것의 사회적 가치를 고려하는 기준 — 에서 볼 때, 상반되는 감정의 공존(ambivalence)은 때때로 갈등을 해결하는 '모든 것을 고려한' 감정을 형성하는 것보다 **더** 합리적일지도 모른다.'[17]

그린스펀은 감정의 동기 유발적 국면을 강조하면서 만약 내가 나의 이해관계에 대한 감각과 내 친구와의 동일시 모두를 유지한다면 그것이 보다 환경 순응적인 결과일 것이라고 지적한다. 제인이 상을 받은 것에 대한 모든 것을 고려한 반응은 어쩌면 '다소 완화된 부정적 반응'으로 드러날 수도 있다. 그러나 이 경우 '나는 더 이상 [내 친구의] 감정에 참여하고 [그녀의] 관점을 공유하는 것이 아닐 것이다'. 이와 유사하게 어떤 중립적 반응 '역시' 내 친구의 이해관계에 대한 '나의 동일시를 표현하지 못할 것이다'. '나는 단순히 누가 상을 받게 되었는지 신경 쓰지 않는 것'일 것이다. 그린스펀은 다음과 같이 말한다.

> '완벽한' 합리성에 대한 철학자의 이상은 종종 특정한 관점으로부터의 **초연함**이라는 이상이다. 그러나 감정을 '동기를 유발하는 태도'로 받아들이고, 그 행위적 효과를 보통 통제될 여지가 있는 것이라고 보면, 나는 감정적 극단들 간의 충돌이 때때로 중재에 의해서는 수행될 수 없는 목적을 수행할 수 있다는 것이 분명하다고 본다. 요약하자면 서로 다른 관점들에 충실한 것은 감정적 초연함으로부터는 일어나기 어려운 행동을 하도록 동기 부여할 수 있다.[18]

그린스펀의 논점은 그 상황에 대한 나의 개괄적 견해가 무엇이든 내 친구의 느낌에 공감하는 것이 더 순응적이라는 — 그래서 '기본적으로' 더 '합리적'이라는 — 것이다. 왜냐하면 그렇게 할 때 나는 우정에 해를 입히기보다는 우정을 촉진하는 방식으로 행동할 가능성이 더 크기 때문이다. 더욱이 일반적으로 이러한 종류의 공감에 기반을 둔 행위는 사회적 선을 촉진한다. '타인과의 진정한 감정적 동일시는 자발적인 공감적 행위, 즉 타인들의 이해관계 자체에 대한 우리의 관심을 표현하는 행위를 하도록 동기 부여한다. …… [그

---

17) Ibid. 238.

18) Greenspan, 'A Case of Mixed Feelings', 240.

러한] 행위는 사회적 관계를 용이하게 하고, 따라서 하나의 중요한 인간적 목적을 증진시키는데, 초연한 행위 혹은 자신의 조율된 이해관계에서 나온 행위는 하지 못할 방식으로 그렇게 한다.'[19]

그린스펀은 여기에서 '혼합된 느낌'의 사례에 집중하고 있으며, 감정들이 인지적 토대에서는 충돌하는 것처럼 보일 때에도 감정들의 '기본적 합리성'이 있을 수 있다고 주장하기 위해 그 사례를 사용한다. 그러나 그녀의 결론은 광범위한 영향력을 가진다. 특히 그것에는 허구에 감정적으로 반응하는 것의 '기본적 합리성'에 대한 함축이 있다. 왜냐하면 이야기 및 다른 허구 작품들에 감정적으로 관여하는 것의 중요한 목적과 보상 중 하나는 그것이 허구적 인물들에 공감하고 심지어 그 인물들과 우리를 동일시하도록 장려한다는 것이기 때문이다. 그린스펀의 논증이 보여주는 것은 다른 이들(과 심지어 토끼들)의 고난과 역경 및 기쁨과 승리에 감정적으로 반응하는 것이 '기본적으로 합리적'이고 분명히 순응적이라는 것이다. 안나 카레니나에 대해 읽고 생각할 때 거기에 자신의 필요와 바람, 이해관계와 목표가 걸려 있다고 볼 수 있게 되는 것은 순응적이다. 왜냐하면 그린스펀의 예에서 마치 내 친구가 진정한 친구인 것처럼 그녀에게 반응하는 것이 순응적인 것과 마찬가지로, 마치 안나가 나 '자신에게 속한' 사람 중 한 명인 것처럼 안나에게 반응하는 것이 순응적이기 때문이다. 내가 안나에게 동정심을 가지고 반응할 때 나는 사회적으로 순응적인 방식으로 그녀의 운명에 공감하고 있는 것이다.

추가적 문제들

『감정과 예술(*Emotion and the Arts*)』이라는 논문 모음집을 위한 서론 격의 글에서 제럴드 레빈슨(Jerrold Levinson)은 오랫동안 허구의 역설에 대한 해결책으로 제시되어온 많은 다양한 제안들을 살펴본다. 그는 이 역설을 세 개의 명백히 모순되는 명제들을 받아들임으로써 발

19) Ibid. 240-1.

생하는 것으로 특징짓는다.

(a) 우리는 종종 순전히 허구적인 것으로 알려진 허구적 인물과 상황에 대한 감정을 가진다.

(b) 대상들에 대한 감정은 논리적으로 그 대상들의 존재와 특징에 대한 믿음을 전제한다.

(c) 우리는 허구적인 것으로 알고 있는 대상의 존재와 특징에 대한 믿음을 품지 않는다.[20)]

만약 내가 가능한 해결책들에 대한 레빈슨의 분류체계에 나의 제안이 어떻게 들어맞는지를 보인다면, 그것은 이 문제와 관련하여 나의 제안을 위치시키는 데 도움이 될 수도 있을 것이다. 일반적으로, 레빈슨이 그 역설을 묘사한 방식에 따르면 나의 해결책은 (b)를 부정하는 형태를 취한다.

1. '비지향주의(non-intentionalist) 해결책'은 허구에 대한 감정 반응은 '그 외양에도 불구하고 그 자체로 감정의 사례들이 아니라 기분(가령, 활기참)이나 반사 반응(가령, 충격) 같은 덜 복잡한 상태로서, 그것은 완전한 지향성과 감정의 인지 가능성(cognitivity) 자체를 결여하고 있다'고 주장한다. 레빈슨은 설령 이 제안된 해결책이 타당하다 하더라도 이것은 '허구에 대한 발달된 반응들의 전체 범위 중 작은 부분'에만 적용될 것이라고 말한다.[21)]

이 해결책에 대한 나의 답변은 허구에 대한 감정 반응이 다른 것들과 마찬가지로 언제나 비인지적이고 자동적인 평가에 기반을 두고 있으며, 따라서 이러한 측면에서 모든 감정 반응은 오히려 깜짝 놀라는 메커니즘 같은 특정 반사 반응과 같다는 것이다. 즉, 허구에

20) Jerrold Levinson, 'Emotion in Response to Art: A Survey of the Terrain', Hjort and Laver (eds.), *Emotion and the Arts*. 각주 9 p. 429, 22-3 참조. 이것을 해석하는 다른 방식들도 있을 수 있지만, 이것이 허구의 역설이 통상적으로 의미하는 것에 대한 아주 분명한 진술이다.

21) Ibid. 23.

대한 감정 반응은 싫든 좋든 자동적인 정감적 평가를 따른다.[22] 감정이라고 적절하게 말해질 수 있는 감정은 '완전한 지향성과 인지 가능성'을 가져야 한다는 아이디어는 간단히 말해 옳지 않다.

2. 원래 콜리지(Coleridge)에게서 기인한 '반믿음(disbelief)의 유예 해결책'은 소설을 읽거나 연극을 보는 동안 우리가 '일시적으로 허구 속 존재하지 않는 인물들과 상황들이 존재한다고 스스로 믿도록 허용한다'고 주장한다. 레빈슨은 이 해결이 (c)의 부정에 달려 있지만 '그것은 허구의 소비자들을 상당히 약하게 실재를 붙잡고 있는 것으로, 그리고 의지에 따라 자신들의 믿음을 조종하는 놀라운 능력을 가진 것으로 묘사하는데, 이러한 묘사는 받아들일 수 없는 것이다'라고 말한다.[23]

이 해결책은 그것에 대한 묘사가 그것을 터무니없이 들리게 하는 만큼 터무니없지는 않다. 감정 반응은 선택적 주의집중을 포함하며, 안나와 그녀의 시련에 집중하는 동안 나는 그녀가 **진짜가 아니라는** 사실에 주의를 기울이지 않는다. 내가 한 사람으로서의 안나에게 집중할 때와 허구적 장치들로 이루어진 구조물 안의 한 허구적 장치인 '등장인물'로서의 안나에게 집중할 때 나의 주의는 켜졌다 꺼졌다 한다.[24] 대략적으로 말하자면, 쿠버(Coover)의 『아기 보는 사람(*The Babysitter*)』이나 스턴(Sterne)의 『트리스트람 섄디(*Tristam Shandy*)』 같은 포스트모던 소설들은 우리의 주의가 등장인물들에게 흡수되는 것을 막고, 우리가 소설을 읽고 있다는 것을 계속해서 (하나님 맙소사!) 우리에게 상기시킨다. 반면 『안나 카레니나(*Anna Karenina*)』 같은 사실주의 소설들은 우리의 주의가 사람들로서의 등장인물들에게 확고하게 고정되어 있게 하려고 노력한다. 따라서 비록 우리가 '반믿음을 유예한다'거나 우리가 허구라고 알고 있는 인물들에 대한 믿음을 품는다는 것과 관련하여 내가 콜리지에게 동의하지는 않겠지만, 우리가 등장인물들이 허구라는 사실에 **주의를 기울이기를** 일시적으로 멈춘다는 것을 지적하는 것으로 콜리지를 받아들인다면 어떤 의미에서 그는 옳다.

---

22) Jenefer Robinson, 'Startle', *Journal of Philosophy* 92 (1995) 참조.

23) Levinson, 'Emotion in Response to Art', 23.

24) 나는 7장에서 이 아이디어에 대해 좀 더 자세히 살펴볼 것이다.

3. 가능한 또 다른 유형의 해결책은 '대리 대상' 해결책으로, 이 해결책의 한 버전은 나의 해결책과 조금 비슷하게 들린다. 그것은 '반응의 대상'이 실제 개인들이 아니라 '허구 작품에 의해 제공되는 기술들, 이미지들, 명제들 혹은 사고 내용들'이라는 아이디어이다.[25] 이 해결책은 (a)보다는 (b)를 부정하며, 바로 이 정도만큼 나는 이 해결책과 의견을 같이한다. 레빈슨은 우리의 반응이 '인물들과 상황들을 그 명백한 대상으로 삼는 것일 뿐 …… 그것들을 기술하는 생각을 그 대상으로 삼는 것이 아니다'라는 근거에서 이 견해를 비판한다.[26]

이 책에서 나는 감정의 **대상**에 대한 모든 언급을 피하려고 노력해왔다. 왜냐하면 나는 그것이 잘못 규정되어 있고, 도움이 되지 않는 아이디어라고 보기 때문이다.[27] 내가 안나 카레니나에 대해 유감이라고 느낄 때 나는 분명히 어떤 생각 — 이것이 무엇을 의미하든지 — 에 대해 유감이라고 느끼는 것이 아니다. 내가 유감이라고 느끼는 것은 그녀가 고통스러운 상황에 있다는 **생각**에 대해서가 아니라 그 생각의 **내용**에 대해서이다. 그리고 나의 감정 반응은 나의 주의가 그 생각의 **내용**으로 이끌리도록 돕는다. 그러나 사실 그녀에 대한 동정심이라는 나의 감정 반응을 **유발하는** 것은 안나가 고통스러운 상황에 있다는 생각 — 혹은 그와 같은 무엇인가 — 이다. 톨스토이의 용어에 기초하여 말해보자면, 안나에 대한 나의 감정 반응을 촉발하는 것은 내가 형성하는 생생한 표상이다.

이러한 대리 대상 해결책의 좀 더 문자 그대로의 버전은 '그림자 대상' 해결책으로, 여기에 따르면 '반응의 대상은 허구의 인물이나 사건을 닮은, 그리고 허구 작품이 주체로 하여금 은연중에 혹은 간접적으로 떠올리게 하는 주체의 삶 속 경험에 있는 진짜 개인들이나

25) Levinson, 'Emotion in Response to Art', 23. 이러한 견해의 지지자로는 Peter Lamarque, 'Fear and Pity', *Fictional Points of View* (Ithaca: Cornell University Press, 1996)와 Noël Carroll, *The Philosophy of Horror: Or Paradoxes of the Heart* (Routledge, 1990)가 있다. 커리(Currie)와 라벤스크로프트(Ravenscroft)는 허구적 인물을 포함하여 '단순히 상상된 것에 대해서도 감정 반응이 있을 수 있다'고 주장한다. Gregory Currie and Ian Ravenscroft, *Recreative Minds: Imagination in Philosophy and Psychology* (Oxford: Clarendon, 2002), 196.

26) Levinson, 'Emotion in Response to Art', 23. 켄들 월튼(Kendall Walton)도 이와 유사한 비판을 한다. *Mimesis as Make-Believe: On the Foundations of the Representational Arts* (Cambridge, Mass.: Harvard University Press, 1990), 203.

27) '감정의 대상'이라는 용어가 가질 수 있는 많은 의미 중 일부에 대한 오래되었지만 여전히 유용한 조사를 보려면 J. C. Gosling, 'Emotion and Object', *Philosophical Review* 74 (1965) 참조.

진짜 현상들이다.'[28] 내가 이미 주장했듯이 이것은 만족스럽지 않은 해결책이다. 왜냐하면 우리는 안나 카레니나에 대한 생각에 반응하고 있는 것이지, 우연히도 안나와 매우 비슷한 어떤 실제 사람에 대한 생각에 반응하고 있는 것이 아니기 때문이다. 그렇지만 안나 카레니나에게 우리가 감정적으로 연루되는 것이 우리 집단에 속한 사람들 중 실제 삶에서 힘든 시간을 보내고 있는 이들에게 감정적으로 연루되는 우리의 성향과 독립적으로 설명될 수 있는 것은 아님을 지적하는 것은 어쩌면 가치가 있을 것이다. 우리가 안나와 관련하여 속상해하는 것은 우리 집단에 속한 누군가가 이와 유사한 유형의 상황에서 약해졌을 때 그들 때문에 우리가 속상해하기 때문이다.

4. 레빈슨이 논의하는 모든 가능한 해결책들 중에서는 '반판단주의(anti-judgmentalist) 해결책'이 나의 해결책과 가장 가까운 것이다. 이 해결책은 다음과 같이 말한다. '대상에 대한 감정 반응은 그러한 대상의 존재나 특징에 대한 믿음을 논리적으로 요구하는 것이 아니라, 특정 방식으로 보기, 특정 방식으로 생각하기(conceiving), 혹은 이러저러한 것으로 간주하기 같은 더 약한 종류의 인지만을 요구한다.'[29] 이 제안은 나와 마찬가지로 (b)가 참이라는 것에 의문을 제기한다.[30]

레빈슨은 감정 상태의 연속체가 있고, 그것은 '깜짝 놀라는 것' 같은 원초적이고 비인지적인 것에서 '동정심' 같은 고도로 인지적인 것에까지 이른다고 주장한다. 그리고 그는 오직 원초적인 감정만이 반판단주의 해결책에 적합할 가능성이 있다고 본다. 그에 따르면, 연민과 그 외의 보다 복잡한 감정들은 '주로 다양한 종류의 표상들에 의해 중재되는데 …… 그 표상들은 반응의 대상을 특징짓는 역할을 한다.'[31] 따라서 안나 카레니나는 고

28) Levinson, 'Emotion in Response to Art', 23.

29) Ibid. 24.

30) John Morreall, 'Fear without Belief', *Journal of Philosophy* 90 (1993)도 참조.

31) Levinson, 'Emotion in Response to Art', 24. 허구의 역설에 대한 일련의 논문들에서 알렉스 닐(Alex Neill)은 허구에 대한 몇몇 반응은 (그가 보기에) 완전히 감정적이지 않고 충격이나 깜짝 놀라는 비인지적 반응에 좀 더 가까운 반면, 안나 카레니나에 대한 연민 같은 허구에 대한 다른 반응들은 정말로 감정적이라고 본다. 왜냐하면 그 반응들은 허구적 인물들의 존재를 완전히 받아들이지는 않더라도 그 인물들에 대한 특정한 관점을 취하는 것을 포함하기 때문이다. Alex Neill, 'Fear, Fiction, and Make-Believe', *Journal of Aesthetics and Art Criticism* 49 (1991); Alex Neill, 'Fiction and the Emotions', *American Philosophical Quarterly* 30 (1993); 'Fear and Belief', *Philosophy and Literature* 19

통스러운 상황에 있다고 판단되거나 그러한 것으로 생각된다. 게다가 설령 — 그럴듯하진 않지만 — 안나 카레니나에 대한 연민 같은 인지적으로 복잡한 감정이 그것을 '특징짓는' 믿음, 즉 안나가 가진 속성들에 대한 믿음을 요구하지 않는다 하더라도 여전히 '우리는 비정합적이 되기를 각오하고, [안나가] 존재한다고 받아들이거나 [안나를] 존재하는 것으로 간주하고 있어야 한다.'[32]

나는 많은 분량을 할애하여 정감적 평가는 언제나 원초적이고 빠르며, 언제나 그리고 즉각적으로 생리적 변화를 만들어낸다고 주장했다. 이러한 의미에서 감정 반응은 어떠한 인지도 (약하든 아니든) 필요로 하지 않는다. 물론 인지가 감정 과정의 후기 단계에서 들어오지만 말이다. 따라서 우리가 무언가에 감정적으로 반응하려면 그전에 그 무언가가 존재한다고 받아들여야 한다는 것은 경험적으로 단순히 틀린 것이다. 집에서 먼 곳으로 납치당해 가는 작은 회색 토끼를 생각하면서 내가 울기 시작할 때 나는 작은 회색 토끼가 존재한다고 믿지 않는다. 우리가 거기에 우리의 필요와 이해관계가 걸려 있다고 느낄 때, 그것들이 진짜 거기에 걸려 있든 아니든, 혹은 그것들이 거기에 걸려 있다고 우리가 정말 믿든 아니든 관계없이 감정 체계는 반응한다. 감정 체계가 시작되기 위해 그것의 '대상'에 대한 믿음이 요구되지는 않는다. 우리가 '정합적이지 않게 되는 것을 각오하고' 작은 회색 토끼의 존재를 믿어야 한다고 말하는 것이 의미하는 것은 간단히 말해 우리가 살펴보았듯이 감정은 믿음과 동일한 합리성의 기준에 지배되지 않는다는 것이다.

다른 한편, 우리가 또한 살펴보았듯이 인간의 감정은 종종 복잡한 생각에 의해 시작된다. 만약 내가 작은 회색 토끼에 대해 동정심이라는 진짜 감정 반응을 보인다면, 이것은 그 토끼와 그것의 특징들에 대한 복잡한 심적 표상에 반응하는 것이다. 동정이라는 나의 감정 반응은 선하고 작은 토끼-사람이 사악한 족제비들에게 납치되어 집에서 멀리 떨어져 고생하는 것에 대한 생각 혹은 그에 대한 심적 표상에 의해 (빠르고 자동적으로) 시작된다. 물론 작은 회색 토끼에 대한 내 생각은 동정적인 것으로서의 자격을 가질 수 있는 올바른 종류의 것이어야 한다. 우리가 4장에서 살펴보았듯이, 동정심은 다른 사람이 어떤 방식으로 고통을

(1995) 참조.

32) Levinson, 'Emotion in Response to Art', 24.

겪는다는 생각을 필요로 하며, 그것은 특징적으로 다른 사람의 상태에 대해 깊이 생각하는 것, 그 사람의 선에 대해 적극적 관심을 가지는 것, 그 사람을 동료 인간으로(동료 토끼-사람은 아니더라도) 보는 것, 그리고 괴로움과 비탄이라는 반응을 포함한다.[33] 그러나 만약 내가 작은 회색 토끼에 대한 올바른 종류의 생각과 동료 인간으로서의 그녀에 대한 올바른 종류의 관심 등을 가지고 있다면, 그녀가 허구적 인물이라는 것을 내가 완벽하게 잘 알고 있더라도 내가 그녀에게 연민을 가진다고 말하는 것은 상당히 적절하다.

5. '비합리주의' 해결책은 '허구 작품에 사로잡혀 있을 때 허구의 소비자들은 비합리적이 되어 존재하지 않는다는 것을 그들이 알고 있는 대상들에 감정적으로 반응한다'는 것으로,[34] 내가 앞에서 주장했듯 어떤 의미에서 이것은 정확하다.

6. '대리 믿음 해결책'은 허구에 대한 몇몇 감정 반응은 '**허구 속에서는** 등장인물이 존재하며 이러저러하다 혹은 이러저러한 것을 한다는 믿음만을 요구한다'는 아이디어이다.[35] 내가 보기에 이 해결책은 언제나 극복할 수 없는 반박을 마주하게 된다. 그것은 누군가가 **허구 속에서** 고통을 겪는다고 믿는 것이 실제 삶에서 생리적 동요를 일으킬 수 있게 되는 그럴듯한 메커니즘이 없다는 것이다.[36]

7. '믿는 체하기 혹은 상상적 해결책'은 레빈슨이 제시하는 그 역설에 대한 마지막 해결책이면서 레빈슨이 가장 선호하는 해결책이다. 여기에 따르면 허구에 대한 감정 반응은 '상상적 감정 혹은 믿는 체하기 감정의 사례'이다.[37] 혹은 켄들 월튼(Kendall Walton)의 약간은 더 조심스러운 말하기 방식에 따르면, 우리가 공포 영화 속 녹색의 점액질 괴물에 대한 두

---

33) 4장에서 안나 카레니나에 대한 로렌스 블럼(Lawrence Blum)의 논의 참조.

34) Levinson, 'Emotion in Response to Art', 25.

35) Ibid. Alex Neill, 'Fiction and the Emotions'와 비교.

36) 이를테면 『오셀로(*Othello*)』에서 데스데모나가 완전히 실패하지 않을 것이라는 데 내가 많은 돈을 걸고 있는 상황 같은 특별한 상황을 제외하고 말이다.

37) Levinson, 'Emotion in Response to Art', 26. 그 아이디어는 'Fearing Fictions', *Journal of Philosophy* 75 (1978)에서 처음 등장했고, Walton, *Mimesis as Make-Believe*에서 좀 더 발전되었다.

려움이나 안나 카레니나에 대한 동정심을 경험한다는 것은 허구적인 것이거나 믿는 체하기를 하는 것이다.

믿는 체하기 견해는 우리가 동정심과 같은 특정한 감정 상태에 있다고 믿는 체하는 것은 '삶의 표준적 감정'과는 달리 우리가 드러내는 감정의 대상이 **존재한다**는 믿음을 가지거나 그러한 믿음 같은 가정을 할 것을 요구하지 않으며, 그에 따르는 행위적 결과도 없다는 추정된 사실에 의존하고 있다. 그러나 내가 설명한 것처럼 이와 같은 추정된 사실은 조금도 사실이 아니다. 첫째, 내가 방금 주장했듯이 무언가에 대한 생각에 의해 촉발된 감정 반응은 그 무언가가 존재할 것을 요구하지 않는다. 그리고 둘째로 소설과 연극 및 영화에 대한 감정 반응이 보통 여주인공을 돕는 행동이나 악한을 벌하는 행동을 취하도록 동기 부여하지 않는다는 사실은 초기의 정감적 평가 이후에 일어나 관련된 행동 경향을 억누르도록 하는 **인지적 모니터링**의 결과이다. 감정 **과정**은 실제 삶과 허구적 경우 모두에서 완전히 동일하다.

결론을 내리자면, 나는 나의 견해가 허구의 역설을 해결한다는 것, 그리고 다른 다양한 해결책들이 여러 가지 방식으로 매력적으로 보이는 이유를 그것이 설명한다는 것이 내 견해를 간접적으로 뒷받침한다고 본다.[38] 마지막으로 언급할 것이 하나 있다. 나는 이 모든 논의에서 '시뮬레이션'이라는 용어를 전혀 사용하지 않았다. 이 용어는 서로 다른 사람들에 의해 매우 상이한 방식으로 사용되어왔기 때문에 더 이상 그것이 무엇을 의미하는지 알기 어렵다. 게다가 그것은 독자들이 상상적으로 허구 작품의 등장인물들과 자신을 **동일시**한다는 함축을 담고 있다. 논의 전체에 걸쳐 나는 우리가 어떻게 삶과 허구 모두에서 인물들과 사건들에 감정적으로 반응하는지에 대해 이야기하면서 우리가 그들과 실제로 동일시하는지 그렇지 않은지에 대해, 그리고 만약 우리가 그들과 동일시한다면 그것이 무엇을 의미할지에 대해 어떠한 가정도 하지 않았다. 이것은 고의적인 것이었다.

38) 이 이슈에 대해 다루는 엄청난 양의 문헌이 있는데, 나는 그중의 일부만 언급했을 뿐이다. 이에 대한 최근의 좋은 참고문헌 목록을 보려면 Hjort and Laver (eds.), *Emotion and the Arts* 참조.

06
감정적 교육

이 모든 질문들이 제기될 수 있다. 먼저, 시와 웅변(eloquence)은 감정을 불러내는 힘을 가지고 있는가? 이에 답하기 위해 호소할 수 있는 것은 경험이다. 경험은 수많은 사람들에게, 즉 인류 일반에게 시와 웅변이 힘을 가지고 있음을 보여준다. 다음으로, 그것들은 그 힘을 행사하는가? 행사한다. 그렇다면 그것들은 **어떻게** 힘을 행사하여 인간의 행위감에 영향을 미치는가?

매튜 아널드(Matthew Arnold), 「문학과 과학(Literature and Science)」

문학으로부터 배우기

종종 위대한 소설들은 세계에 대한 중요한 참(truth)들을 우리에게 가르쳐줄 수 있다고 주장된다. 분명히 소설이 우리에게 나폴레옹의 전쟁이나 빅토리아 시대의 런던 혹은 글래드스턴에 대한 사실들을 가르쳐줄 수 있다고 하는 의미에서 그런 주장을 하는 것에는 비교적 문제가 없다. 그러나 소설은 종종 특정한 역사적 사건들이나 장소들 혹은 사람들에 대한 그와 같은 사실적 정보들뿐만 아니라 인간 본성과 도덕성에 대한 보다 심오한 지식을 제공한다고 생각된다. 몇몇 작가들은 위대한 소설을 읽음으로써 우리가 얻게 되는 가장 중요한 배움은 **감정적**인 것이라고 강조했다. 즉, 우리는 등장인물들의 감정 발달을 보는 것과 그들에게 감정적으로 반응하는 것 모두를 통해 배운다는 것이다. 예를 들어 마사 누스바움(Martha Nussbaum)은 우리가 소설에 감정적으로 연루됨으로써 심리적으로 중요하고 도

덕적으로 심오한 많은 것들을 소설에서 배우게 된다고 주장했다.[1]

누스바움은 고전 연구라는 학문적 배경에서 감정에 접근하고 있으며, 이러한 측면에서 그녀는 플라톤보다는 아리스토텔레스의 후계자이다. 플라톤이 시에 대한 사랑과 철학적 대화를 표현하기 위해 사용한 문학적 언어에도 불구하고 그가 예술이 지식의 원천이라고 이야기하는 것은 결코 적절하지 않다고 주장한 것은 잘 알려져 있다. 플라톤에 따르면 예술은 지식 대신 영혼의 더 저급한 부분인 감정에 호소한다. 그러나 그의 가장 유명한 제자인 아리스토텔레스는 자신의 논의를 건조하고 과학적인 산문의 형태로 기록하면서도 예술에 대한 끝없이 더 공감적이고 설득력 있는 견해를 표현한다. 아리스토텔레스는 예술이 우리의 감정을 유발한다는 것에는 플라톤에게 동의하지만, 문학작품에 의해 유발된 감정을 가지는 것을 **통해** 우리가 그 작품으로부터 배울 수 있다고 보았다. 『오이디푸스 왕(*Oedipus Rex*)』 같은 비극은 연민과 두려움의 **카타르시스**를 유발할 수 있고, 그렇게 함으로써 그 작품은 우리 자신의 한계와 잠재력에 대해 우리에게 가르쳐준다. 우리는 그 극에 대한 우리의 감정적 경험을 통해 배운다. 우리가 배우는 것은 이론적 지식이 아니라 실제적 지식이다. 즉, 문학작품을 경험하는 것은 우리에게 더 지각력 있고 예리하게 인간의 동기를 이해할 수 있도록 돕는다. 문학에 대한 자신의 연구에서 누스바움은 이러한 시각이 가지는 윤리적 함축을 탐구한다.

이제 누스바움의 논의를 포함하여 허구에 대한 감정 반응을 둘러싼 최근의 많은 논의들과 관련하여 놀라운 사실은 거의 모든 그와 같은 논의들이 감정이 믿음이나 판단이거나 감정이 믿음이나 판단을 함축한다는 견해, 그리고 이러한 인지적 요소가 감정의 가장 근본적인 국면이라는 견해를 논증도 없이 승인하고 있다는 것이다.[2] 그렇다면 허구 작품을 읽음으로써 삶에 대해 배운다는 것은 믿음의 획득으로 이루어지는 것으로 보일 것이다. 그

---

1) 이것이 헨리 제임스(Henry James)에 대한 그녀의 글을 관통하는 주제이다. Martha Craven Nussbaum, *Love's Knowledge: Essays on Philosophy and Literature* (New York: Oxford University 1990), 125-67의 'Flawed Crystals: James' The Golden Bowl and Literature as Moral Philosophy'와 'Finely Aware and Richly Responsible: Literature and the Moral Imagination' 참조.

2) 예를 들어 누스바움은 자신의 1993년 첫 기퍼드(Gifford) 강연인 'Emotions as Judgements of Value'에서, 감정이 특정 종류의 판단이라는 견해를 옹호했다. Martha Craven Nussbaum, *Upheavals of Thought: The Intelligence of Emotions* (Cambridge; New York: Cambridge University Press, 2001)에서 그녀는 아주 섬세하게 감정에 대한 인지적 이론을 발전시켰고, 그것을 신 스토아철학이라고 특징지었다.

러나 여기에는 수많은 심각한 문제들이 있다. 우리가 지난 장에서 살펴보았듯이 그 문제들 중 하나는 감정이 믿음을 함축한다는 것과 우리가 허구 속 인물들에게 감정적으로 반응한다는 것이 우리를 '허구의 역설'이라는 함정에 빠뜨릴 수 있다는 것이다. 이 장에서 나는 두 번째 문제, 즉 허구를 통해 감정적으로 배운다는 것이 일차적으로 믿음을 획득하는 것으로 이루어진다는 아이디어는 소설을 읽는 경험을 정당하게 다루지 못한다는 것에 집중할 것이다. 나는 감정적으로 교육적인 것은 작품을 읽는 과정일 뿐 최종적인 믿음의 획득이 아니라는 것을 보이려 노력할 것이다.

만약 우리가 소설에 정말로 감정적으로 관여한다면, 우리가 소설 속 인물들에 대해 정확히 무엇을 **믿고** 있는지, 그리고 그 인물들은 무엇을 해야 하고 무엇을 하지 말아야 하는지 그 소설이 끝나기 전까지 확신할 수 없을 때가 많을 것이다. 종종 우리는 소설을 다 읽은 후에만 그 소설을 되짚어보고, 소설 속 다양한 일화들의 의미에 대해 반성하고, 우리가 믿는다고 말할 수 있는 해석에 도달할 수 있다. 소설을 읽으면서 우리는 등장인물들에 대한 일련의 인상들과 관점들을 얻게 되는데, 그것들은 종종 서로 충돌하며, 우리는 모든 증거를 얻은 후에야 그 인물들에 대한 **믿음**을 획득하게 된다. 이것은 종종 상충하고 변화하는 여러 가지 **생각**들을 품는 것과 대조되는 것이다. 물론 나는 우리가 소설에 대해 반성할 수 있으려면 그전에 소설의 시작부터 끝까지 그 소설에 감정적으로 관여해야 한다고 주장하고 있는 것이 아니다. 내가 주장하는 것은 — 내가 4장에서 주장했듯이 — 반성의 과정이 감정적으로 연루되는 과정을 뒤따라오고 그것에 의존한다는 것뿐이다. 우리는 원한다면 책의 매 페이지를 읽을 때마다 멈춰 서서 반성할 수 있지만, 소설에 감정적으로 연루되기 전에 너무 빨리 믿음에 이르려고 노력할 때 우리는 잘못된 믿음에 이르기 쉽다.

중요한 것은 만약 소설을 다 읽은 후에 우리가 읽은 것에 대한 믿음을 갖게 된다면 그와 같은 믿음들은 소설을 읽는 감정적 경험에 본질적으로 의존한다는 것이다. 우리는 결코 소설에 대한 사후적 요약을 통해 위대한 소설로부터 '메시지'를 추출할 수 없다. 『안나 카레니나(*Anna Karenina*)』가 '남편에 대한 배신이 비참한 삶을 이끌 수 있다는 것'을 우리에게 가르쳐준다고 듣는 것이 그 소설을 읽는 것을 대체할 수는 없다. 왜 그러한지를 설명하는 중요한 이유 중 하나는 오직 소설에 대한 감정적 경험을 통해서만 우리가 소설로부터 진정으로 배울 수 있기 때문이다. 위대한 소설의 메시지는 그 소설에 대한 독자의 경험과 분리될 수 없다.

이 장에서 나는 비록 소설을 읽으면서 우리가 가지는 감정적 경험이 믿음을 갖는 것을 함축하지는 않지만 그럼에도 불구하고 우리는 소설로부터 삶에 대해 배우며, 그러한 배움이 감정적인 것이라고 주장한다. 나는 소설 속 인물들 및 상황들에 관여하는 감정적 과정이 '감성적 교육', 즉 감정에 의한 교육이라는 것을 보이려고 시도할 것이다. 첫째로, 우리가 소설에 대해 풍부한 감정적 경험을 가진다면, 그 경험을 되돌아보며 반성할 때 우리는 우리가 경험한 인물들과 상황들에 대한 참인 **믿음들** 혹은 최소한 개연성 있는 믿음들에 이를 수 있는 아주 좋은 위치에 있게 될 것이다. 그렇다면 이러한 믿음의 획득은 소설에 대한 우리의 감정적 경험의 **결과**가 된다. 둘째로, 내가 여기에서 집중하고자 하는 것은 어떻게 감정적 경험 자체가 믿음을 필연적으로 포함하지 않으면서도 다른 방식으로 교육적일 수 있는지, 특히 상황들과 등장인물들의 특정 국면에 **주의를 집중하고**, 우리의 **필요와 이해관계**에 호소하고 우리에게 **생리적으로** 영향을 미치는 것들에 대해 **정감적 평가를 내리고**, '편파적(partial)' 관점에서 그것들에 대한 **생각을 형성하는** 것과 관련하여 교육적일 수 있는지 하는 것이다. 마지막으로, 좋은 소설은 정감적 평가, 생리적 반응, 행동 경향, 관점 그리고 주의집중을 포함한 전체 감정 과정을 인지적으로 모니터링하거나 되돌아보며 반성하도록 우리를 격려한다.

나는 이디스 워튼(Edith Wharton)의 『암초(*The Reef*)』를 통해 나의 주장을 입증하려 할 것이다. 이 소설은 등장인물들이 어떻게 점차적으로 자신들이 처한 상황에 대한 새로운 감정적 깨달음에 이르게 되는지에 대해 이야기할 뿐만 아니라, 독자들이 유사한 배움의 경험을 갖도록 유도한다. 나는 등장인물들과 독자들의 감정적 경험이 동일하게 일련의 감정적 에피소드들을 통해 일어나며, 거기서 **믿음들**은 예기치 못한 생리적 반응, 비인지적인 정감적 평가, 집중의 초점 변화, 상황 속 새로운 국면에 대한 지각, 이전에 숨겨져 있던 필요와 이해관계의 폭로 같은 것들보다 덜 중요하다는 것을 보일 것이다. 등장인물들과 독자들은 자신들의 감정적 경험에 대해 반성한 후 새로운 믿음을 획득할 수 있지만, 그러한 믿음의 획득은 본질적으로 그에 선행하는 감정적 경험에 의존한다. 그리고 이러한 경험의 교육적 가치는 그 경험이 결국 새로운 믿음으로 이어진다는 **사실**뿐만 아니라, 그것이 이루어지는 **방식**에 있다.

우리가 이 책의 앞부분에서 살펴보았듯이, 감정 반응은 비인지적인 정감적 평가에 의해 야기되는 생리적 반응이다. 감정이라는 하나의 에피소드는 하나의 **과정**으로 간주되는 것이 가장 좋으며, 이 과정은 최소한 특정 종류의 생리적 변화 및 행동 경향으로 이어지는 비인지적인 정감적 평가 및 그 비인지적 평가와 감정 반응의 다른 요소들에 대한 인지적 모니터링으로 구성된다. 생리적 반응은 타인들과 어쩌면 자기 자신에게 자신이 처해 있는 상태와 관련하여 주의를 환기시킬 뿐만 아니라 정감적으로 평가된 것(실제의 것이든 상상의 것이든, 생각의 대상이든 지각의 대상이든)이 무엇이든 그것에 주의를 집중하도록 돕는다. 그것은 또한 사람이나 생물이 행동을 취할 준비를 하도록 도울 수 있다. 이 전체 과정은 우리가 (내적 혹은 외적) 환경과의 마주침에서 우리의 필요, 이해관계, 목표, 가치 등이 걸려 있음을 감지할 때에만 진행된다. 특정한 감정(동정, 화, 두려움, 부모의 사랑, 성적 사랑)은 특정 종류의 인지적 평가와 비인지적 평가를 포함한다. 때때로 나는 (말하자면) 동정에 적합한 평가를 내리지만, 그 뒤에 따라오는 어떠한 생리적 반응 없이 그렇게 할 수 있다. 이런 경우 나는 누군가에 대한 동정적 평가를 내리고 있지만, 동정심이라는 완전히 갖춰진 감정을 경험하고 있는 것은 아니다. 나는 동정이라는 인지적 상태 혹은 태도적 상태에 있지만, 감정적이 되지 않으면서 그런 상태에 있다. 그러나 나는 앞에서 그런 경우들이 상대적으로 드문 것으로 판명될 것이라고 지적했다. 실제로 우리의 이해관계가 걸려 있다는 것을 감지할 때마다 우리는 생리적으로 반응하는 경향이 있다. 물론 생리적 변화가 시작되자마자 인지적 모니터링이 그것을 억누를 수 있지만 말이다.

4장에서 나의 설명이 훨씬 긴 작품들에서 가져온 작은 토막들에 대한 것이었다면, 이 장에서 나는 하나의 소설이 시간의 흐름에 따라 전개되는 것, 즉 시간의 흐름에 따른 등장인물들의 경험과 시간의 흐름에 따라 전개되는 독자의 경험을 강조할 것이다. 이러한 방식으로 우리는 감정의 에피소드들 각각이 하나의 과정으로서 어떻게 펼쳐지는지뿐만 아니라, 평가가 변하고 주의의 초점이 다시 맞춰지고, 생리적 변화와 운동 변화가 변화하는 상황에 맞춰 조정됨에 따라 어떻게 하나의 감정적 에피소드가 또 하나의 감정적 에피소드로 전환되는지 보게 될 것이다.

다음 두 절에서 나는 이디스 워튼이 자신의 소설 『암초』에서 감성적 교육을 묘사한 것처럼 감성적 교육의 과정을 살펴볼 것이다. 나는 이러한 종류의 소설을 주의 깊게 읽는 것이 어떻게 우리의 감정을 교육시킬 수 있는지 보이려고 시도할 것이다. 이러한 교육은 최소한 두 가지 방식으로 이루어진다. 그중 하나는 등장인물들의 감정 상태와 그 인물들이 자신의 감정을 통해 교육되는 방식에 대한 주의 깊은 묘사를 통한 것이다. 소설은 다음의 것들을 보임으로써 이를 수행한다. (1) 주인공들의 주의가 집중되는 지점, (2) 주인공들이 집중하고 있는 상황에 대한 그들의 생각이나 관점, (3) 이러한 관점이나 주의집중이 그들의 욕구와 이해관계 및 가치를 반영하는 방식, (4) 그들이 내리는 정감적 평가, 그리고 (5) 그들의 생리적 상태가 그들이 정감적으로 평가하고 있는 것에 대한 — 그것이 무엇이든 — 주의집중을 지속시키는 데 기여하는 방식이 그것들이다. 또한 등장인물들은 자신의 반응을 반성함으로써 자기 자신에 대해, 그리고 자신이 처한 상황에 대해 이해하고 그에 대한 믿음을 형성할 수 있다. 독자는 등장인물들의 감정 교육을 지켜보고, 그럼으로써 어떻게 감정이 교사 역할을 할 수 있는지에 대한 가르침을 얻는다.

우리의 감정이 교육될 수 있는 두 번째 방식은 좀 더 직접적인 것이다. 소설을 읽을 때 우리 자신의 감정이 유발될 수 있기 때문에 등장인물들과 마찬가지로 우리도 특정 상황에 주의를 집중하고 특정한 방식으로 그 상황을 볼 수 있다. 우리 역시 반응하는 방식에 있어 우리의 욕구와 이해관계 및 가치의 영향을 받고, 우리의 주의 역시 생리적 수단을 통해 고정될 수 있다. 마지막으로 우리 역시 『암초』 같은 소설을 통해 소설을 읽으면서 가지게 되는 우리의 감정 과정에 대해 반성하고, 우리가 읽은 것의 의미에 대한 믿음을 형성하도록 장려된다. 그러므로 『암초』를 읽는 진지한 독자들의 경험은 주요 등장인물들의 경험과 동일한 형태를 취한다. 그들 — 독자들과 주요 등장인물들 — 모두는 감정적 경험을 하며, 그 경험 속에서 그들의 주의는 어떤 방식으로든 그들이 개인적으로 중요하다고 정감적으로 평가한 상황에 집중되게 된다. 그리고 이러한 경험의 결과로 그들 모두 그 경험에 대해 반성하고, 그것의 의미를 발견하게 된다. 이 모든 것이 잘 진행되면, 결국 그들 모두는 이해에 이르게 되고 새로운 믿음을 획득하게 된다.

소설은 단순히 통속 심리학의 원칙들에 대한 예증이 아니다. 소설은 등장인물들과 독자 모두에게 통속 심리학의 한 단어 기술들로 표현될 수 없는 감정 상태를 소개한다. 좋은 사실주의 소설에서 가장 흥미로운 것은 시간의 흐름에 따라 등장인물들이 변하고 발전한다는 것이다. 이것이 의미하는 바는 등장인물들의 집중의 초점, 그들의 욕구와 이해관계, 그리고 사람들과 사물들에 대한 그들의 생각과 개념이 바뀔 수 있다는 것이다. 최고의 사실주의 소설에서 이러한 변화들은 미묘하고 쉽게 언어화되지 않는다. 그것들은 점차적으로 일어날 수도 있고, 간헐적으로 일어날 수도 있고, 갑작스러운 폭로의 결과로 일어날 수도 있다. 등장인물들은 '행복한'이나 '슬픈' 같은 한 단어 기술들로 잘 표현되지 않는 감정의 '새로운' 음영을 경험함으로써 그들의 감정적 레퍼토리를 확장한다. 그리고 독자들 또한 그 등장인물들을 관찰함으로써 자신들의 감정적 지평을 넓히고 새로운 감정 상태의 가능성에 대해 배운다.

독자의 '감성적 교육'은 저자에 의해 인도된다. 소설을 읽을 때 우리는 등장인물과 사건들에 감정적으로 반응하지만, 독자로서 우리의 감정 반응을 반성할 때 우리는 부분적으로 저자가 누구인지에 대한 이해(sense)에 기초하여 추론을 하게 된다. 요컨대 우리는 함축된 저자를 구축해내는데, 심지어 우리가 '그 저자의' 감독 하에서 등장인물이나 줄거리 혹은 배경 등에 반응할 때에도 그렇게 한다. 우리가 4장에서 살펴보았듯이 사실주의 소설에 대한 해석은 그 소설에 대한 우리의 감정적 경험을 반성한 결과이다. 그러나 우리가 기억해야 하는 것은 비록 우리 자신의 인격과 감정적 경험도 소설(실제로 다른 무엇에라도)에 반응하는 방식에 영향을 미치겠지만, 우리의 감정은 어느 정도 저자에 의해 인도된다는 것이다. 실제로 해석을 요구하는 소설의 국면들 중 하나는 함축된 저자, 즉 우리가 이해하는 대로의 저자의 태도이다. 나는 『암초』에 대해 논의한 후 이 어려운 이슈들로 돌아올 것이다.

『암초』에 대한 논의를 시작하기에 앞서 나는 다시 한 번 4장에서 강조했던 것을 이야기하고자 한다. 모든 소설이 내가 논의하려고 하는 진지하고 지속적인 감정적 주의를 요청하는 것은 아니다. 우리에게 무언가 가르치려 하다가 실패하는 나쁜 소설이 있고, 단지 독자를 즐겁게 하는 것이 목적인 장르 소설이 있고, 지적 수수께끼나 게임과 좀 더 비슷한 소설이 있다. 다시 한 번 말하지만, F. R. 리비스(Leavis)가 말하는 도덕적으로 진지한 사실주의 작품들의 '위대한 전통'이 내가 주로 생각하고 있는 종류의 것이다. 리비스는 자신의 책에서 이디스 워튼에 대해 논의하고 있지는 않지만 헨리 제임스에 대해서는 논의하고 있고, 『암초』는 제임스가 자신의 독자들에게 요구한 것과 동일한 종류의 감정적이고 지적인 몰입에 보답하는, 여러 측면에서 제임스적인 소설이다.

조지 대로우의 감정적 교육

이디스 워튼의 소설 『암초』는 국외에 거주하는 두 명의 미국인, 애너 리스와 그녀의 구혼자인 조지 대로우에 대한 이야기이다. 이야기가 시작될 때, 대로우는 런던에서 프랑스 지브레에 있는 자신의 시골집에 머물고 있는 애너를 방문하러 가는 길이다. 애너는 과부로서 지브레에서 시어머니, 사춘기 의붓아들 오언, 그리고 어린 딸 에피와 함께 살고 있다. 대로우는 애너에게 청혼하려 하고 있었는데, 그가 탄 열차가 막 런던을 떠나려 할 때 그는 애너로부터 방문을 미뤄달라는 전보를 받는다. 도버 해협에서 그는 예전에 가볍게 알고 지내던 예쁘고 젊은 여성 소피 바이너와 우연히 마주치고, 그녀와 함께 파리로의 여행을 계속한다. 그녀는 가난하고 친구가 없으며, 대로우는 그녀에게 친절하다. 그들은 결국 짧은 관계를 가지게 된다. 그렇게 이 소설의 1권이 끝난다. 몇 달 후 드디어 대로우가 지브레를 방문했을 때, 그는 소피 바이너가 에피의 가정교사가 되어 있다는 것과 오언과 그녀가 약혼했다는 것을 알게 된다. 대로우를 다시 만나게 되자 소피는 그들의 짧은 관계 이후에 자신이 계속 그를 사랑하고 있었음을 깨닫게 되고 오언과 파혼한다. 애너는 마침내 소피와 대로우에 대한 진실을 알게 되고, 그의 배신에 대한 혐오감과 그에 대한 자신의 사랑 사이에서 괴로워한다.

이 이야기의 흥미로운 점은 다소 멜로드라마적인 플롯에 있는 것이 아니라 주인공들, 특히 애너 자신과 대로우의 내적 삶의 복잡성에 있다. 전개되는 사건들은 그들의 눈, 즉 소설 전체에 걸쳐 둘 사이를 오가는 내러티브적 관점을 통해 그려진다. 그것은 어떻게 대로우가 소피와의 가벼운 관계가 가지는 의미를 점차 이해하게 되는지, 그리고 어떻게 애너가 그 관계가 자신에게 갖는 의미를 이해하려고 애쓰는지에 대한 이야기이다. 애너와 대로우는 그들 스스로에 대해, 그리고 자신들의 행위가 갖는 의미에 대해 배워 나간다. 이 절에서 나는 주의를 대로우에게 한정시키고, 다음 절에서 애너에 대해 논의할 것이다.

대로우의 '교육'은 주로 지브레에서 일어나는 일련의 감정적인 에피소드들을 통해 그가 점차적으로 소피와의 관계가 가지는 의미를 깨닫게 되면서 일어난다. 이 책은 애너의 전보를 받은 후 런던에서 도버로 여행하는 그의 감정 상태에 대한 기술로 시작된다. 그는 강박적으로 그 전보의 단어들에 집중한다.

> '예기치 못한 장애 발생. 30일 전에는 오지 말 것. 애너.' 채링크로스 역에서 도버 해협으로 가는 기차 여행 내내 이 전보문의 한마디 한마디가 총성처럼 대로우의 귓속에 울려 퍼지며 느리고 차갑게 그의 뇌에 방울져 내렸고, 뭔가가 그 단어들을 악랄한 신들이 던지는 주사위처럼 흔들고, 던지고, 이리저리 옮겨댔다. 그리고 객실에서 부두로 나와 바람이 몰아치는 플랫폼과 그 너머의 거친 바다를 보고 있자니, 거기에 담긴 조소가 다시 한 번 파도에서 뛰어오른 물보라처럼 그의 눈을 따갑게 흐려놓았다. '예기치 못한 장애 발생. 30일 전에는 오지 말 것. 애너.'[3]

그에 대한 애너의 명백한 거절은 그를 둘러싼 모든 것 — 기차 소리, 차갑고 반기지 않는 듯한 바다, 축축하고 우울한 날씨 — 이 그녀의 말을 되풀이하는 것으로 보이는 방식들에 의해 극적인 것이 된다. 그것들 역시 그를 거절하고, 그의 운명에 적대적이거나 무관심해 보인다. 파도는 그를 '조롱하고', 그는 '자신이 하찮은 존재가 되어버린 것처럼 모욕적으로 그와 부딪치며 밀치고' 있는 것 같은 부두 위의 사람들 때문에 자신이 '막연하게 격분하고 있음'을 느끼기도 한다. "그녀는 당신을 원하지 않아, 원하지 않아, 원하지 않아"라고 그들의 우산들과 팔꿈치들이 말하고 있는 듯하다.[4]

3) Edith Wharton, *The Reef* [New York: Macmillan (Collier Books), 1987], 3.

4) Ibid. 11.

대로우의 감정 상태에 대해 기술하면서 워튼은 그의 믿음을 기술하고 있는 것이 **아니다**. 대로우는 애너가 결혼하기에는 너무 차갑고 격식을 차린다고 **믿지** 않는다. 그는 파도와 날씨가 고의적으로 그를 거절하고 있다고 **믿지도** 않는다. 오히려 그는 전보와 그것이 유도하는 애너에 대한 특정한 생각들에 강박적으로 집중하고 있다. 그는 애너를 차갑고 냉기가 돌 만큼 관습에 지나치게 영향을 받는 사람으로 보고 있고, 파도와 날씨는 그녀와 손잡고 그를 거절하는 것처럼 보인다. 애너를 향한 그의 분노는, 예쁘고 매력적이며 형식에 얽매이지 않고 그를 보며 기뻐하는, 그리고 도움과 우정을 필요로 하는 소피와 관계를 가지게 되는 길을 닦는다. 대로우의 모욕감은 그가 갖게 된 수동적인 느낌과 혼합된다. 소피가 그 자리에 등장하자 그의 활력은 돌아온다. 그는 소피를 돕고, 그 상황에서 그녀에게 자신에 대한 깊은 인상을 남길 수 있고, 자존감을 회복할 수 있다. 그는 소피에게서 위로를 구함으로써 자신의 교차하는 느낌들에서 오는 불편함을 없애려고 한다.[5]

몇 달 후 지브레에서 대로우는 소피가 에피의 가정교사가 되었음을 알게 된다. 워튼은 오언과 함께 숲속을 걸으면서 이 새로운 사실에 대해 대로우가 보인 첫 번째 반응을 묘사한다. 대로우는 이 사실에 너무 집중하고 있어서 오언과의 대화에 거의 주의를 기울이지 못한다. 이 새로운 사실은 그의 이해관계나 욕구에 큰 타격을 주는 것으로 보이거나 느껴지지만, 그는 아직 이것이 자신에게 어떻게 영향을 미치는지 분명히 알지 못한다. 생각들이 너무 혼란스러워서 그는 무엇을 해야 할지 알지 못한다. 비록 그가 때때로 숲의 아름다움을 알아보기는 하지만, 그것은 오직 '그의 주위 전경을 채우기에만' 충분할 뿐이다.[6] 그의 '비밀스러운 의식'에는 동요가 있다. '그의 감각(sensation)들은 너무 빠르고 가득 차 있어서 얽힌 채로 풀리지 않았다. 그는 숨이 차는 듯한, 그리고 물리적 장애물들에 무력하게 대항하는 듯한 거의 신체적인 감각(sense)을 느끼고 있었다. 마치 그가 터벅거리며 걸어갔던 소

5) 우리가 1장에서 보았듯이 그린스펀(Greenspan)은 감정이란 — 그린스펀은 감정과 믿음을 예리하게 구분한다 — 그것이 우리로 하여금 마음에 품고 있게 하는 명제나 사고를 향한 정감적 상태('편안한' 혹은 '불편한' 상태)라고 주장한다. 그녀가 보기에 감정이 동기를 유발하는 힘의 일부는 그것이 주는 편안함을 지속시키거나 불편함을 끝내려는 것이다. Patricia S. Greenspan, *Emotions & Reasons: An Inquiry into Emotional Justification* (New York: Routledge, 1988), 53 참조.

6) Wharton, *The Reef*, 138.

박한 은신처가 범죄의 정글의 중심인 듯이…….'[7]

소피와 단독으로 처음 만났을 때 그는 그가 자신들의 관계에 대해 폭로할까 봐, 그리고 자신이 지브레를 떠나야 하게 될까 봐 소피가 두려워한다는 것을 알게 된다. 여기에 대한 그의 즉각적인 반응은 감정적인 것으로, 그녀에 대한 동정심, 그녀의 '절대적 솔직함, 곧고 열정적인 정직함'에 대한 감탄,[8] 그리고 자신이 그런 배신을 할 수 있는 사람이라고 그녀가 생각한다는 것에서 오는 충격의 혼합이었다. '그녀는 **두려워했고** — 그를 두려워했고 — 그에 대한 두려움으로 고통 받고 있었다! 그러한 발견은 그를 더 깊이 바닥으로 가라앉게 했다…….'[9] 다시 워튼은 그의 초기 감정 반응을 그의 주의집중의 측면에서, 그리고 그가 그 상황을 어떻게 '보는지'의 측면에서 묘사한다. 그는 공격받은 것처럼, 장애물에 의해 방해받은 것처럼, 그리고 '무력하게 대항하고 있는' 것처럼 느끼며 수치심이 시작되는 것을 느낀다. 그는 '더 깊이 바닥으로' 내려간다. 그러나 그는 혼란스럽고 어리둥절하며, 덫에 걸린 듯하고 수치스러운 이런 모호한 느낌들 중 어떤 것도 이 시점에서는 그 자신에 대한 믿음이 되지 않는다. 그는 마치 이 상황이 '그를 둘러싸고 너무 빨리 소용돌이쳐서 자신이 단지 그것의 뾰족하게 튀어나온 것을 겨우 움켜쥐었다가 다시 내팽개쳐진 것처럼' 느낀다.[10] 이와 유사하게 그는 분명히 소피를 향한 다양한 감정을 느끼기는 하지만, 그녀에 대한 믿음을 가진 것으로 묘사되지는 않는다. 그의 동정심, 감탄 그리고 충격은 모두 그녀를 보는 상이한 방식들이지만, 이들 중 어떤 것도 믿음에 이르지는 않는다. 그는 아직 소피에 대해 무엇을 믿어야 할지 알지 못한다.

그러나 나중에 그는 자신의 방에서 '그 복잡한 공포에 대해 천천히 체계적으로 하나씩 생각해볼' 기회를 가진다.[11] 그리고 그는 처음으로 자신이 한 번도 소피나 소피와의 관계가 가지는 함축에 대해 진지하게 생각해본 적이 없음을 알게 된다. 그에게 소피는 '또 한 명의 여인을 향한 그의 태도와 관련하여 그가 이미 가지고 있었던 이상'에서 일탈하기 위

---

7) Ibid. 139.

8) Ibid. 146.

9) Ibid. 145.

10) Ibid. 141.

11) Ibid.

한 '기회 도구'일 뿐이었다.[12] 그는 그 상황에 대해 반성하면서 자신에게 그 관계가 감정적으로 저렴한 것이었음을 '굴욕적일 만큼 분명하게' 깨닫는다. 그는 자신에게 있어 중요한 어떤 것도 그 관계를 위해 포기하지 않았다. 그의 진짜 감정적 헌신은 다른 곳에 있었다. '그는 최소한 그때는 자신이 무언가를 좀 더 그 관계에 걸었고, 그 결과 보여줄 수 있을 만한 보다 실질적인 손실이 자신에게 있었다고 느낄 수 있었다면 좋았을 것이다. 그러나 명백한 사실은 그가 그 관계를 위해 어떠한 대가도 지불하지 않았다는 것이며, 그것은 의심의 여지없이 그때 이후로 쌓여온 막대한 빚의 이유였다.'[13]

다음 날, 소피가 에피의 가정교사일 뿐만 아니라 오언과 약혼했다는 것이 밝혀진다. 대로우의 문제는 이제 점차 증폭된다.

> 그때까지 그가 소피의 무방비한 상태에 대해 느껴왔던 감정은 죄책감의 색채가 깊이 더해진 동정심이었다. 그러나 이제 그는 그녀를 향한 흐릿한 분개에 대해 반쯤 의식하고 있었다. …… 확실히 그는 그녀에게 상처를 주고 싶지는 않았다. 그러나 그는 그녀가 오언과 결혼하는 것을 필사적으로 막고 싶었다. 그는 그 느낌에서 벗어나려고, 그것이 어떤 동기들로 이루어져 있는지를 볼 수 있을 만큼 충분히 그 느낌을 분리시키고 끄집어내려고 노력했다. 그러나 그것은 그의 피의 맹목적인 움직임으로, 어떠한 주장으로도 '바로잡을' 수 없는 그 대상으로부터의 본능적인 반동(recoil)으로 남아 있었다.[14]

이 인상적인 구절에서 워튼은 대로우의 반응을 그 상황에 대한 믿음을 구현한 것으로서가 아니라 '그의 피의 맹목적인 움직임'으로 특징짓는다. 그 상황에 대한 대로우의 '견해'는 숙고를 거친 것이 아니라 '본능적인 반동', 즉 (다마지오가 '신체적 표식'이라고 부를) 즉각적인 생리적 반응에 의해 신호를 받은 것이다. 그의 의식을 지배하고 있는 것은 그가 **원하는** 것, 즉 소피를 배신하는 것은 피하면서도 자신이 이제 들어가려고 하는 그 가족에 그녀가 들어오는 것을 막는 것이다. 워튼은 그의 반응에 약간의 질투도 들어 있음을 암시한다. 소

12) Ibid. 147.

13) Ibid. 161-2.

14) Ibid. 180.

피가 예리하게 지적하듯 그는 '[소피가] [자신의] 어떤 친구와도 결혼하지 않기를' 바란다. 다시 말하지만, 그러한 이해 과정은 감정 반응 — 소피에 대한 죄책감이 분개, 질투 그리고 혐오감에 길을 내주는 감정 반응 — 으로 시작하고, 이런 반응들은 다시 말하지만 그녀에 대한 믿음을 함축하지 않는다. 대로우는 아직도 소피와 자기 자신에 대한 믿음을 만들어내고 있다. 지금 그는 생리적 동요가 보내는 신호를 통해 자기 자신의 감정 상태를 모호하게 이해하고 있을 뿐이다. 워튼은 대로우의 감정 상태를 묘사하는데, 부분적으로는 그의 물리적 상태와 그의 감각들을 묘사함으로써 그렇게 한다. 그는 '혼자 빗속으로 거꾸러지고', '그의 생각들은 나무 꼭대기처럼 흔들린다'.[15] 도버 해협에서 격정적인 날씨가 그의 격정적인 내적 상태를 반영했던 것처럼 말이다. 대로우는 감정적으로 흥분한 상태이고, 이것은 그로 하여금 특정한 중요한 사건들에 주의를 집중하게 하고, 특정 관점에서 그 사건들을 제시함으로써 그가 어떤 중요한 도덕적 교훈을 얻도록 돕지만, 이것은 아직 그에게 완전한 이해를 주지는 않는다.

소피가 대로우를 향한 자신의 사랑을 인정하고 자신이 기꺼이 하려 하는 (오언과 안정된 미래에 대한) 희생 속에서 기뻐할 때, 대로우는 '그의 겸손해진 머리'를 숙이며 '가엾은 아이, 너는 가엾은 아이다!'라고 중얼거릴 수 있을 뿐이다.[16] 다시 한 번 대로우의 감정 반응은 그를 반성으로 이끈다. 이제야 그는 자신이 어떻게 소피와 관계를 가지게 되었는지, 그리고 그 관계에 대해 자신이 가지고 있던 믿음이 무엇이었는지 이해하게 된다. 흥미로운 것은 독자들도 이제야 그것을 이해하게 된다는 것이다. 우리는 대로우와 소피가 어떻게 솔직하고 좋은 동료애를 성적 관계로 발전시켰는지에 대해 들은 적이 없다. 대로우는 이제 자신이 소피에게 끌림과 동시에 그녀 때문에 지적으로 그리고 감정적으로 지루해했기 때문에 그들의 관계가 발전했다는 것을 깨닫는다.

> 어쩌면 그것은 다른 사람들에 대한 그녀의 가벼운 수다가 실패할 때 그녀에게는 대화의 소재를 끌어올 다른 원천이 없다는 것을 그가 알았기 때문이거나, 어쩌면 단순히 그녀의 웃

15) Ibid. 179.

16) Ibid. 251.

음이 달콤했기 때문에, 아니면 언젠가 말리의 숲에서 그녀가 모자를 벗어젖힌 채 뻐꾸기의 울음소리를 향해 머리를 뒤로 기울였던 몸짓이 매력적이었기 때문일 것이다. 혹은 그가 그녀를 예기치 못하게 바라볼 때마다 그녀가 그를 보고 있었고, 그녀는 그가 그것을 알기를 원치 않았다는 것을 그가 알아버렸기 때문일 것이다. 아니면 어쩌면 각각 다양한 정도로 이 모든 것들 때문에 어떤 말도 그들이 서로에게 주는 행복감을 표현할 만큼 충분히 높게 날거나 충분히 깊게 잠수하지 않는 순간이 왔기 때문일 것이다. 그리고 이때 자연스럽게 말을 대체하는 것은 입맞춤이었다.[17]

입맞춤은 말보다 낫다. 대로우는 '그녀가 다시는 자신을 지루하게 하지 않을 것'이라고 느낀다. 게다가 그는 이제 더는 그녀의 말을 들을 필요가 없다. 그는 그저 '그녀의 음성이 그의 생각의 음악적 저류로 흐르도록' 한다.[18] 그리고 나쁜 날씨가 그들을 피곤하게 하고 호텔에 가두지 않았더라면 어쩌면 그 입맞춤은 완전히 관계를 갖는 것으로 이어지지 않았을 것이다.

소피와의 관계에 대한 대로우의 감정적 교육은 이러한 성찰 속에서 완성된다. 이제 최소한 그는 자신이 한 일이 무엇이고, 그것의 도덕적 함축과 감정적 함축이 무엇인지 이해한다. 그것들을 애너의 기준 — 그에 대한 그녀의 확신과 사랑, 그녀의 감수성, 그녀의 진실함, 다른 이들의 느낌에 대한 그녀의 관심, 가족에 대한 그녀의 헌신, 그녀의 정의감, 그녀의 꿰뚫어보는 마음 — 을 통해 보고 나서 마침내 대로우는 자신이 애너와 소피를 모두 배신했다는 것을 알게 된다. 그는 애너에게 전념하고 그녀와 곧 약혼하기로 되어 있었으면서 그녀를 보러 오는 길에 다른 여인과 관계를 가졌기 때문에 애너를 배신한 것이다. 그리고 더 중요한 것은 그가 자신을 향한 애너의 사랑과 신뢰, 그리고 그가 느낌이나 행동들에 대해 자신과 같은 고매한 기준을 가지고 있다는 애너의 확신을 배신했다. 그는 또한 소피를 배신했다. 왜냐하면 그녀는 비참할 만큼 그를 사랑하게 되었는데, 그는 이것을 막을 수도 있었고 막았어야 했기 때문이다. 소피에게는 그와의 관계와 그 결과가 중대한 것인 반

---

17) Ibid. 253.

18) Ibid. 254.

면, 그에게 이것은 사소한 탈선에 불과했다. 흥미로운 것은 대로우가 자신의 실패가 감정적 실패라는 것, 즉 '느끼지 못한 경우'라는 것을 깨닫는다는 것이다.[19] 그가 보여준 행동과는 달리 그는 소피에게 강하게 끌리지 않았다. 그녀는 그에게 중요하지 **않았고**, 그의 욕구와 이해관계는 그 관계에 많이 걸려 있지 **않았으며**, 그는 그녀에게 주의를 집중하지 **않았고**, 그는 자신을 향한 소피의 느낌이 어떤 것인지 알아차리거나 많이 신경 쓰지 않았다. 책의 앞부분에서 워튼은 그 관계의 끝자락에서 대로우가 소피를 어떻게 보는지 묘사했다. 소피는 단순히 거슬리는 신체적 존재가 되었다. 그녀는 발소리이고, 목소리이고, 손이고, 얼굴이다. '갑자기 그는 자신의 어깨 위에 그 손이 있음을 느꼈고, 그 얼굴이 여전히 그의 위로 기울어져 있음을 자각했다. 이제 그는 곧 올려다보고 입맞춤을 해야 할 것이다…….'[20]

우리는 어쩌면 그 소설의 여정에서 대로우가 배우는 것들을 믿음으로 정식화할 수 있을 것이다. 그는 자신이 소피를 부당하게 대했으며, 그것이 그 상황에 대한 그의 감정 반응에서의 실패로 인한 결과였다고 믿는다. 그는 애너에게 이렇게 말한다.

> 내 말은 당신이 좀 더 나이가 들면 우리 인간이 얼마나 형편없는 존재인지 알게 될 거라는 뜻이지. 어떤 때는 눈이 멀기도 하고, 어떤 때는 광기에 사로잡히기도 하니까. 그러다가 눈이 다시 보이고 제정신을 차리면 자기도 모르게 부숴버린 소중한 것들을 한 조각 한 조각, 조금씩 조금씩 다시 만들어야지. 인생은 끊임없이 부서진 것들을 되붙이는 과정 같기도 해.[21]

그러나 그 소설이 따라가는 대로우의 감성적 교육은 단순히 그가 획득한 믿음을 통해서는 적절하게 포착될 수 없다. 그 소설이 보여주는 것은 그가 이러한 믿음에 도달하게 되는 과정이며, 우리가 살펴보았듯이 이 과정은 중요한 측면에서 감정적이다. 대로우의 교육

---

19) Wharton, *The Reef*, 302.

20) Ibid. 76.

21) Ibid. 302-3. 몇몇 독자들은 대로우의 말이 자기 잇속만 차리는 것이라고 볼 것이다. 앨런 필(Ellen Peel)이 나에게 지적한 것처럼 '우리' '모두'가 실수투성이라고 말하면서 대로우는 암묵적으로 자신의 행동에 대한 책임 일부를 무효화하고 있다.

은 지브레에서 펼쳐지는 상황에 대한 그의 감정 반응으로 시작된다. 그리고 그의 감정 반응은 다시 그를 반성으로 이끈다. 지브레에서 소피와 애너에 대한 그의 반응은 앞서 파리에서 그가 보였던 분별력 없는 모습에 주의를 환기시킨다. 대로우가 자신의 과거 행위를 이해하게 되는 것은 반성을 통해서이지만, 그의 반성은 현재 펼쳐지는 그의 감정적 경험으로 인해 촉발된다. 그러한 감정적 경험에는 정감적 평가와 생리적 반응 및 운동 반응, 그리고 그것들이 그와 그의 필요, 이해관계 그리고 가치에 있어 매우 중요한 소피, 애너 그리고 그 자신에 대한 특정한 생각이나 관점에 주의를 집중하는 방식이 포함된다.

그 소설의 마지막 부분에서 대로우의 복잡한 감정 상태를 기술하는 쉬운 방법이 없다는 것은 주목할 만하다. 먼저 그에게는 자신이 소피를 대했던 방식에 대한 수치심과 그녀와의 관계에 대한 섬세한 후회와 함께 그 관계가 자신이 생각했던 것보다는 더 중요하지만, 애너가 생각하는 것만큼 근본적으로 중요하지는 않다는 확신이 있다. 그에게는 또한 애너에 대한 깊은 애정과 사랑, 그녀를 향한 약간의 참회, 그와 그 부적절한 관계를 향한 그녀의 태도에 대한 감탄과 초조함의 혼합, 그뿐만 아니라 그녀를 잃을 수도 있다는 두려움이 있다. 이에 더하여 그에게는 스스로에 대한 자부심과 자기 자신을 변호할 용기도 있다. 그러나 이 단어들 — 수치심, 후회, 애정, 사랑, 참회, 감탄, 초조함, 두려움, 자부심, 용기 — 중 어떤 것도 그가 경험하는 감정 상태의 독특한 측면들을 전달하지 못한다. 워튼이 묘사하고 있는 것처럼 여기서 전개되고 있는 대로우의 감정 상태는 그런 단어들보다 훨씬 더 섬세하게 조율된 것이다. 그 소설은 그에게 — 그리고 그를 통해 독자에게 — 대로우가 경험하는 대로의 수치심과 자부심, 사랑과 두려움의 특수성을 가르쳐준다. 통속 심리학은 일반화한다. 그러나 문학은 개별화한다.

여주인공의 감정적 교육

애너의 감성적 교육은 대로우의 교육과 매우 다르다. 그녀를 처음 만날 때 우리는 그녀가 감수성이 예민하고 섬세하며, 곧은 성격을 가졌으며, 자신의 감정 상태에 대한 반성이 정직하고 예리한 사람이라는 것을 알게 된다. 그러나 그녀에게는 반성해볼 강력한 감정이 거의 없었다. 그녀는 보호받으며 살아왔고, 자신의 딸 에피에 대한 열정을 제외하고는 (그리고 자신의 의붓아들 오언에 대한 그보다 덜한 정도의 애정을 제외하고는) 누구에 대해서든 혹은 무엇에 대해서든 깊은 욕구를 가지거나 그것에 대해 열정적으로 '마음을 써본' 적이 없다. 대로우와의 관계는 그녀에게 전에는 결코 알지 못했던 황홀할 정도의 기쁨, 즉 그녀 자신의 열정적 헌신에 보답해주는 남자와 지적으로, 감정적으로 그리고 물리적으로 연합하는 기쁨을 가져다준다. 그녀는 자신의 삶이 이전보다 무한히 더 충만할 수 있다는 것을 배운다. 이와 동시에 그녀는 대로우가 자신에게 주는 행복을 붙잡기 위해서는 그녀 역시 자신에게 새로운 불쾌한 감정들을 겪어야 한다는 것을 배운다. 즉, 과거와 미래에 대한 의심과 두려움, 그리고 대로우가 한 일에 대한 비탄과 혐오감을 겪어야 하는 것이다. 그리고 자신이 무엇을 해야 하는지에 대한 거의 강박적인 반성의 한가운데서 그녀는 또한 자신의 감정이 — 자신의 본능적인 '정감적 평가'가 — 이성적 반성만큼이나 올바른 행동으로 이끄는 중요한 안내자라는 것을 배운다.

애너 서머스는 어린 시절을 뉴욕 상류사회의 근심걱정 없고 순응적인 분위기에서 보냈다. '잘 규제되고 잘사는 서머스의 세계에서 일반적이지 않은 사람들은 비도덕적인 것으로 혹은 제대로 배우지 못한 것으로 여겨졌고 감정을 가진 사람들은 거기 머물지 못했다.'[22] 그녀는 대로우와 잠깐 호감을 주고받았고 그에게 강하게 끌렸지만, 어떻게 그를 격려해야 하는지 몰랐고, 그는 애너에 대한 감탄과 호의는 가지고 있으면서도 계속해서 세상의 방식들로 더 많은 경험을 가진 여인들과 만남을 가졌다. 결국 그녀는 예술 애호가이자 코담배갑(snuffbox) 수집가인 프레이저 리스와 결혼한다. 그녀는 그가 자신을 관습으로부터 해방시켜줄 것이라고 생각하지만, 사실 그는 자신만의 방식으로 엄격하게 관습적인 사람이다. 프레이저 리스에게 삶은 '주의 깊게 분류된 박물관 안을 걷는 것 같은 것이었다. 의문이 생길 때는 숫자를 보고 전시물 목록을 참조하기만 하면 되는 것이다'.[23] 그에게는 열정이 없고,

22) Ibid. 83.

23) Ibid. 91. 우리는 헨리 제임스(Henry James)의 소설 『여인의 초상(*Portrait of a Lady*)』에서 이사벨 아처의 운명을 떠올린다.

'리스 씨의 대칭적인 금발의 얼굴이 그녀 쪽으로 숙여져 그의 입맞춤이 차갑고 부드러운 조약돌처럼 그녀에게 떨어졌을 때' 애너는 뭔가가 빠져 있다는 것을 어렴풋하게 자각했다.[24)]

그들은 리스의 어머니 샹텔 부인이 두 번째 남편으로부터 상속받은 지브레에 있는 대저택에 정착한다. 그리고 리스의 죽음 후에 애너는 그곳에서 오언, 에피 그리고 시어머니와 함께 머무른다. 그녀는 조용한 프랑스의 시골 농원에 있는 이 아름답고 오래된 대저택에서 조용하고 질서정연한 삶을 살아간다. 그 집은 사랑스럽게 묘사되고 있고, 어쩌면 애너 자신을 나타내는 적합한 상징이다. 그 저택은 그녀의 신체적 아름다움과 도덕적 아름다움, 섬세하고 조용하며 그윽하고 열정의 소용돌이에 영향 받지 않는 모습, 그리고 샤르댕 회화의 완벽하게 조율된 색과 질감 같이 조화로운 모습을 반영한다. 그러나 그것은 또한 사회적 관습에 얽매이고 그것을 엄격하게 따르는 것을 표상한다. 소설의 끝에서 지브레에 남겨진 사람은 '순수한 이들'인 에피와 그녀의 할머니뿐이다. 대로우가 애너의 삶에 다시 등장할 때(그들은 영국에서 우연히 만난다) 그에 대한 그녀의 열정은 되살아났고, 그사이의 시간들과 그녀의 생기 없는 결혼, 그리고 엄마로서의 삶을 제외하고는 지브레에서의 자신이 삶이 감정적으로 텅 비어 있었다는 그녀의 느낌에 의해 그 열정은 깊어졌다.

애너의 첫 번째 '감정적 발견'은 이러한 기쁨에 찬 열정이 그녀의 세계를 변화시켰다는 것이다. 대로우가 마침내 지브레에 도착할 것이라고 예상한 날 그녀는 자신이 순수한 충만함으로 달리고 있음을 보게 된다.

> 이 순간 그녀는 달리지 않고는 견딜 수 없었고, 훨훨 나는 것 말고는 어떤 동작도 자신의 기분에 어울릴 만큼 충분히 쾌활하지 않은 것 같았다. 그녀는 마음속의 어떤 리듬과 보조를 맞춤으로써 그 낭만적인 열기를 몸으로 표현하고 싶어 하는 것처럼 보였다. 그녀는 언제나 가볍게 걸었고 땅을 밟는 것에서 항상 기쁨을 느꼈지만, 그 땅이 오늘처럼 부드럽고 탄력 있게 느껴진 적은 없었다. …… 대기 역시 애너의 몸에 부딪혀 파도처럼 일렁이며 그 물살에 저물어가는 날의 비스듬한 빛살과 진하고 촉촉한 향기가 실려 가는 것 같았다.[25)]

---

24) Ibid. 89.

25) Ibid. 96-7.

워튼은 여기서 어떻게 애너의 감정이 세계에 대한 기쁨 가득한 생각뿐만 아니라 행동과 행동 경향에서도 표현되는지 묘사한다. 그녀는 왜 자신이 이렇게 느끼는지 특별히 의식하고 있지 않다. 그저 그녀는 달리고 있는 '자신을 본다'. 우리는 땅을 이상할 만큼 탄력 있는 것으로, 대기를 이상할 만큼 부드럽고 아름다운 것으로 보는 그녀의 '정감적 평가'에 대해 자각하게 된다.

대로우가 도착한 후 그들이 처음으로 강가를 함께 산책할 때, 그녀의 모든 감각은 깨어 있고 그녀는 그의 신체적 현전(presence)을 '강렬하게 자각'한다.[26] 그러나 이와 동시에 그녀는 그에게 오언이 파리의 극장에서 본 대로우와 함께 있던 여성에 대해 물어야 한다는 압박감을 느낀다. 워튼은 우리에게 그녀가 생리적으로 동요되었다고 말해준다. '그녀의 심장은 불규칙적으로 뛰고 있었으며'[27] '그녀의 심장은 떨렸다'.[28] 대로우는 그녀의 걱정을 받아넘긴다. 그는 떨지도 않고 창백해지지도 않으며 생리적 괴로움의 어떤 신호도 보이지 않는다. 내가 설명한 것처럼 이것은 감정적 교육을 거치기 전에는 그가 소피와 관련된 그 일 전체에 대해 감정적이지 않았기 때문이다. 그가 생각하기에는 그 일이 무의미하기 때문에 그는 그것에 대해 거짓말을 한다. 그는 애너를 품에 안고, '그녀는 날개로 둘러싸인 듯 앉아 있다'.[29]

이 장면은 소피와 대로우의 관계를 알게 될 때까지의 시간 동안 애너가 가졌던 감정적 경험을 축소하여 포착한다. 그녀의 지배적 감정은 그녀가 새롭게 발견한 사랑에서 오는 기쁨이지만, 그녀는 또한 반의식적(half-consious)으로 기저에 흐르는 걱정, 질투 그리고 불확실함을 느낀다. 그래서 그녀와 오언이 대로우에게 오언과 소피의 약혼을 알릴 때, 그녀는 '설명할 수 없는 희미하고 떨리는 불안감', 즉 '보이지 않는 구름이 던진 그늘에 가려진 듯 꺼림칙한 느낌'[30]을 가진다. 여기서 워튼은 그 평가가 비인지적인 것임을 제대로 인정하고 있다. 애너는 자신이 어떻게 느끼고 있는지 인지적으로 평가하지 않았고, 왜 이런 식으로

26) Ibid. 106.

27) Ibid. 107.

28) Ibid. 109.

29) Ibid. 112.

30) Ibid. 178.

반응하는지 이해하지 못한다.

애너의 약혼 발표 후 소피 바이너는 며칠 동안 외출할 수 있도록 허락을 구한다. 오언은 소피가 파혼하려고 떠나는 것이며, 대로우가 소피의 예기치 못한 결정에 대한 열쇠를 쥐고 있다고 비난한다. 애너의 감정 반응은 '놀라움의 떨림'이라는 생리적 용어로 묘사된다.[31] 왜냐하면 오언이 그녀 자신이 가지고 있던 모호한 의심에 목소리를 부여했기 때문이다. 그녀가 다시 소피와의 어떤 비밀스런 관계에 대해 대로우를 추궁할 때, 그는 여전히 침착하게 그것을 부인했다. 하지만 그가 넌지시 그녀가 아무것도 아닌 것에 대해 걱정한다는 식으로 말하는 것에 그녀는 자존심이 상한다. 그리고 여전히 그녀는 마치 '소중한 것을 지키기 위해 이성보다 깊은 어떤 본능이 솟아오르는 것처럼' '경고하는 듯한 떨림'을 느낀다.[32] 역하지각(subception) 실험에서처럼 그녀의 몸은 두려워할 만큼 충분히 잘 알고 있지만, 그녀는 인지적 · 의식적으로는 여전히 무지하다.

마침내 그녀가 사실을 알게 되는 것은 대로우가 소피와 마지막 대화를 나눌 때 소피가 자신은 대로우를 사랑하며 그것 때문에 오언과 결혼할 수 없다고, 혹은 하지 않을 것이라고 기쁘게 선언한 이후이다. 우리가 앞서 살펴보았듯 이 대화는 대로우로 하여금 자신이 그처럼 가볍게 시작했던 관계가 함축하는 것을 마침내 모두 이해하도록 이끈다. 소피가 떠난 후 그는 애너의 거실에 앉아 과거에 대해 반성하고 수치심, 비탄 그리고 동정심이라는 강력한 감정을 경험한다. 애너가 방에 들어와 대로우의 표정을 보았을 때, 그녀는 즉각적으로 그가 어떤 고뇌를 경험하고 있다는 것을 알게 된다. 흥미로운 것은 이 에피소드가 먼저 대로우의 관점에서 그려지고, 그다음에 애너의 관점에서 그려진다는 것이다. 이와 같은 이중적 관점이 어쩌면 이 에피소드를 이 책의 중심 장면이 되게 한다.

먼저 우리는 대로우의 시각에서 애너를 보게 된다. 그녀가 그에게 안기기 위해 사랑스럽게 그를 향할 때 그는 '고통의 안개를 통해 그녀를 보았고 그녀가 지닌 모든 아름다움이 컵처럼 자기 입술에 다가오는 걸 보았다. 하지만 그가 그 컵을 향해 몸을 기울이는 순간 어둠이 두 사람 사이를 가로막는 것처럼 보였다……'.[33] 대로우의 생리적 징후들은 그의 진

31) Ibid. 233.

32) Ibid. 243-4.

33) Ibid. 260.

심을 드러냈고, 애너는 그가 어떤 끔찍한 진실과 싸우고 있다는 것을 알 수 있게 된다. 결국 그는 자신이 파리의 극장에서 정말로 소피와 함께 있었다는 것을 인정하지 않을 수 없게 된다. 자신이 이 사실을 왜 그동안 숨기고 있었는지에 대한 그럴듯한 이유를 찾으려 노력하면서 대로우는 애너를 스쳐가는 '어떤 떨림'을 보지만, '그녀는 그것을 즉시 통제했고, 마치 상처를 입었지만 아직 고통을 느끼지 못하는 동물처럼 경직된 자세로 똑바로 서서 그를 대면했다.'[34] 여기서 우리는 그 상황에 대한 애너의 강렬한 집중, 그녀의 신체적 제스처와 자세, 그녀의 생리적 징후들을 '밖'에서 보게 된다. 그리고 그녀가 인지적 통제를 행사하고 있긴 하지만, 그것이 자신의 '필요와 이해관계'에 대한 위협을 그녀가 감지했음을 드러내는 신체적 상태를 감추기에는 충분하지 않다는 것을 보게 된다.

그리고 이제 우리는 '안'에서 애너를 보게 된다. 대로우가 방을 떠나고 애너는 방금 지나간 장면에 대해 반성해본다. 그녀는 새로이 찾은 확신을 가지고 그 방에 들어갔다.

> 모든 의심이 사라지고, 그녀의 사랑은 다시 한 번 어떤 생각이나 감정도 자유롭게 거할 수 있는 맑은 거처로 변해 있었다. 하지만 다시 얼굴을 들어 대로우의 눈을 보았을 때, 그녀는 그의 영혼의 폐허를 보는 듯한 느낌이 들었다. …… 자신과 대로우는 같은 것의 서로 다른 면을 보고 있었는데, 자신이 보는 쪽은 빛과 생명이 넘쳤고, 그가 보는 쪽은 무덤이 즐비한 묘지 같았다.[35]

중요한 것은 대로우가 자신에게 거짓말을 하고 있었다는 중요한 사실을 애너가 감정적 소통을 통해 알게 되었다는 것이다. 그녀는 그의 표정에서 그가 감추려고 해왔던 것이 무엇이었는지 보게 된다. 이와 동시에 그녀는 대로우에 대한 자신의 사랑에 두 가지 국면이 있음을 어렴풋이 알게 되는데, 그것은 '빛과 삶'으로 가득한 동시에 '무덤이 즐비한 묘지'와 같았다.

애너가 소피와 대로우의 전체적 이야기 — 대로우와 소피가 파리에서 관계를 가졌고,

34) Ibid. 263.

35) Ibid. 265.

소피가 대로우를 사랑한다는 것 — 를 알게 되는 것은 애너 자신이 소피와 대화를 나눈 후이다. 그리고 여기서도 애너가 이와 같이 드러난 사실의 다양한 함축을 이해하게 되는 것은 빠르게 변화하는 자신의 감정들을 통해서이다. 자신은 오언과 결혼할 수 없다고 소피가 반복해서 말할 때, '애너는 소피의 고백이 주는 충격으로 경직되고 할 말을 잃은 채 서 있었다. 그녀 역시 떨고 있었지만, 화보다는 혼란스러운 동정심을 느끼고 있었다. 그러나 그 느낌은 (덜 관대하고 더 모호한) 다른 느낌들과 뒤섞여서 말로 표현되지 않았고, 그 두 여인은 말없이 마주보았다.'[36] 여기서 우리는 애너가 동정심이 섞인 화 같이 그녀가 식별할 수 있는 감정들을 느낄 뿐만 아니라, 그녀가 말로 표현할 수 없는 감정 상태 또한 느낀다는 것을 보게 된다. 우리는 그녀가 대로우와 함께한 소피의 경험에 대해 부러워하며, 애너 자신은 하지 못한 경험들을 소피가 대로우와 함께했다는 것에 대해 씁쓸함과 질투를 경험하고 있다는 것을 추론해낼 수 있다. 이와 동시에 애너는 대로우를 향한 사랑에 너무 많은 것을 희생하고 있는 소피에 대해 유감스럽게 느끼고, 자신의 사랑을 인정하고 대로우와의 만남 동안 그리고 그 후에도 그 사랑에 따라 행동하고 있는 소피의 용기에 감탄한다. 이 상황은 그녀로 하여금 폭넓은 다양한 관점으로 그 상황을 바라보게 하고, 여기에서 일어나고 있는 일들을 바라보는 상이하고 공존할 수 없는 여러 방식에 주의를 집중하게 한다. 애너가 말할 수 없는 것은 아마도 그녀가 자신의 복잡한 감정 반응을 이해하고 상황을 바라보는 화해될 수 없는 방식들을 화해시키려고, 그리고 그녀가 희미하게 자각하고 있는 '덜 관대하고 모호한' 감정들을 표현하지 않으려고 노력하고 있기 때문이다. 그러나 그녀가 깨닫는 것은 그녀가 이전에는 결코 성적 열정의 복잡한 측면들을 이해하지 못했다는 것이다. 대로우가 '거의 가혹하게', 그리고 '갑작스런 씁쓸함을 담아' 말하듯이,[37] 애너는 '너무 고귀하고…… 너무 섬세해서…… 그러한 것들은 그녀의 이해에서 너무 멀리 떨어져 있다'.[38] 그녀는 어떻게 대로우가 소피와 관계를 가질 수 있었는지 이해할 수 없다. 왜냐하면 그것은 그녀의 감정적 경험 및 도덕적 규범과 너무 멀리 떨어져 있기 때문이다.

대로우와 소피가 관계를 가졌다는 것과 대로우가 자신에게 청혼하러 오는 길에 그 일

36) Ibid. 272.

37) Ibid. 282.

38) Ibid. 283.

이 일어났다는 것을 알게 되면서 애너의 감정적 교육은 새로운 국면을 맞이하게 된다. 그녀는 (인지적으로) 반성하면서 자신을 배신하고 자신에게 거짓말을 한 남자와 결혼하는 것은 가능하지 않다고 생각한다. 그러나 그녀가 대로우와 함께 있을 때면 그녀의 본능적이고 정감적인 평가가 우위를 차지한다. 그녀는 그에 대한 신체적 끌림과 그를 잃는다면 자신이 느끼게 될 끔찍한 비탄의 느낌에 압도당한다. 그녀의 초기 반응은 단순한 고통과 괴로움, 즉 '**안 돼! 안 돼! 안 돼!**'라는 정감적 평가이다. 앞에서 우리가 살펴보았듯이 그녀는 '상처를 입었지만 아직 고통을 느끼지는 못하는 동물' 같다. 이제 그 상처 입은 동물의 이미지가 돌아온다. '그녀는 전에도 고통스러웠다. 그렇다. 그러나 그것은 맑은 정신으로, 반성적으로, 서글프게 고통스러운 것이었다. 이제 그녀는 상처 입은 동물이 그럴 수밖에 없듯이 맹목적으로, 격렬하게, 이 끔찍한 고통이 끝나기만을 갈망하는 한 마리의 험악한 동물처럼 고통스러워하고 있다. ……'[39] 나의 용어로, '맑은 정신의' '반성적인' 괴로움은 의식적으로 반성되고 이해되는 괴로움이다. 그것은 그녀의 삶 전체의 의미가 붕괴될 것이라는 위협을 받고 있다는, 즉각적이고 비인지적인 정감적 평가의 결과가 아니다.

애너가 대로우의 배신에 대해 알게 된 후 그와 처음 만났을 때, 우리는 그녀의 서로 다른 욕구들, 가치들, 목표들이 교대로 그녀 의식의 전면에 등장하면서 그녀의 감정이 변하는 것을 목격하게 된다. 예를 들어 그녀는 '동물적인 괴로움'을 느꼈다가 대로우에게 떠나 달라고 하지만, 그가 그렇게 하지 않으려 하는 것에 '분개의 전율'을[40] 느끼고, 그가 그녀에게 상황을 마주하라고 타이를 때는 '용기'를[41] 느낀다. 그다음에 냉랭함과 씁쓸함을 느끼지만, 곧이어 대로우의 배신에 대한 생각으로 '거의 신체적인 혐오감이 갑작스럽게 돌진'하고[42] 그다음에는 '말문이 막히는 비참함'을[43] 느낀다. 그리고 어떻게 소피와 그런 관계를 갖게 된 것인지 대로우가 설명할 때는 '분개와 분노'[44]를 느끼고, 그를 포기한다면 소

39) Ibid. 275-6.

40) Ibid. 277.

41) Ibid. 279.

42) Ibid. 281.

43) Ibid.

44) Ibid. 283.

피가 대로우와 가졌던 경험을 자신은 결코 가질 수 없을 것이라는 질투와 비탄, 그리고 마지막으로 대로우에 대한 자신의 새로운 열정과 그것을 숨기는 '자존심'을 느낀다. 그 장면은 대로우가 어쩌면 영원히 지브레를 떠나기로 결심하는 것으로 끝난다. 그는 애너에게 그녀가 항상 '두려움과 위선 없이 있는 그대로 삶과 인간의 문제를 바라보기를' 원했음을 상기시킨다. 그러나 이제 그녀는 '그것이 언제나 보기 좋은 것은 아니라는 것'을 깨닫는다.[45)]

이 모든 내적 혼란을 겪은 후 애너는 자신의 감정 반응에 대해 조용히 반성해본다. 그녀는 자신의 '명예감(sense of honor)'이 더 이상 '자신의 가장 깊이 자리한 감성'이 아님을 깨닫는다.[46)] 왜냐하면 그녀는 대로우의 배신에도 불구하고 여전히 그를 '숭배'하기 때문이다. 대로우가 애너를 보기 위해 런던에서 파리로 황급히 돌아올 때 그녀는 그에 대한 자신의 신체적 열정에 굴복한다. '그의 품에 안겼을 때 그녀의 모든 두려움은 사라지는 것 같았다. 그것은 지금까지 알았던 어떤 것과도 다른 느낌이었다. 마치 어떤 내밀한 수치심과 원한이 그 안에 섞여 있는 듯 혼란스럽고 탁하지만 더 풍부하고 깊이 있으며 매력적인 느낌이었다. …… 그녀는 이제 자신이 결코 그를 포기할 수 없음을 알았다.'[47)] 워튼은 이 '다른 느낌'에 이름을 붙이지는 않았지만, 그것의 다양한 구성요소를 생생하게 설명한다. 통속 심리학의 용어를 사용하자면, 애너는 수치심과 희열의 혼합을 경험하고 있다. 그녀는 자신의 주의를 완전히 흡수해버린 어떤 상황에 대한 두 가지 이해, 즉 수치스럽다는 것과 희열이 넘친다는 것에 집중하고 있다. 그 상황에서 **나는 그것을 원해!**와 **나는 그것을 원하지 않아!**가 — 혹은 쾌와 고통이 — 충돌하지만, 거기서 쾌는 너무 강력해서 저항하기 어렵다. 거기에는 행동 경향만이 아니라 행동 또한 포함된다. 그녀는 눈을 감고 자신을 신체적 열정에 맡긴다. 애너는 대로우에게, 그리고 이 감정에 '사로잡혀' 있다.

> 그녀는 어디선가 읽었던 내용을 기억해냈다. 고대 로마 시대에는 노예들이 구분되는 옷을 입는 것이 허락되지 않았는데, 그렇지 않으면 그들이 서로를 알아보고 자신들의 수와 힘을 알게 될 것이기 때문이다. 애너는 그동안 자기 마음속의 어두운 통로를 은밀하고 조용

45) Ibid. 280.

46) Ibid. 289.

47) Ibid. 306.

하게 오가던, 그리고 이제 반역의 함성으로 서로에게 인사하는 본능과 욕구들을 자신 안에서 처음으로 식별해냈다.[48)]

이 주목할 만한 이미지에서 워튼은 애너의 무의식적 욕구들이 — 애너의 관점에서 보면 혁명적인 욕구들이 — 어떻게 차가운 인지에 대항하여 반란을 일으키면서 자신들 뜻대로 하겠다고 주장하는지뿐만 아니라, 애너가 대로우에게 '사로잡혀' 있다는 것도 전달한다. 이 이미지는 또한 그녀가 새로 찾은 기쁨이 자신이 이제껏 인정하지 않았고 안중에 두지 않았던 모든 욕구를 드러냈다는 것을 전달한다. 우리는 그 욕구들이 어쩌면 보다 흥미진진한 삶, 여행, 지적인 성인과의 교제, 자기의 집, 마침내 그녀 자신이 되는 자유 등에 대한 욕구뿐만 아니라 성적 욕구도 포함한다는 것을 추론해낼 수 있다. 그러나 워튼은 그것을 대놓고 말하지 않는다. 그녀는 어떤 일반 상식적인 심리학의 몇몇 용어들로 애너의 감정에 이름을 붙이지 않는다. 그녀는 그 고유하고 특수한 특질을 그녀의 심상 안에 표현해낸다.

애너와 대로우가 며칠간 지브레로 돌아왔을 때, 애너는 자신의 '꺼질 수 없는 희열'[49)]과 그를 믿을 수 없다는 반감 사이에서 동요한다. 함께할 수 있는 마지막 밤일 수도 있는 그때, 그녀는 다시 한 번 헤어져야 한다고 말하려고 결심한다. 그러나 잘 자라고 말할 때, 그녀는 그를 잃을 것 같다는 생각에, '자신의 쪼그라든 생각들 사이에 홀로' 남을 생각에 압도당한다.[50)] 밤을 함께 보낸 이후에도 '그녀는 이제 그의 것이고, 평생 그의 것'이었지만[51)] 여전히 그녀가 그로 인해 움츠러드는 순간들이 있었고, 대로우는 자신이 그녀를 '혐오감으로' 채운다고 느낀다.[52)] 그러나 그녀가 자신을 해방시키려 할 때마다 그러한 시도는 실패하고 만다.

그녀는 마지막 시도로 마침내 자신이 대로우를 포기할 것이라고 알려주기 위해 소피를 찾았으나, 소피는 이미 그녀의 평판 나쁜 옛 고용주인 머릿 부인과 인도로 떠난 후였다.

---

48) Ibid. 304.

49) Ibid. 325.

50) Ibid. 323.

51) Ibid. 331.

52) Ibid. 343.

소피의 언니는 소피가 자신의 본래 출신으로 돌아갔음을 상징하는 불결하고 누추한 아파트에서 애너를 맞이한다. 워튼은 우리에게 소피가 떠났다는 사실을 애너가 어떻게 받아들이는지 설명하지 않으며, 소설의 끝은 애매하다.[53] 그러나 그것이 가지는 함축은 소피가 안전하게 자리를 비켜주었기 때문에 마침내 애너가 대로우와의 결혼을 거절할 이유가 사라졌다는 것이다.

대로우와 마찬가지로, 애너는 자신에게 가장 중요한 교훈을 감정적 수단을 통해 배운다. 우리는 그녀가 배우는 것을 그녀가 얻는 새로운 믿음들의 형태로 요약할 수도 있을 것이다. (1) 그녀는 소피와 대로우가 바람을 피웠다는 것을 배운다. (2) 그녀는 열정적인 사랑이 인간의 삶을 변화시킬 수 있다는 것을 배운다. (3) 그녀는 행복한 사랑을 즐기려면 자신의 '고매하고' '섬세한' 원칙들과 타협해야 할 수도 있다는 것을 배운다. 그러나 그녀가 얻게 되는 교육의 가장 중요한 부분은 전체적인 일련의 새로운 감정들에 대한 경험에서 오며, 이것이 결국 이러한 믿음들의 획득을 이끌어낸다. 따라서 충족감을 주는 삶이라는 것이 어떤 것일 수 있는지를 그녀에게 알려주는 것은 실제로 계속되고 있는 대로우를 향한 그녀의 열정적 사랑의 경험이다. 그녀가 그를 차마 포기할 수 없는 것은 그 열정적 사랑이 그녀 삶의 모든 국면 — 지적 · 관능적 · 감정적 국면 — 을 변화시켰기 때문이다. 그러나 그녀의 사랑이 그녀에게 충족감을 주는 삶이 어떤 것일 수 있는지 가르쳐주자마자 그녀는 대로우의 불성실함과 배신에 대해 알게 되고, 뒤따르는 혐오감은 그녀에게 자신의 사랑이 주는 즐거움은 그녀에게 (어쩌면 영원히) 예전에는 경험하지 못한 혐오와 불안 그리고 질투의 먹이가 되게 할 것이라는 것을 가르쳐준다. 애너는 또한 자신이 겪는 감정적 충돌들 — 대로우에게 끌리는 것과 대로우에 대한 혐오감, 소피에 대한 연민과 질투, 그녀 자신의 강직함에 대한 자부심과 경험의 부족에 대한 수치심 — 을 통해 배운다. 각각의 감정은 그 상황

53) 마릴린 프렌치(Marilyn French)는 『여름(*Summer*)』의 콜리에르 북스(Collier Books) 판본 서문에서 '한 기이한 마지막 장면에서 애너는 자신의 태도의 진짜 뿌리를 발견한다. 그것은 그녀의 깊은 성적 역겨움이다. 이 장면에서 애너는 성적으로 문란한 삶을 사는 소피의 언니를 찾아간다. 애너의 공포는 그녀가 본 것에 비해 너무 지나친 것이다. 그녀가 머릿속에 그리는 것은 자신이 보기에 추한 결론이면서, 소피의 자유로운 삶의 방식에 필연적인 결론이다.' 그러나 워튼은 어디에서도 애너가 공포에 질려 있다거나 역겨워한다고 말하지 않는다. 워튼은 단지 그 장면을 애너가 보는 대로 제시할 뿐, 애너가 보고 있는 것에 대한 애너의 태도에 대해서는 말하지 않는다. 프렌치는 자신의 방법으로 공백을 매우고 있는 것이다. Edith Wharton, *Summer* [New York: Macmillan (Collier Books), 1987], p. xxviii. 참조.

에 대한 서로 다른 이해를 포함하고, 그것들은 그녀의 제한되고 관습적인 삶이 이전에는 결코 그녀에게 보여주지 않았던 복잡한 것들을 가르쳐준다.

그러나 이 책의 마지막 부분 전체를 차지하고 있는 갈등은 이성과 '본능적인'(비인지적인) 감정적 평가 사이의 갈등으로 표현될 수 있다. 애너는 더 행복하고 풍부한 삶을 얻기 위해서는 불완전함을 감내하고 타협해야 한다는 것을 감정적으로 배울 뿐만 아니라, 언제나 섬세하고 주의 깊은 인지적 모니터링에 참여하기보다는 정감적 평가에 의지하는 것이 반드시 나쁜 것은 아니라는 것 또한 배운다. 애너는 지금까지 인지적 반성에 너무 많이 의존해왔다. 이제 그녀는 본능적인 감정적 평가에 좀 더 많은 비중을 두어야 한다. 처음에 그녀를 대로우에게, 그리고 그와 함께 그녀가 발견한 기쁨으로 이끈 것은 본능적인 감정적 평가이다. 소피 바이너를 둘러싼 비밀을 드러내는 데 크게 기여한 것도 본능적인 감정적 평가이다. 그리고 그녀는 궁극적으로 자신의 본능적인 감정적 평가를 반성함으로써 섬세한 감수성, 명예감, 원칙에 대한 고수가 그 자체로 행복을 보장하지 않는다는 것을 배웠다. 이성과 도덕적 원칙은 애너에게 자신의 사랑을 포기하라고 말하고, 감정적 경험은 그러한 희생이 의미 없는 것이라고 말한다. 어쩌면 애너의 감정들은 그린스펀(Greenspan)의 의미에서 '기본적으로 합리적'이다. 그 감정들이 세계를 바라보는 공존할 수 없는 서로 다른 방식들을 담아내고 있다는 사실에도 불구하고 말이다. 그녀의 감정과 이성은 동일한 상황의 서로 다른 국면들에 집중하며, 워튼은 애너의 감정이 옳다는 견해를 인정하는 것으로 보인다. 즉, 애너는 무의미한 희생을 하라는 이성의 요구에 저항**해야 한다는** 것이다.

대로우와 애너는 감정적 교육의 중요성을 보여준다. 두 사람 다 한 줄기의 변화하는 감정들을 경험하고, 자신들의 변화하는 감정들에 대해 반성한다. 즉, 그들은 자신들의 감정적 경험에 대한 광범위한 인지적 모니터링에 참여한다. 그들은 각자의 아주 상이한 방식으로 느낌을 결여한 상태에서 (대로우의 경우에는 그가 소피와의 관계의 의미를 느끼지 못했기 때문에, 그리고 애너의 경우에는 그녀의 '달콤한 합리성'과 감정적 경험의 부족이 그녀가 조금이라도 깊이 무언가를 느끼는 것을 막았기 때문에) 느낌을 가지는 상태로 발전한다. 워튼은 감정적 교육이 일련의 변화하는 감정 상태들을 통해 일어난다는 것과 그것이 일상의 심리학 또는 '통속' 심리학의 용어로 적절히 전달될 수 없다는 것을 보여주었다. 결국 대로우와 애너는 믿음을 얻게 되지만, 오직 변화하는 생각들과 주의집중, 생리적 변화들과 행동 변화들의 복잡한 연쇄를 경험한 후에야 그렇게 된다. 두 사람이 얻게 되는 믿음들 중 하나가 '감정적 교육이 배움과 성장을 위한 하나의 중요한 수단'이라고 보는 것은 적절할 것이다.

독자의 감정적 교육

『암초』를 읽을 때 우리 역시 대로우와 애너의 감정적 교육과 유사한 감정적 교육을 거치게 된다. 만약 우리가 그것을 진지하고 주의 깊게 읽고 있다면, 우리는 등장인물들에게 감정적으로 관여하게 되고, 그 소설을 읽으면서 한 줄기의 변화하는 감정들을 경험한다. 주요 인물들의 진화하는 감정적 경험을 따라가면서 우리 자신의 감정적 경험도 진화한다. 서로 다른 독자는 서로 다른 경험을 가질 수 있다. 그리고 의심의 여지없이, 동일한 독자도 동일한 소설을 다시 읽으면서 이전과는 다른 경험을 할 것이다.

소설의 도입부에서 어쩌면 나는 대로우의 실망, 애너를 향한 그의 가벼운 분개, 그리고 모든 것이 그에게 등을 돌리고 공모하고 있는 것처럼 보이는 것에 대한 짜증에 공감할 것이다. 나 자신이 이러한 느낌들을 공유할 수도 있다. 그런 다음 그와 소피의 관계가 시작되었다는 것을 알게 되었을 때, 대로우가 이미 그것의 시작을 후회하고 있다는 것을 알아차리더라도 나의 느낌은 희미한 혐오와 못마땅함으로 바뀌기 쉽다. 내가 처음으로 애너를 '안에서' 만났을 때,[54] 나는 대로우의 도착에 대한 기대에서 오는 그녀의 충만한 기쁨에 이끌린다. 특히 그 기쁨이 그녀로 하여금 오언에게 그의 사랑을 지지하겠다고 말하게 하기 때문에 더욱 그렇다. 나는 오언이 파리의 극장에서 대로우와 함께 있는 것을 보았다고 한 분홍색 망토의 예쁜 아가씨에 대해 애너가 대로우를 추궁할 때 약간 불안해진다. 그리고 대로우가 그 이야기를 그저 넘겨버리려고 할 때 약간의 긴장감을 느낀다. 나는 소피 바이

54) R. K. Elliott, 'Aesthetic Theory and the Experience of Art', Alex Neill and Aaron Ridley (eds.), *The Philosophy of Art: Readings Ancient and Modern* (Boston: McGraw-Hill, 1995)과 비교.

너가 가정교사라는 것을 알게 되어 깜짝 놀라고, 그녀가 오언의 약혼녀라는 것이 드러났을 때 다시 한 번 깜짝 놀란다. 나는 대로우에 대한 연민을 갖기 시작하고, 애너 때문에 두려워하기 시작한다. 이와 동시에 나는 소피와 오언의 느낌에는 훨씬 덜 연루되는데, 그것은 내가 그들을 안에서 보는 것이 절대 허용되지 않기 때문이다. 나의 집중의 초점은 애너와 대로우 사이에서 이리저리 움직이고, 나는 그들 각각에게 차례로 공감하고 있는 것을 보게 된다. 소설을 읽으면서 나는 애너의 행복한 사랑에서 오는 쾌로부터 그녀에게 어떤 미래가 다가올 것인지에 대한 걱정으로, 소피 바이너가 가정교사로 나타났을 때의 놀람과 충격으로, 대로우의 감정적 동요에 대한 공감으로, 그리고 결국에는 주의와 감정의 많은 이동과 미끄러짐[55]을 거쳐 사랑과 원칙 사이에서 걱정스럽게 갈등하는 애너에 대한 공감으로 옮겨간다. 그러나 소설의 끝에서 나는 그녀가 그만 초조해하고 대로우와 결혼하기를 원한다.

다시 말해, 주요 등장인물들과 마찬가지로 나는 계속되는 한 줄기의 변화하는 감정 반응들을 경험하고 그 안에서 나의 주의는 비인지적 평가와 생리적 활동 그리고 그들이 생성하는 행동 경향을 통해 등장인물들과 그들의 곤경에 집중된다. 나는 대로우가 자신과 소피의 '약간의 친분'에 대해 애너에게 거짓말을 할 때 긴장하고 초조해하며, 소피가 가정교사로 등장할 때 놀라기 시작하고, 애너가 진실의 발견에 가까이 갈 때 심장이 빠르게 뛰기 시작한다. 그리고 이와 같은 것들이 그 이후에도 이어진다. 워튼은 계속해서 나를 감정적으로 연루되게 하는데, 그것은 그 이야기와 등장인물들의 다양한 국면들이 나 자신의 필요, 이해관계 그리고 가치에 호소하기 때문이다. 나는 소설에서 일어나는 일들에 대한 비인지적 평가를 내리고, 나의 주의는 그 비인지적 평가의 대상들에게 집중된다. 나의 감정 반응은 때로는 그 인물들의 감정 반응을 거울처럼 반영할 수도 있고, 다른 경우에는 그렇지 않을 수도 있다.

어쩌면 모든 독자가 애너와 대로우에 대해 생리적으로 크게 동요되는 것은 아닐 것이다. 그러나 내가 앞에서 지적한 것처럼 만약 우리가 등장인물들에게 정서적으로 관여하고, 우리의 주의가 그들에게 집중되고, 우리가 그들에 대한 적합한 생각을 가지게 된다면, 보

55) 그 표현은 수전 피건(Susan Feagin)의 것이지만, 피건은 약간 다른 방식으로 그것을 사용한다. *Reading with Feeling: The Aesthetics of Appreciation* (Ithaca, NY: Cornell University Press, 1996) 참조.

통은 어떤 상응하는 생리적 반응이 있게 될 것이다. 그러나 이야기 속 사건들에 대해 **감정적이 되지** 않고서도 그 사건들에 대해 불안한 생각을 가지는 것 — 불안한 인지적 상태나 태도적 상태에 있는 것 — 은 가능하다.

소설을 다 읽은 후에 나는 그 등장인물들과 마찬가지로 거실에 홀로 앉아 내 감정적 경험에 대해 반성하고 내가 그 경험으로부터 (무언가 배웠다면) 무엇을 배웠는지 파악하려고 할 수 있다. 그런 다음 나는 그러한 숙고(cogitation)의 결과를 내가 얻은 믿음의 형태로 정식화할 수 있다. 예를 들어 나는 대로우가 소피에게 잘못을 했다고, 그리고 대로우의 도덕적 실패에도 불구하고 그와 결혼하는 것이 애너에게는 옳은 일이라고 결론내릴 수 있다. 더 일반적으로 말해, 나는 대로우가 소피와 관계를 가진 것에 대해 반성해보면서 도덕적 섬세함은 주어진 상황의 구체적 사항들에 대한 주의 깊은 집중과 감정적 자각을 포함해야 한다는 믿음을 얻을 수 있다. 애너의 경험에 대해 반성하면서 나는 우리 삶의 적절한 경로를 결정함에 있어 감정적 경험이 추상적인 도덕적 원칙만큼이나 중요하다는 믿음을 형성할 수 있다. 그러나 이와 같은 반성은 소설을 읽는 동안 내가 가졌던 일련의 감정적 경험들에 대한 모니터링의 결과이다. 나는 나의 경험에 기초하여 이러한 경험들을 되돌아 반성하고, 그 소설에 대한 반성적 개괄을 하고 있는 것이다.

그 소설을 읽으면서 내가 얻게 되는 교육은 단순히 이러한 믿음을 획득하는 것(혹은 어쩌면 내가 이러한 믿음들을 이미 가지고 있었다면 그것들을 강화하는 것)이 아니다. 감정적 경험은 그 자체로 교육적이다. 나의 집중의 초점, 나의 관점, 등장인물들에 대한 나의 생각, 그들과 관련한 나의 필요 등을 조금씩 변화시키는 것은 그 소설에 대한 나의 감정적 경험을 구성하는 일련의 감정적 사건들이다. 만약 내가 그 소설로부터 무언가 인간 행위와 관련된 중요한 것을 정말로 **배운다면**, 그것은 단순히 다른 이들의 느낌에 대한 섬세한 지각 없이 도덕적 원칙만으로는 선한 행위를 보장하기에 충분하지 않다거나, 우리 삶의 적절한 경로를 결정할 때 감정적 경험이 추상적 도덕 원칙들만큼이나 중요하다는 단도직입적인 믿음은 아닐 것이다. 그 소설에 대한 나의 감정적 경험을 구성하는 일련의 감정 사건들은 조금씩 나의 이해(conceptions)와 집중의 초점을 변화시킨다. 나의 감성적 교육은 소설 속에 묘사된 사건들의 연속을 감정적으로 경험하는 과정을 통해 이루어진다.

여기서의 나의 논증은 4장에서의 논증을 연상시킬 것이다. 거기에서도 나는 문학작품에 정말로 감정적으로 반응하는 것의 중요성을 강조했다. 그러나 4장에서 내가 강조한 것은 감정적 경험이 종종 그 소설에 대한 이해에 필수적이라는 것이다. 여기에서 나는 감정적 경험이 소설에 대해서만이 아니라 삶 자체에 대해서도 나를 가르쳐줄 수 있다는 것을 강조하고자 한다. 내가 이 장에서 『암초』에 대해 논의하기를 선택한 것은 우연이 아니다. 왜냐하면 『암초』는 감정적 교육이 어떠할 수 있고 어떠해야 하는지에 대한 모델 혹은 표본을 제공하기 때문이다. 등장인물들은 워튼이 암묵적으로 승인하고 있는 감정적으로 풍부한 반성적 삶을 예시한다. 대로우와 애너는 자신들의 감정들로 인해 분투하고, 그 결과 더 나은, 그리고 더 사려 깊은 사람들로 등장한다. 그리고 우리는 그 소설을 읽으면서 우리 자신의 감정적 경험에 대한 동일한 종류의 반성에 참여하도록 장려된다. 자신의 잘못이 그렇게 나쁜 것은 아니라고 생각하는 데서 대로우가 정당화될 수 있는가? 애너는 대로우와 결혼해야 하는가? 애너와 대로우의 오랜 행복을 위해 소피가 희생해야 하는 것이 옳은가? 이 책은 이러한 질문들을 제기하지만, 그 질문들에 애매하지 않은 방식으로 답하지는 않는다. 이 책은 독자들 역시 자신들의 감정적 경험과 그것이 지닌 윤리적 함축에 대한 풍부한 반성에 참여할 수 있도록 여지를 남겨둔다.

교육하는 것은 누구인가? 함축된 저자로서의 '이디스 워튼'

만약 독자가 『암초』라는 작품을 만남으로써 감정적 가르침을 얻는다면, 추정건대 그 독자의 교사는 소설가인 이디스 워튼이다. 나는 이제까지 그 소설에 대한 나의 감정 반응이 마치 삶의 한 단면에 대한 나의 감정 반응과 같은 것처럼 논의해왔고, 어떤 의미에서 그것은 옳다. 애너 리스에 대한 서사는 유사한 문제를 가진 어떤 실재하는 여성에 대한 서사와 완전히 동일한 방식으로 감정을 유발할 수 있다. 그러나 하나의 소설은 주의 깊게 짜인 하나의 예술작품이다. 만약 내가 소설로부터 감정적으로 배운다고 정말로 말할 수 있다면,

그것은 오로지 워튼이 가르침을 제공하기 때문이다. 그러므로 만약 내가 소설에서 제공되는 감정적 가르침을 얻고자 한다면 나는 저자에 의해 의도된 방식으로 그 소설에 감정적으로 반응해야 한다. 만약 대로우가 바람을 피운 것에 대해 애너가 알게 되는 결정적인 장면 내내 내가 깔깔거린다면, 비록 내가 감정적으로 반응하고 있는 것이 맞다 하더라도 나는 옳은 감정 혹은 적합한 감정으로 반응하고 있는 것이 아니다.

워튼이 가르쳐주는 것을 배우려면, 추정건대 나는 그녀가 원하는 방식으로 반응해야 한다. 결국 우리의 주의를 이끌고, 등장인물과 상황의 특정 국면들이 우리에게 **두드러지게** 나타나도록 함으로써 그 국면들에 집중하게 하는 것은 워튼이기 때문이다. 지브레에서 소피의 등장으로 우리를 깜짝 놀라게 하고, 애너의 고통을 묘사하는 방식을 통해 우리를 슬프게 하고, 대로우가 자신이 한 행위에 대해 개탄하게 함으로써 우리를 기쁘게 하는 것은 워튼이다. 워튼은 아주 특정한 방식으로 우리의 주의를 집중시키고, 때때로 그녀가 들려주는 이야기는 생리적 반응을 유발하여 우리의 주의집중을 강화한다. 지브레에서 소피 바이너의 예기치 못한 등장에 우리가 놀라면서 작품을 읽어나가게 되는 것이나 애너가 진실을 발견하기 직전에 우리 심장이 마구 뛰기 시작하는 것이 그러한 경우이다. 워튼은 우리의 필요와 가치 및 이해관계에 호소함으로써, 특정 관점에서 등장인물들과 상황들을 제시함으로써, 그리고 우리로 하여금 그들에 대한 특정한 생각을 하도록 장려함으로써 이러한 감정 반응들을 유발한다.[56)]

『암초』를 읽을 때 나는 그것이 유발하는 생각과 이미지들에 감정적으로 반응한다. 그리고 나는 반성을 통해 나의 반응들이 얼마나 적합한지에 대해, 그리고 내가 반응한 방식이 워튼이 나로 하여금 감정적으로 반응하도록 의도한 방식인지 아닌지에 대해 추론한다. 그러나 비록 저자가 무엇을 의도했을지를 아는 것이 중요하다고 하더라도 그것이 무엇인지 파악하는 것은 일부 사람들이 생각하는 것처럼 그리 간단한 일이 아니다. 나는 내 반응이 적절한지 가늠해보면서 저자를 특정한 종류의 사람이라고 암묵적으로 이해한다. 나는

56) 그러나 워튼이 우리로 하여금 그녀의 인물들과 상황들을 특정 방식으로 생각하거나 떠올리게 하고, 그렇게 떠올린 것들에 주의를 집중하게 하고, 그들과 관련된 특정한 필요들을 가지게 하더라도 우리가 그러한 생각과 상상을 하고 그러한 필요를 갖기 위해 믿음을 형성해야 하는 것은 아니다. 물론 우리가 그 인물을 적절한 방식으로 생각한다면, 소설의 끝에 이르러 우리가 그에 상응하는 믿음들에 도달하기 쉽지만 말이다.

나에게 보이는 모습으로서의 저자에게 감정적으로 반응하고 있는 것이다. 다시 말해 나는 함축된 저자 '이디스 워튼'에게 반응하고 있다. 다른 독자는 조금 다른 함축된 저자에게 감정적으로 반응할 것이다.

예를 들어 내가 이해하기에 그 책의 도입부에서 '워튼'은 대로우가 보고 있는 그대로의 상황을 우리에게 보여주고, 그래서 애너에게 거절당한 것에 대한 대로우의 실망에 약간의 동정심을 느끼도록 우리를 부추긴다. 이와 동시에 나는 자존심에 가해진 이러한 타격을 그가 얼마나 예리하게 느끼는지 보고 약간 즐거워하게 된다. 워튼은 이 상황을 주로 대로우의 관점에서 보여줌과 동시에 그녀 자신의 관점을 주입함으로써 내가 이러한 방식으로 느끼게 한다.[57] 예를 들어 그녀는 대로우로 하여금 다음과 같이 생각하게 한다. '30일 전에는 오지 말 것.' '이제 겨우 15일인데 30일까지 오지 말라니!' 그녀는 마치 대로우가 분주한 외교관이 아니라 시간과 무관하게 사는 한량인 양 2주를 공치게 만든 것이다. 그녀의 부름에 응하기 위해 수많은 약속을 취소하고 간신히 여기까지 왔는데 말이다![58] 내가 보기에 저자는 대로우를 점잖게 놀리면서 우리 역시 조금은 즐거워하기를 원한다.

이와 유사하게 지브레에서 대로우가 감정적 교육을 받는 동안 워튼은 우리에게 그 상황을 대로우의 관점에서 보여준다. 그것은 우리가 그의 단점들에 대해 알게 될 때조차 절대로 그에 대한 공감을 완전히 잃지 않도록 하기 위한 노력이다. 워튼은 우리가 대로우와 애너의 결혼을 원하기를 바라고, 그래서 그녀는 대로우가 소피를 대했던 — 그리고 계속해서 대하는 — 비열한 방식보다는 대로우의 수치심과 개탄 및 내적 고통에 우리의 주의를 집중시키기 위해 신중을 기한다. 그리고 다시 저자는 독자가 애너에게 공감을 느끼도록 하는데, 그것은 부분적으로는 전개되는 사건들을 애너의 관점에서 보여주는 것을 통해 이루어진다. 이를테면 우리는 애너에게 마음을 쏟도록 설득당해 왔기 때문에 그녀를 가여워한다. 워튼은 독자로 하여금 애너에게 신경 쓰게 하고, 그래서 우리로 하여금 애너가 대로우와 행복해지고 대로우를 용서할 수 있기를 원하게 하려 한다.

---

57) 나는 워튼의 이름 옆에 인용부호를 붙이는 것을 계속하고 싶지 않다. 그렇지만 워튼이 소설에서 묘사한 것들과 그녀가 자신의 주제를 어떻게 다루고 있는지에 대해 논의할 때 내가 정말 지칭하는 것은 워튼으로 보이는 저자, 즉 함축된 저자임에 주목하라.

58) Wharton, *The Reef*, 10. 그 기술은 '자유간접화법'으로 알려져 있다.

나는 워튼이 우리가 어떤 방식으로 반응하기를 원하는지 자각하고 있는데, 그것은 주로 그녀가 등장인물들을 묘사하는 방식, 특히 그 인물들의 내적 삶을 묘사하는 방식 때문이다. 예를 들어 대로우가 소피와의 관계에 대해 설명하려 할 때, 워튼은 그가 '신음하며' 자리에 앉아 "그게 극히 가벼운 일 — 그저 표면적이기만 한 일 — 같아 보였고, 그게 표면적이기만 **했기** 때문에 내가 그렇게 한 거야. 이제 내가 얼마나 무서운 일을 저질렀는지 나도 당신만큼 잘 알겠어. 내가 저지른 잘못의 정도와 한계를 더 분명하게 알 것 같아. 하지만 그게 당신이 생각하는 것처럼 나쁜 건 아냐"라고 인정하게 한다.[59] 여기에서 워튼은 대로우의 개탄과 자신이 한 일에 대한 그의 반성적 이해를 보여주며, 그래서 나는 그의 수치심을 함께 느낀다. 그러나 이와 동시에 워튼은 그의 잘못이 그렇게 나쁜 것은 아니라는 데 애너가 동의하기를, 그리고 독자들도 그것에 동의하기를 원한다.

그러나 때때로 대로우의 '수많은 약속'에 대한 그녀의 언급에서처럼 워튼은 자기 자신을 그 이야기 속에 더 단정적으로 삽입시킨다. 그러한 삽입의 또 다른 경우는 애너의 첫 번째 남편인 코담배갑 수집가 프레이저 리스에 대한 기술에서 등장한다. 우리가 듣게 되는 것은 분명히 프레이저에 대한 대로우의 생각이지만, 대로우가 프레이저 리스 본인의 생각에 명백하게 자리를 내주는 순간이 아이러니하게도 워튼 본인에 의해 제시된다. '금발의 리스는 늘 말쑥한 차림에 곧은 몸매와 가는 코, 그리고 항상 뭔가를 약간 혐오하는 듯한 표정 때문에 돋보였다. 진품 담뱃갑이 점점 더 희귀해져서 시장에 형편없는 모조품들이 범람하는 형국에 누군들 그런 표정을 짓지 않겠는가?'[60] 여기서 워튼은 자칭 탐미주의자를 희생시키면서 재미있어하고 있다. 그리고 여기에서 우리 역시 미소 짓는다면, 우리는 함축된 저자에게 반응하고 있는 것이다.

우리는 소설을 읽으면서 저자에 대한 이해를 구축한다.[61] 소설을 읽으면서 우리는 예를 들어, 우리가 어떻게 반응하기를 워튼이 원하는지 가정해본다. 그러나 우리가 어떻게 반응하기를 저자가 원하는지에 대해 가설을 세우는 것과 실제로 그러한 방식으로 반응하

---

59) Ibid. 303.

60) Ibid. 6.

61) 여기서 나는 함축된 저자를 '구성하는 것' 혹은 그 저자에 대해 추론하는 것이 소설의 주제나 소설이 표현 혹은 예시하는 것에 대해 추론하는 것과 원칙상 다르다는 것을 함축하려는 의도를 가지고 말하는 것은 아니다.

는 것은 다르다. 우리는 저자가 우리가 어떻게 느끼기를 원하는 것 같은지 이해하면서도 실제로 그렇게 느끼지 않을 수 있다. 예를 들어, 간혹 저자가 약간 심하게 노골적으로 개입할 때 우리는 조종당한다고 느낀다. 어쩌면 서사에 개입하는 이디스 워튼을 내가 가장 의식할 때는 소설의 끝부분에서 그녀가 소피를 좋지 않은 평판의 머릿 부인과 함께 인도로 내쫓아 보내버림으로써 (내가 보기에) 애너의 마음에 대로우와 연합하는 것과 관련하여 더 이상 어떤 장애물도 없게 할 때이다. 머릿 부인은 '데우스 엑스 마키나(dea ex machine, 역자 주: 특히 극이나 소설에서 가망 없어 보이는 상황을 해결하기 위해 동원되는 힘이나 사건)' 같은 것이며, 소피가 자신에게 합당하지 않은 운명을 맞이하게 됨으로써 애너가 깨끗한 양심으로 대로우와 결혼할 수 있게 되는 한 나는 워튼이 소설가로서 '부당행위를 한다고' 생각한다. 그러나 이러한 사건 전개에 대한 나의 감정 반응이 어쩌면 저자에 의해 의도된 것이 아닐 수 있다는 점은 주목할 만하다. 소피가 인도로 쫓겨나는 인정사정없는 방식에 대한 나의 **역겨움**이 워튼이 의도한 반응이었다고 보기는 어렵다. 그러나 그것은 소설에 대한 나의 해석이 기초하는 감정 반응들 중 하나이다.

노엘 캐롤(Noël Carroll)은 저자가 독자들(혹은 영화 관람객들)로부터 감정 반응을 이끌어내는 방식을 텍스트의 '미리 초점 맞추기(prefocusing)'라고 부르는 것의 측면에서 기술한다.

> 상황과 등장인물들의 어떤 특징들은 기술이나 묘사를 통해 두드러지게 된다. 이러한 특징들은 우리가 경험하고 있는 감정 상태의 정체성(identity)을 결정하거나 지배하는 …… 범주들이나 개념들 아래 포섭될 수 있는 그러한 것들일 것이다. 나는 텍스트가 표준적으로(criterially) 미리 초점 맞춰져 있다고 말함으로써 텍스트가 가진 이러한 속성을 지칭할 것이다.[62]

캐롤은 텍스트에 의해 적절하게 감정 반응이 유발되는 데 포함되는 두 단계를 구분한다. 첫째로 그 텍스트는 '우리가 주목하는 대상에 대한 기술이나 묘사가 우리가 그 사건을 특정 감정 상태에 표준적으로 관련된 범주들 아래로 포섭하는 것을 활성화시키게 되는 방

62) Noël Carroll, 'Art, Narrative, and Emotion', Mette Hjort and Sue Laver (eds.), *Emotion and the Arts* (New York: Oxford University Press, 1997), 202.

식으로 구성되어야' 한다.[63] 따라서 애너가 만남을 연기한 것 때문에 대로우에게 불편함이 초래되고, 그가 약간 이용당한 것으로 묘사될 때 독자는 그에게 (약간의) **연민**을 느끼게 된다. 왜냐하면 '지속되는 고통'은 연민이라는 감정을 적용할 수 있는 올바른 범주이기 때문이다. 둘째로 독자는 이야기에서 일어나는 것들에 대해 관심 — 특정한 긍정적이고 부정적인 태도들 — 을 가져야 한다.[64] 내가 대로우에게 경멸이나 무관심이 아니라 연민을 느끼려면 워튼은 내가 대로우를 향한 긍정적인 태도를 취하도록 유도해야 한다.

캐롤은 소설의 '함축된 독자'란 저자에 의해 의도된 감정 혹은 텍스트에 의해 유발된 감정을 가진 독자라고 제안한다. 일반적으로 저자들은 '올바른(right)' 감정을 일으키는 방법에 기댈 수 있는데, 왜냐하면 그들은 독자와 공통적인 생물학적 배경과 통상적으로 공통적인 문화적 배경을 공유하기 때문이다. 저자가 이렇게 하지 못했을 때 — 예를 들어 실제로는 독자들이 무감각하고 지루해하고 있는데, 저자는 그들이 폭소를 터뜨릴 것이라고 가정하는 경우 — 이것은 '규칙이라기보다는 예외이다'.

나는 캐롤이 제시하는 견해의 많은 부분을 인정하지만,[65] 일반적으로 그는 소설을 읽는 감정적 경험에서 이루어지는 것들에 대한 너무 기계적인 모델을 받아들이고 있다. 첫째로 『암초』를 읽음으로써 유발되는 모든 감정이 어떤 사건을 하나의 범주 — 이름 붙일 수 있는 어떤 특정한 감정 상태와 표준적으로 관련된 범주 — 아래 포섭시키는 것을 포함하지는 않는다. 캐롤에 따르면, 일단 어떤 대상을 '올바른' 범주 — 예를 들어 공포스러운 — 아래 있는 것으로 알아보고 나면 우리는 올바른 감정을 느끼게 된다. 이를테면 소름이 끼치고, 우리의 주의가 그 대상에 고정될 것이다. 그러나 『암초』를 읽는 지속적 경험에서 유발되는 많은 변화하는 상태들에는 이것들을 깔끔하게 범주화할 수 있는 이름이 없다. 때때로 반성 과정에서 나는 나의 감정 반응에 이름을 붙일 수 있다. 이를테면 나는 대로우에 대한 역겨움, 애너에 대한 걱정, 소피에 대한 동정심을 느낀다. 다시 말해 나는 내 감정적 경험을

63) Ibid. 203.

64) Ibid. 204.

65) 이것은 놀랍지 않은데, 왜냐하면 그는 자신의 견해를 상세히 설명하는 과정에서 나의 'Startle', *Journal of Philosophy* 92 (1995)에 찬성을 표하면서 그것을 인용하고 있기 때문이다. 그렇지만 나는 그가 나의 'L'Éducation Sentimentale', *Australasian Journal of Philosophy* 73 (1995), 212-26에 대해서는 모르고 있었다고 본다.

통속 심리학의 용어들로 기술한다. 그러나 이것이 언제나 가능한 것은 아니다. 나는 수많은 서로 다른 감정들의 음영을 경험하고, 하나의 감정 상태는 지속적으로 변화하면서 다른 감정 상태로 미끄러진다. 내가 '되돌아보며 목록화'할 수 있는 것은 내 감정의 폭넓은 윤곽일 뿐이다. 그래서 『암초』 2권의 시작 부분에서 처음으로 애너와 만날 때, 나는 내가 나중에 '애정', '감정이입적 활기', 그리고 앞으로 일어날 일에 대한 '걱정'으로 분류할 수 있는 것들을 포함한 감정들의 혼합을 느끼지만, 이러한 통속 심리학의 용어들은 기껏해야 내 경험에 대한 사후적 근사치일 뿐이다. 내가 앞에서 언급한 것처럼 예술작품과 문학작품은 전형적으로 이제껏 탐험되지 않은 감정의 혼합들을—그것에 쉽게 붙일 수 있는 통속 심리학적 이름이 없는 것들을—묘사하고, 독자로 하여금 그것들을 경험하게 한다.

캐롤의 분석과 관련된 두 번째 문제는 대상들을 인지적으로 분류하거나 평가하기 **전에** 우리가 그것들에 감정적으로 반응한다는 것이다. 우리의 정감적 평가들은 인지가 개입하기 전에 우리에게 일어나는 일들에 우리의 주의를 환기한다. 그래서 우리의 주의를 끄는 것이 어떤 감정 범주 아래 '포섭될 수 있는' 것일 수 있다 하더라도 우리의 주의가 그것에 고정된 **후**가 아니면 우리는 그것을 어떤 범주 아래 실제로 포섭하지 않는다. 게다가 초기의 정감적 평가는 대략적인 방식으로 이루어진다. 이를테면 **이것은 좋다/나쁘다**, **친구다/적이다**, **낯설고 위협적이다/안전하고 친숙하다** 같은 식으로 평가하는 것이다. '이건 소름 끼치는 괴물이다' 혹은 '이 사람은 고통 받고 있는 여주인공이다' 같은 좀 더 세밀한 방식의 평가는 정감적 평가 **이후**에만 이루어진다. 감정을 직접적으로 유발하는 것은 이러한 인지가 아니다. 그 역할을 하는 것은 정감적 평가이다. 보다 일반적으로 말해, 감정과 주의집중 이후에 인지가 따라온다고 하는 캐롤의 가정은 실제로 일어나는 일을 지나치게 단순화하는 것이다. 정교한 문학적 서사에 관여할 때 우리의 감정 반응은 계속해서 변화하며, (우리는 대체로 의식하지 못하고 있지만) 정감적 평가와 인지적 평가의 연속은 항상 진행되고 있다. 되돌아보면 통속 심리학의 어휘에서 온 단어들로 우리의 경험을 목록화하는 것은 뒤따르는 그 경험에 대한 반성 중에 이루어진다.

캐롤의 '미리 초점 맞추기'와 관련된 세 번째 문제는 그것이 어떤 장면이나 인물 혹은 사건의 특정 국면들에 독자의 주의를 고정시키는 일을 저자가 비교적 간단하게 해낼 수 있고, 그래서 저자가 독자의 특정한 감정 반응을 거의 확신할 수 있는 방식으로 이러한 국면들을 기술할 수 있다고 가정하는 것이다. 캐롤은 우리가 먼 과거나 낯선 문화권의 작품에 관여하려 할 때 약간의 역사적 이해가 필요할 수도 있다는 것을 인정하지만, '다른 문화권의 텍스트나 우리 문화권의 역사상 다른 시기에 쓰인 텍스트의 감정을 자극하는 표현(emotive address)에 감정적으로 접근하기 위해 필요한 배경지식은 역사가들을 통해 제공될 수 있다'고 생각한다.[66]

내가 보기에 이것은 너무 태평스러울 만큼 낙관적인 것 같다. 우리가 예술작품이나 문학작품에 감정적으로 관여할 때는 언제나 독자와 텍스트 간의 **상호작용**이 있다. 이것이 볼프강 이저(Wolfgang Iser)의 독자-반응 이론 같은 현상학적 독자-반응 이론이 제공하는 중요한 통찰 중 하나이다.[67] 이저가 지적하듯 소설을 읽을 때 우리는 언제나 텍스트 속 '공백을 메운다'. 예를 들어 워튼은 '자기 마음속의 어두운 통로를 은밀하고 조용하게 오가던, 그리고 이제 반역의 함성으로 서로에게 인사하는 본능과 욕구들'을 묘사한다.[68] 워튼은 이러한 '본능과 욕구들'이 무엇인지 말하지 않지만, 앞에서 이 구절에 대한 해석을 제공하면서 나는 그것들 중 일부가 무엇일 수 있을지 제안했다. 그렇게 함으로써 나는 텍스트에 의해 남겨진 '공백을 메우고 있었으며', 소설의 그 시점에서 애너가 어떻게 느꼈을지에 대한 나의 해석에 기초하여, 그리고 그 소설 전체의 전개에 대한 나의 전반적 해석을 고려하여 나만의 방식으로 공백을 메웠다. 이와 유사하게 나는 소설의 끝에서 애너가 깨끗한 양심으로 대로우와 결혼할 수 있다고 주장했지만, 워튼은 소설의 어디에서도 이것을 말하지 않는다. 그녀는 애너가 소피 언니의 아파트를 떠날 때 소피 언니가 침대에 누워 '지미 브랜스(Jimmy Brance)'에게 엘리베이터를 불러달라고 해야 한다고 애너에게 말하는 것으로 책을 끝냈다. 여기에서도 나는 워튼이 남긴 '공백을 메우고 있으며', 어느 정도 그 이야기에 대한 나의 버전을 **구성하고** 있는 것이다. 내가 우리 삶의 경로를 결정하는 데 있어 추상적 원칙

66) Carroll, 'Art, Narrative, and Emotion', 208.

67) Wolfgang Iser, 'The Reading Process: A Phenomenological Approach', Jane P. Tompkins (ed.), *Reader-Response Criticism: From Formalism to Post-Structuralism* (Baltimore: Johns Hopkins University Press, 1980), 50에서는 로만 잉가르덴(Roman Ingarden)의 아이디어를 지지하는데, 이저(Iser)가 정리한 대로 그 아이디어는 '텍스트와 독자의 수렴(convergence)이 문학작품을 성립시킨다'는 것이다.

68) Wharton, *The Reef*, 304.

들만큼이나 감정적 경험이 중요하다는 것을 애너가 배웠다고 말할 때, 나는 부분적으로는 애너가 새롭게 깨달은 '본능들과 욕구들'에 대한, 그리고 그 소설의 끝이 의미하는 바에 대한 나 자신의 이해에 의존한다.

분석적 전통의 철학자들은 종종 마치 텍스트의 '의미'가 원칙적으로는 안정적이고 확정적인 무언가인 것처럼 글을 쓴다. 설령 실제로는 그 의미에 도달하기 어렵다 하더라도 말이다. 그래서 우리는 예를 들면 제럴드 레빈슨(Jerrold Levinson)이 '문학작품의 핵심적 의미는 발화 의미이다. 즉, 텍스트가 저자의 특정적인 제시 맥락에서 적절한 독자들 혹은 적합하게 배경지식을 갖춘 독자들에게 말하는 것이다'라고 주장하는 것을 본다.[69] 텍스트의 의미는 '작품으로부터의 증거 및 적절하게 가지고 있는 배경 정보를 고려하여' 이상적인 관객에게 '그러그러한 것을 의미하고자 한 예술가의 의도를 우리가 가장 잘 구성해낸 것'에 '적절하게 달려 있다'고 간주되어야 한다.[70] 어떤 개별 작품의 이상적인 관객은 문제의 그 작품을 이해하기 위한 적합한 배경을 가지고 있는 사람이다. 레빈슨은 그의 논제를 카프카의 「시골 의사(A Country Doctor)」에 대한 '하나의 해석'에 의거하여 예증한다. 그 해석에 따르면 「시골 의사」는 하나의 '양식화된 꿈의 보고'이며, 그 내용은 기본적으로 '하녀 로즈를 통해 표상되는 일상적이고 감각적인(sensual) 삶과 의사의 편안한 집 사이의 갈등'과 우리의 소명 — 치료하고 교화하며 정신적으로 구조하는 것 — 에 대한 것이다. 그 의사는 카프카의 후기 이야기에 보다 투명하게 등장하는 배고픈 예술가와 마찬가지로 사실 예술가이다.[71] 여기서 레빈슨은 그 이야기를 읽은 후 그[혹은 그가 참조하는 비평가 소켈(Sokel)]가 해낸 추론을 요약하고 있다. 즉, 그는 자신이 그 이야기의 '주제'라고 받아들이는 것에 대해 진술하고 있다.

레빈슨은 자신의 해석이 '충분한 정보를 가진 독자가 그 특정한 작가 카프카가 전달

69) Jerrold Levinson, *The Pleasures of Aesthetics: Philosophical Essays* (Ithaca: Cornell University Press, 1996), 186.

70) Ibid. 179-80.

71) Levinson, *The Pleasures of Aesthetics*, 185. 레빈슨이 제안하는 「시골 의사」의 의미가 그 이야기의 주제라고 불릴 수도 있는 것임에 주목하라. 그것은 단순히 '발화'들의 연속이 지닌 문자 그대로의 언어적 의미가 아니다. 이와 유사하게 나는 '의미'라는 용어가 작품이 재현하는 것, 표현하는 것, 예시하는 것(그런 것이 조금이라도 있다면)뿐만 아니라 작품의 주제도 포함하도록 그 용어를 사용한다. 간단히 말해 나는 '의미'를 '해석'의 전형적 대상이 되는 작품의 모든 국면을 포함하는 것으로 받아들인다. 소설 속 문장들 혹은 발화들의 의미와 이러한 넓은 의미(sense)에서의 의미(meaning) 사이의 관계는 여기에서 내 논의의 범위 밖에 있다. Robert Stecker, *Interpretation and Construction: Art, Speech and the Law* (Oxford: Blackwell, 2003) 참조.

하려 했던 것이 무엇인지 가장 잘 구성해낸 것'이라고 주장한다. 그는 적절한 배경을 가진 독자는 '이러한 해석을 쉽게 해낼 수도 있다'고 말한다. 그렇다면 '적절한 배경을 가진다'는 것은 무엇인가? 그는 그러한 독자는 최소한 카프카가 규칙적으로 밤에 일했다는 것, 카프카가 글쓰기를 '약효 있고', '치료적인' '소명'이라고 생각했다는 것, 카프카가 글쓰기와 삶을 분리하지 않았다는 것, 카프카가 프로이트의 『꿈의 해석(*Interpretation of Dreams*)』에 대해 잘 알고 있었다는 것, 「시골 의사」보다 5년 뒤에 쓰인 카프카의 「배고픈 예술가(A Hunger Artist)」가 '예술적인 퍼포먼스로, 그리고 보통의 음식은 그에게 아무 매력이 없다는 것에 대한 인정으로 공공연하게 굶는 한 남자'에 대한 것임을 아는 사람이라고 말한다.[72] 그러나 레빈슨이 기술한 것처럼 '적절한 배경을 가진 독자'는 당연히 레빈슨이 우리에게 제공한 해석을 해내기 위해 필요한 바로 그 지식을 가진 사람이다. 그는 이 가정된 독자가 자신이 선호하는 해석과 정확히 상응하도록 하는 방식으로 적합한 배경을 가진 독자를 구체화했다.

수많은 비평가들이 지적했듯이 문제는 서로 다른 배경을 가진 독자들이 서로 다르지만 동등하게 그럴듯한 해석을 해낼 것이라는 것이다. 게다가 앞의 예는 특히 잘못 선택된 것으로 보인다. 카프카의 작품들은 수많은 서로 화해할 수 없는 해석들을 낳은 것으로 악명 높다. 또한 비록 어떤 해석이 다른 해석들보다 낫다는 데 의심의 여지가 없다 하더라도 어떤 특정한 해석을 독자들이 '쉽게 해낼 것'이라고 말하는 것은 지나치게 낙관적인 것이다. 이러한 문제를 지적하는 또 다른 방식은 저자가 전달하려 의도한 것에 대해 '충분한 정보를 가진 독자들이 구성해내는' **하나**의 '최고의 그림'이라는 것은 없다는 것이다. 이를테면 서로 다른 배경 가정들(background assumptions)을 가지고 작품의 서로 다른 국면에 집중하는 독자들은 작가가 의도한 바에 대해 서로 다르고 모순적일 수 있는 해석을 해낼 것이고, 그렇게 함으로써 저자가 어떠한 사람일지에 대한 서로 다른 버전을 구성해낼 것이다. 텍스트의 저자였을 것으로 보이는 그 사람(**함축된 저자**)은 부분적으로는 독자의 **구성물**이다.

텍스트를 해석하면서 독자는 저자를 특정한 유형의 사람으로 이해하고, 저자가 어떤 유형의 사람으로 이해되는가 하는 것은 텍스트에 대한 독자의 해석을 부분적으로 결정한다. 저자의 의도는 결코 투명하지 않기 때문에 저자가 아마도 의도했을 바를 우리가 가늠

72) Levinson, *The Pleasures of Aesthetics*, 185.

하려 할 때 우리는 항상 해석을 하고 있는 것이다. 철학자들은 독자들이 **저자가 의도한 대로 해석**해야 한다고 말해야 하는지, 혹은 이상적 독자라면 **저자가 의도한 것이라고 타당하게 믿을 방식대로 해석**해야 한다고 말해야 하는지에 대해 논쟁하지만, 실제로 그 두 원칙은 동등하며 둘 다 균등하게 그릇된 것이다.[73] 우리는 결코 저자가 의도한 바가 무엇인지 정확히 알 수 없으며, 저자의 의도에 특별히 접근할 수 있는 '이상적 독자'는 없다. 우리가 할 수 있는 것이라고는 저자(함축된 저자)가 어떤 사람인 것 같은지 그려보고, 그러한 저자가 특정한 구절에서 아마도 의미했을 바가 무엇인지 파악하고, 텍스트를 계속 읽어나가면서 그리고 어쩌면 동일한 저자가 쓴 다른 텍스트들을 읽어나가면서 가능한 한 최선을 다해 텍스트의 저자와 의미에 대한 우리의 그림을 수정하는 것뿐이다.

물론, 소설을 이해하려 할 때 그 소설의 장르, 유형, 쓰인 시대, 그리고 그 소설 자체의 기원(genesis)에 대해 어느 정도 이해하는 것이 통상적으로 도움이 된다고 지적하는 데서 캐롤과 레빈슨은 옳다. 실제 저자에 대한 지식 역시 종종 함축된 저자에 대한 우리의 이해를 한정하는 역할을 한다. 결국 우리에게 보이는 대로의 저자(함축된 저자)는 저자의 실제 모습과 일치할 가능성이 크기 때문이다. (저자가 특정 소설에서 고의적으로 새로운 페르소나가 되어보려 할 수도 있기 때문에 이 원칙조차 확고한 것은 아니지만 말이다.) 5장에서 어떤 소설에 대한 몇몇 독해가 부적절한 것으로 배제될 수 있다는 것이 드러났는데, 그것은 그러한 독해들이 소설의 많은 부분과 일관된 방식으로 조화를 이루지 못하기 때문이다. 실제 저자에 대해 알려진 바와 일치하도록 함축된 저자를 이해하는 것은 적합한 해석이라고 간주될 수 있는 것에 대한 추가적이고 그럴듯한 제한이 된다.[74] 사람들이 실제 저자들의 자서전에 매혹되는 데는 그럴만한 이유가 있다. 그것은 그 저자들의 작품을 해석하기 위한 단서들을 담고 있다.

예를 들어 소문에 따르면 진짜 이디스 워튼이 『암초』에 대해 '나는 나의 거의 전부를 그 작품에 쏟았다'고 말했다는 것을 아는 것, 그리고 그 책이 대로우처럼 흥미롭고 재능 있

---

73) 논쟁자로는 Gary Iseminger, 'Actual Intentionalism Vs. Hypothetical Intentionalism', *Journal of Aesthetics and Art Criticism* 54 (1996)와 레빈슨(Levinson)이 있다.

74) 나는 여기에서 하나의 완전한 해석 이론을 옹호하지 않으려고 매우 노력하고 있다. 나의 주된 가정은 해석이 함축된 저자에 의해 — 의도적으로든 아니면 자기도 모르게든 — 소통되는 (넓은 의미에서의) 의미를 파악하는 문제라는 것이다. 각주 71 참조. 그러나 나는 다른 종류의 해석들이 갖는 다른 목표들이 있다는 것을 알고 있으며, 거기에서는 저자나 함축된 저자가 그리 크게 드러나지 않는다. 각주 89 참조.

으며 섬세하지만 또한 대로우처럼 바람둥이였던 것으로 보이는 워튼 자신의 애인 모턴 풀러턴(Morton Fullerton)에 대한 그녀의 개괄적 태도를 표상한다고 추정해보는 것은 하나의 이야깃거리로서 흥미롭다. 그러나 해석과 좀 더 관련된 것은 소설에 드러나는 명백한 제임스적 영향이다. 워튼은 제임스의 좋은 친구였고, 그들은 서로의 작품에 감탄했다. 제임스의 소설들처럼 『암초』는 (독자가 볼 때) 등장인물들의 생각과 지각의 특징을 정확하고 섬세하게 포착해내는 것을 통해 이루어지는 도덕성에 대한 깊은 성찰이다.

저자와 그녀가 살았던 시대에 대한 지식은 함축된 저자의 성품(personality) 및 태도의 모든 국면을 결정하기에 결코 충분하지 않을 것이고, 따라서 특정 구절에서 함축된 저자가 소통하고자 하는 바를 논란의 여지없이 결정하기에 결코 충분하지 않을 것이다. 하나의 문제는 텍스트가 종종 그 텍스트의 저자나 함축된 저자가 의식하지 못하고 있을 수 있는 국면들을 **유출한다는(betray)** 것이다.[75] 예를 들어 내가 보기에 함축된 워튼은 아마도 그녀의 전근대적 의식의 범위 밖에 있을 계급과 젠더에 대한 태도를 지니고 있다. 그녀는 끔찍한 머릿 부인과 함께하는 운명이 소피와 같이 천박한 출신의 사람에게 어울린다고 암시하는 것으로 보인다는 점에서 소피에게 너무 가혹하며, 중요한 구절에서 사실 그 자신의 약함과 실패인 것을 일반적인 인간 본성의 탓으로 돌리는 대로우에게는 충분히 가혹하지 않다.[76]

'이디스 워튼'을 마르크스주의자 혹은 자크 라캉(Jacques Lacan)의 후계자로 이해하는 것은 명백한 잘못일 것이다. 우리는 저자가 지난 세기 초입 '옛 뉴욕'의 상류 계급 출신이라는 것을 기억해야 한다. 그러나 이와 동시에 독자는 마르크스주의적 관점에서 보았을 때, 워튼이 비록 『환락의 집(*The House of Mirth*)』의 릴리 바트나 『여름(*Summer*)』의 채러티 로열[77] 같은 특정 개인들에게 그녀가 살고 있던 세계의 계급체계가 미치는 영향을 보긴 했지만, 그 체계 안에 내재하는 체계적 불평등에 대해서는 충분히 날카롭게 자각하고 있지 못했음을 볼 수 있다. 또는 프로이트적 관점에서 보았을 때, (다음 장에서 살펴보게 되겠지만) 『암초』가 충격

75) 유출에 대한, 그리고 유출과 표현의 차이에 대한 보다 자세한 논의를 위해서는 8장과 9장 참조.

76) 대로우는 애너에게 '당신이 좀 더 오래 살고 나면, 당신은 우리 모두가 얼마나 복잡한 실수투성이들인지 보게 될 것'이라고 말한다. 각주 21 참조.

77) 마릴린 프렌치는 어쩌면 의견을 달리할 것이다. 프렌치는 워튼이 마르크스주의자라고 주장하고 있지는 않지만, '워튼의 [천재성이] 사회학적이고 심리학적이며', 한 명의 여성으로서 워튼은 '개인에게 미치는 환경의 힘'에 대해 헨리 제임스보다 좀 더 자각하고 있었다고 보고 있다. Wharton, *Summer*, p. xxxix.

적인 가족심리극으로 드러날 것임을 그녀가 자각하고 있지 못했음을 발견할 수도 있다. 이러한 독해들은 아마도 워튼이 의식적으로 승인하지 않을 방식들로 그 소설을 해석하지만, 워튼이라는 함축된 저자가 **어떤 사람일지**에 대한 해석에 의존하고 있다. 즉, 저자는 적합한 배경지식을 가지고 그 텍스트에 접근하는 독자에게 자신의 태도와 특성을 **유출한다**.

내가 여기에서 이야기하고 있는 것은 함축된 저자 혹은 나에게 보이는 대로의 **저자**에 대한 것일 뿐 이야기의 내레이터나 **내레이터**들에 대한 것이 아니라는 것에 주목하라.[78] 예를 들어 제임스 조이스(James Joyce)의 『율리시스(*Ulysses*)』에는 신문 양식의 장(「아이올로스(Aeolus)」)과 상이한 양식들의 연속으로 되어 있는 장(「태양의 황소들(The Oxen of the Sun)」)뿐만 아니라 서로 다른 인격을 가진 서로 다른 특정 개인들에 의해 이야기가 서술되는 장이 있다.[79] 그러나 함축된 저자는 이 내레이터들 중 누구와도 동일 인물이 아니다. '그'는 아일랜드 식 주제들, 풍부한 언어 사용, 개념의 독창성, 의식의 흐름 기법 사용 등에서 발견될 수 있다.

캐롤과 레빈슨은 모두 해석에서 독자의 역할을 경시하고 있으며, 저자의 의도에 대해서는 마치 그 의도가 무엇인지 발견해내는 어떤 비교적 단순한 과정이 있는 것처럼 말하고 있다. 저자의 의도를 발견해내는 것은 정말 중요하지만, 해석을 위해서는 저자가 어떤 사람인지도 — 그녀가 단언하는 의도뿐만 아니라 그녀의 무의식적 태도와 믿음들도 — 알아내야 하며, '그녀'가 어떻게 이해되는가 하는 것은 필연적으로 독자의 섬세함과 배경 가정들에 달려 있다. 함축된 저자는 중요한 측면에서 독자의 구성물이다. 달리 표현하자면, 함축된 저자와 함축된 독자는 해석적 원(hermeneutic circle) 안에서 손을 맞잡고 있다.

78) 함축된 저자라는 아이디어는 웨인 부스(Wayne C. Booth)에 의해 소개되었다. *The Rhetoric of Fiction* (Chicago: University of Chicago Press, 1961) 참조. 나는 Jenefer Robinson, 'Style and Personality in the Literary Work', *Philosophical Review* 94 (1985)에서 이 아이디어에 의존하고 있다.

79) 스튜어트 길버트(Stuart Gilbert)는 맨더빌, 맬러리, 토머스 브라운, 그리고 그 외의 많은 이들을 식별해낸다. 이 부분은 통상적 의미에서 말하자면 전혀 '서술되지' 않았다. Stuart Gilbert, *James Joyce's Ulysses: A Study* [Harmondsworth: Penguin (Peregrine Books), 1963], ch. 14 참조.

누가 교육되는가? 실제 독자와 함축된 독자

루이스 오친클로스(Louis Auchincloss)는 『암초』의 콜리에르 북스(Collier Books) 판 서문을 다음과 같이 시작한다.

> 독자는 혼외관계에서 이루어지는 신체적 사랑이 여성에게는 심각한 죄를 시사하고 남성의 경우에는 약간 비난을 받을 정도로만 간주되는 도덕적 분위기에 준비되어 있어야 한다. 만약 애너 리스가 다른 남자의 정부였던 여성과 자신의 의붓아들의 약혼에 반대하는 것 때문에 독자에게 내숭떠는 사람으로 여겨지고, 같은 이유에서 그 다른 남자와 그녀의 임박한 결혼을 취소하려 시도하는 것 때문에 독자에게 바보로 여겨질 것이라면, 『암초』는 그 독자를 위한 것이 아니다. [원문 그대로임][80]

나는 이런 식으로 질문을 하지 말았어야 했다. 당신에게 청혼하러 오게 될 남자가 잠시 바람이 나서 오던 길에서 벗어났을 때 그것을 좋아하지 않는 것, 또는 자신의 사랑하는 의붓아들이 자신의 미래 남편의 전 정부와 결혼하려 한다는 것이 드러났을 때 모욕감을 느끼는 것은 그리 어리석은 일이 아니다! 그러나 그렇다 하더라도 이 인용구에서 오친클로스는 어떤 형태의 독자-반응 이론이라도 마주해야 하는 다음의 질문을 멋지게 제기하고 있다. 예술이나 문학작품에 대한 옳지 않은, 혹은 부적합한 독해나 해석이 있을 수 있는가?

이저는 독자가 텍스트 속의 '공백을 메운다'고 강조하면서 공백을 메우는 이상적인 방식이 있다는 것과 올바른 방식으로 공백을 메울 이상적인 독자가 있다는 것을 종종 함축하는 것으로 보인다. 그러나 다른 독자-반응 이론가들은 공백 메우기가 필연적으로 서로 다른 태도, 이해관계, 필요 그리고 서로 다른 배경적 가정들을 가지고 텍스트에 접근하는 서로 다른 독자들에 의한 서로 다른 해석들을 이끌어낸다고 강조했다. 나는 서로 다른 해석들은 부분적으로 독자들의 서로 다른 감정적 경험에 달려 있으며, 우리의 감정적 경험은 분명히 우리의 서로 다른 인격과 태도에 영향을 받을 것이라고 강조했다. 나는 어떤

80) Wharton, *The Reef*, p. vii.

소설을 적절하게 해석하기 위해 독자가 가져야 하는 '올바른' 배경 믿음과 가치들의 단일한 집합은 있을 수 없으며, 서로 모순되면서도 텍스트에 동등하게 적합한 가능한 해석들이 많이 있다고 주장했다. 그러나 우리가 텍스트에 부적합하거나 옳지 않은 해석으로 간단히 배제해버릴 수 있는 해석들이 있을까? 부적합하기 때문에 **우리가 가져서는 안 될** 감정 반응들이 있을까? 어떤 소설에 대한 유일한 이상적 독자는 없다 하더라도, 옳지 않거나 부적합한 감정 반응에 기초해 있기 때문에 그들의 해석이 옳지 않거나 부적합한 그런 독자들이 있지는 않을까?

다음 장에서 좀 더 자세히 다룰 노먼 홀랜드(Norman Holland)는 서로 다른 독자들이 그들의 서로 다른 성품들(personalities) 혹은 '정체성 주제들(identity themes)' 때문에 동일한 텍스트에 대해 서로 다르고 상호 모순되는 해석을 제공한다고 주장했다. 예를 들어 그는 포크너(Faulkner)의 단편 「에밀리를 위한 장미(A Rose for Emily)」에 대한 서로 다른 독자들의 해석이 어떻게 그들의 서로 다른 성품에 분명히 의존하는지에 대해 연구했다.[81] 홀랜드가 보기에 해석에서의 차이들은 개별 독자들과 그들의 개별적 성품들 사이의 차이들이다. 그는 부적합한 반응들에 대해서는 거의 말하지 않았고, 그의 이론적 가정들을 고려할 때 나는 그가 그러한 것이 있음을 알아차렸을 것이라고 생각하지 않는다.

스탠리 피시(Stanley Fish)는 「이 수업에는 텍스트가 있는가?(Is there a Text in this Class?)」라는 그의 선집에 실린 일련의 글들에서 좀 더 개별주의적인 입장을 옹호한다.[82] 피시는 어떤 의미에서 해석은 언제나 비확정적이고 결정될 수 없다고 보는데, 그것은 동일한 문장이나 문장들의 집합을 이해할 수 있는 서로 다른 무한한 방식들이 있기 때문이다. 어떤 해석을 '수용할 만한' 것으로 만드는 것은 하나의 문학 공동체 혹은 하위 공동체에 의한 그 해석의 수용이다. 피시는 자신의 논점을 고의적으로 터무니없게 만들어진 몇 가지 예들을 통해 예증한다. 「에밀리를 위한 장미」에서 그 집 현관에 에밀리와 그녀의 아버지가 있는 광경(tableau)을 어떤 에스키모인을 묘사하는 것으로 읽는 것이나, 제인 오스틴(Jane Austen)의 『오만과 편

81) Norman Holland, *Five Readers Reading* (New Haven: Yale University Press, 1975). 그의 연구는 과학적으로 엄밀하지는 않다.

82) Stanley Fish, *Is There a Text in This Class?: The Authority of Interpretive Communities* (Cambridge, Mass.: Harvard University Press, 1980).

견(*Pride and Prejudice*)』에서 콜린스 씨가 완전히 진지하고 아이러니 없는 방식으로 다뤄지고 있는 것으로 읽는 것이 그 예들이다. (피시는 다른 비평가들로부터 이 예들을 가져왔는데, 그 비평가들은 "**여기에** 확실하게 그 텍스트가 뒷받침하지 않는 독해가 있다!"고 말하며 이 예들을 제시했다.) 흥미롭게도 피시는 이 두 경우 모두에서 지금껏 알려지지 않은 저자에 대한 증거가 알려졌다고 생각해볼 것을 제안하면서 자신의 주장을 펼쳐나간다. 이를테면 포크너가 쓴 편지가 발견되었는데, 그 편지에서 포크너가 '자신이 에스키모에게서 바뀌친 아이라고 항상 믿어왔음을 고백'한다는 것이다.[83] 그리고 제인 오스틴에 대한 새로운 증거 — 편지, 분실된 원고, 당대의 회신 — 가 발견되었는데, 그 증거는 그녀의 의도가 결코 아이러니컬한 것이 아니었음을 보여준다는 것이다. 이를테면 그녀는 '시골 상류층의 좁고 제한된 삶'을 '풍자하고' 있었던 것이 아니라 '찬양하고' 있었던 것이다.[84]

이런 주장을 하면서 피시는 내가 이미 앞에서 논의한 원칙, 즉 작품을 해석할 때 저자가 아마도 의도했을 것과 일치하는 방식으로 해석해야 한다는 원칙에 의존하고 있다. 이러한 근거에서 우리는 「에밀리를 위한 장미」의 에스키모 독해와 콜린스 씨에 대한 진지한 독해를 배제할 수 있는데, 왜냐하면 피시가 상상하는 그런 편지는 발견된 적이 없으며, 우리는 포크너와 제인 오스틴이 사람으로서 그리고 작가로서 어떤 모습이었는지 제대로 이해하고 있기 때문이다. 다시 말해 피시의 입장은 표면적으로는 급진적이지만 다소 보수적인 비평 원칙에 기초하고 있다.

그러나 서로 다른 '해석적 공동체'나 유사한 이론적 가정을 공유하는 독자 집단에 의해 서로 모순되면서도 동등하게 합당한 해석이 이루어질 수 있다고 하는 피시의 더 포괄적인 논점이 올바르다는 데에는 의심의 여지가 없다. 의도주의자이거나 마르크스주의자인 혹은 해체주의자인 독자들은 상이한 종류의 해석적 관습들을 수용할 만한 것으로 볼 것이고, 그 결과 상이하고 양립 불가능할 수도 있는 해석들을 만들어낼 것이다. 실제로 나는 이디스 워튼에 대해 논의하면서 그 점을 시사했다. 이를테면 『암초』를 계급이나 젠더에 대한 이야기로, 마르크스주의의 경고적인 이야기로, 혹은 (우리가 다음 장에서 보게 될 것처럼) 프로이

83) Ibid. 346.

84) Ibid. 347.

트적 심리극으로 읽는 것은 가능하다. 만약 내가 여성주의자라면 나는 대로우 때문에 짜증이 나고, 그래서 어쩌면 워튼에 대해서도 대로우에게 너무 관대하다며 짜증내기 쉽다. 만약 내가 마르크스주의자라면 나는 소피에 대한 처분을 용서할 수 없는 것으로 볼 수 있다. 그리고 만약 내가 포스트모더니스트라면 나는 소설 전체를 절망적일 만큼 전통적이고 흥미롭지 않은 것으로 묵살해버릴 수 있다. 그러한 모든 독해가 이디스 워튼에 대해 알려진 바들과 일관적일 수 있지만, 그것들은 그녀가 의식적으로 전달하려고 하는 것과 반대로 그녀가 자기도 모르게 전달하고 있는 것을 포함한, 텍스트와 함축된 저자의 서로 다른 국면들에 집중한다.

내가 이미 지적한 바와 같이 독자들은 텍스트를 해석하면서 함축된 저자를 구축해내는데, 그때 독자들은 저자가 아마도 의도했을 것뿐만 아니라 저자가 의도하지 않았을 수 있는 것, 저자가 아마도 제대로 자각하고 있었을 그녀의 특징들뿐만 아니라 그녀가 아마도 자각하지 못하고 있었을 그녀의 특징들을 참고한다. 독자-반응 이론가들의 가장 흥미로운 몇몇 해석은 이제껏 간과되어온 함축된 저자의 특성들을 끄집어내는 것에 의존하고 있는 것들이다. 예를 들어 나는 몇몇 위대한 미국 소설에 대한 주디스 페털리(Judith Fetterley)의 여성주의적 독해에 대해 생각하고 있다. 헤밍웨이(Hemingway)의 『무기여 잘 있거라(*A Farewell to Arms*)』에 대한 그녀의 독해는 그러한 여성주의적 독해의 한 모델로서, 남자 주인공에 대한 헤밍웨이의 기술이 얼마나 이기적인지(self-serving)를 지적하고, 낭만적 사랑이라는 이상에 대한 소설의 '표면적 투자' 뒤에 '캐서린이 죽고, 또 그녀가 여자이기 때문에 죽는다는 사실로부터 그 정도를 가늠할 수 있는 적개심이 있다'고 지적하고 있다.[85)]

이와 다르지 않은 방식으로, 텍스트에 대한 소위 해체주의적 독해의 많은 사례들은 그 텍스트의 저자가 아마도 알아차리지 못하고 있었을 함축들을 끌어낸다. 『그라마톨로지(*Grammatologie*)』에서 루소(Rousseau)가 '보충(supplement)' 개념을 사용한 것에 대한 데리다(Derrida)의 설명이 그 사례이다.[86)] 나는 이 어려운 텍스트에 대해 자세하게 논의하고 싶지는 않다.

---

85) Judith Fetterley, *The Resisting Reader: A Feminist Approach to American Fiction* (Bloomington: Indiana University Press, 1981), 49.

86) Jacques Derrida, *Of Grammatology*, trans. Gayatri Chakravorty Spivak (Baltimore: Johns Hopkins University Press, 1976).

단지 '보충'이라는 단어가 루소의 글에서 등장할 때 그 단어의 의미의 미끄러짐(slippage)이 있다는 것이 데리다의 논점 중 하나라는 것을 지적하고자 한다. 보충은 한 가지를 의미하는 것으로 보이지만 — 보충은 무언가 **더해진** 것, 부자연스러운 것, 그리고 비본질적인 것을 의미하는데, 이를테면 글(writing)은 말(speech)에 대한 부자연스럽고 비본질적인 보충이다 —, 그것은 또한 의미하도록 **의도되지** 않은 것도 의미하는 것으로 보일 수 있다. 이를테면 보충은 말의 **대체(replacement)**, 즉 기호의 한 집합이 다른 집합을 대신하는 것이다. 따라서 보충은 이항 대립 — 자연 대 문화, 말 대 글 등 — 의 한 축을 나타내는 것이 아니라 그러한 대립의 한계를 드러내며, 이항 대립의 아이디어를 기표(signifier)의 연쇄로 대체할 것을 제안한다. 여기서 나의 논점은 해체주의를 옹호하는 것이 아니다. 나는 저자가 의도한 의미가 그 저자에게 뚜렷하게 드러나지 않았던 텍스트의 다른 함축들에 의해 약화된다는 것이 종종 해체주의를 통해 드러난다는 점을 지적하고자 하는 것이다.

이러한 해석들은 영리한 독자들에 의한 자유 연상이 아니다. 이것들은 문제의 텍스트가 특정한 시공간에서 특정한 사람에 의해 쓰였다는 사실을 진지하게 고려하여 텍스트를 이해하려고 하는 시도들이다.[87] 내가 이미 주장했듯이, 일반적으로 독자는 내적으로 정합적이고 가능한 한 텍스트의 많은 부분을 설명하는 해석을 만들어낼 필요에 의해서뿐만 아니라 저자에 대해 알려져 있는 것들에 의해 제약을 받는다.[88] 이러한 제약들은 단일하고 정확한 해석을 만들어내기에 충분한 것은 아니다. 그렇지만 그것들은 「에밀리를 위한 장미」에 대한 에스키모 독해와 그 텍스트의 기원에 대한 어떤 것도 고려하지 않는 다른 독해들을 배제할 수 있게 하는 데는 충분하다. 일단 우리가 텍스트에 대한 부적합한 독해를 배제하고 나면, 상이한 이해관계들에 답하고 상이한 이론적 관점들에서 나오는 여러 적절한 해석이 남는다.[89]

내가 이 책에서 강조하고자 하는 것은 텍스트에 대한 **서로 다른 감정적 경험**의 결과로

87) 우리가 텍스트의 기원에 대해 알지 못할 때 해석은 크게 문제가 된다.

88) 비어즐리의 풍부의 원칙 및 일치의 원칙과 비교.

89) 그러나 모든 것이 '텍스트에 대한 해석'인 것은 아니다. 내가 보기에 개별 독자들에 대한, 그리고 텍스트에서 얻는 개별 독자의 쾌에 대한 롤랑 바르트(Roland Barthes)의 열광적인 찬가는 더 이상 저자가 전달하는 것에 대한 해석에 관한 것이 아니다. Roland Barthes, *The Pleasure of the Text, trans. Richard Miller* (New York: Noonday Press and Farrar, Strauss, & Giroux, 1975) 참조.

나타나는, 해석에 있어서의 개인 간의 차이이다. 서로 다른 주의집중, 서로 다른 태도, 이해관계, 필요 그리고 서로 다른 목적이 만들어내는 해석들은 최소한 무엇이 강조된다고 보는가 하는 것과 관련하여 서로 다르다.[90] 그리고 어떤 배움의 경험에서도 그렇듯이 '워튼'은 우리가 배울 준비가 되어 있는 것만 우리에게 가르칠 수 있다. 만약 우리의 목표와 필요 및 이해관계가 등장인물들의 목표와 필요 및 이해관계와 너무 거리가 먼 것이라면, 우리가 그 이야기에 조금도 감정적으로 연루되지 못할 수 있고, 그래서 그 이야기로부터 감정적으로 배우는 것이 불가능할 수도 있다. 그러나 만약 독자가 『암초』와 같은 소설에 감정적으로 관여한다면, 그 소설로부터 독자가 무엇을 취하는가 하는 것은 부분적으로 그 소설에 대한 독자 자신의 감정적 경험 — 중요하게는 그 소설의 함축된 저자에 대한 독자의 감정적 경험이 그 경험에 포함된다 — 에 달려 있다.

만약 소설로부터의 배움이 그 소설에 감정적으로 반응하는 것의 문제라면, 서로 다른 정도의 지식과 이해관계 및 가치를 가진 서로 다른 독자가 동일한 작품에 서로 다르게 반응하는 것은 불가피하다. 그들은 자기 자신의 이해관계와 성향에 따라 텍스트 안의 공백을 메울 것이다.[91] 예를 들어 내가 보기에 『암초』의 중요한 국면은 그것이 뚜렷하게 여성적인 관점에서 — 어떤 측면에서는 여성주의적 관점에서 — 이야기를 들려주는 것처럼 보인다는 것이다. 나는 대로우의 이야기라기보다는 애너의 이야기로서 그 소설에 반응하며, 소설에서 가정되는 도덕적 규범들이 애너가 가진 것으로 그려지는 도덕적 규범들에 가깝다고 생각한다. 이러한 관점에서 나는 그 소설이 뚜렷하게 비제임스적(un-Jamesian)이라고 본다. 만약 제임스가 이 소설을 썼다면 애너는 더 고매한 도덕적 경로를 택하고, 대로우에 대한 자신의 권리를 포기할 것이라고 생각한다. 그러나 나는 루이스 오친클로스(Louis Auchincloss)가 다음과 같이 말하는 것에 동의한다. '워튼 여사는 애너가 대로우를 포기하게 하기에는 애너 리스를 너무 잘 알았다. 간단히 말해 애너는 그렇게 하지 않았을 것이다. 그녀는 너무

90) 이러한 측면에서 나의 관점은 피시의 것보다는 홀랜드의 것에 가깝다. 그러나 나는 우리의 감정 반응이 문화적 공동체에 대한 우리의 배경적 가정들에 영향 받을 것이라는 것을 부정하고 있지 않다. 그리고 함축된 저자가 전달하고 있는 것에 해석이 집중되어야 한다는 것을 강조한다는 점에서 나는 당연히 홀랜드와 다르다.

91) 그러나 이것이 내가 그 소설을 **이해하는** 방식이라고 하더라도 나는 어쩌면 대로우에게 너무 감정이입하는 경향이 있어서 정말 여성주의적인 방식으로 감정적으로 반응하는 것일 수 없을 것이다!

나 피와 살을 가진 여성 같아서 그녀가 지브레에서 무엇을 하고 있을지, 프랑스에서 무엇을 하고 있을지, 후기 제임스적 소설에서 무엇을 하고 있을지 우리가 궁금해하게 되는 순간들이 있다.'[92]

소설에 대한 나의 반응은 애너가 대로우와 결혼하기를 원하는 것이다. 그리고 나는 이것이 우리가 승인하기를 워튼이 원했을 독해라고 생각한다. 이것은 어쩌면 워튼이 의도한 것이 무엇일지 진지하게 고려하는 순응적(conformist)이고 보수적인 독해이다. 그러나 다른 독자들은 (비록 모든 것을 감안할 때 우리가 대로우를 인정해주기를 워튼이 원한다는 것을 알 수 있음에도 불구하고) 여전히 그를 좋아하지 못하고, 계속해서 그를 소피의 곤경과 애너의 고뇌에 대한 온전한 책임을 지지 않으려 하는 자기 잇속만 차리는 남성 우월주의자로 볼 수 있다. 그들은 워튼이 이러한 특질들을 대로우에게 부여하고 있다고 말할 것이다. 비록 이것을 그녀가 의식적으로 의도한 것은 아닐 수 있지만 말이다. 우리는 많은 상이한 방향에서 그 소설에 접근하고, 많은 상이한 가르침들을 얻어가면서 그 소설을 많은 상이한 방식으로 이해할 수 있다.

만약 내가 단지 나의 감정적 경험을 기록하고 있는 것이라면 나는 작품을 읽으면서 다른 이들이 무엇을 경험해야 하는지에 대해 어떤 주장도 하고 있는 것이 아니다. 그렇지만 만약 내가 '하나의 해석'을 제공하고 있는 것이라면, 추정건대 나는 다른 사람들도 그러한 해석을 받아들이기를 원할 것이다. 하지만 어떤 텍스트를 어떻게 경험해야 한다고 다른 사람을 설득하는 것이 언제나 쉽지는 않다. 『암초』와 같은 소설과 관련하여 등장인물뿐만 아니라 그 책 자체가 믿을 수 없을 만큼 답답하고 지루하다고 보는 독자들을 쉽게 상상할 수 있다. 많은 현대 작가들 — 칼비노(Calvino), 쿠버(Coover), 드릴로(DeLillo) — 의 초연한(detached) 아이러니를 선호하는 세련된 독자들은 이디스 워튼의 글쓰기 양식을 절망적일 만큼 구식으로 보고, 등장인물들을 심리적으로 파헤치는 것에 대한 그녀의 관심을 따분할 만큼 시대에 뒤처진 것으로 볼 수 있다. 이러한 척도의 다른 끝에서 세련되지 못한 독자들은 기꺼이 등장인물들을 이해해보려 해도 그렇게 할 수 없음을 보게 되는데, 그것은 그들이 책에 묘사된 사회적 관습들을 알아볼 수 없기 때문이다. 따라서 파티에서 하룻밤 즐길 '상대를 만나는' 많은 10대들과 젊은 20대들이 대로우가 바람을 피운 것에 대한 애너의 반발심이나

---

92) Wharton, *The Reef*, Introduction, p. xiii.

자신이 소피를 대한 방식에 대한 대로우의 개탄을 이해하기는 어렵다. 애너가 대로우를 향한 자신의 열정에 대해, 그리고 자신이 그것에 굴복해야 하는지에 대해 끝없이 반성할 때, 우리는 거의 '따분하게 좀 굴지 마!'라는 비명을 들을 수 있다. 그러나 만약 해석이 감정적으로 연루되는 것에 달려 있다면, 위와 같은 독자들은 이 소설을 해석할 수 없다. 그들은 저자가 의도한 것으로 보이는 방식으로 그 소설을 감정적으로 경험할 수 없기 때문이다.

텍스트와 독자의 상호작용은 저자에 의해 인도되지만, 저자가 독자의 모든 반응을 '의도'할 수는 없다. 만약 독자들이 소설에 감정적으로 연루된다면, 그들의 감정 반응은 항상 변할 것이고, 이 반응들은 독자가 그 소설가와 그 시대에 대해 얼마나 많은 정보를 가지고 있는지뿐만 아니라 독자 자신의 개별적인 이해관계, 필요, 가치에 따라 독자마다 다를 것이다. 저자는 텍스트를 통해 우리를 인도하려 하지만, 그녀가 우리를 이끌 수 있는 정도에는 한계가 있다. 우리 역시 소설에 열려 있어야 하고, 그것이 우리에게 제공할 경험들에 감정적으로 준비되어 있어야 한다. 우리가 조금이라도 소설을 진행시키려면 무언가가 우리를 감정적으로 끌어들여야 한다. 이러한 이유에서 나는 『암초』를 고등학생들의 필독도서로 추천하지 않을 것이다.

오하이오 주는 고등학교 2학년 영어 수업에서 에단 프롬(Ethan From)과 실라스 마너(Silas Marner)를 읽게 한다. 각각의 소설은 나이 든 부부와 그중 한 명의 애인(ménage à trois)으로 하여금 결국 끝없는 씁쓸함의 상태에서 함께 살아가도록 하는 오래된 열정에 대해, 그리고 작은 아이를 입양한 늙은 수전노에 대해 다룬다. 내가 보기에 이 소설들은 짧다는 이유에서 필독도서가 된 것 같다. 그러나 이에 따른 참담한 결과는 많은 아이들이 영어권의 가장 위대한 소설가들 중 두 명과 영원히 멀어진다는 것이다. 평균적인 15세의 미국인이 (젠더나 인종적 배경과 상관없이) 자신의 경험과 연결시켜볼 수 있는 무언가를 이 소설들에서 찾는 것은 사실상 불가능하다. 두 책 모두 틀림없이 아주 먼 곳에서 아주 오래된 옛날에 일어난 것으로 보이는, 늙고 외롭고 아프고 비참해지는 것에 대해 주로 다루고 있다.[93] 독자들을 인도하려 하는 저자들은 특정한 관점에서 인물들과 사건들을 기술함으로써 우리로 하여금 그 인물

93) 아마도 영리한 교사라면 이 인물들에 의해 경험되는 외로움 및 좌절과 10대들이 알아볼 수 있고 스스로 느낄 수 있는 종류의 외로움 및 좌절을 연결할 수 있겠지만, 나는 이것이 도전일 것이라고 생각한다.

들 및 사건들에 신경 쓰게 하고 예측 가능한 방식으로 그들에게 감정적으로 반응하도록 한다. 그러나 저자는 독자의 '이해(uptake)'에 대해 결코 확신할 수 없다. 서로 다른 문화적 가정들이 이해에 방해가 될 수도 있다. 그리고 이야기에 감정적으로 연루되기 시작하려면 그전에 이미 독자들이 특정한 태도를 취해야 한다.

저자들이 독자들을 인도하기 위한 수단으로 사용하는 전략들은 **형식적** 전략들, 즉 이야기의 특정 지점들에 특정 반응을 가지도록 부추길 수 있도록 소설을 구성하는 방식들이다. 우리는 또한 그것들을, 특정한 방식들로 우리의 주의를 이끌고 묘사되고 있는 것에 대한 특정한 감정적 이해에 우리의 반응을 집중시키는 **수사적** 전략들, 심상의 사용, 문장 구조 등으로 부를 수 있다. 이러한 형식적이고 수사적인 전략들이 다음 장의 주제이다.

07
대처 메커니즘으로서의 형식적 장치들

이 같은 장면들이 시극(poetic drama)의 요구조건을 만족시킬 수 있는 한, 『시라노(*Cyrano*)』는 시극의 요구조건을 만족시킨다. 시극은 관찰을 통해 확인할 수 있는 진정하고 실질적인 인간 감정들, 즉 전형적인 감정들을 취하고 그 감정들에 예술적 형식을 부여해야 한다. 그것을 추상화하는 정도는 각 저자의 방식에 달려 있다.

T. S. 엘리엇(T. S. Eliot), 『'수사학'과 시극(*'Rhetoric' and Poetic Drama*)』

형식의 기능

문학작품에 대한 우리의 감정 반응에 대한 논의는 우리가 삶에서와 마찬가지로 문학에 대해서도 정말로 진정한 감정 반응을 가질 수 있는지, 아니면 우리가 단지 유사-감정 반응이나 어떤 다른 축약된 형태의 감정 반응만을 가질 수 있는지 하는 질문에 의해 지배되어왔다. 또한 우리가 허구적 인물들에게 감정적으로 반응할 수 있는지, 그리고 그럴 수 있다면 어떻게 반응할 수 있는지, 그 인물들에게 감정이입을 하거나 공감하는지, 그들의 경험을 시뮬레이트하는지, 아니면 그들이 무엇을 느끼는지 추론해내는지 등등에 대해서도 많은 논의가 있어왔다. 이 장에서 나는 이제껏 그다지 많은 주목을 받지 않았던 주제, 즉 문학에 대한 우리의 감정 반응에서 형식과 형식적 장치들이 담당하는 역할에 대해 논의하고자 한다. 미적인 것에 대한 이론들은 성공적인 예술작품이 (삶과는 달리 통상적으로) 어떤 종류의 형식적 정합성이나 통일성뿐만 아니라 형식적 속성들을 가진다는 것을 강조하는 경향이 있다. 예술작품은 대개 (삶에서는 거의 가능하지 않은 방식으로) 작품의 통일성이나 조화 혹은 비례를 향유할 수 있는 방식으로 구성된다. 그러나 예술에서 형식의 중요성을 강조하는 이들은 종종 예술작품에 반응할 때 진정한 삶의 감정을 가질 수 있다는 아이디어를 거부하거나 경시하는 이들이다. 20세기 초의 예술 비평가인 클라이브 벨(Clive Bell)[1] 같은 극단적인 형식주의자들은 그림은 어떤 특별한 미적 감정을 불러일으켜야 하며, 예술작품이 삶의 감정들을 환기하는 정도만큼 그 작품은 미적으로 주목할 만한 가치가 없다고 주장한다.

나는 우리가 실제로 예술작품, 특히 사실주의 전통의 위대한 소설들 — 톨스토이(Tolstoy), 조지 엘리엇(George Eliot), 헨리 제임스(Henry James), 플로베르(Flaubert)의 작품들 — 에 '삶의 감정들'로 반응한다고 이미 주장한 바 있다. 이제 내가 하고자 하는 것은 문학에 대한 우리의 감정 반응을 인도하고 관리하기 위해 형식과 형식적 장치들이 담당하는 역할을 살펴보는 것이다. 이러한 맥락에서 나는 '형식'이라는 것을 우리가 그 자체로 미적으로 경탄하는 대상으로가 아니라, 문학작품에 대한 우리의 감정적 경험을 인도하고 관리하는 수단으로 간주할 것이다.

먼저, 나는 감정 이론을 간략하게 다시 살펴보고, 연속되는 평가와 재평가들이 실제 삶의 감정에 어떻게 특징적으로 포함되는지 설명할 것이다. 나는 중요한 한 가지 종류의 '재평가'인 '대처(coping)' 평가에 초점을 맞출 것인데, 대처 평가에서 처음의 평가들은 당사자가 그것들을 처리하거나 관리할 수 있는 방식으로 평가되고 재구성(regestalt)된다. 그러고 나서 나는 대처 메커니즘을 예증하는 몇 가지 실험들에 대해 기술할 것이다.

둘째로, 나는 문학의 형식적 장치들이나 구조적 장치들이 대처 메커니즘의 역할을 수행한다고 주장할 것이다. 형식적 장치들은 우리가 작품을 읽으면서 내리는 평가와 재평가의 연속들을 감독하고, 특히 독자를 위한 대처 전략으로 작용한다. 나는 노만 홀랜드(Norman Holland)의 다음과 같은 생각을 빌려온다. 형식적 장치들은 독자가 사용하는 방어 전략으로 작용하는데, 이러한 전략을 통해 우리는 (홀랜드가 생각하기에) 어떤 작품의 내용에서 발견될 폭발력 있는(explosive) 환상들을 관리하거나 처리할 수 있다. 나는 현대 감정 이론의 용어들을

1) Clive Bell, *Art* (London: Chatto & Windus, 1914).

사용하여 문학에 대한 감정 반응은 우리가 문학작품에서 감정적으로 마주하게 되는 것들에 **대처할** 수 있게 되는 그런 방식으로 작품 속의 형식적 장치들에 의해 인도되거나 **관리된다**고 말하는 것을 선호한다.

마지막으로, 나는 매튜 아널드(Matthew Arnold)의 「도버 해협(Dover Beach)」과 이디스 워튼(Edith Warton)의 『암초(*The Reef*)』, 셰익스피어(Shakespear)의 소네트 한 편을 포함하여 구체적인 문학의 사례들을 통해 이 아이디어를 예증할 것이다.

나의 결론은 비록 우리가 실제 삶의 인물들 및 사건들에 반응하는 것과 매우 유사한 방식으로 문학작품들에 감정적으로 반응한다 해도 거기에는 최소한 한 가지 중요한 차이가 있다는 것이 될 것이다. 즉, 문학에 대해 감정적으로 반응할 때 우리의 반응은 실제 삶에서 가능한 것보다 훨씬 더 주의 깊게 — 작품의 형식이나 구조를 통해 — 인도되고 관리되며, 이것이 문학에서 우리가 얻는 쾌의 중요한 원천이다.

일차적 평가와 이차적 평가: 대처 메커니즘

1부에서 살펴보았듯이 정감적 평가의 기능은 (외적 혹은 내적) 환경에서 당사자의 안녕에 중요한 것에 대해 그것이 무엇이든 매우 빠르게 그리고 자동적으로 당사자에게 알려주고, 그래서 어떤 생리적 상태를 즉각적으로 만들어내는 것인데, 이 생리적 상태는 그 당사자가 적절한 행동을 하도록 준비시키고 그 당사자의 상태에 대해 다른 개체들에게 신호를 준다. 그러나 그 과정이 거기서 멈추는 법은 거의 없다. 거의 언제나, 심지어 인간이 아닌 동물들의 경우에도 상황에 대한 **인지적 모니터링**이 뒤따른다. 실제로 인간들의 경우 이러한 정감적 평가들은 대개 인지적 평가들에 뒤따르기도 하고 그것들을 선행하기도 한다. 인간은 자신의 안녕에 중요해 보이는 어떤 것에든 자동적으로 반응할 뿐만 아니라, 자신의 반응을 모니터하고 수정하는 인지적 능력 또한 가진다. 다윈(Darwin)은 이에 대한 좋은 예를 제공한다 (그림 7.1 참조). 그는 동물원에서 (아프리카산) 큰 독사를 보고 그것이 해가 된다는 초기의 '본능적'(정감적) 평가를 내리고, 그에 대해 두려움으로 반응하는 것에 대해 이야기한다. 그는 본능적으로 움찔하고 뒤로 물러난다.[2] 그러나 이러한 정감적 평가는 첫째로 이것이 정말로 치명적인 뱀이라는 인식에 의해, 그리고 둘째로 이 뱀이 안전하게 유리판 뒤에 있다는 뒤이은 인지적 평가에 의해 즉각적으로 조정된다. 즉각적인 평가는 아드레날린이 분비되게 하고, 감정 과정이 진행되게 한다. 그러나 그가 실제로 치명적인 뱀과 매우 가까이 있다는 것을 인지가 확인해준다고 하더라도 두려움이라는 감정은 결국 그가 안전하다는 **재**평가에 의해 그 싹이 잘리게 되고, 그래서 그 반응은 결과적으로 흐지부지되거나 — 더 높은 확률로 — 안도감 혹은 당혹감으로 변한다. 이와 유사하게, 어머니가 돌아가셨을 때 내가 내리는 본능적인 정감적 평가는 내가 끔찍한 상실을 겪었다는 것으로, 이것은 인지를 통해 확증되는 평가이다. 그러나 그러고 나서 나는 어머니가 정말로 완전히 사라진 것은 아니라거나 이제 어머니는 자신의 비참함에서 벗어나게 된 것이라고, 혹은 '누구에게나 죽음은 온다'고 혼잣말을 하면서 이 상황을 재평가할 수도 있다. 아니면 나는 그 상황에서 다루기 좀 더 쉬운 국면들에 다시 초점을 맞추어 장례식 준비를 두고 소란을 피우기 시작할 수도 있다.

대처 메커니즘을 가장 상세하게 조사한 심리학자는 리처드 라자루스(Richard Lazarus)로, 그는 자신의 초기 연구에서 사람들이 불안감과 스트레스에 어떻게 대처하는지를 다루었다. 하지만 '대처' 평가의 존재를 알아본 것은 그 혼자만이 아니다. 스미스와 엘스워스(Smith

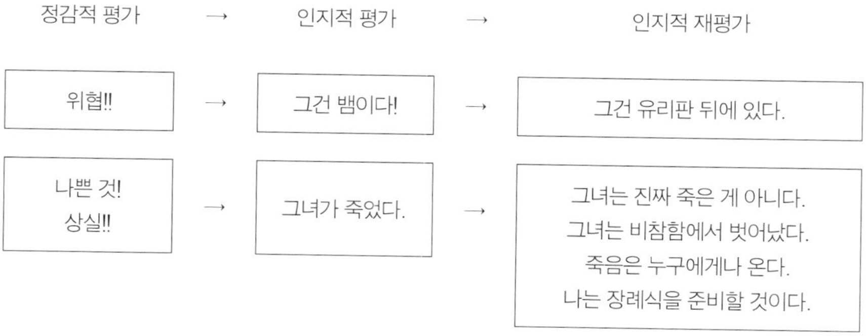

〈그림 7.1〉 평가와 재평가: 대처 메커니즘

2) Charles Darwin, *The Expression of the Emotions in Man and Animals*, ed. Paul Ekman (New York: Oxford University Press, 1998), 43-4.

and Ellsworth),[3] 그리고 클라우스 쉐러(Klaus Scherer)[4] 같은 구성요소 이론가들 역시 '대처'를 감정 과정에서 종종 발생하는 평가로 인식한다. 스미스와 엘스워스가 식별해낸 감정의 다양한 평가요소들 중에는 '확실성', '상황 통제'(혹은 '상황 대처') 그리고 '예측 가능성'이 있다. 이와 유사하게, 쉐러는 '대처 잠재력'을 감정의 평가요소들 중 하나로 언급한다.

라자루스는 감정이 유기체와 그것이 속한 환경 사이에 일어나는 거래로 사고되어야 한다는 견해와 각각의 개별 감정들 — 화, 두려움, 시기심, 수치심 등 — 은 어떤 고유한 '핵심 관련 주제'에 상응한다는 견해를 취한다. 여기서 핵심 관련 주제는 '개인과 환경 간의 각각의 관계에서 해당 개인에게 미치는 해와 이익을 요약하는' 것이다.[5] 이러한 주제의 예로는 '나와 나에게 속한 것에 대한 모욕적인 공격'(화), '불확실하게 존재하는 위협에 직면함'(불안), '즉각적이고 구체적이며 압도적인 물리적 위험'(섬뜩함), 그리고 '자아의 이상에 부응하지 못함'(수치심)이 있다.[6]

라자루스 이론의 한 가지 중요한 국면은 이름 붙일 수 있는 개별적 감정들을 규정하는 평가들이 두 가지 일반적인 종류에 속한다는 것이다. 그중 하나는 '(환경과의) 어떤 마주침이 당사자의 안녕과 관련되는지, 그리고 어떻게 관련되는지'를 다루는 '일차적 평가'이다. 이것은 '현재 일어나고 있는 일에 대한 개인적 관련성에 의존하는데, 이 관련성은 다시 특정한 환경적 맥락에서 그 개인이 목표에 얼마나 전념하고 있는지, 그리고 그 거래에 무엇이 걸려 있는지에 달려 있다'.[7] 쉐러와 엘스워스처럼 구성요소들을 구분하는 대신 라자루스는 일차적 평가들을 그것들이 한 개인의 목표나 관심사와 맺는 관련성의 측면에서 범주화한다. 일차적 평가의 세 가지 요소는 '목표와의 관련성, 목표와의 일치 혹은 불일치, 그리고 자아 관여의 유형'이라고 이야기된다.[8] 내가 사용하는 용어들로 바꾸어 말하면, 이러

3) Phoebe Ellsworth and C. A. Smith, 'From Appraisal to Emotion: Differences among Unpleasant Feelings', *Motivation and Emotion* 12 (1988).

4) Klaus R. Scherer, 'On the Nature and Function of Emotion: A Component Process Approach', Klaus R. Scherer and Paul Ekman (eds.), *Approaches to Emotion* (Hillsdale, NJ: Erlbaum, 1984).

5) Richard S. Lazarus, *Emotion and Adaptation* (New York: Oxford University Press, 1991), 39.

6) 더 상세한 내용들을 위해서는 1장에서의 나의 논의 참조.

7) Lazarus, *Emotion and Adaptation*, 145.

8) Ibid. 39.

한 일차적 평가들은 어떤 감정 반응과 감정 과정 전체를 시작하게 하는 초기 정감적 평가의 역할을 한다.[9] 실제로 라자루스는 이러한 일차적 평가들이 빠르고 자동적이며 무의식적일 수 있음을 인정한다.

다른 하나는 '대처를 위한 선택지 및 기대와 관련된' '이차적 평가'이다. 이차적 평가의 세 가지 구성요소는 '비난이나 칭찬, 대처할 수 있는 잠재력, 미래의 기대들'이라고 이야기 된다.[10] 그렇다면 이름 붙일 수 있는 각각의 감정은 일차적 평가와 이차적 평가의 특정한 패턴에 의해 구성되는 핵심 관련 주제를 통해 정의된다.

우리가 라자루스의 이론을 상세하게 살펴볼 필요는 없다. 내가 집중하고자 하는 국면은 감정이 일련의 평가들을 포함하며, 그러한 평가들에서 어떤 상황이 우리의 안녕에 어떻게 관련되는지에 대한 일차적 평가는 그 일차적 평가에 의해 평가된 대로의 그 상황에 대한 재평가 혹은 이차적 평가에 길을 내준다는 것이다. 나는 내가 그 상황에 얼마나 잘 **대처할** 수 있는가에 대한 이차적 평가에 특별히 관심을 가지고 있다.

라자루스는 '대처'를 '당사자 개인이 가지고 있는 자원에 부담이 되거나 그러한 자원을 초과하는 것으로 평가된 구체적인 외적 혹은 내적 요구들(과 그것들 사이의 충돌들)을 관리하기 위한 인식적이고 행위적인 노력들'로 이루어지는 것으로 정의한다. 대처는 '감정으로부터 흘러나와 감정의 조건들 혹은 감정 자체를 변화시키는 것을 목표로 할' 수도 있지만, 그것은 또한 '뒤이은 평가들(재평가들)에 직 · 간접적으로 영향을 주며' 그래서 뒤따르는 감정에 대한 인과적 선행 사건이 되기도 한다.'[11]

> 대처는 세 가지 근본적인 방식으로 감정을 변하게 할 수 있다. 첫 번째 방식은 해당 환경이나 사람에게 행동을 취함으로써 문제가 되는 관계를 변하게 하고, 그래서 관계적 의미와 그 결과로 오는 감정도 변하게 하는 것이다. 두 번째 방식은 — 관계적 의미는 변화시키지 않으면서도 — 심리적 회피의 경우와 마찬가지로 당사자가 어디에 주목하는지에 영향을

9) 다른 한편으로, 라자루스(Lazarus)의 '핵심 관련 주제들'을 포함하는 감정 목록은 에크먼(Ekman)의 '기본 감정' 목록보다 훨씬 더 길다.

10) Lazarus, *Emotion and Adaptation*, 39.

11) Ibid. 112.

미쳐서 설령 임시적일 뿐이라 하더라도 당사자의 마음에서 그 문제를 떼어놓는 것이다. 세 번째 방식은 관계가 평가되는 방식을 변하게 함으로써 관계적 의미와 그 결과로 오는 감정도 변하게 하는 것이다.[12]

첫 번째 종류의 대처는 '문제 중심적'인 것으로, 여기에는 개인과 환경의 상호작용에 변화를 주어 해당 감정에 의해 주어진 문제를 해결하도록 고안된 행동이 포함된다. 이를테면 개가 나를 위협하고 있지만, 나는 그 개를 부드럽게 달래서 진정시키는 것이다. 나는 일차적 평가를 처리하기 위해 취한 행동이 '대처'에 확실히 포함되는 것인지에 대해서는 확신이 없다. 어쨌든 나는 개인과 환경 사이의 실제적 마주침에 변화를 주는 형식을 취하는 문제 중심의 대처에 대해서는 이 정도로만 이야기하고자 한다.

다른 종류의 대처들은 — 내가 이 장에서 관심을 두고 있는 대처는 — '**감정 중심의 대처** 전략 혹은 **인지적 대처** 전략'이다. 이것들은 회피나 '내적 재구성'의 형식, 즉 개인과 환경의 상호작용 자체를 바꾸는 것이 아니라 그것의 의미를 바꾸는 형식을 취한다. 비록 이와 같은 인지적인 대처 전략들이

> 실제 관계를 변화시키지는 않지만, 이 전략들은 그 관계의 의미를 변화시키고, 따라서 감정 반응을 변화시킨다. 예를 들어, 만약 우리가 어떤 위협에 대해 생각하는 것을 회피하는 데 성공한다면, 그 위협과 연관된 불안감은 뒤로 미뤄진다. 그리고 만약 우리가 뭔가 잘못되어 있다는 것을 부정하는 데 성공한다면, 그 특정한 위협이나 해에 적합한 감정 — 말하자면 불안, 화, 죄책감, 수치심, 시기 혹은 그 밖의 무엇이든 — 을 경험할 이유가 없다.[13]

일반적으로, 대처는 '해나 위협 혹은 도전에 대한 초기의 평가에 직접적으로 뒤따르며, 뒤이은 평가를 수정할 수 있기 때문에 그 감정 반응을 변하게 할 수 있고 심지어 단축

12) Richard S. Lazarus, 'Universal Antecedants of the Emotions', Paul Ekman and Richard J. Davidson (eds.), *The Nature of Emotion: Fundamental Questions* (New York: Oxford University Press, 1994), 166.

13) Lazarus, *Emotion and Adaptation*, 112.

할 수도 있다.'[14] 따라서 이전에 내가 든 사례에서, 내 어머니의 죽음에 대한 다양한 재평가들은 내가 나의 상실에 대처하고 나의 슬픔을 경감시키려고 시도하는 다양한 방식의 예가 된다.

1960년대에 라자루스가 행한 대처 과정에 대한 몇몇 초기 실험들에서는 원시적 성인 의식을 묘사하는 어떤 무성영화에 대한 피험자들의 반응을 이용했다. 그 의식에서는 청소년기 소년들의 음경과 음낭에 돌 조각으로 베인 자국들을 남긴다. 라자루스와 그의 동료들은 여러 가지 간단한 조작을 통해 사람들이 이 보기 힘든 영화에 대한 자신들의 감정 반응을 **관리할** 수 있음을 잘 보여주었다. 사람들로 하여금 그들이 보고 있는 상황을 재평가하도록 하는 한 가지 쉬운 방식은 그저 그 피험자들에게 영화의 감정적 영향으로부터 자신을 분리하라고 혹은 스스로를 영화에 완전히 몰입시키라고 **말하는** 것이었다. 또한, 사람들로 하여금 그 상황을 재평가하고 그것을 재구성하게 하는 좀 더 복잡한 방식은 배경음악을 더하는 것이었다. 하나는 '부정' 배경음악이었고('이 소년들은 이 중요한 부족 의식에 참여하는 것을 정말로 즐기고 있다. ……'), 다른 하나는 눈앞에 보이는 것들을 과학적 혹은 인류학적 측면에서 지적인 것으로 만드는 '거리 두기' 배경음악이었다.[15] 이와 같은 다양한 대처 전략들은 '화나 불안 같은 부정적 감정들'을 경감시키고, '행복과 자신감 같은 긍정적 감정들'을 증대시키면서 감정 반응을 조정하는 것으로 드러났다.[16]

다른 실험들에서 라자루스의 공동연구자인 폴킨스(Folkins)는 피험자들에게 그들이 곧 전기 충격을 받을 것이라고 말하고, 서로 다른 피험자 집단에게 상이한 대기 시간을 명시해주었다. 처음에 각각의 피험자 집단은 '30초 후 충격', '1분 후 충격' 등을 표시하는 점멸 신호를 받았다. 그리고 각 피험자의 주관적 괴로움과 심리생리학적 반응이 기록되었다.

> 스트레스 반응은 가장 짧은 대기 시간이 주어졌을 경우에 가장 크지만, 3분이나 5분의 대기 시간이 주어졌을 때는 덜한 것으로 나타났다. 인터뷰 결과는 짧은 대기 시간이 주어

---

14) Ibid. 113.

15) 예를 들어 Richard S. Lazarus and Elizabeth Alfert, 'Short-Circuiting of Threat by Experimentally Altering Cognitive Appraisal', *Journal of Abnormal and Social Psychology* 69 (1964) 참조.

16) Lazarus, *Emotion and Adaptation*, 114.

진 피험자들에게는 경각심이 일어났고, 충분한 시간이 주어졌을 때에는 온갖 종류의 재평가들에 의해 이러한 경각심이 경감되었음을 보여주었다. 예를 들어, 3분과 5분이라는 대기 시간이 주어진 집단의 피험자들은 연구를 수행하는 교수가 감히 자신들을 진짜 다치게 하지는 않을 것이며, 전류발생기에서 오는 충격은 경각심을 가질 타당한 이유가 될 수 없다고 스스로에게 말하면서 실험에서 일어나고 있는 일을 재평가하는 데 더 오랜 시간을 사용했다. 사실 주어진 대기 시간이 짧았을 때 피험자들은 엄청난 두려움을 느꼈지만, 숙고와 재평가를 위한 충분한 시간이 주어졌을 때 그들은 온갖 종류의 현실적이고 불안감을 없애주는 생각들을 해보았으며, 이것은 경험된 스트레스와 괴로움을 경감시켜주었다. 이제 이것을 **인지적 대처**라고 부르는 것은 상당히 그럴듯하다.[17]

라자루스는 '방어적 재평가'[18] 혹은 인지적 대처라는 자신의 아이디어와 무의식적 불안에 대항하는 '자아 방어'라는 프로이트(Freud)의 개념 사이의 관계에 주목한다. 다른 한편으로, 라자루스는 정신분석 이론들이 주장하려 하는 경향이 있는 그런 방식으로 무의식적인 불안 같은 것이 있다는 것은 부정한다. 그는 인지적 대처를 촉발하기 위해 요구되는 것은 '위협'이라는 일차적 평가가 전부라고 본다.[19] 비록 이러한 **평가**가 무의식적일 수 있다 하더라도 이로부터 불안의 전 과정이 무의식적이라는 것이 따라 나오지는 않는다. 이 점에 있어서 그는 분명히 옳다. 다른 한편, 나는 감정 과정의 얼마나 많은 부분이 의식에 전달될 수 있는지에 대해 추측해보고 싶지는 않다. 분명히 대처 재평가들이 종종 그 자체로 무의식적이라는 것은 그럴듯해 보인다. 그러나 이 장에서의 나의 목표와 관련하여 주목해야 할 것은 대처 절차가 자아 방어와 매우 유사하게 기능한다는 것과 라자루스가 언급하는 **회피, 부정 그리고 지적 처리**(intellectualization)의 절차들이 모두 고전적인 프로이트 식의 방어 전략들이라는 사실뿐이다.

흥미롭게도 몇몇 감정은 주로 이차적 평가에서의 차이에 의해 구분될 수 있다. 우리가 부당하다고 간주하거나 위협이라고 간주하는 무언가를 누군가가 우리에게 행했을 때, 두

17) Ibid. 155.

18) Ibid. 113.

19) Ibid. 163.

려움과 화 모두가 일어날 수 있다. 두려움은 내가 상사에게 모욕당했을 때처럼 주어진 상황을 처리할 수 없다는 평가와 연관되어 있으며, 화는 내가 아랫사람이나 부하에게 모욕당했을 때처럼 어쩌면 복수를 통해 그 상황을 처리할 수 있다는 평가와 연관되어 있다. 두려움과 화는 보통 완전히 구별되는 감정 상태로 제시되지만, 이와 같은 분석은 그것들이 매우 밀접하게 관련되어 있을 수도 있다는 것을 시사한다. 나는 상사에게 모욕을 당한 상황에서 일련의 평가들 — 그중 일부는 두려움에 특징적이고 일부는 화에 특징적인 평가들 — 에 참여하기 쉽다. 내가 그 과정의 끝에서 어떤 모습을 보일지는 결정적으로 나의 대처 메커니즘 — 회피, 부정 그리고 여타의 것들 — 이 얼마나 성공적으로 기능했는가에 달려 있다.[20]

방어 메커니즘으로서의 형식

대부분의 위대한 문학작품들의 특징 중 하나는 형식에 대한 강조이다. 헨리 제임스(Henry James)나 마르셀 프루스트(Marcel Proust)가 쓴 소설의 구조는 할리퀸(Harlequin) 로맨스 소설의 틀에 박힌 전개와는 상당히 다르게 매우 미묘하고도 복잡하다. 위대한 시의 경우 형식은 어쩌면 훨씬 더 중요하며, 독자의 반응은 저자가 그 시에서 심상이나 다른 형식적 장치들을 구조화하는 방식을 통해 인도된다. 이 장에서 나의 중심 주장은 형식이 독자가 내리는 초기의 정감적 평가를 통제할 뿐만 아니라, 라자루스가 실제 삶의 감정 과정들에서 중요한 것으로 식별해낸 재평가 혹은 대처의 기능을 수행할 수도 있다는 것이다. 만약 내가 옳다면, 평가와 재평가라는 기본적인 감정 과정은 예술과 삶 양자 모두에 대한 우리의 경험에 공통적인 것이다.[21] 둘 사이의 주된 차이는 예술에서는 우리의 경험이 작품의 형식에 의해 인도되고 관리되기 때문에 성공적인 문학작품에서는 그 작품의 소재가 아무리 고통스러운 것이더라도 작품의 형식이 해당 경험을 **쾌를 가져오는** 하나의 조화로운 총체(whole)가 되

20) 그러나 만약 이것이 옳다면, 이것은 두려움과 화 모두가 '기본 감정'이라는 아이디어에 의문을 제기한다.

21) 우리가 살펴보았듯이 인지적 모니터링이 정감적 평가의 효과를 수정하기 때문에 우리가 삶에서와 (말하자면) 극장에서 같은 방식으로 행동하지 않을 수 있지만 말이다.

도록 조직할 것이라는 점이다. 어떤 측면에서 이것은 매우 오래된 아이디어이다. 여기서 새로운 것은 이런 오래된 생각에 대처 메커니즘에 대한 새로운 연구를 연결시킨다는 것이다.

문학에 대한 경험이 우리의 즉각적인 감정 반응들을 **관리하는** 한 가지 방식은 단순하게 그것이 삶이 아닌 문학이 됨을 통해서이다. 피비 엘스워스를 인용하자면, 영화나 소설의 사건들은 '실제 사건들이 촉발하는 반응들과 초기에는 동일한, 혹은 최소한 매우 유사한 반응들을 촉발한다'. 분명히 화면에서 우리 쪽으로 휘청거리며 다가오는 괴물을 볼 때 우리가 위험에 처한 것이 아니라는, 즉 '그 사건이 실제가 아니라는 "고차원적 인지"는 오직 그 감정 과정이 발동된 후에만 작동하여 그 경험을 수정하고 연관된 행동 경향을 억제한다'.[22] 5장에서 살펴보았듯이 이것은 공포영화에서 끔찍한 녹색의 점액질 괴물이 관객을 향해 밀려오는 것처럼 보일 때 벌어지는 일을 기술하기에 특별히 적합하다. 점액질 괴물을 우리를 향해 빠르게 돌진하는 것으로 지각할 때, 우리는 자동적으로 무의식적인 정감적 평가를 형성하고 그 뒤를 다양한 종류의 인지적 평가들이 따라오는데, 그 인지적 평가들 중 하나는 우리가 사실은 극장에 있다는 재평가이다. 초기의 정감적 평가가 두려움에 특징적인 생리적 징후들을 발동시키지만, 내가 극장에 있다는 인식은 통상적으로 내가 출구로 향하는 것을 막는다. 그러나 문학작품들은 훨씬 더 많은 흥미롭고 특정한 방식들로 먼저 즉각적인 감정 반응과 일차적인 정감적 평가를 유발하고, 우리가 그것들에 대처하도록 돕고, 처음의 상황을 재평가하여 우리의 초기 감정 반응을 관리한다.

『문학적 반응의 역학(*The Dynamics of Literary Response*)』에서 문학 비평가인 노먼 홀랜드(Norman Holland)는 문학작품의 형식과 내용에 대한 정신분석학적 시각을 제공한다. 홀랜드는 문학작품의 내용이 언제나 『햄릿(*Hamlet*)』에 등장하는 오이디푸스 콤플렉스의 환상 같은 어떤 중심적인 무의식적 환상을 포함하고 있다고 믿는다. 독자들은 어떤 '역동적 과정'을 통해 문학에서 의미를 찾아내는데, 그 과정에서 '두려움과 욕구로 차 있는' 어떤 무의식적 환상이 '관례적 해석에 의해 발견된 의식적 의미들'로 전환된다는 것이다.[23] 홀랜드에 따르면, 사실상 '의미를 가진' 것은 이야기가 아니라 무의식적 환상을 '미적, 도덕적, 지적 혹은 사

22) Phoebe Ellsworth, 'Levels of Thought and Levels of Emotion', Ekman and Davidson (eds.), *The Nature of Emotion*, 194.

23) Norman Holland, *The Dynamics of Literary Response* (New York: Oxford University Press, 1968), 28-9.

회적 정합성과 의의를 가진 하나의 전체적 경험'으로 전환시킴으로써 의미를 생성하는 독자이다.[24] 이러한 전환이 이야기가 우리에게 주는 쾌이다.

고통스럽고 힘들게 하는 환상들을 구현하는 문학작품에서 우리가 쾌를 얻는 한 가지 이유는 텍스트가 강력하고 변덕스러운 환상이라는 무의식적 재료에 맞서는 **방어**를 제공해주기 때문이다. 홀랜드는 불편한 환상이라는 재료가 방어적으로 전환되지 않는다면 우리가 그것을 수용할 수 없을 것이라고 본다. 그리고 이러한 방어적 전략은 작품의 **형식적** 장치들에 의해 일어난다는 것이 그의 주장이다. 홀랜드가 보기에 문학작품은 "어떤 중심적 환상을 구현하고 우리에게 그것을 환기한다. 그리고 그것이 마음속에 있었더라면 '방어'라고 불렀겠지만, 페이지 위에 있기 때문에 우리가 '형식'이라고 부르는 장치들을 통해 그 환상을 관리하고 통제한다. 그래서 환상을 가지고, 그 환상이 관리되는 것을 느끼는 것이 우리에게 쾌를 준다."[25] 독자들은 문학작품에서 자신들이 특징적으로 두려워하고 또 그에 대한 욕구를 가지는 것을 찾지만, 그와 동시에 그 작품은 독자들에게 이와 같이 섬뜩하면서도 매력적인 무의식적 환상들에 대항하여 자신을 방어하기 위한 자원을 제공한다. '무의식적 내용의 방어적 변경'[26]을 통해 독자들이 그 위협적인 내용을 받아들일 수 있게 하는 것은 문학작품의 형식적 혹은 구조적 장치들이다.

홀랜드는 프로이트의 기본적인 분류 체계에 의존하고 있다. 우리는 특히 삶에서 억압, 부정, 다양한 종류의 전치(displacement) — 전복, 반응 형성, 취소, 투사, 투입, 회귀, 분열 혹은 분해, 상징화, 승화(sublimation), 합리화가 포함됨 — 같은 방어 메커니즘들을 발전시킨다.[27] 문학작품들은 방어 전략들로 기능하는 형식적 기술들(techniques)을 통해 그들이 구현하는 환상들을 '처리한다'. 반어법은 전복과 반응 형성에 상응하고, 생략은 억압과 부정에 대응하

---

24) Norman Holland, 'Unity Identity Text Self', Jane P. Tompkins (ed.), *Reader-Response Criticism: From Formalism to Post-Modernism* (Baltimore: Johns Hopkins University Press, 1980), 126.

25) Holland, *The Dynamics of Literary Response*, 75.

26) Ibid. 105.

27) Ibid. 58 참조. 다니엘 허위츠(Daniel Herwitz)는 이 장의 초고에 대해 논평하면서 오늘날 자신을 프로이트주의자라고 부르는 모든 사람이 홀랜드 식의 프로이트를 받아들일 것 같지는 않다는 점에 주목한다. [예를 들어, 멜라니 클라인(Melanie Klein)의 추종자들은 그것을 받아들이지 않을 것이다.] 'Norman Holland's Reader-Response Theory'에 대한 논평, 1992년 미국미학회 태평양지구 모임.

며, 도덕률을 가리키는 것은 합리화에 상응하는 식이다. 홀랜드에 따르면, '문학작품의 형식은 아주 느슨하게 방어에 상응하고, 내용은 환상이나 충동에 상응한다'.[28]

후기 저작들에서 홀랜드는 독자들이 동일한 작품을 어떻게 서로 다른 방식으로 해석하는지 강조하는데, 이는 부분적으로는 개별 독자들이 문학작품에서 자신만의 독특한 환상들 — 그들이 특징적으로 두려워하고 욕구를 가지는 것들 — 을 보기 때문이고, 또 부분적으로는 개별 독자들이 작품에서 이러한 두려움과 욕구를 다루기 위한 자신만의 특징적인 방어 전략을 찾기 때문이다. 서로 다른 독자들이 동일한 텍스트에 서로 다르게 반응하는 것은 그들의 '정체성 주제들'이 다르기 때문인데, 그 주제들은 그들이 보는 환상에서, 그들이 사용하는 적응 전략에서, 그리고 심지어는 날것 그대로의 환상이 학회 발표에 적합한 각각의 해석들로 전환되는 다양한 방식들에서 드러난다. 다시 말해 모든 독자의 반응을 통제하는 하나의 구조 — 작품의 바로 **그** 형식 — 는 없다. '사실상 각각의 독자는 자신의 고유한 정체성 주제의 측면에서 작품을 재창조한다.'[29] 독자들은 각자의 개별적 방식으로 텍스트와 그들이 그 텍스트의 형식으로 경험하는 것에 반응하며, 그들이 채택하는 대처 메커니즘도 서로 다르다. '작품을 읽을 때 우리 모두는 그 문학작품을 사용하여 우리 자신을 상징화하고 마침내 복제해낸다.'[30]

형식적 장치들을 구축하는 것은 저자인 반면 대처 전략들을 채택하는 것은 독자들이라는 반박이 있을 수도 있다. 홀랜드는 독자와 마찬가지로 저자에게도 '정체성 주제'가 있으며, 이 주제는 저자의 작품에 분명하게 드러난 현실을 관리하고, 현실에 대처하는 특징적인 방식들을 포함한다고 언급한다. 독자가 어떤 텍스트에 감정적으로 연루되기 위해서는 독자의 특징적인 적응 전략과 저자(혹은 — 내가 말하는 것처럼 — **함축된 저자**)의 특징적인 적응 전략이 잘 맞아야 한다.[31] 실제로 홀랜드는 그 둘 사이에 어떤 **정확한** 일치가 있어야 하며, 그렇지 않으면 독자가 작품에 감정적으로 접근하지 못할 것이라고 생각하는 것으로 보인다.

---

28) Ibid. 131.

29) Holland, 'Unity Identity Text Self', 126.

30) Ibid. 124.

31) 홀랜드의 생각에서 명백하게 모순적인 것 중 하나는 저자들은 자신이 쓴 텍스트에 '드러나는' 정체성 주제들을 가지고 있게 되어 있는데, 이와 동시에 독자들은 자기 자신의 정체성 주제들의 측면에서 작가들에게 반응하며 따라서 추정건대 독자들은 자신들이 읽는 작가들의 정체성 주제들을 (최소한 부분적으로) 구성하게 되어 있다는 것이다.

그러나 이는 너무 강한 요구조건인 것 같다. 나는 나 자신의 정체성 주제와는 다소 상이한 '정체성 주제'를 가진 저자들과도 감정적으로 연루될 수 있다. 그럼에도 불구하고 독자의 특징적인 적응 전략과 텍스트에서 저자에 의해 제공되는 적응 전략은 타당한 정도로 잘 맞아야 한다. 그렇지 않으면 그 개별 독자는 문학적 경험을 거부할 것이다.

나는 홀랜드의 해석 이론 전체를 옹호하고 싶지는 않다. 왜냐하면 나는 그 이론이 개념적 근거에서의 의문과 경험적 근거에서의 의문 둘 모두에 열려 있다고 보기 때문이다. 예를 들어, 개념적으로 모든 사람에게 정체성 주제가 있다는 아이디어는 의심스럽다. 왜냐하면 많은 인격들(personalities)이 파편화되고 비일관적일 수 있기 때문이다. 경험적으로는 독자가 문학작품에서 심연의 무의식적인 환상을 본다는 홀랜드의 주장을 우리가 어떻게 확증하거나 부당하다고 증명할 수 있을지 알 수 없다. 물론 이것은 무의식이라는 개념에 의존하는 많은 프로이트 식의 가설들에 대해서도 참이다.

다른 한편으로, 그의 이론에는 예리하고 가치 있는 부분들이 많은데, 특히 우리가 홀랜드의 과도한 프로이트주의를 좀 더 경험적인 심리학으로 대체한다면 더욱 그렇다. 첫째, 설령 당신이 누구나 정체성 주제를 가져야 한다는 것을 부정한다고 해도 독자가 어떤 작품에 감정적으로 연루되기 위해서는 저자 — 함축된 저자 — 와 독자 사이에 어떤 감정적 일치가 있어야 한다는 것은 그럴듯하다. 둘째, 독자들이 이 세계에 감정적으로 대처하는 방식들에 따라, 그리고 그들의 감정 양식의 특징적인 차이에 따라 동일한 텍스트에 대해서도 독자들이 저마다 다르게 반응한다는 일반적 아이디어는 우리가 6장에서 살펴보았듯이 매우 그럴듯한 아이디어이다. 작품을 만들어내고, 그래서 의식적이든 무의식적이든 작품에 있을 수 있는 어떤 방어 전략이든 그것을 배치하는 것은 저자이지만, 그럼에도 불구하고 서로 다른 독자들이 그 동일한 작품에서 자신들이 활용할 수 있는 서로 다른 전략들을 찾을 수 있다는 것은 참이다. '나의' 매튜 아널드는 당신의 매튜 아널드가 아닐 수 있는 것이다.[32] 셋째, 앞으로 살펴보게 되겠지만, 문학에서 방어 메커니즘의 역할을 하는 것은 형식적 장치들이며, 형식이 우리로 하여금 (저마다 다른 방식으로) 우리를 힘들게 하는 내용에 **대처**

32) Holland, 'Unity Identity Text Self', 124-5에서 『햄릿(*Hamlet*)』을 경험하는 서로 다른 방식들에 대한 홀랜드의 언급 참조.

할 수 있게 한다는 것은 시사하는 바가 매우 큰 아이디어이다.

물론 형식이 내용을 조직한다는 아이디어는 매우 오래된 것이다. 여기에 홀랜드가 추가하는 것은 심리학적 해석이다. 나는 당신이 심연의 환상들이 문학작품에 의해 환기된다고 믿든 그렇지 않든 우리가 작품의 형식이나 구조를 경험하는 방식에 의해 실제로 문학작품에 대한 우리의 경험이 관리된다는 것은 사실이라고 본다. 첫째, 가장 단순한 단계에서 '내용의 연속이나 순서는 …… 주어진 순간에 우리가 자각하고 있는 것을 통제함으로써 어떤 반응을 형성한다'.[33] 둘째, 작품의 수사적 장치들 — 은유, 반어법 등 — 은 내용이 제시되는 방식과 그 내용으로 독자들이 경험하는 방식을 통제한다. 우리는 많든 적든 이러한 형식적 장치들의 작동을 자각할 수 있다. 홀랜드는 할리퀸 로맨스나 대중적인 공포영화 같은 '오락물'은 잠재의식의 단계에서 호소력을 가지는 반면 문학적 명작은 보다 의식적인 지적 해석을 요구한다고 본다.

앞선 세 장에서 나는 어떤 문학작품의 내용에 연루되려면 우리가 그 내용에 의해 감정적으로 동요되어야 한다고 강조했다. 즉, 우리는 그 내용과의 만남에 우리의 필요, 이해관계, 가치 등이 걸려 있다고 느껴야 한다. 그래서 설령 우리가 마음 깊은 곳의 무의식적 소망이나 두려움이 언제나 거기에 걸려 있다는 아이디어를 거부한다 하더라도 문학작품의 내용은 언제나 유쾌한 것은 아니며, 실제로 작품에 팽팽한 긴장감이 감돌 때도 종종 있다. 그렇다면 우리는 왜 안나 카레니나나 애너 리스의 고난에 대해 읽기를 즐기는가? 형식이 방어 역할을 한다는 홀랜드의 아이디어는 내가 보기에 흥미로우면서도 전도유망한 것이다. 설령 프로이트 식의 범주들을 거부한다고 하더라도 홀랜드가 기술하고 있는 많은 방어적 전략들은 우리가 보았듯이 최근 좀 더 경험적 기반의 사고를 하는 심리학자들도 인식하고 있는 것들이다. 억압, 부정 그리고 전치는 모두 리처드 라자루스와 그의 동료들이 성인 의식을 묘사하고 있는 영화에 대한 불쾌한 경험을 관리하기 위한 것으로 언급한 전략들이다. 이것들은 매일의 삶에서 우리가 겪는 감정적 경험들로부터 나온 익숙한 전략들이다. 문학작품들에 대한 우리의 감정적 경험들이 실제 삶에서 우리가 겪는 감정적 경험들과 동일한 방식으로 관리된다면 이것은 놀라운 것이 아닐 것이다.

---

33) Holland, *The Dynamics of Literary Response*, 114. 4장에서 이저(Iser)와 게릭(Gerrig)에 대한 나의 논의와 비교.

그러나 좋은 문학작품들은 고도로 구조화되어 있기 때문에 우리는 실제 삶에서보다 훨씬 더 통제력이 강한 방식으로 우리의 반응을 관리하는 구조적 장치들을 기대할 것이다. 우리는 이 장치들이 우리의 대처 메커니즘에 개입하여 팽팽한 긴장감이 돌거나 고통스러운 감정적 내용에 맞서 성공적으로 방어할 수 있게 되기를 기대할 것이다. 그리고 이것이 실제로 일어나는 일이다. 개별 독자가 경험하는 것으로서의 형식적 장치들은 작품의 처음부터 끝까지 독자를 인도하면서 등장인물들과 사건들에 대한 초기 감정 반응들을 장려하고, 독자가 그것들에 대항하여 방어하도록 도움으로써 그 반응들을 관리한다. 게다가 문학작품에 대한 감정적 경험 속에서 일어나는 일들에 대한 이러한 그림은 우리가 그와 같은 작품들을 왜 즐기는지 설명하는 데 도움이 된다. 그것은 우리가 위협적인 내용에 대항하여 자신을 성공적으로 방어했기 때문이다.

그런데 우리는 왜 불쾌함을 완전히 피하지 않는가? 도대체 왜 위협적인 내용에 몰입하려고 조금이라도 시간을 쓰는가? 간단히 말해 내 대답은 팽팽한 긴장감이 도는 내용은 우리의 마음을 강하게 사로잡으며, 그와 같은 내용을 다루는 연습을 하는 것이 여러 가지 이유에서 우리에게 유용하기 때문이다. 그래서 『리어왕(*King Lear*)』이나 『오셀로(*Othello*)』, 『맥베스(*Macbeth*)』 같은 비극에 매혹된 독자들은 인간의 비극에 마음이 사로잡히는 동시에 이런 고통스러운 내용을 받아들이려고 애쓰고 그것을 다루는 법을 배운다. 일반적으로, 비극이 고통스러운 내용을 다루고 있는데도 우리가 비극에서 즐거움을 얻는 이유를 설명해주는 것은 대처 메커니즘일 수 있다. 어쩌면 여기에서 우리는 '비극의 역설', 즉 비극이 종종 피비린내 나고 섬뜩한 소재들을 다룸에도 불구하고 사람들이 비극을 즐기는 것의 역설을 해결할 수 있는 단초를 가지고 있는 것이다.[34)]

그렇다면, 일반적으로 형식적 장치들은 문학작품에 대한 우리의 감정 반응을 인도하는데, 그것은 우리의 주의를 집중시키고 내용에 대한 초기의 정감적 평가와 뒤따르는 인지적 평가 모두에 영향을 미침으로써 그렇게 한다. 게다가 그에 더하여 형식적 장치들은 우리의 인지적 **재**평가를 인도하여 내용의 불쾌한 국면들에 **대처하도록** 돕는다. 이 장치들은

34) 비극의 역설에 대해서는 상당량의 문헌이 있다. 훌륭한 참고문헌 목록을 갖춘 최근의 흥미로운 설명을 보려면 Aaron Ridley, 'Tragedy', Jerrold Levinson (ed.), *The Oxford Handbook of Aesthetics* (Oxford: Oxford University Press, 2003) 참조.

우리가 주목의 방향을 다시 정하고 내용에 대한 우리의 이해나 믿음을 변화시킴으로써 그 내용이 **덜 고통스럽도록**, 혹은 우리가 우리 자신의 목표와 이해관계가 거기에 **덜 걸려 있다고** 느끼도록, 아니면 우리가 그 내용을 **우리 자신의 목표 및 관심과 덜 상충하는 것으로** 보이게 함으로써 (그렇지 않았더라면 우리를 힘들게 할 내용이었을 것에 의해) **덜 슬퍼지거나 덜 동요되도록** 돕는다. 형식적 장치들은 그 내용의 긍정적인 국면들에 주의를 집중시키고 고통스러운 국면들에서 주의를 분산시켜 우리가 읽고 있는 내용에 대한 우리의 생각이나 믿음뿐만 아니라 우리의 욕구와 목표가 수정되도록 돕는다.

이러한 아이디어가 그럴듯하다는 것을 보여주는 가장 좋은 방법은 그것이 실제로 작용하고 있는 사례를 보여주는 것이다. 그래서 나는 이제 몇몇 문학작품의 사례를 통해 이를 예증할 것이다.

매튜 아널드의 「도버 해협」

오늘밤 바다는 잠잠하오,
물결은 가득 차 있고, 달은 아름답게 놓여 있소
저 해협 위에 이 프랑스 해안에는 등대 불빛이
깜빡이다가 사라졌소. 잉글랜드의 절벽들은 돌출되어 있소,
고요한 만을 바라보며 어렴풋이 그리고 거대하게.
창가로 오시오, 밤공기가 향기롭소!
오직, 저 긴 물보라 치는 해안선으로부터
달빛으로 하얗게 물든 육지가 바다와 만나는 그곳으로부터,
귀 기울여보오! 그대에게 들릴 거요 삐걱거리는 소리가
물결이 끌어당겼다가, 치켜 올리는, 자갈들의 그 소리가
물결이 되돌아오는 곳에서, 해변 높은 곳에서

시작하고, 멈췄다가, 다시 시작하고 있소,
떨리는 선율로 느리게, 불러들이고 있소,
영원한 슬픔의 곡조를.

오래전 소포클레스도
에게 해에서 이 소리를 듣고, 떠올렸다오
그의 마음에 있는 혼탁한 밀물과 썰물이
인간의 비참함에 대한 것임을; 우리도
이 소리에서 어떤 생각을 발견하게 된다오,
먼 북쪽 바다에서 이 소리를 들으며.

신념의 바다도
한때는, 마찬가지로, 가득 차 있었소, 또한 대지의 물가를 에둘러
겹겹이 두른 빛나는 띠처럼 접혀 놓여 있다오.
하지만 이제 나는 들을 뿐이오
우울하고, 기나긴, 퇴각하는 바다의 굉음이,
물러서고 있음을, 저 숨결에 따라
밤바람이 지닌[저 숨결에 따라], 황량한 그 가장자리 아래로
그리고 이 세상의 헐벗은 조약돌들 아래로.

아, 사랑하는 이여, 진실하도록 합시다
서로에게! 이 세상에 대해, 이 세상은
마치 꿈의 땅처럼 우리 앞에 놓여 있어,
그처럼 다양하고, 그처럼 아름답고, 그처럼 새로운 것 같아 보이지만,
사실 그곳에는 기쁨도, 사랑도, 빛도 없으며,
확신도, 평화도 없고, 고통도 어찌할 수 없소;

그리고 우리는 여기 어두워지는 벌판에서
진격과 퇴각을 알리는 혼란스러운 신호들에 휩쓸려 있소,
무지한 군대들이 야간 전투를 하는 이곳에서.

나는 홀랜드가 자신의 초기 저작에서 제시하는 예들 중 하나로 논의를 시작하고자 한다. 거기서 홀랜드는 다른 독자들이 보이는 상이한 반응들에 대해 추측해보기보다는 자기 자신의 반응에 대해 논의하고 있다. 그 예는 매튜 아널드의 「도버 해협」으로, 홀랜드가 보기에 이 작품의 무의식적 내용은 원초적 장면(primal scene), 즉 어머니가 아이에게서 물러나 아이의 아버지와 함께하는 독립된 성인의 삶으로 돌아서서 열정적이고 격렬하게 아버지와 관계하는 장면이다. 홀랜드가 제기하고 있는 주장의 바로 그 본성 때문에 우리는 홀랜드에게 혹은 그 시에 그러한 무의식적 환상이 있다는 것을 확인하거나 부인할 수 없다. 그 시에 대한 홀랜드의 독해의 많은 부분은 내가 보기에 특이하다. (그리고 약간 제정신이 아닌 것 같기도 하다.) 그가 도버의 흰 절벽들을 어머니의 가슴과, 해안가 파도의 움직임을 '밤에 알몸으로 부딪치는 것'과, 그리고 군대들의 야간 전투를 엄마와 아빠의 전쟁 같은 열정적 행위와 연관 지을 때처럼 말이다. 물론 홀랜드가 주장하고자 하는 것의 일부는 우리가 시에서 다른 독자들과 공유하지 않을 수 있는 우리만의 특징적인 환상들을 본다는 것이다. 그러나 그의 독해가 하나의 자유 연상이 아니라 **그 시에 대한** 것이려면 위의 연상들은 좀 더 일반적으로 수용되는 것들이어야 한다. [언젠가 나는 홀랜드의 이론이 로르샤흐(Rorschach) 텍스트로서의 문학이라고 기술되는 것을 들었다!] 이와 동시에, 우리가 이후에 살펴보게 되겠지만 홀랜드가 그 시를 사랑과 보호에 대한 욕구뿐만 아니라 자신감 없는 끔찍한 느낌과 상실에 대한 두려움으로 해석하는 것은 분명히 옳다. 그 시를 이러한 일반적인 종류의 매우 감정적인 주제들에 대한 것으로 읽는 것은 전혀 이상하지 않다.

이 시를 좀 더 문자 그대로 읽어내고 있는 두 비평가를 살펴보자. 흥미롭게도 그들 모두는 이 시가 어떤 의미에서 '확신 없음(insecurity)의 두려움'에 관한 것이라고 인정한다. 윌리엄 매든(William A. Madden)은 다음과 같이 '그 내용'을 깔끔하게 요약한다. '어떤 특정한 풍경과 극적 맥락 안에 놓여 있는 화자는 그의 연인에게, 아름다워 보이지만 실제로는 "기쁨

도, 사랑도, 빛도 없으며 / 확신도, 평화도 없고, 고통도 어찌할 수 없는" 세상에 남은 하나의 인간성으로서의 사랑의 신의(loving fidelity)에 대해 호소한다.'[35] 좀 더 명시적이긴 하지만, 이와 유사한 맥락에서 점프(J. D. Jump)는 다음과 같이 쓰고 있다.

> 우주가 어느 정도는 인간의 필요에 맞춰 조정된다는, 즉 우주가 기쁨과 슬픔, 희망과 두려움을 느끼고 있는 인간에게 공감하는 신의 영향 아래 있다고 믿는 것이 더 이상 가능하지 않다는 바로 그 이유 때문에 시인은 다른 곳에서는 발견될 수 없는 그러한 가치들을 인간의 사랑 안에서 찾아야 한다. 게다가 이것이 마지막 단락의 일차적 의미이다. 현대사회에서 엄청난 불행 없이 살아가려면 연인들은 서로에게 버팀목이 되어야 한다.[36]

적대적인 세상에서의 외로움과 확신의 결여를 내용으로 하는 이 시에 대한 전반적 경험은 어떻게 우리에게 상당한 쾌를 줄 수 있는가? 홀랜드의 설명에 따르면, 이 시가 우리에게 평화롭고 만족스러운 경험을 제공하는 것은 이 시가 '강력하고 거대한 일군의 방어들을 제공하기' 때문이다.[37] 즉, 이 시는 강력한 마음의 동요를 다루고 있으면서도 이러한 동요에 대항하여 방어하고 있다.

이 시에는 부정이나 억압, 분열, 합리화 그리고 상징화의 사례들이 있다. 이 시는 우리가 마음의 동요 그 자체에 직접적으로 집중하지 않도록 하기 위해 독자로 하여금 바다, 조약돌 그리고 소포클레스에 주의를 집중하도록 함으로써 그 동요를 **부정하려** 시도한다. 시에서 '신념의 바다'에 대한 지적이고 우화적인 언급을 할 때, 혹은 소포클레스나 에피폴레(Epipolae)에서 있었던 아테네인들과 시실리아인들 사이의 전투에 대한 역사적인 언급을 할 때, 이 시는 **상징화**나 **합리화**를 사용한다. ('무지한 군대들'은 투키디데스를 암시하는 것으로 추정된다.) 이 시는 **분열**이라는 장치로 가득 차 있다. 거기에는 현실과 '꿈의 땅' 사이, 소리 이미지들과 시각 이미지들 사이, 밤과 낮 사이, 신념과 사랑 사이 등의 날카로운 구분이 있다. 충격적인

35) William A. Madden, 'Arnold the Poet (I) Lyric and Elegiac Poems', *Matthew Arnold*, ed. Kenneth Allot (Athens, Ohio: Ohio University Press, 1976), 64.

36) J. D. Jump, *Matthew Arnold* (London: Longman's, Green & Co., 1955), 80.

37) Holland, *The Dynamics of Literary Response*, 117.

것은 이 시의 중심에 있는 연인들은 **부정된다**는 것이다. 시의 말미에 이르기까지 그들은 소리와 시각, 현실과 환상, 환멸(disillusion)과 희망 사이의 어느 가장자리에서 애매한 위치를 점하고 있다. 우리는 얼굴을 맞대고 그들을 보지 않는다. 왜냐하면 그들은 육지로부터 떨어져 바다를 향해 창문 밖을 내다보고 있기 때문이다. 마지막 연에서 마침내 우리는 처음으로 그들을 '**여기에** 있으며 …… **우리인**' 것으로 본다.[38] 일반적으로, 우리를 동요시키는 생각과 느낌에 대한 억압은 '불쾌감을 [막고]',[39] 그와 동시에 결국 '서로에게 진실한' 연인들의 이미지에 의해 긍정적인 쾌가 제공된다.

어떤 비평가들은 이 시가 이런 종류의 해석을 요청하지 않는다고 주장할 수도 있을 것이다. 왜냐하면 이 시의 메시지는 긍정적인 것이기 때문이다. 이 시는 신념의 결여, 고독함 그리고 확신의 결여를 우리 자신과 우리의 사랑할 수 있는 능력에 의지하여 극복할 수 있다는 희망을 붙잡고 있다. 따라서 이 시를 읽으면서 어떤 방어 전략도 채용할 필요가 없다는 것이다. 다른 비평가들은 이 시에 담긴 표현의 아름다움과 간결함, 생생한 심상, 기분 좋은 의성어들 등이 이 시에서 우리가 느끼는 쾌를 설명하기에 충분하다고 말할 수도 있을 것이다.[40] 그러나 이런 제안들은 이 시의 특별한 효과에 대해 만족할만한 설명을 제공하지 않는다. 한편으로, 이 시가 보여주는 전반적인 시각은 비관적이다. 비록 극적 화자가 연인에게 '아, 사랑하는 이여, 진실하도록 합시다 | 서로에게!'라고 외치고 있긴 하지만, 이것은 '이 세상에는 사실 기쁨도, 사랑도, 빛도 없으며, | 확신도, 평화도 없고, 고통도 어찌할 수 없기' 때문이다. 즉, 이 연인들에게 바깥세상은 안심할 수 있는 곳이 아니다. 강조점은 모두 상실과 투쟁 그리고 암흑에 있는 것이지, 신의 있는 사랑이 이것들을 극복할 수도 있을 것이라는 미약한 희망에 있는 것이 아니다. 다른 한편으로, 표현의 절묘함은 오직 심상과 소리와 리듬이 전달하고 있는 것을 무시함으로써 온전히 향유될 수 있다. 예를 들어, 이 시의 가장 유명한 시행들은 '삐걱거리는 소리가 | 물결이 끌어당겼다가, 치켜 올리는, 자갈들의 그 소리가 | 물결이 되돌아오는 곳에서, 해변 높은 곳에서, | 시작하고, 멈췄다가, 다시 시작하고 있소, | 떨리는 선율로 느리게, 불러들이고 있소, | 영원한 슬픔의 곡조를.'이라고 묘사

38) Ibid. 125.

39) Ibid. 123.

40) 물론 홀랜드는 이 시를 읽는 이러한 방식들도 그 자체로 방어적 독해라고 이해할 것이다.

하는 부분이다. 이 시행들은 해변에서의 파도의 움직임과 소리를 모방하지만, 이 파도들이 궁극적으로 만들어내는 효과는 '영원한 슬픔의 곡조'를 야기하는 것이고, 이것이 이 사랑스러운 시행들의 **요점**이다. 요컨대 이 시에서 우리가 얻게 되는 쾌가 사실상 매우 우울한 내용에 대한 우리의 초기 반응들에 대항하여 방어하는 방식, 혹은 그 반응들을 다루는 방식과 관련이 있어야 한다고 생각하는 것은 아주 합당한 것처럼 보인다.

프로이트 식의 환상들이나 원초적 장면에 대한 홀랜드의 주장은 제쳐두고, (홀랜드가 말하듯이) '이 시의 형식이 …… 방어적 전략과 전환하는 전략을 드러내는' 방식에 초점을 맞추어 '이 시가 묘사하는 경험을 우리 스스로 경험해보도록 하자'.[41] 시 속 이미지들의 연속을 살펴볼 때, 우리는 그 시가 '영원한 슬픔의 곡조'를 도입하기 전에 시의 맨 처음 부분에서 잠잠한 바다, 고요한 만 등의 이미지들을 통해 우리를 안심시키는 것을 보게 된다. 시행들의 아름다움은 그 시가 실제로 말하고 있는 것에서 우리의 주의를 멀어지게 할 수 있다. 왜냐하면 영원한 슬픔의 곡조가 처음 언급될 때 그것은 우리를 놀라게 하기 때문이다. 하지만 이 시는 곧장 소포클레스와 고대 그리스에 대해 언급함으로써 그 마음을 동요시키는 영향력을 지적인 것으로 만들고, 그것으로부터 거리를 둔다. 그러고 나서 '인간의 비참함에 대한 혼탁한 밀물과 썰물'이 따라오지만, 이것은 '신념의 바다'라는 지적이고 우화적인 언급에 길을 내준다. 하지만 이런 방어 전략들은 결국 실패하고, 마음을 동요시키는 영향력이 이 바다의 '우울하고, 기나긴, 퇴각하는 굉음'에 대한 언급과 함께 돌아와 독자의 긴장감을 쌓아 올린다. 4연은 더 넓은 세상으로부터 작고 닫혀 있는 연인들의 세상으로 돌아와 처음으로 그 연인들을 우리에게 분명하게 보여준다. 이때 시적 화자는 자신의 연인에게 돌아서서 그녀에게 직접 이렇게 말한다. '아, 사랑하는 이여, 서로에게 진실하도록 합시다!' 안정적인 사랑의 관계라는 이 이미지는 독자로 하여금 '황량한 그 가장자리 | 그리고 이 세상의 헐벗은 조약돌들'에 대한 주목을 거두게 하고, 그래서 이 끔찍한 이미지에 대항하여 방어할 수 있게 한다. 이 시는 투쟁과 경고 그리고 군대들의 충돌로 끝맺지만, 아널드는 우리로 하여금 안정적이고 신의 있는 사랑의 가능성을 엿보게 함으로써 우리를 동요시키는 비관적인 결론을 처리할 수 있게 해준다.

41) Holland, *The Dynamics of Literary Response*, 128.

그렇다면, 일반적으로 말해 홀랜드가 '순수하게 형식적인 장치들이' — 연인들에 대한 언급을 이 연들의 중앙에 위치시키는 것과 이미지들을 배열하는 것 같은 장치들이 — '이 시의 무의식적인 내용을 방어적으로 수정하는 역할을 한다'고 말할 때 그는 옳다. 나의 용어로 말하자면, 순수하게 형식적인 장치들은 이 시의 불편하고 심지어 위협적이기까지 한 주제를 '관리하고', 우리가 그 주제를 불편함 없이 실제로 쾌를 느끼며 경험할 수 있게 해준다. 형식적 장치들은 우리가 이 시를 읽으면서 내리는 '일차적 평가들' 또는 그 평가들이 촉발하는 감정 반응에 '대처'할 수 있게 한다. 독자는 위협 대신 쾌를 느끼고, 버려짐에 대한 공포 대신 사랑의 안정감(security)을 대리적으로 체험한다. 이 시의 형식이나 구조는 독자의 반응을 조직하고 인도한다. 즉, 사건들의 순서, 심상의 연속, 소리와 리듬의 패턴 모두는 '일차적이고' 즉각적인 정감적 평가의 측면에서, 그리고 이 시에 대한 초기의 감정 반응들을 다룰 수 있게 해주는 '이차적인' 대처 평가의 측면에서 독자가 이 작품에 반응하는 방식을 통제한다.

이디스 워튼의 『암초』

홀랜드는 사이먼 레서(Simon Lesser)를 따라 형식을 '표현적 내용을 구조화하고 전달하는 데 사용되는 장치들의 전체 집합'으로 특징짓고, '대규모 형식', 즉 '부분들의 순서를 정하고 구조화하는 것'과 '소규모 형식', 즉 구문적 장치와 수사적 장치를 모두 포함하는 언어적 형식을 구분한다. 그 언어적 형식에는 대구법(parallelism), 접속사 생략, 운, 리듬, 심상, 반어법, 은유, 환유 등이 포함된다.[42] 「도버 해협」에 대해 이야기하면서 나는 주로 소규모 형식에 집중했다. 『암초』를 다루면서 나는 대규모 형식에 주목할 것이며, 특히 플롯, 서사적

42) Ibid. 106. 그러나 홀랜드(Ibid., 103)는 형식과 내용의 구분이 융통성 없이 고정된 것은 아니라고 경고한다. 그는 시에서 '어떤 주어진 요소도 내용의 재현으로 기능할 수 있고, 형식적이고 방어적인 전략의 일부로 기능할 수도 있다'고 말한다. 내가 덧붙여야 할 것은 내가 문학에서 대처 장치들을 다루는 방식은 홀랜드를 정확하게 따라하려고 의도한 것이 아니라는 것이다. 나는 그의 아이디어들을 그저 하나의 출발점으로서만 활용한다.

관점 그리고 배경 처리에 집중할 것이다. 플롯의 사건들, 등장인물들, 그리고 소설에서 묘사되는 배경은 어떤 의미에서 그 소설의 **내용**— 그 소설이 무엇에 대한 것인지 — 이며, 그것들은 그 자체로 감정적 반응을 유발한다. (함축된) 저자는 플롯, 등장인물, 주제, 서사적 관점, 배경을 처리함으로써 소설의 구조를 조직한다. 그러므로 이것들은 또한 구조적 장치들로서 중요한 역할들을 수행한다. 그리고 소설에서 우리는 그 구조들이 내용에 대한 우리의 감정 반응들을 관리하거나 인도하는 것을 보게 된다.

플롯: 이야기(Historie)와 담론(Recit)

제라르 주네트(Gérard Genette)는 서사 담론에 대한 자신의 연구에서, '이야기' — '실제로' 발생한 사건들의 연속 — 와 '담론' — 이야기를 통해 관계된 대로의 사건들의 연속 — 을 유익하게 구분하고 있다.[43] 5장에서 나는 『암초』의 **이야기**는 기술했지만, 그 **담론**에 대해서는 아주 가볍게 다루기만 했다. 사실, 이야기를 들려주는(recounting) 순서는 실제 사건들의 순서와 매우 다르다. 예를 들어, 그 이야기와 관련하여 가장 먼저 일어난 사건은 애너가 소녀였을 때 뉴욕에서 그녀와 대로우 사이에 있었던 우정이지만, 이것이 책의 앞부분에서 간략하게 언급되기는 해도 우리는 2권이 시작되기 전까지 애너의 어린 시절, 대로우와의 짧고도 불만족스러운 관계, 프레이저 리스와의 결혼, 그녀의 딸인 에피의 탄생에 대한 자세한 내용들을 알지 못한다. 1권은 대로우의 파리 여행과 소피 바이너와의 불륜에 대해 이야기한다. 1권과 2권 사이에는 몇 개월의 간극이 있으며, 그 기간 동안 소피 바이너는 에피의 가정교사가 되고 오언과 약혼한다. 하지만 대로우도 독자도 소설의 후반부에 이르러서야 이러한 사실들을 알게 된다. 일단 주요 수수께끼들이 드러난 이후에는 이야기와 담론이 한동안 거의 일치하게 된다. 즉, 우리는 애너가 파리를 방문한 것, 대로우가 거기서 애너를 발견한 것, 그들이 함께 지브레로 돌아온 것을 '실제로' 일어난 순서대로 알게 되며, 그런 일들이 일어날 때 애너가 반신반의하면서 스스로를 괴롭히는 것에 대해서도 알게 된다. 하지만 마지막

43) Gérard Genette, *Narrative Discourse: An Essay in Method* (Ithaca, NY: Cornell University Press, 1980).

에 소피가 그 전날 인도로 떠났다는 것을 애너가 알게 될 때 우리는 다시 한 번 놀라게 된다.

담론에서 사건들의 순서는 부분적으로는 **긴장감**(suspense)을 만들어내기 위한 목적으로 구성된다. 등장인물들과 그들에게 일어나는 일에 관심을 가질 때, 우리는 사건들이 어떻게 드러나게 될지 알고 싶어 하고 다양한 수수께끼들이 해결되길 바란다. 즉, 우리는 무슨 일이 일어나는지 알아내고 다양한 수수께끼를 해결하기 위해 계속 소설을 읽는다. 이러한 독해 전략 — 소설을 구조화하는 이러한 방식 — 은 롤랑 바르트(Roland Barthes)가 **수수께끼**(enigma)의 규칙 혹은 **해석적** 규칙(hermeneutic code)[44]이라고 부르는 것으로, 이것은 독자의 호기심과 계속 책을 읽고자 하는 욕구를 유지하는 데 매우 중요하다.

그러나 긴장감을 만들어내는 것 이외에도 **담론**은 방어 전략으로 기능한다. 플롯의 사건들이 서술되는 순서는 우리로 하여금 그 **이야기**의 불쾌한 국면들을 다룰 수 있게 해준다. 예를 들어, 대로우가 소개되고, 그와 소피의 불륜에 대해 알게 될 때까지 우리는 애너에 대해 거의 아무것도 듣지 못한다. 결과적으로 우리는 1권에서 애너에 대해 유감스럽게 느끼지 않는다. 왜냐하면 이 시점에서 그녀는 별로 중요하지 않은 사람이기 때문이다. 게다가 우리가 애너를 알게 되고 그녀를 좋아하게 된 이후에도 대로우가 그와 소피의 불륜에 대해 합당한 양심의 가책을 느끼게 될 때까지 우리는 그 불륜의 자세한 내역에 대해 알지 못하기 때문에 (그렇지 않았더라면 우리가 했을 것처럼) 그를 혹독하게 판단하지 않는다.

어쩌면 가장 충격적인 것은 이 소설의 결말일 것이다. 거기서 독자의 지배적 감정은 쾌 혹은 만족감이다. 그러나 사건들은 실제로 거의 모든 등장인물에게 상당히 좋지 않은 것으로 드러났다. 소피는 사랑하는 사람을 포기하고 과거에 자신을 홀대했던 여인과 함께 떠나버렸다. 오언은 사랑하는 여자를 잃고 그녀를 잊기 위해 스페인으로 떠나버렸다. 대로우는 애너가 자신과 결혼할 것인지 아닌지에 대해 여전히 확신하지 못한다. 그리고 애너 자신도 대로우에 대한 자신의 열정과 그에 대한 신뢰의 결여 사이에서 갈등한다. 그러나 소피가 떠나버림으로써 그 소설은 (내가 보기에) 대로우와 애너가 함께 행복해질 방법을 찾게 될 것임을, 어쩌면 그 방법은 애너가 자신의 '고결하고 높은' 원칙들 중 일부와 타협하고 대로우는 더욱 진실한 삶을 살기로 결심하는 것을 포함할 것임을 함축한다. 이 소설은 독자

44) Roland Barthes, S/Z, trans. *Richard Miller* (New York: Hill & Wang), 197.

에게 연인들의 결합에 대한 예상으로 행복해하라고 부추긴다. 그와 동시에 이 소설은 우리로 하여금 오언과 소피로부터 **거리를 두게** 한다. 즉, 이 소설은 말미에서 그들을 '무대에서 끌어내림으로써' 그들에 대해 생각하지 않도록 부추긴다.

주제, 등장인물 그리고 관점

이야기와 **담론**에 대해 논의하면서 나는 사건들의 '실제' 연속을 '내용'으로 취급하고, 그 사건들을 서술하는 순서(담론)를 '형식'으로 취급했다. 이러한 의미에서 '내용'은 단순히 '사건들이 일어난 그 순서대로의 사건들'이며, '형식'은 '함축된 저자가 그 사건들을 서술하는 순서'이다. 하지만 진지한 양질의 문학작품들 대부분은 더 깊은 의미에서의 '내용' 또한 가진다. 즉, 이런 작품들은 어떤 **메시지**를 전달하거나 어떤 **주제**를 가진다. 『암초』에서 무슨 일이 일어나는지 더 깊이 살펴볼 때, 우리는 우리를 동요시키는 어떤 강력한 내용을 발견하게 된다. 이때 등장인물을 통해 주제에 접근하는 것은 유용하다. 플롯과 마찬가지로, 등장인물에게도 이중의 기능이 있다. 6장에서 나는 인물들에 대해, 그리고 그 인물들이 실제 사람들인 것처럼 그들에게 반응하는 우리의 감정 반응에 대해 살펴보았다. 그러나 등장인물은 또한 **구조**나 형식의 중요한 한 가지 원칙이다. 『암초』에서 이런 구조는 특히 흥미로운데, 이것을 소설의 기저를 이루는 구조로 생각할 때 우리는 이것이 매우 문제가 되는 주제를 예시한다는 것을 보게 된다. 하나의 형식적 장치 혹은 하나의 구조화 원칙으로

〈그림 7.2〉 대당 사각형

서의 등장인물의 관점에서 볼 때 주요 등장인물은 하나의 대당 사각형을 형성하는 방식으로 조직된다(그림 7.2).

애너는 오언의 어머니임과 동시에 대로우에게는 잠재적으로 아내이다. 그렇다면 대로우는 오언의 아버지가 될 것이고, 만약 오언이 소피와 결혼한다면 소피의 아버지 또한 될 것이다. 그래서 결과적으로 아버지는 딸과 불륜을 저지르고 그 딸을 배신한 것이 된다. 애너도 이와 유사하게 (대로우의 이해관계를 오언의 이해관계보다 더 중시하고 대로우를 포기하지 않음으로써, 그리고 대로우가 소피와 어떤 특별한 관계에 있다는 것도 오언에게 인정하기를 거부함으로써) 자신의 아들 오언을 배신한다. 그리고 여기에는 두 쌍의 라이벌이 있다. 대로우와 오언은 소피를 향한 라이벌 관계이며, 소피와 애너는 대로우를 향한 라이벌 관계이다. 어떤 의미에서는 오언과 대로우 또한 애너를 향한 라이벌 관계이다. 어머니는 아버지를 얻기 위해 아들을 배신해야 한다. 아버지는 어머니를 얻기 위해 딸을 배신해야 한다. 전체적으로 이것은 어떠한 프로이트주의자라도 바랄법한 깔끔한 가족 드라마이다.

나는 프로이트주의의 영역으로 멀리 모험하고 싶지는 않다. 그러나 (프로이트주의자이든 아니든) 누구라도 여기서 워튼이 마음을 동요시키고 잠재적으로 폭발력 있는 내용을 다루고 있다는 것을 살펴볼 수 있다. 그것은 아버지와 딸의 성적 관계에 대한 것이자, 남편과 아들 사이 그리고 어머니와 딸 사이의 라이벌 관계에 대한 것이다. 워튼은 때때로 이러한 주제들을 인정한다. 예를 들어, 대로우가 지브레의 화실에서 오언의 피아노 연주를 듣는 소피의 모습을 바라보며 나머지 가족들과 앉아 있을 때처럼 말이다. 소피는 대로우와 함께 극장에 있었을 때와 같이 완전히 몰입하는 표정을 짓고 있다.

> 똑같은 태도를 취하고 똑같은 옷을 입고 있는 소피의 모습 때문에 그녀를 바라보던 대로우는 이상한 이중적인 의식을 느꼈다. 그런 느낌에서 빠져나오려고 대로우는 애너 쪽으로 시선을 돌렸지만, 대로우가 있던 자리에서는 소피와 애너를 따로 볼 수 없었다. 이것이 불편한 이중적인 느낌을 더했다.[45)]

45) Edith Wharton, *The Reef* [New York: Macmillan (Collier Books), 1987], 218-9.

그러나 대개 우리는 이러한 프로이트주의적 주제들에 대해 곰곰이 생각해보도록 요청되지 않는다. 그리고 나는 이 소설을 처음 읽었을 때 내가 그런 주제들을 눈치 채지 못했다고 고백해야 할 것이다. 그 대신 우리는 대로우가 오언을 이기고, 애너가 소피를 이기기를 원하도록 부추겨진다. 우리는 대로우와 애너가 결합하여 행복하길 바란다. 우리는 대로우가 소피를 배신하는 것이나 애너가 오언을 배신하는 것을 좋아하진 않지만, 어찌됐든 이런 배신들에 대해 그다지 신경 쓰지 않는다. 소설에 대한 우리의 자각에서 그것들은 크게 다가오지 않는다. 우리는 자신들의 행복을 위해 아버지가 딸을 배신하고 어머니가 아들을 배신한다는 사실에 대해 곰곰이 생각하도록 장려되지 않는다.

이 소설의 형식이나 구조가 우리의 감정 반응을 어떻게 관리하기에 이같이 마음을 어렵게 하는 내용에 대해 우리가 불안감 대신 쾌를 느끼게 되는가? 내가 이미 언급한 한 가지 전략 — 혹은 형식적 장치 — 은 사건들을 서술하는 순서이다. 우리의 주목과 감정 반응은 이와 같이 성적으로 복잡한 문제들에 대해 깊이 생각하게 되지 않는 방식으로 조종된다. 그러나 우리가 이처럼 반응하는 주된 이유는 주네트가 '내레이션' 혹은 **내러티브적 관점**이라고 부른 것에 의해 이 이야기가 구조화되기 때문이다. 그 소설을 읽을 때 등장인물들에 대한 우리의 감정 반응은 대로우와 애너 사이를 오가게 되고, 때로는 함축된 저자가 개입하는 서사적 관점에 의해 인도되고 통제된다. 그러나 이 소설은 결코 우리에게 소피나 오언의 관점에서 사건들을 보여주지 않는다. 그 결과, 예를 들면 오언은 언제나 자신의 생각과 느낌이 결코 '안으로부터' 드러나지 않는 그림자 같은 인물이 되며, 결국 한 번도 독자에게 많은 관심을 받지 못한다. 대로우는 오언을 '무명옷의 파우누스(faun)'로 묘사하는데, 이것은 맥락상 오언을 깔보는 표현으로 의도된 것이 아니지만 — 애너도 그렇게 해석하지 않지만 — , 독자에게 오언이 온전한 인간에 미치지 못하는 존재로 제시되는 효과를 낳는다. 우리는 대로우의 좀 더 남성적이고 세련된 세계관을 통해 오언을 보고 있기 때문에 오언은 결코 대로우에게 라이벌이 될 만한 사람으로 제시되지 않는다. 그래서 이 소설은 소피의 삶에 대로우가 다시 나타나는 순간 소피가 오언을 거절하는 것이 전적으로 이해할 만한 것임을 암시할 수 있게 된다. 소피는 더 공감적으로 그려지고 더 많이 등장하긴 하지만, 그녀 역시 언제나 밖에서 그려진다. 소피는 애너와 대로우 모두에게 감탄을 불러일으키지만, 결코 그들의 사랑을 얻지는 못한다. 모든 것이 그들의 눈을 통해 제시되기 때문에 그녀는 독자의 사랑 또한 얻지 못한다.

마찬가지로, 대로우가 펼쳐지는 사건들에 감정적으로 반응하고, 자신의 행위를 소피와 애너 모두에게 해를 입히는 것으로 재평가하도록 배울 때 우리는 **대로우의 관점에서** 그의 '감정 교육'을 따라가기 때문에 그에게 공감하게 된다. 워튼은 대로우가 소피를 대하는 수치스러운 방식에 집중하기보다는 상황이 벌어진 이후에 그 상황에 대해 대로우가 내리는 사려 깊은 평가와 재평가뿐만 아니라 대로우의 비탄, 죄책감 그리고 회한에 집중한다. 이와 유사하게 우리는 언제나 대로우의 관점이나 애너의 관점에서 애너를 보고, 소설 속 다른 누구보다 그녀에 대해 더 신경을 쓰기 때문에 그녀의 감정 교육을 공감적으로 따라가고, 그것이 소피와 오언과 관련하여 가지는 함축을 무시한다. 홀랜드의 용어로 말하자면, 소피와 오언은 부정되며 그들과 함께 프로이트주의적인 가족 드라마도 부정된다. 이와 동시에 독자의 이해관계는 이 소설의 좀 더 명시적인 도덕적 '메시지'에 맞춰진다. 그 메시지란 감정이 도덕성에 필수적이며, 감정이 없는 고매한 도덕적 원칙은 불충분하다는 것이다. 또한 자유와 제약, 의무와 쾌락이라는 서로 경쟁하는 주장들에 대한 도덕적 주제도 있다. 여기에는 아주 분명한 형태의 지적 처리(intellectualizing) 혹은 도덕적 해석(moralizing)이라는 방어 전략이 있다. 만약 이 작품의 공공연한 교훈이 덕스러운 삶에서의 감정의 역할을 강조하는 것으로 이해된다면, 기저에 깔려 있는 '교훈'은 어쩌면 그 공공연한 교훈과 모순되는 것은 아니지만 훨씬 더 어두운 관점에서 표현되는 것이다. 그것은 진실하고 충족된 삶을 살기 위해서는 우리의 더 어두운 감정들에 따라 행동하고, 우리의 행복을 막을 수 있는 사람들을 배신할 것이 요구된다는 것이다.[46] 분명히 이것이 독자에게 만족을 주는 메시지는 아니지만 이 소설의 구조는 우리로 하여금 이 메시지를 도덕적으로 해석하고, 이것을 지적인 것으로 만들고, 또 이것을 부정함으로써 이것에 대처할 수 있게 한다.

46) 혹은 좀 더 거칠게 말하자면, 아버지와 결혼하기 위해 아들을 죽이라는 것이다.

배경

소설의 배경은 등장인물과 마찬가지로 소설 내용의 일부인데, 소설이 등장인물들과 배경을 재현하거나 그것들에 대한 것이라는 의미에서 그러하다. 그래서 『암초』의 사건은 도버에서 시작해서 파리로 옮겨간 후에 지브레로 갔다가 다시 파리로 되돌아오는 등으로 이어진다. 이와 동시에, 등장인물이 구조의 한 원칙인 것과 마찬가지로 배경도 매우 빈번하게 구조의 한 원칙으로 기능한다.[47] 이것은 분명히 『암초』에 대해서도 참인데, 이 소설에서 배경은 중요한 형식적 역할 혹은 구조적 역할을 한다. 등장인물과 마찬가지로, 다양한 배경들은 서로 구조적인 대립관계, 즉 분열이라는 형식을 취하고 있다. 배경들은 또한 이 소설에서 하나의 중요한 **상징적** 역할을 수행하며, 그렇게 함으로써 이 소설의 몇몇 중요한 주제를 강조하는 역할을 한다.

내가 보기에 지브레는 『암초』에서 하나의 강력한 상징적 장소이다. 지브레는 한편으로 아름다움, 질서, 평온함, 개방성, 고매한 원칙, 즉 애너 자신이 예시하는 모든 것을 표상한다. 이와 동시에 지브레는 또한 제약, 편협함, 편견, 즉 샹텔 부인을 통해 예시되는 것들을 표상한다. 한편으로, 지브레는 도버와 파리에 있는 혼탁하고 젖어 있는, 불쾌하고 덧없는 장소들과 대비되는데, 그곳에는 제약이 없고 자유가 있지만 그에 상응하여 질서와 예의도 없다. 다른 한편으로, 지브레는 대로우가 거주하는 런던과 파리의 도시적이고 세련된 세계와도 대비되는데, 그곳에는 부도덕한 일이 흔하긴 하지만 관대함, 지성, 문화 그리고 실제로 예의가 있다. 애너에게 닥친 도전은 원칙과 질서정연함을 희생하지 않으면서도 자유와 세련됨을 배우는 것이다. 그리고 대로우에게 닥친 도전은 방탕함을 거부하고 평온함과 원칙을 얻는 동시에 교양 있고 세련된 상태를 유지하는 것이다.

이 모든 이슈는 독자의 감정적 관여에 호소하고 있다. 지브레의 고요한 아름다움에 긍정적으로 반응할 때, 그렇게 함으로써 나는 애너에게 그리고 원칙, 질서, 평온함에 대한 애너의 사랑에 감정적으로 반응하는 것이다. 이와 유사하게, 파리에 대한 나의 반응은 애너

47) 등장인물과 배경이 구조의 원칙들로 기능한다는 사실은 어느 정도 관례적인 것이다. 내가 논의하고 있는 그런 종류의 소설들에서 우리는 이것을 기대한다.

의 감정적인 갈등에 대한 반응이다. 파리는 문화의 중심이자 개방적인 곳이면서, 또한 애너가 감정적인 격랑 속에 있을 때 방문한 곳, 즉 어둡고 불쾌하며 다소 혼란 상태에 있는 곳이다. 내가 파리에 대해 상이한 방식들로 감정적으로 반응할 때, 나는 대로우에 대한 애너의 반응을 거울처럼 반영하고 있는 것이다. 애너는 파리와 대로우의 어떤 국면들에는 끌리면서도 다른 국면들에 대해서는 반발심을 느끼고 두려워한다. 다시 말해, 다양한 배경들에 대한 독자의 감정 반응은 내가 이 이야기의 교훈 혹은 주제라고 부르는 것의 기저를 이루는 갈등에 대한 반응이기도 하다.

그러나 이와 동시에 나는 이러한 감정적 주제들에 대처할 수 있다. 왜냐하면 나는 내 감정 반응들을 **전치하고**(displacing) 있기 때문이다. 혹은 나의 용어로 말하자면, 나는 애너에게 경험과 자유가 부족하다는 것이나 대로우가 자유와 방탕함 사이의 선을 밟고 있다는 것에 직접적으로 반응하는 것이 아니라 지브레에 있는 집, 도버의 날씨, 파리에 내리는 비 등에 대해 반응함으로써 감정적 주제들에 대처하고 있는 것이다. 우리는 정감적 평가 — 어쩌면 이것은 **좋다**, 이것은 **나쁘다** 식의 평가 — 를 내림으로써 배경에 감정적으로 반응하지만, 그렇게 함으로써 더욱 심연에 있는 질문들에 반응하고 있는 것이다. 우리의 반응은 무해한 대상들이 — 집들과 날씨가 — 상징화하는 불편한 주제들을 향하는 대신, 그 무해한 대상들을 향함으로써 통제된다.

요약하자면, 우리는 삶에 반응하는 것과 마찬가지로 문학에도 감정적으로 반응한다. 우리는 실제 삶에서 그런 것과 마찬가지로 불안해하고, 어리둥절해하며, 안심하고, 즐거워하고, 공감하는 등등을 한다. 하지만 삶과 문학에 대한 우리의 감정 반응들 사이에는 한 가지 중요한 차이가 있다. 삶에서 우리는 다음에 무슨 일이 일어날지 혹은 일들이 잘 풀릴지 알지 못한다. 즉, 우리는 우리의 환경을 통제할 수 없으며 우리에게 무슨 일이 벌어질지 예측할 수 없다. 그러나 우리는 삶의 예측 불허한 변화들을 다루기 위한 전략들, 특히 대처 메커니즘들을 발전시켜왔다. 일이 잘못되거나 견딜 수 없게 될 때, 우리는 그 일들을 지적인 것으로 만들거나 도덕적으로 해석하거나 그 일을 부정한다. 혹은 그 문제를 우리가 다룰 수 있는 부분들로 쪼개어 처리하거나 우리의 에너지를 다른 일로 옮겨버린다. 문학작품을 읽는 것은 언제나 불안과 불확실성을 만들어낼 잠재력을 가지고 있지만, 삶과 달리 문학은 종종 우리에게 심오하고 어쩌면 불편한 내용을 다루기 위해 필요한 대처 전략들을 제공한다. 소설의 형식적 · 구조적 장치들은 우리로 하여금 그 소설의 주제들에 대처하고, 궁극적으로는 우리가 현실의 한 조각에 성공적으로 대처했다는 바로 그 사실로부터 쾌를 도출해내게 한다.

지금까지 나는 소설 같은 대규모 내러티브에서 가장 용이하게 연구되는 대규모 형식에 대해 논의했다. 우리가 소규모 형식에 대해 논의할 때는 시로 돌아가는 것이 편리할 것이다.

셰익스피어의 소네트 73번

스티븐 부스(Stephen Booth)는 셰익스피어의 소네트들에 대해 다루고 있는 자신의 책에서, 홀랜드와 마찬가지로 독자가 소네트들을 읽어가면서 보이는 반응들에 관심을 두고 있으나, 부스가 관심을 가지는 반응들은 홀랜드가 논의하는 반응들과는 매우 다른 것들이다. 부스는 시에 대한 감정 반응에 대해서는 거의 아무것도 말하지 않는다. 그 대신 부스가 집중한 것은 셰익스피어가 언제나 독자의 마음이 적극적으로 소네트의 서로 다른 부분들과 서로 다른 국면들 사이를 연결할 것과 시를 읽으면서 갖게 되는 경험을 조직하고 통일할 원칙들을 늘 적극적으로 찾을 것을 요구하는 방식이다. 부스는 독자가 언제나 소네트 속의 연결들을 알아차려야 한다고 강조한다. 독자에게 요구되는 것은 감정적 경험이라기보다는 일종의 지각이나 분별력으로 묘사된다.

부스의 중심 주장은 각각의 소네트(일부 예외가 있을 수 있다. 특히 마지막 소네트가 예외일 수 있다)에는 다수의 조직화 원칙들이 있고, 독자가 의식적으로 파악하기에는 그 원칙들이 너무 많지만, 독자는 늘 이런 원칙들을 찾고 있기 때문에 소네트를 읽을 때 독자의 마음은 늘 깨어 있다는 것이다. 게다가 우리는 작품 안에서 작동하고 있는 서로 다른 많은 조직화 원칙들을 희미하게나마 자각하고 있기 때문에 하나의 소네트는 우리에게 많은 만족과 쾌를 준다.

즉, 독자는 소네트를 읽으면서 어떤 정합성을 **감지한다**. 비록 이 정합성의 원천을 독자들이 완전히 알지는 못하지만 말이다.

> 개별 소네트들에서 패턴의 다수성은 …… 그 시가 하나의 불가피한 통일체라는 느낌을 준다. 그러나 셰익스피어의 한 소네트를 처음부터 끝까지 읽어나갈 때, 서로 다른 패턴의 형성 요소들이 늘 빠르게, 그리고 거의 지각할 수 없을 정도로 주목을 받고 주목에서 벗어나며, '각각의 요소는 그전에 있던 것과 자리를 바꾼다'. 독자의 마음은 항시적인 운동 상태에 있다. 즉, 독자의 마음은 그 시의 부분들 사이의 명료하고 확고하지만 그와 동일한 정도로 끊임없이 변화하는 관계들을 끊임없이 자각하고 있기 때문에 불안한 상태로 유지된다.[48)]

부스는 소네트에 나타나는 다양한 패턴의 종류들에 대해 이야기하고 있는데, 그 종류들에는 이를테면 운(rhyme) 도식과 리듬의 형식적 패턴, 문장 구조의 구문론적 패턴, 그리고 수사적 패턴 — 시에 담겨 있는 생각의 전개 패턴 — 이 있다. 수사적 패턴은 예를 들면 일련의 사례들 뒤에 어떤 일반 원칙에 대한 진술이 따라오거나 어떤 증명 또는 논증 단계들이 연속되는 식으로 진행될 수 있다. 이에 더하여, 심상의 패턴들과 음성학적 패턴이나 소리 패턴이 있다. 이러한 서로 다른 종류의 패턴이나 구조는 모두 동시에 존재하지만, 부스에 따르면 그것들은 전형적으로 함께 진행되면서 서로를 강화하지는 않는다.

부스의 아이디어는 비록 우리가 그렇게 많은 서로 다른 구조들에 의식적으로 집중할 수는 없지만, 그럼에도 불구하고 그것들이 우리가 소네트를 읽는 과정에 깊이 영향을 미친다는 것이다. 비록 이런 다양한 패턴들 중 많은 것들이 아마도 단지 무의식적인 수준에서 나타난다고 해도 독자는 이 다양한 패턴들을 희미하게 자각하고 있으며, 자신이 소네트를 읽으면서 모호하게 감지하는 다양한 연결들을 찾아낼 필요를 느낀다. 이와 동시에, 다소 독립적으로 작용하고 있는 — 그렇지만 모두 작용하고 있는 — 매우 많은 상이한 구조들의 존재가 독자에게 어떤 질서감을 전달한다. 부스는 어떤 소네트의 소리 패턴들에 대한 상세한

48) Stephen Booth, *An Essay on Shakespeare's Sonnets* (New Haven: Yale University Press, 1969), 84.

분석을 읽고 나서도 그 시를 읽을 때 우리가 이 모든 관계를 머릿속에 붙들고 있을 수는 없다고 지적한다. 이 관계들은 모두 거기에 있고, 이것들 모두는 우리로 하여금 유사하게 들리는 단어들 가운데서 의미의 연결을 만들어내도록 부추기지만, 유사성의 패턴들은 너무나 복잡해서 우리가 실제로 시를 읽으면서 그것들에 대해 자각하기는 어렵다.

그 소네트들을 '규정하는 특이한 점'은

> 우리가 그러한 특이성이 나타나는 시행을 읽을 때, 어떤 단어가 주어지든 그 단어는 우리가 지각하지도 못한 채 관계의 한 체계에서 다른 체계로 미끄러지기 쉽다는 사실이다. 독자가 주어진 단어의 의미를 가져오는 맥락들의 이러한 이동은 한 맥락에서 다른 맥락으로 그러한 이동이 이루어질 때 독자의 마음이 끊임없이 작용할 것을 요구한다.[49]

혹자는 그렇게 많고 상이한, 변화하는 '관계의 체계들'이 혼란이라는 결과를 만들어낼 것이라고 생각할 수도 있지만, 그 관계의 아이디어들은 매우 쉽게 융합되기 때문에 독자를 혼란스럽게 하지 않는다. 셰익스피어의 한 소네트에 있는 특정한 시행을 읽을 때 우리의 마음은 '어떤 불분명한 시행을 이해하려 노력할 때처럼 혼란을 겪지는 않지만, 그 시의 자극들을 수동적으로 받아들이는 것도 아니다'. 그 소네트들은 어려운 시도 아니고 쉬운 시도 아니다. '그것들은 불안정하다. 시 안에서의 관계들이 유동적이고 독자의 마음 또한 그러하기 때문이다.'[50]

내 목적과 관련하여 흥미로운 것은 부스가 삶에 대처하는 것과 셰익스피어의 소네트에 대처하는 것 사이의 유비를 이끌어낸다는 것이다. 부스는 모든 예술은 경험에 질서를 부과하는 것이며, 바로 그러한 이유에서 예술작품이 마음을 확장하기는, 즉 예술작품이 '마음이 이해할 수 있는 것보다 더 많은 경험'을 잡아내기는 어렵다고 말한다.[51] 가장 만족스러운 종류의 질서는 어떤 부과된 '인공적' 질서가 아니라 현실에 있는 것으로 보이는 질서이다.

49) Ibid. 120.

50) Ibid. 124.

51) Ibid. 170.

> 우리가 예술에서 바라는 것은 예술의 질서정연함이 인공적인 것이 아니라 묘사된 실체의 본질에서 나오는 것임을, 사물이 (그것을 둘러싸는 원이 있을 때) 보이는 모습 그대로의 것임을 믿을 수 있는 기회이다. 우리는 예술이 질서정연하다는 것을 느끼고 싶어 하는 것이 아니다. 우리는 사물들이 질서정연하다는 것을 느끼고 싶어 하는 것이다. 우리는 예술이 질서를 만드는 것이 아니라 그 질서를 보여주는 것임을 느끼고 싶어 한다.[52]

부스는 셰익스피어가 실제의 삶과 경험의 폭넓은 가능성들을 질서정연한 방식으로 전달할 수 있는 유일무이한 능력을 가졌다고 주장한다.

> 비예술적 경험을 할 때 마음은 그 지칭의 틀을 끊임없이 이동시킨다. 그 소네트를 경험할 때에도 마음은 유사하게 이동하지만, 그것은 확고하게 질서 잡히고 고정되어 있는 중첩되는 지칭의 틀들 중 하나에서 다른 하나로 이동하는 것이다. 비예술적 경험에 필수적인 심적 작용(action)의 종류와 양이 그 소네트에 의해서도 요구되지만, 실제 경험과 유사한 그것은 논리나 소재 혹은 형식이나 소리에 대해 마음이 형성한 제한들 안에서 일어나도록 만들어진다.[53]

그 소네트들은 '많은 상이한 작용들만이 아니라 그것들 사이의 충돌로부터 발생하는 에너지로 터질 만큼 가득 차' 있다. 그러나 이와 동시에 한 소네트에 있는 '다수의 조직들'은 '지칭 틀이 주는 편안함과 안정감'을 제공한다. 비록 '그 지칭의 틀들이 불변하는 것도 아니고, 그 틀의 수는 무제한적인 것으로 보이지만' 말이다. 간단히 말해, '그 소네트들은 다른 어떤 것들보다 인공적이다. 즉, 인간에 의해 질서가 부여된 것들이다. 그래서 독자는 언제나 대처할 수 있다.'[54]

---

52) Ibid. 171.

53) Ibid. 172.

54) Ibid. 172.

That time of year thou mayst in me behold
When yellow leaves, or none, or few, do hang
Upon those boughs which shake against the cold,
Bare ruin'd choirs, where late the sweet birds sang.
In me thou seest the twilight of such day
As after sunset fadeth in the west,
Which by and by black night doth take away,
Death's second self, that seals up all in rest.
In me thou seest the glowing of such fire
That on the ashes of his youth doth lie,
As the death-bed whereon it must expire,
Consum'd with that which it was nourish'd by.
　　This thou perceiv'st, which makes thy love more strong
　　To love that well which thou must leave ere long.

그대는 나에게서 늦가을을 보리라.
누런 잎이 몇 잎 또는 하나도 없이
삭풍에 떠는 나뭇가지
고운 새들이 노래하던 이 폐허가 된 성가대석을
나에게서 그대 석양이 서천에
이미 넘어간 그런 황혼을 보리라,
모든 것을 안식 속에 담을 제2의 죽음,
그 암흑의 밤이 닥쳐올 황혼을
그대는 나에게서 이런 불빛을 보리라,
청춘이 탄 재, 임종의 침대 위에
불을 붙게 한 연료에 소진되어

꺼져야만 할 불빛을
　　그대 이것을 보면 안타까워져,
　　오래지 않아 두고 갈 것을 더욱더 사랑하리라

부스는 소네트 73「그대는 나에게서 그 계절을 보리라」에 대해 상세하게 설명하면서 이 소네트의 음성적 패턴들이나 운의 패턴들보다는 구문론적이고 수사적인 패턴들에 초점을 두는 상세한 설명을 제공한다. 부스는 구문론적으로 이 소네트는 세 개의 4행연들과 하나의 단일한 요약 문장인 2행연이 합쳐진 구조라고 지적한다. 수사적으로 이 시는 노년이 어떤 것인지를 예증하는 세 개의 사례들을 세 개의 4행연들 각각에서 하나씩 묘사하며, 그 뒤를 2행연에서 도출된 교훈이 따라온다. 구문론적 패턴은 수사적 패턴을 강화한다. '세 개의 4행연들은 화자를 각각 나무, 황혼, 불에 비교한다. 각 4행연은 하나의 단일한 문장이며, 두 번째와 세 번째 4행연들의 첫 시행은 1행을 반복한다.'[55]

심상의 측면에서 부스는 세 개의 4행연들에 '몇 가지 공존하는 진행들'이 있음에 주목한다. 시가 죽음을 향해 나아가면서 시간은 '점진적으로 더 작은 단위로 측정된다'. 즉, '일 년의 한 계절, 하루의 한때, 불꽃이 타는 그 시간의 마지막 순간'으로 진행되는 것이다.[56] 다가오는 죽음에 걸맞게, 빛은 한낮에서 황혼 그리고 다시 밤으로 점점 희미해진다. 그러나 색은 노란 나뭇잎에서 해진 후 황혼 그리고 다시 불꽃으로 점점 더 강렬해진다. 이와 동시에 '공간은 찬바람 부는 첫 번째 4행연에서 세 번째 4행연의 숨 막히게 뜨거운 재의 무덤으로 수축된다'. 게다가 '이 모든 것들과 동시에 일어나는 하나의 진행에서 은유는 각각의 이어지는 4행연의 점점 더 많은 부분을 인간의 필멸성이라는 이 소네트의 추상적 주제에 내준다'.[57] 화자가 우리의 주목을 더 크게 끌수록 가을, 황혼 그리고 불의 이미지는 그에 상응하여 점점 덜 생생해진다. 마지막으로, 2행연에서는 4행연들에서의 관찰자가 행위자가 된다. 즉, 화자를 떠나야 하는 것은 관찰자이지 그 반대가 아니다.

사고와 심상에서의 이러한 '질서정연한 진행'은 이 시 전체의 세심한 구조를 강화하는

55) Ibid. 125.

56) Ibid.

57) Ibid. 126.

데 도움이 되지만, 이러한 구성에 끼어드는 다른 요소들이 매우 많기 때문에 '이 시는 예측 가능성이 함축할 수 있는 지적 휴식을 독자에게 허락하지 않으면서도 예측 가능한 패턴이 줄 수 있는 예술적 안도감과 안정감을 제공한다'. 예를 들어, 서로 다른 진행들은 '기계적으로 평행한 것도 아니고, 마음속에서 하나로 뭉뚱그려지는 것도 아니다. 시간 단위는 작아지고, 화자는 더 크게 나타나며, 색은 더 밝아지고, 빛은 더 희미해지고, 온도는 더 뜨거워진다'.[58] 게다가 독자의 마음은 항상 깨어 있어야 한다. 그렇지 않으면 그 마음은 구문론에 의해 오도될 것이다. 그래서 가능한 한 많은 사례들 중 하나를 들자면, 5행과 9행은 정확하게 평행하기 때문에 우리는 10행이 6행과 마찬가지로 'as'로 시작하기를 기대하지만, 그 대신 'as'는 11행까지 연기된다. 그리고 'as'가 다시 나타날 때 그 'as'는 6행의 'as'와는 다른 문법적 형식을 가진다. 또 예를 들어보자면, 2행연의 시작(13행)은 각 4행연의 시작과 비슷하게 들린다. 즉, 그 부분은 관찰자에게 말하고 있고, 관찰자가 화자를 관찰하면서 지각한 것을 묘사한다. 그러나 '각 4행연의 대부분이 화자의 임박한 떠남에 대한 은유적 진술에 할애된'[59] 반면, 마지막 시행에서 화자를 '떠나야' 하는 것은 관찰자이다. 이러한 역전은 '필멸의 위협을 관찰자에게 더 가까이 가져오면서, 변하기 쉽다는 것(mutability)이 보편적인 것이라는 독자의 이해를 완전하게 만든다'. 부스는 '변화 자체와 독자가 그 변화를 따라가야 한다는 사실이 이 시를 읽는 과정에서의 독자의 활동과 전념(commitment) 그리고 참여와 관련하여 한 가지 추가적인 요구를 한다'고 말한다.[60]

부스는 일차적으로 소네트들에서 감지하는 구조적 패턴들에 관심을 가지고 있기 때문에 그 소네트들의 소재(subject matter)에 대해서는 이야기를 덜 하고 있다. 그러나 그가 논의하는 소네트들이 감정적으로 매우 팽팽한 긴장감이 감도는 이슈들에 대한 것이라는 것은 충격적이다. 소네트 73은 노년과 죽음의 불가피함에 대한 것이자, 인간의 사랑이란 필연적으로 일시적일 수밖에 없다는 지식을 언제나 동반하는 인간 사랑의 통렬함에 대한 것이다. 이것은 분명히 감정적인 소재이다. 그 소네트의 톤은 통렬하고 우울하기까지 하다. 그러나 이 시는 너무 많은 지적 작업을 요구하기 때문에 우리는 이 소재의 불쾌한 국면들에

58) Ibid. 127.

59) Booth, *An Essay on Shakespeare's Sonnets*, 129.

60) Ibid. 130.

대해 깊이 생각해보기보다는 이 시 속의 논증을 따라가면서 다양한 패턴들을 캐내도록 장려된다. 요컨대 우리는 **지적 처리**라는 방어 전략, 즉 **거리 두기**의 한 형태를 취하도록 장려된다. 이 시는 또한 **상징화**라는 방어 메커니즘을 사용한다. 노년은 연속되는 아름다운 이미지들 속에서 가을 낙엽, 황혼 그리고 불꽃의 타오름에 비교된다. 이것은 **전치**의 한 유형이지만, 죽음의 **부정**이나 **회피**가 아니라 오히려 죽음의 긍정적인 국면들을 강조하는 한 방식이다. 이렇게 이 시는 죽음을 감당할 수 있는 것으로 보이도록 만듦으로써 마지막 두 시행을 위해 우리를 준비시킨다.

부스의 분석이 시사하듯, 무엇보다 이 시는 그것이 담고 있는 많은 **질서**의 체계들을 통해 우리가 죽음의 고통스러운 국면들에 대처하도록 돕는다. 이 시의 질서는 그 질서의 원천이 무엇인지 확신하지 못할 때조차 독자에게 어떤 통제의 느낌을 준다. 게다가 이 시는 우리 모두가 직면해야 하는 삶에서 죽음으로의 질서정연한 진행, 즉 삶 자체의 **패턴**에 **대한** 것이다. 이 시의 질서는 죽음이 끔찍하고 부자연스러운 대재앙이 아니라 삶의 질서정연한 진행을 향한 지극히 자연스러운 결말이라는 메시지를 강화한다.

비록 이 시의 화자는 표면상으로 독자에게 말을 하고 있지만, 첫 열두 행에서 이 시는 화자와 그의 임박한 죽음에 초점을 맞추고 있다. 독자 자신의 죽음은 이 시의 거의 전체에 걸쳐 **부정된다**. 오직 마지막 2행연에서 화자가 **당신이** '머지않아' 떠나야만 하기 때문에 '**당신의** 사랑'이 더 강해질 것이라고 말할 때에만 우리의 주의가 독자에게 집중된다. 부정되었던 것이 갑자기 드러나고, 독자는 이 시의 '메시지'에 연루된다. '떠난다'는 단어는 우리를 다시 이 시의 처음으로 데려가 독자 역시 삶의 가을에 지는 노란 낙엽에서 타버린 죽음의 불꽃으로 향하는 그 동일한 여정을 하게 될 것임을 상기시킨다.

이 시가 독자로 하여금 고통스러운 주제인 죽음에 대처하도록 허용하거나 장려하는 다양한 방식들로부터 끌어낼 수 있는 한 가지 흥미로운 교훈이 있다. 그것은 대처 전략들이 그 효율성의 측면에서 다양하며, 그것이 요구하는 부정직함의 정도 측면에서도 다양하다는 것이다. 우리가 앞에서 보았듯이 '인지적 대처'는 우리의 주의를 전략적으로 배치하는 형태를 취하거나, 불쾌한 사건들의 '주관적 의미'를 변화시킴으로써 그 사건들을 전략적으로 재구성하는 형태를 취한다. 어떤 불쾌한 상황의 의미에 변화를 줄 때, 우리는 그런 상황의 존재를 부정하거나(이 방법은 단기적으로는 효과가 있을 수 있지만 장기적으로는 효과적이기 어려울 것이다) 그 상황으로부터 거리를 두거나 그 상황의 긍정적인 국면들을 강조할 수 있다. 전형적으로 이 전략들은 우리에게 그것을 변화시킬 힘이 없는 불쾌한 상황들을 다룰 때 더욱 효과가 있다. 이와 유사하게, 우리의 주의를 배치할 때 우리는 그 불쾌한 상황에 대해 생각하기를 피함으로써 대처할 수도 있고, 아니면 포크먼(Folkman)과 라자루스(Lazarus)가 '경계(vigilant) 전략'이라고 부르는 것을 사용하여, 즉 괴로움의 원천에 더 주목함으로써 대처할 수도 있다. 경계는 상황을 개선시키기 위해 할 수 있는 것이 아무것도 없는 상황에서는 역효과를 가져올 수 있지만, '이해와 통제의 느낌을 증진시킴으로써 괴로움을 경감시킬' 수도 있다.[61] 다시 말해, 어떤 대처 전략들은 우리에게 상황을 부정하도록 요구하는 정도의 측면에서, 그리고 우리의 감정 상태를 개선하는 데 효과적인 정도의 측면에서 다른 전략들보다 더 낫다.

여기에 소개된 셰익스피어의 시는 인지적 대처가 얼마나 지적으로 부담이 큰 동시에 지적으로 정직한 것인지 보여주는 좋은 예이다. 그렇다. 이 시는 우리에게 유쾌한 빛으로 조명한 죽음을 보여주며 죽음의 불쾌한 국면들에 집중하지 않도록 부추기지만, 죽음에 대한 비현실적인 장밋빛 견해를 제시하려고 하지는 않으며, 실제로 마지막 2행연은 우리로 하여금 죽음을 피하기보다는 그것을 정면으로 마주하도록 강제한다.[62] 그러나 이와 동시에 부스가 식별해낸 질서정연한 패턴들은 우리로 하여금 어떤 통제의 느낌을 느낄 수 있게 한다. 부스가 말하듯이, 우리는 '예술이 질서를 만드는 것이 아니라 그것을 보여준다'고 느끼고 싶어 한다.[63] 소네트 73은 어떤 통제의 느낌을 제공함으로써 우리에게 죽음에 대처할 수 있게 한다. 죽음의 이미지들은 그것들의 아름다움으로 우리를 기쁘게 할 때조차 우울함

61) Susan Folkman and Richard S. Lazarus, 'Coping and Emotion', Nancy Stein, Bennett Leventhal, and Tom Trabasso, (eds.), *Psychological and Biological Approaches to Emotion* (Hillsdale, NJ: Erlbaum, 1990), 320. 1980년대에 포크먼과 라자루스는 대처에 대한 자신들의 견해를 정교화하면서 여덟 가지 상이한 대처 전략들을 식별해냈다. 그중 여섯 가지는 '문제 중심적'이기보다는 '감정 중심적'이며, '거리 두기, 탈출-회피, 책임이나 비난의 수용, 느낌 표현에 대한 자기 통제의 실행, 사회적 지지 추구, 긍정적 재평가'가 여기에 포함된다. Folkman and Lazarus, 'Coping and Emotion', 317.

62) 나는 셰익스피어가 회피 전략을 통해 우리가 대처할 수 있게 도와주는지, 아니면 우리로 하여금 죽음을 대면하게 함으로써 대처할 수 있게 도와주는지에 대해 더 깊이 생각하게 해준 것에 대해 마일스 린드(Miles Rind)와 제임스 셸리(James Shelly)에게 감사한다.

63) Booth, *An Essay on Shakespeare's Sonnets*, 171.

을 환기하지만, 셰익스피어가 우리를 위해 준비해놓은 모든 방어 전략들 덕분에 우리는 마지막의 엄청나게 충격적인 2행연을 맞이할 준비태세를 갖추게 된다. 죽음을 대면할 때조차 우리의 감정 반응은 불안이나 공포가 아니라 수용이 된다. 즉, 이 시는 우리가 죽음이라는 현실에 감정적으로 대처할 수 있게 한다.

몇 가지 함축들

나는 앞에서 이미 비극이 고통스러운 내용(material)을 제시하는 동시에 우리가 그 내용에 대처할 수 있게 하는 자원을 제공하는 방식에 집중함으로써 비극의 역설이 해결 가능한 것일 수 있음을 간략하게 주장했다. 비극 작품들의 경우, 대처 전략들이 특히 분명하게 사용되는 경우들이 있다. 이를테면, 셰익스피어의 비극 작품들에 묘사된 익살스러운 장면들—『맥베스』의 짐꾼, 『햄릿』의 도굴꾼, 『헨리 5세(*Henry V*)』의 짜증나는 장교 맥모리스—은 **회피** 전략의 예가 된다. 이 장면들은 연극의 주요 부분에서 일어나는 비극적 사건들로부터 우리의 주의를 분산시킨다. 다른 비극적 이야기들의 작가들은 **지적 처리** 혹은 **교훈 제시** 전략을 사용한다. 예를 들어, 『더버빌가의 테스(*Tess of the D'urbervilles*)』의 결말 부분에서 토머스 하디(Thomas Hardy)가 '"정의"는 실현되었다. 아이스킬로스(Aeschylean)가 말하는 신들의 왕은 테스에 대한 농락을 끝냈다'고 말할 때 그는 이 이야기에 스스로 개입하여 우리에게 교훈을 제시함으로써 우리로 하여금 그 이야기의 끔찍한 사건들로부터 거리를 두어 그 사건들에 대처하고, 그 사건들의 지적 의미에 대해 깊이 생각해보게 한다. 하디의 개입은 장황하고 지나치며, 어쩌면 이런 이유에서 효과적이지 않다. 이와 대조적으로 조지 엘리엇(George Eliot)은 종종 우리의 **주의를 분산시키기** 위해 [이 단어(divert)의 두 가지 뜻 모두에서] 이와 유사한 전략을 사용한다. 예를 들어, 그녀는 『미들 마치(*Middlemarch*)』에서 반갑지 않은 불필요한 조언을 하는 사람들에 대해 다음과 같이 말한다. '그러나 가득 찬 샘은 비가 올 때, 그래서 물이 유해무익할 때조차 그 물을 나눠주는 데 관대할 것이고, 훌륭한 훈계의 원천은 그와 동등

하게 참지 못할 가능성이 크다.'[64]

대처 메커니즘에 대한 나의 논의는 미학 이론에 존재하는 또 하나의 골치 아픈 이슈, 즉 '미적 거리 두기'라는 이슈에도 해결의 실마리를 던져준다. 에드워드 벌로프(Edward Bullough)는 잘 알려진 어느 논문에서 미적 경험은 '거리 두기' 행위를 포함한다는 점에서 실제 삶과 다르다고 주장한다.[65] 벌로프는 바다에서 안개에 둘러싸였을 때 당신은 큰 배가 당신 쪽으로 접근하고 있을 수 있다는 사실 대신에 그 안개의 아름다운 우윳빛 백색에 집중할 수 있다고 말한다. 하지만 '거리 두기'라는 벌로프의 아이디어는 대대적으로 비판을 받았는데, 특히 조지 디키(George Dickie)의 영향력 있는 논문 「미적 태도의 신화(The Myth of the Aesthetic Attitude)」에 그 비판이 담겨 있다.[66] 디키는 거리 두기라는 것이 어떤 심리적 '행동'을 의미하려고 하는 것인지 모르겠다고 말하면서 그것이 내용 없는 지어낸 개념임을 암시한다. 그러나 라자루스의 대처 이론은 사실상 이 반론에 답하고 있다. 그 안개를 미적으로 감상할 때, 나는 그것의 위협적이지 않은 국면에 집중함으로써 주어진 상황에 **대처하고** 있는 것이다.

벌로프는 우리의 반응을 인도할 구조나 형식이 없는 자연 경험에 대해 이야기하고 있지만, 우리가 살펴보았듯이 우리는 문학작품을 읽으면서 일상적으로 이와 유사한 대처 전략들을 사용한다. 「도버 해협」에서 우리는 비관적인 메시지로부터 우리의 주목을 거두고, 그 대신 '서로에게 진실한' 연인들에 대해 행복하게 깊이 생각한다. 그리고 셰익스피어의 비극들과 하디의 우울한 도덕적 우화에서도 형식적 장치들은 우리를 동요시키는 내용으로부터 우리 스스로 **거리를 둘** 수 있게 해준다.

마지막으로, 나는 간략하게 포스트모더니즘의 주제로 되돌아갈 것이다. 쿠버(Coover)의 「아기 보는 사람(The Babysitter)」 같은 단편은 그것을 읽을 때 어떤 '삶의 감정들' — 어쩌면 등장인물들의 속임수를 보는 즐거움뿐만 아니라 그 인물들에 대한 걱정 — 을 환기시킬 것이다. 그러나 전반적으로 「아기 보는 사람」을 읽는 것은 매우 감정적인 경험은 아니다. 나는 그 이유가 이 글에서는 형식이 너무 전면에 부각되어 있어서 그 이야기를 들려주는 최

64) 나는 이 사례와 관련하여 에드워드 노와키(Edward Nowacki)에게 감사한다.

65) Edward Bullough, 'Psychical Distance as a Factor in Art and an Aesthetic Principle', Morris Weitz (ed.), *Problems in Aesthetics* (London: Macmillan, 1970).

66) George Dickie, 'The Muth of the Aesthetic Attitude', *American Philosophical Quarterly* (1964).

고 조종자에 의해 우리의 거의 모든 반응이 통제되고 관리되기 때문이라고 주장한다.[67] 즉, (함축된) 저자가 확고하게 지휘권을 가지고 있고, 자신들이 삶을 기리는 것이 아니라 형식과 구조의 우월성을 기리는 인공적으로 구성된 이야기에 반응하고 있다는 것이 독자들에게 상기되기 때문에, 우리의 일상적인 감정 과정이 그러한 상기로 인해 싹이 잘리기 전에 어느 정도 진행될 수 있는 가능성이 거의 없는 것이다. 그 이야기는 삶의 단편이라기보다는 거울의 방과 더 비슷하다. 이런 종류의 포스트모던 이야기들은 어떤 의미 — 그것들이 웃기거나 우리를 동요시킬 수 있다는 의미 — 에서는 여전히 우리의 감정에 호소할 수 있다. 그러나 이 경우 환기된 감정들은 지나치게 고도로 관리되어 그 이야기를 읽을 때 우리는 묘사된 등장인물이나 상황에 몰입하는 데서 오는 보상에 대해 자각하기보다는 지적 처리와 거리 두기에서 오는 인지적 쾌에 대해 주로 자각하게 된다.[68]

소설이나 희곡 또는 시는 그것이 고도로 통제되고 우리의 감정적 경험을 아주 주의 깊게 관리하면 더 좋은 것인가? 반드시 그렇지는 않을 것이다. 비록 「도버 해협」이 위대한 시이고, 『암초』가 위대한 소설이며, 이 두 작품 모두 전치와 부정으로 가득 차 있다고 해도 말이다. 어쩌면 이것은 양식적 차이의 문제일 것이다. 즉, 이 세상이 어떤 곳인지에 대한 무언가를 우리에게 가르쳐주려 하는 사실주의 소설과 시의 경우 다루기 어려운 이 세상의 국면들로부터 우리를 보호하거나 그것들을 대면할 수 있도록 우리를 도울 필요가 있는 반면, 「아기 보는 사람」 같은 고도로 양식화된 작품들은 우리에게 삶에 대해 가르치려는 체하지 않는다. 그러나 나는 여기서 이 골치 아픈 문제를 해결하려고 시도하지 않을 것이다.

결론을 내리자면, 내가 제시한 모든 중요한 사례들에서 우리는 위대한 문학작품에 대한 진정한 감정적 경험을 가진다. 또한 우리는 삶에서 사용하는 것과 동일한 전략들을 사용하여 이런 경험들에서 나타나는 어떤 불쾌한 것들에도 대처한다. 삶에 대처하는 것과 문학작품에 대처하는 것 사이의 주된 차이는 문학작품의 경우 저자(또는 함축된 저자)가 우리를 인도하고, 대처 전략들을 사용할 수 있도록 우리를 돕는다는 것이다. 저자는 그 작품을 읽으면서 우리가 하게 되는 경험들의 연속을 (평가와 재평가의 연속들도 포함하여) 구조화함으로써 그

67) 엄밀히 말해 최고 조종자는 나에게 보이는 대로의 저자, 즉 함축된 저자이다.

68) 맥큐언(McEwan)의 『속죄(*Atonement*)』는 이와 관련해서도 다시 한 번 특별히 흥미로운 사례이다.

렇게 한다. 이로부터 따라 나오는 것은 비록 우리가 실제 삶에서 사람들 및 사건들에 반응하는 것과 매우 유사한 방식으로 문학작품에 감정적으로 반응하긴 하지만, 이 둘 사이에는 최소한 한 가지 중요한 차이가 있다는 것이다. 그것은 문학작품에 감정적으로 반응할 때 우리의 반응이 삶에서 가능한 것보다 훨씬 더 주의 깊게 — 작품의 형식이나 구조를 통해 — 인도되고 관리되며, 이것이 문학에서 우리가 얻는 쾌의 중요한 원천이라는 것이다.

3부

예술에서의 감정 표현

다음 두 장은 예술에서의 감정 표현에 대해 다룬다. 8장에서 나는 예술의 주요 기능이 예술가의 감정을 표현하는 것이라는 낭만주의적 아이디어를 구현하는 콜링우드(Collingwood)의 표현 이론에 대해 설명한다. 나는 낭만주의자들이 말하는 것처럼 이것이 모든 예술의 주요 기능이라거나 예술이 표현이라고 말하는 것이 정확하다는 데 동의하지 않는다. 예술은 감정 표현을 넘어서는 많은 목적을 가지고 있다. 그러나 나는 콜링우드의 이론이 (적절하게 수정된다면) 회화, 문학, 음악 등의 작품들이 감정을 표현한다는 것이 무엇을 **의미하는지**에 대해 설명하는 통찰력 있는 이론이라고 생각한다.

그러나 오늘날 콜링우드의 이론을 아주 진지하게 받아들이는 이들은 거의 없다. 왜냐하면 그 이론은 이미 다양한 분석철학자들 — 그중 특히 앨런 토메이(Alan Tormey) — 에 의해 무너졌다고 가정되기 때문이다. 8장에서 나는 토메이가 이해하는 콜링우드는 진짜 콜링우드의 이론과 거의 관계가 없음을 설명할 것이다. 그리고 9장에서 나는 다소 콜링우드의 정신에 입각한 좀 더 최근의 두 가지 표현 이론을 살펴볼 것인데, 그중 하나는 나의 예전 이론이다. 마지막으로 나는 예술적 표현에 대한 새로운 낭만주의적 이론을 명료화하고 변호할 것이다. 나는 감정이 무엇인지에 대해 우리가 보다 나은 이해를 가지고 있는 상태에서 서로 다른 다양한 예술 형식이 '감정을 표현한다'는 것이 무엇을 의미하는지를 보이고, 수많은 상이한 종류의 예술작품들로부터 이끌어온 구체적인 예들을 제시할 것이다.

08
영혼 쏟아내기

이제사 나는 나의 숨결 거두기에,
고통 없이 한밤중에 이 숨을 끊이기에
그 어느 때보다 화려한 순간을 찾아낸 듯하다
네가 이토록 황홀하게 너의 영혼을 쏟아내고 있는 이 순간에

존 키츠, 「나이팅게일에게 부치는 노래(Ode to a Nightingale)」

낭만주의와 표현 이론의 기원

좋든 나쁘든 예술에 대한 경험은 종종 감정적 경험이라는 것을 강조하는 플라톤과 아리스토텔레스까지 거슬러 올라가는 오래된 전통이 있다. 앞선 네 장에서 나는 독자, 청자 혹은 관객에게 미치는 예술의 **감정적 효과**에 대해 이야기했다. 그러나 예술에서 감정의 중요성을 강조하는 또 하나의 보다 최근의 전통이 있는데, 이 전통에서는 관객보다는 예술작품의 창작자의 관점에서 감정의 중요성을 강조한다. 이것은 낭만주의와 연관된 전통으로, 이에 따르면 예술작품은 그 작품을 만들어낸 이의 **감정 표현**이다. 다음의 두 장에서 나는 예술적 표현에 집중하여 논의를 전개한 후, 음악에서의 표현과 표현성이라는 보다 좁은 주제로 넘어갈 것이다.

예술에 관한 논의에서 '표현'이라는 용어만큼 편재하는 용어도 거의 없고, 내가 보기에 이만큼 형편없이 이해된 용어도 거의 없다. 서로 다른 필자들은 그 용어를 사용하여 상

당히 상이한 것들을 의미했으며, 이것이 아마도 예술적 표현 이론이 왜 그렇게 증식했는지를 설명할 수 있을 것이다. 우리에게는 그 용어의 각기 다른 용법을 위한 각기 다른 이론이 필요했다. 어떻게든 표현과 연결된 서로 다르지만 관련된 수많은 용어가 있다는 사실은 상황을 더 나아지게 하지 않는다. 어떤 작품들은 작가의 **감정**을 표현하는 것으로 보이고, 어느 누구의 감정도 표현하지 않는 다른 작품들도 그럼에도 불구하고 **표현적 특질**을 가진다. 어떤 작품들은 특별히 어떤 것도 표현하지 않으면서도 단순히 **표현적**이다. 또한 어쩌면 그것들 자체가 무언가에 대한 표현이든 아니든 그것들이 **표현적으로** 연주되거나 **표현적으로** 공연되는 것일 수도 있다. 문제를 더 복잡하게 만드는 것은 몇몇 작품이 **표현주의** 작품이라고 알려져 있다는 것이다. 마지막으로, 표현될 수 있는 것들의 범주에 대한 의견이 일치하지 않는다는 문제가 있다. 예술작품은 감정만 표현하는가, 아니면 아이디어나 주제들도 표현할 수 있는가? 어떤 이들은 엄밀히 말해 감정도 아이디어도 표현될 수 없고 오직 특질들만 표현될 수 있다고 본다. 그리고 이러한 이들 가운데서도 표현될 수 있는 특질들에 어떤 것들이 포함되는지에 대해 의견이 일치하지 않는다. 어떤 이들은 감정적 특질들 — 슬픔, 쾌활함, 그리움 — 만이 표현될 수 있는 특질에 포함된다고 보는 반면, 다른 이들은 거의 모든 특질이 표현될 수 있다고 본다. 힘, 모남(angularity), 움직임뿐만 아니라 국가의 상태나 색채들의 상호관계 같은 다른 것들도 포함될 수 있다고 보는 것이다.

예술에서의 표현이라는 핵심적 관념은 자신들이 만들어내는 예술작품에 자신의 느낌과 감정을 표현한다고 보았던 낭만주의 예술가들 — 주로 시인, 작곡가 그리고 화가 — 에게서 나온 것이다. 시인 워즈워스(Wordsworth)는 그 당시 혁명적 작품이었던 자신의 『서정담시집(*Lyrical Ballads*)』의 1802년 서문에서, 시는 '강력한 느낌들이 자발적으로 넘쳐나는 것'이며, '고요함 속에서 회상되는' 것이라고 적었다.[1] 카스파르 다비드 프리드리히(Caspar David Friedrich)는 다음과 같이 선언했다. '화가는 자기 앞에 보이는 것뿐만 아니라 자기 안에 보이는 것도 그려야 한다.'[2] 화가의 작품은 그의 마음의 움직임을 표현해야 한다는 것이다. '마음은 예술의 유일한 참된 원천이자, 순수하고 아이 같은 영혼의 언어이다. 이 근원에서 나

1) David H. Richter (ed.), *The Critical Tradition: Classic Texts and Contemporary Trends* (New York: St Martin's, 1989), 295.

2) Elizabeth Gilmore Holt (ed.), *From the Classicists to the Impressionists: Art and Architecture in the 19th Century*, 2nd edn. (New Haven: Yale University Press, 1986), 84.

오지 않은 창작물은 단지 기교가 될 수 있을 뿐이다. 모든 참된 예술작품은 텅 빈 시간에 잉태되며, 행복한 시간에 태어난다. 그것은 종종 예술가의 지식 없이 예술가의 마음속 충동으로부터 잉태된다.'[3] 그리고 베토벤은 루이 슐로서(Louis Scholosser)와 대화하면서 다음과 같이 말했다고 전해진다. '시인들이 단어들이 되는 그런 분위기에 자극받아 나는 내 아이디어들이 마침내 악보의 형태로 내 앞에 설 때까지 그 아이디어들을 울리고 으르렁거리고 격노하는 음들로 바꾼다네.'[4]

낭만주의 운동은 예술가의 지위를 크게 격상시켰다. 예술가는 더 이상 물감, 단어들, 음들을 통해 실재를 재현할 수 있는 단지 솜씨 좋은 기술자가 아니라 **천재**, 즉 실재의 본성에 대한 특별한 통찰을 가진 특별한 사람이 되었다. 칸트는 예술에서 상상력의 중요성을 강조했다. 천재는 자신의 상상력을 통해 '미적 아이디어'나 은유 혹은 신, 천사, 천국, 불멸 같은 '합리적 아이디어(우리가 좋은 감각적 표상을 형성해낼 수 없는 아이디어)'를 암시하는 회화적 이미지들을 만들어낼 수 있는 사람이었다. 헤겔은 예술을 특정한 양상의 의식과 동일시함으로써 칸트의 사고를 발전시켰는데, 그러한 의식에서 아이디어들은 신화나 신학(종교) 혹은 개념적 사고(철학)보다는 감각적 형태로 제시된다. 셸링과 낭만주의자들처럼 헤겔은 예술이 타성적(inert) 본성을 가진 단순한 모방이 아니라 특별한 종류의 이해를 위한 수단이라고 강력하게 주장했다. '예술작품은 직접적 감각과 이상적(ideal) 사고의 중간에 서 있다'는 것이다.[5] 예술에 대한 헤겔의 정식화는 예술가가 지식의 원천이라는 것, 그리고 예술작품을 통해 전달된 지식은 그것이 전달된 방식으로부터 추출될 수 없다는 것을 강조한다. 따라서 예술작품을 재현된 바(내용)와 재현된 방식(형식이나 양식)으로 나누는 것은 거부된다. 예술가는 더 이상 자신의 일을 배우고 그것을 다른 이들에게 가르칠 수 있는 솜씨 좋은 기술자가 아니다. 참된 예술가는 예술의 규칙들을 넘어서는 사람이다. 들라크루아(Delacroix)가 1824년에 썼듯 '규칙들은 단지 재능만 가진 사람들만을 위한 것이며, 습득될 수 있는 것이다. 천재성은 전

3) Lorenz Eisner (ed.), *Neoclassicism and Romanticism* 1750-1850: Sources and Documents, 2 vols. (Englewoods Cliffs, NJ: Prentice-Hall, 1970), ii. 54.

4) Sam Morgenstern (ed.), *Composers on Music: An Anthology of Composers' Writings from Palestrina to Copland* (New York: Random House (Pantheon Books), 1956), 87.

5) G. W. F. Hegel, *Aesthetics: Lectures on Fine Art*, trans. T. M. Knox, 2 vols. (Oxford: Clarendon, 1975), i. 38.

수될 수 없다는 것이 그 증거이다.'[6)]

여기서 나는 헤겔 식의 이상주의 철학을 살펴보거나 낭만주의 운동에 구현된 세계관의 많은 변화를 반복하고자 하는 것이 아니다.[7)] 나는 낭만주의와 이상주의의 가장 만연한 주제들 중 한두 가지를 언급하여 감정 표현으로서의 예술이라는 아이디어가 훨씬 더 광범위한 개념적 변화의 일부일 뿐이라는 것을 보이고자 하는 것이다. 오늘날 우리가 보기에 많은 낭만주의적 생각들은 확실히 이상하다. 예를 들어, 자연과 정신은 하나이며, 예술가는 자신의 작품을 통해 인간과 자연의 유기적 합일을 표현할 수 있는 특별한 사람이라는 아이디어는 이상하다.[8)] 그러나 이와 동시에 많은 낭만주의적 아이디어들은 명백한 참이자 모더니즘의 통화(currency)로 수용되었다. 여전히 우리와 공존하고 있는 낭만주의의 잔여물 중 하나—포스트모더니스트들이 성취할 수 있었던 그 모든 것들에도 불구하고 남아 있는 것들 중 하나—는 예술가가 특별한 통찰을 가진 특별한 사람이자 상상력과 천재성을 가진 사람으로서 자신의 작품에서 일차적으로 자신의 감정을 표현하기 위해 노력하는 이들이라는 아이디어이다. 비록 활동하고 있는 전문 예술가들이 예술가에 대한 이러한 시각을 전부 공유하지는 않을 수 있지만, 이것은 대중문화에 널리 퍼져 있는 견해이며, 내가 수업에서 매일 마주치는 예술을 전공하는 대부분의 학생들은 이와 비슷한 무언가를 믿고 있다.

다음의 두 장에서 내가 할 일은 모든 예술이 예술가의 감정 표현이라는 견해를 옹호하는 것이 아니다. 이 이론은 명백히 틀린 것이다. 이것은 우리 대다수가 예술의 범주 안에 포함시키고 싶어 할 너무 많은 작품들을 배제한다. 이러한 작품들은 아프리카와 콜럼버스가 미 대륙을 발견하기 이전 문화에서 온 종교적 조각들, 비잔틴 양식의 모자이크, 중국의 꽃

---

6) Eugene Delacroix, *The Journal of Eugene Delacroix*, trans. Lucy Norton, 3rd edn. (London: Phaidon, 1995), 36.

7) 이 매혹적인 영역에 대한 최고의 안내서는 여전히 아브람(M. H. Abrams)의 고전적 연구서인 *The Mirror and the Lamp: Romantic Theory and the Critical Tradition* (Oxford: Oxford University Press, 1953)이다. 비록 낭만주의와 헤겔식의 관념론이 다양한 방식으로 밀접하게 관련되어 있기는 하지만, 이 둘은 모든 국면에서 일치하지는 않는다. 특히 헤겔의 체계는 이성이라는 아이디어에 기초하고 있는 반면 낭만주의 예술가들은 대체로 이성을 희생하면서 감정을 강조하였다. 그러나 우리가 살펴보겠지만 낭만주의적 표현 개념은 헤겔이 반드시 인정했을 방식으로는 아니지만 의식적 반성을 감정과 결합한다.

8) 낭만주의적 사고의 기이함에 대한 추가적 증거를 보려면 1774년에 처음 출간된 Johann Wolfgang von Goethe, *The Sorrows of Young Werther, trans. Michael Hulse* (London: Penguin, 1989)를 다시 읽어보거나, 시인 노발리스(Novalis)에 대한 Penelope Fitzgerald, *The Blue Flower* (London: HarperCollins, 1995)를 읽어보라.

병들부터 냉철한 추상회화, 미니멀리스트 음악, 그리고 신디 서먼(Cindy Sherman)이나 돈 드릴로(Don DeLillo) 같은 이들의 포스트모던 작품에 이를 것이다. 내가 앞으로 이야기할 것은 모든 작품이 아닌 오직 일부 예술작품에만 참이다. 이 장에서 나의 주된 목적은 표현 이론의 고전적 진술을 개괄하고, 최근의 분석철학자들의 다양한 공격으로부터 표현 이론을 변호하는 것이다. 그러나 나는 그것을 하나의 **예술** 이론으로 변호하는 게 아니라 하나의 **표현** 이론으로 변호할 것이다. 그리고 9장에서 나는 예술은 그것을 만들어낸 이의 감정 표현이 될 수 있다는 낭만주의적 통찰에 충실하면서 또한 감정에 대한 현재의 사고에도 부합하는 예술적 표현에 대한 새로운 이론을 제시할 것이다. 나는 그 이론이 모든 예술에 일반적으로 적용되며, 최소한 **표현**이라고 불릴 자격이 있는 모든 예술작품에 적용된다고 믿는다.

내가 낭만주의에 대한 이야기를 하면서 이 장을 시작한 주된 이유는 우리가 예술적 표현의 역사적 맥락을 보지 않고서, 최소한 처음에라도 그 맥락을 보지 않고서 예술적 표현이라는 개념을 이해할 수 있다고 생각하지 않기 때문이다. 내가 보기에 최근의 많은 이론들은 낭만주의와 이상주의에 있는 표현 개념의 뿌리를 무시함으로써 그 개념을 왜곡했다. 나는 논의의 초점을 **감정**의 표현에 둘 것이다. 왜냐하면 나는 우리가 현대 감정 이론을 살펴본 상태에서 예술이 감정을 표현한다는 신조(doctrine)가 얼마나 참인지 발견하는 것에 관심이 있기 때문이다.

고전적 표현 이론: 콜링우드의 예술의 원칙들

서로 다른 철학적 무리에 속한 아주 많은 사상가들이 예술이 어떤 의미에서 표현이라고 주장해왔다. 표현에 대한 자신의 책에서 앨런 토메이(Alan Tormey)는 존 듀이(John Dewey), 커트 뒤카스(Curt Ducasse), 콜링우드(R. G. Collingwood), 캐리트(E. F. Carritt), 고트샤크(D. W. Gotshalk), 조지 산타야나(George Santayana), 레오 톨스토이(Leo Tolstoy)와 외젠느 베롱(Eugene Veron)을 모두 예술의 '표현 이론'을 지지하는 인물로 열거했다.[9] 나는 이 모든 사상가들이 같은 이론을 주장하고 있는지 논의하려 시도하지 않고, 나의 관심을 1938년에 출판된 미학에 대한 콜링우드(Collingwood)의 위대한 저서 『예술의 원리(*The Principles of Art*)』에 실린 표현 이론에 대한 고전적 설명에 한정할 것이다. 콜링우드는 19세기 시인이 아니라 20세기 철학자이지만, 그의 견해는 이탈리아 헤겔주의 철학자인 베네데토 크로체(Benedetto Croce)에게 영향을 받은 헤겔주의 전통에 확고하게 자리 잡고 있다.

콜링우드에 따르면 예술은 예술가의 감정 상태에 대한 설명이자 명료화라는 의미에서 예술가의 감정 표현이다. 표현은 상상적 활동, 즉 '상상적 비전'의 산물이며,[10] 참 예술작품을 표시하는 것은 기술이나 기법만이 아니라 이러한 상상적 비전에서의 감정 표현이다. 콜링우드의 주된 목적 중 하나는 단순한 기술이나 기법으로부터 참 예술('엄밀한 의미의 예술')을 구분하는 것이다. 그는 예술이 일종의 테크네(techne)나 공예, 즉 이미 있는 계획이 이미 결정된 결과를 위한 수단이 되는 활동이라는 고전적 아이디어에서 벗어나고 싶어 했다. 그에 따르면 예술은 결코 미리 착상되는 것이 아니다. 예술은 언제나 예술가가 작업을 진행함에 따라 진화하는 어떤 느낌이나 생각으로부터 작업하는 것을 포함한다.

콜링우드는 예술적 창작의 과정을 특징짓는 다음의 유명한 구절에서 탁월한 낭만주의 예술가를 묘사하고 있는 것으로 보인다.

> 어떤 사람이 감정을 표현하고 있다고 이야기될 때, 그에 대해 이야기되고 있는 것은 다음과 같다. 먼저 그는 자신이 감정을 가지고 있음을 의식하지만, 그 감정이 무엇인지는 의식하고 있지 않다. 그가 의식하고 있는 것이라고는 마음의 동요나 흥분이 전부이며, 그는 그것이 자신 안에서 계속됨을 느끼지만, 그것의 본성에 대해서는 무지하다. 이 상태에서 그가 자신의 감정에 대해 말할 수 있는 것은 '나는 느낀다. …… 나는 내가 느끼는 것이 무엇인지 모르겠다'가 전부이다. 이런 무기력하고 억눌린 상태에서 그는 우리가 자신을 표현하는 것이라고 부르는 무언가를 함으로써 자신을 해방시킨다. 이것은 우리가 언어라고 부르는 것

---

9) Alan Tormey, *The Concept of Expression. A Study in Philosophical Psychology and Aesthetics* (Princeton, NJ: Princeton University Press, 1971), 103.

10) R. G. Collingwood, *The Principles of Art* (Oxford: Clarendon, 1963), 27.

과 관련된 활동으로, 그는 말함으로써 자신을 표현한다. 이것은 또한 의식과 관련된 것으로, 표현된 감정은 그것을 느낀 사람이 그 감정의 본성에 대해 더 이상 무의식적이지 않은 감정이다. 이것은 또한 그가 그 감정을 느끼는 방식과 관련된 것이다. 그것이 표현되지 않은 상태에서 그는 우리가 무력하고 억눌린 방식이라고 부르는 방식으로 그것을 느낀다. 그러나 그것이 표현된 상태에서 그는 이러한 억눌림이 사라진 방식으로 그것을 느낀다. 그의 마음은 어쩐지 가벼워지고 편해진다.[11)]

콜링우드는 표현을 그것과 혼동될 수 있는 다양한 다른 현상들과 구분한다. 그것은 아리스토텔레스의 카타르시스와는 다르다. 왜냐하면 카타르시스의 경우 제거된 감정이 '그 이후로 더 이상 마음에 없게' 되는 반면, 표현의 경우 그 감정이 여전히 있지만 이제 그것은 '우리가 우리 자신의 감정을 의식할 때 생기는 감각'을 동반하기 때문이다.[12)]

또한 감정을 표현하는 것과 감정을 '기술하는' 것 사이에는 차이가 있다.

감정을 표현하는 것은 그것을 기술하는 것과 같지 않다. '나 화났어'라고 말하는 것은 자신의 감정을 기술하는 것이지 표현하는 것이 아니다. 감정을 표현하는 말들은 화 같은 것에 대한 어떠한 언급도 포함할 필요가 없다. 실제로 그런 말들이 단순히 감정을 표현하기만 하는 것이라면, 그 말들은 그와 같은 어떠한 언급도 포함할 수 없다. …… 진정한 시인은 진정한 시적 감흥의 순간에 자신이 표현하고 있는 감정을 결코 그 감정의 이름을 통해 언급하지 않는다.[13)]

---

11) Ibid. 109-10.

12) Ibid. 110. 콜링우드(Collingwood)의 이러한 주장은 카타르시스에 대한 특정한 해석에 기대고 있다. 만약 마사 누스바움(Martha Nussbaum)이 옳고, 카타르시스가 무언가에 대해 명확하게 알게 된다는 인지적 의미에서 '깨끗이 하기' 혹은 '치우기'를 의미한다면 콜링우드가 사용하는 표현의 의미는 그가 생각했던 것보다 아리스토텔레스의 것에 가까운 것이다. 그러나 이와 동시에 아리스토텔레스 식의 카타르시스와 콜링우드 식의 표현 사이에는 여전히 차이가 있는데, 왜냐하면 아리스토텔레스는 비극의 관객이 어떻게 자기감정의 정화를 이루어내는지 이야기하고 있는 반면 콜링우드는 예술가에 대해 이야기하고 있기 때문이다. Martha Craven Nussbaum, 'Tragedy and Self-Sufficiency: Plato and Aristotle on Fear and Pity', Amélie Oksenberg Rorty (ed.), *Essays on Aristotle's Poetics* (Princeton, NJ: Princeton University Press, 1992), 281 참조.

13) Collingwood, *The Principles of Art*, 111-12.

콜링우드가 감정의 기술이라는 말로 의미하는 것은 감정에 이름 붙이는 것, 또는 '슬픔'이나 '화' 같은 통속 심리학에서 인정되는 일반적인 감정 용어들로 감정을 분류하는 것인 듯하다. 감정의 표현은 해당 감정에 이름을 붙이는 것을 통해 이루어질 수 없는데, 왜냐하면 표현은 기술과 달리 개별화하기 때문이다. '내가 지금 여기서 어떤 사람에 대해 어떤 이유로 느끼는' '특수한 화'에 대해 '완전히 의식하게' 된다는 것은 '그것을 단지 화의 한 사례로 의식하는 것이 아니라 상당히 특수한 그 화에 대해 의식하게 된다는' 것을 의미한다.[14] '따라서 시인이 자신의 일을 이해하는 정도만큼 그는 자신의 감정을 단지 이러저러한 일반적 종류의 사례로 이름 붙이는 것에서 멀리 떨어져 그 감정과 동일한 종류의 다른 감정들과 그 감정 사이의 차이를 드러내는 용어들로 그 감정을 표현함으로써 그것을 공들여 개별화한다.'[15]

이와 동시에 콜링우드는 예술가들은 자신과 자신의 동료들에게만 이해되는 난해한 감정을 표현하면서 상아탑에 거주해서는 안 되는데, 이는 예술의 '진짜 기능'을 무시하는 것이기 때문이라고 지적한다. '만약 예술가가 정말로 '모두가 느껴본 것'을 표현하려면 그들은 모든 이들의 감정을 공유해야 한다. 그들의 경험, 즉 삶에 대해 그들이 표현하는 일반적 태도는 그들이 자신의 관객이기를 바라는 이들의 태도와 같은 종류의 것이어야 한다.'[16]

낭만주의 표현 이론의 신조 중 하나는 예술작품을 이해하려면 예술가가 작품에 표현한 것을 관객 스스로 재창조해낼 수 있어야 한다는 것이다. 예술가의 작품을 이해하려고 시도할 때 관객은 '예술가의 상상적 경험을 자신의 마음속에 정확히 구축하려 시도하고 있는' 것이다.[17] 콜링우드는 다음과 같이 말한다.

> 예술가가 스스로 관객과 하나가 되었다고 느끼는 한 …… 그것이 의미하는 것은 예술가가 자신의 사적 감정을 다른 누군가가 느끼든 아니든 관계없이 그 사적 감정이 아닌 자신이 관객과 공유하는 느낌을 표현하는 것을 자신의 일로 삼는다는 것일 것이다. …… [예술가

14) Ibid. 112.

15) Ibid. 113.

16) Ibid. 119.

17) Ibid. 311.

는] 스스로를 관객이 말하고 싶지만 도움 없이는 말하지 못하는 것들을 말해주는 관객의 대변인으로 생각할 것이다.[18]

그렇다면 예술작품을 적절하게 경험할 때 관객은 작품에서 예술가에 의해 작품에 표현된 감정을 경험하는 것이며, 이 감정은 관객 자신의 것이거나 관객 자신의 것이 된다.

그러나 예술가의 관점에서 볼 때, 관객에게 공유될 수 있는 방식으로 자신의 감정을 표현하는 것과 자신의 마음은 움직이지 않은 채로 고의적으로 관객의 감정을 환기하려 하는 것 사이에는 큰 차이가 있다. 콜링우드는 예술가에 의한 감정 표현이 관객에게 고의적으로 감정을 환기하는 것과 상당히 다르다고 본다.

> 감정을 환기하는 사람은 그 자신이 필연적으로 영향 받지 않은 방식으로 자신의 관객에게 영향을 미치려 하는 것이다. …… 반면, 감정을 표현하는 사람은 자신과 자신의 관객을 같은 방식으로 대한다. 즉, 그는 자신의 감정을 관객에게 분명하게 나타나게 하며, 이것은 그가 자신에게 하고 있는 것이기도 하다.[19]

표현으로서의 예술작품을 이해하려면, 관객은 스스로 그 작품을 경험할 수 있어야 한다. 이러한 점은 콜링우드의 이상주의에 대한 강조, 그리고 몇몇 작품(이를테면 짧은 시)은 물리적 매체를 통해 실현되어 누군가가 그것에 접근할 수 있게 되지 않고서도 예술가의 마음속에 존재할 수 있다는 콜링우드의 제안에 대한 강조 때문에 묻혀왔다.[20]

마지막으로, 콜링우드는 감정의 표현을 자신이 감정의 '유출' 혹은 감정 '징후'의 전시(display)라고 부르는 것 — 주먹을 쥐는 것과 화나서 얼굴이 붉어지거나 창백해지는 것, 그리고 두려움에 말을 더듬는 것 — 과 구분한다.

18) Ibid. 312.

19) Ibid. 110-11.

20) 애론 리들리(Aaron Ridley)는 강력하게 이를 주장했다. 'Not Ideal: Collingwood's Expression Theory', *Journal of Aesthetics and Art History* 55 (1997) 참조.

엄밀한 의미의 표현이 가진 특징적 표식은 명료함 혹은 알기 쉬움이다. 무언가를 표현하는 사람은 그렇게 함으로써 자신이 표현하고 있는 것이 무엇인지 의식하게 되며, 다른 이들로 하여금 그와 그들 안의 그 무언가를 의식할 수 있게 한다. 창백해지는 것과 말을 더듬는 것은 두려움에 자연스럽게 동반되는 것이지만, 두려워할 뿐만 아니라 창백해지고 말을 더듬는 사람이 그렇게 됨으로써 자신이 경험하는 감정의 정확한 특질을 의식하게 되는 것은 아니다. 그는 그 감정에 대해 이와 같은 징후들을 드러내지 않으면서 두려움을 느낄 때만큼이나 (만약 이것이 가능하다면) 어둠 속에 있다.[21]

참된 예술가는 '분을 풀기 위해' '절대 고함치거나' 글을 쓰거나 그림을 그리지 않는다.[22] 오늘날 우리는 표현이 **인지적** 과정, 즉 그 모든 개별성과 특수성에서 자신의 감정을 의식하게 되는 과정이라고 할 수 있을 것이다. 이것이 워즈워스가 말한 것 같이, 시는 **고요함 속에 회상되는** 강렬한 느낌들이 자발적으로 넘쳐나는 것이라는 낭만주의적 아이디어를 반영하고 있음에 주목하라. 콜링우드는 지속적으로 이 핵심적 논점으로 돌아간다. 그에 따르면 '우리가 느끼는 것을 말로 표현할 수 있는 것은 오직 우리가 무엇을 느끼는지 알기 때문'이며, '우리의 감정이 무엇인지 우리가 아는 것은 오직 우리가 그것을 말로 표현하기 때문'이다.[23]

---

21) Collingwood, *The Principles of Art*, 122.

22) Ibid. 콜링우드는 특별히 혹평을 하기 위해 하디(Hardy)가 쓴 『더버빌가의 테스(*Tess of the D'Urbervilles*)』의 끝부분을 지목한다. 7장 참조.

23) Ibid. 249-50. 콜링우드에게는 그의 고유한 감정 이론이 있다. 그는 '심리적(psychic) 감정[감각상의 감정가(emotional charge)]'을 의식의 감정(우리의 느낌에 대한 의식활동상의 감정가) 및 지적 감정(고차원적 사고활동 상의 감정가)과 구분한다. 심리적 감정은 '심리적으로(psychically)'만, 즉 땀 흘리는 것과 같은 자동적인 신체적 반응을 통해서만 표현될 수 있다. 그러나 우리의 다른 감정들은 심리적으로도 표현될 수 있고 '언어'를 통해서도 표현될 수 있는데, 언어적 표현은 우리가 이전에는 오직 희미하게만 자각하고 있던 감정에 대해 의식하게 하는 상상적 활동이다. '표현되지 않는 감정은 없다.' Ibid. 238. 크로체(Croce)를 따라 콜링우드는 언어가 말하기와 쓰기를 포함한 어떠한 자의식적인 신체적 제스처—그를 통해 감정이 표현되는 제스처—도 포함한다고 주장한다. 이를테면 어린 아이의 자의식적 격노의 표현도 포함한다는 것이다. 콜링우드에게 있어 예술은 언어이다. 왜냐하면 언어는 감정을 의식에 가져옴으로써 감정을 표현하는 신체적 제스처이기 때문이다. 담화, 회화, 춤 그리고 기악음악도 '언어'의 많은 상이한 형식들에 속한다. 우리는 감정을 언어로 표현하는 것을 통해서만 감정을 경험할 수 있기 때문에 예술은 자기지식의 중요한 원천이다. '감정가'에 대한 콜링우드의 논의는 모호하고 은유적이다. 그러나 심지어 '심리적 감정'에도 신체적 표현이 있다는 의미에서 표현되지 않는 감정은 없다는 데서 그는 옳다. 그리고 감정이 언어를 통해 의식된다는 아이디어는 우리가 우리의 감정을 표현함으로써—명료화하거나 해명함으로써—그 감정에

콜링우드가 '표현'을 정의한 방식을 보면, 그가 그 단어를 준전문적(quasi-technical) 의미로 사용하고 있다는 것이 상당히 명백해진다. 일상적인 통속 심리학에서 '난 너를 사랑해' 혹은 '나는 아주 슬퍼'라고 말하는 것은 자신의 감정을 **표현하는** 전형적인 방식으로 보일 수 있다. 그러나 콜링우드의 입장에서 이것은 자신의 감정을 단지 기술하거나 그 감정에 이름을 붙인 것이지 그것을 표현한 것이 아닐 것이다. 이와 유사하게 일상적 언어생활에서 우리는 감정의 생리적 징후를 **표현이라고** 이야기하지만[예를 들어 에크먼(Ekman)의 얼굴 **표정**(facial **expression**)에 대한 연구를 기억해보라], 콜링우드에게 있어 그러한 자발적이고 무의식적인 징후들은 그가 표현이라는 말로 의미하는 표현이 아닌 유출이다[때때로 그는 유출을 '정신적 표현(psychic expression)'이라고 부른다]. 표현은 의식적이고 고의적이며, 그 핵심적 특징은 '명료함과 알기 쉬움'이다. 다른 한편, 예술가는 그가 심리치료사의 소파에 앉아 '나는 내가 슬펐다고 생각했는데, 실제로는 내가 질투하고 있었다는 걸 이제 깨달았어요'라고 말할 때 가능할 수도 있을 방식으로 자신의 감정에 대해 더 명확하게 알게 되는 것이 아니다. 예술과 심리치료 사이에는 큰 차이가 있다. 내가 단지 '슬펐다'기보다는 '질투했다'는 것을 알게 된다면, 나는 내 감정을 통속 심리학의 어휘를 사용하여 분류하고 있는 것일 뿐 감정을 개별화하고 있는 것이 아니다. 그 감정을 이를테면 '그 시장이 장난스럽게 내 목 뒤에 얼음조각을 떨어뜨렸을 때 내가 느꼈던 그 특수한 감정'이라고 묘사할 때 감정이 올바른 방식으로 '개별화되는' 것도 아니다. 내 감정을 그렇게 묘사하면서 나는 여전히 일반적 용어들을 사용하고 있다. 나는 관객이 상상 속에서 나의 경험을 재창조해낼 수 있게 하는 방식으로 그것을 **표현하고** 있는 것이 아니다.

콜링우드가 보기에 감정의 표현은 '언어', 즉 음, 물감, 돌, 제스처, 단어 혹은 어떤 다른 상징적 매체를 통해 일어난다. 예술가는 예술작품을 만들어냄으로써 자신의 감정을 밝히며, 그 표현이 고유하고 개별적이기 때문에 표현된 감정은 고유하고 개별적이다. 오직 **이** 운율 체계, **이** 이미지, **이** 리듬 등과 함께 **이** 행들의 연속만이 **이** 정확한 감정을 표현할 것이다. 이미지가 변하면 표현된 감정 역시 변할 것이다. 감정과 표현은 하나이다.

콜링우드적 의미에서 예술이 표현이라는 아이디어는 다른 면에서는 거의 공통점이

대해 배우게 된다는 것을 말하는 또 하나의 방식일 뿐이다.

없는 이들 사이에서조차 20세기 중반까지 널리 수용되었다. 예를 들어 존 듀이[24]는 표현으로서의 예술이라는 이슈에 대해 거의 글자 그대로 콜링우드에게 동의한다. 콜링우드는 이상주의자이고 듀이는 미국 프래그머티즘의 창시자 중 한 사람임에도 불구하고 말이다. 그러나 콜링우드처럼 듀이는 예술의 본성에 대한 낭만주의적 아이디어에 심취했고, 둘 모두는 낭만주의와 이상주의의 원천으로부터 표현으로서의 예술에 대해 상당 부분 공통점이 있는 철학적으로 풍부한 설명을 이끌어냈다.

앨런 토메이와 표현 이론의 포기

그러나 1950년대 영어권 세계에서는 미학이라는 학문에 변화가 있었다. 분석철학의 한 가지로서 미학은 이상주의와 낭만주의 또는 다른 모호하고 수상쩍은 19세기의 사조들과 이론들로부터 거리를 두고자 했고, 이러한 반응의 일환으로 예술에 대한 표현 이론은 광범위하고 만만치 않은 비판에 부딪히게 되었다. 그러한 비판으로는 앨런 토메이의 1971년 저서인 『표현의 개념(*The Concept of Expression*)』뿐만 아니라 부스마(O. K. Bouwsma)의 「예술의 표현 이론(The Expression Theory of Art)」(1954), 그리고 존 호스퍼스(John Hospers)의 잘 알려진 1955년 논문 「표현의 개념(The Concept of Expression)」이 있다.[25] 호스퍼스는 표현에 대한 세 가지 사고방식을 기술하고 그것들을 거부한다. 아주 대략적으로 말하자면, 그것은 (1) 예술가가 겪는 과정으로서의 표현, (2) 관객에게 감정을 환기하는 것으로서의 표현, 그리고 (3) 예술가와 관객의 소통으로서의 표현[즉 (1)과 (2)의 혼합]이다. 호스퍼스는 이 세 가지를 모두 거부하고 대신 네 번째 표현 이론, 즉 '예술작품의 속성으로서의 표현'을 옹호한다.

---

24) John Dewey, *Art as Experience* (New York: Capricorn Books, 1959).

25) O. K. Bouwsma, 'The Expression Theory of Art', William Elton (ed.), *Æsthetics and Language* (Oxford: Basil Blackwell, 1954); John Hospers, 'The Concept of Artistic Expression', *Proceedings of the Aristotelian Society* (1954). 이 글은 약간의 변화와 함께 Morris Weitz (ed.), *Problems in Aesthetics: An Introductory Book of Readings* (New York: Macmillan, 1970), 221-45와 Tormey, *The Concept of Expression*에 재수록되었다.

여기서 중요한 것은 예술가도 아니고 관객도 아닌 예술작품 자체이다. 표현적인 것은 음악이다. 설령 예술가가 음악작품을 쓸 때 아무런 감정도 가지고 있지 않았다 하더라도, 그리고 설령 관객이 무감각한 흙덩어리로 이루어져 그 음악을 들을 때 아무것도 느끼지 못한다 해도 그 음악은 표현적일 수 있다. 음악의 표현성은 이들 중 어떤 것에도 의존하지 않는다.[26]

호스퍼스의 틀에 따르면 콜링우드나 듀이 같은 '표현 이론가들'은 표현에 대한 첫 번째 사고방식을 보여주는 예이다. 콜링우드는 무언가를 예술작품으로 만드는 것은 작품 자체의 무엇**이라기보다는** 예술작품을 존재하게 하는 과정이라고 주장하는 것으로 해석된다. 호스퍼스는 작품의 기원은 무관하다고 말한다. '우리가 판단해야 할 것은 우리 앞에 놓인 작품이지 그것을 만들어낸 예술가의 과정이 아니다.'[27]

앨런 토메이의 책 『표현의 개념』은 표현 이론을 완전히 무너뜨렸다고 널리 인정되는 품격 있고 설득력 있는 글이다.[28] 그 책은 표현 이론에 대한 호스퍼스의 논의보다 훨씬 더 섬세하면서도 그와 유사하게 진행된다. 토메이는 통칭(generic) 표현 이론(E-T)을 간단히 설명하고, 듀이, 뒤카스, 콜링우드, 캐리트, 고트샤크, 산타야나, 톨스토이 그리고 베롱이 '그들 간의 추가적인 차이들이 무엇이든' 이 이론을 공유하고 있다고 주장한다.[29] 이 이론에 대한 그의 정식화는 낭만주의의 혼란스러움에 대한 주의 깊은 분석철학의 승리를 선언한다.

(E-T) 만약 예술 대상 O가 표현적 특질 Q를 가지고 있다면, 예술가 A의 그에 앞서는 행위 C가 있었던 것이며, C를 하면서 A는 Q를 O에 부여함으로써 X를 위해 자신의 F를 표현한 것이다. (여기서 F는 느낌 상태이며, Q는 F의 질적 유사물이다.)[30]

---

26) Weitz (ed.), *Problems in Aesthetics*, 241-2.

27) Ibid. 226.

28) 내가 30년 묵은 이론을 공격함으로써 시간을 낭비하고 있다고 생각될 수도 있을 것이다. 그러나 그 이론은 Peter Kivy, 『코디드 셸(*The Corded Shell*): 음악적 표현에 대한 성찰』에서 회생 기회를 얻었으며, 여전히 널리 받아들여지고 있다.

29) Tormey, *The Concept of Expression*, 103.

30) Ibid.

토메이는 자신이 이 이론을 특징짓는 방식은 표현 이론가들이 '예술가의 활동과 작품의 표현적 특질' 사이에 있다고 본 긴밀한 관계에 주목하게 하는 방식으로 고안되었다고 주장한다.[31] 그리고 그는 표현 이론의 근본적 실수는 그것이 '예술작품 속 **표현적 특질**의 존재는 **표현**이라는 선행 활동을 함축한다'고 가정하는 것이라고 주장한다.[32] 토메이는 E-T가 예술작품이 감정을 표현한다면 그것은 그 표현된 감정을 작곡가나 시인 혹은 화가가 실제로 경험하고 있음을 함축한다는 견해를 완전히 받아들이고 있다고 본다. 예를 들어, 그는 만약 말러가 「대지의 노래(Das Lied von der Erde)」를 작곡하는 동안 실제로 '절망 혹은 체념'의 상태에 있지 않았다는 것이 밝혀지면 표현 이론가는 그 작품 자체의 어떤 부분이든 좌절이나 체념을 표현한다는 것을 거부해야 한다는 결론이 E-T로부터 따라 나온다고 본다. 그리고 그는 이 결론이 그럴듯하지 않다고 보는데, '왜냐하면 그것은 겉으로 보기에는 음악 자체에 대한 진술인 것들이 사실은 작곡가에 대한 진술임을 시사하기 때문이다'.[33] 어떤 작품이 특정한 '표현적 특질'을 가지고 있는지 아닌지의 여부는 작품 자체의 선율, 화성, 리듬 등의 문제이다. 그것은 예술가의 마음 상태와 아무 관련이 없다. '예술작품의 표현적 특질에 대한 진술은 두루뭉술하게(irresolutely)[원문 그대로임] 여전히 작품에 **대한** 진술이며, 그러한 진술에 대한 어떠한 수정이나 거부도 오직 작품 자체를 가리킴으로써만 뒷받침될 수 있다.'[34] 예술작품에 표현적 속성을 귀속시키는 진술은 '작품 자체에 대한 진술'이며 '표현적 속성이 거기 있다는 것은 표현이라는 선행 활동의 발생을 함축하지 않는다'.[35] 다시 말해 예술작품은 **표현적 특질**을 가질 수 있지만, 콜링우드와 듀이가 생각했던 것과 조금이라도 비슷한 방식으로 작품을 만든 이의 어떤 감정 상태를 **표현**하는 것은 아니다.

토메이에 따르면 '표현'으로 간주되는 어떤 것이든 거기에는 두 가지 결정적 특징이 있다. 먼저 '표현은 언제나 지향적 상태에 대한 것[36]'으로, 지향적 상태란 무언가를 향해 있

31) Ibid. 104 n. 17.

32) Ibid. 104.

33) Ibid. 104-5.

34) Ibid. 105.

35) Ibid. 106.

36) Ibid. 30.

는 상태 혹은 무언가에 '대한' 상태, 즉 '지향적 대상'이 있는 상태이다. 이를테면 비가 올 것 **이라거나** 바비가 전쟁터에서 안전하게 돌아올 것**이라는** 믿음이나 욕구, 혹은 곧 비가 올 것 **이라는** 안도감이나 전쟁과 바비의 운명에 **대한** 슬픔 같은 감정이 그것이다.[37)]

둘째, 표현은 언제나 특정 종류의 추론을 보장한다. 일반적으로 'A는 Φ를 표현하고 있다'는 'A는 Φ이다(혹은 A는 Φ를 가지고 있다)'를 함축한다.[38)] 따라서 만약 프레드의 행위가 'Φ의 표현'이라면, 프레드의 행위로부터 Φ라는 프레드의 지향적 상태를 이끌어내는 '보장된 추론'이 있게 된다. 예를 들어 만약 프레드의 앞으로 굽은 자세, 아래로 처진 입, 터져 나오는 눈물이 '우울함의 표현'이라면, 프레드의 표현으로부터 그가 우울함을 느끼고 있음을 추론하는 것은 보장된다. 그러나 토메이의 견해에 따르면 프레드의 행위가 '우울함의 표현'이라고 말하는 것과 그것이 '우울한 표현'이라고 말하는 것 사이에는 엄청난 차이가 있다. 우리에게는 프레드의 내적 상태에 대한 어떠한 추론도 할 자격이 없다. 그는 우울한 표정을 하고 있지만, 어쩌면 그것은 그저 그의 원래 모습일 수도 있다. 바셋하운드는 이와 유사한 '우울한 표정'을 하고 있을 수 있지만, 우리는 그 바셋하운드가 우울해하고 있다고 추론할 수 없다. 그는 그저 원래 그런 얼굴인 것이다.[39)]

E-T에 대한 토메이의 주된 비판은 그것이 'Φ의 표현'인 것과 'Φ 표현'인 것을 구분하지 못한다는 것이다. 그는 Φ가 예술가나 시인 혹은 작곡가의 어떤 심리적 상태를 뜻할 때 E-T는 예술적 표현을 Φ의 표현으로 취급하지만, 예술적 표현은 단순히 Φ 표현으로 혹은 '우울한'이나 '그리운' 같은 표현적 속성의 소유로 취급되어야 한다고 본다. 프레드의 우울

37) 그러나 분명히 고통은 무언가를 향해 있지 않으면서도 표현될 수 있지 않은가? 그것은 단지 배고픔이나 목마름 같은 감각이다. 그렇다면 기분은 어떤가? 그것은 특정한 어떤 것에 대한 것도 아닐 수 있지만 표현될 수 있지 않은가? 토메이(Tormey)는 고통에 대해 표현되는 것은 대상 없는 고통의 감각이 아니라, '감각을 그 대상으로 가지는' 괴로움이나 반감이라는 '느낌이나 태도'라고 답한다. Ibid. 27. 그리고 기분과 관련해서 그는 기분이 대상을 결여하고 있다는 것을 부인한다. 그 대상들은 단지 '알려지지 않았거나, 재인되지 않았거나, 혹은 억눌려 있는' 것이거나 '너무 분산되어 있어서 쉽게 찾아지거나 정확하게 표시되지 않는' 것이라는 것이다. Ibid. 34. 나는 이러한 답에 설득력이 없다고 본다. 일단 나는 지향성이라는 개념이 절망적으로 모호하다고 본다. 그리고 둘째로, '내적인' 심리 상태가 '외적인' 행위로 표현되지 못할 이유는 없다. 그러한 상태가 얼마나 정확하게 혹은 애매하게 그려지든 말이다. 그러나 나는 여기서 멈춰서 그 주장을 더 전개하지는 않을 것이다.

38) Ibid. 58.

39) 이 예는 스티븐 데이비스(Stephen Davies)의 것이다. 피터 키비(Peter Kivy)는 실제로 자신이 행복하든 슬프든 상관없이 유사하게 '슬픈' 얼굴을 가진 개 세인트버나드를 선호한다. 음악적 표현에 대한 개 이론(doggy theory)에 대해 좀 더 보려면 10장 참조.

한 표정이 프레드에게 있는 우울함의 표현일 필요가 없는 것과 마찬가지로 예술작품—시나 교향곡 혹은 회화—은 그 작품을 만든 이의 우울함, 체념, 기쁨 혹은 절망의 **표현**이지 않으면서 우울한, 체념한, 기쁜 혹은 절망한 **표현**일 수 있다. 토메이는 만약 우리가 어떤 음악작품이 Φ에 대해 표현적이라거나 Φ의 표현이라고 주장한다면 이 명제는 '"표현" 혹은 "표현적"이라는 말을 작품 자체의 어떤 지각 가능한 특질, 국면 혹은 형태(gestalt)를 지시하는 1항 술어의 구문론적 부분으로 담고 있는 것'으로 이해되어야 한다고 주장한다.[40] 다시 말해, 음악이 Φ에 대해 표현적이라고 말하는 것은 단순히 그 음악이 특정한 표현적 특질을 가지고 있다고 말하는 것이다. 그것은 작곡가의 내적 상태에 대한 어떤 것도 함축하지 않는다.

그렇다면 '표현적 특질'이란 무엇인가? 토메이의 제안에 따르면 '표현적 특질은 예술작품(혹은 자연 대상)의 속성들 중 그 이름이 인간의 지향적 상태를 나타내기도 하는 속성들이다. 따라서 "부드러움", "슬픔", "괴로움", "그리움"은 사람의 지향적 상태를 지시하고, 따라서 가장 완전하고 분명한 의미에서 표현될 수 있는 것들이다'.[41] 그는 이러한 규정이 표현적 속성으로 간주될 수 있는 것을 제한한다는 것을 인정한다. 왜냐하면 이에 따라 예술작품은 힘이나 무게 혹은 공화주의의 아이디어들을 표현할 수 없게 되기 때문이다. 그러나 그는 예술작품이 표현한다고 올바르게 이야기될 수 있는 것들은 근본적으로 심리적 속성들이라는 아이디어를 유지하고 싶어 한다. 표현적 특질들은 예술작품의 비표현적 속성들로 '구성되며', 그래서 이를테면 선율의 우울함은 음, 조성, 강약, 화성의 진행, 리듬, 악기들의 음색 등의 연속으로 구성된다.[42] 그것은 작곡가의 내적 상태와는 아무 관련이 없다.

토메이는 또한 E-T가 '표현적'이라는 용어를 사용하는 두 가지 다른 방식을 혼동했다고 본다. 그는 그 용어가 "우리가 어떤 얼굴이나 음악작품이 우울함 같은 어떤 특질에 대해 표현적이라고 말할 때처럼 '타동사적으로' 쓰일 때가 있다"고 지적한다. '표현적'이라는 용어의 이러한 용법은 '~의 표현'이 된다는 것과 동등하며, 그래서 그것은 그 얼굴의 주인이

40) Tormey, *The Concept of Expression*, 121.

41) Ibid. 128.

42) 실제로 토메이는 '주어진 비표현적 속성들의 집합은 일련의 표현적 속성들 중 어느 하나와 양립할 수 있거나 그것을 구성할 수 있기 때문에 비표현적 특질들은 표현적 특질들을 애매하게 구성한다'고 말한다. Ibid. 132-3.

나 그 음악을 만든 이가 실제로 우울하다는 것을 함축한다. 혹은 '표현적'이라는 말은 우리가 어떤 얼굴이나 음악작품이 단순히 '표현적'이라고 말하면서 그 얼굴의 주인이나 그 음악을 만든 이가 경험했을 수도 있고 아닐 수도 있는 특정한 심리적 상태에 대해 어떠한 추론도 하고 있지 않을 때처럼 '자동사적으로' 쓰일 수도 있다. 예를 들어 음악에서 '표현적'이라는 용어 혹은 에스프레시보(*espressivo*)라는 용어의 자동사적 용법은 준전문적 의미를 가진다. 그것은 '연주 방식을 부사적으로 특징짓는 것'[43]이며, 연주자(나 작곡가)의 내적 상태에 대한 어떠한 함축도 가지지 않는 것이다. 그러나 토메이는 E-T에 따르면 어떤 곡이나 연주를 '표현적'이라고 부르는 것은 작곡가나 연주자에게 그 곡이나 연주에서 표현되고 있는 특정한 마음 상태를 귀속시키는 것이 된다고 가정한다. 그는 이렇게 말한다. '연주자가 어떤 악절을 표현적으로 연주했다고 생각할 때 우리가 언제나 잘못 생각하는 것일 수 있다는 결론이 E-T로부터 따라 나온다. 왜냐하면 그러한 믿음이 옳은 것인지의 여부는 그 연주자의 내적 상태에 대한 어떤 심리적 진술의 참에 달려 있을 것이기 때문이다.'[44]

마지막으로 토메이는 음악작품이 어떤 '표현하는 이'의 마음 상태에 대한 추론이 보장된다는 의미에서 'Φ의 표현'이 된다는 것이 과연 가능한지에 대해 논의한다. 그는 내가 쓰는 음악이 (내가 하는 다른 모든 일처럼) 나의 인격이나 성격 혹은 감정적 특성 등 나에 대한 무언가를 실제로 표현할 수 있다는 것을 인정한다. 그러나 그는 이러한 사실이 'E-T를 조금도 뒷받침하지 않으며, 게다가 그것은 다른 인간 활동의 산물로부터 예술을 구분하는 데 아무런 도움이 되지 않는다'고 본다.[45] 따라서 토메이에 따르면, 닐센(Nielsen)의 교향곡 6번 2악장은 (다른 이유들보다는 그가 세계적으로 관객을 얻는 데 실패한 것으로 보인다는 것에 기인한) 닐센의 격분과 비통함 그리고 실망의 표현이지만, 토메이가 보기에 이것은 그 음악 자체가 표현하는 것과는 무관하다. 그는 E-T에 따르면 창조적 예술가는 예술작품에 '자신에 의해 표현된 느낌 상태와 "**기술적으로(descriptively) 유사한**" 어떤 특질(슬픔-"슬픔")을 부여하기' 때문에 그 특질은 '특별히 지각적인(extra-perceptual) 지식의 원천' 없이도 그러한 것으로 인정될 수 있어야 한다고 주장한다. 그러나 토메이에 따르면, 닐센의 그 악장이 표현하는 것은 작곡가의 격분과 비

43) Ibid. 111.

44) Ibid.

45) Ibid. 118.

통합인 데 반해 음악 자체는 **유머러스하게** 들린다. '음악 자체에 의해 남겨지는 지배적 인상은 가벼운 익살스러움이다.'[46] E-T의 문제는 '여기서 음악의 특질이 작곡가의 내적 상태의 유사물이 아니며, 유사물일 **수도 없다**는 것이다. 그 음악은 유머러스하고, 그 작곡가는 실망스러워하고 있다'.[47] 그러므로 우리는 그 음악의 표현적 성격으로부터 작곡가의 지향적 상태를 '보장된 방식으로 추론해'낼 수 없다. 'E-T가 가정하는 것과 같은, 음악의 특질들과 예술가의 상태 사이의 직접적이면서 우발적이지 않은 관계는 없다.'[48] 닐센의 음악은 그의 사적 삶에 대한 무언가를 우리가 알게 된 이후에만 비통함의 표현으로 들릴 수 있다. 우리는 그 음악의 표현적 특질만으로는 비통함을 추론해낼 수 없다.

토메이는 예술가가 '자신의 작품에서 알기 쉽고 일관적이며 미적으로 관련된 어떤 의미에서도 자신을 "표현하지" 않는다'고 결론 내린다.[49] 예술이 감정의 표현이라는 이론은 (모든 인간의 산물은 어떤 의미에서 그것을 만든 이의 표현이 될 수 있기 때문에) 사소하거나 (표현된 것으로부터 우리가 예술가의 내적 상태를 추론할 수 없기 때문에) 틀린 것이다. E-T에 있는 '참의 잔여물'은 '예술작품은 종종 표현적 특질을 가진다'는 것뿐이다.[50]

고전적 표현 이론에 대한 변호: 토메이에 대한 비판

토메이의 분석에 있는 가장 근본적인 문제는 그가 표현 이론을 잘못 특징화하고 있다는 것이다. 토메이의 E-T 버전은 콜링우드도 듀이도 알아보지 못할 만한 것이다. 먼저, 둘 중 누구도 예술적 표현의 과정이 예술작품의 제작 '이전의' 활동이라는 아이디어를 받아들이지 않을 것이다. 그리고 둘째로 그들 중 누구도 예술적 표현의 과정이 예술 대상에 표현

46) Ibid. 118-19.

47) Ibid. 120.

48) Ibid. 120.

49) Ibid. 122.

50) Ibid. 124.

적 특질을 '부여하는' 과정이라는 아이디어를 받아들이지 않을 것이다. 설령 예술작품에서 감정을 표현하는 과정 중에 예술가가 정말로 작품에 표현적 특질을 '부여한다' 하더라도 그러한 특질이 표현된 '느낌 상태'의 '질적 유사물'일 가능성은 상당히 적다. 마지막으로 나는 콜링우드와 듀이 모두 자신들이 Φ에 대한 표현을 Φ 표현과 혼동하고 있다는 주장을 거부할 것이라고 본다. 그들은 예술작품이 단지 Φ 표현이 아니라 예술가의 감정 표현(Φ의 표현)이 될 수 있다는 — 그리고 되어야 한다는 — 아이디어를 명시적으로 옹호하고 있다. 더욱이 그들은 모두 토메이가 사용하는 닐센의 예가 그들이 의미하는 예술적 감정 표현의 **진짜(bona fide)** 사례인지 의문을 제기할 것이다.

1. 표현 이론가들이 표현을 (이후에) 작품에 표현적 특질을 '부여하는' 결과를 가져오는 '예술가의 이전 활동'으로 볼 것이라고 생각하는 것은 실수이다. 왜냐하면 표현 이론가들에 따르면 예술가는 시를 쓰거나 그림을 그리**면서** '자신의 감정을 표현하기' 때문이다. 예술가는 매체를 조작하거나, 내용을 기술 혹은 묘사하거나 아니면 특징짓는 방식으로 작품에서 자기 자신의 심리적 상태를 표현한다.[51] 예를 들어 키츠의 「나이팅게일에게 부치는 노래」는 실제 세계의 비참함과 권태로부터 멀리 떨어진 예술과 아름다움의 영원한 세계에 대한 갈망의 **표현**이다. 시인은 실제 세계에 대한 기술(싫증, 열 그리고 짜증)과 영원한 아름다운 선율을 만들어낸 노래하는 이로서의 나이팅게일에 대한 환기('그대는 죽기 위해 태어난 것이 아니었노라, 불멸의 새여')에서, 그리고 그 외의 것들에서 이러한 감정을 표현한다. 간단히 말해, 시인이 자신의 감정을 표현하는 것은 **시를 쓰면서**이다. 표현하는 것은 그 시가 만들어지기 전에 일어나는 어떤 활동이 아니다. 게다가 호스퍼스는 표현 이론가들이 분명히 말하고 있지 않은 것에 대해 비난하고 있는 것으로 보인다. 표현 이론가들은 예술적 표현은 예술가가 겪는 심리적 과정으로, 이러저러한 감정상태에 있으면서 예술작품을 창조해내는 것이며, 따라서 키츠에 의한 갈망이라는 감정의 표현은 **오직** 그 시인이 그 시를 쓰고 있었을 때 갈망을 느꼈다는 것만을 의미한다고 말하고 있지 않다.

---

51) 가이 서첼로(Guy Sircello)는 Guy Joseph Sircello, *Mind & Art: An Essay on the Varieties of Expression* (Princeton, NJ: Princeton University Press, 1972)에서 이와 유사한 주장을 했고, 나 역시 Jenefer Robinson, 'Art as Expression', Hugh Mercer Curtler (ed.), *What Is Art?* (New York: Haven, 1983)에서 이와 유사한 주장을 했다.

2. 표현 이론은 또한 표현이 예술작품에 '표현적 특질'을 부여하는 것이라는 아이디어를 강력하게 거부할 것이다. 키츠의 노래(Ode)는 실제 세계의 비참함과 권태로부터 멀리 떨어진 예술과 아름다움의 영원한 세계에 대한 갈망을 표현하지만, 이는 그 시가 '갈망'이라 불리는 **표현적 특질**을 소유하고 있음을 의미하지 **않는다**. 시인은 그 화자의 '갈망'이라는 아주 특정한 감정을 고유하고 독창적인 방식으로 명료화하여 우리가 그 시를 읽으면서 스스로 이 느낌을 이해할 수 있도록 하는 것이다. 설령 그 노래의 '갈망'을 표현하는 과정에서 키츠가 그 노래에 실제로 표현적 특질을 '부여했다' 하더라도 그 특질은 표현된 '느낌 상태'의 '질적 유사물'일 필요가 없다. 그 시는 갈망을 표현하지만, '갈망'이라 불리는 어떤 표현적 특질도 소유하지 않는다. 그 시는 무엇도 갈망하지 않는다. 갈망하는 것은 그 시인이다. (혹은 우리가 보게 되겠지만, 갈망하는 것은 그 시인의 '목소리', 즉 그 시의 함축된 화자이다.)

더 나아가, 설령 그 시에 아쉬움이나 우울함 같은 표현적 특질이 있다 하더라도 이것이 그 시를 아쉬움이나 우울함의 표현으로 만드는 것은 아니다. 낭만주의적 의미에서 어떤 것도 표현하지 않는 우울하고 아쉬워하는 시들이 많이 있다. 여기 하나의 예가 있다.

내가 이 통나무에 앉아,
완전히 혼자서 조용히 울 때면,
작은 강아지가 있었으면 해요
내가 혼자일 때 나를 사랑해주도록

나는 이 시가 우울하고 아쉬워하는 시라고 보지만, 이 시는 낭만주의적 의미에서 어떤 것도 **표현하지** 않는다. 이 시가 무언가를 한다면, 그것은 감성을 (표현하기보다는) 유출하는 것이다. 이 서투른 시는 화자에게 속한 특수하고 고유한 아쉬움과 우울함을 명료화하지도, 명확하게 하지도 않는다. 이것은 진부하고 평범하며 우스꽝스럽기까지 하다. 이와 유사하게 만화 식의 웃는 얼굴 그림은 **활기차고** 그 반대는 **침울하지만**(그림 8.1 참조), 둘 중 어떤 것도 무언가를 제대로 표현하지는 않는다.

표현 이론가들이 보기에 시인이 시에서 감정을 표현할 때 그 표현은 독창적이며, 따라서 표현된 감정 역시 독창적이다. 시인은 새로운 감정/표현을 창조해내는 것이다. 키츠의 시에는 우울하고 아쉬워하는 순간들이 있지만, 이것이 그 시를 감정의 표현으로 만드는 것은 아니다. 표현은 인지적 과정으로, 지금껏 혼란스러웠던 감정 상태를 명료화하는 것이다. 시는 우울함이나 아쉬움 혹은 그 밖의 것을 명확하게 하거나 명료화하지 않으면서도, 그래서 **표현하지** 않으면서도 우울하거나 아쉬워할 수 있다.

〈그림 8.1〉 만화 식의 웃는 얼굴과 슬픈 얼굴

3. 토메이는 표현 이론으로부터 구해낼 수 있는 유일한 참은 예술작품이 종종 부드러움, 괴로움, 슬픔 등의 표현적 특질을 가진다는 아이디어뿐이라고 말한다. 그러나 표현 이론은 음악작품이나 시에 있는 슬픔이나 우울함 같은 표현적 **특질**에 대한 것이 아니다. 내가 앞서 주장했듯이 우울한 시는 콜링우드적 의미에서 표현일 수도 있고 아닐 수도 있으며, 만약 그것이 표현이라면 그것을 표현으로 만드는 것은 그 시가 우울하다는 사실이 아니다.

비록 콜링우드와 듀이가 '표현'을 어떤 회화나 노래 혹은 시가 '표현적 속성' — 화난 색채나 슬픈 선율 등 — 을 소유하는 것으로 **분석하지는** 않지만, 그들은 모두 예술가들이 자신의 작품에서 감정을 표현할 때 '감정이 실린 재료'를 사용한다는 것을 강조한다. 그들은 어떤 음악작품을 슬프게 하는 것은 작곡가가 경험하는 어떤 심리적 과정이 아니라 그 음악의 선율, 리듬, 화성 진행, 음색, 강약, 악기 편성, 그리고 '작품 자체'의 여타 모든 국면이라는 데 의심의 여지없이 토메이에게 동의할 것이다. 그러나 그들이 이야기하는 것은 완전히 다른 이슈이다. 그들은 어떻게 표현적 특질들이 '비미적(non-aesthetic) 특질들(색, 선, 선율, 화성)'에 토대를 두고 있는가 하는 문제를 직접적으로 다루지 않는다. 그들이 관심을 두는 것은 예술적 표현이 **무엇이며**, 그것이 무엇으로 이루어지는가 하는 것이다. 표현은 작품에서 개별화된 감정 상태를 명료화하고 설명하는 것이다. 키츠가 자신의 감정인(혹은 키츠 자신의 감정으로 보이는) 아주 특수한 갈망의 감정을 (그 시에서 묘사된 바로 그 방식으로) 명료화하는 것처럼 말이다. 다시 말해, 그들은 예술적 표현이 예술적 특질의 소유와 동일시되어야 한다는 토메이의 요점을 암묵적으로 부정하고 있다.

4. E-T에 대한 토메이의 주된 비판은 그것이 Φ의 표현을 Φ 표현과 혼동한다는 것이다. 그러나 나는 콜링우드와 듀이 모두 이 아이디어를 거부할 것이라고 본다. 그들은 모두 예술이 단지 Φ 표현이 아니라 예술가의 감정 표현(Φ의 표현)이 될 수 있다는 것 — 그리고 되어야 한다는 것 — 을 명시적으로 옹호하고 있다. 그들의 견해에 따르면 우리는 시에 표현된 것으로부터 시의 '화자'의 마음 상태를 추론할 **수 있다**. (비록 내가 이제 곧 주장할 것처럼 우리가 언제나 함축된 화자보다 실제 저자의 마음 상태를 추론하고 싶어 하는 것은 아닐 수 있지만 말이다.) 게다가 낭만주의 이론가들은 '표현적'이라는 용어의 '자동사적' 용법에 대해서는 언급하고 있지 않다. 그들은 피아노나 바이올린을 표현적으로(*espressivo*) 연주하는 것이 무엇을 의미하는지 분석하고 있지 않다. 그들이 말하는 것 중 어떤 것도 표현적 방식으로 연주하는 연주가가 그렇게 함으로써 자신의 심리적 상태를 분명하게 드러내고 있는 것임을 함축하지 않는다. 그들이 이야기하는 것은 **예술 대상**(art object)의 표현성에 대한 것일 뿐 연주의 양식에 대한 것이 아니며, 예술 대상이 '표현적'이라고 말할 때 그들은 그 대상이 예술가의 감정의 표현이라는 의미에서 표현임을 의미하는 것으로 보인다. 내가 이미 말한 것처럼 만약 Φ 표현이 단지 예술작품의 Φ 속성들이라면 표현 이론은 그것에 관한 것이 아니다.

만약 내가 옳고, 표현 이론가들이 정말 예술작품은 그것을 만든 이의 감정 표현 혹은 감정 표현일 수 있다고 주장한다면, 나는 왜 닐센의 6번 교향곡 2악장이 작곡가의 비통함과 격분의 **표현**인지 아닌지 묻는가? 누군가 이 악장을 작곡가의 비통함, 실망 그리고 격분의 표현이라고 생각한다면 왜 그렇게 생각하는 것일지 그 이유에 대해 토메이가 이 사례에 대해 논의하면서 제공하는 유일한 설명은 그 작품을 쓸 때 작곡가가 이 감정들을 경험하고 있었을 것이라고 생각된다는 것이다. 그러나 만약 이것이 전부라면, 그리고 더 나아가 만약 이 음악 자체는 유머러스하고 익살스럽다고 토메이가 말하는 것이 옳다면 분명히 이 곡은 콜링우드나 듀이의 의미에서 작곡가의 어떠한 비통함, 실망, 격분을 표현하는 것이 **아니다**. 왜냐하면 이 음악 자체는 표현 이론가들이 요구하는 것처럼 어떤 비통함, 실망 혹은 격분을 명료화하거나 설명하지 못하는 것은 물론이고 그것들을 **분명히 드러내지도** 못하기 때문이다. 어떤 작품을 작곡하는 동안 특정한 심리적 상태에 있다는 것은 그 곡에서 그 상태를 표현하는 데 충분하지 않다.

이 예를 좀 더 자세히 살펴보자. 토메이는 이 음악의 특질이 유머러스한 것이라고 말하고, 따라서 'E-T가 가정하는 것 같은 이 작품의 특질들과 예술가의 [지향적] 상태 사이의 직접적이고 우연적이지 않은 관계는 없다'고 주장한다.[52] 여기서 토메이는 '우연적이지 않은 관계'로 가정되는 것의 본성을 잘못 이해하고 있다. E-T는 '작품의 특질'이 (독립적으로 특징 지워진) 예술가의 상태에 기인하고 있다고 말하고 있는 것이 아니다. 왜냐하면 내가 되풀이해 말한 것처럼 E-T는 표현적 **특질**에 대해 말하고 있는 것이 아니라, 오히려 예술가가 사물들을 묘사하거나 매체를 조작하여 어떤 새롭고 복잡한 감정 상태(키츠의 시에서 명료화된, 예술과 아름다움의 영원한 세계에 대한 특수한 종류의 갈망 같은 것)를 예술작품에 표현하는 방식에 대해 이야기하고 있기 때문이다. 토메이는 E-T에 따르면 우리가 예술가의 사적 삶에 대해 무언가를 아는 것과 독립적으로 작품에서 '표현적 특질'을 가려낼 수 있어야 한다고 가정하는 것으로 보이며, 그는 작곡가에 대한 '음악 외적 지식'이 있어야만 우리가 닐센의 음악을 비통함, 실망 그리고 격분의 표현으로 들을 수 있다고 반박한다. 그러나 (표현 이론가들의 입장에서 볼 때) 작품이 표현하는 것은 예술가가 어떤 사람인지에 대해 어느 정도 파악하고 있는 사람들에게만 '분명하게 드러날' 수도 있다. 작품이 무엇을 표현하는 것으로 보일 수 있는가 하는 것 — 그 내용, 형식 혹은 양식 같은 것 — 이 부분적으로 그 작품이 보이는 맥락에 달려 있다는 것은 우리에게 널리 받아들여지고 있다. 곰브리치(Gombrich)가 오래전에 지적한 것처럼 예술작품이 그냥 가지고 있는 것으로 보이는 표현적 특질들조차 그 작품이 만들어진 시대와 독립적이지 않다.[53] 작품을 만든 예술가, 그 예술가의 개인적 양식 혹은 그가 속해 작업하던 일반적 양식뿐만 아니라 예술가의 계급, 인종, 젠더 및 개인적 심리에 대한 사실

---

52) Tormey, *The Concept of Expression*, 120.

53) E. H. Gombrich, *Art and Illusion* (London: Phaidon, 1962), ch. 11.

들이 모두 작품에 표현된 것이 무엇인지에 대한 결정에 관련된 것일 수 있다. 그래서 보다 넓은 맥락과 독립적으로 '작품 자체'에 세심한 주의를 기울이는 것만으로는 작품이 작가의 비통함, 실망, 격분의 표현이라는 것을 알아낼 수 없다는 것은 거의 놀라운 것이 아니다.

닐센의 예를 더 가까이 들여다보면, 우리는 토메이가 식별해낸 수수께끼에 대한 두 가지 대안적 설명이 있음을 볼 수 있다. 이 곡은 '유머러스한' 표현적 특질을 가지고 있지만 표현 이론이 사용하는 의미에서 작곡가의 비통함을 표현하지는 못하거나, 아니면 이 곡은 닐센의 비통함 및 여타 감정들에 대한 명료화이자 설명**이며** 그 '유머러스한' 표현적 특질은 이를테면 통렬하고 풍자적인 방식으로 유머러스한 것으로서 그 표현에 기여한다. 사실 이 악장에 대한 대부분의 해설자는 그것을 가벼운 익살보다는 비통한 패러디로 듣는다. 내가 보기에 이 악장의 특정 악절들은 그것만 따로 들었을 때는 '유머러스한' 것으로 들릴 수 있지만, 전체 악장과 교향곡 자체의 맥락에서 들었을 때 그 악절들은 분명히 쇼스타코비치의 몇몇 열광적인 스케르초와 다소 유사한 방식으로 기괴하고 비꼬는 듯하다.

조너선 크레이머(Jonathan Kramer)는 이 악장을 '비통하게 냉소적인 그릇된 결론'이라고 부른다.[54] 그는 이 악장이 '혼란에 빠진 무조의 방식'으로 시작된 후 결국 '온음계와 조성의 단순함을 획득하지만', 이러한 외관상의 단순함은 '곧 위태로워지고' 거의 즉각적으로 '순수한 단순함을 닮은 모든 것이 사라져'[55] 결코 돌아오지 않는다고 지적한다. 크레이머는 이 악장의 수많은 '상상적인 기괴한 손길들'에 대해 다음과 같이 말한다. '타악기의 울려 퍼짐, 극단적 음역들, 들쭉날쭉한 무조의 파편들, 트롬본의 글리산도, 그리고 넓은 음정(interval)이 그 악장에 기분 나쁜 익살스러움을 부여한다. 온음계의 단순함과 조성적 화음이 있는 몇 안 되는 구간들은 …… 맹공격 전의 저지, 즉 짧은 일시적 중단이다.' 그 '끈질긴 트롬본의 글리산도'는 (명백하게도 작곡가 스스로의 선례를 따라) '경멸의 하품'이라 불린다.[56]

54) Jonathan Kramer, 'Unity and Disunity in Nielsen's Sixth Symphony', Mina Miller (ed.), *The Nielsen Companion* (Portland, Oregon: Amadeus Press, 1994), 321.

55) Ibid. 323-4.

56) Ibid. 324. 많은 논평가들은 그 6번 교향곡에 어리둥절해했다. 'Carl Nielsen: Orchestral Works and Chamber Music', Jurgen Balzer (ed.), *Carl Nielsen: Centenary Essays* (London: Dennis Dobson, 1966), 454-6에 담긴 포블 햄버거(Povl Hamburger)의 견해가 그에 전형적인 것이다. 그 『유머레스크(*Humoresque*)』는 '반복적으로 나타나는 트롬본 글리산도(*glissando*) 같은 눈에 띄게 기괴한 많은 아이디어들과 함께 처음 등장할 때 특히 만만치 않다. 이것은 진지하게 의도된 것인가 아니면 아이러니인가, 그리고 만약 아이러니라면 그건 어쩌면 현대음악의 특정 극단주의 성향에

그렇다면 이 악장 — 그리고 실제로 그 곡 전체 — 을 닐센의 비통함과 비관주의의 **표현**으로 듣는 것은 타당하다(비록 그가 특정한 무언가에 대해 비관적이었는지의 여부는 불확실하지만 말이다).[57] 닐센은 뚜렷한 표현적 특질을 가진 음악(그 음악은 기괴하게 유머러스하고 비통하게 냉소적이다)을 통해 비관주의와 어쩌면 비통함을 명료화하지만, 이러한 표현적 특징은 그 작곡가가 표현하고 있는 것의 '기술적(descriptive) 유사물'이 아니다.

다시 말하자면, 예술작품은 반드시 Φ 같은 표현적 특질을 가지지 않고서도 예술가의 Φ의 표현일 수 있다. 어떤 시가 시인의 갈망을 표현하지만 그 자체로는 어떤 것도 갈망하지 않는 것처럼, 아니면 닐센의 음악이 비통한 비관주의를 표현하지만 그 음악은 기괴하게 유머러스한 것처럼 말이다. 그리고 예술작품은 예술가의 무언가를 표현하지 않으면서도 예술적 특질을 가질 수 있다. 이를테면 그것은 어느 누구의 슬픔도 표현하지 않고 표현적이지도 않으면서 슬플 수 있다.

프랜시스 스파샷(Francis Sparshott)은 토메이 버전의 E-T를 예술작품의 '미적 속성의 발생에 대한 인과 이론'[58] 혹은 좀 더 정확히 말해 **표현적** 속성의 발생에 대한 인과 이론으로 기술한다. 토메이는 (호스퍼스 같이) 예술작품이 그 작품을 만든 이의 어떤 슬픔의 표현이 되지 않고서도 슬픔이라는 표현적 특질을 가질 수 있다고 옳게 지적한다. 그러나 표현 이론은 표현적 속성의 발생에 대한 이론이 아니다. 그것은 표현적 속성에 **대한** 것이 전혀 아니다. 표

대한 풍자인가?' 그는 다음과 같이 결론 내린다. '오늘날조차 이 물음에 명확히 답하기 어려우며, 종합해보았을 때 6번 교향곡은 일반적으로 닐센(Nielsen)의 교향곡 중 가장 약한 것으로 간주된다.' 이러한 견해는 Jean-Luc Caron, *Carl Nielsen: Vie et Œuvre 1865-1931* (Lausanne: Editions l'Âge d'Homme, 1990)에서 거의 동일한 언어로 반복된다. 토메이는 다음과 같은 일반적 종류의 해석을 생각하고 있었을 수 있다. 이를테면 6번 교향곡은 '새로운' 무조 음악에 대한 닐센의 '격분'과 쇤베르크나 스트라빈스키처럼 성공하지 못한 것에 대한 그의 '비통함'을 드러낸다는 것이다. 조너선 크레이머(Jonathan Kramer)는 훨씬 더 흥미롭고 설득력 있는 해석을 하면서 그 교향곡을 '포스트모던 시대 이전에 작곡된 가장 심오하게 포스트모던한 곡'으로 보았다. 'Unity and Disunity in Nielsen's Sixth Symphony', 293. 닐센은 서로 다른 양식들을 가지고 작업하면서 무조성에 대해 부정적 평을 하는 게 아니라 그것을 자신이 암시하는 많은 양식들 중 하나로 사용한다. 다른 한편 크레이머 역시 그 곡을 비관적 작품으로 읽어내면서, 그 안에서 '햇빛 찬란한 순수함이 …… 점차적으로 어두운 복잡함에 길을 내주고' 그 뒤를 '처음 제스처와 비슷한—그러나 통상적으로 유사하지는 않은—새롭게 얻어낸 단순함으로의 해결'이 따르는 '표현적 전형(혹은 우리가 11장에서 논의할 것처럼 '플롯 전형')'을 예시하는 것으로 본다. Ibid. 294. 이후에 그는 '순수함의 파괴, 단순함의 …… 상실이라는 과정은 근본적으로 어두운 작품의 본질이다'라고 평한다. Ibid. 322.

57) 11장에서 살펴보게 되겠지만, 이 음악은 닐센 자신보다는 닐센의 음악적 페르소나의 비관주의를 표현하는 것일 수 있다.

58) Francis Sparshott, *The Theory of the Arts* (Princeton, NJ: Princeton University Press, 1982), 623.

현 이론은 예술이 무엇**인지**에 대한 이론이며 — 그 이론에 따르면 예술은 표현이다 — 또한 표현이 무엇**인지**에 대한 이론이다. 듀이와 콜링우드에 따르면 표현은 매체 안에서 감정을 명료화하고 명확하게 하는 것이다. E-T는 예술작품이 표현이라고 말하고, 표현이 무엇인지에 대한 분석을 제공한다. 그것은 표현적 특질의 인과적 기원에 대한 이론이 아니다.

표현적 특질

토메이가 '표현 이론'을 잘못 이해하고 있다는 사실에도 불구하고 '표현적 특질' — 슬픔과 행복 등의 특질 — 에 대해 그가 말한 많은 것은 완벽하게 참이다.[59] 표현적 특질들은 예술작품의 창발적 속성으로, 비표현적 특질들에 의존하면서도 그것들과 아주 단단하게 규칙에 지배되는 방식으로 연결되어 있지는 않다. 그래서 우리는 모든 거대한 오렌지색과 보라색 그림이 '공격적'이라든지, 그 안에 희미한 선들이 있는 모든 회색 그림이 '우울하다고' 결코 확신할 수 없다. 토메이가 정면으로 다루고 있지는 않지만, 이 주제를 다루는 많은 이들을 괴롭혀온 질문은 왜 우리가 무생물인 예술 대상에 인간의 심리적 특질을 귀속시키는가 하는 것이다. 호스퍼스는 음악의 '표현적 성격'과 역시 표현적 성격을 지닌 '인간의 표정 및 제스처' 사이의 유사성을 밝히고,[60] 예술적 표현에 대한 이론은 표현적인 인간의 제스처와 표현적 예술작품 사이의 어떤 **닮음**에 기초해야 한다고 주장하면서 부스마를 인용한다. 부스마는 '슬픈 음악은 슬픈 사람들의 몇몇 특징을 가진다. 슬픈 음악은 경쾌하게 빨리 진행되는 것이 아니라 느릴 것이며, 짤랑짤랑 소리를 내는 게 아니라 낮은 소리를 낼 것이다. 슬픈 사람들은 보다 느리게 움직이며, 그들은 말할 때 부드럽고 낮은 소리로 말

59) '표현적 특질'이라는 용어를 사용하는 것은 유감스러운 일이다. 왜냐하면 내가 앞에서 내 시를 통해 드러낸 것처럼 그림이나 시는 표현적이지 않으면서도 '슬프거나' '행복할' 수 있기 때문이다. 그러나 문학에서 '표현적 특질'이라는 용어는 보통 (최소한) 감정 단어로 이름 붙여진 슬픔이나 행복 같은 특질들을 지칭하는 것으로 받아들여지며, 이 경우에 나는 그러한 용법을 따르고 있다.

60) Weitz (ed.), *Problems in Aesthetics: An Introductory Book of Readings*, 242-3.

할 것이다'라고 말한다.'[61]

그러나 이러한 설명이 모든 표현적 특질에 적용되지는 않을 것이다. 단조의 선율과 인간의 슬픔이라는 표현적 제스처 사이에는 명백한 연결이 없지만, 단조선율이 슬프다는 '표현적 속성'을 가지는 것은 아주 자연스럽기 때문이다.

관습적 연상이 음악의 표현성에 어떻게 기여하는지에 대해서는 음악학자들의 몇 가지 흥미로운 연구가 있어왔다. 어떤 음악은 우리에게 결혼식을 상기시키고, 다른 음악은 장례식을 상기시키며, 어떤 음악은 목가적이거나(아마도 백파이프가 사용되었을 것이다), 군사적이거나(금관악기로 가득하다), 사냥과 관련되어 있거나(호른 소리 같은 것이 있다), 아니면 종교적이다(언뜻 그레고리안 성가처럼 들린다). 레너드 래트너(Leonard Ratner)[62]는 다양한 춤 형식과 그것이 연상시키는 것들 및 '터키' 양식이나 '질풍노도(Storm and Stress)' 양식 같은 다양한 양식들을 포함하여 18세기와 19세기 초 '클래식 음악'에 등장하는 다양한 주제들(topoi)을 묘사했다. 분명히 이런 종류의 관습은 음악이 무엇을 표현하는가와 관련하여 어떤 역할을 한다.

또 하나 흥미롭고 문제가 되는 사례는 색이다. 화가 난 사람은 붉어질 수 있지만(그는 하얗게 질릴 수도 있다), 일반적으로 색의 표현성은 인간이 자신의 감정을 표현하는 다양한 방식과 다양한 색 사이의 유사성에 정초한 것으로 보이지 않는다. 인간이 세계를 의인화하고, 자연 세계를 자기 자신의 감정 및 여타 마음 상태와 연관 짓는 경향을 가지고 있다는 것은 명백하지만, 인간이 이렇게 하는 토대는 아마도 극히 다양할 것이다.[63] 때때로 이러한 연상에는 물리적 토대가 있는 것 같다. 칸딘스키는 몇몇 색의 표현적 성격을 우리의 시각 체계에 그 색이 미치는 영향에서 나오는 것으로 규정했다. 이를테면 파란색은 후퇴하는 경향이 있

---

61) 호스퍼스에 의해 인용되었다. Ibid. 244.

62) Leonard G. Ratner, *Classic Music: Expression, Form, and Style* (New York: Schirmer Books, 1980).

63) 인간은 자신과 환경과의 많은 마주침을 자신의 필요, 바람, 가치, 이해관계의 측면에서 감정 용어를 통해 보는 경향이 있다. 그래서 그들은 사물에 감정적 특질을 귀속시키고, 세계를 의인화하고 싶어 한다. 이는 왜 넬슨 굿맨(Nelson Goodman)이 감정뿐만 아니라 감정적이지 않은 특질들도 예술작품에 의해 표현될 수 있다고 생각했는지 설명할 수 있다. 따뜻함, 냉담함, 화려함, 둔함, 떠오름 혹은 무게 같은 감정적이지 않은 속성들을 세계에 귀속시킬 때조차 우리는 경험된 세계를 그것이 인간에게 가지는 의미의 측면에서 묘사하고 있는 것이다. 이것이 굿맨이 그런 속성들을 좀 더 심리적인 속성들과 마찬가지로 예술작품에 의해 표현되는 것으로 취급한 것이 어느 정도 정당화되는 이유이다. Nelson Goodman, *Languages of Art: An Approach to a Theory of Symbols* (Indianapolis: Bobbs-Merrill, 1968), Ch. 2 참조.

기 때문에 시원하고 지극히 가벼워 보이는 — 그것은 '전형적으로 천상의 색'이다[64] — 반면 노란색은 관객 쪽으로 다가오는 것으로 보이며 칸딘스키는 그것을 '경솔하고 성가시다'고 묘사했다.[65] 특정한 음악적 음색과 강약의 표현성에도 역시 물리적 토대가 있을 수 있다.

그러나 우리가 경험하는 색, 형태, 음 등과 감정 사이의 연결 중 일부에 물리적 토대가 있다는 것에는 의심의 여지가 없다 하더라도 많은 사례들에서 그러한 연상은 분명히 문화적인 것이다.[66] 때때로 그러한 연상들은 해당 문화에서 일반적인데, 예를 들면 서구 문화에서 초록색은 질투의 색이며 검은색은 죽음의 색이다. 다른 연상들은 좀 더 시간, 장소 그리고 특정한 사회 세계에 특유한 것이다. 와토(Watteau)의 많은 그림들은 품위 있는 아르카디아(Arcadian) 세계에 대한 그리움을 표현한다. 와토는 그 세계를 분홍, 노랑, 바이올렛 색조와 우아한 궁중 파티의 야회복과 휘장의 색으로 묘사하는 경향이 있으며, 그렇게 함으로써 그는 18세기 우아함(galanterie)의 세계를 환기한다. 이와 대조적으로 가정적이고 고요하며 풍요한, 견고하고 순조로운 시골 세계에 대한 코로(Corot)의 묘사는 부분적으로는 내용에 의존하고, 또 부분적으로는 둔탁한 녹색과 갈색이라는 흙의 색들을 사용하는 것에 의존한다. 때때로 연상들을 판독해내는 것은 어렵다. 이를테면 리처드 볼하임(Richard Wollheim)이 언급하는 사세타(Sasseta) — 자신의 겉옷을 가난한 기사에게 주는 성 프랜시스 — 의 그림에서 '화가는 그 성인의 겉옷을 그리기 위해 염료들 중 가장 값이 나가는 청금석을 사용했다'.[67] 이러한 사실은 동시대의 관객에게는 강하게 다가오는 것이었겠지만, 오늘날의 우리는 이 사실을 전해 들어야 한다. 볼하임이 시사하듯, 외투의 가치와 색채 사이의 연상은 그 그림이 표현하는 것에 있어 중요하다.

자신들의 작품에서 감정을 표현할 때 예술가들은 필연적으로 묘사하는 대상과 사용하는 소리, 형태, 색을 둘러싼 사회적 · 종교적 · 문화적 연상망에 의지한다. 이러한 연상과 관습들 중 많은 것은 감정적 의의를 전달한다. 색, 형태, 이미지, 음색, 질감, 재료 모두에는

64) *On the Spiritual in Art*, Kenneth C. Lindsay and Peter Vergo (eds.), *Kandinsky: Complete Writings on Art* (New York: Da Capo, 1982), 182.

65) Ibid. 1801. 보다 최근에 '인간 요소들(human factors)'에 대한 연구에서는 병원 환자들을 진정시키거나 일꾼들에게 활력을 주는 색을 식별해냈다.

66) 그리고 물론 문화적인 것과 자연적인 것 혹은 물리적인 것은 종종 서로를 강화한다.

67) Richard Wollheim, *Painting as an Art*, A. W. Mellon Lectures in the Fine Arts, 1984 (Thames & Hudson, 1987), 91.

다양한 감정적 연상이 있다. 예술가는 늘 이러한 연상들을 자각하면서 작업하며, 물론 자신도 모르는 사이에 그런 연상들에 의존할 수도 있다.

나는 환경의 조각들에 '슬픈' 혹은 '쾌활한' 같은 감정 용어들로 이름이 붙게 되는 수많은 방식들을 설명할 어떤 **일반적인 이론**이 있을 것 같지는 않다는 스파샷의 견해에 동의한다. 그는 다음과 같이 말한다.

> '쾌활한'이라는 단어가 언제나 그것이 일차적으로 적용될 것으로 추정될 수 있는 종류의 인간 행위와 느낌 및 소통과 어떻게든 관계된 무언가 덕분에 사용된다는 것에는 의심의 여지가 없다. 그러나 이런 함축된 관계는 때로는 어떤 종류의 것이고, 때로는 그와 다른 종류의 것이며, 가장 흔하게는 어떤 확정적인 종류의 것도 아니기 쉽다. …… 예술에서 쾌활함이라는 속성은 복잡한 것으로, 그것은 명랑한 기분과 관련된 속성이면서 명랑한 기분과 관련될 수 있는 무언가를 어떻게든 표명하는 속성이다.[68]

이것은 슬픔과 관련해서도 유사하다. 우리는 슬픈 소식, 슬픈 일('노라의 낙태는 슬픈 일이었어'), 슬픈 날('케네디가 암살당한 날은 슬픈 날이었어'), 슬픈 편지, 슬픈 얼굴, 슬픈 노래, 슬픈 시간, 슬픈 날씨, 농담하려고 하는 슬픈 시도 등등에 대해 이야기하지만, 우리는 이 모든 것들을 동일한 이유에서 '슬픈' 것이라고 부르지 않는다.[69] 간단히 말해 세계가 우리에게 드러나는 방식과 감정이 '상응'[70]한다는 것은 참이지만, 그러한 상응에 대한 일반적인 설명은 없다. 예술가는 색과 형태, 이미지와 음색 및 나머지 모든 것들을 선택할 때 감정과 세계 사이의 많은 연상들에 의지한다. 그러나 그러한 연상과 상응에 의지하는 것이 곧 표현인 것은 아니다. 그것은 표현이 이루어질 수 있는 수단들 중 하나일 뿐이다.

---

68) Sparshott, *The Theory of the Arts*, 224.

69) Leo Treitler, 'Language and the Interpretation of Music', Jenefer Robinson (ed.), *Music and Meaning* (Ithaca: Cornell University Press, 1997), 37 참고. 나는 여기에서 케네디의 예를 빌려왔다.

70) 이것은 볼하임이 선호하는 단어이다. 그러나 볼하임 자신은 '상응'이 연상과 동화되는 것을 거부할 수도 있다. 왜냐하면 그는 상응이 **투사**(projection)를 위한 인간의 심리적 역량에 답하는 것이라고 보기 때문이다. Wollheim, *Painting as an Art*, 80-7 참조.

표현 이론 수정하기

나는 토메이의 공격에 대항하여 표현 이론을 옹호하고 있긴 하지만, 전통적인 표현 이론 그대로를 지지하려는 것은 아니다. 그 이론에 대한 많은 표준적 반박들은 나에게 결정적인 것으로 보인다. 첫째로, 표현 이론이 예술 일반에 대한 아주 탁월한 정의를 제공하지 않는다는 것에는 논란의 여지가 없다. 오히려 그것은 와이츠(Weitz)가 말하는 것처럼 '명예로운' 정의이며, 그 이론의 옹호자들에 따르면 이것은 **좋은** 예술을 정의하려 의도된 것이다. 그래서 그 자체로 그것은 예술의 다른 국면들보다 한 국면 — 비록 그것이 중요한 국면이기는 하지만 — 에 특권을 부여한다.[71] 클라이브 벨(Clive Bell)이 아마도 후기 인상주의의 명백히 비사실주의적인 예술을 정당화하려는 노력에서 '의미 있는 형식'이 참 예술을 규정하는 표식이라고 주장했던 것처럼 표현 이론가들도 특정 유형의 예술, 즉 낭만주의 예술과 그것의 후계자인 표현주의 예술 같은 것을 홍보하고 있었다. 의미 있는 형식이라는 표준에 의하면 특별히 강력하지는 않지만 인정되고 있는 예술작품들이 있는 것처럼 표현으로 보이지 않는 중요한 작품들도 있다. 이러한 것들로는 알버스(Albers)의 「사각형에 대한 경의(Homage to the Square)」 연작, 애드 라인하르트(Ad Reinhard)의 거대하고 날카로운 추상 작품들, 바자렐리(Vasarely)의 옵아트(op art) 회화들이 머리에 떠오른다. 아니면 역사를 거슬러 올라가 서아프리카의 봉헌상(votive figure), 명나라의 꽃병, 페르시아의 융단, 이집트의 피라미드, 그리고 아스텍과 마야의 신전들은 모두 거의 틀림없이 예술작품이지만 예술가의 개인적 감정의 표현이라고 보기 어렵다.

둘째로, 표현 이론에 대한 주된 불만 중 하나는 그것이 예술가가 **진실해야** 한다고 가정한다는 것으로, 즉 예술가가 잃어버린 목가적 과거에 대한 그리움 혹은 예술과 아름다움의 영원한 세계에 대한 갈망을 표현하고 있다면 그는 그 자신의 그리움이나 그 자신의 갈망을 표현하고 있는 것이어야 한다는 의미에서 진실해야 한다고 가정한다는 것이다. 그러나 많은 사람들이 지적했듯, 키츠의 「나이팅게일에게 부치는 노래」와 같은 작품을 읽을 때 우리

71) Morris Weitz, 'The Role of Theory in Aesthetics', Joseph Margolis (ed.), *Philosophy Looks at the Arts* (New York: Scribner's Sons, 1956).

는 키츠 자신이 영원한 세계를 갈망했는지의 여부에 일차적으로 관심을 가지지 않는다. 우리는 시적 화자가 실제 시인인 키츠와 동일시되어야 하는지 아닌지와 관계없이 시적 **화자**의 표현으로서의 시에 관심을 가지는 것이다. 우리는 표현된 감정이 어떤 **페르소나**의 감정이며, 이것은 키츠 자신의 페르소나들 중 하나일 수도 있고 아닐 수도 있다고 할 수 있을 것이다.[72] 낭만주의 서정시는 종종 일인칭으로 되어 있기 때문에 그 시를 시적 화자, 즉 시 속 단어들의 명백한 발화자의 (아이디어와 태도뿐만 아니라) 감정 표현으로 읽는 것은 자연스럽다. 그러나 우리는 문학 속 표현이라는 아이디어를 이야기와 소설의 내레이터 및 희곡 속 등장인물들에게 일반화시킬 수 있다. 이러한 경우 그 발화자가 작가와 동일하다고 간주해야 할 마땅한 이유는 없다. 어쩌면 극작가는 때때로 희곡 속에서 자신의 감정을 표현하고 있을 수 있다. 그러나 만약 그렇다면 그가 **자신의** 감정 표현을 이루어내는 방식들 중 하나는 **자신의** 감정을 표현하는 것으로 보이는 등장인물들의 발화를 의도적으로 만들어내는 것이다. 이와 유사하게 소설에서 저자는 자신의 감정을 표현하고 있는 것일 수도 있고, 아니면 저자의(authorial) '목소리'를 만들어내어 그 목소리 자신의 감정을 표현하도록 하고 있는 것일 수도 있다. 종종 우리는 소설 속 내레이터와는 구분되는 것으로서 저자의 목소리에 대해 자각하게 된다. 이 목소리는 어쩌면 나보코프(Nabokov)의 『창백한 불(*Pale Fire*)』에서처럼 신뢰할 만하지 않은 내레이터가 있을 때 혹은 『폭풍의 언덕(*Wuthering Heights*)』에서처럼 한 명 이상의 내레이터가 있을 때 더 쉽게 감지될 것이다. 소설에서 표현된 감정은 (표현된 감정이 있다면) 저자의 페르소나(authorial persona)의 전반적인 감정일 수도 있고, 아니면 어떤 내레이터에게 속한 감정일 수도 있다. 물론 자신들의 감정을 표현하는 등장인물들도 있을 수 있다. 연극에서 자신들의 감정을 표현하는 것은 등장인물들뿐이다. 비록 저자가 이러한 감정 표현들을 조종하는 방식이 그것을 통해 작품에서 저자 자신의 감정(혹은 그의 페르소나의 감정)이 표현되는 수단들 중 하나일 수 있지만 말이다.[73]

72) 결국 키츠는 잘 알려진 바대로 시인의 '소극적(negative) 능력'의 중요성을 강조했는데, 이것은 시인이 작품에서 자신의 개인적 감정만을 표현하지 않는다고 키츠가 생각했다는 것을 시사한다.

73) 9장에서 살펴보게 되겠지만, 브루스 버마젠(Bruce Vermazen)은 문학작품 속 '몇 겹의 페르소나들'과 전체 작품이 표현하는 것의 원천이 되는 함축된 저자에 대해 이야기한다.

그러나 표현 이론이 낭만주의 예술작품, 특히 서정시에 기원을 두고 있는[74] 반면 대부분의 소설과 희곡은 **일차적으로** 표현 이론이 기술하는 방식으로 저자의(혹은 그의 페르소나의) 표현으로 해석되도록 의도되지 않았다는 것을 기억하는 것이 중요하다.[75] 지적할 만한 가치가 있는 또 한 가지는 시에서 자신의 감정을 표현하고 있는 것이 저자인지 그의 페르소나인지는 중요하지 않다고 너무 빨리 단언해서는 안 된다는 것이다. 내가 보기에 우리는 종종 키츠 자신이 아마도 예술과 아름다움의 영원한 세계를 갈망했을 것이라는 사실과, 그 시적 목소리를 키츠 자신이나 그의 가장된 모습들 중 하나의(그의 페르소나 중 하나의) 목소리와 동일시하는 것이 완벽하게 적절하다는 사실에 상당히 관심을 가지는 것 같다. 표현 이론이 강조하듯 성공적 표현이기도 한 예술작품은 관객으로 하여금 작품에 표현된 것이 무엇이든 그것을 스스로 재창조할 수 있게 한다. 자신이 위대한 시인의 실제 감정에 참여하고 있다는 것, 즉 자신이 단지 조종당하는 것이 아니라 바로 그 시인의 말을 '엿듣고' 있다는 느낌을 즐기는 것은 터무니없는 것이 아니다. 더욱이 예술가가 종종 자신의 감정을 진실하게 표현하려고 시도한다는 것과 이러한 추구가 작품을 만들어내는 데 중요하다는 것에는 의심의 여지가 없다. 콜링우드가 시사하듯, 예술가가 종종 자신의 감정을 탐구한다는 것이 그가 강력한 작품을 만들어내게 되는 하나의 이유일 수 있다.

이것은 표현 이론에 대한 세 번째 반박으로 우리를 이끈다. 모든 종류의 나쁜 예술가들 그리고/혹은 아마추어 예술가들이 그들의 작품에서 자신들의 감정을 탐구한다는 것, 그렇지만 그들이 만들어내는 것은 좋은 예술이기는커녕 거의 조금도 예술이 아니라는 주장 시 종종 제기된다. 나는 이러한 반박이 거부되어야 한다고 본다. 그러한 주장의 문제는 표현 이론가들이 '자신의 감정을 탐구하는 것'이라는 말로 의미한 것을 그 주장이 진지하게 받아들이지 않고 있다는 것이다. 표현 이론가들에게 표현은 하나의 **성취**이다. 오직 **좋은** 예술작품만이 매체 안에서 어떤 감정을 명확하게 하고 명료화하는 데 성공한다. 나쁜 예술

---

74) 크로체는 예술가가 가지는 직관을 '서정적' 직관이라 부른다. Benedetto Croce, *Guide to Aesthetics*, trans. Patrick Romanell (Indianapolis: Bobbs-Merrill, 1965), 27.

75) 사실주의 소설은 전형적으로 저자의 감정이나 인격의 표현 혹은 그의 페르소나를 강조하지 않으며, 그 소설에 이야기를 전하는 특징적인 '목소리가' 있는 경우에도 그렇다. 그러나 종종 『트리스트럼 섄디(*Tristram Shandy*)』 같은 익살스러운 예외도 있다.

가들은 이런 종류의 명확함과 명료함을 성취하지 못한다. 그러나 이 주장을 정당화하려면 예술작품이 감정을 명료화한다는 것 혹은 명확하게 한다는 것이 무엇을 의미하는지 좀 더 살펴보아야 하며, 나는 다시 이 주제로 돌아올 것이다.

내가 고려할 표현 이론에 대한 마지막 표준적 반박은 완성하는 데 오랜 시간이 걸리는 대규모 작품들의 경우 예술가는 그가 작품에서 표현하고 있는 감정을 계속해서 경험하고 있을 수 없다는 것이다. 이를테면, 만약 어떤 대규모 교향곡이 극도의 괴로움을 표현하고 있다면 작곡가가 그 교향곡을 쓰는 내내 그 감정을 경험하는 것은 가능하지 않다. 무엇보다 강력한 부정적 감정으로 괴로워할 때는 작업하기 어려운 것이다. 이와 유사하게 운명에 대한 자신의 저항을 표현하는 거대한 그림을 그리고 있는 화가는 분명히 그가 그림을 그리는 내내 운명에 저항하고 있을 필요가 없다. 이 반박은 너무 표준적인 것이어서 거기에 대한 표준적인 대답마저 있다. 그것은 그 예술가가 새로운 현재의 감정을 탐구하고 있다기보다는 과거의 감정을 기억하고 있는 것일 수 있다는 것이다.

이 대답은 부분적으로 옳다. 어떤 감정을 표현하기 위해 힘쓰고 있는 예술가는 그가 지금 느끼고 있는 불분명한 감정이나 그가 과거에 느꼈음을 기억하는 불분명한 감정을 명료화하기 위해 노력하고 있는 것일 수 있다. 그러나 그 예술가는 또한 그가 이제껏 느껴보지 않은, 혹은 최소한 그가 자신의 작품에서 표현하는 정확한 그 형태로 느껴보지 않은 감정을 표현하는 데 성공함으로써 우리와 자기 자신을 놀라게 할 수도 있다. 그리고 그렇게 하면서 그는 자신과 우리 모두가 그 새로운 감정을 느끼도록 야기할 수 있다. 더욱이 우리가 뒤에서 살펴보겠지만, 예술과 언어를 통한 감정 표현은 단지 현재 일어나고 있는 어떤 감정의 즉흥적 분출이 아니다. 오히려 그것은 내가 앞서 감정적 경험에 대한 '인지적 모니터링'이라고 부른 것의 결과를 표상한다. 서정시는 즉흥적인 분출로 보일 수 있지만, 그것은 당연히 감정 경험에 **대한 반성**을 표상하는 방식으로 주의 깊게 만들어진 것이다. 그것은 표정의 즉흥적 변화와 정확히 동일한 방식으로 감정을 표현하는 것이 아니다. 그것은 콜링우드의 견해에 따르면 감정의 '유출'일 것이다.

요약하자면 예술에 대한 일반 이론으로서 표현 이론에는 많은 심각한 결함들이 있다. 나는 그 이론을 하나의 **예술** 이론으로 옹호하고 싶지는 않다. 내가 하고자 하는 것은 표현 이론이 (약간의 중요한 제한을 가하면) **표현**에 대한 그럴듯한 이론을 위한 틀을 제공한다고 주장하는 것이다. 내가 보기에 표현 이론에는 그 이론의 어떤 버전이든 유지하려 노력해야 할 많은 참들이 있다. (1) 표현 이론가들은 예술적 표현에서 표현된 감정은 표현과 함께 생성된다는 것을 강조한다. 왜냐하면 표현된 감정은 '개별적'인 것이기 때문이다. 그 감정과 아주 유사한 어떤 감정이 식별된 적은 결코 없다. 왜냐하면 감정의 식별은 그것을 표현하는 데 사용된 정확한 단어(음, 선, 색 등)에 달려 있기 때문이다. (2) 표현 이론의 동인 중 하나는 진정한 예술작품과 단순한 테크네나 기술로 만들어진 작품을 구분하는 것이다. 감정의 표현은 동시에 상상적 '비전(vision)'의 제작이며, 예술가를 우리 나머지 사람들과 구분하는 것은 어떤 비전을 명료화하는 예술가의 능력이다. (3) 감정 표현은 그 감정을 해명하거나 명료화하는 과정, 그래서 그 감정에 대해 명확해지는 과정이다. (4) 작품에 표현된 감정을 이해하려면 관객은 그 감정을 '재창조하고' 예술가처럼 그 감정에 대해 명확해지게 되는 상상적 과정에 참여해야 한다. (5) 이로부터 자기 자신을 표현하고 있는 예술가와 스스로 그 표현을 재창조해내고 있는 관객은 특별한 종류의 지식을 획득하고 있는 것이라는 것이 도출된다. 즉, 표현은 인지적 과정인 것이다.

예술적 표현에 대한 최근의 이론들은 표현 이론의 정신에 어느 정도 충실하면서 예술작품을 사람들이 일상적 삶에서 감정을 표현하는 것과 유사한 의미에서 감정을 표현하는 것으로 보는 이론들과, 예술작품이 어떤 감정을 표현한다고 말하는 것은 단지 그 작품에 특정 종류의 외양이나 창발하는 미적 속성을 귀속시키는 것이라고 보는 이론으로 나뉜다. 다음 장에서 나는 전통적인 표현 이론의 정신을 따르면서 위에서 식별해낸 통찰들을 유지하려 하는 예술적 표현이 무엇인지에 대한 하나의 이론을 개괄하고 옹호할 것이다. 감정을 명료화하고 해명하는 것이 무엇인지를 설명하기 위해 나는 이 책의 1부에서 전개한 감정 이론을 사용할 것이다.

09
새로운 낭만주의 표현 이론

외부의 형식으로부터 얻기를
열정과 생명을, 그 샘이 내부에 있는 것들을

콜리지(S. T. Coleridge), 「절망의 노래(Dejection: An Ode)」

복구된 표현 이론

버마젠의 표현 이론

일상생활에서 감정의 표현은 우리가 어떤 행위로부터 감정을 추론할 수 있을 뿐만 아니라 그 행위에서 감정을 지각할 수 있는 방식으로 감정을 나타내거나 드러내는 행위이다. 나는 예술적 표현이 바로 그것과 동일하다고 믿는다. 즉, 예술적 표현은 우리가 그 표현으로부터 누군가 그 감정을 가지고 있음을 추론할 수 있고, 또 우리가 그 표현에서 감정을 지각할 수 있는 방식으로 감정을 드러낸다. 표현 이론가들과 오늘날 그들의 후계자들이 예술적 표현을 **표현**(이를테면 감정의 환기나 표현적 특질의 소유라기보다는 표현)으로 규정하는 것은 예술적 표현이 일상적 표현과 동일한 기본 구조를 가지고 있기 때문이다. 그러나 우리가 살펴보았듯 예술적 표현은 또한 다양한 측면에서 일상적 표현과 다르다. 특히 예술적 표현에서 표현되는 것은 실제 저자보다는 함축된 저자나 페르소나의 감정 상태 및 여타 다른 상태들이다.

1986년의 한 논문에서 브루스 버마젠(Bruce Vermazen)은 '표현으로서의 표현'이라는 이론을 전개하면서, 예술에서의 표현을 예술작품이 '표현적 속성'을 소유하는 문제로 설명하기보다는 일상적 행위에서의 표현과 동일한 일반적 종류의 현상으로 설명한다. 버마젠은 '표현의 기본 개념'을 '증거를 제공하는 것'으로 규정한다는 점에서 토메이(Tormey)를 따르고 있다.[1] 앞에서 살펴보았듯 표정은 적절히 이해되었을 때 특정 감정이 거기 있다는 것을 알려주는 아주 좋은 증거이다. 예를 들어 뒤센(Duchenne) 미소는 행복을 나타내는 좋은 증거라고 알려져 있으며, 이와 유사하게 나의 흐느낌과 신음이 내 비참함을 표현한다면 그것은 내 비참함의 증거이다. 만약 내가 화려한 방식으로 옷을 입는 것이 나의 자신감 있고 외향적인 성격을 표현한다면 그것은 나의 자신감 있고 외향적인 성격에 대한 증거를 제공한다. 그 외의 것들도 마찬가지이다.[2]

버마젠은 예술적 표현에서 표현되는 것이 실제 예술가보다는 **페르소나**의 감정(이나 태도 혹은 아이디어)이라고 본다. (비록 그 페르소나가 예술가 자신의 페르소나일 수도 있지만 말이다.) 자신의 이론을 '간략하게 요약'하면서 그는 '어떤 대상은 그것이 상상된 발화자가 어떤 심적 속성을 가지고 있다는 증거인 경우에 그리고 오직 그러한 경우에만 그 심적 속성을 표현한다'고 말한다.[3] '표현적이라고 추정되는 대상을 마주했을' 때 해석자는 '그 대상이 누군가에 의해 발화되었다고 상상하고 …… 어떠한 심적 작용(mental economy)이 그러한 발화의 배후에 있는지, 그리고 발화자의 어떤 속성이 이와 같은 대상의 발화를 적절한 것으로 만드는 것인지 스스로에게 묻는다'는 것이다.[4]

---

1) Bruce Vermazen, 'Expression as Expression', *Pacific Philosophical Quarterly* 67 (1986), 197. 토메이는 표현을 내적 상태로 제한하고자 하지만, 이렇게 제한할 필요는 없다. 8장 각주 37 참조.

2) 예술적 표현에 대한 버마젠의 설명은 내가 Jenefer Robinson, 'Style and Personality in the Literary Work', *Philosophical Review* 94 (1985)에서 사용한 표현 개념과 다르지 않다. 우리가 보게 되겠지만, 그것은 또한 내가 ead., 'Art as Expression', Hugh Mercer Curtler (ed.), *What Is Art?* (New York: Haven, 1983)에서 전개한 이론과 몇몇 측면에서 유사하다. 이즈메이 바웰(Ismay Barwell)은 'How Does Art Express Emotions?', *Journal of Aesthetics and Art Criticism* 45 (1986)에서 이와 유사한 아이디어를 옹호한다.

3) Vermazen, 'Expression as Expression', 207.

4) Ibid. 208-9. 이러한 속성들 중 일부는 해석 행위에 전제되어 있다. 페르소나를 상상하면서 우리는 자연스럽게 보통 그 실제 저자나 시대 혹은 그 대상이 만들어진 장소에 대한 지식에 기초하여 그에 대해(그녀에 대해?) 가정한다. 우리는 그 페르소나가 기본적으로 합리적이라고 가정한다. 그리고 우리는 또한 통상적으로 그 대상의 실제 저자에 대해 우리가 알고 있는 것들에 기초하여 좀 더 구체적인 가정을 한다. 이를테면 '그가 인간인지, 유럽인인지, 13세기 사람인지, 마쇼(Machaut)의 작품들에 대해 알고 있었는지, 기분(mode)과 기질(humor) 사이의 상응에 관한 특정 관습을 이용하고 있는지 등'에 대해 가정하는 것이다. Ibid. 209. 그러나 그 대상은 해석 행위에 전제된 심

다시 말해 버마젠의 기본적인 표현 개념은 어떤 **대상**이나 **발화**가 그것을 만들어낸 것으로 보이는 심적 작용에 대한 증거를 제시함으로써 무언가를 표현한다는 것이다. 그러나 그는 지향적(intentional) 상태를 상상적 인물에게 귀속시키기를 피한다. 페르소나의 추정적 행동이나 정념에 대한 어떤 이야기도 '이러저러한 화자가 그러한 행동을 하고 그러한 정념을 겪는다는 것을 상상하는 것에 대한 이야기로 옮겨질 수 있다'. 그 페르소나는 부분적으로 해석자에 의해 구축되고, 작품에 대한 서로 다른 해석자들이 있듯 그 작품에 상정되는 많은 페르소나들이 있을 수 있다. '페르소나는 해석자가 보기에 작품이 표현하는 심적 속성이 무엇이든 그 속성을 정리하기 위해 만들어진다.'[5]

버마젠은 대상이나 작품에 의한 표현과 사람에 의한 표현을 대조시킨다. **사람**은 만약 '그가 증거를[즉, 대상이나 발화를] 다른 사람이 취할 수 있는 곳에 의도적으로 **두고** 그것이 이런 종류의 증거로 취해지기를 의도한다면' 무언가를 표현할 수 있지만,[6] 상상적 페르소나는 어디에도 증거를 **둘** 수 없다. 그러므로 예술적 표현은 예술가에 의한 표현이 아닌 예술작품에 의한 표현의 측면에서 정의된다.

버마젠의 견해에 따르면, 만약 예술작품이 어떤 심적 속성(감정 같은 것)을 표현한다면 그것은 작품의 '상상된 발화자'가 그 속성 혹은 그 감정을 가지고 있다는 증거이다. 그의 논의에서 '상상된 발화자'나 '페르소나'는 보통 내가 작품의 '함축된 저자'라고 부르는 것으로, 6장에서 설명한 것처럼 그것은 어떤 특정한 실제 저자에 의해 창조된 것으로 이해되는 작품과 소통하는 해석자에 의해 구축된다. 이와 동시에 버마젠은 나처럼 '몇 겹의 페르소나'[7]를 인정한다. (그가 사용한 예를 보면) 브라우닝(Browning)의 「나의 전처 공작부인(My Last Duchess)」에서 공작이라는 인물은 자신의 죽은 아내에 대한 생각과 감정을 (버마젠이 사용하는 의미에서)

적 속성들을 표현하지 않는다. 자신의 이론에 대한 버마젠의 좀 더 신중한 버전은 다음과 같다. '하나의 대상이 어떤 심적 속성을 표현하는 것은 (특정 제약들을 조건으로 하여) 그 속성을 그 대상의 어떤 발화자에게 귀속시킴으로써 그 대상이 그것이 가진 특징을 가지는 것이 설명될 경우, 그리고 오직 그 경우에 한해서이며, 그 속성은 해석을 위한 시도에서 전제되는 속성들 중 하나가 아니다.' Ibid.

5) Ibid. 200.

6) Ibid. 197.

7) Ibid. 216. 버마젠은 서로 다른 작품에서 표현의 중심지점(locus)이 서로 다를 것이라고 올바르게 가정하면서 '페르소나'라는 용어를 등장인물과 내레이터 및 함축된 저자를 무차별적으로 지칭하는 데 사용한다.

표현하지만, 그 시 전체는 시에서 극화된 인물과 상황에 대한 함축된 저자인 '브라우닝'의 생각과 감정을 표현한다. 버마젠은 최소한 문학에서 이와 같은 경우에는 몇 겹의 페르소나가 있음을 인정한다.

버마젠의 이론에는 몇 가지 중요한 이점이 있다. 첫째, 그가 지적하듯 '그 이론은 생각의 표현과 감정의 표현을 동일한 현상의 두 가지 종류로 만든다'.[8] 우리는 그것이 또한 태도, 욕구, 믿음, 관점의 표현을 동일한 방식으로 다룬다는 것을 덧붙일 수도 있을 것이다. 버마젠은 '심적 속성'이라는 용어를 사용하여 자신의 정의를 표현하지만 그가 의도하는 것은 이 문구가 생각과 감정의 속성뿐만 아니라 무언가를 믿고 바라는 것의 속성도 포함하는 것이다. 비록 그가 이 가능성을 강조하지는 않았지만, 그는 우리가 키츠의 「나이팅게일에게 부치는 노래(Ode to a Nightingale)」에서 발견하는 '아픔과 여타 다른 문제들로 가득 차 있는 실제 세계 너머에 있는 예술과 아름다움의 영원한 세계에 대한 갈망' 같은 복잡한 마음 상태의 표현을 위한 여지를 남겨두고 있다.

둘째, 버마젠은 표현에 대한 **단일한**(univocal) 설명, 즉 다양한 예술에 걸쳐 적용되고 한 예술에서의 표현을 다른 예술에서의 표현과 종류상 다른 것으로 취급하지 않는 설명을 제공한다.[9] 버마젠이 작품이 **어떻게** 페르소나의 심적 속성에 대한 증거로 기능하는지에 대해 거의 이야기하지 않는다는 것은 참이다. 그러나 그는 어떻게 시, 회화, 춤 그리고 음악이 다양한 정도의 구체성으로 감정뿐만 아니라 생각도 표현하는지 간략히 언급한다. 그가 주석에서 지적하듯 '서로 다른 매체의 예술은 서로 다른 방식으로 자신이 표현하는 것을 표현하지만, '표현한다'는 것은 그 모든 예술들에 단일하게 적용된다.'[10]

셋째, 페르소나의 심리 상태 표현으로서의 예술적 표현에 대한 그의 강조는 작품에 표현된 것을 그 작품의 저자에게 직접 귀속시키는 문제를 피해간다. 함축된 저자는 부분적으로 해석자에 의해 구축되기 때문에 서로 소통하는 저자와 해석자는 그 작품이 표현하는 것이 무엇인지 함께 결정한다. 나는 이제껏 해석에서 저자와 관객의 상호작용을 강조해왔기

---

8) Ibid. 197.

9) 로버트 스테커(Robert Stecker)는 'Expression of Emotion in (Some of) the Arts', *Journal of Aesthetics and Art Criticism* 42 (1984)에서 이와 같이 제안한다.

10) Vermazen, 'Expression as Expression', 222.

때문에 이것은 내가 환영하는 결론이다.

마지막으로 가장 중요한 것은 버마젠의 이론은 예술에서의 표현이 매일의 삶에서의 표현과 근본적으로 동일한 종류의 현상이라는 아이디어를 담아낸다는 것이다. 예술적 맥락과 비예술적 맥락 모두에서 표현은 어떤 종류의 심리 상태에 대한 증거를 제공한다는 측면에서 이해된다. 그 이론은 '표현한다'는 단어가 왜 단지 '잘못된 이론의 유물'이 아니라 지금 논의되고 있는 그 현상에 대해 '사용하기에 올바른 단어'인지 설명해준다.[11] 내가 보기에 그의 이론은 올바른 종류의 이론인 것 같다. 그것은 (단지 표현적 속성이라 불리는 것들의 귀속 근거에 초점을 맞추기보다는) 실제로 표현이 **무엇인지** 설명하려 하며, 낭만주의 표현 개념으로부터의 중요한 통찰을 담아내는 방식으로 그렇게 한다.

그러나 이와 동시에 버마젠의 이론은 예술에서의 감정 표현이라는 낭만주의적 개념의 몇 가지 핵심적 국면들을 간과하고 있다. (1) 감정 표현은 더 이상 무언가 예술가가 의도적으로 하려고 하는 것이 아니다. (2) 버마젠은 어떤 심리적 상태가 표현되든지 표현 자체의 성격이 그 심리 상태를 분명히 드러내야 한다고 명시하지 않는다. 버마젠이 보기에 감정 표현은 표현된 감정의 명료화와 해명(elucidation)을 포함할 수는 있지만, 그것을 포함해야 하는 것은 아니다. (3) 버마젠이 의미하는 표현은 관객에 의해 지각되거나 경험될 필요가 없다. 키츠의 「나이팅게일에게 부치는 노래」는 그 시가 그것의 극적 화자가 가지는 갈망의 징후라는 것을 내가 그 시로부터 (연역) 추론해낼 수 있는 한 갈망을 표현한다. 나는 그 시 자체에 있는 어떠한 갈망도 실제로 감지하거나 경험할 필요가 없다.

1. 낭만주의자들이 보기에 표현은 예술의 주된 기능이며, 그것은 예술가가 무언가 고의적으로 성취하려 하는 것이다. 감정 표현은 예술가에 의한 성취이며, 무언가 우연으로 일어나는 것이 아니다. 그러나 버마젠의 이론에 따르면 예술작품이 어떤 감정을 표현하는 것은 '그것[감정]을 그 [작품의] 발화자에게 귀속시키는 것이 그 작품에 있는 속성들을 [그 작품이] 가지는 것을 설명할' 경우이다.[12] 그로부터 예술작품은 그 저자가 자각하고 있지 않은

---

11) Ibid. 197.

12) Ibid. 209.

감정을 표현할 수 있다는 것이 따라 나온다. 설령 작품의 저자가 무언가를 표현하려는 의도를 가지고 있지 않다 하더라도 그 작품은 감정을 표현할 수 있다. 이러한 측면에서 버마젠이 분석하고 있는 것은 콜링우드가 감정의 '유출'이라고 부를 것에 더 가까운 것이다. 어떤 작품이 버마젠이 의미하는 방식으로 감정을 표현한다고 말할 때, 우리는 그 작품의 진짜 저자가 무엇이라도 표현하고 있다는 것 혹은 그 작품이 어떤 함축된 '발화자'에 의한 고의적 표현행위라는 것조차 함축하고 있지 않다.

버마젠이 의미하는 '표현'과 관련하여 우리가 말할 수 있는 것은 고대 이집트인들이 그들의 작품에서 파라오의 신 같은 본성에 대한 자신들의 이해를 표현했다는 것, 페이디아스(Pheidias)의 조각이 완벽에 대한 그의 사랑을 표현했다는 것 혹은 비잔틴의 성화(icon) 제작자들이 성모 마리아에 대해 자신들의 경외에 찬 찬미를 표현했다는 것이다. 그러나 이것이 의미하는 것은 그 작품들이 그것들의 '상상된 발화자들'의 이와 같은 '심적 속성들'의 증거라는 것뿐이다. 엄밀히 말하자면 페이디아스 자신은 어떤 것도 표현하고 있지 않다. 표현을 하고 있는 것은 그의 작품일 뿐이다. 어쨌든 고대 이집트인들, 고대 그리스인들, 그리고 비잔틴 예술가들은 낭만주의적 의미에서 '표현 개념'을 가지고 있지 않았으니 말이다. 낭만주의 예술가들은 그들의 작업에 대해 아마도 고대 이집트와 고대 그리스 그리고 비잔틴의 장인들에게 동기를 부여했을 것과는 다른 이해를 가지고 있었다.[13)]

버마젠의 의미에서 예술작품은 또한 그 작품이 유래된 시대, 장소 혹은 문화인 것으로 보이는 태도들과 관점들 등을 '표현'할 수 있다. 우리는 그 작품이 보이거나 들리는 방식으로부터 그것이 이러한 태도들의 산물임을 추론해낼 수 있다. 건축물은 통상적으로는 건축가의 개인적 감정의 표현으로 생각되지 않지만, 건축물조차 버마젠의 의미에서 그 건축물을 만들어낸 문화에서 통용되는 관점들과 가치들을 표현할 수 있다. '표현'이라는 단어를 버마젠이 사용하는 방식은 완벽하게 타당하며, 심지어 유용하고 계몽적이기도 하다. 그러나 그것은 낭만주의 이론가들이 그 용어를 사용했던 방식이 아니며, 그 이론가들의 의미에서 '표현'되기 위해 만들어진 예술작품들의 특별한 점들을 잘 포착해내지 못한다.

---

13) 우리는 어쩌면 알버스(Albers)의 「사각형에 대한 경의(Homage to the Square)」가 분명히 낭만주의적 표현을 하고 있는 작품은 아니지만, 그럼에도 불구하고 그것이 버마젠이 의미하는 낭만주의적 표현에 대한 거부를 표현한다고 말할 수도 있다.

2. 자신의 작품에서 감정을 표현하려 시도한 낭만주의 예술가가 무의식적으로 그렇게 할 수 없는 것은 그 예술가가 자기 자신의 감정을 표현하려 하고 있든 아니면 어떤 페르소나의 감정 혹은 작품 속 등장인물이나 내레이터의 감정을 표현하려 하고 있든 그는 언제나 그 감정들을 명료화하거나 해명하려고 하고 있는 것이며, 명료화와 해명은 (즉흥적 표현이나 유출과 달리) 의도적 활동들이기 때문이다. 그래서 「나이팅게일에게 부치는 노래」에서 키츠는 나이팅게일에 대한 시적 화자의 느낌을 의도적으로 표현하고 있으며, 이것이 의미하는 바는 그가 그 느낌을 탐구하고 있으며 그것을 명료화하고자 하고 있다는 것이다. 그 낭만주의 예술가는 자신이 어떤 '발화자'의 감정에 대한 증거를 제공하고, 또한 그 감정을 **분명히 드러내려고** 의도하는 무언가를 의도적으로 만들고 있다. 표현 이론과 낭만주의 예술가들에게 있어 표현은 감정을 탐구하고 그것을 의식에 가져오는 의도적 활동이다. 예술적 표현은 단지 어떤 사람이나 페르소나가 특정한 감정 상태에 있음을 보여주는 증거가 아니다. 진정한 표현은 우리에게 그 감정 상태에 있다는 것이 어떤 것인지에 대한 무언가를 가르쳐준다.

그러나 우리는 신중해야 한다. 키츠가 그 노래를 썼을 때 그는 아마도 미와 예술에 대한 그의(혹은 그의 페르소나의) 감정과 태도를 표현하려 의도했을 것이다. 그러한 감정의 표현은 십중팔구 그 시를 쓰는 키츠의 목표 중 하나였을 것이다. 낭만주의 시인으로서 그는 표현 개념을 가지고 있었는데, 그의 시대에 표현은 예술가들이 자신들이 하고 있다고 간주하는 것들 중 하나였다. 그러나 표현 이론에 따르면 그는 자신이 결국 표현하게 된 그 정확한 감정을 표현하려고 의도했을 수 없다. 왜냐하면 그 감정은 그 시가 완성될 때까지는 존재하지 않았고, 그것이 표현되기 전까지는 그 모든 특수성의 측면에서 예견될 수 없었을 것이기 때문이다. 키츠는 아마도 나이팅게일에 대한 시를 쓰려고 의도했을 것이다. 그는 이미 드러났듯 미와 예술에 대한 그의(혹은 그의 페르소나의) 태도를 표현한 나이팅게일에 대한 시를 쓰려고 의도했을 수 있다. 그가 나이팅게일에 대한 시를 씀으로써 미와 예술을 향한 자신의 감정과 태도(혹은 그의 페르소나의 감정과 태도)를 표현하려고 의도했을 가능성도 상당히 있다. 그러나 내가 보기에 중대한 요건(requirement)은 키츠가 자신의 시에서 **이런 혹은 저런** 감정을 **표현하려고**(즉, 탐구하고 해명하려고) **의도했다는** 것이다. (비록 그것을 표현하는 데 성공하기 전까지는 그 감정이 정확히 무엇인지 알지 못했지만 말이다.)

표현을 이해하는 이러한 방식에는 역설로 보이는 것이 있다. 한편으로 나는 낭만주의자들에게 있어 예술작품에서 표현된 감정이 저자 자신 안에서 솟구쳐 올랐다는 것이 중요하다고 강조했다. 표현은 예술가의 감정 표현이다. 그러나 다른 한편으로, 감정 표현을 하고 있는 것이 함축된 저자이거나 페르소나일 경우 서로 다른 독자들은 서로 다른 감정을 함축된 저자에게 귀속시킬 것이다. 우리가 6장에서 살펴보았듯이 독자는 작품과 상호작용하면서 함축된 저자를 구축한다. 만약 어떤 시가 내가 추정하려 하고 있는 의미에서 **표현**이라면, 그 시를 해석하면서 독자가 하는 일의 일부는 그 시를 함축된 저자의 감정 표현으로 경험하는 것이다. 그녀는 그 시를 어떤 감정을 분명히 드러내는 것으로, 그리고 함축된 저자에게 그 감정이 있다는 추론을 보장하는 것으로 지각한다. 이것은 함축된 저자가 어떤 사람인지에 대한 이해를 독자가 쌓아올리는 방식의 중요한 일부이다. 우리가 살펴보았듯이 독자가 이 작업에 가져오는 특정한 배경 또한 함축된 저자에 대한, 그리고 '그'가 작품에서 표현하는 감정 상태가 무엇인지에 대한 그녀의 이해에 영향을 줄 것이다.

이제 표현은 마치 무언가 저자에 의해 성취되는 것이 아니라 무언가 독자에 의해 감지되는 것인 것처럼 들리기 시작한다.[14] 그러나 내가 이 책 전체에 걸쳐 강조했듯이 예술작품을 경험하고 해석하는 것은 양방향으로 진행되는 과정이다. 독자가 얼마나 많은 일을 해야 하든 관계없이 실제 저자는 그 독자가 작품을 경험하는 방식과 관련하여 중요한 발언권을 가진다. 특히 만약 낭만주의 이론가들이 옳다면 실제 저자는 작품에 표현된 감정을 명료화하고 분명하게 하는 사람이다. 물론 나는 여기에서 **명료화되고 분명하게** 된 감정이 예술가 자신의 감정이어야 한다는 것을 부정하고 있다. 그러나 워즈워스(Wordsworth)가 시는 '고요함 속에서 회상되는' 감정을 표현한다고 말하거나, 키츠가 예술가는 '부정적(negative) 능력'을 필요로 한다고 이야기할 때, 그들은 시적 표현이 예술가 자신의 감정의 즉흥적 유출이 아니라 그 예술가들에 의해 개인적으로 경험된 적이 있었을 수도 있고 아닐 수도 있는 감정에 대한 반성을 포함한다는 것을 강조하고 있는 것이다. 나의 용어를 사용

14) 실제로 자신의 글 「음악적 표현성(Musical Expressiveness)」에서 제럴드 레빈슨(Jerrold Levinson)은 음악의 표현성을 '적절하게 배경지식을 갖춘 청자'가 그것을 음악적 페르소나에 의한 표현으로 들을 수 있는 가능성의 측면에서 (대략적으로) 정의한다. Levinson, *The Pleasures of Aesthetics: Philosophical Essays* (Ithaca: Cornell University Press, 1996), 90-125. 그의 정의는 107쪽에 있다.

해서 말하자면, 표현 이론에 의해 기술된 대로의 예술적 표현은 감정을 의식에 가져오는 **인지적 모니터링**의 과정이다.

3. 제럴드 레빈슨(Jerrold Levinson)은 버마젠의 이론이 '너무 지적'인 것이라고 불평한다. 표현성은 '그 명칭에 합당한 것이 되기 위해 단지 추론 가능한 것이 아니라 지각 가능한 것이어야 한다'는 것이다.[15] 만약 당신이 자신의 행복을 표현하는 뒤센 미소를 짓는다면 나는 당신의 미소**에서** 당신의 행복을 볼 수 있다. 나는 단지 당신의 행위로부터 당신의 마음 상태를 추론해내는 것이 아니다. 이와 유사하게 논증은 다음과 같이 진행된다. 나는 표현을 회화에서 **볼** 수 있거나 음악작품에서 들을 수 있어야 한다. 나는 내가 마주하고 있는 것이 어떤 마음 상태의 징후임을 단지 (**연역**) **추론**해내지 않는다. 어떤 사람들은 표현이 단지 어떤 마음 상태의 현전(presence)을 나타내는 **신호**가 아니라고 말함으로써 이 점을 분명히 한다.[16] 만약 프레드 삼촌이 기분 좋을 때 항상 콧수염을 당긴다든지, 메이지 이모가 화났을 때 항상 눈을 많이 깜빡거린다면 이런 행동들은 아마 표현이 아니라 단지 감정의 신호거나 징후일 것이다. 왜냐하면 추정해보건대 우리는 그러한 행동**에서** 어떤 감정을 지각하거나, 눈 깜빡임을 화난 것으로 경험하거나, 콧수염 당기기를 좋은 기분 상태라는 것으로 경험할 수 없기 때문이다.

나는 신호와 표현이 때때로 생각되는 것만큼 그렇게 예리하게 구분되지 않을 수도 있다고 본다. 사람들의 표현이 완전히 투명해서 내가 당신의 얼굴이나 자세만 보고 당신이 무엇을 느끼고 있는지 정확하게 알게 되는 것은 아니기 때문이다. 사람들의 일상적 표현은 종종 읽어내기 어렵고, 그래서 그 표현이 **무엇의** 표현인지 알아내는 것은 전혀 간단하지 않다.[17] 알프레드 히치콕(Alfred Hitchcock)은 「서스피션(Suspicion)」 같은 영화에서 긴장감을 만들어내기 위해 애매한 표현들을 훌륭하게 이용한다. 그 영화에서 젊은 부인은 남편의 애매한

15) Ibid. 102. 레빈슨은 표현성—혹은 표현—일반에 대해서라기보다 특히 '음악적 표현성'에 대해 쓰고 있다.

16) Guy Sircello, *Mind & Art: An Essay on the Varieties of Expression* (Princeton, NJ: Princeton University Press, 1972), 특히 6장 참조. 이 책은 콜링우드의 정신에 입각하여 표현 이론을 고안해내려는 대단히 흥미로운 시도로 남아 있다.

17) 물론 폴 에크먼(Paul Ekman)이 『얼굴의 심리학(*Emotion Revealed*)』(New York: Henry Holt, 2003)에서 권장하듯 우리가 표정에 대해 좀 더 주의 깊게 연구한다면 도움이 될 수도 있을 것이다.

표현들을 불길한 의도를 표현하는 것으로 읽어내지만(그리고 관객도 그렇게 읽어내도록 부추겨진다), 결국 그의 표현들에 매우 다른 의미가 있다는 것이 드러난다. 이와 유사한 것이 다른 예술 작품들과 관련해서도 적용된다. 어떤 작품이 표현하고 있는 것이 무엇인지는 종종 전혀 명백하지 않으며, 우리는 그 작품의 성격으로부터 그 작품이 어떤 감정의 표현인지 혹은 어떤 다른 마음 상태의 표현인지 추론해내야 한다. 그리고 다른 한편으로 우리는 프레드 삼촌의 콧수염 잡아당기기 같이 특이하거나 관습적인 감정의 신호들을 읽어내는 법을 배워서 좀 더 '자연적인' 표현들에 반응하는 것처럼 그것들에 반응하게 될 수 있다.

그러나 아마도 레빈슨이 의미하는 것은 버마젠이 예술작품이 무엇을 표현하는가에 대한 관객의 지식을 누군가의 감정 표현을 직접적으로 마주하는 것이라기보다는 어떤 관습적 연결에 대한 이해처럼 들리게 한다는 것일 것이다. 그리고 분명히 우리는 **그 표현 안에** 표현된 감정을 정말로 보거나 들어야 한다. 설령 그 와중에 어떤 추론을 해야 한다고 해도 말이다. 그러나 레빈슨이 '표현'보다는 '표현성'의 측면에서 자신의 불평을 이야기하고 있음에 주목하라. 여기에서 함축되는 것은 설령 우리가 어떤 표현으로부터 그것이 무엇에 대한 표현인지 추론해내야 한다고 하더라도 그 '표현성'은 볼 수 있는 것이거나 들을 수 있는 것이어야 한다는 것이다. 따라서 설령 프레드 삼촌이 콧수염을 잡아당기는 것이 그의 좋은 기분을 알려주는 믿을 만한 지표라 하더라도 그것은 **표현적인** 행위의 하나가 아니다. 내가 보기에 이는 그것이 우리로 하여금 좋은 기분 상태에 있다는 것이 어떤 것인지 느끼게 하지 않기 때문이다. 내가 곧 주장할 것처럼 만약 예술에서 감정을 표현하는 것이 그 감정을 명료화하고 개별화하는 것을 포함한다면 분명히 우리는 그 표현 안에 표현된 것을 지각해야 한다. 그러나 그것 이상으로 표현은 표현된 감정 상태에 있다는 것이 어떤 것인지에 대한 무언가를 전달해야 한다.

'표현으로서의 예술'

예전에 쓴 글인 「표현으로서의 예술(Art as Expression)」에서[18] 나는 예술적 표현이 다음의 두 조건을 만족시킨다는 점에서 일상적 맥락에서의 표현과 같다고 주장했다. 만약 예술작품이 어떤 감정을 표현한다면 (1) 그 작품은 그 감정을 전시하거나 내가 여기에서 말한 것처럼 그 감정을 분명히 드러내며, (2) 그 표현된 감정이 예술작품으로 하여금 그 작품에 있는 감정적 특질을 가지도록 한다. 비록 내가 이 점을 강조하지는 않았지만, 이로부터 우리가 어떤 표현으로부터 그것을 야기한 예술가의 감정을 추론해낼 수 있다는 것이 따라 나온다. 표현의 '핵심적' 사례들은 그 안에서 예술가가 자기 자신의 감정을 진실하게 표현한 것들이라고 언급되는데, 나는 이것이 예술가 자신의 감정이 그 표현을 **야기한다**는 것과 이 감정이 작품 안에 **전시된다**는 것을 함축한다고 본다. 이것은 표현의 두 가지 매우 중요한 국면을 결합시키려는 나의 시도였다. 즉, 표현은 어떤 사람의 감정으로부터 나오고, 그 감정을 다른 사람들에게 전달한다.

그리고 나는 우는 것과 웃는 것 같은 일상적 행위에서의 감정 표현은 그것이 표현하는 감정에 의해 직접적으로 야기되는 데 반해, 일상적 삶에서의 표현 사례들과 달리 예술에서의 감정 표현과 감정 사이의 인과적 연결은 간접적인 연결이라고 주장했다. 그 감정이 예술가로 하여금 — 의식적으로든 무의식적으로든 — 특정 형태, 소리, 이미지 등을 선택하여 그 감정에 대해 표현적이게 될 완성된 작품을 만들어내게 한다는 것이다. 그 예술가는 그 감정에 '상응하는' 형태와 소리 등을 선택함으로써 그렇게 한다.

리처드 볼하임(Richard Wollheim)이 강조했듯 자연 세계는 감정적 특질들로 가득 찬 것으로 나타난다. 우리는 자연 세계를 의인화하여 비틀리고 꼬인 나무를 고뇌에 찬 것으로, 잔물결을 일으키며 흐르는 시냇물을 쾌활한 것으로, 어두운 숲의 광경을 우울한 것으로 지각하는 자연적 경향이 있다. 볼하임은 이러한 자연적 현상이 다양한 인간 감정에 '상응한다'고 말한다. 내 아이디어는 예술적 표현에서 '예술가가 하는 것은 자연적 세계에서 비인간적(non-human) 현상이 하는 것과 거의 동일한 방식으로 인간 감정의 표현으로 기능하는 현상을 만들어내는 것'이라는 것이다.[19] 이러한 표현적 요소들 — 소리, 색, 언어적(verbal) 이미지 등 — 은 해당 감정에 상응한다. 내가 예술적 표현의 '핵심적 사례들'이라

18) Robinson, 'Art as Expression'.

19) Ibid. 110.

고 주장한 것들에서 '예술가로 하여금 그가 선택하는 표현적 요소들을 선택하도록 야기하는' 것은 그 예술가 자신의 감정이다. 자신의 예술적 산물에서 자신의 감정을 표현하려고 시도하는 예술가는 자연의 어떤 대상이나 조건이 그 감정을 '구현할' 수 있을 방식과 유사한 방식으로 감정을 구현하는 것으로 보이는 소리, 단어, 이미지를 의도적으로 찾아낸다.[20] '이차적' 사례들에서 표현된 감정은 예술가 자신의 감정이 아니라 단지 예술가 자신에게 속한 것으로 보이기만 하는 감정이다. 그러한 사례들에서 예술가는 특정 태도나 감정에서 나오는 것처럼 그림을 그리고, 여전히 감정에 상응하는 것들을 적절하게 선택함으로써 그 감정을 '생생하게' 만든다. 그러므로 표현은 언제나 어떤 매체 안에서 감정에 '상응하는 것들'을 선택하는 의도적 활동이다.[21]

나는 또한 이 과정이 사실상 감정을 '명료화'하고 '개별화'하는 과정이라고 주장했는데, 그래서 '예술적 표현'에 대한 나의 해석은 콜링우드가 발전시킨 것과 같은 표현 이론의 중요한 국면을 포착할 수 있었다. 나는 예술가가 자신이 사용하는 매체를 조작하는 과정에서 이 감정을 개별화하고 명료화하는데, 단지 '자연적으로' 표현적인 — 그것이 어떤 감정에 상응하기 때문에 표현적인 — 색, 선, 이미지 등을 선택함으로써 그렇게 할 뿐만 아니라, 해당 감정을 훨씬 더 분명히 표현하기 위해 종종 이러한 시각(sight)과 소리를 감정에 상응하는 것으로 만드는 국면들을 강조함으로써, 혹은 심지어 왜곡하거나 과장함으로써 그렇게 한다고 주장했다. 그래서 자연에서 한 줄로 늘어선 괴로워하는 것처럼 보이는 나무들의 형태는 괴로움에 상응하는 것일 수 있지만, 반 고흐는 사이프러스 나무들을 그리면서 그 나무에 있는 괴로움의 모습을 강조하는 방식으로 그 형태를 과장하고 왜곡할 수도 있다.[22]

---

20) Ibid. 110-11.

21) 표현이 의도적이라는 아이디어와 특정 소리와 색이 감정에 '상응한다'는 아이디어는 둘 다 리처드 볼하임(Richard Wollheim)에게서 나온 것이다. '상응'에 대해서는 예를 들어 Richard Wollheim, *Art and Its Objects. An Introduction to Aesthetics* (New York: Harper & Row, 1968), 31; Richard Wollheim, *On Art and the Mind* (Cambridge, Mass.:Harvard University Press, 1974), 95; Richard Wollheim, *Painting as an Art*, A. W. Mellon Lectures in the Fine Arts 1984 (Thames & Hudson, 1987), 82 참조. 볼하임 자신은 나의 견해를 거부한다. 그 이유 중 하나는 표현되는 것은 예술가에 의해 투사되고 예술가 자신의 심리에서 파생되는 것이라는 것이 그에게 중요하기 때문이다. 볼하임은 페르소나라는 아이디어를 전혀 사용하고 싶어 하지 않는 것으로 보인다. 이런 측면에서 그의 이론은 나의 이론보다 더 '낭만주의적'이다. 그러나 그 진짜 뿌리는 클레인학파 버전의 프로이트 심리학에 있고, 나에게는 이것을 받아들일 아무런 이유도 없어 보인다.

22) 여기서 나는 예술가가 스스로 자기 자신의 감정을 표현하는 사례를 중심적인 것으로 취하면서 표현된 감정이 페

이러한 설명은 어떤 미리 생각해둔 감정을 표현하기 위해 매체를 조작하고 있는 것으로 예술가를 묘사하는 것처럼 들릴 수도 있을 것이다. 그러나 나의 이론은 단순히 표현할 감정을 선택한 후에 이미 그 특정 감정으로 가득 찬 재료들 가운데 쓸 것을 선택하는 것으로 예술가의 모습을 그려내지 않았다. 오히려 예술가는 이전에 명료화되거나 개별화된 적이 없는 감정을 명료화하거나 개별화하기 위해 자신이 쓸 재료를 고르고 선택한다. 그 예술가가 색과 선, 음과 화성 진행에 '내재된' 표현성에 대해 자각하고 있다는 것은 참이지만, 예술작품에서는 맥락이 전부이다. 어떤 특정한 색, 선, 음 또는 화성 진행도 이것 혹은 저것에 대해 내재적으로 표현적이지 않다. 그것은 모두 예술가가 자신이 사용하는 재료를 어떻게 다루는가에 달려 있다. 표현 이론가들이 말하듯 예술가는 자신이 무언가를 표현해내기 전까지는 자신이 무엇을 표현하게 될지 알지 못한다.

나의 이전 견해에는 내가 제안하는 낭만주의 표현 이론의 현재 버전에도 남기고 싶은 수많은 장점이 있다. 먼저, 만약 예술작품이 어떤 페르소나의 감정 표현이라면 우리는 그 페르소나에 그 감정이 있다는 것을 작품으로부터 추론해낼 수 있다.[23] 버마젠이 말하듯, 하나의 표현인 예술작품은 (페르소나의) 어떤 감정이 있다는 것에 대한 증거를 제공하며, 우리는 그 작품으로부터 그 감정이 있다는 것을 추론해낼 수 있다. 둘째로, 만약 어떤 예술작품이 감정의 표현이라면 표현된 감정은 작품의 성격에 전시되거나 분명히 드러난다. 즉, 그 예술작품은 그 감정을 명료화하거나 개별화한다. 셋째로, 표현은 의도적 활동이다. 예술가는 작품을 만들기 전에 그가 특징지을 수 있는 특정 감정을 표현하려고 의도하지는 않지만, 이런 혹은 저런 감정을 표현하려고 의도한다. 어떤 감정을 표현하려는 의도는 어떤 감정을 명료화하고 해명하고 개별화하려는 의도이며, 예술작품에서 어떤 감정을 개별화하면서 예술가는 감정이 실린 재료를 사용한다.

그럼에도 불구하고 나의 이전 설명에는 적어도 세 가지 문제가 있다. 첫째, 예술적 표현의 '핵심적' 사례들은 예술가가 작품에서 감정을 표현할 때 자기 자신의 감정을 진실하게 표현하는 사례들이라는 아이디어는 과장된 것이다. 낭만주의 예술가들과 표현 이론가

르소나의 감정인 사례를 이차적인 것으로만 다루는 데서 파생되는 문제를 무시하고 있다.

23) 내가 말한 것은 그 감정이 그 작품으로 하여금 그러한 방식의 작품이 되도록 한다는 것이었다. 버마젠이 '증거의 제공' 측면에서 그 아이디어를 정식화한 것이 더 명쾌하고 그래서 더 선호할 만하다.

들이 그런 식으로 이야기한다는 것은 사실이며, 낭만주의 예술가들은 종종 자신들이 작품에서 자신의 감정을 표현하고 있다고 생각하기 쉽다. 그럼에도 불구하고 만약 우리가 낭만주의적 표현 개념을 자기 자신의 감정을 표현하고 있다고 분명히 생각했던 그러한 예술가들을 넘어 확장하려고 한다면, (관객이 보기에) 우리는 많은 작품들의 이러한 감정들이 예술가로부터 발산되는 것처럼 **보인다**는 의미에서 감정을 표현한다는 것을 허용해야 한다. 그 감정들이 실제로 그러하든 그렇지 않든 말이다. 버마젠이 설득력 있게 주장하듯, 감정을 표현하는 예술작품은 어떤 **페르소나**의 감정을 표현하는 것이다. 그 페르소나가 실제 저자와 동일시되든 아니든 관계없이 말이다. 셸리(Shelley)의 「서풍에 부치는 노래(Ode to the West Wind)」 같은 낭만주의 표현의 전형에서조차 '나는 생의 가시밭에 쓰러져 피를 흘리노라!'라고 외치는 것은 극적 화자이다. 설령 이 특정한 시에서 그 극적 화자가 시인 자신의 감정을 나타내고 있다고 생각하는 것이 아마도 정당화될 것이라고 해도 말이다.

둘째로 나는 이제 예술적 표현이 '자연의 어떤 대상이나 조건이 감정을 구현할 수도 있는 것과 유사한 방식으로' 감정을 '구현하는' 것으로 보이는 소리, 색, 형태 혹은 언어적 이미지를 선택하는 문제라는, 혹은 예술가는 '자연 세계의 비인간적 현상이 하는 것과 거의 동일한 방식으로 인간 감정의 표현으로 기능하는' 현상을 만들어낸다는 아이디어에 이의를 제기하고자 한다.[24] '자연 세계의 비인간적 현상들'이 감정을 표현한다는 것은 참이 아니다. 나무나 시냇물은 이를테면 그것이 보이거나 들리는 방식이 사람들이 감정을 표현할 때 보이는 방식 혹은 들리는 방식과 가지는 유사성에 근거하여 '표현적 특질'을 가질 수 있지만, 엄밀히 말해 나무와 시냇물은 어떤 것도 표현할 수 없다. 문자 그대로 '감정 표현'이라고 이름 붙여질 수 있는 것은 인간의 제스처와 행동 및 행위이거나 그것들의 결과뿐이다. 내가 토메이에 대해 논의하면서 주장했듯이 표현은 예술작품에 표현적 특질을 부여하는 문제도 아니고, 표현적 재료를 고르거나 한데 모으는 문제도 아니다. 예술가는 '감정이 실린' 선, 음, 색 등을 사용하는 것이 맞지만, 내가 주장했듯 표현은 표현적 재료를 선택하고 한데 모으는 것으로 **정의될** 수 없다.

24) Robinson, 'Art as Expression', 110-11.

셋째로, 나의 이전 견해는 감정에 대한 잘못된 이해에 기대고 있다.[25] 감정이 그 감정의 표현을 야기한다고 생각하는 것은 중대한 실수이다. 왜냐하면 행위적 표현을 **야기하는** '감정'이라 불리는 구분된 사건은 없기 때문이다. 오히려 행위적 표현은 감정 과정 전체의 자연스러운 일부이다. 3장에서 살펴보았듯 감정 과정은 환경을 자신의 필요와 목표 및 이해관계의 측면에서 평가하는 비인지적 평가에 의해 시작된다.[26] 그리고 비인지적 평가는 다시 생리적 변화와 행동 경향을 야기한다. 그에 이어지는 환경에 대한 인지적 모니터링과 우리가 우리 몸으로부터 받는 다양한 종류의 피드백에 대한 인지적 모니터링 후 적절한 행동이 시작된다. 감정 과정은 분명히 인과적 과정이지만, 감정 과정 자체는 그것의 구성요소들을 야기하지 않는다.

예전 글에서 나는 감정이 어떤 이로 하여금 예술작품을 만들도록 야기한다고 주장하지 않았다. 나는 만약 어떤 사람이 예술작품을 만들고 있다면 그것이 감정들로 하여금 특정 종류의 것을 만들거나 특정한 특징을 가진 것을 만들도록 야기할 것이라고 주장했을 뿐이다. 그러나 이것조차 기껏해야 오도적이다. 오히려 우리가 보게 될 것처럼 감정을 표현하는 예술작품은 하나의 감정 과정 전체에 대한 반성이며, 어떤 의미에서 그 전체 과정에 대한 일종의 요약을 표상한다. 예술작품에서 감정을 표현하는 것은 표현 이론가들이 주장했듯 하나의 인지적 과정이다. 그것은 감정에 대해 보다 명확해지는 과정이다. 예술적 표현은 단지 표현적 재료를 **선택하는** 것의 문제가 아니다. 곧 살펴보게 되겠지만, 표현된 감정과 그것이 예술적 표현에서 명료화되고 명확하게 되는 방식 사이에는 훨씬 더 긴밀한 연결이 있다.

---

25) 나만 이런 입장에 있는 것은 아니다. 예술적 표현에 대해 글을 쓰는 근대 필자들의 대부분은 감정이 무엇인지 우리 모두가 알고 있다고 가정해버린다. 콜링우드와 듀이는 실제로 감정에 대한 그들의 이론을 가지고 있는데, 물론 이 이론들은 둘 다 거의 추정적이긴 하지만 상당히 흥미롭다. 콜링우드 이론에 대한 간단한 요약을 보려면 8장의 각주 23 참조.

26) 혹자는 내가 환경에 대해 평가하기보다는 평가가 환경에 대해 평가한다는 나의 말에 반대할 수도 있다. 그러나 나는 이런 식으로 말하는 것이 무해하다고 보는데, 왜냐하면 이러한 비인지적 평가들은 자각 수준 아래에서 일어나고, 그래서 '평가하기'는 내가 행하는 활동이 아니기 때문이다. 3장 참조.

새로운 낭만주의 표현 이론

표현이란 정말로 무엇인가?

낭만주의 표현 이론들에 대한 검토는 뿌리 깊은 낭만주의적 의미에서 표현이 무엇인지 설명할 수 있도록 우리를 준비시켰다.

만약 예술가가 예술작품에서 어떤 감정을 표현한다면

1. 그 작품은 어떤 페르소나(예술가일 수도 있지만 예술가여야 하는 건 아닌 페르소나)가 그 감정을 경험하고 있거나 경험했다는 증거이다.
2. 그 예술가는 의도적으로 그 증거를 작품 안에 두고, 그것이 페르소나의 감정에 대한 증거**로서** 지각되도록 의도한다.
3. 그 페르소나의 감정은 작품의 성격에서 지각될 수 있다.
4. 작품은 그 페르소나의 감정을 명료화하고 개별화한다. 그리고
5. 작품 속 감정의 명료화와 해명을 통해 예술가와 관객 모두 그 감정에 대해 명확해질 수 있고, 그것을 의식에 가져올 수 있다.

요약하자면, 적절하게 수정된 표현 이론은 예술적 표현이 무엇인지에 대한 그럴듯한 이론을 제안한다. 그 일차적 의미에서 표현은 콜링우드가 말한 그대로 무언가 예술가에 의해 의도적으로 초래된 것이다. 표현은 대략적으로 말해 어떤 시, 회화, 음악작품 등의 표현적 성격에서 어떤 페르소나의 감정 상태를 분명히 드러내는 것과 해명(elucidation)하는 것으로 이루어진 예술가의 활동으로, 작품은 그 페르소나의 감정 상태에 대한 증거를 제공하고, 그 페르소나의 감정 상태는 작품의 성격을 통해 다른 이들에게(그리고 그 예술가 자신에게도) 전달된다. 그 사람의 감정 상태 혹은 그 페르소나의 감정 상태는 작품의 성격에서 표현된다. 어떤 사람의 얼굴이나 제스처 혹은 목소리 톤의 표현적 성격이 그 사람의 감정 상태를 표현할 수 있는 것처럼 말이다. 예술가에 의한 작품에서의 감정 표현은 그것을 통해 예술

가가 표현된 감정을 명료화하고 개별화하는 의도적 행동이다. 마지막으로, 성공적인 예술적 표현은 예술가와 관객 모두에게 표현된 감정에 대해 가르쳐주어 그들은 그 감정 상태에 있다는 것이 어떤 것인지 이해하게 된다.

내가 옹호해온 낭만주의 표현 이론은 낭만주의 예술가들이 자신들이 해야 한다고 생각한 것을 정당하게 다루고, 셸리와 키츠의 위대한 서정시들과 들라크루아(Delacroix)와 프리드리히(Friedrich)의 많은 회화들 같은 예술적 표현의 핵심적 사례들에서 표현이 어떻게 기능하는지 설명하려는 시도이다. 이 이론의 목표는 예술적 표현이 무엇인지 설명하고, 예술적 감정 표현과 일상적 삶에서의 감정적 표현 사이의 연관성을 보여주는 것이다. 낭만주의 이론가들이 자신들의 작품을 감정 **표현들**이라고 부른 것은 우연이 아니다.

나는 예술적 표현을 일차적으로 예술가에 의한 활동으로 정의했다. 우리가 예술가보다 예술작품에 의한 낭만주의 표현 이론을 얻기 위해서는 표현은 낭만주의 이론가들이 의도적으로 성취하고자 하는 무언가여야 한다는 요구조건을 제거함으로써 이 이론을 수정해야 한다. 우리는 또한 감정을 명료화하고 해명하는 과정에서 예술가가 무엇을 배울 수 있는가에 대한 어떤 언급도 생략할 수 있다. 그렇게 예술가보다 예술작품에 초점을 맞추고 뿌리 깊은 낭만주의 표현 개념에 대한 강조를 유지하면 우리는 다음과 같은 정의를 얻게 된다.

만약 어떤 **예술작품**이 감정의 표현이라면,

1. 그 작품은 어떤 페르소나(예술가일 수도 있지만 예술가일 필요는 없는 페르소나)가 그 감정을 경험하고 있거나 경험했다는 증거이다.
2. 그 페르소나의 감정은 작품의 성격에서 지각될 수 있다.
3. 작품은 그 페르소나의 감정을 명료화하고 개별화한다. 그리고
4. 작품 속 감정의 명료화와 해명을 통해 관객은 그 감정에 대해 명확해질 수 있고 그것을 의식에 가져올 수 있다.[27]

27) 나는 예술작품의 일부만 표현일 수 있다는 복잡한 문제를 무시하고 있다.

아서 단토(Arthur Danto)는 일단 '표현'이라는 용어가 (낭만주의자들에 의해) 미적 용어로 도입되고 나면, 우리는 예술사를 되돌아보고 낭만주의 이전의(그리고 낭만주의 이후의) 많은 작품들이 표현이었음을 보게 된다고 지적한다. 비록 이러한 예술작품들의 제작자가 고의로 이것들을 표현 작품으로 만든 것은 아니지만 말이다.[28] 실제로 우리는 고대 이집트인들이나 페이디아스의 예술적 목표에 대해서는 아무것도 말하지 않으면서도 고대 이집트의 조각상들이 파라오의 신 같은 본성에 대한 경외심을 표현한다고, 혹은 페이디아스의 조각이 완벽에 대한 사랑을 표현한다고 말할 수 있다. 이런 작품들은 그 작품의 (함축된) 예술가들에게 이러한 감정이 있었다는 증거일 뿐만 아니라 이런 감정을 어느 정도 명료화하기도 한다. 또한 예술작품과 건축물은 내가 방금 감정에 대해 규정한 것과 거의 같은 의미에서 태도, 관점 그리고 가치를 표현할 수도 있다.

표현은 어떻게 성취되는가?

제럴드 레빈슨은 예술 속 표현에 대한 논의에서 종종 두 가지 상이한 질문이 얽힌다고 지적한다. 한편으로는 '표현은 무엇인가?'라는 물음이 있고, 다른 한편으로는 '예술작품은 어떻게 표현을 성취하는가?' 혹은 '예술적 표현의 토대는 무엇인가?'라는 물음이 있다.[29] 이제 완전한 낭만주의적 의미에서 예술적 표현이 무엇**인지**에 대해 진술하고자 했던 나의 시도는 마무리되었다. 내가 보기에 예술적 표현은 일차적으로 **예술가**에 의한 의도적 활동이다. 비록 그 개념이 의도적으로 감정을 표현하기 위해 만들어졌을 수도 있고 그렇지 않을 수도 있는 **작품들**에도 파생적으로 사용되긴 하지만 말이다. 그러나 이러한 분석은 여전히 예술적 표현이 **어떻게** 성취되는지, 그리고 특히 예술작품에서 감정이 어떻게 '해명되고' '개별화되는지'에 대한 물음에 답을 주지 않고 있다. 내가 제안하고 싶은 것은 이 책의 처음 세 장에서 내가 개괄한 감정 이론을 참고한다면 이 물음에 가장 잘 답할 수

28) Arthur Danto, 'The Artworld', *Journal of Philosophy* 61 (1964).

29) 이를테면 Levinson, *The Pleasures of Aesthetics*, 106에 피터 키비(Peter Kivy)의 음악적 표현에 대한 견해를 다룬 레빈슨의 논의가 있다.

있을 것이라는 것이다.

나는 '감정'이 어떤 상태나 성향이 아니라 **과정**, 즉 사람과 환경(종종 다른 사람) 사이의 상호작용의 과정 혹은 교류(transaction)라고 주장했다. 그 과정은 전형적으로 나의 필요, 목표, 이해관계 등에 중요한 환경 속 무엇이든 그것에 내 주의가 이끌릴 때 촉발된다. 감정 반응은 자동적인 정감적 평가에 의해 **야기되며** 사건들의 양식화된 연속, 즉 감정 **과정**의 한 부분으로서 일어나는 신체적 반응이다. 정감적 평가는 나의 필요, 목표 혹은 이해관계가 거기에 어떻게 걸려 있는가의 측면에서 환경을 '평가한다'. 이를테면 내가 위협이나 부당한 일, 상실, 무언가 기이하고 이상한 것, 무언가 특별히 좋은 것, 혹은 그 밖의 무엇이든 그것을 마주하고 있는지 아닌지를 평가하는 것이다.

그런 과정이 펼쳐지면서 처음의 정감적 혹은 감정적 평가 — **이것은 이상하다** 혹은 **나는 이것이 좋다** 혹은 **이것은 위협적이다** — 는 그 상황에 대한 인지적 평가와 재평가에 길을 내준다. 나는 두려움을 느끼거나 화가 날 때 상황을 통제하거나 극복할 수 있는 나의 능력을 평가한다. 놀랐을 때는 무슨 일이 일어날지에 대한 단서를 찾기 위해 환경을 점검한다. 다른 것들도 마찬가지이다. 이와 동시에 처음의 정감적 평가 혹은 감정적 평가는 나에게 표정과 제스처의 표현을 포함하여 특정한 생리적 반응과 운동 반응을 유발하고, (이것은 다른 이들과 어쩌면 나에게도) 내가 그 환경을 어떻게 평가했는지, 공격적인 것으로 평가했는지, 쾌적한(agreeable) 것으로 평가했는지, 아니면 다른 어떤 식으로 평가했는지 전달한다. 화난 사람은 얼굴을 찡그리며 긴장하고, 신체적으로 공격에 대비한다. 두려워하는 사람은 몸을 떨고 얼어버리며, 어쩌면 도망가기 위해 준비한다. 기뻐하는 사람은 미소 짓거나 느슨해지고, 기쁨에 겨워 깡충거리거나 뛰어오를 수도 있다. 게다가 언제나 감정 과정의 각 부분에서 다른 부분들로 전달되는 다양한 종류의 피드백이 있다. 마침내 감정 과정은 끝나거나 다른 상태로 바뀐다.

그 과정이 끝났을 때 나는 내가 사용하는 언어에서 감정을 나타내는 통속 심리학적 용어들 중 하나를 사용하여 그것에 이름을 붙일 수 있다. 나는 '화났다', '슬펐다', '기뻤다'는 식으로 말한다. 다시 말해 나는 그 감정 과정을 하나의 단어로 요약한다. 피비 엘스워스(Phoebe Ellsworth)가 말하듯 나는 나의 언어와 문화라는 자원을 사용하여 '뒤돌아보면서' 그 감정을 '목록화한다'.[30] 그러나 엘스워스는 이름 붙일 수 있는 특정한 감정 상태는 상대적으로 드물 수 있으며, 우리의 감정적 삶은 늘 변화하는 평가, 늘 진전되는 행동과 행동 경향, 늘 변하는 신체적 상태에 대한 반응으로 언제나 변화하는 '흐름' 속에서 일어난다고 주장한다. 윌리엄 제임스(William James)가 지적하듯, 우리의 감정 과정은 언제나 유동적이다. 우리는 두려움에서 쾌활함으로, 불안함에서 화로 상당히 빨리 이동할 수 있다. 이러한 견해에 따르면 이름 붙여질 수 있는 특정한 감정 상태는 전형적으로 사후에만, 즉 '그 감정이 뒤돌아보면서 목록화되는' 때에만 인식된다. 그것은 우리가(혹은 우리의 친구들이) 어떤 상황을 내가 슬펐거나 화났던, 수치스러웠거나 죄책감을 가졌던, 후회했거나 지루해했던 것으로 묘사한 후에만 인식되는 것이다. 우리는 이와 같은 일상적 감정 단어들을 사용하여 통속 심리학의 측면에서 우리의 감정적 경험을 이해하려 노력한다.

그러나 우리의 감정적 경험을 이해하려 해볼 수 있는 또 다른 방식은 그 경험을 예술작품에 '표현하는' 것이다. 여기서도 나는 일련의 사건들을 반성하며 요약한다. 나는 그 일련의 사건들을 **인지적으로 모니터**한다. 그러나 예술작품은 통속 심리학의 범주들로 포착되지 않는 감정 상태나 감정 상태들의 연속을 자세하게 전달할 수 있다. 예를 들어 우리가 키츠의 「나이팅게일에게 부치는 노래」에 표현된 감정에 이름을 붙이도록 강요된다면, 우리는 그것을 '갈망'이라고 말할 수 있을 것이다. 그러나 그 시에서 정말로 명료화되고 있는 것은 그 시의 페르소나의 일련의 생각들, 필요들, 신체적 느낌들 등이며, 이것들이 시간이 흐름에 따라 변화하고 진전되는 특정한 감정 과정을 규정한다. 이러한 과정에는 대략적으로 '갈망'이라는 이름이 붙을 수 있다. 그러나 그 시가 전달할 수 있는 것은 특정한 생각들, 소망들, 행동 경향들, 그리고 생리적 · 행위적 변화들에 의해 규정되는 아주 특정한 갈망이다. 그것은 또한 이 복잡한 과정이 **어떻게** 진전되는지, 그리고 그 생각들과 소망들, 생리적이고 행위적인 경향들 자체가 시간이 흐름에 따라(그리고 시가 진행됨에 따라) 어떻게 변하고 발전하는지 전달할 수 있다. 그 시는 페르소나의 관점에서 보았을 때 어떤 상황 혹은 일련의 상황들이 어떠한지를 전달하고, **시간의 흐름에 따라** 그 페르소나가 그것에 어떻게 반응하고 있는지를 명료화하는 일련의 생각들과 소망들 등을 전달한다. 그러나 그것은 단

30) 3장 참조.

지 일련의 사건들에 대한 실황중계가 아니라 (실황중계 같은 측면이 있다 하더라도) 중요하게는 그 사건들에 대한 반성이다. 예술가는 어떤 감정적 경험에 대한 자신의 반성, 즉 그 경험에 대한 자신의 인지적 모니터링의 결과를 우리에게 제시한다. 감정을 나타내는 표정이나 발성적 표현과는 달리 예술적 표현은 감정 과정을 거친다는 것이 **어떤 것인지** 명료화하고 명확하게 하며, 관객이 그 경험을 어느 정도 공유할 수 있게 한다.[31] 그리고 표정과 발성적 표현과는 달리 예술적 표현은 그 과정에 대한 예술가의 반성이자 그러한 **반성**을 관객과 공유하려는 초대이다.

일반적으로 예술에서 어떤 사람이나 페르소나의 감정이 표현될(개별화되거나 명료화될) 수 있는 두 가지 서로 연관된 방식이 있으며, 이는 감정이 본질적으로 사람(페르소나)과 그 사람의 환경('환경'이 종종 다른 사람이라는 것을 기억하자) 사이의 상호작용 혹은 교류라는 사실에 상응하는 것이다. 대략적으로 말하자면, 예술에서 감정은 그러한 상호작용에서 사람에게 어떤 일이 일어나는지에 초점을 맞추거나 환경에 어떤 일이 일어나는지에 초점을 맞춤으로써 표현될 수 있다.

먼저 환경에 초점을 맞출 때, 시와 회화 및 사진작품들같이 세계를 기술하거나 재현하는 예술작품은 **어떤 감정 상태에 있는 사람에게 세계가 드러나는 방식을 명료화**함으로써 그 감정을 표현할 수 있다. 환경과 사람의 감정적 상호작용의 결과로 환경은 특정한 **국면**을 나타내게 된다. 이를테면 화난 사람에게 세계는 자신을 좌절시키고 공격하는 것으로 보이며, 두려워하는 사람에게 세계는 위협적이다. 비탄에 빠진 사람에게 세계는 우중충하고 무의미한 곳이며, 한창 행복한 사랑에 빠져 있는 사람에게 세계는 좋은 곳으로, 아름답고 자신을 환영하며, 수많은 만족을 주는 장소로 보인다. 둘째로, 우리가 표현하고 있는 사람에게 초점을 맞춘다면 그러한 예술작품은 **어떤 감정을 표현하고 있는 것으로 보이는 사람의 생각, 믿음, 관점, 욕구 등을 명료화**함으로써 그 감정을 표현할 수 있다. 화난 사람에게 세계는 공격으로 가득 차 있고, 두려워하는 사람에게 세계는 위협적인 곳이다. 그러한 감정 경험은 사람과 환경 사이의 상호작용의 결과이기 때문에 화났거나 두려워하는 사람

31) 그러나 아래의 각주 35를 참조하라. 표정과 제스처를 통한 표현은 실제로 보는 이로 하여금 표현된 그 상태에 있다는 것이 어떻게 느껴지는 것인지 알게 할 수 있고, 그렇게 하는 만큼 그 표현은 그 경험이 어떤 것인지를 '명확하게 한다'.

의 관점에서 세계를 기술하거나 재현하는 것과 단순히 그 관점 자체 그리고/또는 그 관점을 형성하는 생각, 필요, 목표 및 이해관계를 기술하거나 재현하는 것 사이에는 오직 강조점의 차이만이 있을 뿐이다.

앞에서 나는 몇몇 예술작품에는 몇 겹의 페르소나가 있고, 그래서 예를 들어 소설에서 (함축된) 저자들은 자신들의 감정과 태도를 부분적으로는 그들 자신들의 내레이터(들)을 묘사하는 방식을 통해, 그리고 부분적으로는 등장인물들의 자기표현을 통해 표현할 수 있다는 아이디어를 인정했다. 연극에서는 등장인물들에 의한 감정 표현이 보통 가장 두드러진 종류의 표현이다. 그래서 셰익스피어는 리어 왕이 황야에서 자신의 격노와 비통함을 (1) 그가 자신의 감정을 '진정으로' 표현하고 있다는 증거를 제공하고, (2) 그가 입 밖에 내는 단어들에서 지각될 수 있고, (3) 그의 감정을 명료화하고 해명하며, (4) 관객으로 하여금 그가 느끼고 있는 감정을 어느 정도 느끼고 그에 대해 반성하며 그 감정에 대해 명확해지게 하는 방식으로 **표현하고** 있는 것으로 묘사한다.[32]

이와 유사하게 많은 회화들은 자신의 감정을 표현하는 행위를 하고 있는 사람들을 묘사한다는 의미에서 감정 표현을 재현한다. 물론 회화에서 등장인물들은 자신의 감정을 말로 표현하지 않고 표정, 행위, 행동이나 행동 경향을 통해 표현한다. 그러한 작품들 중 가장 표현적인 작품들에서 예술가가 이러한 것들을 묘사하는 방식은 그 자체로 회화 속 '등장인물들'에 의해 표현된 감정을 명료화하는 것을 돕는다. 마치 격렬한 붓놀림과 선정적 색이 등장인물의 격렬한 감정을 전달하는 데 도움이 되는 것처럼 말이다. 그리고 이와 동시에 화가가 등장인물들을 그려내는 방식 또한 그들에 대한 화가 자신의 태도에 대한 무언가를 (혹은 자신의 예술적 페르소나에 대한 무언가를) 표현한다.

액션페인팅은 이것을 한 단계 더 끌고 나간다. 잭슨 폴락(Jackson Pollock)의 추상 드립 페인팅에서처럼 어떤 등장인물도 그려지지 않았을 때조차 그 그림을 만들어낸 바로 그 행동(action)이 예술가의(혹은 그의 페르소나의) 감정을 표현한다. 켄들 월튼(Kendall Walton)이 지적했듯 그 작품들이 이러한 행동들로 인해 만들어졌다는 것이 그 작품의 외양에서 드러난다.[33]

---

32) 뒤에서 나는 어떻게 표현이 관객에게 감정을 유도하는지에 대해 좀 더 이야기할 것이다.

33) Kendall Walton, 'Style and the Products and Processes of Art', Berel Lang (ed.), *The Concept of Style* (Philadelphia: University of Pennsylvania Press, 1979).

이러한 면에서 액션페인팅은 춤과 유사하다. 춤은 **특정한 감정 상태에 있으면서 그 감정 상태를 분명히 드러내는 어떤 사람의 제스처, 행위, 표정, 행동 경향 및 행동을 연기(enact)함으로써** 어떤 페르소나의 감정을 표현할 수 있다. 그리고 노래는 두 가지 방식으로 감정을 표현할 수 있는데, 시로서 그것은 페르소나의 — 보통 그 노래의 '주인공'의 — 생각과 관점을 명료화할 수 있고, 음악으로서 그것은 그 페르소나의 행동 경향, 움직임 그리고 목소리 톤을 연기할 수 있다. ('순수' 기악음악이 낭만주의적 의미에서 어떻게 감정을 표현할 수 있는가 하는 것은 11장에서 다룰 주제이다.)

콜링우드의 논지의 일부는 예술가가 예술작품에서 자신의 감정을 표현하면서 그 감정에 대해 반성하고 그것을 기록할 뿐만 아니라, 우리로 하여금 그 감정을 경험하고 스스로 그것에 대해 반성하도록 야기함으로써 우리 역시 표현되고 있는 것을 이해하게 하려 한다는 것이다. 그의 아이디어는 시나 회화 혹은 노래는 우리를 실제로 특정한 감정 상태에 놓이게 하여 그 상태에 있다는 것이 어떤 것인지 상상 속에서 '재창조'하도록 야기함으로써, 혹은 적어도 우리가 그 상태에 있다고 **상상하고** 그것에 대해 **반성하도록** 부추김으로써 그 감정 상태를 파악하도록 도울 수 있다는 것이다.[34] 예술작품은 우리에게 그 감정의 관점에서 세계를 보여주거나 아니면 그 감정에 특징적인 신체적 변화를 우리에게 유도함으로써 우리가 그 감정 상태에 놓이도록 할 수 있다. 흥미로운 것은 어떤 예술작품이 우리에게 어떤 감정에 몹시 빠져 있으며 그런 것으로 보이고 그렇게 행동하는 어떤 사람을 보여줄 때, 이것이 실제로 우리가 표현되었다고 보는(혹은 듣는) 그 감정에 특징적인 신체적 변화를 우리에게 유도한다는 것이다.[35]

34) 이전과 마찬가지로 나는 어떤 감정을 느끼는 것을 상상하는 것에 대해 이야기하지 않기를 선호한다. 만약 그 과정이 콜링우드가 예상한 것처럼 작동한다면 그에 반응하는 독자는 진정한 감정을 느낄 것이다. 물론 둘 중 어떤 방식이든 그 경험이 정말로 감정적인 경험이 되려면 어떤 종류의 신체적 반응은 필수적이다. 각주 35에서 인용된 증거는 예술작품에 대한 우리의 감정 반응을 이해하는 데 도움을 얻기 위해 우리가 '상상력'이라는 개념을 필요로 하지는 않는다는 나의 직감을 확증해준다.

35) 신경생리학에서 아주 흥미로운 새로운 결과는 우리가 감정(예를 들어 역겨움)을 나타내는 표정을 보았을 때와 우리 스스로 그 표정을 지을 때 반사경 뉴런(mirror neuron)이 거의 동일한 방식으로 반응한다는 것을 보여주었다. 이와 유사하게 반사경 뉴런은 우리 다리가 막대기로 건드려졌다는 것을 느낄 때와 다른 사람의 다리가 막대기로 건드려지는 것을 볼 때 거의 동일한 방식으로 반응한다. 따라서 우리가 감정을 표현하는 사람들의 그림과 사람들이 그 안에서 자신들의 감정을 표현하는 춤 작품에 거기에서 표현되고 있는 것과 완전히 동일한 감정을 느낌으로써 반응한다는 것은 놀랍지 않다. 더욱이 우리가 어떤 행동의 연속을 관찰하거나 예견하거나 들을 때 운동계는 마

만약 사람들이 어떤 등장인물의 감정을 표현하고 그리고/혹은 작품의 예술적 페르소나의 감정을 표현하는 시나 회화 혹은 노래에 감정적으로 참여한다면,[36] 그들은 잠시 동안 동일한 필요나 목표를 가지고, 적절한 신체적 변화를 경험하고, 적절한 생각을 할 것이다. 그리고 이 때문에 그들은 또한 어느 정도 자신이 생각하기에 그 감정 상태에 있는 페르소나가 느끼는 것처럼 **느낄** 것이다. 그러나 이와 동시에 그들은 또한 일상적 삶에서는 흔치 않은 재귀적 방식으로 그들이 무엇을 느끼고 있는지(그리고 왜 그것을 느끼고 있는지) 주목하고 그것을 이해하기 위해 노력하도록 인도될 것이다. 이러한 의미에서 표현은 정말로 인지적 과정이다. 그것은 표현된 감정에 대해 우리를 가르치고, 우리 스스로가 그 감정을 경험하기 때문에 우리는 그것을 통해 우리 자신에 대해서도 배우게 된다.[37]

예술에서 감정의 명료화와 해명은 전부 아니면 전무(all-or-nothing)인 사건이 아니다. 어떤 예술작품은 어느 정도까지는 감정을 명료화하지만 특별히 생생하게 하지는 않는다. 감정은 어느 정도 차이를 두고 성공적으로 '개별화된다'. 그러나 내가 집중할 예들은 대부분 예술적 표현의 전형들이다. 나는 시, 회화, 조각, 건축 그리고 춤을 간단히 살펴보고 각 매체가 고유한 방식으로 감정 표현을 어떻게 허용하고 어떻게 장려하는지 약술하려 시도할 것이다. 나는 10장과 11장에서 노래와 기악음악에 대해 논의할 것이다. 내가 "무엇이 이 작품들을 **예술작품**이 되게 하는지 설명하려 하는 것이 아니라, 무엇이 그것들을 **표현**이 되게 하는지 설명하려 한다는 것"에 주목하라. 이 둘은 매우 다른 것이다.

치 우리가 그 행동을 하고 있는 것처럼 활성화된다. 2004년 시카고에서 열린 미국철학회 중앙지구 모임에서 '사회적 뇌' 세션에서 발표된 비토리오 갈레세(Vittorio Gallese)와 랄프 아도프스(Ralph Adophs)의 논문들 참조.

36) 4~5장에서 살펴보았듯이 내가 등장인물 때문에 느끼는 감정은 그 등장인물의 감정이나 자신이 그 등장인물에게 감정적으로 반응하고 있는 (함축된) 저자의 다른 감정 혹은 그 둘 모두를 거울처럼 반영할 수 있다.

37) 특정한 사람들이 시를 읽을 때나 그림을 볼 때 혹은 음악을 들을 때 무엇을 느끼는가 하는 것은 그들이 그 시나 그림 혹은 음악을 어떻게 해석하는지 그리고 그것이 그들에게 어떻게 영향을 미치는지에 달려 있다. 우리는 키츠와 베토벤이 작품에서 '감정을 표현했을' 때 그들이 마음에 품고 있던 것을 거울처럼 정확히 반영하기를 바랄 수는 없지만, 우리의 믿음과 가치 체계, 우리 자신의 필요와 목표, 우리 자신의 사물을 보는 방식이라는 제한 내에서 위대한 과거의 낭만주의 예술가들이 그들의 작품을 경험하면서 우리가 경험하기를 아마도 원했을 것을 어느 정도 적절히 반영할 수 있다. 그리고 물론 우리는 그들이 준수했던 예술적 관습들을 포함하여 그들이 작업한 맥락에 대해서도 가능한 한 많이 이해해야 한다.

시에서 감정 표현하기

문학작품이 감정을 표현할 수 있는 방식들 중 하나는 해당 감정을 특징짓는 관점을 주의 깊게 명료화하는 것이다. 콜링우드가 주목했듯, 시와 다른 문학작품들은 특히 감정적 관점을 명료화하고 명확하게 하는 데 뛰어나다.[38] 특히 서정시는 시의 극적 화자(dramatic speaker)의 감정을 표현하는 것으로 보인다.[39] 시인 셸리는 '나는 종달새의 희망을 주는 노래에 대한 경외에 차 있고, 당연히 그런 순수하고 오염되지 않은 기쁨을 인간도 표현할 수 있었으면 좋았을 것이라고 생각한다'고 말함으로써 종달새의 노래에 대한 자신의 경외감과 어떤 인간도 그렇게 순수하고 희망을 주는 노래를 부를 수 없다는 것에 대한 아쉬움을 단순히 기술하는 대신, 이러한 아쉬움과 경외감을 정밀한 심상, 리듬 및 운(rhyme)으로 **명료화**한다.

우리는 앞을 보고 또 뒤를 보며
　　없는 것에 아쉬워한다
가장 진실한 우리의 웃음은
　　뭔가 고통으로 차 있고
우리의 가장 달콤한 노래는 가장 슬픈 생각을 말하는 것이다

비록 우리가 미움과 오만과 두려움을
　　경멸할 수 있을지라도
우리가 눈물을 흘리지 않는 존재로
　　태어난다 할지라도
나는 모른다 어떻게 우리가 그대 기쁨 근처에라도 갈 수 있을지를

이 시행들은 종달새에 대한 시인 혹은 시적 화자의 생각(그리고 아마도 '노래'나 시 일반)을 특

38) 이러한 주장은 John Benson, 'Emotion and Expression', *Philosophical Review* 76 (1967)에서 유려하게 옹호되었다.

39) 서사시—사실 서사시 일반—는 그 시의 (함축된) 저자나 내레이터 혹은 다양한 등장인물의 감정과 태도를 표현할 수 있다. 이런 측면에서 서사시는 소설같은 다른 서사의 형식들과 같다.

징짓는다. 시인은 자신이 이 세계를 어려움과 비탄으로 가득한 것으로 보는 반면, 종달새를 사람들이 경험할 수 없는 기쁨을 경험하고 있는 것으로 본다고 말한다. 우리는 시인의 바람과 가치관뿐만 아니라 이러한 바람과 가치관이 종달새와 인간 세계에 대한 그의 인지적 평가에 어떻게 영향을 미치는지에 대해 어느 정도 이해하게 된다. 일단 시가 완성되고 나면 표현된 감정은 '의식으로 옮겨진다'. 셸리와 독자 모두는 말하자면 시적 화자의 아이디어와 느낌이 시를 통해 전개됨에 따라 그 화자에 의해 기술된 감정적 과정을 뒤돌아볼 수 있게 되며, 우리는 어떤 감정이 명료화되고 있었는지를 파악할 수 있다.

또한, 그 화자는 자신의 감정을 명료화하면서 그가 표현하는 생각들이 자신에게 신체적으로 어떤 영향을 미쳤는지를 그 절(verse)의 움직임과 시행들의 리듬을 통해 전달한다. 그 시에는 그것이 명료화하는 생각, 희망, 욕구 등을 강화하는 '목소리의 톤'이 있다. 첫 행인 '오라 그대, 활기찬 영혼이여!'는 인사를 명료화할 뿐 아니라 인사처럼 들린다. '우리의 가장 달콤한 노래는 가장 슬픈 생각을 말하는 것이다'라는 시행의 우울함은 표현된 생각에 빚지고 있을 뿐만 아니라 그 시행에 무게와 진지함을 부여하는 (그 연의 앞선 시행들과 비교되는) 시행의 길이에도 빚지고 있다.

키츠의 「나이팅게일에게 부치는 노래」나 셸리의 「종달새에게(To a Skylark)」 같은 시는 우리에게 시에 표현된 감정에 대한 이중적인 견해를 제공한다. 즉, 우리는 그 감정에 몹시 빠져 있는 사람에게 세계가 어떻게 보이는지를 보게 되고, 또한 그렇게 보이는 세계에 대해 그 사람이 어떤 평가를 내리고 있는지 좀 더 직접적으로 듣게 된다. 셸리가 '나는 모른다 어떻게 우리가 그대 기쁨 근처에라도 갈 수 있을지를'이라고 말할 때 그는 그 종달새에 대한 자신의 생각들 중 하나를 직설적으로 표현하고 있는 것이다. '오라 그대, 활기찬 영혼이여! 그대는 결코 새가 아니어라'라고 말할 때, 그는 그 종달새를 특징짓고 있다. 물론 그는 자신의 특정한 관점에서 그 종달새를 특징짓고 있다. 즉, 셸리에게 그 종달새는 (단순히) 새가 아닌 것이다. (아마도 그 종달새는 이러한 감성에 동의하지 않을 것이다.)

자신의 극적 화자의 생각을 명료화하면서 셸리는 자신이 표현하고 있는 감정 상태에 있다는 것이 어떤 것인지 이해하려고 노력하고 있다. 그는 종달새를 의인화하고 그 새를 타이르면서 자신의 견해를 극화하고 있으며, 또한 (부분적으로는 단어들의 리듬과 소리를 통해) 그 경험이 자신에게 미치는 감정적(신체적) 효과에 대한 무언가를 전달하고 있다. 이를테면 그 새의 노래와 대조되는 이 세계에 대한 생각에 시무룩해지는 자신의 느낌뿐만 아니라, 그 새의 아름다운 노래에 대한 숨 막히는 경외감을 전달하는 것이다. 셸리는 자신의 감정적 경험이 어떤 것인지에 대한 약간의 이해뿐만 아니라 그 경험에 대한 자신의 반성 또한 제공한다. 그 시는 그 경험에 대한 셸리의 인지적 모니터링의 결과이다.

회화에서 감정 표현하기

재현적 회화 역시 이중적 방식으로 감정을 표현할 수 있다. 한편으로 회화는 어떤 특정 감정에 몹시 빠져 있는 어떤 사람의 관점에서 보이는 세계의 비전(vision)을 제시함으로써 어떤 관점을 전달할 수 있다. 다른 한편으로 회화는 어떤 사람이 그러한 방식으로 세계를 본다는 것이 어떤 것인지에 대한 무언가를 전달할 수도 있다. 즉, 회화는 그 사람 자체와 그 감정이 그 사람에게 어떻게 영향을 미치는지를 보여줄 수 있다. 탁월한 낭만주의 화가인 카스파르 다비드 프리드리히(Caspar David Friedrich)는 우리에게 우주의 영성 앞에 경외에 차 있는 한 사람의 관점에서 보이는 세계의 모습을 보여주었다. 프리드리히는 「바츠만(The Watzmann)」이나 「산 속의 아침 안개(Morning Mist in the Mountains)」 같은 그림에서 르네상스 풍경화의 전경 평면(foreground plane)을 제거하고, 관객이 '핵심적 시점(central vantage point)을 빼앗겨 확실한 기반이 없는 채로' 부유하게 한다. 그는 선 원근법을 대기 원근법(즉, 흐릿함으로 거리를 전달하는 것)으로부터 분리하는데, '그것은 시각적 불안감'을 만들어내고 '실증적 경험을 지배하는 법 이외의 어떤 법을 암시한다'.[40] 그 결과로 나오는 것은 영성으로 가득 찬 광활하고 신비로운 자연의 한복판에 있다는 것에 대한 **경외**와 자신이 자연과 영적으로 합일됨을 느끼는 것에 대한 일종의 영적 **황홀감**의 표현이다.

프리드리히의 많은 그림에는 보통 뒷모습이 보이는 '페르소나'가 있고, 그 그림을 볼

40) Jean Clay, *Romanticism* (Secaucus, NJ: Chartwell Books, 1981), 199.

때 우리는 세계에 대한 그 페르소나에 대한 견해를 공유하는 것으로 보인다. 「드레스덴의 큰 사유지(Large Enclosure at Dresden)」(권두 삽화 참조) 같은 몇몇 작품에서는 페르소나가 가정된다. 우리가 그 그림이 재현하는 것을 응시할 때 그 페르소나는 우리의 어깨에 서 있다. 리처드 볼하임도 이에 동의한다. 볼하임은 프리드리히가 이 그림에서 높은 시점을 선택하고 있는 이유는 프리드리히가 그 시점에서 풍경을 바라보는 사람, 즉 볼하임이 그 예술가와 동일시하는 사람이자 '연구와 명상을 통해' '자연의 비밀이자 사실상 그 창조자의 비밀'에 이르게 된 '18세기 초반 경건주의 자연 예술가'에게 일차적으로 관심을 두고 있기 때문이라고 본다.[41]

들라크루아의 그림들은 우리에게 낭만주의의 매우 다른 측면을 보여주지만, 그중 많은 그림들은 낭만주의적 의미에서의 본질적인 감정 표현이다. 그러나 들라크루아의 그림에서 그 배후에 있는 예술적 페르소나는 프리드리히의 예술적 페르소나와는 상당히 다른 성격을 드러내며, 들라크루아는 자기 자신을 재현하거나 그리는 장면을 보고 있는 관찰자로서 자신이 거기에 있다는 것을 함축하지도 않는다. 대신 우리는 그가 다루는 소재들을 **그가 그려내는 방식에서** 들라크루아를 감지한다.

프리드리히는 비교적 사실적이고 너무 전형적으로 그림 같지 않은 방식으로 그림을 그렸다. 그는 세계가 자신의 함축된 목격자에게 어떻게 나타나는지를 보임으로써 세계에 대한 그의 개인적 시각을 표현한다. 그리고 프리드리히는 자신이 그린 인물화로 이름을 알린 것이 아니다. 그의 그림에 인물들이 있는 경우, 그 인물들은 그려진 장면의 함축적 목격자 역할을 하는 목격자들인 경향이 있다. 자연에 대한 프리드리히의 느낌은 그의 그림이 취하는 자연에 대한 관점을 통해 표현된다. 반면, 들라크루아의 거의 모든 그림은 인물화이고 그것들 거의 모두는 어떤 이야기를 들려준다. 그것들은 예술가(혹은 예술가의 페르소나)의 감정을 표현하는데, 그 표현은 부분적으로 전달할 이야기의 선택을 통해 이루어지지만 대개는 그 이야기가 다루어지는 방식을 통해 이루어진다. 먼저 들라크루아는 자신이 그려내는 인물들에 **의한** 감정 표현을 강조한다. 그 인물들의 표정, 자세, 제스처 그리고 행동이나 행동 경향은 그 등장인물들 자신의 감정을 표현하며, 일반적으로 극한의 순간에 느껴지는

41) Wollheim, *Painting as an Art*, 133.

감정들이다. 들라크루아의 등장인물들은 대량학살의 희생자들이거나, 바리케이드에 걸터 앉고 시체들로 덮인 벌판을 가로질러 행진하는 혁명가들이거나, 종종 야생 짐승과 사투하는 전사들이다. 그의 그림 속 동물들은 그 자체로 등장인물들이며 다른 동물들이나 인간과의 전투에 참여하고, 성나고 절박한 감정을 표현하는 것으로 그려진다.

그러나 우리가 만화 식의 웃는 얼굴과 만화 식의 슬픈 얼굴에 대해 논의하면서 보았듯이 등장인물에 의한 감정 표현을 그려내는 **표현적** 방식들에는 정도의 차이가 있다. 들라크루아의 그림이 가지는 효과와 관련하여 그만큼 중요한 것은 그림을 그리는 **양식**이다. 들라크루아는 자신의 등장인물들의 감정 표현을 선명한 색, 흐트러진 붓놀림, 그리고 격렬하게 소용돌이치는 구성으로 그려내고, 그렇게 함으로써 자신이 그려내는 생명체의 감정을 명료화하고 해명하는 데 성공하며, 관객은 그 생명체가 느끼는 것을 실제로 느낄 수 있게 되는 것으로 보인다. 그리고 이것은 주로 들라크루아가 등장인물의 감정 표현을 그려내는 방식이 다시 **그 자신의** 감정(혹은 그의 회화적 페르소나의 감정)을 명료화하고 표현하기 때문이다.

여러 해설자들이 말하는 것처럼 들라크루아는 '과도기의 순간들, 불확실성과 긴장과 망설임의 순간들'에 대해 그리기를 매우 좋아한다. 들라크루아가 그려내기로 선택한 장면들은 전형적으로 '해결 — 행동이 어느 한쪽으로 진행될 수 있게 되는 순간 — 보다는[42] 분쟁과 갈등 및 위태로움을 제기하는' 장면들로, '날선 칼날이 어떤 동물이나 전사의 살점을 베려고 하는 바로 그 순간' 같은 것이다.[43] 이는 이 책의 표지인 「사자에게 공격당하는 아랍 기수(Arab Horseman attacked by a Lion, 1984, Art Institute of Chicago)」와 관련하여 분명히 참이다. 들라크루아는 사자가 겁에 질린 말을 움켜잡고 기수는 그 사자에게 칼을 찔러 넣을 태세를 취하고 있는 것 같은, 그 대결의 가장 극적인 순간을 묘사하기로 선택했다. 우리는 등장인물들(사람과 짐승들 모두)에 의해 표현된 공포와 공격성, 그리고 결단을 본다. 그러나 우리는 주인

42) Michele Hannoosh, *Painting and the Journal of Eugène Delacroix* (Princeton, NJ: Princeton University Press, 1995), 91. 케네스 클라크(Kenneth Clark)는 들라크루아가 '역사화가의 첫 번째 필요조건은 사람들이 자신의 감정을 드러내는 그 잠깐 동안의 제스처를 포착하는 능력이라는 데 있어 레오나르도에게 동의했다'고 지적한다. 그는 들라크루아가 보들레르에게 한 다음의 말을 인용한다. '만약 4층 창문 밖으로 몸을 던진 사람의 땅에 떨어지기 전의 모습을 그릴 수 없다면, 결코 '큰 기계들(de grandes machines)'을 그릴 수 없을 것입니다.' Kenneth Clark, *The Romantic Rebellion: Romantic Versus Classic Art* (New York: Harper & Row, 1973), 203.

43) Clay, *Romanticism*, 154.

공들의 이런 감정을 냉정하게 **관찰하지** 않는다. 우리는 예술가인 들라크루아(혹은 함축된 예술가)의 열정적인 흥분에 대해 자각한다. 클레이(Clay)가 말하는 것처럼

> 들라크루아는 막혀 있고 불규칙한 지면 위에 일종의 색채 소용돌이를, 즉 마치 뻗어나가며 회전하는 움직임에 의해 만들어졌을 것처럼 보이는 타원형의 다소 평평한 색채의 덩어리를 펼쳐놓았다. '칼로 찌르는 것처럼 깊이 박힌' 붓 자국은[테오필 실베스트르(Theophile Silvestre)] 그 움직임(action)의 번개 같은 재빠름을 강화한다. 1847년에 토레([Theophile] Thore)가 지적했듯이, 각각의 붓 자국은 '그 형태 자체의 방향을' 취하고, '안도감을 만들어내는 데 기여한다. 입체감의 표현(modeling)이 방향을 바꿀 때 그 예술가의 붓은 동일한 방향으로 전환하며, 빛의 방향을 따르는 두껍게 칠한 물감은 그림 전체에서 뿜어져 나오는 빛에 결코 맞서지 않는다'.

이 그림이 주는 충격은 실베스트르가 말하듯 '그 예술가의 손의 격렬함(violence)에 의해' 성취된 것이다. 그것은 '그림의 세부사항들과 그것들의 처리에서 나오는 것이 아니라, 그 세부사항들을 쓸어버리는 맹렬한 움직임, 즉 그림 전체의 효과에 각 부분들을 종속시키기 위해 요구되는 대로 그 심상을 왜곡시키는 움직임으로부터 나온다.'[44] 그 전체적 구성은 사자와 말 그리고 기수가 움직이는 구성요소가 되는 소용돌이치는 타원으로 이루어진다. 들라크루아가 그 그림을 **처리**한 방식의 명백한 격렬함은 그려진 장면의 격렬함 및 표현된 감정의 격렬함과 조화를 이룬다.

물론 이와 동시에 들라크루아는 우리에게 시간상의 어떤 특정한 순간, 즉 그 이야기의 움직임(action)을 요약하는 것처럼 보이는 한순간의 정지시킨 이미지를 제시하며, 우리로 하여금 거기에 표현된 것을 느낄 뿐만 아니라 그것에 대해 생각해보게 한다. 들라크루아는 그림 속 등장인물들의 감정과 자기 자신의 감정을 표현할 뿐만 아니라, 그 모든 격렬함과 열정을 인지적으로 모니터링하고 그것을 하나의 잊히지 않는 이미지로 요약해내어 관객

---

44) Ibid.

으로 하여금 그것에 대해 숙고하게 한다.[45] 보들레르(Baudelaire)가 인상적으로 지적하듯 '들라크루아는 열정적으로 열정을 사랑했고, 냉정하고 단호하게 그것을 가장 시각적으로 표현하기 위한 수단을 찾았다'.[46]

들라크루아의 글은 그가 회화를 색과 빛 그리고 형태를 통해 감정을 명료화하기도 하고 유발하기도 하는 낭만주의 감정 표현으로 생각했다는 것을 확인해준다.[47]

> 나는 우리가 우리에게 깊은 인상을 남기는 대상으로부터 일어나는 것으로 보이는 감정에 항상 우리 자신의 무엇인가를 섞는다고 굳게 믿는다. 그리고 나는 이 대상들이 우리를 그렇게 기쁘게 하는 유일한 이유가 그것들이 우리 자신의 것이기도 한 느낌과 공명하기 때문일 수도 있다고 본다. 만약 서로 다른 대상들이 우리에게 동일한 정도의 쾌를 준다면 그것은 그것들이 만들어내는 종류의 효과의 원천을 내가 내 안에서 알아보기 때문일 것이다.[48]

후기 낭만주의 회화의 양식들 가운데 표현주의는 그림이 어떤 감정 상태에 있는 사람

45) 이는 또한 그의 유명한 「민중을 이끄는 자유의 여신(*Libery Leading the People*)」의 묘사에 대해서도 참이다. 그 그림에서 인물들이 표현되는 방식은 예술가 자신의 엄청난 흥분과 그의 공감적인 혁명적 열기를 표현한다. 들라크루아는 '어스름한 회오리바람 속에서 시체들을 넘어 급습하는, 봉기하고 있는 억압받는 이들의 편에 섰다'. Walter Friedlander, *David to Delacroix*, trans. Robert Goldwater (Cambridge, Mass.: Harvard University Press, 1952), 113. 이와 동시에 들라크루아의 감정 표현은 혁명적인 공화주의자들의 열기를 집약하는 잊을 수 없는 정지된 이미지를 제공하여 우리가 그것에 대해 숙고할 수 있게('인지적으로 모니터할 수 있게') 한다.

46) Lorenz Eisner (ed.), *Neoclassicism and Romanticism 1750-1850: Sources and Documents*, 2 vols. (Englewoods Cliffs, NJ: Prentice-Hall, 1970), ii. 127.

47) 들라크루아는 '감정적 관점에서 봤을 때 회화의 효과에 대한 경험은 음악 경험과 동일하다'고 본다. Petra ten-Doesschate Chu, 'A Science and an Art at Once', Beth S. Wright (ed.), *The Cambridge Companion to Delacroix* (Cambridge: Cambridge University Press, 2001), 94.

48) Eugène Delacroix, *The Journal of Eugène Delacroix*, trans. Lucy Norton, 3rd edn. (London: Phaidon, 1995), 213. 관객과 소통하는 것에 관하여 들라크루아가 1822년 10월 8일에 쓴 글에서 다음의 내용을 표명했다는 것은 잘 알려져 있다. '회화에는 마치 그림 속에 있는 사람들의 영혼과 그것을 보는 이들 사이에 어떤 신비로운 다리가 놓인 것 같다.' Ibid. 6. 30여 년 후인 1853년 10월 20일에 그는 동일한 아이디어를 다음과 같이 지지한다. '그림 속 인물들과 사물들, 즉 당신 지성의 한 부분에서 실제의 것들 자체로 보이는 그것들은 당신의 상상력이 심오하고 신비로운 감정들을 탐험할 때 그 상상력을 뒷받침하는 튼튼한 다리와 같다. 그 감정들의 이와 같은 형식들은 말하자면 상형문자라고 할 수 있는데, 그것들은 여하한 차가운 표상, 즉 인쇄된 기호의 단순 등가물보다 훨씬 더 유려한 상형문자이다.' Ibid. 213.

에게 세계가 어떻게 보이는지를 분명히 드러냄으로써 그 감정을 표현하는 방식을 보여주는 특별히 좋은 예들을 제공한다.[49] 하나의 잘 알려진 예는 뭉크(Munch)의 「절규(The Scream)」이다. 뭉크는 한 '등장인물', 즉 좌측 하단에서 절규하고 있는 사람을 재현하는데, 그는 — 그의[50] 과장된 표정으로 보건대 — 괴로움, 걱정 그리고 소외감이라는 어떤 강력한 감정에 사로잡혀 있는 것으로 보인다. 이와 동시에 우리는 이 인물에게 세계가 어떤 모습으로 나타나는지, 그리고 물리적 의미에서 그가 어떻게 느끼는지를 보게 된다. 그 사람은 화면에 밀어붙여져 거기에 갇혀 있다. 그는 그림 속 다리의 다른 쪽 끝에 있는 흐릿한 그림자 같은 검은 형상들, 즉 그에게 외면당하고 있으면서 그를 거부하고 있는 것으로 보이는 그 형상들로부터 떨어져 있다. 다리는 그의 뒤에서 날카로운 각도로 뻗어 나가고, 그가 캔버스의 정면 쪽으로 오도록 강제한다. 그리고 당연히 거기에는 '절규'라는 주제가 있다. 그 전체 그림은 마치 전 세계가 그 절규하는 이의 괴로움과 걱정에 전염된 것처럼 그 절규와 공명하고 파문을 일으킨다. 그 그림은 그 특정한 마음 상태를 너무나 강력하게 명료화하기 때문에 정당하게 찬사를 받는다.

표현주의 회화들은 종종 무언가에 감정적으로 반응하는 것으로 보이는 등장인물을 재현함과 동시에 그 등장인물이 반응하고 있는 그 무언가를 보여주는 이런 기술을 사용한다. 그래서 「절규」에서 그 사람은 괴롭고 소외되어 보이고, 전체 그림은 그 등장인물이 반응하고 있는 종류의 세계에 대한 시각을 재현한다. 이와 유사하게 「거리(Street)」라고 불리는 그림에서[51] 에른스트 루트비히 키르히너(Ernst Ludwig Kirchner)는 우리에게 어떤 도시의 몇몇

---

49) 들라크루아는 반 고흐에게, 그리고 그 결과로 표현주의 운동에 중요한 영향을 미쳤다.

50) 내가 남성 대명사를 사용한 것은 묘사된 등장인물이 뭉크 자신인 것으로 보이기 때문이다. 캐서린 나훔(Katherine Nahum)은 '종종 이 이미지와 연결되는 뭉크의 일기 내용은 으스스한 서사를 제공한다'고 기록한다. **'나는 두 명의 친구와 함께 길을 걷고 있었다. 해가 졌다. 나는 우울함의 기미를 느꼈다. 갑자기 하늘은 핏빛의 붉은색이 되었다. 나는 기진맥진한 채 멈춰 서서 철로에 기댔다. (내 친구들은 나를 봤고 계속 걸어갔다.) 그리고 나는 (협만과 도시 위에) 검푸른 빛의 협만과 도시 위에 피와 칼처럼 걸려 있는 불타는 듯한 구름들을 보았다. 내 친구들은 계속 걸어갔다. 나는 두려움에 몸을 떨며 거기 서 있었다. 그리고 나는 자연을 관통하는 크고 끝나지 않는 절규를 느꼈다.'** 'In Wild Embrace: Attachment and Loss in Edvard Munch', Jeffery Howe (ed.), *Edvard Munch: Psyche, Symbol and Expression* (Boston: McMullen Museum of Art, Boston College, 2001), 39-40. 나훔은 라인홀트 헬러(Reinhold Heller)가 그 서사의 모든 버전을 번역하고 포함했다고 언급한다. 위 내용에는 1982년 1월 22일이라는 날짜가 적혀 있다. Reinhold Heller, *Edvard Munch: The Scream* (New York: Viking, 1972) 참조.

51) 키르히너(Kirchner)는 도시의 풍경을 많이 그렸다. 나는 뉴욕현대미술관에 걸려 있는 1907년 그림에 대해 생각하고 있다.

거주자들 — 그 그림이 제시하는 것은 그 도시에 대한 이들의 시각이다 — 을 보여줄 뿐만 아니라, 그 도시에 대한 소외된 시각을 구현하는 그 도시의 어떤 거리를 보여준다. 「격렬하게 춤추는 아이들(Wildly Dancing Children)」 혹은 「황금송아지를 에워싼 춤(Dance around the Golden Calf)」과 같이 춤추는 사람들을 그린 에밀 놀데(Emil Nolde)의 관능적 그림들은 춤추는 이들의 제스처에 있는 야생성과 방종을 과장한다. 이와 동시에 전체로서의 그 그림들은 불타는 듯한 색채와 거친 붓 자국으로 춤추는 이들의 흥분된 시각을 구현한다. 분명히 표현주의자들은 낭만주의자들과 특히 들라크루아에게 강력한 영향을 받았다. 그러나 그들 사이의 차이는 프리드리히와 심지어 들라크루아조차 여전히 어느 정도 사실적으로 그림을 그리는 반면, 반 고흐와 뭉크 그리고 독일 표현주의자들은 자신들이 표현하고 있는 감정이나 태도를 강조하기 위하여 그림에서 다루는 소재를 왜곡시킨다는 것이다. 그들의 작품들은 낭만주의적 선구자들보다 더 추상적이다.

낭만주의나 표현주의 회화만이 내가 기술하려고 하는 낭만주의적 의미에서 감정을 표현하는 것은 아니다. 18세기 화가 샤르댕(Chardin)은 주제 선택의 측면에서 보면 낭만주의 화가가 아니다. 그의 작품에는 사자 사냥도, 이국적 여자 노예들도 등장하지 않는다. 그러나 샤르댕은 자신의 그림에서 일상적 사물들과 매일의 삶을 살아가는 사람들을 그려내는 방식을 통해 자신의 감정을 명료화한다. 구리 가마솥과 딸기가 담긴 그릇, 막자사발과 막자를 그린 그의 신중하고 조화로우며 애정 어린 그림들은 삶 일반을 향한 어떤 태도, 즉 정중함과 조화로운 삶의 중요성, 일상적인 사물들에 있는 아름다움의 중요성, 노동을 하는 평범한 사람들에 대한 애정 어린 존중, 그리고 일상적 대상들과 매일의 삶에서 누리는 잔잔한 즐거움을 명료화한다.

때때로 예술가가 자신의 작품에서 어떤 감정을 의도적으로 표현하고 있는지 아닌지, 작품이 버마젠이 기술한 의미에서 단순한 감정의 '유출'인지 아닌지를 식별하기 어려울 때가 있다. 우리는 종종 어떤 작품이 의도적으로 어떤 감정을 표현하기 위해 만들어지지도 않고, 표현된 감정이나 생각에 대한 어떤 주의 깊은 명료화나 해명이 반드시 있지 않은 경우에도 어떤 페르소나에게 태도, 감정, 생각, 믿음 등이 있음을 그 작품으로부터 추론해낼 수 있다. 어쩌면 이것은 샤르댕과 관련하여 참이다. 리처드 볼하임은 모네의 「녹고 있는 센강(The Seine in Thaw)」의 예를 인용하는데, 그는 이 그림을 애도의 표현이자 부인이었던 카미유(Camille)의 죽음을 향한 모네의 모호한 느낌의 표현이라고 해석한다.[52] 아마 틀림없이 그 그림은 모네에게 이 세계가 어떻게 보이는지를 — 얼어 있던 풍경이 봄철을 향해 녹기 시작하는 것으로 보인다는 것을 — 보여줌으로써 모네의 감정과 태도를 명료화한다. 그러나 모네는 이것이 자신이 하고 있는 것임을 자각하지 못하고 있었을 수도 있다. 그는 자신의 느낌을 표현하기보다는 '유출하고' 있는 것이었을 수도 있다. 다른 한편으로, 설령 모네가 이 작품에서 자신의 감정을 의도적으로 명료화하고 있는 것이 아니었다 하더라도 그 그림 자체가 그렇게 했다는 것은 여전히 참이다. 해당 감정에 특징적인 그 주제에 대한 관점을 명료화함으로써, 그리고 그러한 감정 상태에 있다는 것이 어떻게 느껴지는 것인지에 대한 무언가를 전달함으로써 그 그림은 그 감정을 명료화한 것이다.

조각과 건축에서 감정 표현하기

많은 재현적 조각들은 회화와 마찬가지로 어떤 특정한 감정 상태에 있는 누군가의 관점에서 사람들과 장면들을 재현함으로써 감정을 표현한다. 그러나 조각은 다른 예술 형식들보다 인간의 몸에 집중하며, 아주 빈번하게 조각은 특정 감정 상태에 있는 사람이 어떻게 보이고 어떻게 행동하는지를 드러냄으로써 낭만주의적 의미에서 감정을 표현한다. 우리가 어떤 페르소나의 관점에서 만들어진 조각으로부터 그 페르소나의 마음 상태를 추론할 때, 우리는 보통 그 조각에 의해 인간의 몸이 재현된 방식으로부터 그것을 추론해낸다. 그래서 미켈란젤로의 「피에타(Pieta)」는 자신의 죽은 아들 위에서 눈물을 흘리고, 그렇게 함으로써 비탄과 체념을 표현하는 어머니의 모습을 보여준다. 표정, 제스처 그리고 자세를 통해 아들에 대한 자신의 감정을 표현하는 어머니를 보여주면서 그 작품은 다시 작가 자신

52) Wollheim, *Painting as an Art*, 95.

의 경외심과 비탄으로 보이는 것을 표현한다.[53] 이와 유사하게 로댕의 「칼레의 시민(Burghers of Calais)」[54]은 두려움에서 절망, 괴로움, 무거운 마음, 자신의 운명에 대한 고통스러운 수용에 이르는 매우 상이한 감정들을 표현하는 여섯 명의 시민을 보여주는데, 이러한 표현들 중 어떤 것도 애국주의적 조각에서 통상적으로 나타나는 흔한 영웅주의나 용기의 표현이 아니다. 그리고 그들의 표정뿐만 아니라 표현적 자세와 제스처들의 묘사를 통해 로댕은 그 시민들을 향한 자신의 동정적(sympathetic) 동료의식을 표현한다.

건축은 개인적 감정 표현에 자신을 빌려주지 않는 예술 형식이다. 우리는 어쩌면 가우디(Gaudi)가 바르셀로나의 「사그라다 파밀리아(Sagrada Familia)」 건물에서 자신의 감정을 표현하고 있다고 인정할 수 있겠지만, 그 정도가 낭만주의적 의미에서 감정을 표현하는 건축에 가장 가까운 것이다. 가우디의 특이한 점들 중 하나는 건물을 지으면서 그 건물을 디자인했다는 것인데, 그것은 시인이 조정하고 수정하면서 시를 쓸 수 있는 것과 같다. 거의 모든 현대 건축가들의 경우, 했던 것을 지우고 다시 새롭게 시작하는 것은 미래에 지을 건물을 위한 계획을 세우는 동안 그리고/혹은 모형을 디자인하는 동안 일어난다. 디자인을 만들어내는 과정에서 건축가는 곡선으로 이루어진 형태에 대한 자신의 사랑, 친밀한 공간에 대한 느낌, 자연적 재료에 대한 애정, 질감에 대한 관심, 문명화된 생활공간을 만들어내고자 하는 욕구 등을 실제로 표현할 수 있다. 교회를 짓기 위한 디자인은 그 건축가의 경외심이나 세속주의를 표현할 수도 있다. 공공건물을 짓기 위한 디자인은 대중에 대한 경멸을 표현할 수도 있다. 상가를 위한 디자인은 자본주의의 결실에 대한 열광적 즐거움을 표현할 수도 있다. 그러나 대체로 어떤 건물을 짓기 위한 디자인은 화, 질투, 슬픔, 기쁨, 두려움 등과 같은 개인적 감정을 표현할 가능성이 매우 적다. 건축은 보다 자주 태도나 세계관에 대해 표현적이며, 다시 말하지만 그러한 태도가 고의적으로 그 디자인 안에 구현된 것인지

---

53) 즉, 함축된 미켈란젤로는 경건하고 비탄에 차 있다.

54) 「칼레의 시민」은 영국과 프랑스 사이의 백년전쟁에서 있었던 일을 재현하고 있다. 에드워드 3세가 1346~7년에 칼레 시를 포위했을 때, 그 도시의 여섯 명의 시민이—저명한 시민들이—만약 왕이 그 도시에 자비를 베푼다면 자신들의 삶을 희생하고 도시의 열쇠들을 넘겨주기로 동의했다. 비록 그 조각(이 조각에는 여러 가지 버전이 있다)이 애국심을 기리는 기념물이기는 하지만, 로댕은 이 시민들을 관례적인 영웅적인 모습으로 재현하지 않았다. 일단 그들은 오랫동안 포위된 상황을 겪어 굶주리고 약해져 있는 것으로 보인다. '나는 그들을 의기양양한 신격화와 엮어서 보여주지 않았다. 그들의 영웅주의에 대한 그러한 예찬은 사실적인 어떤 것에도 상응하지 않았을 것이다.' Nelly Silagy Benedeck, *Auguste Rodin: The Burghers of Calais* (New York: Metropolitan Museum of Art, 2000), 20.

아닌지, 그러한 태도가 건축가의 무의식적 선호의 결과로 거기에 있게 된 것인지 아닌지를 판별하는 것이 언제나 쉽지는 않다. 간단히 말해 다른 종류의 예술과 마찬가지로 건축물이 표현인지, 아니면 버마젠 식의 태도와 감정의 '유출'인지 알기는 종종 어렵다.

예를 들어, 우리는 어떤 고딕 성당의 디자인으로부터 그것을 만든 이들이 전능자에 대한 경외에 차 있었다는 것과 믿는 이들의 천국을 향한 열망을 구체화하기를(아니면 돌로 만들기를!) 원했다는 것을 추론해낼 수 있다. 그러나 다시 말하지만 이로부터 각각의 개인 석공들이 전능자를 향한 개인적 느낌을 표현하고 있었다는 것이 따라 나오지는 않는다. 고전주의 시대에 지어진 팔라디오(Palladio)의 「빌라 로툰다(Villa Rotunda)」는 고전적 절제와 비율에 대한 건축가의 경탄, 즉 어떤 신사의 시골집을 정중함과 품위의 본보기로 만들고 싶어 하는 그의 욕구를 표현한다. 이것은 의도적인 것이었을까? 아마도 어느 정도는 그럴 것이다. 그러나 정확히 어느 정도로 그랬는지를 확인하는 것은 불가능하다. 오늘날 신시내티 대학의 디자인, 예술, 건축 및 조경 대학(College of Design, Art, Architecture and Planning)을 위한 피터 아이젠만(Peter Eisenman)의 디자인은 학생들이 그 안에 있을 때조차 그들에게 교육적일 수 있는 건물을 만들고자 했던 그의 관심과 너무나 많은 현대 건물들에 있는 격자무늬 패턴을 해체하고자 하는 그의 소망, 그리고 이상한 각도와 표준적이지 않은 크기에 대한 그의 사랑을 **표현하며**, 그의 장난꾸러기 같은 유머 감각과 어쩌면 약간의 오만을 **유출한다**.

춤에서 감정 표현하기

춤이 감정을 명료화하는 가장 명백한 방식은 일상적 삶에서 어떤 감정에 대해 표현적인 제스처와 행위 — 종종 과장된 버전의 제스처와 행위 — 를 사용하는 것이다. 춤은 로미오와 줄리엣의 풋풋하고 충동적인 사랑이나, 사랑하는 이에게 배신당한 지젤의 절망 혹은 니진스키의 「봄의 제전(*The Rite of Spring*)」에서의 종교적 황홀경을 정교한 뉘앙스로 표현할 수 있다. 춤은 일상적 삶에서 사람들이 이런 감정을 표현할 때의 행동, 행동 경향 그리고 제스처를 (종종 단순화되고 추상적인 혹은 과장된 방식으로) 모방함으로써 그렇게 할 수 있다. 조각과 마찬가지로 이야기를 들려주거나 어떤 방식으로 재현하는 춤 작품들 역시 이중적 의미에서 표현적일 수 있는데, 춤은 제스처와 행동으로 자신의 감정을 표현하는 등장인물들을 우리에게 제공하고 또한 그렇게 함으로써 안무가의 감정적 시각을 표현할 수 있다. 그러나 추상적인 춤 작품들 역시 표현적일 수 있는데, 설령 무용수들이 어떤 이야기나 내러티브의 등장인물들을 재현하지 않는다 하더라도 그들의 움직임과 제스처가 다양한 감정을 표현한다는 의미에서 그렇다. 추상 작품들은 세계 일반에 대한 감정 반응을 표현할 수 있고, 뿐만 아니라 — 어떤 경우에는 — 그러한 반응을 촉발할 수 있는 종류의 세계에 대한 시각을 표현할 수 있다.

어쩌면 여기서 '표현적 공연' — 표현적으로(*espressivo*) 공연되는 공연 — 은 표현적 제스처를 강조하는 공연이라는 것을 언급하는 것이 좋을 것이다.[55] 앞에서 살펴보았듯이 회화에는 표현적 제스처가 있을 수 있다. 들라크루아, 뭉크, 폴락의 작품에서 그런 것처럼 말이다. 또한 영화와 연극의 표현적 공연뿐만 아니라 음악 — 성악과 기악음악 모두에서 — 의 표현적 공연도 있을 수 있다. 그러나 어쩌면 이런 의미에서 표현성의 가장 분명한 사례들은 신체적 행동과 제스처가 그 자체로 표현의 주된 매체가 되는 춤에서 나타날 것이다.

낭만주의적 표현의 회복

내가 약술한 이론은 어떤 의미에서 오래된 표현주의 이론의 정신에 입각한 낭만주의 표현 이론인가? 8장 끝에서 나는 표현 이론의 다섯 가지 중요한 특징을 열거했다. 나는 내가 구성한 그 이론의 현대적 버전에 그 다섯 가지 특징이 모두 포착된다고 믿는다.

1. 먼저 예술작품은 감정을 명확하게 하고 그 감정을 의식에 가져오는 경우에만 표현

55) 토메이와 표현적으로 연주된 음악에 대한 논의를 보려면 8장 참조.

이다. 나는 작품이 **어떻게 그렇게** 할 수 있는지 앞에서 설명했다. 내가 기술했듯이 어떤 감정의 명료화는 일차적 의미에서 의도적 행동이다. 예술가는 내가 기술한 방식으로 감정을 명료화하려고 의도했어야 한다. 이는 그 예술가가 표현 이전에도 그것이 무엇인지 자세히 밝힐 수 있는 어떤 특정한 감정을 표현하려고 의도한다는 것을 의미하는 것이 아니라, 시를 쓰거나 그림을 그리는 그의 기획이 부분적으로 페르소나의 감정을 표현하려는 기획이라는 것을 의미한다. 그 페르소나가 예술가 자신의 페르소나이든, 등장인물의 페르소나이든, 아니면 그 작품 속이나 그 작품의 배후에 있는 다른 페르소나이든 말이다. 그러나 예술가의 표현이라기보다는 작품의 표현이라는 나의 두 번째 정의에 따르면, 설령 어떤 예술가가 자신이 무엇을 명료화하거나 표현하고 있다고 생각하지 않았다 하더라도 그의 예술작품은 어떤 감정을 명료화할 수 있다.

2. 감정과 그것의 표현은 함께 생겨난다. 오래된 표현 이론에서와 마찬가지로 나의 이론에서도 감정 자체가 식별되는 것은 그 감정이 명료화될 때이다. 어떤 시나 그림에서 재현되는 어떤 구체적인 관점(몇몇 구체적 이해관계나 욕구에 기반을 둔 관점)은 예술가가 어떤 구체적 감정에 대해 반성하고 '고요함 속에서 그것을 회상할 때' 그 감정을 특징짓는 관점이 된다. 하나의 춤 작품은 어떤 감정을 그것이 포함하는 행동 경향, 운동 활동 그리고 표현적 제스처의 정확한 본성을 통해 식별하는 일련의 행위들로 구성된다. 그래서 예술가와 관객 모두는 오직 그 시, 그 그림 혹은 그 춤이 끝난 이후에만 정확히 어떤 감정이 표현되었는지 파악할 수 있다. 춤과 음악에서의 제스처는 마치 표현적 제스처의 본질을 정화된 형식 안에 추출하는 것처럼 종종 단순화되고 과장된다. (물론 그런 제스처는 종종 표현적일 뿐만 아니라 형식적으로도 유쾌하다.)

3. 시를 쓰는 것 혹은 그림을 그리는 것 등은 단순히 어떤 기술을 배우는 문제가 아니라 독창적 비전을 창조해내는 문제이다. 어떤 경우에 그 비전은 우리가 캔버스 위에서 보는 것이거나 시에서 읽는 것이다. 이를테면 영적 풍경에 대한 프리드리히의 비전이나 예술과 아름다움의 영원한 세계에 대한 키츠의 비전이 그것이다. 이것들은 독창적 비전이며, 새롭고 고유한 감정 상태의 표현이다. 때때로 그 비전은 음이나 춤 동작들의 독창적 연속이며,

그것은 행동 경향과 언어적 제스처 및 여타 신체적 제스처와의 유비를 통해 어떤 감정 상태를 명료화한다. 다시 말하지만 춤 동작들의 정밀한 연속은 우리에게 풋풋한 사랑 —「로미오와 줄리엣(*Romeo and Juliet*)」— 이나 배신에 대한 지젤의 좌절 혹은 원초적인 종교적 황홀경 —「봄의 제전」— 에 대한 어떤 비전을 제공해준다. 누구도 어떻게 이런 방식으로 감정을 표현하는지 배울 수 없다. 이것은 시행착오의 문제이자, 누군가 어떤 표현을 성취했을 때 그것을 알아보는 것의 문제이다.

4. 표현 이론가들은 관객이 표현된 것을 단지 지각하는 것이 아니라 자신들의 상상 속에서 표현된 감정을 재창조한다고 주장한다. 나는 하나의 표현인 예술작품을 관객이 어떻게 이해하게 되는지에 대해 주장한 바 있다. 관객은 페르소나의 눈을 통해 세계를 보고, 그 결과로 그 감정 상태에 있는 사람이 가지기 쉬운 몇몇 느낌을 느끼도록 배운다. 프리드리히가 자연을 우리에게 보여주는 방식으로 자연을 보도록 배운 사람들은 세계에 대한 자신들의 일상적 태도(orientation)로부터의 변화를 느끼게 될 것이다.「드레스덴의 큰 사유지」에서 세계의 볼록한 모양은 마치 관객이 그 세계의 일부가 된 것처럼 그 관객을 포용하려 손을 뻗는 것으로 나타난다. 우리는 단지 이것을 보는 것이 아니라 이것을 느낀다. 이와 유사하게 키츠는 그(혹은 그의 페르소나)가 나이팅게일의 노래를 경험하는 방식, 즉 그 노래가 환기하는 생각과 기억들, 그것이 유도하는 기분, 그것이 불붙이는 욕구에 대한 매 순간의 설명을 제공하여 우리 역시 어느 정도 동일한 방식으로 그것을 경험할 수 있게 한다. 뒤에서 살펴보게 되겠지만, 이러한 효과는 아마도 음악에서 가장 강력할 것이다.

5. 표현은 지식을 위한 수단이다. 예술가는 표현된 감정에 대해 배우고, 관객도 스스로 그 감정을 재창조해내면서 그것에 대해 배운다. 이것은 감정에 대한 일종의 인지적 모니터링이다. 그렇다면 예술가가 어떤 감정에 대해 '알게 되는 것'은 심리학자나 철학자와 어떻게 다른가? 차이점은 이것이다. 철학자와 심리학자 모두는 그들 각각의 상이한 방식으로 감정을 **일반화**한다. 철학자들은 통속 심리학을 사용하여 감정이 일반적으로 어떤 것인지 혹은 사랑이나 수치심이 일반적으로 어떤 것인지에 대한 기술(description)이나 일반화

를 제시하려 한다. 심리학자들 또한 기술들을 다루지만 좀 더 경험에 토대를 둔 방식으로 그렇게 한다. 그들은 특정 피험자들에게 이러저러한 상황에서 어떻게 느꼈는지 혹은 수치심과 죄책감 사이에 어떤 차이가 있다고 생각하는지 묻는다. 오직 예술가만이 표현된 어떤 감정 상태에 있다는 것이 어떤 것인지 우리가 이해하기 시작하게 되는 방식으로 감정을 개별화하고 명료화한다. 키츠가 「나이팅게일에게 부치는 노래」에서 명료화하는 감정은 복잡하고 그 노래에 고유한 것이다. 나는 그것을 '갈망의 느낌'이라고 기술하고, 그 갈망이 무엇에 대한 것인지 대략적으로 말할 수 있지만 이것은 통속 심리학적 용어로 일반화된 요약적 판단이다. 키츠가 자신의 시에서 전달하는 것은 변화하고 있는 그의 감정적 경험을 우리가 어느 정도 공유할 수 있는 방식으로 특징짓는 생각들, 소망들, 이미지들, 관점들의 연속이다. 그가 사용하는 리듬, 의성어, 심상 등은 그가 표현하려고 하는 것을 우리가 느끼도록, 그래서 그것을 파악하도록 돕는다.

표현과 관객의 감정 재창조

만약 예술적 감정 표현이 성공적이라면 그것은 표현적이다. 그리고 이것이 의미하는 바는 그 표현이 관객으로 하여금 예술작품에 명료화된 감정 상태에 있다는 것이 어떤 것인지에 대한 무언가를 느낄 수 있게 한다는 것이다. 중요한 것은 표현적 작품에 대한 우리의 반응 자체가 **감정적**이라는 것이 표현에 대한 낭만주의적 이해의 일부라는 것이다. 즉, 우리는 우리의 감정이 환기되는 것을 통해 작품에 표현된 것을 이해하게 된다는 것이다. 키츠의 「나이팅게일에게 부치는 노래」를 읽으면서 우리는 예술과 아름다움의 영원한 세계를 갈망한다는 것이 어떤 것인지에 대한 무언가를 발견할 수 있다. 우리는 그 극적 화자가 명료화하는 관점에 대한 약간의 이해와 — 리듬과 심상 등을 통해 — 이러한 갈망의 상태에 특징적인 신체적 움직임과 느낌에 대한 약간의 이해를 가지게 되는 것이다. 프리드리히의 풍경화를 보면서 우리는 그 화가의 감정적 관점에 대해, 그리고 자연에 대해 깊이 생각할 때 그가 경험하는 신체적 느낌에 대해 약간의 이해를 얻는다.

춤 작품을 보고 있을 때 (우리가 그 춤에 참여하는 사람들이 아니라고 가정한다면) 우리는 표현되고 있는 것과 훨씬 더 직접적으로 소통하는 운동 활동과 자율신경계 활동에 참여한다. 우리는 그 무용수가 무대에서 표현하고 있는 것을 정말로 느낄 수 있다. 물론 우리 자신의 신체적 활동은 어느 정도 억제된다. 우리의 근육이 긴장되고 피가 빠르게 흐르며 마치 우리가 팔을 뻗고 다리를 굽히고 있는 것처럼 느낄 수도 있지만, 우리는 그 시간 내내 극장에 점잖게 앉아 있다. 그러나 춤은 우리에게 신체적 반응을 유발하기 때문에 우리는 자랑스러워한다거나 분개한다는 것, 풋풋한 사랑에 깊이 빠져 있는 것 혹은 비통함이나 격노에 휩싸인다는 것이 **어떻게 느껴지는** 것인지에 대한 날카로운 감각을 얻게 된다.[56] 3장에서 나는 어떤 (기본적) 감정에 특징적인 특정한 신체적 변화를 유도하는 것은 자신이 그 감정 상태에 있다고 스스로 보고하도록 유도하며, 그 감정이 다른 신체적 징후들을 유도하기도 한다는 것에 주목했다. 춤의 가장 주목할 만한 특징들 중 하나는 그것이 자세와 행동 경향 및 표현적인 신체적 제스처를 사용하여 감정을 명료화할 수 있을 뿐만 아니라 관객에게 신체적 상태를 유도할 수 있는 **신체적** 예술이라는 것이다.

예술적 표현에서 성공적인 감정 소통이 이루어졌는지 식별해내는 좋은 기준은 그것이 관객, 청자 혹은 독자에게 적절한 감정 반응을 이끌어내는가 하는 것이다.[57] 내가 이 책 전체에 걸쳐 강조해왔듯이 감정은 사람(혹은 다른 유기체들)과 환경 사이의 상호작용이다. 감정 반응은 나 혹은 나에게 속한 것의 생존과 안녕에 어떤 방식이든 중요한 것으로 정감적으로 평가된 무언가에 대한 생리적 반응이다. 생존과 안녕의 관점에서 본 환경의 가장 중요한 국면들 중 하나는 동종들(conspecifics)의 감정 반응이다. 모든 일반적인 사람들은 얼굴과 목소리

---

56) 각주 35에 기록된 신경생리학의 결과와 에크먼(Ekman)의 실험을 떠올려보라.

57) 그러나 우리는 이전 장들에서 논의한 제한들을 기억해야 한다. 관객이나 청자 혹은 독자는 '자격 있는' 이들, 즉 그 작품의 장르와 양식 및 적용된 관습들 등에 익숙한 이들이어야 한다. 서로 다른 감정 반응들이 그 작품을 만든 이와 관객 사이의 차이를 고려할 때 동등하게 '적절할' 수 있다. 그럼에도 불구하고 만약 진정한 낭만주의 표현 작품이 그 목표를 달성하는 데 성공한다면 관객은 표현된 감정을 스스로 어느 정도 '재창조'할 수 있게 될 것이다. 만약 내가 톨스토이처럼 들리기 시작한다면, 나는 독자들에게 낭만주의적 의미에서 감정을 표현하는 것은 단지 그 감정을 통한 전염이 아닌, 감정의 명료화와 해명—감정에 대한 인지적 모니터링—을 포함한다는 것을 환기시켜야 할 것이다. '전염' 이론에 대해 보려면 Leo Tolstoy, *What Is Art?*, trans. Aylmer Maude (Indianapolis: Bobbs-Merrill, 1960) 참조.

및 제스처를 읽어내고, 자신들이 거기에서 발견한 것에 (빠르고 자동적인 정감적 평가의 결과로) 감정적으로 반응할 수 있는 능력을 가지고 태어난다. 나 혹은 나에게 속한 것에게 중요하다고 정감적으로 평가된 자극에 대한 모든 감정 반응이 그렇듯이, 어떤 표현에 대한 나의 신체적 반응은 나로 하여금 그 표현이 가진 의미에 주의를 기울이게 한다. 낭만주의 표현의 전형적 작품들은 표현된 감정을 명료화하고, 표현되고 있는 것을 이해하기 위해 관객이 그것에 감정적으로 반응하도록 장려할 수 있도록 주의 깊게 구성되었다. 나의 직감적 반응은 표현되고 있는 것이 무엇인지에 대한 단서를 주지만, 나는 또한 내 반응을 인지적으로 모니터하고 반성하도록 장려된다. 간단히 말해, 감정적 표현은 **그 감정을 표현하고 있는 사람의 감정 상태와 관련하여 그 표현이 드러내는 것 때문에** 그것을 관찰하거나 듣거나 느끼는 이들에게 감정을 유발할 것이다. 그리고 실제 삶에서와 마찬가지로 예술에서도 감정 표현의 표준적 사례들에서 **표현에 대한 반응은 그 자체로 감정적이다**.

우리는 이전 장들에서 이디스 워튼(Edith Wharton)의 『암초』에 대한 적절한 감정 반응이 어떻게 그 소설을 이해하고 그것으로부터 삶에 대해 배우는 것에 도움이 될 수 있는지 살펴보았다. 표현에 대해 논의하는 장들에서 나는 소설보다는 서정시를 강조했는데, 그것은 서정시가 표현 개념의 고향이기 때문이다. 그러나 내가 이전 장들에서 논의한 종류의 사실주의 소설들은 많은 측면에서 낭만주의의 아이디어를 예증한다. 『암초』에서 이디스 워튼은 가끔씩만 자신의 목소리를 개입시킨다. 그리고 비록 이야기를 이끌어나가는 것은 워튼의 태도지만, 거기에서 감정이 가장 생생하게 표현된 사람들은 애너와 대로우라는 등장인물들이다. 애너와 대로우 그리고 『암초』 일반을 이해하기 위해 우리의 감정이 유발되어야 하는 것처럼 내가 규정한 낭만주의적 의미에서 표현인 모든 작품에 우리는 감정적으로 반응해야 한다. 프리드리히의 「드레스덴의 큰 사유지」를 단지 텅 빈 독일 풍경을 그린 예쁜 그림으로 간주하는 것도 가능하다. 그러나 그 그림은 프리드리히의 감정을 표현하고, 우리로 하여금 그러한 감정을 가진다는 것이 어떤 것인지 느끼게 하는 고도로 표현적인 작품이기도 하다. 들라크루아의 「사자에게 공격당하는 아랍 기수」는 들라크루아 자신의 흥분뿐만 아니라 주인공들의 격렬한 감정을 표현하고, 그것이 관객에게 줄 수 있는 본능적(visceral) 효과는 관객이 그 그림이 표현하는 격렬한 느낌을 감지해내는 데 도움을 준다.

마지막으로, 내가 답하지 않고 남겨놓은 하나의 질문은 표현이 무엇인지에 대한 보다 나은 이해를 가진 지금 우리가 '표현적 특질'에 대해 정확히 어떻게 생각해야 할지에 대한 것이다. 8장에서 나는 표현적 특질들을 '행복한'이나 '슬픈' 같은 감정 용어들로 이름 붙여진 특질들과 동일시하는 것은 잘못된 것이라고 주장했다. 슬픈 시는 단순히 슬픔과 이렇게 혹은 저렇게 연결되어 있는 시이며, 이런 연결은 스파샷(Sparshott)이 현명하게 지적하듯 '때로는 이 종류이고 때로는 저 종류이며 대개는 어떤 명확한 종류도 아니다'.[58] 나는 우리가 '표현적 특질'이라는 용어를 감정 단어에 의해 이름 붙여질 뿐만 아니라 적절한 감정을 일으키기도 하는 예술작품(혹은 즐거운 시냇물이나 고뇌에 찬 늙은 참나무 같은 다른 것들)의 특질들에 제한해야 한다고 주장하고자 한다. 보다 구체적으로, **표현적 특질은 그것이 불러일으키는 감정을 통해 파악될 수 있는 특질이다**. 표현적이지 않은 '슬픈 시' — 슬픔이라는 표현적 특질을 가지고 있지 않은 시 — 는 감정을 전혀 불러일으키지 않거나 그 슬픔과 무관한 감정을 유발할 수 있다. 8장에서 제시한 애정 넘치는 작은 개를 바라는 나의 욕구에 대한 시는 — 그 시에 무언가 의도가 있다면 — 당신을 웃게 하려고 의도된 것이다.[59] 만약 나의 개를 묘사한 엉터리 시 같은 슬픈 시가 당신을 웃게 한다면 이런 반응은 당신으로 하여금 그 시에 있는 어떤 슬픔에도 주목하게 하지 않는다. 그것은 그 대신 당신의 주의를 그 시의 익살스러운 서투름으로 이끈다. (당신이 관대한 유머 감각을 가지고 있다고 가정할 때 그렇다.) 콜리지의 「절망의 노래」 같은 시와 이 시의 대조는 밤과 낮의 대조와 같다. 콜리지의 시는 페르소나(실제로 콜리지 자신)에게 있는 우울함의 진정한 낭만주의적 표현이며, 그것은 독자로 하여금 그 시에 표현된 바로 그 방식으로 우울하다는 것이 어떤 것인지 느끼게 한다. 그러나 그 시에 우울함이라는 **표현적 특질**이 있다고 말하는 것 역시 타당하다. 다시 말해 우울한 시가 되는 것에 더하여 콜리지의 시는 그 시를 이해하며 읽는 이들에게 특정한 감정들 — 우울함과 아쉬움 등 — 을 유도하고, 더 나아가 그것이 유도하는 우울함과 아쉬움을 통해 독자로 하여금 그 시 속 우울함에 주의를 기울이게 할 수도 있다.

이것은 예술작품의 표현적 특질이 단순히 관객에게 그에 상응하는 감정을 환기하는

58) 8장 참조.

59) 비록 그것이 나의 시적 능력과 관련하여 당신을 슬프게 할 수 있더라도 말이다. 그리고 분명히 그것은 시에 대한 슬픈 변명이다.

특질이라고 말하는 것이 아니다.[60] (내가 제안하는 것은) 단지 무엇이 **표현적 특질**로 간주되어야 하는가를 판별하는 좋은 기준은 표현적 특질들은 관객에게 상응하는 감정을 유발하고, 이런 감정들이 관객으로 하여금 작품 속 표현적 특질들에 주의를 기울이게 할 수 있다는 것이다. 이와 유사하게 예술작품에서의 낭만주의적 감정 표현은 관객에게 감정을 환기하는 것과 **동일한 것**이 아니다. 그러나 성공적인 예술적 표현을 판별하는 좋은 기준은 그러한 표현이 관객에게 적절한 감정을 환기한다는 것이다.「절망의 노래」에서 콜리지의 말을 빌려온다면, 예술가와 관객 모두에게 있어 진정한 표현의 희망은 '외부의 형식으로부터 얻는 것 / 열정과 생명을, 그 샘이 내부에 있는 것들을'이다.

이러한 방식의 감정 소통과 관련하여 많은 측면에서 가장 성공적인 예술은 음악예술이다. 이 책의 남은 부분에서 나는 음악예술에 전념할 것이다.

60) 우울함이라는 표현적 특질은 반드시 우울함을 유도하는 것이 아니라 어쩌면 아쉬움 같은 다른 관련된 감정들을 유도한다는 것에 주목하라. 이 주제에 대해 좀 더 살펴보려면 12장 참조.

4부

음악과 감정

4부의 논의는 음악에 집중되어 있다. 10장과 11장은 음악적 표현에 대한 것이고, 12장과 13장은 음악에 의한 감정 환기에 대한 것이다.

10장에서 나는 어떻게 노래 — 특히 낭만주의 가곡 — 가 많은 측면에서 낭만주의적 표현의 정수가 되는 예술인지를 보일 것이다. 지난 수백여 년 동안 음악 이론은 음악에서의 감정의 중요성을 훼손하는 경향을 보였던 형식주의 미학에 의해 지배되어왔다. 이러한 사고방식의 현대적 후손들이 보기에 음악에서의 표현은 세인트버나드나 바셋하운드의 슬픈 얼굴과 같이 단순히 음악에 입혀진 **외양**이며, 그 개가 느낄 수 있는 어떠한 실제적 감정의 표현과도 관계없는 것이다. 그러나 사실상 개 이론(the doggy theory)이 단언하는 것과 대조적으로 몇몇 낭만주의 음악은 9장에서 개괄한 완전한 낭만주의적 의미에서 감정 표현이다. 특히 많은 낭만주의 가곡들은 그 곡들의 극적 주인공의 감정을 표현한다. 감정과 마찬가지로 음악은 하나의 과정이며, 그래서 음악은 특정한 감정 상태만이 아니라 감정의 혼합, 감정들 간의 충돌, 애매한 감정, 그리고 하나의 감정이 다른 감정으로 전환되는 방식을 표현하기에도 특별히 적합하다. 나는 브람스(Brahms)의 가곡 「내 잠은 점점 깊어가고(Immer leiser wird mein Schlummer)」에 대한 해석과 함께 이러한 주제들에 대해 설명할 것이다.

11장에서 나는 낭만주의 기악음악을 감상할 때 종종 음악 속 페르소나를 (이것이 작곡가의 페르소나이든, 대사 없는 일종의 극에서 어떤 역할을 하도록 작곡가에 의해 창조된 인물이든) 상정하는 것이 적합하다고 주장한다. 이러한 가정 하에서 몇몇 '순수' 기악음악 역시 완전한 낭만주의적 의미에서 감정의 표현인 것으로 드러난다. 기악음악은 「내 잠은 점점 깊어가고」와 완전히 동일한 방식으로 감정을 표현할 수 있다. 나는 브람스의 간주곡 Op. 117 No. 2에 대한 해석과 함께 이러한 아이디어에 대해 설명할 것이다.

12장과 13장은 음악에 의한 감정의 환기에 대한 것이다. 12장에서 나는 음악에 의해 환기된 감정의 일부는 우리가 음악 — 음악의 구조와 음악이 표현하는 것 모두 — 을 이해하는 데 도움을 주는 중요한 역할을 할 수 있다고 주장한다. 이 장은 내가 문학에 대해 유사한 논증을 제시한 4장과 평행을 이룬다. 나는 음악심리학의 몇몇 연구 결과를 이용하여 이 논증을 뒷받침한다.

마지막으로 중요한 내용을 담고 있는 것은 13장으로, 음악이 **어떻게** 감정을 조금이라도 환기할 수 있는가라는 골치 아픈 질문을 다룬다. 그 인기 있는 감정에 대한 '판단 이론'에 따르면, 음악에 대한 어떤 판단에 근거한 것으로 보이는 감정들을 제외하고는 음악이 어떻게 감정을 유발하는가 하는 것은 전혀 이해할 수 없는 것이다. 나는 음악이 감정을 환기할 수 있는 여러 가지 방식이 있음을 보일 것이다. 특히 다른 어떤 예술보다 음악은 우리의 심리에 강력한 영향을 미친다. 음악은 기분 상태를 환기하고, 우리는 그 기분 상태로부터 쉽게 감정 상태로 옮겨갈 수 있다. 일단 적절한 신체 상태에 이르게 되면 우리는 감정에 대한 통속 심리학으로부터 꼬리표를 가져와 거기에 **이름을 붙인다**. 음악에 의한 감정 환기의 이러한 메커니즘은 또한 몇몇 사람이 음악에 귀속시키는 강력한 유사-종교적 효과를 설명할 수 있다. 그것은 또한 내가 1부의 시작을 열었던 감정 이론을 뒷받침해준다.

10
음악에서의 감정적 표현

모든 뉘앙스의 쾌활함과 평온함, 재치 있는 농담, 기분과 영혼의 기쁨,
다양한 정도의 불안, 비참, 애도, 애통, 비탄, 비통, 갈망 등의 것들,
그리고 마지막으로 경외, 흠모, 사랑 등은 음악적 표현의 특유한 영역이 된다.

G. W. F. 헤겔(Hegel), 『미학 강의(*Aesthetics: Lectures on Fine Arts*)』

한슬릭의 유산

음악에서의 감정 표현에 관한 근대적 논의는 리하르트 바그너(Richard Wagner)의 최대 적수인 에두아르트 한슬릭(Eduard Hanslick)으로부터 시작된다. 그는 1854년에 『음악적 아름다움에 관하여(*Vom Musikalisch-Schonen*)』를 출판했는데, 그 소책자에서 그는 음악에서 아름다운 것은 오직 아름다운 음악적 형식, 특히 선율로 구성되며, 우리는 음악이 인간의 느낌에 **대한** 것이거나 그것을 **재현한다**는 아이디어에 저항해야 한다고 격렬하게 주장했다. 그에 따르면 음악의 내용은 '소리 나며 움직이는 형식들(tönend bewegte Formen)'인데, 페이즌트(Payzant)는 이를 '형식들은 역동적으로 관련되어 있고, 그 관계는 온음계 음악체계(즉, 조성 음악체계)에 내재된 것이다'라고 주해하였다.[1] '음악의 내용, 즉 음악적 예술이 그 예술작품에서 제시하는 것'[2]은 느낌이 아니라 음악 그 자체라는 것이다.

1) Eduard Hanslick, *On the Musically Beautiful*, trans. Geoffrey Payzant (Indianapolis: Hackett, 1986), 102.

2) Ibid. 3.

한슬릭은 음악은 개별 감정들을 정의하는 '구체적인 표상이나 개념'을 재현할 수 없기 때문에 '명확한 느낌'을 표현하거나 재현할 수 없다고 주장하면서 감정에 대한 판단 이론을 예견한다.

> 희망이라는 느낌은 우리가 현재와 비교하는 미래의 행복한 상태에 대한 표상과 분리될 수 없다. 우울함은 과거의 행복을 현재와 비교한다. 이것들은 전적으로 구체적인 표상 혹은 개념들이다. 그것들 — 즉, 이러한 인지적 장치 — 없이는 그 실제적 느낌을 우리가 '희망' 혹은 '우울함'이라고 부를 수 없다. …… 만약 우리가 이것을 치워버린다면, 남는 것이라고는 불특정한 동요뿐이며, 어쩌면 안녕함 혹은 괴로움이라는 일반적 상태에 대한 자각만이 남는다.[3)]

이와 유사하게, 사랑이라는 구체적 감정은 '사랑하는 사람의 표상이나 어떤 특정한 대상의 소유와 더없는 행복 및 찬미(glorification)를 좇는 욕구와 갈망 없이는, 간단히 말해 구체적인 생각과 바람 및 평가 없이는 재현될 수 없다.

> 음악은 느낌의 역동적 국면만을 재현한다. [사랑의] 역학은 격동적인 것만큼이나 온화한 것으로, 비탄에 젖은 것만큼이나 기쁨에 찬 것으로 들릴 수 있지만 여전히 사랑이다. 음악이 그에 동반되는 다양한 형용사들을 표현할 수는 있지만, 사랑 자체와 같은 실질적인 것은 결코 표현할 수 없다는 것을 보여주기에는 이러한 고려만으로도 충분하다.[4)]

음악은 '강도, 움직임 그리고 비례의 청각상의 변화와 관련된 아이디어들을 재현할 수 있고, 따라서 그 아이디어들에는 증가함과 감소함, 빨라짐과 느려짐, 교묘하게 맞춰지는 것, 단순한 진행 등에 대한 우리의 아이디어들이 포함된다.'[5)] 그러나 이것은 감정 그 자체를 재현하기에는 충분하지 않다.

---

3) Ibid. 9.

4) Ibid.

5) Ibid. 10.

놀라울 것도 없이 한슬릭은 음악이 작곡가의 감정을 표현할 수 있다는 것 또한 부정했다. 그에 따르면 '우리는 어떤 주제에 대해서든 그것이 고결하게 혹은 슬프게 들린다는 식으로 말할 수 있다. 그러나 우리는 그것이 작곡가의 고결한 혹은 슬픈 느낌의 표현이라고 말할 수는 없다.'[6] 그러나 그 자신의 음악 비평에서 한슬릭은 때때로 마치 바로 이것(음악이 느낌의 표현이라고 말하는 것)을 하고 있는 것처럼 **들린다**. 예를 들어, 그 당시 발견된 지 얼마 되지 않은 슈베르트의 「미완성 교향곡」 1악장에 대한 한슬릭의 아주 꾸밈이 많은 묘사가 여기 있다.

> 처음 도입부의 몇 마디 이후 바이올린의 고요한 속삭임 위에서 클라리넷과 오보에가 함께 부드러운 서정적 선율을 연주하기 시작할 때, 아이들 모두는 작곡가를 인식했고, 청중 속에서는 '슈베르트'라는 소리 죽인 속삭임이 있었다. 그가 들어온 것도 아닌데 우리는 그의 발걸음을 통해, 그리고 그가 문을 여는 방식을 통해 그를 알아보는 것처럼 보였다. 그리고 이 단조상의 그리운 서정적 선율 이후 그와 대조되는 바이올린과 첼로의 G장조 주제, 즉 거의 랜틀러(Landler: 3박자의 느린 춤곡) 같은 친밀함이 있는 매혹적인 노래가 따라오고, 마치 오래 떨어져 있다가 작곡가 자신이 몸소 우리 가운데 있는 것처럼 모든 심장들이 기뻐했다. 그 악장 전체는 수정처럼 너무나 맑은 선율의 흐름이어서 그것이 가진 힘과 천재성에도 불구하고 우리는 그 바닥에 있는 조약돌을 모두 볼 수 있다. 그리고 그 악장의 어디에나 동일한 온기가 있고, 동일하게 따뜻한 생명을 부여하는 햇빛이 있다![7]

그러나 한슬릭이 여기서 계속 그 음악의 양식과 그 음악의 미적 특질에 대해 이야기하고 있다는 것에 주목하자. 우선 그는 그 음악이 특징적으로 **슈베르트적**인 것이라고 말한다. 그다음 그는 '매혹적인', '부드러운' 그리고 '그리운' 같은 형용사를 사용하여 그 음악을 묘사한다. 마지막으로 그는 그 음악에 있는 중요한 미적 특질을 전달하기 위해 그것의 투명함과 온기라는 은유를 사용한다. 그는 어디에서도 그 곡이 이러한 것들 중 어떤 것에 **대**

6) Ibid. 47.

7) Eduard Hanslick, *Hanslick's Music Criticisms*, trans. Henry Pleasants (New York: Dover, 1950), 102.

한 것임을 함축하거나, 그 곡이 작곡가의 내적 삶에 대한 무언가를 표현하거나 재현한다는 것을 함축하지 않았다. 그는 그 곡이 그리움을 **그려낸다거나** 개울 바닥의 조약돌을 **재현한다고** 말하고 있지 않다.

간단히 말해, 한슬릭은 음악이 감정 자체가 아닌 감정의 역동적 국면들만을 제시하거나 표현할 수 있다고 본다. 음악은 '장엄한, 우아한, 온화한, 둔한, 진부한'이라는 표현들로 정확하게 묘사될 수 있지만, 이 모든 표현들은 단순히 '그 악절의 음악적 성격을 묘사할' 뿐이다. 우리가 '거만한, 화를 잘 내는, 온화한, 활발한, 갈망하는'과 같은 우리의 감정적 삶에서 가져온 용어들을 사용하여 음악을 묘사하는 것과 마찬가지로, 우리는 또한 '외양(appearance)의 다른 영역에서 기술방식을 가져와서 …… 향기로운, 봄기운의, 안개가 낀, 그리고 냉랭한 음악에 대해 이야기한다'.[8] 느낌을 나타내는 어휘들은 순수하게 음악적인 특징들을 기술하는 데 사용되는 많은 자원들 중 하나일 뿐이다. 감정 어휘를 사용하는 것 자체가 음악이 느낌을 그려낸다는 것을 함축한다고 우리가 생각하지 않는다면, 감정 어휘를 사용하는 것은 무해하다.

한슬릭의 논증은 뒤따르는 모든 음악적 표현 이론들에 큰 영향을 주었다.[9] 수전 랭거(Susanne Langer)는 하나의 중요한 예외를 제외하고는 한슬릭이 말한 거의 모든 것에 동의한다. 그 예외란 랭거는 한슬릭과 달리 감정의 역동적 **국면들**을 재현하는 것이 **감정**을 재현하는 데 — 최소한 일반적 방식으로 재현하는 데 — 충분하다고 본다는 것이다. 피터 키비(Peter Kivy)와 스티븐 데이비스(Stephen Davies)도 한슬릭의 결론 대부분을 받아들이지만, 그들은 몇몇 감정이 어떠한 '인지적 내용' 없이도, 즉 어떠한 바람이나 생각 혹은 평가 없이도 표현될 수 있다고 주장했다. 나는 내가 8장과 9장에서 기술한 의미에서 음악이 탁월한 표현 예술이라고 본다. 따라서 나는 표현에 대한 한슬릭의 아이디어가 거의 전부 거부되어야

---

8) Hanslick, *On the Musically Beautiful*, 32. 피터 키비(Peter Kivy)는 'Something I've Always Wanted to Know About Hanslick', *Journal of Aesthetics and Art Criticism* 46 (1988), 416, 417에서 한슬릭이 '음악에는 표현적 특질이 없다'고 말하고 있는 것으로 받아들이고, 한슬릭이 자신의 음악 비평에서 단순히 '자기 자신을 잊고, …… 음악에 대해 감정을 나타내는(emotive) 용어들로 이야기해버린다'고 주장한다. 그러나 한슬릭은 음악의 성격을 감정을 나타내는 용어들로 기술하는 것이 괜찮다고 명시적으로 밝히고 있다. 그는 단지 (내가 실제로 그런 것처럼) 이것이 음악에서의 '감정 표현'과 같은 것이라는 것을 부정하는 것이다.

9) Susanne K. Langer, *Philosophy in a New Key*, 3rd edn. (Cambridge, Mass.: Harvard University Press, 1976), 222.

한다고 본다. 이 장과 다음 장에서 나는 8장과 9장에서 기술한 의미에서 음악이 낭만주의적 표현을 위한 탁월한 예술이라는 견해에 대해 더 확장된 변호를 제시할 것이다. 이 장에서 나는 현대의 한슬릭주의자들을 비판하고, 브람스의 가곡「내 잠은 점점 깊어가고(Immer leiser wird mein Schlummer)」를 사용한 예증을 통해 음악적 표현이 무엇을 할 수 있는지 보일 것이다. 그리고 11장에서 나는 이 교훈들을 기악음악에 적용할 것이다. 그런 다음 나는 음악을 들을 때 청자 자신의 감정이 환기되는지 아닌지, 그리고 환기된다면 어떻게 환기되는지 하는 것과 우리가 음악을 이해하는 데 감정이 담당할 수도 있는 역할이 무엇인지에 대해 논의할 것이다.

내적 감정 전개의 표현: 수전 랭거

수전 랭거는 음악이 느낌에 **대한** 것이라고 본다는 점에서 한슬릭과 근본적으로 다르다. 그녀에 따르면 음악은 우리에게 '감정, 기분, 심적 긴장과 해결에 대한 **정식화와 표상** — 공감을 위한 간청이 아닌, 지각 있고(sentient) 민감하게 반응하는 삶의 "논리적 그림", 즉 통찰의 원천' — 을 제공한다.[10] 그러나 한슬릭과 정반대 입장에 서 있는 것처럼 들림에도 불구하고 랭거가 음악이 '느낌의 언어'[11]로 기능한다고 보는 것은 음악이 특별히 비담론적인 종류의 상징체계(symbolism)라는 그녀의 믿음 때문이라는 것에 주목할 필요가 있다. 즉, 음악은 상징과 그것이 상징하는 바 사이 — 이 경우에는 음악과 느낌 사이 — 의 구조적 유사성 덕분에 상징하거나 표상하는 상징체계라는 것이다. 그리고 랭거가 보는 음악과 느낌 사이의 구조적 유사성은 정확히 한슬릭이 주목했던 유사성, 즉 음악과 '인간 경험의 특정한 역동적 패턴' 사이의 유사성이다.[12] 그녀는 '음악의 형식적 속성들 — 움직임과 휴식, 긴장과 이완, 일치와 불일치, 준비, 실현, 흥분, 급작스런 변화 등의 패턴들 — 과 유

10) Ibid. 221.

11) Ibid. 226.

12) Ibid. 228.

사한 형식적 속성들을 가진 (물리적이거나 혹은 심적인) 소위 "내적 삶"의 특정 국면들이 있다'고 말한다.[13] 그녀는 이것이 음악이 느낌의 삶(the life of feeling)에 대한 지식과 통찰을 주는 상징 체계라는 것을 확립하기에 충분하다고 본다. 그러한 역동적 구조를 공유함으로써 음악은 '느낌들의 근거 및 느낌들이 상승하고 하강하고 서로 얽히는 리듬과 패턴'을 드러낸다.[14] 게다가 그녀가 보기에 음악은 특별한 인지적 역할을 담당한다. 왜냐하면 음악이 명료화하는 형식들은 '**언어가 제시할 수 없는**' 형식들이기 때문이다.[15] '인간이 가지는 느낌들의 형식은 언어의 형식보다는 음악적 형식과 좀 더 일치하기 때문에 음악은 언어가 할 수 없는 방식으로 느낌의 본성을 참되고 상세하게 **드러낼** 수 있다.'[16]

랭거는 음악이 구체적인 감정이 아닌 '**느낌의 형태(morphology)**'만을 재현할 수 있다고 본다.[17] 왜냐하면 (한슬릭이 지적하듯) 기쁨 및 슬픔 같은 매우 상이한 감정들은 유사한 형태를 가질 수 있기 때문이다. 이를테면 강렬한 기쁨과 강렬한 슬픔, 차분한 기쁨과 차분한 슬픔, 요동치는 기쁨과 요동치는 슬픔이 있을 수 있다. 그러나 랭거는 음악이 '인간 느낌의 형식'만을 재현할 수 있다는 것이 음악의 강점이라고 본다.[18] 그녀에 따르면 '음악의 진정한 힘은 그것이 언어가 할 수 없는 방식으로 느낌의 삶에 "참"일 수 있다는 사실에 있다. 왜냐하면 음악의 중요한 형식들에는 내용의 **양가성(ambivalence, 반대 감정 병존)**이 있기 때문이다. 이것은 단어들에는 있을 수 없는 것이다.'[19] 랭거는 음악이 우리 내적 삶의 역학을 명료화한다고 보기 때문에 음악이 이러저러한 종류의 고립된 감정들이 아닌, 우리의 내적 삶이 시간이 흐름에 따라 어떻게 펼쳐지는지를 '드러내는' 방식에 주목한다. 음악에는 '내용만이 아니라 내용의 경과적 진행도 담길 수 있다.'[20] 간단히 말해 랭거는 음악적 표현은 애매하며, 언어로 이름 붙여지거나 명료화될 수 있는 어떤 구체적인 감정을 표현하는 것이 아니라,

---

13) Ibid. 228.
14) Ibid. 238.
15) Ibid. 233.
16) Ibid. 236.
17) Ibid. 238.
18) Ibid. 235.
19) Ibid. 243.
20) Ibid.

우리의 감정적 삶이 시간의 흐름에 따라 전개되는 방식을 재현한다고 본다. 음악이 우리에게 제공하는 것은 '아주 순진하게 말해서, "느낌이 가는 방식"에 대한 지식인 것이다'.[21]

랭거의 아이디어 중 일부는 거부되어야 하지만, 그 외의 것들은 매우 가치 있는 것들이다. 상징체계가 일반적으로 상징과 그것이 상징하는 바 사이의 구조의 동형성을 요구한다는 아이디어는 비트겐슈타인(Wittgenstein)의 『논고(*Tractus*)』 이후로 심각하게 받아들여지지 않아왔다. 랭거의 『새로운 조성의 철학(*Philosophy in a New Key*)』에 대한 어니스트 네이글(Ernest Nagel)의 가장 초기 리뷰들 중 하나는 랭거가 바로 이 점에 대해 고민하고 있다고 보고 있다.[22] 그러나 비록 상징체계 일반이 이런 방식으로 작용하지 않더라도 음악적 표현이 이런 방식으로 작용한다는 것, 즉 음악이 어떤 의미에서 감정적 삶의 역동적 구조를 거울처럼 반영함으로써 그 감정적 삶을 표현할 수 있다는 것은 아마도 참일 것이다.

둘째로, 랭거는 자기표현이 '**예술적 형식을 요구하지 않는다**'는 이유에서 음악이 자기표현의 예술이 아니라고 본다. 그러나 자기표현에 대한 그녀의 예들 — 교수대 주위에서 법석을 떠는 사람들(lynching-party), 아픈 아이를 두고 자신의 두 손을 비벼대는 한 여인, 사고 현장에서 자신의 연인을 구해내고는 떨고 땀 흘리며 서 있는, 그리고 어쩌면 감정에 복받쳐 웃거나 울고 있는 사람[23] — 은 그녀가 이야기하고 있는 것이 감정의 유출일 뿐 내가 이전 장들에서 논의한 낭만주의적 의미에서 감정의 표현이 아니라는 것을 분명히 한다. 음악이 인간의 느낌에 대한 지식을 드러내고, 따라서 그 지식을 우리에게 제공한다는 그녀의 주장은 낭만주의적 표현이 단순히 감정의 유출이 아닌, 감정적 경험에 대한 반성 혹은 인지적 모니터링으로 이루어진다는 나의 견해와 일관적이다.

셋째로, 랭거가 감정적 경험의 '역동적 국면들'만이 음악을 통해 전달될 수 있다고 말할 때 그녀가 정확히 무엇을 의미하는지 명확하지는 않지만, 만약 그것이 감정이 변하고 발전하는 방식을 음악이 드러낸다는 것이라면, 뒤에서 살펴보게 되겠지만 음악은 실제로 이것을 매우 아름답게 수행해낸다. 음악이 슬픔이나 기쁨 같은 상태들만이 아니라 감정적 **과정들**을 반영하고, 또한 시간의 흐름에 따라 감정이 전환되고 수정되는 방식을 반영한다

21) Ibid. 244.

22) Ernest Nagel, 'Review of Susanne K. Langer, Philosophy in a New Key', *Journal of Philosophy* 40 (1943), 323-9.

23) Langer, *Philosophy in a New Key*, 216.

는 것은 중요하고 가치 있는 발견이다. 다른 한편, 우리는 종종 음악에 연루된 개별 감정들이 무엇인지 최소한 대략적으로 말할 수 있다. 어떤 노래는 비탄에서 수용으로, 혹은 희망에서 절망으로 움직인다. 음악은 감정의 '움직임'만이 아니라 이름 붙일 수 있는 특정한 감정을 표현할 수 있다. 그와 동시에 '그것은 비탄에서 수용으로 이동한다'는 기술이 한 곡의 음악이 표현하는 것에 대한 적절한 '환언(paraphrase)'이 되긴 어렵다. 이러한 의미에서 랭거가 (음악에서) 표현되는 것에는 단어들을 사용하여 이름 붙일 수 없다고 말한 것은 옳다.

음악적 표현성에 대한 개 이론(Doggy Theory)

피터 키비

오늘날 가장 널리 받아들여지는 음악적 표현성에 대한 이론은 아마도 피터 키비의 이론일 것이다. 키비는 자신의 유명한 책 『코디드 셀(*The Corded Shell*): 음악적 표현에 대한 성찰』에서 음악을 표현적인 것으로 듣는 것은 우선적으로 음악을 의인화하거나 그것에 '생명을 부여하는' 것이라고 주장한다. 그는 '우리는 청각적 패턴 안에서 그것의 표현성을 듣기 전에 그 패턴을 표현 — 발화나 제스처 — 의 전달 매체로 들어야 한다'고 말한다.[24] 키비는 자신이 주로 사용하는 표현성의 표본으로 세인트버나드의 얼굴을 든다. 환경에 생명을 부여하는 성향 때문에 우리는 자연스럽게 그 개의 얼굴에서 슬픔을 본다. 그것은 우리가 음악 속 특정한 표현적 '윤곽'에서 자연스럽게 슬픔을 듣는 것과 마찬가지이다. 토메이(Tormey)를 따라 키비는 음악이 누군가**의** 감정 **표현**이 되지 않고서도 감정에 **대해 표현적**일 수 있다고 주장한다. 세인트버나드의 얼굴이 그 개가 가진 슬픔의 표현이 아니면서도 슬픔에 대해 표현적일 수 있는 것과 마찬가지로 말이다. 그 개는 그저 그렇게 보일 뿐이다. 음악은

24) Peter Kivy, *The Corded Shell: Reflections on Musical Expression* (Princeton University Press, 1980), 59. 이 책은 논문들을 좀 더 추가하여 Peter Kivy, *Sound Sentiment: An Essay on the Musical Emotions* (Philadelphia: Temple University Press, 1989)로 재출간되었다.

'인간의 표현적 발화 및 행위와의 닮음 덕분에' 표현적이다.[25)]

때때로 음악은 인간의 표현적 **발화**를 모방한다. 몬테베르디의 「아리아나(*Arianna*)」에서 「아리아나의 탄식(*Arianna's Lament*)」 도입부의 선율(musical line)은 비통함에 대해 표현적인 열정적으로 말하는 목소리를 닮은 '일종의 음악적 아이콘'[26)] — 우는 음형(figure) — 이다. 그리고 헨델의 「메시아(*Messiah*)」에서 소프라노 솔로 '크게 기뻐하라(Rejoice Greatly)'로 시작하는 악절은 '기쁨으로 인해 상승하는 목소리를 닮았다'.[27)] 때때로 음악은 인간의 표현적인 **제스처**와 표현적인 **신체적 움직임**을 모방한다. 키비는 '활기 넘치는' 혹은 '뛰어오르는 듯한' 기쁨을 표현한다고 묘사되는 바흐의 「B단조 미사(*Mass in B Minor*)」에서의 '하늘과 땅에 가득 찬 그 영광(Pleni sunt Coeli)'과 헨델이 '확신에 차 있지만 좀 더 억제된 기쁨'을 귀속시키는 「메시아」의 '내 주는 살아 계시니(I know that my Redeemer liveth)'를 대조시킨다.[28)] 그는 이 둘 사이의 차이가 바흐의 악절은 '엄청난 광대함, 활기, 격렬한 움직임이라는' 신체적 움직임과 제스처를 '나타내는(map)' 반면 헨델의 악절은 '그보다는 믿음에 대한 위엄 있는 공적 선언을 암시하는' 데 있다고 본다. 즉, 후자에서 '화자는 확고하고 확신에 차 있으며, 한 걸음 앞으로 나와 표현적인 몸짓을 하지만 어떤 신중함을 가지고 그렇게 한다'는 것이다.[29)] 두 경우 모두에서 음악의 움직임에 의해 '나타나는' 것은 인간에게 나타났더라면 그 지시된 상태에 대해 표현적이었을 신체적 제스처이다.

음악의 모든 표현성이 음악의 '윤곽'과 인간의 표현적 언행 사이의 닮음의 측면에서 설명될 수 있는 것은 아니다. 키비는 몇몇 악절, 선율, 리듬 등이 '특정한 음악적 특징들과 특정한 감정을 나타내는(emotive) 특징들 사이의 어떤 구조적 유비가 아니라, 단순히 그 둘의 관례적인 연관의 함수'가 되도록 함으로써 음악적 표현성에 대한 자신의 이론을 확장한다.[30)] 따라서 인간의 슬픈 목소리나 자세와 단조 사이에는 어떠한 닮음도 없다. 단조와 부

---

25) Kivy, *Corded Shell*, 56.

26) Ibid. 20.

27) Ibid. 51.

28) Ibid. 53.

29) Ibid. 54.

30) Ibid. 77. 레너드 래트너(Leonard Ratner)가 묘사하는 대로의 토포스들(topoi, 역자 주: 문학의 전통적인 주제나 사상들)에 대한 8장에서의 나의 논의도 참조.

정적 감정 사이에는 **관습적인** 연결만이 있다.[31] 키비는 자신의 이론에 음악적 표현성에 대한 '윤곽 및 관습 이론'이라는 세례명을 붙인다. 즉, 키비에 따르면 어떤 악절은 그것이 (말하자면) 슬픔에 대해 표현적인 인간 언행의 윤곽을 가지고 있거나, 그것이 우리 문화에서 관습적으로 슬픔과 연결되기 때문에 슬픔에 대해 표현적일 수 있다.

키비는 이후의 책 『순수 음악의 미학(*Music Alone*)』에서 '순수' 기악음악을 통해 모든 감정이 표현될 수 있는 것은 아니며, '**표준적인** 행위적 반응'[32]이 있고 '지향적 대상'을 가지지 않아도 되는 '보통 종류의 감정들, 즉 두려움, 비통함, 기쁨 등'[33]만이 표현될 수 있다고 주장한다.[34] 음악은 가령 기쁨에 대해 표현적일 수 있는데, 왜냐하면 우리는 특정한 무언가에 **대해** 기뻐하지 않으면서 기쁠 수 있고, 기쁨에는 에너지 넘치고 '광활한' 음악에 의해 모방될 수 있는 표준적인 **행위적 표현**이 있기 때문이다.[35] 이와 대조적으로 자부심과 존경심 같은 인지적으로 복잡한 감정들[36]은 언제나 '대상'을 필요로 한다.[37] 그런 감정이 음악을 통해 표현되는 것은 그것이 '적용 범위가 넓은 강세 혹은 제스처로 표현될 수 있을' 경우에만 가

31) 다른 한편, 키비는 '관습에 의한 모든 표현성은 원래 그 대상 자체로서의 윤곽 혹은 구성요소로서의 윤곽에 의한 표현성이다'라는 가설을 세운다. 예를 들어 단조의 슬픔은 한때 '활성(active)화음이자 불협화음'이었던 단삼화음에서 파생된 것일 수 있는데, 단삼화음은—일찍이—어두운 감정의 표현적 윤곽으로 경험되었을 수 있는 불안정하고 미완성적인 특질과 연결된 것일 수 있다. Ibid. 82-3 참조.

32) Ibid. 177.

33) Peter Kivy, *Music Alone: Philosophical Reflections on the Purely Musical Experience* (Ithaca, NY: Cornell University Press, 1990), 175.

34) Ibid. 175. 이 아이디어는 아마도 감정이 '구체적 표상이나 개념'에 의해 정의될 수 있다는 한슬릭의 논증에서 왔을 것이다. 현대의 논쟁에서 그 아이디어는 최소한 A. J. P. Kenny, *Action, Emotion and Will* (London: Routledge & K. Paul; New York: Humanities Press, 1966)로 거슬러 올라간다. 나는 감정 이론에서 '지향적 대상'이라는 개념을 신중하게 그리고 의도적으로 피해왔다. 우리가 살펴보았듯이 감정은 언제나 외적 혹은 내적 환경에서의 무언가에 의해 환기된다. 비록 기쁨이나 슬픔이라는 기분은 그럴 필요가 없지만 말이다.

35) 키비는 '비음악적 맥락에서 대상을 요구하는 감정들은 정확히 순수 기악음악이 표현할 수 없는 감정들이다'라는 아이디어를 다니엘 퍼트넘(Daniel Putnam)에게서 빌려왔다. *Music Alone*, 176. 반면 슬픔이나 기쁨 같이 일상적 맥락에서 대상 없이도 일어날 수 있는 감정들은 순수 기악음악이 그에 대해 표현적일 수 있는 감정들이다. Daniel A. Putman, 'Why Instrumental Music Has No Shame', *British Journal of Aesthetics* 27 (1987), 55-61 참조.

36) 키비는 줄리어스 모라브식(Julius Moravcsik)의 '플라톤적 태도' 개념을 빌려온다. Julius Moravcsik, 'Understanding and the Emotions', *Dialectica* 36 (1982) 참조.

37) 우리가 다시(Darcy)를 자부심이 지나친 남자라고 이야기할 때, 그의 자부심은 대상을 요구하지 않는다. 그러나 추정건대 피비는 이 사례에서 자부심은 감정이나 감정의 에피소드라기보다는 성격 특징이라고 말할 것이다. 자부심의 다양한 종류에 대해서는 Gabriele Taylor, *Pride, Shame, and Guilt: Emotions of Self-Assessment* (New York: Oxford University Press, 1985) 참조.

능하고, 그러한 감정들은 '관례적으로 …… 그렇게 표현된다'.[38] 따라서 (그럴듯하지는 않지만 그가 감정이라고 주장하는) 젠체함(pomposity)에는 '점잔 빼며 걷기'와 '포즈 취하기'라는 표준적인 행위적 표현이 있고, 음악적 제스처 역시 점잔 빼며 걷거나 포즈를 취할 수 있기 때문에 음악은 젠체함을 표현할 수 있다. 이와 대조적으로, 엘가의 1번 교향곡 개시부가 '그 권력의 정점에 있는 제국민의 자부심'에 대해 표현적이라는 주장에 대해[39] 키비는 그 곡이 자부심에 대해 표현적일 수 없다고 답한다. 왜냐하면 자부심에는 표준적인 행위적 표명이 없고, 따라서 자부심은 '미적 혹은 음악적 직물의 일부'로 들릴 수 없으며, 오직 '작곡가와 작곡가의 사회적 환경을 숙지하고 있는 누군가'에게만 음악에서 지각될 수 있을 것이기 때문이다.[40]

키비는 자신의 이론이 음악적 '표현'이 아닌 음악적 '표현성'에 대한 이론임을 강조한다.[41] 그리고 토메이와 마찬가지로 키비는 '표현성'이 '표현적 속성'의 측면에서 완벽하게 적절한 방식으로 설명될 수 있다고 본다. 우리가 작품 '밖으로' 나가서 발견해야 하는, 작곡가가 그의 작품에서 무엇을 표현하고 있는지에 대한 — 그가 무언가를 표현하고 있다면 — 사실들과 달리, 표현적 속성들은 음악적 구조 자체의 일부이며, 그 속성들의 기능은 그것들에 동반될 수 있는 여타 음악적 특질들과 함께 '음악적으로 이용되고, 음악적으로 발전되며, 음악적 유희의 도구가 되고, 음악적으로 구축하며 구축되는 것이다'.[42] 다시 말해 표현성은 한 곡의 음악이 지니는 **형식**의 국면이기 때문에 우리는 그것을 편안한 마음으로 감상할 수 있다.

38) Kivy, *Music Alone*, 178.

39) Ibid.

40) Ibid. 180. 키비는 말러 교향곡들에 담겨 있다고 추정되는 신경질의 표현을 이와 유사한 방식으로 다룬다. 일상적 행위에는 신경질을 표현하는 표준적 방식이 없기 때문에 음악이 모방할 표준적인 표현적 제스처가 없고, 따라서 음악은 신경질을 표현할 수 없으며, 신경질은 '음악적 직물'의 일부가 아니라는 것이다.

41) 그는 음악이 매우 드문 경우에만 그 작곡가의 감정을 표현한다고(혹은 다른 누군가의 감정이라도 표현한다고) 본다. 그가 제안하는 하나의 예외는 모차르트의 「장송곡(*Requiem*)」으로, 이 곡은 곳곳에서 모차르트의 '죽음에 대한 공포'를 표현한다. Kivy, *Corded Shell*, 15.

42) Kivy, *Music Alone*, 185-6.

키비 버전의 '개 이론'이 가진 문제들

랭거의 이론과 마찬가지로, 표현성에 대한 키비의 이론에는 몇몇 가치 있는 관찰, 특히 음악적 표현성의 토대에 대한 관찰이 담겨 있다. 우리가 때때로 음악적 제스처와 일상적 삶의 감정 표현 — 발성적 표현이든 행위적 표현이든 — 의 닮음에 기초하여 음악적 제스처를 특정한 감정에 대해 표현적인 것으로 듣는다는 것은 참이다. 그리고 많은 음악적 표현성의 기저를 이루는 문화적 관습들이 있다는 것도 참이다. 그러나 다른 한편으로, 그 이론이 설명하지 못하는 것들도 많다.

키비에 대해 종종 지적되어온 것 중 하나는 그가 '순수' 기악음악에도 적용될 일반적인 이론을 제공할 것처럼 하는 데 반해, 『코디드 셀』에서 그가 사용하는 예들은 대개 노랫말이 있는 음악의 예들이라는 것이다.[43] 게다가 그는 좁은 범위의 감정의 예들 — 주로 다양한 종류의 기쁨, 슬픔, 침착함, 불안함 — 을 고집하고 있으며, 다소 일반적인 감정들만이 표현될 수 있다고 주장한다.[44] 만약 음악이 표현적 제스처를 흉내 냄으로써 표현해야 한다면, 이것은 놀라운 주장이 아니다. 그러나 많은 사람들은 음악적 표현성의 표식 중 하나가 그 미묘함, 즉 언어로 이름 붙일 수 없는 감정들을 표현하는 음악의 능력이라고 보는 랭거와 의견을 같이한다.

또한, 『코디드 셀』에서 키비가 사용하는 예들은 모두 짧은 악절들이다. 『순수 음악의 미학』에서 그가 브람스의 1번 교향곡 마지막 악장에서 가져온 좀 더 긴 표현성의 사례를 제공하면서 거기에 상이한 '표현적 속성들'의 연속이 있음에 주목할 때조차 그는 하나의 표현적 속성이 다른 속성으로 어떻게 변형되는지, 그리고 그러한 변형이 음악적으로뿐만 아니라 심리적으로 왜 만족스러울 수 있는지에 주목하지 않는다. 그러나 만약 랭거가 옳다

---

43) 비판가들 중에는 Renée Cox, 'Varieties of Musical Expressionism', George Dickie, Richard Sclafani, and Ronald Roblin (eds.), *Aesthetics: A Critical Anthology* (New York: St Martin's, 1989)와 나 자신(Jenefer Robinson), 'The Expression and Arousal of Emotion in Music', *Journal of Aesthetics and Art Criticism* 52 (1994)가 있다.

44) 미묘한 표현적 속성들(seps)이 아닌, 중대한 표현적 속성들(geps)과 온건한 표현적 속성들(meps). 'Newcomb's Problems', Kivy, *Sound Sentiment*, 177-209 참조. 이 글에서 키비는 내가 11장에서 논의할 앤서니 뉴컴(Anthony Newcomb)의 글을 비판한다. Anthony Newcomb, 'Sound and Feeling', *Critical Inquiry* 10 (1984)과 Peter Kivy, 'A New Music Criticism?', *The Monist* 73 (1990)에서 키비의 추가적 논의 참조.

면 음악은 우리의 감정적 삶의 미묘한 변화와 수정을 표현한다. 키비의 이론은 음악적 표현성이 음악적 **과정**의 함수가 되는 방식, 즉 주제들이 상호작용하고 화성이 전조하며 리듬이 변형되는 등의 방식을 간과하거나 덜 강조한다.[45] 이것은 특히 화성에 대한 그의 논의에서 참이다. 키비는 관례적으로 단조는 부정적 감정을 뜻하고, 장조는 긍정적 감정을 뜻한다고 말할 뿐이다. 그러나 표현성은 전형적으로 단일한 조성의 효과가 아니라, 조성들이나 조성 구역들의 변화하는 연속의 결과이다. 내가 간단히 논의한 브람스의 곡에는 그 곡이 올림 C단조의 으뜸화음으로 돌아가기 전에 E단조와 E장조로의 지시 사이에 교차가 있고, 종결부에는 올림 C단조에서 내림 D장조로의 마법 같은 변화가 있다. 키비의 이론에는 서로 다른 두 장조 혹은 서로 다른 두 단조 사이에 왜 느낌의 변화 — 어떤 변화든지 — 가 있는지, 혹은 그 곡 종결부의 특정한 조성 변화가 왜 조금이라도 특별한지를 설명할 수 있는 어떤 것도 없다.

키비는 내가 8장과 9장에서 설명한 낭만주의적 의미에서의 음악적 표현 같은 것이 있음을 암묵적으로 부정한다. 그의 견해에 따르면 우리가 음악을 '표현적'이라고 부르는 것은 작곡가들이 음악 안에서 무언가를 표현하기 때문이 아니라 청자들이 그 음악을 표현적인 것으로 듣기 때문이다. 즉, 청자들은 자신이 듣는 것에 '생명을 부여하거나' 그것을 '의인화'하며, 작곡가의 일은 이런 식으로 쉽게 생명이 부여될 수 있는 음악적 제스처를 제공하는 것이다. 그러나 내가 앞에서 주장했듯이 이것은 감정을 표현한다는 것이 통상적으로 의미하는 것은 아니다. 표현성은 일차적으로 지각자에 의해 지각되는 것이 아니다. 사람들이 우는 것을 우울함에 대해 표현적이라고 지각하는 이유는 오로지 우는 것이 통상적으로 우울함의 표현이기(혹은 보다 엄밀히 말해 우울함의 유출이기) 때문이다. 이와 유사하게 작곡가가 자신의 음악에서 어떤 감정을 표현할 때, 그 감정 표현은 일차적으로 그 작곡가가 **하는** 것이거나 그가 그렇게 **보이도록** 하는 것이다. 이러한 측면에서 개 이론은 근본적으로 우리를

45) 키비는 자신의 책 『소리 감성(*Sound Sentiment*)』에서 이 반박에 답하려 하지만, 나는 그가 음악적 과정이 어떻게 그 자체로 표현적일 수 있는가라는 이슈를 명확하게 다루고 있지 않다고 생각한다. 'Structuralism and Musical Plot', *Music Theory Spectrum* 19 (1997), 133-4에서 그레고리 칼(Gregory Karl)이 식별해낸 '음악적 플롯'의 구조적/심리적 관계들을 비교해보라. 예를 들어 하나의 주제나 조성 구역(key area) 혹은 리듬은 다른 것(주제, 조성 구역, 리듬)을 **포괄하거나**, 그 발전을 **방해하거나 교란시키거나 전복시킬** 수 있고, 아니면 다른 것과 **통합되거나** 그것을 더 완전하게 **실현하거나 변형시킬** 수도 있다.

오도하는 것이다. 세인트버나드의 표정은 간단히 말해 그 개의 심리에서 이에 비교될 만한 어떤 역할도 하지 않는다.

그렇다면, 세인트버나드의 얼굴이 우울함에 대해 표현적이라고 이야기되는 것은 그것이 인간 관찰자들에 의해 그 얼굴이 지각되는 방식이기 때문이다. 그것은 그 개의 내적인 심리 상태와 아무런 관련이 없다. 이것과의 유비를 통해 키비는 음악 속 표현성을 (자신의 애완동물을 포함하여) 자신의 주위에 있는 것들을 의인화하는 경향이 있는 인간 지각자들에 의해 지각될 수 있는 무언가로 분석했다. 인간은 개 얼굴에 **생명을 부여하고**, 음악에 **생명을 부여한다는** 것이다.[46] 「아리아나의 탄식」에서 우는 음형(figure)이 우울한 것으로 들리는 이유는 그것이 우는 것처럼 들리기 때문이다. 그것은 세인트버나드의 축 처진 턱이 인간의 우울한 얼굴처럼 보이기 때문에 우울함에 대해 표현적인 것과 마찬가지이다. 키비가 보기에 표현성은 표면적 현상으로, 무언가가 어떻게 보이거나 들리는지의 문제이다.

그러나 표현은 단지 외양의 문제만은 아니다. 인간의 우울한 얼굴이 우울한 것으로 지각되는 이유는 그것이 통상적으로 우울함의 결과이기 때문이다. 더욱이 인간의 표정과 발성적 표현은 단지 감정의 표식으로 기능할 뿐만 아니라 감정 과정 자체에도 기여한다. 2장에서 살펴보았듯이 기쁨이나 슬픔 같은 기본 감정에 대한 고의적 표현은 그 표현된 감정에 상응하는 생리적 변화를 야기할 수 있다. 표정과 운동 활동은 그 자체로 정감적 평가와 인지적 변화를 야기할 수 있다.

마지막으로, 자부심이나 신경질 같은 감정 상태가 '미적 혹은 음악적 직물의 일부'로 들릴 수 없다는 근거에서 키비가 '순수 음악'은 그런 감정들을 표현할 수 없다는 아이디어를 옹호하는 것은 '음악적 직물'이 무엇인지에 대한 그의 편협한 형식주의적 이해에 기반을 둔 것이다. 예술작품 '안'에 무엇이 있는지에 대한 전반적 아이디어에는 뿌리 깊은 문제가 있으며, 그것은 청자가 작품에 가져오는 작품에 대한 이해에 의존한다. 만약 우리가 예술작품을 단지 음악적 형식의 구조라고 보고, 표현을 단지 표현적 속성들을 소유하는 것

46) 제럴드 레빈슨(Jerrold Levinson)은 키비가 음악적 표현성이 무엇인지에 대한 분석을 제공하는 것과 음악적 표현성의 토대에 대해 진술하는 것을 아주 명확하게 구분하지 않았다고 지적한다. 레빈슨 자신은 키비의 주장을 표현성은 청자에 의해 음악에 '생명이 부여되는 것'이라고 정의되어야 한다는 것으로 해석해야 한다고 본다. Jerrold Levinson, *The Pleasures of Aesthetics: Philosophical Essays* (Ithaca, NY: Cornell University Press, 1996), 106.

으로 본다면, 음악작품 안에서 자부심이나 신경질을 찾는 것은 실제로 부적절하다. 그러나 우리가 보게 되겠지만 음악적 해석의 다른 방식들이 있으며, 이것들은 우리가 자부심 같은 인지적으로 복잡한 감정에 대한 표현을 포함한 모든 종류의 것들을 작품 '안'에서 찾는 것을 허용한다. 특히 작품 '안'에서 **페르소나**를 찾는 것이 합당하다면 우리는 작품 안에서 그 페르소나가 표현하는 (간단하고 복잡한) 모든 감정들을 들을 수 있다. 나는 11장에서 이 가능성에 대해 좀 더 자세히 이야기할 것이다.

스티븐 데이비스

스티븐 데이비스는 자신의 책 『음악적 의미와 표현(*Musical Meaning and Expression*)』에서 키비의 이론과 유사한 음악적 표현성에 대한 이론을 전개한다.[47] 키비와 마찬가지로 데이비스는 '음악의 표현성은 외양상의 감정 특징들을 제시하는 것에 있다'고 보고,[48] 또 키비와 마찬가지로 데이비스는 슬픈 개 얼굴을 지칭함으로써 — 그의 경우, 바셋하운드의 얼굴을 지칭함으로써 — 그 주장을 예증한다. 데이비스는 '슬픈'이나 '그리운' 같은 감정 단어들에 감정 경험을 지칭하는 일차적 용법뿐만 아니라 사람의 '겉모습'을 지칭하는 이차적 용법도 있다고 본다. 그에 따르면 '감정 특징들은 감정이 그렇듯이 사람 자체에 귀속되는 것이 아니라 사람들이 제시하는 외양에 귀속되는 것이다. 슬퍼 보이는 것은 얼굴과 얼굴 같은 것들이다. 얼굴은 감정을 느끼지 않으며 생각을 가지지도 않는다. 그것은 감각을 느끼지 못한다.'[49] 음악의 표현성은 부분적으로 음악과 열정적으로 말하는 목소리 사이의 유사성에 달려 있지만, 주로는 '음악의 역동적 성격과 인간의 움직임, 걸음걸이, 자세, 행동거지 사이에서 우리가 지각하는 닮음'에 달려 있다.[50] 데이비스는 또한 음악의 표현성에 있어 관습이

47) 그 두 이론은 독립적으로, 그리고 동시적으로 *The Corded Shell*에서 키비에 의해, 그리고 'The Expression of Emotion in Music', *Mind* 89 (1980)에서 데이비스(Davies)에 의해 발전되었다.

48) Stephen Davies, *Musical Meaning and Expression* (Ithaca, NY: Cornell University Press, 1994), 228.

49) Ibid. 223.

50) Ibid. 229.

중요한 역할을 한다는 것을 인정한다. 이를테면 '자연적으로 표현적인 요소들은 고도로 관습화된 … 음악적 관행과 양식의 전통 안에 자리 잡는다.'[51]

데이비스는 **경험**으로서의 감정과 외양상 특징으로서의 감정을 엄밀하게 구분한다. 경험과 달리 '음악에 표현된 감정들은 사고에 의존하지 않는 종류의 감정들이며, 중요한 것은 그 감정들이 느껴져야 하는 종류의 감정들이 아니라는 것이다.'[52] 데이비스의 이 구절은 유감스럽게도 두 종류의 감정, 즉 느껴지는 감정과 그렇지 않은 감정이 있다는 인상을 준다. 그러나 우리가 살펴보았듯이 감정은 통상적으로 사고와 표현 모두를 포함하는 과정이다. 표현이 마치 느껴지는 감정과 전적으로 다른 종류인 것처럼 이야기하는 것은 오도하는 것이다.[53]

데이비스의 이론과 키비의 이론 간의 유사점들에도 불구하고 데이비스는 몇몇 중요한 측면에서 키비를 넘어선다. 특히 데이비스는 다음의 측면들에서 키비를 넘어선다.

1. 데이비스는 음악적 움직임이 '인간의 행동 및 행위와 마찬가지로 (그리고 무작위적 과정과 달리) …… 질서와 합목적성(purposiveness)을 드러내며', '통일감과 목적의식을 제공한다'고 강조한다. 그에 따르면 '우리는 음악의 진행에서 앞선 것에 의해 뒤따르는 것이 결정되지 않고 뒤따르는 것이 그 앞선 것으로부터 자연스럽게 나오게 되는 어떤 논리를 인식한다. 이런 측면에서 음악적 움직임은 무작위적 움직임이나 비인간(non-human) 메커니즘의 완전하게 결정된 움직임보다는 인간행위와 좀 더 유사하다.'[54]

2. 어쩌면 이러한 이유에서 데이비스는 음악이 '희망, 당혹감, 혼란스러움, 짜증, 부러움' 같은 인지적으로 복잡한 감정들을 표현할 수 있는 가능성에 대해 키비보다 더 낙관적이다.

51) Ibid. 242.

52) Ibid. 221.

53) 데이비스는 (서신을 통해) 여기에서의 자신의 표현 방식이 정말로 어느 정도 오도적이라고 답했다. 그는 엄밀히 말해 '[이를테면 오페라와 대조되는] 순수 음악 안에는 감정이 없다. 혹은 순수 음악에 의해 표현되는 감정이 없다. 이 둘 모두에 해당되지 않는 감정 특징들만 있다'고 본다. Stephen Davies, 'The Expression Theory Again', *Theoria* 52 (1986)도 참조.

54) Davies, *Musical Meaning and Expression*, 229.

데이비스는 '고차원의' 혹은 인지적으로 복잡한 감정들에 '그것들을 그러한 감정이라고 표시하는 명제적 태도와 불가분하게 묶여 있는 특징적인 행위적 표현이 없는 한' 그 감정들은 '외양상의 감정 특징들'을 결여하고 있다고 간주하는 데서 키비가 옳을지 모른다고 '생각한다'.[55] 그러나 데이비스는 만약 어느 정도 긴 곡이나 악절 안에서 감정 특징들이 사려 깊게 배열된다면, 한 곡의 음악작품이 예를 들어 희망을 표현하는 것이 가능할 수도 있다고 본다. 느낌들의 어떤 자연스러운 진행이 외양상의 감정 특징들의 어떤 적절한 연속을 통해 전달될 수도 있을 것이라는 것이다.

> 작곡가는 자신의 음악에서 느낌과 관련 없이 외양에 의해 입혀질 수 있는 감정들 외에 다른 감정들을 명료화하기 위한 목적으로 그러한 진행을 사용할 수도 있다. 그래서 작곡가는 긴 음악작품에 제시된 감정 특징들을 사려 깊게 배열함으로써 자신의 음악에서 단지 외양상의 제시를 통해서는 표현될 수 없는 감정 상태들을 표현할 수 있다. …… 이런 방식으로 음악에서 외양상의 감정 특징으로는 제시될 수 없는 감정인, 이를테면 희망이 표현될 수 있다. 그럼에도 불구하고 희망 같은 감정 상태를 음악작품 안에 표현하는 것은 음악작품에 제시되는 소리의 감정 특징들에 직접적으로 달려 있으며 그로 인해 통제된다. 희망이 음악작품에 표현될 수 있으려면, 작품의 '외양'에 제시되는 감정이, 그 안에서 희망이 자연스럽게 일어나는 그런 진행을 형성할 수 있도록 음악작품이 충분한 길이와 표현적 복잡성을 가져야 한다.[56]

따라서 '음악이 그 청각적 외양에 어떤 감정의 특징을 제시할 수도 있는 것처럼 음악은 또한 그 표현적 전개의 질서를 통해 느낌들의 어떤 패턴의 외양을 제시할 수도 있다.'[57]

3. 데이비스는 음악이 결코 어떤 것에 **대한** 것도 아니며, 따라서 감정에 대한 것이 아니라고 주장한다는 점에서 키비를 공격한다. 바셋하운드와 세인트버나드의 얼굴은 아무

---

55) Ibid. 226.

56) Ibid. 262. 데이비스는 자신의 1980년 논문 'The Expression of Emotion in Music', 78을 인용하고 있다.

57) Davies, *Musical Meaning and Expression*, 263.

것도 **의미하지** 않는다. 그것은 단지 바셋하운드와 세인트버나드에게 신이 주신 선물이다. 그러나 데이비스의 견해에 따르면, 음악은 '단지 감정을 제시하는 것이 아니다. 그것은 표현된 대로의 그 표현에 대해 '평하고 있거나' 혹은 '평할' 수 있다.' 작곡가는 '다른 것이 아닌 이 표현적 잠재력을 가진 소리들'을 의도적으로 선택하며, 이는 그로 인해 '일어나는 전용(appropriation)에서 우리가 의의를 찾는 것이 부적절하지 않다'는 것을 시사한다.[58] '감정들이 표준적 조건 하에서 자기 자신에 대해 "말할" 것보다는' 작곡가가 '그 감정들에 대해 "말할" 것이 훨씬 더 많다'.[59]

개 이론의 한계

데이비스가 음악적 표현에 대해 말하고자 했던 많은 것들은 정확히 옳은 것 같다. (1) 맞다. 음악은 단지 슬픔과 기쁨 같은 특정 감정들만이 아니라, '느낌들의 어떤 패턴'과 '질서감과 합목적성'[60]을 전달할 수 있다. (2) 맞다. 음악은 인지적으로 복잡한 몇몇 감정들을 표현할 수 있다. (3) 맞다. 음악은 때때로 그것이 표현하는 감정에 **대한** 것이다. 그러나 불행히도 이 결론들은 개 이론과 모순적이다.

1. 만약 음악적 표현성이 오로지 외양상의 감정 특징들의 문제라면, 그것이 '느낌들의 어떤 패턴'을 전달할 수 있는 유일한 방식은 한 감정 외양 다음에 다른 감정 외양을 연속해서 제시하는 것이다. 예를 들어 우울함 뒤에 기쁨이 오고, 그 뒤를 우울함이 더 따라오고, 고요함으로 끝나는 것이다. 그러나 이런 종류의 연속은 음악이 어떤 질서감과 합목적성을

58) Ibid. 265.

59) Ibid. 273. 내가 12장과 13장에서 고찰할 키비와 데이비스 사이의 또 다른 중요한 차이는 키비는 우리가 음악에 표현된 감정을 알아차리거나 재인할 수만 있다고 보는 반면, 데이비스는 청자들이 최소한 가끔씩은 어떤 음악작품에 의해 표현된 감정을 공감적으로 느낀다고 본다는 것이다.

60) Ibid. 229.

전달한다는 주장을 거의 입증하지 못한다. 왜냐하면 한 감정 상태와 그다음 상태 사이에 어떤 유기적 연결도 없으며, 따라서 한 상태에서 다음 상태로의 **발전**도 없기 때문이다. 감정 상태들은 단순하게 연결되어 있다. 이는 음악적 표현성에서의 목적론적 특질에 대한 논의를 보장하기에 불충분하다.

2. 이와 유사한 문제가 외양상의 감정 특징들이 인지적으로 복잡한 감정들을 전달할 수 있다는 아이디어를 둘러싸고 있다. 데이비스는 이러한 종류의 진행을 '작곡가가 자신의 음악에서 느낌과 관련 없이 외양에 의해 입혀질 수 있는 감정들 외에 다른 감정들을 명료화하기 위한 목적으로 사용할 수도 있다'고,[61] 특히 희망과 같은 복잡한 감정들을 명료화하기 위해 사용할 수도 있다고 제안한다. 따라서 희망은 비록 '외양상의 감정 특징으로 제시될 수는 없지만', 아마도 내가 위의 예에서 개괄한 '느낌들'의 연속에서의 기쁨을 통해 음악에서 표현될 수 있다. 그러나 다시 한 번 말하지만, 데이비스는 자신의 견해가 허용하는 것보다 더 많은 것을 주장하고 있다. 데이비스가 주장하는 것처럼 '희망이 그 안에서 자연스럽게 일어나는 진행'[62]은 없다. 어쩌면 희망은 통상적으로 어떤 일격 이후에, 그래서 슬픔 이후에 일어나지만, 희망은 절망이나 변함없는 기쁨 혹은 불안감이나 다른 수많은 감정 상태를 이끌 수 있다. 게다가 설령 우리가 희망이 감정 상태들의 특정한 연속(어쩌면 슬픔, 불안감, 일시적 기쁨?)에서 '자연스럽게' 일어난다는 것을 인정한다 하더라도 우리가 거쳐가야 하는 것이 외양상의 감정 특징들의 연속뿐이라면 쾌활함과 희망 사이의 차이를 알 수 있는 방법은 없을 것이다. 희망은 욕구와 생각의 표현을 요구한다.[63] 예를 들어 희망이 단지 슬픔 뒤에, 그리고 고요함 전에 온다는 것은 일시적 기쁨이나 감정의 격발로부터 혹은 구름이 갈라지는 것이나 오랫동안 보지 못한 친구의 도착 같은 비감정적(non-emotional) 사건의 표상으로부터 희망을 구분하기에 충분하지 않다.

---

61) Ibid.

62) Ibid. 262.

63) 그레고리 칼과 나는 이 견해를 Gregory Karl and Jenefer Robinson, 'Shostakovich's Tenth Symphony and the Musical Expression of Cognitively Complex Emotions', *Journal of Aesthetics and Art Criticism* 53 (1995)에서 명시적으로 옹호했다.

3. 나는 음악이 감정에 대한 것일 수 있고, 작곡가는 자신들의 작품 속 감정에 대해 '평'을 하거나 그에 대한 무언가를 '말할' 수 있다고 말하는 데서 데이비스가 옳다고 본다. 그러나 다시 말하지만 데이비스의 이론은 그가 이렇게 말하도록 허용하지 않는다. 외양상의 감정 특징들은 어떤 방식으로든 아무것도 **말할** 수 없으며, 비록 작곡가가 외양상의 감정 특질들을 흥미로운 연속으로 배열할 수 있다고 해도 그것들은 그저 흥미로운 연속일 뿐이다. 한 감정 상태와 다른 감정 상태의 연결이 없으면, '말해질' 수 있는 것은 별로 없다.

좀 더 최근의 논문에서 데이비스는 자신의 이론이 '작품의 분위기(mood) 변화를 단지 연결되지 않은 표현들의 진행으로 취급하는 것을 피할' 수 없다는 반박에 대해 답하려 시도한다.[64] 그는 '작품의 주된 관심사가 표현성이 아닌 몇몇 작품의 경우, 작품의 형식적 특징들에 대한 주목이 작품의 정합성과 통합성을 설명하기에 충분하기 쉽다'고 답한다.[65] 이것이 맞을 수도 있다. 그러나 논쟁의 대상이 되는 경우들은 음악 안에 감정의 발전이 있는 것처럼 보이는 경우들, 그리고 우리가 '순수하게 음악적인' 진행을 파악하려면 그 음악의 표현적 혹은 감정적 진행을 들어야 할 수도 있는 경우들이다. 데이비스는 '작품의 표현적 진행이 그 중심적 특징이 되는' 이런 경우, 우리가 작품의 '통일성과 완결성' — 불가피한 표현적 발전에 대한 감각 — 을 '재료에 대한 작곡가의 통제에서 오는 것으로' 설명할 수 있다고 말한다.[66] 표현적 재료에는 '작곡가에 의해 형태와 질서가 부여되기' 때문에 '[표현적 외양들] 사이의 연결을 찾아보는 것과 그것들을 통하여 인간 느낌의 세계를 지칭할 가능성을 찾아보는 것은 적절하다'는 것이다.[67]

그러나 이러한 답은 부적절하다. 문제는 이것이다. 음악이 감정적 진행감(a sense of emotional progression)을 전달한다고 볼 때, 그러한 진행감은 무엇에 기인하는가? 그리고 그 작품이 지닌 감정적 정합성의 원천은 무엇인가? 그 곡이 인간에 의해 작곡되었다는 것만으로는 거의 설명되는 것이 없다. 우리는 작곡가가 어떤 원칙들에 따라 자신이 사용하는 재료

64) Stephen Davies, 'Contra the Hypothetical Persona in Music', Mette Hjort and Sue Laver (eds.), *Emotion and the Arts* (New York: Oxford University Press, 1997), 98.

65) Ibid.

66) Ibid.

67) Ibid.

에 형태를 부여했는지 알아야 한다. 왜 외양상 감정 특징들의 어떤 연속은 감정적으로 만족스럽지만 다른 연속은 그렇지 않은가? 단순히 작곡가가 특정한 방식으로 그 특징들에 질서를 부여했다고 말하는 것은 아무것도 설명하지 않는다.

요약하자면, 개 이론에는 여러 가지 근본적인 문제들이 있다. 우선 그 이론은 음악이 8장과 9장에서 개괄한 완전한 낭만주의적 의미에서 감정을 표현할 수 있다는 것을 인정하지 않는다. 또 다른 문제는 그 이론이 빈곤한 감정 이론을 가정하고 있다는 것으로, 그에 따르면 감정의 표현과 나머지 감정 과정이 연결되지 않는다. 개 이론은 감정이 무엇인지에 대해 적절한 주의를 기울이지 않는다. 감정에는 내적 느낌과 외적 표현이라는 두 종류가 있는 것이 아니라 하나의 복잡한 과정이 있으며, 그 과정 안에서 비인지적 평가가 신체적 과정을 시작하게 하고, 그것이 다시 세계에 대한 우리의 견해에 영향을 미친다. 그 신체적 과정과 세계에 대한 우리의 견해는 동일한 현상의 두 가지 국면이다.

데이비스에 대해 논의하면서 나는 특히 그 이론과 관련된 세 가지 문제에 집중했다. 첫째, 그의 이론은 음악이 어떻게 감정적 진행 — 한 감정에서 다른 감정으로 움직이는 것 — 의 유기적 발전을 표현할 수 있는지 설명하지 못한다. 둘째, 그의 이론은 음악이 인지적으로 복잡한 감정을 어떻게 표현하거나 명료화할 수 있는지 설명하지 못한다. 그리고 셋째, 그의 이론은 음악이 어떻게 그 음악이 표현하는 감정에 **대한** 것이거나 그 감정에 대해 평할 수 있는지 고려하지 않는다.

개 이론에 대한 논의를 마치기 전에 내가 지적하고자 하는 것이 있다. 그것은 개 이론이 (1) 음악을 통한 특정 감정들의 (명료화라는 의미에서) 표현을 부정하거나 간과할 뿐만 아니라, (2) 음악이 슬픔과 쾌활함 같은 감정적 특질들을 소유하는 것과 (3) 음악의 감정적 **표현성**을 적절하게 구분하지 않는다는 것이다. 바셋하운드의 얼굴은 실제로 슬프고, 그것이 슬픈 이유는 우리가 그것을 슬픈 것으로 보기 때문이며, 우리가 그것을 슬픈 것으로 보는 이유는 그것이 인간의 슬플 때의 얼굴을 닮았기 때문이다. 그러나 슬픈 **표현**이 반드시 매우 **표현적**인 것은 아니다. 데이비스의 예들 중 하나에서처럼 만약 내가 비극적인 표정의 가면을 만드는 공장에서 일한다면 나는 바셋하운드들에 둘러싸여 며칠을 보내게 되면 우울해질 수 있는 것과 같이 우울해질 수도 있을 것이라고 가정한다. 그러나 다른 한편 (어쩌면 내가 좀 이상한 것일지도 모르겠지만) 나는 그 상황을 익살스러운 것으로 보기 쉬울 것이라고 생각한다. 결국 바셋하운드의 슬픈 얼굴에는 무언가 익살스러운 것이 있다. 즉, 비록 그 얼굴이 슬퍼 **보이긴** 하지만 그것은 나로 하여금 슬프게 **느끼도록** 하지는 않는다.[68] 이러한 설명을 뒷받침하는 하나의 좋은 근거는 그 개의 표정이 그의 슬픔에 대한 표현이 아니라는 것을 내가 잘 알고 있다는 것이다. 그것은 단지 인간의 슬픈 얼굴을 익살스럽게 환기시키는 것일 뿐이다. 간단히 말해, 그 개의 얼굴이 슬픔의 표현으로 보인다 하더라도 그것은 아주 표현적인 것이 아니다. 우리는 만화 식의 웃는 얼굴과 그것의 대응물인 만화 식의 슬픈 얼굴에 대해서도 거의 동일하게 이야기할 수 있다. 뒤집혀진 웃는 얼굴은 분명히 슬픈 표정이지만, 그것은 표현적이지 않으며, 따라서 그것이 누군가를 슬프게 느끼게 하기는 매우 어렵다.

키비는 이와 같은 구분을 부분적으로 자각하고 있는 것으로 보인다. 그는 지나가는 말로 텔레만(Telemann)이 '매우 긴 애절한 음악'[69]을 썼지만 그 음악이 **마음을 움직이지는** 않는다고 말하고 있다. 그 음악은 애절한 인간의 발성적 표현 혹은 행위적 표현을 닮았고, 그리고/또는 음악적 애절함의 몇 가지 관례적 표식을 가지고 있기 때문에 키비의 입장에서 애절한 것이라고 추정된다. 그러나 이와 동시에 그 음악은 **표현적**이지 않고, 표현적이지 않기 때문에 내 마음을 움직이지도 않는다. 그것은 나에게 어떤 감정도 환기하지 않는다. 나는 뒤에서 음악이 그것을 듣고 있는 청자들을 **느끼게** 하는 방식과 음악적 표현성 사이의 관계에 대해 다시 논의할 것이다.

68) 키비는 '당연하다'고 말한다. 내가 여기에서 공격하고 있는 것은 데이비스의 버전이다. 그러나 다시 말하지만, 데이비스의 버전은 최소한 느낌의 환기가 음악적 표현 혹은 음악적 표현성과 관련 있다는 것을 인정한다는 점에서 (내가 보기에) 키비의 버전보다 낫다. 데이비스가 사용하는 비극적 가면공장의 예를 보려면 Davies, *Musical Meaning and Expression*, 303-4 참조.

69) Kivy, *Music Alone*, 162.

과정으로서의 감정, 과정으로서의 음악

3장에서 나는 어떻게 감정 반응이 환경 속의 중요한 무언가 — 멋진 것, 이상한 것, 예기치 못한 것, 적, 친구, 상실, 위협, 공격 등 — 에 대한 생리적 반응인지 묘사했다. 감정 반응은 자동적이고 즉각적인 반응으로, 그것은 운동 활동과 자동적 활동을 시작하게 하며, 가능한 행동을 할 수 있도록 우리를 준비시킨다. 그 초기적 반응 후 인지가 들어와 우리의 정감적 평가를 확증하거나 수정한다. 그리고 그 이후에 우리는 우리에게 일어난 일을 이해하기 위한 시도로 통속 심리학에서 감정 단어를 가져와 우리의 상태에 이름 붙일 수 있다. 이러한 연속되는 사건들 전체는 하나의 과정이며, 그 과정 속 각 요소들은 그 과정에 피드백을 주고 감정의 전개에 영향을 미친다.

따라서 하나의 감정 과정은 다른 감정 과정으로 변형될 수 있다. 비통이 격노로, 두려움으로, 그리고 즐거움으로 이어지듯이 말이다. 게다가 우리는 이러한 감정 과정들 중 많은 것에 통속 심리학의 용어로 쉽게 이름 붙일 수 없다. 그것들은 상이하게 이름 붙여진 감정들의 **혼합**이거나 이름 붙여진 하나의 감정과 다른 이름이 붙여진 감정 사이의 **충돌**이다. 혹은 그것들은 여러 이름표 중 무엇을 붙여야 할지 **애매한** 것들이다. 피비 엘스워스(Phoebe Ellsworth)가 말하듯, 우리의 감정적 삶은 흐름 속에서 일어나기 때문에 항상 변하는 정감적 평가, 항상 진화하는 생각, 항상 변하는 행동과 행동 경향들, 신체적 상태, 그리고 느낌에 대한 반응으로 언제나 변한다. 이러한 경험의 흐름들이 어떻게 함께 흘러가고 서로 엮이는지를 언어를 통해 정확히 포착하는 것은 거의 완전히 불가능하다.

그러나 만약 감정이 과정이고 우리의 감정적 삶이 흐름 속에서 일어난다면, 그 자체로 흐름 속에서 일어나는 과정 혹은 과정들의 연속인 음악이 우리의 감정을 모방하거나 거울처럼 반영하기에 아주 특별히 적합할 것이라고 생각하는 것은 타당할 것이다. 그렇다면 음악은 정확히 어떻게 이렇게 하는가? 분명히 감정의 몇몇 국면들 — 표정과 호르몬 분비 등 — 은 음악이 반영하기 어려운 것들이지만, 감정 과정의 중요한 국면들 대부분은 음악이 거울처럼 반영할 수 있는 것들이다.

개 이론은 이를 가능하게 할 한 가지 방식을 암시한다. 그 이론에 따르면 음악은 특정 감정들을 특징짓는 발성적 표현과 운동 활동 — 표현적인 신체적 제스처와 행동 경향을 포함해서 — 을 반영할 수 있다. 음악은 한숨짓거나 울부짖을 수 있고, 얼어붙거나 즐겁게 뛰놀 수 있다. 음악은 위협적으로 슬금슬금 움직이거나 화난 것처럼 크게 걸을 수 있다. 음악은 또한 자율신경계의 변화를 반영할 수 있다. 예를 들어 동요되거나 불규칙한 음악은 동요된 심장이나 불규칙한 호흡을 모방할 수 있다.

더욱 중요한 것은 음악이 감정의 인지적 혹은 평가적 국면을 반영할 수 있다는 것이다. 아주 명백하게도 음악은 많은 방식들로 **욕구**, 열망 혹은 분투를 반영할 수 있다. 이를테면 어떤 주제는 해결에 도달하기 위해 노력하고, 실패하고, 다시 노력하고, 다시 실패하고, 세 번째로 노력하고 마침내 종결에 이를 수 있다. 혹은 어떤 주제가 점진적으로 그리고 명백한 어려움을 겪으면서 다른 성격을 가진 다른 주제로 변형될 수 있다. 음악은 또한 **기억**의 효과를 반영할 수 있다. 어떤 음악적 아이디어가 작품 속 이전 순간을 들먹이거나 기억하는 것처럼 — 이제는 사라지고 없는 더없이 즐거웠던 과거에 대한 그리움과 함께, 혹은 다시 돌아올 거라고 겁을 주는 비참한 과거에 대한 공포와 함께 — 보일 때 말이다.[70] 마지막으로, 음악은 욕구와 기억을 반영하는 것에 더하여 이 세계가 햇살 가득한 장소이며, 모든 일이 잘되어간다는 감각(sense) 혹은 이 세계가 우울하고 폭풍우 몰아치며 위협적인 장소이며 모든 일이 잘되고 있지 않다는 감각을 (매우 대략적으로) 전달할 수 있다는 의미에서 환경에 대한 **평가** 역시 반영할 수 있다.

무엇보다 가장 중요한 것은 음악이 감정적 경험의 흐름, 즉 서로 관련된 많은 조류가 동시에 흘러가면서 어쩌면 서로를 강화하고 어쩌면 서로 충돌하는 흐름을 반영할 수 있다는 것이다. 음악은 시간이 흐르면서 한 감정이 다른 감정으로 변하는 방식, 즉 그 흐름이 어떻게 다른 방향으로 향하거나 원래의 경로로 평화롭게 돌아오는지 표현할 수 있다. 음악은 감정상의 변화나 변경, 즉 어떻게 일들이 잘되어가다가 잘 안 되는지 혹은 안 되어가다가 잘되는지, 욕구가 충족되는지 실망하게 되는지, 기억이 한 사람을 집어삼키는지 아니면 휩쓸려가 버리는지 그 감각을 전달할 수 있다. 음악은 또한 감정의 혼합, 이를테면 희

70) 예를 들어 Karl and Robinson, 'Shostakovich's Tenth Symphony'와 Anthony Newcomb, 'Action and Agency in Mahler's Ninth Symphony, Second Movement', Jenefer Robinson (ed.), *Music and Meaning* (Ithaca, NY: Cornell University Press, 1997) 참조.

망과 체념 혹은 슬픔과 그리움의 혼합인 달콤쌉싸름함을 전달할 수 있다. 그것은 감정적 애매함 — 희망인지 아쉬움인지, 고요한 체념인지 무거운 절망인지 — 을 전달할 수 있다. 그것은 감정의 충돌 — 성적 열정과 기사로서의 의무에 대한 헌신 사이의 충돌, 전원적 순수함에 대한 욕구와 화려한 도시적 삶에 대한 욕구 사이의 충돌 — 을 전달할 수도 있다.[71)]

음악은 화성과 선율 및 리듬의 복잡한 움직임을 통하여 이를 성취할 수 있다. 생리적 경향이나 운동 경향 혹은 발성적 표현의 모방은 진화하며 수정을 거칠 수 있다. 비애에 찬 울음은 고통에 찬 비명으로 변형될 수 있고, 가벼운 마음으로 뛰노는 듯한 주제나 리듬은 무거운 마음으로 터벅터벅 걷는 듯한 주제나 리듬으로 변형될 수 있다. 열망하는 듯 과거의 무언가를 상기시키는 어떤 주제는 그 성격을 바꾸어 쾌활한 것이 될 수 있다. 우울한 단조 화음이 관계장조의 관련된 주제로 전환될 수도 있다. 음악은 우리의 감정적 삶과 완전히 마찬가지로 카멜레온 같은 방식으로 변화한다.

이 모든 것이 추상적으로는 상당히 믿기 어렵게 들릴 수 있다. 그래서 나는 브람스의 노래를 통해 내 제안을 예증하고자 한다. 브람스의 노래에서 우리는 곡 속 주인공이 노랫말을 통해 표현하는 것과 그 주인공이 음악적 수단을 통해 표현하는 것 사이의 세밀한 상호작용을 감지해낼 수 있을 것이다. 그 노래가 단지 감정적 윤곽들의 연속이 아니라 진정한 감정 상태에 있는 주인공으로부터 나온다는 것과 그 노래가 그녀의 음악적 발화를 통해 그러한 감정 상태를 표현한다는 것에 주목하라. 그런 다음 나는 다음 장에서 특정한 가정들에 비추어볼 때, 노랫말이 없는 순수 기악음악 역시 완전히 동일한 방식으로 감정적 삶을 반영할 수 있다고 제안할 것이다. 내가 사용할 예로 브람스의 곡을 고른 이유는 부분적으로 내가 음악에서의 낭만주의적 표현에 대해 이야기하고 있기 때문이며, 부분적으로 순수 음악과 관련하여 한슬릭이 가장 좋아하는 예를 통해 내 논제를 예증하는 것에서 어떤 삐딱한 만족을 얻기 때문이며, 또한 부분적으로 내가 논의할 곡들이 개인적으로 가장 좋아하는 곡들이기 때문이다.

---

71) 나는 바그너의 「탄호이저(*Tannhäuser*)」와 말러의 9번 교향곡 2악장에 대한 Newcomb, 'Action and Agency'에서의 앤서니 뉴컴의 독해를 염두에 두고 있다. 물론 그 오페라에는 감정 전달을 돕는 음악뿐만 아니라 노랫말도 있다.

브람스의 「내 잠은 점점 깊어가고」

앞 장에서 우리는 어떻게 시의 극적 화자가 세계가 그에게 어떻게 보이는지를 보여주고 그의 감정을 특징짓는 생각을 명료화할 뿐만 아니라, 표현된 감정이 그에게 생리적으로 어떻게 영향을 미치는지를 리듬과 목소리의 음색을 통해 전달함으로써 시에서 자신의 감정을 표현하는지 살펴보았다. 이와 대조적으로 춤은 주로 제스처와 행동을 통해 등장인물의 감정을 표현한다. 음악은 에드워드 콘(Edward T. Cone)이 말하듯 '시이면서 춤이며',[72] 춤과 같이 제스처와 움직임을 통해 감정을 표현할 뿐만 아니라, 시와 같이 목소리의 음색 및 생각과 관점의 명료화를 통해 감정을 표현한다. 이러한 이유에서 노래, 특히 낭만주의적 노래는 어쩌면 낭만주의적인 예술적 표현의 정수를 이루는 형식일 것이다. 이제 나는 브람스의 노래 「내 잠은 점점 깊어가고」가 8장과 9장에서 정의한 의미에서 낭만주의적 표현의 전형임을 보이려 할 것이다.

브람스의 작품 105번 가곡들 중 두 번째 곡인 「내 잠은 점점 깊어가고」는 그가 이성적 애착을 가졌던 젊은 여성 헤르미네 슈피스(Hermine Spies)를 위해 1886년에 작곡한 곡이다. 이것은 죽음에 가까워진 한 여인이 너무 늦기 전에 자신의 연인이 한 번만 자신에게 다시 와주기를 갈망하는 노래이다. 이 곡은 저음으로 되어 있으며, 그 선율에서 우리는 브람스의 내림 B장조 피아노협주곡의 느린 악장에 있는 사랑스러운 첼로 솔로의 메아리를 들을 수 있다. 이 두 곡에는 동일한 특질의 무언가, 즉 어둡고 통렬하지만 궁극적으로는 고요한 것이 있다. 「내 잠은 점점 깊어가고」는 아름답고 잊을 수 없는 선율을 가진 두 연(stanza)으로 구성된 노래이다. 그렇지만 그 노래의 위대함은 브람스가 두 번째 연을 다루면서, 그 첫 번째 연을 변형시키는 마법 같은 방식에 있다. 전반적으로 그 변형은 깊은 비탄에서 고요한 수용 같은 무언가로의 변형이며, 이것은 올림 C단조에서 평행장조로의 화성적 발전에 대략적으로 반영된다. 그러나 그 변형은 박자나 리듬 혹은 선율 상의 어떤 갑작스런 혹은 신경에 거슬리는 변화 없이 이루어진다. 마치 곡 전체에 걸쳐 장조와 단조 사이, 그리고 비탄에 찬 것과 고요한 것 사이에 어떤 큰 심리적 거리나 음악적 거리가 없는 것처럼 말이

72) Edward T. Cone, *The Composer's Voice, Ernest Bloch Lectures* (Berkeley: University of California Press, 1974), 164.

〈그림 10.1〉 요하네스 브람스(Johannes Brahms), Op.105 No. 2, 「내 잠은 점점 깊어가고(Immer leiser wird mein Schlummer)」

15
nie - mand wacht und öff - net dir,
pp
dim.
19
ich er - wach' und wei - ne bit - ter - lich, wei -
f
p
23
- ne bit - ter - lich.
pp
27
Ja, ich wer - de ster - ben müs - sen, ei - ne
31
An - dre wirst du küs - sen, wenn ich bleich und kalt,
dim.

(Continued)

35
bleich und kalt. Eh' die
38
Mai - en-lüf - te weh'n, eh' die Dros-sel singt im Wald:
42
Willst du mich noch ein - mal seh'n,
pp
poco cresc.
46
komm', o kom - - me bald,
f
49
komm', o kom - me bald!
p

다. 전체적으로 이 곡에는 달콤쌉싸름한 특질이 있고, 그것은 이 두 심리적 영역 및 음악적 영역 사이의 가까움을 반영한다.

노래의 시작하는 선율에는 자장가의 특질이 있다. 성부(voice)의 부드러운 점음표의 리듬과 피아노의 왼손이 그 선율 조금 뒤를 따라오는 방식은 그 선율에 머뭇거리며 멈칫거리는 특질을 더해준다. '한숨짓는 듯한 음형'인 하강하는 단 2도 화음의 반복적 사용으로 이 성부의 음색은 애절하고 지친 듯한 것이 된다. 여인은 문 밖에 서서 자신을 부르는 연인에 대한 꿈을 자신이 얼마나 자주 꾸는지 이야기하지만 '아무도 깨어나지 않고, 아무도 당신에게 문을 열어주지 않아요. 나는 일어나 비통하게 웁니다'. 선율의 측면에서 첫 14마디에는 하강하는 단 3도 화음이 만연하다. 그 후 15~20마디 — niemand wacht, und öffnet dir, ich erwach [un weine] — 에서는 지금까지 하강하던 단 3도 화음이 상승한다. 그러나 이와 동시에 피아노 오른손의 중간 성부는 G#에서 G로, F#으로, F로 그리고 E로 순차적으로 하강하고, 왼쪽 손은 D♭(16마디)에서 C♭(18마디), 그리고 B(20마디 시작)로 하강한다. 그 결과 이 부분이 만들어내는 전반적 효과는 위로 솟구치는 것이 아닌, 가라앉으려는 경향에 저항하면서 위로 올라가려 노력하는 시도가 된다. 21~24마디에서 그 절의 종결부 악절에 이를 때까지 그 선율은 다시 한 번 하강하고, 그 절의 끝('bitterlich'라는 노랫말)에서 그것은 올림 C단조의 으뜸화음으로 절망적으로 하강한다.

화성의 측면에서 1절은 주로 올림 C단조에 머무르며, 'Schleier', 'liegt', 'Kummer' 그리고 그 외의 곳에서 브람스다운 통렬한 불협화음이 하강하는 단 3도 화음의 우울한 효과를 강화한다. 이와 유사하게, 10~14마디의 'Traume', 'dich', 'meiner'에도 불협화음이 있다. 그 불협화음은 보통 한순간만 지속되지만 동요를 일으키기에는 충분하다. 그 악절의 끝에서 선율이 'Tur'까지 올라가면 우리는 근음 위치에 있는 E장조의 종지적 화음을 얻게 되며, 그것이 잠시 동안 반짝이는 희망의 빛을 준다. 그러나 이어지는 마디들('Niemand wacht und offnet dir')에서 선율이 올라가고자 분투하지만 항상 짓눌리고, 피아노는 사육화음의 순차적 하강을 만들어내 'wacht'에서 G, 'dir'에서 F, 그리고 'wach'에서 E단조의 사육화음을 얻는다. 'weine bitterlich'에서 선율은 마치 비탄과 절망의 외침에서처럼 올라가고, 올림 C단조로 하강하는 낮은 신음으로서의 'weine bitterlich'라는 노랫말의 반복으로 끝난다. E장조의 암시로부터 E단조의 암시로 이동하는 이와 같은 화성적 움직임, 그러고 나서 단조의 으뜸화음으로 돌아가는 것은 비통과 절망에서 기어 나오려고 노력하지만 결국 다시 그 안에 가라앉아버리는 듯한 효과를 강화한다.

리듬의 측면에서 단 3도의 하강하는 악절이 있는 선율은 부드럽게 경쾌한 당김음을 두는 피아노 반주와 대조를 이루며 자장가를 연상시킨다. 'Niemand wacht'로 시작하는 부분에서 피아노 왼손의 아르페지오는 성부 라인(vocal line)과 잘 어울리며, 피아노 오른손의 숨 가쁜 당김음의 화음과는 대조를 이룬다. 이러한 화성적 변화는 불안하고 불편한 느낌을 확립하는 효과를 낳는다.

2연은 처음에는 단순히 1연의 변주로 보인다. 그것은 피아노의 고음부 선율로 시작되고 노래하는 이는 조용히 있다. 이보르 키즈(Ivor Keys)는 거기에서 '마치 노래하는 이가 더 이상 노래를 할 수 없는 것 같다'고 본다.[73] 어쩌면 그녀는 기억에 잠겨 있거나 비통함에 너무 압도당해 있어서 계속 노래할 수 없다. '그녀가 두 번째 악절에서 다시 합류할 힘을 찾아',[74] 'Ja, ich werde sterben müssen, einie Andre wirst du küssen'('그래요. 나는 죽게 되겠죠. 당신은 다른 이에게 키스하겠죠')라는 노랫말로 들어올 때 그것은 말로 할 수 없을 만큼 감동적이다.[75] 그 선율은 낮은 음역으로 이동하며 노래하는 이로 하여금 (최소한 그녀가 메조소프라노라면) 더 부드럽게, 심지어 조금은 쉰 목소리로 노래 부르도록 강요한다. 그녀가 자신이 나이 들어가는 것을 관조하고, 5월의 봄바람이 불어오기 전에 그리고 개똥지빠귀가 숲에서 울기 전에 찾아올 임박한 죽음에 대해 관조하는 것처럼 말이다.

2연의 앞부분에는 1연과 유사한 선율 및 하강하는 단 3도 화음의 유사한 패턴이 있다. 37~41마디는 정확히 10~14마디를 거울처럼 반영하며, 그 악절 끝부분에 동일하게 부드러운 상승이 있고, 이번에는 'Wald' 위에 근음 위치에 있는 동일한 E장조 화음이 있다. 그러

73) Ivor Keys, *Johannes Brahms* (London: Christopher Helm, 1989), 288.

74) Ibid.

75) 스티븐 칸(Steven Cahn)은 (대화 중에) 마치 그 주인공이 삶을 미약하게만 붙잡고 있는 것 같다고 주장했다. 제니퍼 저킨스(Jennifer Judkins)는 (2003년 캘리포니아의 퍼시픽 그로브에서 있었던 미국미학회 태평양 지구모임에서 내가 발표했던 이 장의 한 버전에 대해 논평하면서) 그와 같은 '뒤늦은' 보컬의 입장은 단순히 낭만주의 '예술 음악'의 관습일 뿐이라고 지적했다. 그것이 관습적인 '수사법(trope)'이라는 것이 참일 수도 있다. 그럼에도 불구하고 브람스는 그러한 관습을 표현적 용도로 사용했다. 나는 이 곡과 관련하여 도움이 되는 논의를 해준 스티븐 칸, 제니퍼 저킨스, 그레고리 칼, 그리고 세버린 네프(Severine Neff)에게 감사한다.

나 이 지점에서 1절은 마법과 같이 변한다. 이제껏 추락해온 단 3도 화음이 'Willst du mich' 에서는 G#에서 B로, 'noch einmal seh'n'에서는 B에서 D♭으로, 'komm' o kom-me'에서는 마지막으로 그리고 의기양양하게 D♭에서 F♭으로 올라간다. 이와 동시에 브람스는 'Wald' 에서 근음 위치의 E장조 화음에서 'mich'에서의 G음 위의 사육화음, 'seh'n'에서의 B♭음 위의 사육화음으로 이동하며, 그 곡의 절정인 47마디의 'komme'에는 그 곡의 평행장조인 올림 C장조와 이명동음 관계인 내림 D장조의 사육화음이 있다. 앞 절 최저음부의 G에서 F, 그리고 E로 순차적으로 내려가다가 비통함에 찬 올림 C단조 으뜸화음으로 돌아오며 끝나는 지점이 있었던 곳에, 2절에서는 피아노가 E에서 G, 그리고 B♭으로 순차적으로 올라가 내림 D장조로 눈부시게 변하면서 끝나고, 거기서 독창자는 (최대한의 노력을 통해 도달하는) 그 곡의 최고음, 내림 D장조 화음의 맨 위에 있는 영광스러운 F♭ 음을 부른다. 그 곡의 주인공이 그녀의 연인이 곧 다시 돌아올지도 모른다는 희망을 표현할 때('Komm', o komme bald'), 올림 C단조 및 E단조와의 시시덕거림은 사라진다. 그 열정적인 절정 이후 선율은 다시 하강하는데, 이번에는 차분하고 안정적인 영역으로 들어가 그 노래는 내림 D장조의 5도-1도 종지에서 평화롭게 끝나게 된다. 이는 그녀의 연인이 그녀의 간청을 들어주든 아니든 그녀가 이제 평화롭게 죽을 것임을 암시한다. 맥도널드(Macdonald)는 그러한 결말이 지닌 '저세상의 것 같은 차분함'을 언급한다.[76)]

이 노래에는 마치 노래 속 주인공이 수용과 비통함 사이에서, 그리고 희망과 좌절 사이에서 괴로워하는 것처럼 노래 전반에 걸친 장조와 단조 사이에서의 움직임이 있다. 몇몇 단조 악절의 저변에는 장조의 암류가 있고, 몇몇 장조 악절의 저변에는 단조의 암류가 있다. 이 브람스적인 애매함이 이 곡에 달콤쌉싸름한 특질을 부여하며, 이것이 바로 노래 속 주인공으로 하여금 비탄과 희망, 갈망과 수용 사이의 애매함을 표현할 수 있게 하는 것이다.

「내 잠은 점점 깊어가고」의 노랫말과 음악 모두에서 브람스는 자신의 감정을 표현하고 있는 어떤 여인을 재현하는데, 부분적으로는 그 감정의 영향을 받아 몸이 움직이는 방식을 거울처럼 반영하고 또 부분적으로는 목소리의 음색을 통해 감정을 표현하지만 가장

76) Malcolm Macdonald, *Brahms* (London: J. M. Dent & Sons, 1990), 350.

중요하게는 그녀가 어떻게 생각하는지, 자신이 처한 상황을 그녀가 어떻게 평가하는지, 그리고 그것이 그녀의 가장 깊은 욕구들에 어떻게 영향을 미치는지 거울처럼 반영함으로써 감정을 표현한다. 우리는 그녀가 자신에게 임박한 죽음에 대해 노래할 때 가라앉는 단 3도의 화음에서 그녀의 가라앉는 느낌을 듣게 되고, 끝부분의 상승하는 3도 화음에서뿐만 아니라 '오세요, 어서 오세요!'라고 그녀가 외칠 때 단조에서 장조로 변화하는 곳에서 그녀의 좀 더 희망찬 느낌을 듣게 된다. 요약하자면 우리는 선율, 화성 그리고 리듬의 점진적 발전에서 그녀의 감정 상태가 펼쳐지는 것을 듣는다.

우리가 「내 잠은 점점 깊어가고」를 감정의 표현으로, 즉 열정적 발화로 들을 때 그 음악에 대한 우리의 경험은 특정한 방식으로 조직된다. 한숨짓는 듯한 음형, 당김음의 리듬, 단조의 으뜸화음에서 평행장조로의 조성 변화와 같은 무관해 보일 수도 있는 음악의 구체적 사항들이 이제 하나의 정합적 패턴 안에 들어맞는다. 일단 우리가 「내 잠은 점점 깊어가고」를 죽어가는 한 여인의 괴로움에 찬 감정 표현으로 듣게 되면, 이 모든 구체적 사항들이 함께 그 표현의 일부로 다가오게 된다. 이를테면 한숨짓는 듯한 음형은 비참함의 한숨(발성적 표현)으로 들리고, 당김음의 리듬은 불안해하는 심장(자율신경계의 활동)으로 들린다. 그리고 단조의 으뜸화음에서 평행장조로의 변화는 주어진 상황에 대한 불행에서 행복 혹은 불안함에서 평온함이라는 관점의 변화(인지적 평가)로 들리며, 그 두 조성이 긴밀하게 연결되어 있다는 것과 그 선율이 대체로 동일하게 유지된다는 사실을 고려할 때, 우리는 그 평가를 애매한 것 혹은 유동적인 것으로 듣기 쉽다. 즉, 그 상황은 긍정적인 것으로도 부정적인 것으로도 들린다. 최저음이 하강하고 선율이 상승하는 것을 들을 때 우리는 수동성에서 벗어나려고 부단히 노력하는 시도 — 하나의 행동 경향 — 와, 가라앉으려고 하는 경향이나 행동으로부터 물러나려고 하는, 즉 노력하기를 포기하려고 하는 경향이 이에 저항하는 것을 들을 수 있다. 전반적으로 우리는 그 곡이 비통함과 괴로움에서 평온한 체념으로 이동하는 것을 들을 수 있으며, 이 모든 것은 인지적으로 복잡한 감정이다.[77]

---

77) 게다가 만약 우리가 이런 방식으로 음악을 경험한다면 우리는 또한 그 음악을 향해 특정한 감정과 태도를 가지도록 초대된다. 그 죽어가는 주인공에 대한 공감을 느끼고, 어쩌면 그녀의 비탄과 그 비탄으로부터 벗어나려 하는 그녀의 노력에 감정이입을 하며, 그녀가 마지막에 새로이 찾아낸 평온함에 기쁨을 느끼도록 초대되는 것이다. 실제로 그 음악을 이런 방식으로 들음으로써 환기되는 이러한 느낌은 우리가 이 음악을 감동적이면서도 심리적으로 심오한 것으로 듣게 되는 하나의 중요한 이유일 것이다. 나는 12장과 13장에서 음악에 의한 느낌의 환기에 대해

이 음악은 단지 일련의 표현적 '윤곽들'이나 '외양상의 감정 특징들'이 아니라, 이 노래의 극적 화자에 의한 진정한 감정의 표현이다. 그것은 감정 과정의 다양한 국면들에 상응하는 많은 방식으로 감정을 표현한다.[78] 이 음악 자체는 감정 과정을 거울처럼 반영하는 과정들로 이루어져 있다. 그것은 '느낌들의 패턴'을 전달하며, 그것이 전달하는 '질서감과 합목적성'은 주로 이 곡의 전반적인 표현적 구조 — 비탄이나 괴로움에서 평온한 수용이나 희망으로 변하는 구조 — 에서 나온다. 게다가 이 음악은 인지적으로 복잡한 감정을 표현한다. 표현된 감정은 단순한 슬픔이나 기쁨보다 훨씬 더 구체적인 것이다. 마지막으로 이 노래는 그것이 표현하는 감정에 **대한** 것으로, 브람스 자신이 노래 속 주인공이 표현하는 것에 대해 평하고 있는 것이다. 우리는 비탄에서 수용으로의 그 움직임을 브람스가 공감하는 무언가로, 혹은 어쩌면 브람스가 대신 경험하는 것으로 들을 수 있다. 간단히 말해 이 노래가 노래 속 주인공의 감정을 표현하는 방식들은 개 이론에서 허용할 수 있는 것보다 — 그것이 무엇이든 — 훨씬 더 복잡하다.

내가 생각하기에 「내 잠은 점점 깊어가고」는 낭만주의적 표현의 전형이다. 그것은 그 곡의 주인공이 자신의 감정이 무엇이며, 그것이 어떻게 변화하고 발전하는지를 수많은 상이한 방식들로 명시적으로 명료화하는 하나의 짧은 서정곡이다.[79] 그러나 「내 잠은 점점 깊어가고」에서 우리가 단 3도 화음을 소녀의 마음 상태와 연결할 수 있는 것은 그 노랫말이 우리에게 그 소녀가 단 3도 같은 마음 상태에 있음을 말해주기 때문이다. 그러나 노랫말이 없다면 음악에서 표현되는 것이 무엇인지 우리가 어떻게 알아낼 수 있는가? 순수 기악 음악작품이 동일한 방식으로 혹은 유사한 방식으로 감정을 표현하는 것이 가능하기는 한

좀 더 논의할 것이다.

78) 2004년 파사디나에서 열린 미국철학회 태평양지구 모임에서 내가 이 장의 축약된 버전을 발표했을 때 그것에 대한 논평을 하면서 앤드루 캐니아(Andrew Kania)는 내가 주장하는 것이 개 이론과 모순되지 않는다고 주장했다. 그는 다음과 같이 말했다. '혹자는 로빈슨의 감정 이론을 받아들이고 거듭난 개 이론가가 될 수 있다. 음악이 거울처럼 반영할 수 있는 감정의 유일한 국면들이 공공연하게 접근할 수 있는 행위적 국면들이라는 도그마(dog-ma)를 거부하고, 감정의 심리적 · 인지적 국면들에 대한 우리의 공통적 경험들에 호소하여 우리가 음악의 외양에서 그것들의 윤곽을 재인하는 것의 토대로 삼음으로써 그렇게 할 수 있는 것이다.' 그러나 생각과 욕구 및 경험은 감정의 행위적 표현 및 발성적 표현처럼 관찰할 수 있는 '윤곽'을 가지고 있지 않다. 내가 보기에 그 '거듭난 개 이론가'는 정통적 개 이론의 중심 주장을 포기하는 것이 될 것이다.

79) 그리고 그것은 또한 청자 자신의 감정도 환기한다.

것인가? 예를 들어 브람스의 간주곡에 대한 심리적 독해(reading)를 제공하는 것이 말이 되긴 하는가? 다음 장에서 나는 그것이 말이 된다고, 심리적 해석에 자신을 내주는 순수 음악이나 절대 음악작품들이 있다고, 그리고 그러한 해석에 참여하는 합당한 방식들이 있다고 주장할 것이다.[80] 나는 **모든** 양식의 **모든** 음악을 이런 식으로 고찰해보는 것이 의미가 있다고 생각하지 않는다. 그러나 나는 심리적 해석을 할 수 있을 뿐만 아니라 심리적 해석을 해야 하는, 그리고 그러한 독해를 하지 않는 한 그 의미와 심오함이 드러나지 않는 낭만주의 작품들이 많이 있다고 믿는다.

---

80) 어쩌면 개 이론가들은 노래 속 '표현'이 순수 기악음악에서의 표현과 전혀 다른 것이며, 노래는 극적 '화자'에 의한 진정한 감정 표현이 될 **수 있다**고 주장할 것이다. 그러나 설령 이것이 참이라 하더라도 그들은 노래 속 극적 화자에 의한 감정 표현이 음악적 표현 일반에서 전형적인 것이라는 것, 즉 노래에서만이 아니라 순수 기악음악의 표현에서도 전형적인 것이라는 것에는 동의하지 않을 것이다.

11
기악음악에서의 감정 표현

음악은 삶과의 관계 혹은 삶의 표현에서
이끌어낸 형식들을 통해서만 이해될 수 있다…….

리차드 바그너(Richard Wagner),
「프란츠 리스트의 교향시에 관하여(On Franz Liszt's Symphonic Poems)」

에드워드 T. 콘과 음악 속 페르소나

에드워드 T. 콘(Edward T. Cone)은 자신의 획기적인 저서 『클래식의 격렬한 이해(*The Composer's Voice*)』에서 기악음악은 음악적 '페르소나'의 감정 표현으로서 적절하게 감상될 수 있다는 아이디어를 옹호한다. 그는 '극적 의인화라는 기초적 행위'가 모든 시와 허구 문학작품의 기저를 이룬다는 전제에서 출발한다고 말한다.[1] 그리고 그는 '모든 문학작품과 같이 모든 음악도 극적이다. 모든 작곡은 의인화라는 행위에 의존하는 발화로서 그것을 분명하게 하는 것이 연주자(들)의 의무이다'라고 주장한다.[2] 성악과 관련해서는 이 주장을 하기 쉽다. 「내 잠은 점점 깊어가고(Immer leiser wird mein schlummer)」는 극적 독백을 통해 죽어가는 여인의 역할을 연기하는 성악가의 발화이다. 발라드는 어떤 이야기에 대한 서술자의 발화로, 슈베르트의 「마왕(Erlkönig)」에서처럼 극중 인물들의 극적 개입을 동반할 수도 있다. 콘은 또한

1) Edward T. Cone, *The Composer's Voice, Ernest Bloch Lectures* (Berkeley: University of California Press, 1974), 2.

2) Ibid. 5.

자신의 생각을 표제음악에 적용하여 베를리오즈의 「환상교향곡(*Symphonie Fantastique*)」은 교향곡의 표제 속에 개괄된 일련의 사건들에 대한 페르소나의 반응을 표현한다고 주장한다. 이러한 페르소나는 마치 이야기의 내레이터와 같이 교향곡 안에 등장하는 '등장인물들'을 통해 자신의 반응을 표현한다. 등장인물들은 자주 (일군의) 악기들을 통해 개별화되는데, 콘은 그 인물들이 '어떤 종류의 식별 가능하게 연속적이거나 특징적으로 분절된 음악적 직물의 구성요소들 — 한 구절(line), 일련의 화음들, 오스티나토(역자 주: 어떤 일정한 음형을 동일 성부에서 반복하는 것), 지배적 음색 — 일 수 있다'고 본다.[3)]

그러고 나서 그는 이러한 '베를리오즈로부터 얻은 교훈'을 순수 기악음악으로까지 일반화한다. '모든 경우에 그 곡 전체를 경험하는 주체인 음악적 페르소나가 있고, 그 페르소나의 생각 안에서 그 극, 이야기 혹은 몽상이 일어난다. 음악은 상징적 제스처를 통해 그의 내적 삶을 전달한다.'[4)]

콘은 순수 기악음악이 음악적 페르소나들이나 등장인물들로부터 나오는 '발화의 형식'이라고 주장한다.

> 노래는 시라는 측면에서 일종의 구두적(verbal) 발화이다. 또한 노래는 음악이라는 측면에서 언어적 의미와는 독립적으로 인간의 목소리를 매체로 사용하는 발성적이고 상징적인 비언어적 발화이다. 기악음악은 단독으로든 아니면 목소리를 동반해서든 언어로부터의 추상이라는 방향으로 한 걸음 더 나아가 순수한 상징적 발화를 이루는데, 이 발화는 노래와의 유비를 통한 발화이다.[5)]

엄밀히 말해 음악은 언어가 아닌데, 왜냐하면 언어적 발화는 관습적 의미를 가지는 반면 음악은 — 국가들(national anthems)이나 오페라 혹은 표제적 라이트모티프라는 가능한 예외를 제외하고 — 관습적 의미를 추구하지 않기 때문이다. 그러나 언어적 발화는 억양, 목소리의 톤, 음색 등을 사용하여 의미를 전달하기도 한다. 이것이 발화의 '제스처적 국면'이

---

3) Ibid. 95.

4) Ibid. 94.

5) Ibid. 160.

며, 콘에 따르면 음악이 시뮬레이트하고 상징화하는 것도 이러한 국면이다. '노래의 구두적 발화는 그 단어들의 제스처적 가능성을 강조하고 심지어 과장하기까지 한다. 기악적 발화는 내재적인 구두적 내용을 결여하고 있기 때문에 순수한 상징적 제스처의 매체라고 불릴 수도 있을 것이다.'[6] 여기에서 콘은 음악이 표현하는 방식은 인간의 표현적인 구두적 제스처 및 신체적 제스처를 시뮬레이트하는 음악적 제스처를 통한 것이라고 주장하는 데서 개 이론(doggy theory)을 예견했지만, 그는 개 이론과 달리 음악이 단순히 개별적인 제스처들로부터 그 표현성을 얻지는 않는다고 보았다. 그는 모티프, 화성, 리듬의 형식적 발전이 음악 속 '등장인물들'이나 행위자들의 심리적 발전을 반영할 수 있다고 지적한다. 발화로서 기능하는 것은 단지 여기저기 있는 특이한 악구들이 아니라 곡 전체이다.

콘은 음악적 제스처의 표현적 내용이 '인간적인 표현적 내용'이며,[7] 그것이 어떤 맥락 안에 있는지 알지 못하면 그 내용은 파악될 수 없다고 주장한다. 한숨이나 낄낄거림과 같은 표현적 제스처의 의미를 판별해내는 것이 그것들이 자리한 맥락에 달려 있는 것과 마찬가지로, 음악적 한숨이나 낄낄거림의 표현성도 그것의 맥락을 제공하는 노랫말(words)에 달려 있다. 「내 잠은 점점 깊어가고」에서 노랫말들은 노래 속의 우는 제스처를 죽어가는 한 여인의 애통함으로 들어야 한다고 말해준다. 「환상교향곡」에서 그 표제는 곡의 구조를 곡 속 페르소나, 즉 사랑에 애태우는 예술가의 삶 속에서 펼쳐지는 일련의 사건들로 들어야 한다고 말해준다. 그렇다면 내용을 명확하게 하는 데 도움을 주는 노랫말이 없는 순수 기악음악의 경우는 어떠한가?

콘은 기악음악작품의 표현적 구조 혹은 심리적 구조가 수많은 서로 다른 '이야기들'이나 극들과 일관적일 수 있다고 주장한다. 한 음악작품은 하나의 '표현적 가능성'을 가지는데, 그것은 서로 다른 맥락에서 서로 다른 방식으로 실현될 수 있음과 동시에 그 작품이 무엇을 표현한다고 이야기될 수 있을지에 대한 광범위한 제한을 가한다. 예를 들면, 만약 우리가 「내 잠은 점점 깊어가고」의 노랫말을 무시한다면, 그 음악은 심리적 이야기들이나 극들을 포함한 수많은 서로 다른 이야기들이나 극들과 일관적일 수 있다. 그러나 나는 그

6) Ibid. 164.

7) Ibid. 165.

곡이 어떤 군국주의적 영웅이 수많은 영광스러운 전투에서 승리한 후 술주정뱅이가 되어 비참하고 불명예스러운 죽음을 맞이한다는 이야기 혹은 쾌활한 열정이 깊은 절망으로 변하거나 명랑한 순수함이 천박한 편협함에 압도당하는 심리극과 일관적일 수 있다는 데는 회의적이다.

콘은 모든 음악을 '작곡가의 목소리'를 통한 일종의 발화로 들어야 한다고 강하게 주장했는데, 어떠한 의미에서 이것은 옳다. 모든 예술작품이 그렇듯이 음악작품도 어떠한 의미에서 그 작품을 만든 이의 발화이며, 만든 이의 심리적 속성들에 대한 무언가를 표현[버마젠(Vermazen)의 용법으로는 **유출**]할 가능성을 가진다. 그러나 콘은 작품의 저자 혹은 함축된 저자로서의 작곡가와 음악작품 속 등장인물이나 페르소나로서의 작곡가 — 마치 문학적 극작품 속 등장인물 같은 인물 — 를 구분하지 않는 것처럼 보인다.[8] 모든 기악음악이 작품 속 등장인물들의 감정 표현으로 경험되는 것이 유용하지는 않다. 9장에서 표현 일반에 대해 이야기한 것처럼 일단 음악에서의 낭만주의적 표현 개념이 도입되고 나면, (이제 우리가 원한다면) 다양한 종류의 음악을 마치 그것이 음악 속 어떤 등장인물에 의한 표현인 것처럼 들을 수 있다.[9] 그러나 많은 음악은 그 저자에 의해 특정 페르소나의 감정 표현이 되도록 의도되지 않았다. 게다가 누군가의 감정을 표현하는 것으로 보이는 음악들 중에서도 그 감정을 명료화하고 개별화하는 정도는 크게 다르다. 이러한 이유들 때문에 나는 **모든 음악**이 작품 속 페르소나에 의한 발화로 경험되어야 하며, 따라서 낭만주의적 의미에서 그 페르소나의 표현일 수 있다고 하는 콘의 견해에 완전히 동의하고 싶지 않다.

다른 글에서 나는 내용을 명시하는 한 가지 방식은 그 작품이 대략적으로 어떻게 해석되기를 작곡가가 의도했는가의 측면에서, 즉 작곡가가 그 음악을 해석하는 토대가 되는

---

8) 데이비스(Stephen Davies)는 Stephen Davies, 'Contra the Hypothetical Persona in Music', Mette Hjort and Sue Laver (eds.), *Emotion and the Arts* (New York: Oxford University Press, 1997)에서 이러한 구분의 중요성을 강조했다.

9) 사실 레빈슨(Jerrold Levinson)은 이 원칙을 하나의 표현성 이론으로 격상시켰다. Jerrold Levinson, *The Pleasures of Aesthetics: Philosophical Essays* (Ithaca, NY: Cornell University Press, 1996), 107 참조. 레빈슨의 이론은 음악 속 '행위자'에 의한 감정 표현으로 **보이는** 몇몇 낭만주의 이전 음악들에 대해서도 그럴듯하다. 비록 그 작곡가가 그런 아이디어를 특별히 마음에 품고 있었을 가능성은 별로 없지만 말이다. 예를 들어 「골드베르크 변주곡(*Goldberg Variations*)」의 제25번째 변주와 같은 바흐의 애달픈 사라반드들 혹은 무반주 첼로 조곡 D단조(2번)의 사라반드는 (아마도 음악 속 행위자와 연주자의) 영혼으로부터 흘러나오는 것으로 **들릴** 수 있다. 그러나 모든 음악이 이 같은 방식으로 그럴듯하게 해석되는 것은 아니다.

구조적 은유(들)의 측면에서 명시하는 것이라고 주장했다.[10] 그래서 콘은 모든 음악을 특정 등장인물이나 페르소나에 의한 일종의 극적 발화로 들어야 한다고 주장했지만, 나는 이것이 음악을 해석할 수 있는 측면이 되는 하나의 은유에 불과하다고 말하고 싶다. 어떤 음악은 춤을 추기 위한 음악으로 듣는 것이 가장 좋고, 다른 음악은 회화적인 것으로, 또 다른 음악은 일차적으로는 수학적 구조로 듣는 것이 가장 좋다.[11] 수사적 발화로서 타당하게 해석될 수 있는 작품들 중에도 연설, 대화, 서술 그리고 극 같은 서로 다른 많은 종류의 발화가 있다.[12] 그래서 하이든의 현악 4중주 중 어떤 곡은 연주자들 간의 대화로 듣는 것이 그럴듯한 반면, 베토벤의 마지막 협주곡들은 아마도 심리극으로 해석되는 것이 가장 좋다. 어떤 음악은 하나 이상의 적절한 맥락에 속한 것으로 듣는 것이 타당할 수 있다. 한 음악작품을 다양한 맥락에서 듣는 것은 그 작품이 지닌 '표현적 가능성'의 다양한 국면들을 드러낼 수 있다. 그래서 하이든의 현악 4중주 33번이 지닌 재치 있고 대화를 나누는 듯한 특질은 작품 속 악기들을 대화를 나누는 등장인물로 들을 때 가장 잘 감상될 수 있다. 또한 은유가 할 수 있는 것에도 한계가 있다. 작품의 모든 국면이 대화라는 은유의 측면에서 가치 있게 감상되지는 않는다.[13]

이러한 제한들에도 불구하고 나는 콘이 어떤 음악작품들, 특히 낭만주의 시대의 어떤 음악작품들은 음악 속 등장인물이나 페르소나에 대한 심리극이나 심리적 이야기로 듣는 것이 적절하며, 이러한 작품들은 그 등장인물이나 페르소나의 감정 표현으로 경험되도록 자신들을 내준다고 지적하는 것이 옳다고 믿는다. 만약 이것이 옳다면, 우리는 순수 기악 음악작품도 「내 잠은 점점 깊어가고」와 거의 정확히 동일한 방식으로 완전한 낭만주의적

---

10) Jenefer Robinson, 'Can Music Function as a Metaphor of Emotional Life?', *Revue Française d'Études Americaines* 86 (2000). 이 논문의 확장되고 업데이트된 버전이 Kathleen Stock, *Philosophy of Music* (Oxford: Oxford University Press, forthcoming)에 수록될 것이다.

11) 그리고 몇몇 음악은 수많은 상이한 방식으로 들릴 수 있다. 9번 각주에서 나는 바흐의 사라반드 중 일부—결국 (양식화된 버전의) 춤곡들인 것들—를 표현적 발화로 듣는 것이 적절할 수 있음을 인정했다. 춤곡에서 기원한 다른 바로크 음악은 회화적인 것으로 듣는 것이 적절한데, 예를 들면 비발디의 협주곡 「사계(*Four Seasons*)」의 일부가 그렇다.

12) 18세기에 그리도 만연했던 '말 없는 연설'로서의 음악이라는 아이디어가 어떻게 19세기의 '유기체'로서의 음악이라는 아이디어에게 점차적으로 길을 내주었는지에 대한 아주 흥미로운 설명을 보려면, Mark Evan Bonds, *Wordless Rhetoric: Musical Form and the Metaphor of the Oration* (Cambridge, Mass.: Harvard University Press, 1991) 참조.

13) 나로 하여금 이 점에 대해 계속 생각하게 한 것에 대해 나는 프랭크 사마로토(Frank Samarotto)에게 감사한다.

의미에서 어떤 주인공의 감정 표현으로서 들을 수 있게 될 것이다. 음악은 주인공(들)의 발성 표현, 표현적 움직임, 행동 경향 등만이 아니라 그의 욕구, 기억, '평가' 혹은 관점까지도 반영할 수 있다. 음악 과정은 감정 과정, 즉 한 감정의 다른 감정으로의 **전환**, 감정의 **혼합**, 감정 간의 **갈등**, 그리고 감정의 **애매함**을 반영할 수 있다.[14]

우리가 순수 기악음악을 어떤 페르소나 혹은 등장인물의 심리 상태의 표현으로 듣는다는 제안은 최소한 네 가지 매력적인 결과를 가진다.

1. 첫째로 음악에 대한 콘의 이해에 따르면, 한 음악작품 전체는 하나의 표현적 발화 혹은 하나의 심리극으로 생각될 수 있기 때문에 한 특정 악절의 '의미'나 표현성은 '그 작품 전체의 의미(significance)'와의 관계에서 나온다.[15] 이것은 개 이론과는 확연한 대조를 이루는데, 왜냐하면 개 이론은 오직 개별적 제스처들만이 인간의 특정한 발성적 혹은 행위적 표현과 유사하게 들릴 수 있기 때문에 오직 그것들만이 표현적인 것으로 들릴 수 있다는 생각에 갇혀 있기 때문이다. 만약 한 음악작품 전체를 노랫말이 없는 노래로 듣는다면, 내가 강하게 주장해온 것처럼 그 작품의 표현성은 정말로 음악적 과정과 함수관계에 있게 된다. 표현적인 것은 단순히 고립되어 있는 제스처들이 아니라 하나의 주제나 화성이 다른 주제나 화성으로 전환되는 방식, 그 작품의 끝부분이 시작부분을 새롭게 조명하는 방식 같은 것들이다. (물론 이러한 종류의 분석은 미니멀리즘 음악이나 심지어 바로크 음악보다 고전주의 시대와 낭만주의 시대의 극적 음악에 훨씬 더 적절하다.)

앞 장에서 살펴보았듯이 데이비스(Davies)는 음악작품이 종종 감정들을 연속적으로 표현한다고 지적한다. 그는 '우리가 음악 안의 발전, 연결 그리고 통합을 기대한다'고 말한

---

14) 먼로 비어즐리(Monroe Beardsley)는 음악이 감정적 삶을 거울처럼 반영한다는 혹은 음악이 감정적 삶의 '도상적 기호'라는 랭거 이론의 문제는 음악이 모든 종류의 다른 것들 역시 거울처럼 반영한다는 것이라고 주장한 바 있다. 그 예로는 여행, 전투, 날씨가 포함될 수 있을 것이다. 한 곡의 음악이 지닌 '표현적 잠재력'이 음악에 대한 서로 다른 다양한 해석들을 허용할 수 있다는 것은 참이다. 그러나 내가 제안하고 있는 것은 특정한 사례들에서 한 곡의 음악이 실제적 혹은 감정적 여행[혹은 「겨울나그네(*Winterreise*)」에서처럼 둘 모두]으로 들려야 하는지, 바다의 변화하는 분위기에 대한 그림으로 들려야 하는지[바다(*La Mer*)], 아니면 어떤 사람의 변화하는 기분에 대한 표현으로 들려야 하는지의 여부를 결정해주는 관습들이 있다는 것이다. '도상적 기호'로서의 음악에 대한 논의를 보려면, Monroe C. Beardsley, *Aesthetics: Problems in the Philosophy of Criticism* (New York: Harcourt Brace, 1958), 332-7 참조.

15) Cone, *The Composer's Voice*, 165.

다.[16] 음악을 듣는 콘의 방식은 '전체적 구조에 대해 청자가 가지고 있는 인상이 좁게 해석된 형식적 특징들에 대한 지식에 기대는 것만큼이나 음악작품의 표현적 성격과 표현적 전개 패턴에 대한 자각에 기대고 있음을 강조한다'.[17] 이러한 견해는 왜 음악작품의 표현적인 구조와 순수하게 형식적인 구조가 때로 상호 의존하는지를 잘 설명한다. 작품의 형식은 부분적으로 그 작품이 제공하는 심리적 이야기 때문에 그러한 형식으로 전개되는 것이다.

이것은 음악학자 앤서니 뉴컴(Anthony Newcomb)이 자주 이야기한 주제로, 그는 일부 교향곡 작품들에서의 '음악적 구조'는 '플롯 구조', 즉 수많은 서로 다른 작품들에 공통적인 심리적 줄거리라고 주장한다. 뉴컴은 그러한 줄거리를 '플롯 전형(plot archetype)'이라고 부른다.

> 작곡된 소설, 즉 심리적으로 참인 생각들의 흐름으로서의 음악이라는 개념은 과거에도 지금도 우리를 많은 19세기 음악에 대한 이해로 이끄는 데 중요한 역할을 한다. …… 그래서 러시아 형식주의자들과 구조주의자들이 몇몇 플롯 전형을 소설과 설화들의 기초로 보았던 것처럼 우리는 몇몇 교향곡들의 기저에서 어떤 심적 상태들의 전개 패턴을 찾을 수 있다.[18]

뉴컴에 따르면 슈만의 2번 교향곡은 베토벤의 5번 교향곡과 동일한 플롯 전형을 가지고 있는데, 그것은 '구원이라는 치유로 이어지는 고통'이다.[19] 뉴컴은 더 나아가 음악에서는 '형식적 해석과 표현적 해석이 사실 동일한 현상을 이해하는 두 가지 상호 보완적 방식이다'라고 주장하기까지 한다.[20] 표현적 해석은 '그 작품이 연속으로서, 시간의 흐름에 따라 펼쳐지는 것으로서, 큰 규모의 과정으로서 자기 자신을 청자에게 제시하는 방식과 관련

---

16) Davies, 'Contra the Hypothetical Persona in Music', 97. 데이비스(Davies)는 자신의 이론이 이러한 점을 지지할 수 있다고 주장하지만, 나는 10장에서 그가 이와 관련하여 틀렸다고 주장했다.

17) Ibid.

18) Anthony Newcomb, 'Once More "Between Absolute and Program Music": Schumann's Second Symphony', *19th Century Music* 7 (1984), 234. 이와 유사하게, 프레드 마우스(Fred Maus)는 베토벤 현악 4중주 작품 95를 여는 마디들의 음악적 구조는 그 곡의 극적 구조 혹은 '플롯'이라고 주장했다. Fred Everett Maus, 'Music as Drama', Jenefer Robinson (ed.), *Music and Meaning* (Ithaca: Cornell University Press, 1997), 128.

19) Newcomb, 'Once More "Between Absolute and Program Music"', 237.

20) Anthony Newcomb, 'Sound and Feeling', *Critical Inquiry* 10 (1984), 636.

되어야 한다.'[21] 뉴컴은 '우리가 각 주제의 내재적 의미를 지금까지의 의미에 의해 채색된 것으로 들을 수 있도록 이끄는' '주제의 변화'가 가지는 표현적 중요성뿐만 아니라,[22] 작품의 한 부분에서 다른 부분으로의 전환이 가지는 표현적 중요성을 강조한다.[23] 이러한 측면에서 뉴컴의 견해는 랭거의 견해를 연상시키지만, 랭거와 달리 뉴컴은 길이가 긴 음악작품은 명시되지 않은 내적 느낌이 밀려왔다 밀려가는 것만이 아니라, 특정한 감정 상태들의 연속도 표현할 수 있다고 본다.

2. 음악이 행위자들이나 등장인물들 혹은 페르소나들을 담을 수 있다는 콘의 아이디어에서 오는 두 번째 중요한 결과는 인지적으로 복잡한 감정들이 노랫말 없는 기악음악에서 어떻게 표현될 수 있는지를 보여준다는 것이다. 이와 관련된 선구자는 제럴드 레빈슨(Jerrold Levinson)으로 그는 「헤브리데스에서의 희망(Hope in *The Hebrides*)」이라는 자신의 글에서 우리가 만약 음악 속 페르소나를 상정할 수 있다면, 우리는 그 페르소나에게 단순히 오랫동안 사랑받아온 감정인 기쁨과 슬픔뿐만 아니라 인지적으로 복잡한 감정들도 귀속시킬 수 있다고 주장한다.[24] 그러나 레빈슨은 음악이 '질적 느낌, 욕구, 충동, 다양한 내적 감각, 쾌락과 고통의 정도, 신경 긴장과 이완의 패턴, (제스처와 발성, 그리고 자세 및 운동의) 행동 패턴' 같은 감정의 비인지적 국면들의 일부를 나타내거나 상기시킨다는 것이 몇몇 인지적으로 복잡한 감정들이 음악을 통해 표현되는 데 충분하다고 생각한다.[25] 이러한 감정의 모든 국면은 분명히 중요하지만, 그것들은 일상적으로 특정한 감정 상태를 (다른 종류의 것이 아닌) 어떤 특정한 종류의 것으로 식별하기에 충분하지는 않다. 보통 우리는 세계가 정서적으로 그리고 인지적으로 어떻게 평가되는지, 그리고 그 감정적 마주침에 어떠한 필요와 목표 및 이

21) Ibid. 627.

22) Newcomb, 'Once More "Between Absolute and Program Music"', 240.

23) 예를 들어 그는 Anthony Newcomb, 'Action and Agency in Mahler's Ninth Symphony, Second Movement', Jenefer Robinson (ed.), *Music and Meaning* (Ithaca, NY: Cornell University Press, 1997)에서 말러의 9번 교향곡 2악장에 대해 논의하면서 과도기적 악절(transitional passages)의 중요성을 강조한다.

24) 'Hope in The Hebrides', Jerrold Levinson, *Music, Art, and Metaphysics: Essays in Philosophical Aesthetics* (Ithaca, NY: Cornell University Press, 1990), 336-75.

25) Ibid. 347.

해관계가 걸려 있는지 알아야 한다. 레빈슨은 음악이 때로 '어떤 심리 상태가 지향적이라는 것'의 일반적 감각(sense)을 전달할 수 있으며,[26] '음악이 적절한 문화적 배경을 가진 청자들에게 특정 생각들, 심지어 어느 정도의 복잡한 생각들까지도 자주 환기'시킬 수 있다고 주장한다.[27] 그러나 그는 이것이 어떻게 가능한지에 대해서는 별로 이야기하지 않는다.

쇼스타코비치의 10번 교향곡에 대한 글에서 그레고리 칼(Gregory Karl)과 나는 음악이 페르소나에 대한 심리적 이야기를 전달하며, 여러 가지 이유에서 우리는 그 페르소나를 작곡가 자신이라고 생각해야 하고, 또 그 음악적 페르소나가 무언가를 갈망하고, 원하고, 얻으려 노력하고, 후회하고, 향수를 느끼고 하는 등으로 해석해야 한다고 주장했다.[28] 따라서 희망이나 희망에 가득 참이라는 인지적으로 복잡한 감정을 표현하기 위해 음악은 희망의 소위 '인지적 내용'이라 불리는 것의 일부, 특히 희망에 특징적인 욕구와 생각을 표현할 수 있어야 한다. 우리는 희망찬 주제의 점차 커지는 변화가 마침내 마지막 악장에서 쾌활한 중심 주제를 만들어내는 것이, 그 작품 속 페르소나가 자신이 상상하는 희망찬 미래를 실현하기 위해 분투할 때의 노력과 목적의식이라는 감각을 전달한다고 주장했다. 이와 유사하게, 초반부의 목가적 주제가 교향곡의 후반 부분에서 어두운 소재들에 둘러싸여 반복되는 것은 위협적인 현재와 대조되는 과거의 행복한 시간에 대한 기억 — 어쩌면 그리움 — 을 암시한다. 이와 같은 방식들로 그 음악은 음악적 페르소나의 욕구, 관점, 행동 경향 등을 명료화함으로써 (대략적으로 '희망'이라고 기술할 수 있는) 인지적으로 복잡한 구체적 감정을 실제로 **명료화**할 수 있다.

---

26) Ibid.

27) Ibid. 346. 그 자신이 사용하는 예는 멘델스존의 「히브리데스(*The Hebrides*)」 서곡의 한 악절이다. 그는 이 악절이 희망 혹은 희망에 가득 참이라는 인지적으로 복잡한 감정을 표현한다고 주장한다. 그리고 그가 지칭하는 것은 그 선율이 4도, 그리고 5도 도약하는 방식으로, 그의 주장에 따르면 우리는 그것을 '무언가—무언가 더 높은 곳에 있는 것—를 향해 손을 뻗는 것'으로 듣고, 그것은 또 그 악절이 지닌 '**열망**하는 특질'을 설명하는 데 도움이 된다. Levinson, *Music, Art, and Metaphysics*, 367, 368. 그는 또한 '그 서곡 1절의 걱정스러워하는 테너에 대한 일반적 균형(counterpoise)으로' 자리 잡은 해당 악절이 어쩌면 '희망의 순전히 개념적인 내용의 일부—현재와의 관계 하에서의 미래—에 대해 내리는 가장 유리한 평가'를 시사한다고 주장한다. Ibid. 373. 그의 「히브리데스」 서곡 해석에 대한 비판을 보려면 Gregory Karl and Jenefer Robinson, 'Levinson on Hope in The Hebrides', *Journal of Aesthetics and Art Criticism* 53 (1995) 참조.

28) Gregory Karl and Jenefer Robinson, 'Shostakovich's Tenth Symphony and the Musical Expression of Cognitively Complex Emotions', *Journal of Aesthetics and Art Criticism* 53 (1995). Jenefer Robinson (ed.), *Music & Meaning* (Ithaca, NY: Cornell University Press, 1997), 154-78에 재수록.

3. 셋째로 만약 우리가 음악 속 페르소나를 상정한다면 우리는 순수 기악음악이 그것이 표현하는 감정에 **대한** 것이 될 수 있다고 말할 수 있게 되는데, 이것은 데이비스에게는 불가능한 것이다. 음악 속 페르소나(들) 혹은 등장인물들을 창조하면서 작곡가는 그들의 감정에 대한 자신의 견해를 밝히고 그것들에 대한 자신의 태도를 전달할 수 있다. 그래서 브람스는 「내 잠은 점점 깊어가고」 속 죽어가는 여인을 고통스러워하면서도 결국에는 자신의 운명을 향해 가는 모습으로 특징짓는다. 게다가 최소한 나에게는 브람스가 단지 자신이 만들어낸 등장인물이 처한 상황만이 아닌 그 이상의 것에 대한 자신의 견해를 밝히는 것처럼 보인다. 즉, 그는 사랑과 죽음에 대한 자기 자신의 태도 역시 표현하고 있는 것처럼 보인다. 끝부분의 변화는 단지 **등장인물**의 관점의 변화가 아니라 삶, 사랑 그리고 죽음에 대한 브람스의 이해의 변화이다. 브람스의 많은 후기 음악과 마찬가지로 그것은 어떤 고요함을 담고 있으며, 어쩌면 브람스가 자신의 운명과 삶의 중심에 자리 잡은 외로움을 받아들였음을 나타낸다.

4. 마지막으로 만약 한 곡의 기악음악에 페르소나나 여러 등장인물이 있다면, 기악음악은 마치 노래와 같이 한 곡의 '음악만으로도' 단지 표현적 윤곽의 연속이 아닌 어떤 주인공의 감정에 대한 참된 낭만주의적 의미에서의 표현이 될 수 있다. 앞 장에서 우리는 「내 잠은 점점 깊어가고」가 어떻게 개 이론에서 강조하는 발성적이고 제스처적인 표현일 뿐만 아니라, 극 주인공의 점차적으로 펼쳐지는 애매하고 유동적인 감정들, 욕구들 그리고 행동 경향들을 표현하는 격정적인 발화인지 살펴보았다. 만약 어떤 낭만주의적 기악음악에 페르소나나 등장인물이 있다면, 어쩌면 그것 역시 그 페르소나나 등장인물의 감정들을 완전히 동일한 방식으로 표현할 수 있을 것이다.

왜 음악에서 페르소나를 상정하는가?

앞에서 기악음악 속 페르소나라는 아이디어를 받아들이는 것의 네 가지 장점을 열거했지만, 이 아이디어에 장점이 있다는 사실이 이것을 참이 되게 하는 것은 아니다. 음악을 이런 방법으로 해석해야 하는 긍정적인 이유들에는 무엇이 있는가? 내가 지금까지 제안한 그러한 종류의 해석이 단지 음악을 출발점으로 이용하여 단순히 기발하게 꾸며낸 것이 아니라 **음악에 대한** 해석이라고 생각할 수 있는 근거는 무엇인가?

여기에 대한 하나의 답은 이러한 방식으로 음악을 해석하는 것이 때때로 음악작품을 음들의 '순수하게 음악적인' 구조로 해석할 때 변칙적인 것으로 나타나는 것들을 설명한다는 것이다. 예를 들어 「다시 한 번 "절대음악과 표제음악 사이": 슈만의 2번 교향곡(Once More "Between Absolute and Program Music": Schumann's Second Symphony)」에서 뉴컴은 만약 어떤 비평가가 작품의 표현과는 독립적인, 순수하게 음악적인 구조만을 본다면 그 비평가는 아주 자주 정합적인 해석을 찾아낼 수 없을 것인데, 왜냐하면 작품 속에는 하나의 정합적 전체 안에 맞아떨어지지 않는 변칙적 요소들이 있기 때문이라고 말한다. 뉴컴은 슈만의 2번 교향곡이 20세기 비평가들에 의해 널리 비난받아온 것은 그들이 그 작품을 순수하게 구조적인 기반에서 이해하려 하고 그것의 표현적 내용은 간과했기 때문이라고 지적한다.[29] 이와 대조적으로 현대 저자들과 음악가들은 그 작품을 슈만의 최고 업적들 중 하나라고 본다.

이와 유사하게, 쇼스타코비치의 10번 교향곡에 대한 연구에서 그레고리 칼과 나는 3악장의 중간에서 갑자기 들려오는 변칙적인 호른 소리가 순수하게 구조적인 어떤 이유도 없이 거기에 등장하는 것으로 보인다는 것에 주목한다.[30] 우리는 그 호른 소리를 심리극에서 가지는 의미의 측면에서 해석하는 것이 3악장에 대한 이해에, 그리고 3악장에서 4악

29) 예를 들어 그 교향곡에 대한 모스코 카너(Mosco Carner)의 영향력 있는 판단은 그것에 '큰 결함이 있다'는 것인데, 그 주된 책임은 마지막 악장의 '지각된 형식적 비정합성'에 있다. 카너는 그것을 118마디의 제시부, 대략 160마디의 '단축된' 전개부와 재현부, 그리고 310마디의 코다로 이루어진 소나타로 듣는다. 아르민 겝하트(Armin Gebhardt) 역시 카너의 해석과는 다른 형식적 해석을 제공하면서도 그 마지막 악장을 비난한다. '[겝하트는] 그 악장을 화물열차의 차량들처럼 기능적으로 차별화되지 않은 채 굴러 지나가는 14개의 구간(section)이 있는, 극도로 구획적이고 고르지 못한 한 쌍의 서로 맞물려 있는 론도로 해석한다.' Newcomb, 'Once More "Between Absolute and Program Music"', 239.

30) Karl and Robinson, 'Shostakovich's Tenth Symphony'.

장의 생동감 있는 중심 주제로 이어지는 주제의 변형에 대한 이해에 핵심적이라고 주장한다.[31] 이러한 해석에서 우리는 형식과 표현은 상호의존적이며, 표현은 단순히 형식 위에 덧붙여지는 장식이 아니라 그 자체로 형식을 유발할 수 있다는 뉴컴의 제안을 지지한다.

세 번째 예는 슈베르트의 마지막 소나타에 대한 찰스 피스크(Charles Fisk)의 설명으로, 피스크는 1악장의 제일 첫 부분에 등장하는 난해한 트릴(역자 주: 떤꾸밈음)에 대해 이야기하면서 자신의 논의를 시작한다. 그 트릴이 난해한 이유는 '그것이 가지고 있는 반음계적 음높이, 그것의 낮은 음역과 리듬의 배치' 때문이다.[32] '대부분의 트릴이 하는 방식으로 이미 곡에 참여하고 있는 음이나 제스처를 단순히 강화하는 대신, 그 트릴은 낯선 조성 구역 — 반음계 G♭이 중심이 되는 구역 — 을 들여오고, 불분명하게나마 강조하면서 그것을 드러내며, 떨리는 속삭임을 통해 그것이 존재함을 암시한다.'[33] 그러고 나서 피스크는 그 소나타에 대한 심리적 독해를 제공하는데, 그 독해는 그가 생각하기에 소나타의 1악장이 예시하는 심리극에서 트릴이 맡고 있는 역할을 보여준다. 변칙적인 형식적 요소는 음악적 구조에서 그것이 담당하는 표현적 역할의 측면에서 정당화된다.

사실 슈만과 쇼스타코비치 그리고 슈베르트가 정합적이지 않은 작품을 썼을 수도 있다. 변칙적인 요소들은 단지 그런 것 — 변칙적인 것 — 일 수도 있고, 그것들을 잘 설명해내려 노력하는 것이 그저 이상한 것일 수도 있다.[34] 그러나 이러한 **종류의** 독해를 받아들이는 것이 적절할 수 있는 수많은 이유들이 있다. (설령 청자들은 무엇이 표현되었는지와 관련하여 그 구체적인 사항들에 동의하지 않을 수 있지만 말이다.) 이런 이유들은 문학작품에 대한 이전 장들(특히 4장과 6장)에서 내가 제시했던 해석에 대한 일반적인 견해를 상기시킨다.

먼저 이러한 독해는 저자에 대해 알려진 것들 그리고 저자가 아마도 의도했을 것들과

---

31) 우리의 글은 공동저작이기 때문에 글 전체에 걸쳐 나는 '우리의' 해석에 대해 이야기할 것이지만, 사실상 그 해석은 주로 그레고리 칼(Gregory Karl)에 의한 것이다.

32) Charles Fisk, 'What Schubert's Last Sonata Might Hold', Robinson (ed.), *Music and Meaning* (Ithaca: Cornell University Press, 1997), 183.

33) Fisk, 'What Schubert's Last Sonata Might Hold', 179.

34) 다른 한편, 볼프강 이저(Wolfgang Iser)는 문학작품들에 대한 모든 해석에는 독자가 작품 안에서 식별해내는 의미의 패턴에 맞아떨어지지 않는 '이질적 연상'이 포함되어 있다고 지적한다. Wolfgang Iser, 'The Reading Process: A Phenomenological Approach', Jane P. Tompkins (ed.), *Reader-Response Criticism: From Formalism to Post-Structuralism* (Baltimore: Johns Hopkins University Press, 1980), 60.

일관적이다. 따라서 뉴컴이 슈만의 2번 교향곡에 심리적 내용을 귀속시킴으로써 그 작품 내의 정합성을 찾는 것은 타당한데, 왜냐하면 슈만 자신이 다른 낭만주의 작곡가들과 마찬가지로 실제로 그의 기악음악작품들에 대해 이런 식으로 생각했음을 보여주는 좋은 증거가 있기 때문이다. '슈만에게 있어 음악은 표현적 기획이며 의사소통의 한 형식으로서 어떤 방식으로든 그 창조자의 경험을 반영한다. …… 그것은 경험된 대상이나 사건에 동반되는 감정들이나 내적 태도들을 담아낸다.'[35] 다시 말해 슈만은 내가 9장에서 개괄한 낭만주의적 표현 이론의 한 버전을 따랐다. 실제로 뉴컴은 슈만이 2번 교향곡에서 일련의 분위기들만이 아닌 '전개되는 이야기'를 전달하고 싶어 했다고 주장한다.[36] 즉, 그의 음악은 서서히 전개되는 감정 상태들을 '가진' 페르소나의 그 감정 상태들을 명료화한다는 것이다. 이와 유사하게 슈만이 쓴 다른 기악음악작품들은 슈만의 인격이 지닌 서로 다른 국면들을 반영하는 서로 겨루는 페르소나들, 즉 활기차고 적극적인 플로레스탄(Florestan)과 꿈꾸는 듯하고 시적인 유세비우스(Eusebius)를 담아내고 있다.[37]

이와 비슷한 방식으로 쇼스타코비치에 대한 글에서 그레고리 칼과 나는 10번 교향곡을 그 작곡가인 쇼스타코비치의 페르소나를 담고 있는 것으로 해석하는 것이 타당하다는 것을 보였다. 이것은 부분적으로는 쇼스타코비치가 그 곡에서 자신의 '서명' 모티프를 사용했기 때문인데, 그것은 'Dmitri Schostakovich'의 이니셜인 'D. Sch'의 독일식 표기에 상응하는 D-E♭-C-B로 이루어져 있다. (독일어에서 E♭은 음절 es로 표상되고, H는 B♮ 대신 사용된다.) 이 서명은 현악 4중주 8번 같은 쇼스타코비치의 다른 작품들에서도 다시 등장한다. 게다가 솔로몬 볼코프(Solomon Volkov)는 자신의 쇼스타코비치 자서전에서 쇼스타코비치는 10번 교향곡 2악장이 '스탈린의 음악적 자화상'을 담고 있다고 주장했다고 기록하고 있다.[38] 그렇다면 그 교향곡을 스탈린의 통치기간과 그것의 여파에 대한 쇼스타코비치의 반응을 표현하는

35) Newcomb, 'Once More "Between Absolute and Program Music"', 233.

36) Ibid. 234.

37) 예를 들어 그들 모두가 「사육제(Carnaval)」에 등장한다.

38) Dmitri Dmitrievich Shostakovich, *Testimony: The Memoirs of Dimitri Shostakovich, as Related to and Edited by Solomon Volkov*, trans. Antonina W. Bouis (New York: Harper & Row, 1979), 141. 그러나 이 회고록의 진위 여부에 대해서는 논쟁이 있어왔다. 회의적 입장에 있는 주요 인물 중 한 명은 로렐 페이(Laurel Fay)이다. Laurel E. Fay, *Shostakovich: A Life* (Oxford: Oxford University Press, 2000) 참조.

것으로 해석하는 것은 타당해 보인다. 그러한 해석은 풍부하고 가치 있으며 정합적일 뿐만 아니라 쇼스타코비치의 명백한 의도와도 일관적이다.

둘째로 나는 4장의 주석에서 해석은 비어즐리의 '일치'와 '풍부'의 원칙을 따라야 한다고 말했다. 다시 말해 당신은 자신의 해석이 작품의 가능한 한 많은 부분들과 가능한 한 일관적인 방식으로 맞아떨어지도록 해야 한다는 것이다.[39] 내가 지금까지 논의해온 해석들은 이러한 기준들을 만족시킨다. 예를 들어 뉴컴은 슈만에 대한 자신의 글에서 만약 우리가 2번 교향곡을 슈만의 동시대인들 대부분이 했던 방식으로 — 그리고 슈만 자신의 작곡 습관과 일관적인 방식으로 — 해석한다면, 우리는 그 곡이 실제로 정합성을 가진다는 것을 발견하게 된다고 분명하게 주장한다. 뉴컴은 자신의 논제가 '비평 방식의 변화' — 심리적 내용의 측면에서 해석하는 것에서 순수하게 형식적인 '분석'을 하는 것으로의 변화 — 는 그 교향곡에 대한 '비판적 평가의 변화', 즉 대략적으로 말해 찬미에서 비난으로의 변화를 이끈다는 것이라고 말한다. 뉴컴의 해석은 마지막 악장의 형식적 전개를 '플롯'의 극적 전개와 결부시킴으로써 그 작품에 대한 보다 형식적인 해석에서는 거부할 방식으로 작품을 일관적인 것으로 만들고, 그러한 형식주의적 해석에서는 생략될 작품의 국면들을 설명해낸다. 이와 유사하게 쇼스타코비치의 10번 교향곡에 대한 우리의 해석은 그것을 내적으로 일관적인 것으로 읽어내고, 좀 더 순수하게 형식적인 해석들은 간과할 변칙적인 국면들을 설명해낸다.

지금까지 나는 만약 음악 속 등장인물들이나 페르소나들을 상정하는 것이 그 작품의 변칙적 국면들을 설명한다면 그들을 상정해도 괜찮다고 주장했다. 그러나 많은 기악음악 작품들에는 특별히 변칙적인 어떤 것도 없다. 예를 들어 브람스의 간주곡(Intermezzo)의 경우에는 순수하게 음악적인 해석을 찾아내는 데 어떤 특별한 문제도 없다. 그렇다면 순수 기악음악을 이해하기 위해 등장인물들이나 페르소나들을 음악 속에 거주하게 할 **필요**가 없을 때, 왜 그렇게 해야 한다고 주장해야 하는가?

이에 대한 짧은 답은 기악음악의 해석이 내가 앞에서 밝힌(그리고 문학작품의 해석과 관련해서

39) 물론 몇몇 좋은 작품들은 일관적으로 특정 종류의 비일관성을 목표로 할 수 있다. 어쩌면 시닛케(Schnittke)의 몇몇 작품들 같은 포스트모던 작품들이 그 사례일 것이다.

좀 더 자세하게 옹호했던) 동일한 해석의 원칙들을 따라야 한다는 것이다. 음악작품의 해석은 작곡가에 대해 알려진 것들—그의 작곡 습관, 믿음 그리고 태도를 포함한 것들—과 일관적이어야 하며, 그 작품의 가능한 한 많은 부분들을 일관적인 방식으로 설명할 수 있어야 한다. 따라서 음악 안에 특별한 설명을 필요로 하는 변칙적인 것들이 없다고 하더라도 한 곡의 기악음악을 등장인물들을 담고 있는 것으로 해석하는 것은 적절한데, 만약 이러한 해석이 작곡가의 작곡 습관과 믿음을 포함하여 작곡가에 대해 알려진 것들과 일관적이고, 만약 이러한 방식으로 그 작품을 해석하는 것이 그 작품을 하나의 전체로서 이해하는 일관적인 해석의 일부라면 그렇다.

공격받는 페르소나

음악—혹은 일부 음악—이 페르소나나 등장인물들의 감정 표현으로 해석되어야 한다는 제안에 대해 흔히 몇 가지 반박이 제기된다. 내가 아는 한 이 중 가장 뛰어난 것은 스티븐 데이비스(Stephen Davies)의 논증이다.[40] 데이비스는 페르소나 이론의 상이한 버전들을 구분한다. 그가 가장 흥미롭다고 본 것은 그 이론의 가장 강한 버전이다. '몇몇 음악작품들을 완전히 이해하거나 감상하기 위해서는 청자들이 페르소나를 가정하고, 음악의 형식적 · 표현적 요소들이 펼쳐지는 것을 그 페르소나의 행위와 느낌으로 혹은 그 페르소나에게 영향을 미치는 사건들로 들어**야 한다**'는 것이 그것이다.[41] 그는 이와 같은 강한 버전을 동일한 이론의 조금 더 약한 버전과 대조한다. '우리는 음악을 들을 때 페르소나를 가정해야 하며' 그렇게 하는 것이 '그 음악이 무엇인지에 대한 적절한 이해를 이끌어내지만', '음악을 듣는 다른 양식들과 방법들' 역시 '성공적일 수 있고', 그것들도 '주어진 작품에 대한

40) 데이비스는 자신의 글 「음악 속 가정적 페르소나에 반대하여(Contra the Hypothetical Persona in Music)」에서 페르소나 이론을 공격하는 동시에 그 페르소나 설명에 반하여 자신의 개 이론을 옹호하려 한다. 나는 10장에서 이미 개 이론을 옹호하는 그의 논증을 고찰하고 거부했다.

41) Ibid. 101.

동등한 정도의 공감적 감상을 이끌어낼 수 있다'는 것이 그 약한 버전이다.[42] 데이비스는 그 이론의 서로 다른 여러 옹호자들이 조금씩 상이한 입장들을 견지하고 있다고 지적한다.

나의 견해는 일부 낭만주의 음악작품들이 실제로 페르소나를 담고 있는 것으로 경험**되어야 하며**, 그 페르소나에서 펼쳐지는 감정적 삶이 그 음악 안에 그려져 있다는 것이다. 내가 그 작품들이 그런 식으로 해석되어야 한다고 말함으로써 의미하는 바는 이런 방식으로 작품을 듣지 않는 청자들은 그 작품의 중요한 국면들을 놓치기 쉽다는 것이다. 바로 그 정도만큼 우리는 작품의 표현적 구조를 발견하기 위하여 이러한 방식으로 음악을 **들어야 한다**. 그러나 나는 데이비스가 표현한 대로 작품을 '완전하게' 감상하기 위해 페르소나를 상정하는 것이 필요하다고 말하는 식으로 내 주장을 펼치고 싶지는 않다. 왜냐하면 작품에 대한 '완전한' 해석에 대해 이야기하는 것은 해석들이 어떤 이상적인 해석에 얼마나 완전하게 맞아떨어지는가에 따라 서로 다르다는 것을 함축하는 것처럼 보이기 때문이다. 이와 달리 내가 앞서 주장한 것처럼 동일한 작품에 대한 많은 양립 불가능한 해석들이 있을 수 있고, 이것들은 모두 어떤 의미에서 그 작품에 대한 적절한 해석들일 수 있다. 이러한 작품들을 경험하는 적절한 방식들 중에는 그 곡들을 페르소나의 감정적 삶의 전개로 경험하는 것이 포함되지 않는 것들도 있다는 것에는 의심의 여지가 없다. 이를테면 우리는 그 작품들을 순수하게 음악적인 구조들로 경험할 수도 있다. 우리는 그것들을 약간의 주목할 만한 감정적 특질들을 지닌 음악적 구조들로 경험할 수도 있다. 혹은 우리는 그것들을 그 안에서 등장인물(들)이 자신의 애매한 혹은 서로 충돌하는 변화하는 감정들을 명료화하거나 설명하는 심리극 혹은 심리적 서사로 경험할 수도 있다. 그러나 비록 순수하게 음악적인 해석에서, 혹은 외양상의 감정 특징들의 측면에서 이루어진 해석에서조차 많은 것을 얻을 수 있다 하더라도 그러한 독해로는 파악되지 않는 음악적 전개상의 미묘한 것들이 있다.

문학에서와 마찬가지로 동일한 음악작품에 대해서도 적절한 많은 해석이 있다. 그리고 문학에서와 마찬가지로 서로 다른 **유형의** 해석들이 있다. 음악에 대한 어떤 해석들은 표현적 내용으로부터 끌어낸 형식에 집중하는 반면, 다른 것들은 표현에 집중한다. 문학의 경우 서로 다른 유형의 해석들이 텍스트의 서로 다른 국면들을 드러내는 것과 마찬가지로,

---

42) Ibid. 99.

음악에 대한 서로 다른 유형의 해석들도 음악의 서로 다른 국면들을 드러낸다. 더욱이 모든 해석이 텍스트나 음악작품의 모든 국면에 집중할 수 있는 것은 아니다. 예를 들어 쉔커식의(Schenkerian) 분석은 화성의 발전에 집중하는 반면, 루돌프 레티(Rudolph Reti)의 분석은 주제와 주제의 발전 및 변화에 집중한다. 한 음악작품을 페르소나 혹은 등장인물(들)의 감정 표현으로 분석하는 것은 순수하게 형식적인 분석에서는 덜 강조될 그 곡의 국면들을 잘 드러나게 할 것이다. 요약하자면 브람스의 간주곡을 어떻게든 이해하기 위해 당신이 그 곡을 심리극으로 들어야 할 필요는 없지만, 만약 당신이 그것을 심리극으로 듣는다면 당신은 다른 방식으로는 들을 수 없을 것들을 듣게 될 것이다.

그러나 이 경우 당신은 정말 음악 **속에** 있는 것들을 듣는 것일까? 데이비스는 페르소나들은 선율이나 화성이 음악 **속에** 있는 것처럼 음악 속에 있지 않다고 반박한다. 페르소나들은 밖에서 들여온 것이다. 그는 이렇게 말한다. '청자는 자신의 상상력에 연료를 공급하는 생각들을 발견하는 대신 집어넣는다.'[43] 그가 보기에 쉔커나 레티에 의한 분석은 **그 음악의** 서로 다른 국면들을 강조하는 반면, 음악 속 등장인물들이나 페르소나들에 의한 감정 표현의 측면에서 음악을 해석하는 비평가들은 비록 이제껏 주목받지는 않았으나 실제로 음악 속에 있는 어떤 흥미로운 특징들을 강조하는 것이 아니다. 그들은 **음악의** 국면들에 대해 이야기하는 것이 아니라, 단지 그들의 상상력이 제멋대로 날뛰게 하는 것이다.

일부 사례들에서는 이러한 비판이 쉽게 논박될 수 있다. 우리가 보았듯 슈만은 자신의 음악 중 일부가 자기 인격의 서로 다른 두 부분, 즉 플로레스탄의 국면과 유세비우스의 국면을 표상한다는 것을 분명히 인정한다. 쇼스타코비치는 자신의 서명인 DSCH를 10번 교향곡 전체에 심어놓았고, 그것이 자서전적 의도를 함축한다고 보는 것이 억지스럽다고 보기는 어렵다. 게다가 내가 슈만의 2번 교향곡과 쇼스타코비치의 10번 교향곡에 대해 논의한 해석들은 풍부의 원칙과 일치의 원칙을 따른다. 그러나 작곡가가 자신의 음악에 등장인물들이나 페르소나를 담으려 의도했다는 분명한 증거가 없는 음악의 경우는 어떠한가? 데이비스는 다음과 같이 말한다. '청자로 하여금 음악 속 페르소나를 가정하게 하는 습관이

43) Ibid. 105.

나 관습들'이 있다는 것은 '단도직입적으로 거짓인 것으로 보인다'.[44] 그리고 이로부터 작곡가들이 그러한 관행과 관습을 적용하려고 의도한 것으로 이해되어야 한다고 볼 이유가 없다는 결론이 따라 나온다. 그러나 나는 이러한 결론에 의문을 제기한다.

음악 속에 등장인물들이 거주하도록 하는 것은 사실 서구 음악의 오랜 전통으로서, 콘이 말하는 것처럼 음악적 등장인물은 특정 악기나 특정 주제 혹은 '어떤 종류의 식별 가능하게 연속적이거나 특징적으로 분절된 음악적 조화의 구성요소'일 수 있다.[45] 나는 앞에서 서구 음악의 수사적 전통에 대해 간략하게 언급했는데, 그 전통은 바로크 시대에 아주 강했고 고전주의 시대에도 계속해서 영향력을 미쳤다. 그 전통에 따라 음악을 일종의 수사적 담화로 간주하는 것은 흔한 일이었는데, 그 담화 속에서 등장인물들은 대화 및 다양한 종류의 극에 참여하고 연설을 하기도 했다. 많은 바로크 음악은 춤 형식에 기초하고 있었고, 그러한 음악을 그 음악에 맞춰 춤을 추고 있는 어떤 사람이나 등장인물에 의해 만들어지는 움직임으로 듣는 것은 자연스럽다. 피터 키비(Peter Kivy)가 가장 좋아하는 '순수 음악'의 예인 푸가에서조차 푸가의 서로 다른 가닥들은 종종 목소리들이나 등장인물들로 묘사된다.[46] C. P. E 바흐는 「성격 소곡(Character Pieces)」이라 불리는 건반을 위한 일련의 묘사적 소곡들을 작곡했는데, 이것들은 우유부단한 사람, 현실순응적인 사람 등을 그려낸다.[47] 표현으로서의 예술이라는 개념이 널리 통용되고 음시(tone poem)와 정교한 형식의 표제음악이 만들어지는 것을 목격한 낭만주의 시대에는 작곡가들이 자신들의 음악을 콘이 기술한 방식으로 생각하는 것, 즉 음악을 음악 속 등장인물들이나 페르소나들에 의한 발화로 생각하는 것이 자연스러웠다. 오늘날에는 엘리엇 카터(Elliott Carter)가 자신의 음악적 중심 아이디어들을 등장인물들로 보고, 그 아이디어의 발전을 등장인물들의 발전으로 보는 것도 하나

---

44) Ibid. 101.

45) Cone, *The Composer's Voice*, 95.

46) 카논이나 푸가에 주제(*dux*: 처음으로 등장하는 목소리)와 응답(모방적 목소리), 즉 리더와 동반자(들)이 있음에 주목하라. 실제로 개 이론조차 음악 속에서 등장인물을 듣는 널리 퍼진 관습을 입증한다. 이 견해에 따르면 음악은 특정 방식들로 행동하는 사람의 외양을 전달한다.

47) C. P. E. 바흐의 성격 소극들을 연주한 자신의 CD 해설에서 톰 베힌(Tom Beghin)은 그 시대에 쓰인 '성격'이라는 용어가 특정 유형의 기질이나 특정 인물 혹은 페르소나를 의미할 수 있다고 지적한다. Tom Beghin, *The Characters of C. P. E. Bach* (Leuven: Eufoda, 2003).

의 주목할 만한 예이다.

그러나 낭만주의자들은 음악 속 등장인물들이라는 전통에 특별한 뒤틀림을 더했다. 그들은 **그들 자신**을 등장인물들 혹은 페르소나들로 음악 안에 담았다. 「환상교향곡」 같은 표제음악작품에서 이것은 꽤 분명하며, 거의 쇼스타코비치가 자신의 서명인 DSCH를 이용한 것이나 슈만이 자신의 부분적 자화상들인 플로레스탄과 유세비우스를 이용한 것만큼이나 분명하다. 그러나 모든 낭만주의 작곡가들이 자신들의 감정을 노골적으로 드러낸 것은 아니다. 브람스는 최소한 그의 후기 작품들에서 훨씬 더 과묵하고 내성적이다. 그리고 그는 자신의 간주곡에 대해 '이게 나요!'라고 말하는 어떤 내용도 일기에 남기지 않았다. 그럼에도 불구하고 그가 간주곡을 자신의 마음속 갈등일 수도 있는 심리적 혹은 감정적 갈등을 극화하는 것으로, 그리고 그 자신의 감정들일 수도 있는 서로 갈등하는 감정들을 표현하는 것으로 보았을 것이라는 것은 낭만주의 미학과 완벽하게 일치한다.

음악 속에서 등장인물들을 듣는 이러한 긴 전통의 견지에서, 그리고 음악 속 자기표현이라는 낭만주의 미학의 견지에서 최소한 일부 낭만주의 기악음악을 음악 속 등장인물들이나 페르소나들의 감정 표현으로 해석하는 것은 매우 타당하다. 실제로 청자들로 하여금 음악 속 등장인물들을 듣게 하는 '관행들과 관습들'이 있다.

음악 속 가정적 페르소나라는 개념에 대한 데이비스의 두 번째 주요 반박은 몇몇 기악음악을 페르소나들을 담고 있는 것으로 해석하는 것이 적절하다는 것을 인정한다고 하더라도 등장인물들이나 페르소나들을 담고 있는 서사나 극의 측면에서 음악을 해석하는 것은 너무 특이한 것이어서 그것을 음악에 덧붙이는 기발하고 자유로운 연상이 아닌 **음악에 대한** 해석이라고 간주하기는 어렵다는 것이다. 그는 '음악은 너무 막연해서 그와 같은 서사의 내용을 필요한 정도만큼 제한하기 어렵다'고 말한다.[48] 음악이 시가 제한되는 정도만큼 제한되지 않는다는 것은 참이다. 그러나 콘이 시사하는 것처럼 음악에는 상이한 맥락에서 상이한 방식으로 구현되는 '표현적 가능성'이 있어서 그것은 음악이 예시할 수 있는 감정적 서사나 감정적 극의 종류, 그리고 음악이 표현할 수 있는 감정적 과정의 종류에 광범위한 제한을 가한다. 나는 이제 하나의 특정한 브람스의 간주곡에 대한 해석을 제공할 것인

48) Davies, 'Contra the Hypothetical Persona in Music', 107.

데, 이 해석은 그 음악의 표현적 가능성과 일관적인 **하나의** 가능한 해석일 뿐이다. 나는 이 섬세한 작품의 유일한 의미를 찾아냈다고 주장하지 않을 것이다. 사실 내가 보기에는 일반적으로 이러한 장르에 대한 최고의 해석들은 너무 명확한 독해를 피하는 해석들이다. 슈만의 2번 교향곡에 대한 뉴컴의 해석도 쇼스타코비치의 10번 교향곡에 대한 칼의 해석도 (외부 자료로부터 작곡자의 표제적 의도가 분명해 보이는 곳들을 제외하고는) 그리 명확하지 않다.

음악작품의 표현적 잠재력은 개념적 맥락에서 더욱 명확해진다는 콘의 아이디어는 그로 하여금 명확성을 증가시키는 일련의 내포된(nested) 극적 해석의 가능성을 인정하게 한다. 이것은 이러한 종류의 해석에 대해 사고하는 유용한 방식이지만, 콘이 이러한 개념을 슈베르트의 「악흥의 순간(Moment Musical)」에 적용했을 때 우리는 어떤 해석을 너무 명확한 수준까지 끌어갔을 때의 위험을 볼 수 있다. 콘은 그 작품을 '그것이 없었다면 평화로웠을 상황에 낯설고 불안하게 하는 요소를 끼워 넣는 것'을 일반적 방식으로 극화하는 것으로 해석한다.[49] 콘은 자신이 그 음악에 '들여오는' 맥락, 즉 슈베르트의 삶과 인격에 대한 이해를 포함하는 것으로 추정되는 그 맥락을 고려하여 자신이 '더 나아가 그 맥락에 대한 좀 더 명확한 해석을 제안할 수 있는데, 그것은 그 작품이 민감한 인격에 미치는 악덕의 효과에 대한 하나의 모델로 받아들여질 수 있다는 것이다'라고 말한다.[50] 마지막으로 콘은 자신이 보기에 슈베르트가 스스로 '제시했을' 수도 있는 맥락에서 그 작품은 슈베르트가 자신이 매독에 걸렸다는 것을 알게 된 후 느낀 '황량함, 심지어는 두려움'을 표현한 것이라는 독해를 제시한다.[51] 아마도 이것이 데이비스가 페르소나의 측면에서 하는 해석은 너무 특이해서 음악에 대한 진짜 해석이 되기 어렵다고 했을 때의 의미일 것이다. 그러나 공정하게 말하자면 콘 자신은 이 명확한 독해가 그 음악이 요구하는 것이 아니라 그것이 허용하는 독해라고 생각한다는 것을 분명히 한다.

나는 음악작품의 표현적 가능성이 서로 다른 해석들을 허용하기 때문에 음악에 대해

49) Edward T. Cone, 'Schubert's Promissory Note: An Exercise in Musical Hermeneutics', *Nineteenth-Century Music* 5 (1982), 239. 「악흥의 순간」 6번에 대한 콘의 독해가 그 마지막 소나타에 대한 피스크의 독해와 얼마나 유사한지에 주목하라. 다른 예들 역시 머리에 떠오르는데 「방랑자(*Wonderer*)」 환상곡 같은 것들이 그것이다. 슈베르트 음악의 이 특징적인 심리적 주제는 그의 심리에서 진짜인 무언가를 반영할 가능성이 높아 보인다.

50) Ibid. 240.

51) Ibid. 241.

서는 문학보다 더 광범위한 다양한 해석들이 적절하다고 하더라도 이러한 종류의 해석들에 제한은 있다고 결론 내린다. 내가 이미 논의한 일반적 제한들 — 해석은 예술가의 작곡 관행에 대해 알려진 바와 일관적이어야 하고, 작품의 가능한 한 많은 부분을 일관적 방식으로 설명할 수 있어야 한다는 것 — 에 더하여 음악의 표현적 가능성에 의해 부과되는 제한들이 있다. 모든 독해가 동등하게 적절하지는 않다. 어떤 것은 다른 것들보다 좀 더 특이하고 좀 더 옹호하기 어렵다.

브람스 간주곡에서의 감정 표현

이러한 생각들을 잘 드러내기 위해 나는 브람스의 다른 후기 작품인 간주곡 내림 B단조 117의 2번을 살펴볼 것이다. 이 작품은 A-B-A′의 3부 형식으로 되어 있으며, 결론부에서 A와 B가 합쳐진다. 맬컴 맥도널드(Malcolm Macdonald)는 그 작품이 '축소된 소나타와 같은 형식을 따르지만',[52] 소나타 형식에 정확하게 부합하지는 않는다고 지적한다. 내림 B단조 으뜸화음인 1~9마디에서 첫 주제인 (a)가 처음 나오고, 그다음 9~22마디에서는 (a)의 변주인 (a′)가 나온다. 22~38마디에서는 내림 D관계장조에서 주제 B가 소개된다. 그다음 38~51마디의 확장된 전개에서는 주제 A만 중요하게 나타난다. 51~60마디에서는 1~9마디에서처럼 주제 a가 다시 등장하고, 61마디에서는 곡이 코다(coda)를 향해 가고 있다고 생각하게 되지만, 그러는 대신 주제 A는 작품의 절정 부분인 69마디까지 좀 더 전개된다. 그리고 72마디의 내림 B장조에서 주제 B가 다시 등장하고, 마침내 코다가 온다. 72~85마디에서 진행되는 종결부는 **좀 더 느리게**(*più adagio*)라고 표시된다. 주제 B는 주제 A와 엮이고, 조성은 내림 B단조와 내림 B장조 사이에 애매하게 있다가 마침내 B단조의 으뜸화음으로 해결된다. 그 애매함은 70마디부터 끝까지 계속 들리는 '불안한 F 페달음'[53]에

52) Malcolm Macdonald, *Brahms* (London: J. M. Dent & Sons, 1990), 357.

53) Ibid.

의해 강조된다.

선율의 측면에서 주제 A는 '물결치는 아르페지오 양식으로 배열된' '4개의 16분 음표들 무리'의 첫 음과 마지막 음으로부터 발전한다.[54] 그 주제는 일차적으로 하강하는 2도와 상승하는 4도로부터 구축된다. 흥미롭게도 주제 B는 선율의 측면에서 주제 A와 밀접하게 관련되어 있다. 특히 주제 B의 도입부분은 1~2마디의 악절과 놀랍도록 유사하다. 사실 그것은 바로 그 동일한 악절을 다른 조성과 다른 리듬을 통해 변형한 것이다(첨부된 그림 11.1과 그림 11.2 참고). 그럼에도 불구하고 주제 A와 B는 매우 상이한 성격을 가진다. 주제 A는 아르페지오 처리가 되어 있고 광범위한 음역 — 아주 낮은 B♭에서부터 69마디의 높은 E♭까지 — 에 걸쳐 있다. 주제 B는 16마디로 이루어져 있는데, 그 안의 두 개의 8마디 악절들이 각각 두 개의 4마디 하부 악절로 나누어져 마치 질문과 대답 같다. 리듬 상 좀 더 불규칙적인 주제 A와 달리, 주제 B의 선율 상 가장 중요한 음들은 센박으로 제시되며, 주제 B에서 두드러지는 리듬의 활동은 주제 A에 비해 두 배나 느리다. 다른 한편, 주제 B의 내성부는 겉보기에 좀 더 견고해 보이는 특질을 가짐에도 불구하고 주제 A의 불안한 반음계를 반영한다.

리듬의 측면에서 그 작품은 3/8박자 곡으로, 운율 상의 애매한 느낌을 주는 브람스의 특징적인 헤미올라(역자 주: 2박자 대신에 3박자, 3박자 대신에 2박자를 쓰는 변형 박자)를 동반한다. 예를 들어 주제 B는 최소한 몇몇 연주에서 거의 2박자 곡과 같은 느낌을 가진다. 브람스는 자신이 쓴 세 곡의 117번 간주곡을 '내 슬픔에 대한 세 곡의 자장가'라 지칭했고,[55] 비록 화성상의 변화와 음역이 주제 A로 하여금 진정시키는 효과를 가지지 못하게 하긴 하지만, 주제 A는 분명히 부드럽고 경쾌한 자장가의 느낌을 가지고 있다.

그 화성의 가장 두드러지는 특징은 브람스가 우리로 하여금 으뜸화음으로의 해결을 기대하게 하면서도 그 해결을 계속해서 축소하거나 지연시키는 방식이다. 조성을 막론하고 처음 등장하는 확실한 종지(cadence)는 주제 B의 초반에 등장하는 관계장조(내림 D)로의 종지이다. 그래서 주제 A를 그려내는 곳에서 내림 B단조의 으뜸화음이 1, 2마디 모두의 센박에 있는데도 그 화성은 안정되거나 해결된 것으로 들리지 않는다. 왜냐하면 이 화음들은

54) Edwin Evans, *Brahms' Pianoforte Music Handbook* (London: William Reeves, 1936), 232.

55) 이것은 Jan Swafford, *Johannes Brahms: A Biography*, 1st edn. (New York: Alfred A. Knopf: distrib. Random House, 1997), 587에서 스와포드(Swafford)에 의해 인용되었다.

제1전위의 형식이고(그래서 그 화음의 근음이 최저음에 있지 않고) 딸림화음이 그에 앞서지 않기 때문이다. 게다가 두 번째 마디의 끝부터 주제 A의 모든 화음은 불협화음이다. 즉, 각 화음이 그 뒤를 따르는 화음에 의해 해결될 때, 그것은 즉시 또 다른 동등하게 강한 불협화음에 의해 대체되는 것이다.[56] 발전부에서는 계속적인 변형이 일어나고, 코다에서 브람스는 그 화성

〈그림 11.1〉 요하네스 브람스, 「간주곡(Intermezzo)」, Op.117 No. 2. 예 1. 주제 A

56) 정확히 말해 브람스가 한 것은 5도 서클(circle of fifths)에서 진행되는 7도 화음의 연쇄를 만들어낸 것이다.

을 끝까지 애매하게 유지해간다. 그 작품의 절정은 69마디에서 온다. 우리는 67, 68마디 전체에 걸쳐 최저음부에서 낮은 B음(C♭으로도 읽힐 수 있는)[57]을 듣는데, 그동안 68마디의 고음부는 A에서 G#으로 그리고 F#으로 하강하면서 우리로 하여금 E(F♭)를 기대하게 한다. 그러나 69마디에서 최저음부는 C까지 불안하게 올라가[58] F 위의 딸림 7화음의 토대가 되고, 조화롭지도 않고 예상치도 못한 방식으로 다시 내림 B단조 화성을 구성해낸다. 뒤따르는 코다에서 주제 A와 B가 서로 엮일 때 화성은 내림 B단조와 장조 사이에서 애매하게 있다가 마침내 끝에서 분명하게 내림 B단조로 해결된다.

음악의 표현적 특질의 측면에서 생각해보면, 이 곡은 전체적으로 분명히 쾌활한 곡은 아니다. 그리고 '달콤쌉싸름한'이라는 표현이 그 곡의 분위기를 좀 더 정확하게 포착할 수도 있지만, 우리는 그것이 '슬픈' 곡이라고 말할 수도 있다. 그렇지만 모든 복잡한 낭만주의 음악이 그렇듯이 그 곡은 단일한 감정 상태를 표현하지 않는다. 그 음악의 성격은 음악이 진행됨에 따라 발전하고 변화한다. A-B-A′ 구조는 브람스가 단순히 고도의 통일성과 일관성을 지닌 작품을 써내려가는 편리한 방법을 찾고자 한 결과가 아니다. 그것은 또한 극적 구조이며, 두 개의 뚜렷한 화성적 연상(associations)과 강한 모티프 관계를 가진 두 개의 주제가 서로 상호작용하여 「내 잠은 점점 깊어가고」라는 소극 같은 어떤 소극을 만들어낸다. 실제로 두 곡 모두에서 주제들과 (특히) 장단 조성의 극적 상호작용은 전체적으로 달콤쌉싸름한 성격을 만들어내는 데 기여한다. 우리는 그 작품의 전체적인 달콤쌉싸름한 성격이 선율과 화성들 사이의 이러한 극적 상호작용으로부터 **창발한다고** 말할 수 있다.

주제 A의 아르페지오 처리는 개 이론의 방식으로 말하자면 곡의 윤곽이 울고 있는 혹은 한숨짓는 듯한 두드러진 특징을 지니도록 하는 반면, 적어도 표면적으로 주제 B는 좀 더 위엄 있고 진지하고 강건한 특질을 가진다. 각각의 4마디 '질문'은 망설이는 듯하지만, 4마디의 '답변' 악절은 단호하고 확실하게 그 질문에 답하고 있는 것처럼 보인다. 그러나 우리가 그 작품을 어떻게 해석하든 그 곡을 서로 관계없는 표현적 특질들의 연속으로 듣는 것은 실수일 것이다. 나는 주제 B가 주제 A로부터 발전하는 것과 주제 A가 내림 B단조에 위

57) 66~70마디는 내림 F(E)장조이다.

58) 이것은 스티븐 칸(Steven Cahn)의 말이다. 나는 이 복잡한 곡의 분석에 있어 나를 도와준 그레고리 칼(Gregory Karl), 세브린 네프(Severine Neff), 그리고 고인이 된 앨런 샙(Allen Sapp)뿐만 아니라 칸에게 감사하고 싶다.

치하는 반면 주제 B는 그 조성의 관계장조에 위치한다는 것에 주목했다. 다시 말해 우리는 이 두 주제가 동일한 소재를 경험하는 두 가지 방식인 것처럼 이 둘 사이의 유기적 연결을 듣는다. 이러한 효과는 불안함이라는 주제 A를 (반음계의 단 2도가 두드러지는) 주제 B의 내성부를 통해 암시함으로써 강화된다.

〈그림 11.2〉 요하네스 브람스, 「간주곡」, Op.117 No. 2. 예 2. 주제 B

우리가 이 작품을 심리극으로 생각한다면 A-B-A′ 구조는 단순히 편리한 방식으로 통일성을 지닌 음악 형식이 아니라 극적인 심리적 구조로 드러날 것이다. 이러한 구조를 해석하는 한 가지 방식은 그것을 음악의 서로 다른 두 등장인물 사이의 갈등으로 보는 것일 수 있다. 그러나 이 두 주제는 화성과 선율의 측면에서 너무 긴밀하게 관련되어 있기 때문에 나는 그것들을 단일한 등장인물이 동일한 소재에 대해 두 가지 다른 방식으로 대응하는 것으로 듣는 것이 더 낫다고 생각한다. 그 음악이 두 주제 사이를, 그리고 장단 조성 사이를 오가기 때문에 음악 속 페르소나 혹은 등장인물의 전체적 경험은 달콤쌉싸름한 것이 된다.

주제 A를 둘러싼 아르페지오들, 그리고 으뜸화음이 지속적으로 단축되는 방식은 그 곡에 마치 영원히 이룰 수 없는 목표를 향해 노력하는 것처럼 찾고 바라는 듯한 특질을 부여한다. 이것의 확실한 해결은 주제 B가 올 때에야 이루어진다. 쉴 새 없는 아르페지오가 조밀한 화음 구조에 길을 내줄 때, 주제 B는 좀 더 신중하고 차분한 방식으로(센박으로) 선율적 재료를 다룬다. 그러나 이와 동시에 주제 B의 내부에서는 반음계가 강렬하게 사용된다. 게다가 끈질기게 분투하는 듯한 특질을 가진 주제 A는 작품을 지배한다. 주제 B를 그려내는 16마디를 제외하고는 코다에 이르기까지의 전체 곡은 주제 A와 그것의 발전에 집중하고 있다. 발전부에서 주제 A는 그것의 전위와 얽혀 훨씬 더 흥분되고 강박적인 것이 되면서 피아노의 훨씬 더 높은 음역과 (특히) 훨씬 더 낮은 음역에 도달한다. 그것은 마치 음악 속 등장인물이 점점 더 강렬해지고 열정적이 되며, 훨씬 더 지속적이고 다급하게 탐색해나가는 것과 같다. 화성의 측면에서 등장인물은 비교적 먼 곳으로 모험을 떠나면서 무언가 도달하기 어려운 것, 아마도 얻을 수 없는 것을 열망하며 좀 더 차분하고 좀 더 냉철한 주제 B의 입장을 거부하는 것처럼 보인다. 그러나 69마디에서 등장인물은 갑자기 멈춰서고, 선율 라인은 천천히 하강하며[그 마디들에는 점점 느리게(*ritardando*)라고 표시된다] 그 탐색 역시 느려진다. 그러나 여기에서 곡이 끝나지는 않는다.

좀 더 느리게(*più adagio*)라고 표시된 마지막 열네 마디에서는 좀 더 차분한 주제 B가 돌아와 열정적으로 탐색하는 듯한 주제 A와 엮인다(그림 11.3 참고). 내가 보기에 중요한 해석적 질문은 두 개의 주제와 장/단이라는 두 개의 음계가 최종적으로 화해하는 방식 및 곡의 결론부에 관한 것이다. 주제 A는 계속 단조, 반음계, 갈망과 연결된다. 주제 B는 좀 더 강건하고 차분한데, 왜냐하면 그것이 센박과 장조를 통해 도입되기 때문이다. 코다에는 장/단조 사이의 애매함이 있는 것처럼 주제 A와 B 사이의 상호작용도 있다. 마지막 열 마디는 주제 A에게 주어지지만, 이전보다 훨씬 더 안정된 리듬인 주제 B의 리듬으로 주어진다. 화성적 측면에서 마지막 화음은 애매하지 않다. 주제 B의 조성인 내림 D장조가 주제 A의 조성인 내림 B단조에 의해 밀려난다.

이런 결론을 우리는 어떻게 이해해야 할까? 비록 우리가 주제 B의 내성부를 듣는다면 주제 A가 처음부터 주제 B에 어느 정도 침투해 있다는 것을 들을 수 있지만, 분명히 거기에는 두 주제 사이의 일종의 대조 혹은 갈등이 있다. 나 자신도 좀 더 강건한 주제 B가 주제 A에 의해 어떤 의미에서 압도되고 있는 것으로 듣기는 하지만, 전적으로 그런 건 아니다. 주

〈그림 11.3〉 요하네스 브람스, 「간주곡」, Op.117 No. 2. 예 3. 좀 더 느리게(*più adagio*)로 표시된 마지막 부분

제 B는 비록 패배하긴 했지만, 주제 A에 자신의 표식을 남긴다. 그 내적 들썩거림은 언제나 주제 A와 밀접한 관계를 가진 것이지만, 그것의 외적 차분함은 주제 A에 영향을 미치고 주제 A의 쉼 없는 탐색을 완화시킨다. 다른 한편, 주제 B는 분명히 그 들썩거림을 완전히 다스린 것이 아니다. 나는 주제 B를 열정적인 주제 A의 특질을 어느 정도 변형한 것으로 듣는다. 마치 작품 속 등장인물이 갈망하는 것이 자신의 운명임을 받아들이고, 자신의 바람이 이루어지지 않을 것임을 깨달으며, 그러한 깨달음과 함께 슬프게 그리고 마지못해 체념하는 것처럼 말이다. 주제 B가 주제 A에 의해 흡수되는 것은 이미 정해진 결말이 아니다. 그 음악은 장조와 단조 사이에서 변동을 거듭하고 있으며, 주제 B가 리듬과 장조 조성 모

두에서 지배적이 되는 것도 가능해 보인다. 그러나 81마디에서 분명해지는 것은 주제 A가 더 차분한 주제 B의 리듬을 취함에도 불구하고 어두운 단조가 두드러질 것이라는 것이다.

그 곡이 다시 내림 B단조의 으뜸화음에서 주제 A의 변형으로 들리면서도 주제 B의 리듬으로 들리면서 끝나기 때문에 그 곡은 마치 주제 A의 열정적인 갈망은 만족되지도, 물리쳐지지도 않은 채로 어느 정도 가라앉아야 한다고 하는 것처럼 들린다. 그러나 그 곡의 마지막 해결은 곡 속 등장인물이 여전히 그것을 그저 받아들이는 것과는 얼마나 거리가 먼지를 보여준다. 그 부분은 주제 A의 조성인 내림 B단조의 으뜸화음으로 등장하지만, 그 해결은 전혀 분명하지 않다. 왜냐하면 그 해결은 피아노에서 가장 낮은 내림 B음에서 시작하여 가장 높은 음까지 올라가면서 세 마디 넘게 지속되는 아르페지오로 처리되기 때문이다. 지속적인 열정적 탐색은 어느 정도의 차분함과 체념으로 바뀌었지만, 그것은 음악적으로도 심리적으로도 완전히 **해결되지는** 않았다. 그 페르소나는 오직 부분적으로만 자신의 운명과 화해했다. 사실 나는 그 결론부를 절망적인 것으로 듣는 것도 가능할 것이라고 본다. 왜냐하면 첫 번째 주제가 자신의 목표는 절대 이루어지지 않을 것이라는 깨달음에 부딪치기 때문이다. 서로 다른 피아니스트가 그 곡을 이와 같이 각기 다른 방식으로 연주해서 그 심리극에 대한 서로 다른 해결에 도달하는 것도 가능할 것이다.[59)]

왜 그 간주곡을 페르소나의 감정 표현으로 해석하는가?

그 간주곡에 대한 나의 심리적 · 극적 독해를 어떻게 정당화할 수 있을까? 결국 그 음악에는 슈만의 2번 교향곡이나 쇼스타코비치의 10번 교향곡처럼 극적이거나 심리적인 측면에서의 해석을 강하게 요구하는 어떤 특정한 **변칙적** 속성(feature)이 있는 것도 아니다. 그

59) 해럴드 크렙스(Harald Krebs)는 (나와의 개인적인 대화에서) 한 곡의 작품을 분석할 때에는 연주자의 역할을 중요하게 고려해야 한다고 주장했다. 엄밀히 말하자면 나는 내가 논의하고 있는 작품들의 특정한 연주를 분석해야 한다. 만약 어떤 곡에 주인공이 있다면 그 주인공을 표상하는 것은 언제나 연주자이다. 음악작품에서 페르소나나 등장인물들에 의해 감정이 표현된다면 그 페르소나들이나 등장인물들을 연기하는 것은 연주자들이다. 독주에서는 특히 표현되는 감정이 종종 연주자의 감정인 것으로 보인다.

곡을 A-B-A′ 형식 및 축소된 소나타 형식에 대한 그것의 암시의 측면에서 순수하게 음악적 해석을 하는 것도 가능하다. 그렇다면 그 간주곡을 하나의 심리극으로 해석하는 것, 즉 작품 속 주인공이 서로 충돌하는 자신의 감정들을 표현하는 「내 잠은 점점 깊어가고」 같은 일종의 내적인 극적 독백으로 그 곡을 해석하는 것을 어떻게 정당화할 수 있을까?

나는 브람스의 한 기악음악곡을 등장인물(들)의 감정 표현으로 해석하는 것이 어떠한 의미로도 시대착오적이거나 부적절하지 않다고 개괄적으로 주장해왔다. 나는 우리가 브람스에 대해 알고 있는 것들, 그리고 그가 자신의 후기 피아노곡들에 대해 어떻게 생각했는지에 대해 알고 있는 것들과 일관적인 해석을 제공하려고 노력했다. 나의 해석은 전반적으로 일관적이다. 그 해석은 작품 속 음악적 전개의 대부분을 고려하고 있다. 그것은 그 곡에 대한 어떠한 해석이라도 다루어야 하는 음악의 두드러진 국면들 중 어떤 것도 고려에서 빠뜨리지 않았다(물론 이렇게 말하는 것을 완전하게 정당화할 수 있을 만큼 충분히 구체적인 분석을 제공한 것은 아니지만 말이다).

좀 더 명시적으로 말해, 그 해석에는 수많은 장점이 있다.

첫째, 특정 악절의 표현성은 곡 전체의 표현적 의의와 함수관계에 있다. 그 곡의 형식적 구조와 표현적 구조는 상호의존적이다. 예를 들어 브람스의 간주곡에서 좀 더 느리게 부분에서 표현되는 바는 형식적으로 그리고 표현적으로 그 앞에 나왔던 모든 것과 함수관계에 있다. 우리는 그 곡 전체가 열정적으로 갈망하는 주제 A에 의해 어떻게 지배되는지를 보았고, 주제 A와 주제 B가 모티프와 화성의 측면에서 긴밀하게 연결되어 있다는 것과 마지막 부분에서 열정적인 주제 A가 주제 B의 리듬을 취하는 것을 보았다. 나는 좀 더 느리게 부분에서 표현되는 것은 등장인물의 갈망이 결코 만족되지 않을 것이라는 것에 대한 마지못한 수용이라고 제안한다. 이러한 해석은 그 곡을 표현적 전체로, 심리적 소극으로 듣지 않는 개 이론가들에게는 가능하지 않은 해석이다.

둘째로 그 간주곡은 인지적으로 복잡한 감정들을 표현할 수 있다. 그 페르소나의 열정적으로 노력하는 A 국면은 최소한 외면상으로 좀 더 차분한 B 국면에 의해 영향을 받기 때문에 우리는 그 등장인물이 자신의 운명에 대한 부분적 체념에 도달한다고 말할 수 있지만, 그것은 미묘한 종류의 체념이다. 즉, 그것은 전적인 수용과 자신의 몫에 대한 평화로운 화해가 아니라 불편하고 마지못해 하는 체념이며, 얻을 수 없는 것을 향한 갈망이 어느 정도 남아 있는 체념이다. 이러한 해석의 대안으로 나는 그 곡을 절망적인 것으로, 자신이 결코 노력과 갈망으로부터 해방될 수 없음을 그 등장인물이 깨닫는 것으로 들을 수 있다고 제안했다. 이 두 가지 해석 모두는 음악 속 페르소나에 복잡한 감정 상태를 부여하고 있다.

셋째로 그 음악은 단순히 표현적 윤곽의 연속이 아니라 등장인물의 감정에 대한 진정한 낭만주의적 표현 — 명료화와 설명 — 이다. 음악이 펼쳐짐에 따라 주인공의 감정 상태도 펼쳐지고, 음악은 주인공의 심리적 발전을 반영한다. 주제 A는 부분적으로 개 이론에 근거하여 볼 때 갈망이다. 그것은 들썩거리는 윤곽을 지니고 있고, 그 외면상 불안정한 화성은 불안함을 암시한다. 이와 유사하게 주제 B의 더 큰 견고함은 그 주제가 진행되는 보다 위엄 있는 방식을 통해 암시된다. 그러나 그 음악은 또한 주인공의 감정 과정이 시간이 지남에 따라 발전하고 변화하는 방식을 반영한다. 그것은 계속되는 갈망(주제 A)이 (주제 B에 드러나는) 보다 차분한 경향과의 갈등관계에 있지만, 그 차분함 자체도 어떤 들썩거림에 의해 약화된다는 것(주제 B가 차분하게 들리긴 하지만, 그것의 내성부에도 어느 정도의 들썩거림이 있기 때문), 그리고 그 차분함이 노력과 갈망을 진정시키는 데 오직 부분적으로만 성공할 뿐 (그것을 좀 더 차분한 리듬으로 가져옴으로써) 그 갈망을 수용으로 바꾸는 데는 성공하지 못한다는 것을 표현한다(결국에는 단조의 으뜸화음이 우세하기 때문이다). 그 음악은 주인공에 의해 표현되는 감정들의 이러한 충돌과 애매함, 즉 갈망과 수용 사이의 충돌 그리고 강렬한 바람이 결코 이루어지지 않을 것이라는 절망과 이러한 운명에 대한 체념 사이의 애매함을 반영한다. 그것은 주인공이 내림 B단조와 내림 D장조 사이를 오갈 때, 그리고 좀 더 느리게 부분에서 내림 B단조와 장조 사이를 오갈 때, 주인공이 그 사이에 끼어 괴로워하는 서로 충돌하는 바람들과 평가들에 대한 느낌을 전달한다. 그 곡은 심리극의 극적 구조를 가지고 있고, 이것은 당신이 내 설명의 구체적 사항들과 내가 그 극을 해석하는 특정한 방식을 거부한다고 해도 여전히 참이다.

만약 우리가 그 간주곡을 심리적 소극으로 듣는다면, 우리는 그렇지 않았다면 놓칠 수도 있었을 특질들, 코다 부분에 나타나는 쉼 없는 분투와 차분한 수용 사이의 충돌, 결말 부분의 아르페지오에 드러나는 애매함, 곡 전체에 걸쳐 그리고 특히 곡의 끝 부분에서 드러나는 주제 A와 B 사이의 친밀하지만 불안한 관계 같은 것들을 발견해낼 수 있다. 아마도 더 중요한 것은 우리가 그 곡을 강한 감정들이 추적되고 표현되는 심리극으로 해석하지 않는다면 우리는 이 곡이 왜 그렇게 강력하게 우리의 마음을 움직이는지 이해할 수 없을 것이라는 것이다. 나는 우리가 하나의 심리극으로서의 그 곡에 주의를 기울이지 않는다면 그것의 통렬함이나 심오함을 이해할 수 없다고 주장한다. 이 음악은 왜 통렬하고 왜 심오한가? 그 답은 그 음악이 통렬하고 심오한 심리적 경험을 기록하고 표현하기 때문이라는 것이다. A-B-A′ 형식의 음악은 그것이 단지 그 형식을 취하고 있기 때문에 통렬하고 심오한 것이 아니다. 뉴컴의 용어를 빌려 말하자면, 그것을 통렬하고 심오한 것으로 만드는 것은 그 음악의 '은유적 공명', 특히 그것이 심리적으로 의미하는 바이다.

마지막으로, 나는 음악이 어떻게 종종 감정에 **대한** 것이 될 수 있는지 설명했다. 작곡가들은 자신의 음악 속에 표현된 감정들에 대해 '평할(comment)' 수 있다. 극작가가 희곡을 통해 하듯이 작곡가는 음악 속에 표현되는 점차적으로 전개되는 감정을 조정할 수 있다. 브람스가 그 간주곡에서 곡 속 주인공이 표현하고 있는 감정에 대해 무언가를 말하고 있다는 증거가 조금이라도 있는가? 나는 브람스가 이 후기 피아노곡들을 자신의 가장 깊고 은밀한 생각과 느낌을 전달하는 것으로 생각했음을 정당화하는 증거들을 브람스의 전기에서 충분히 찾을 수 있다고 말할 것이다. 나는 이미 브람스가 자신이 지은 세 개의 117번 간주곡을 '내 슬픔에 대한 세 곡의 자장가'라고 불렀다는 것을 언급했다. 결코 자신의 감정을 말로 쏟아내지 않았던 브람스는 자신이 말하고 싶은 것을 음악을 통해 전달한다. 그의 삶의 이 시점에 그가 쓴 많은 음악은 일종의 비극적 빛을 띠고, 그의 삶 속 상실과 실패들에 대한 위엄 있는 수용, 특히 만족스럽고 상호적인 낭만적 관계를 찾는 것에 대한 실패를 담아낸다.

얀 스와포드(Jan Swafford)는 자신의 브람스 전기에서 다음과 같이 추정한다.

> 어쩌면 섬세한 서정성을 지닌 모든 곡들[작품번호 117번, 118번, 119번]은 브람스의 인생에서 잃어버린 여인들, 즉 일로나(Ilona), 클라라(Clara), 아레스(Arathe), 헤르미네(Hermine), 앨리스(Alice), 브람스가 작품번호 79번의 랩소디들을 쓴 이유인 엘리자벳(Elisabet), 그리고 역사상 알려지기도 하고 알려지지 않기도 한 다른 모든 여인들을 향한 사랑노래일 것이다. 그리고 클라라 슈만이 계속 살아갈 수 있도록 하기 위해 브람스가 이 곡들을 작곡했을 가능

성도 적지 않다. 그녀가 이제 한 번에 몇 분씩밖에 연주할 수 없었기 때문에, 그리고 그녀가 이 아주 짧은 곡들을 너무나 깊이 사랑했기 때문에 어쩌면 이 곡들은 진짜로 그녀를 살아 있게 했을 것이다.[60]

그러나 그 곡들의 '주된 의의'는 그것들이 '살롱 모임을 위한 예쁘고 짧은 곡들'로 위장된 '브람스가 배워온 것들, 즉 작곡 기술과 피아노 곡 쓰기에 대한 거의 과학적이기까지 한 연구의 총체'라는 것이다.[61] 콜링우드(Collingwood)가 말했듯이 위대한 예술작품을 만드는 것은 단순한 기술이 아니라 작곡가가 자신의 기술을 고유하고 개별적인 감정을 표현하기 위하여 사용하는 방식이다.

60) Swafford, *Johannes Brahms: A Biography*, 587.

61) Ibid.

12
감정과 함께 듣기: 우리의 감정이 음악에 대한 이해를 어떻게 돕는가?

미적 경험에서 감정은
예술작품이 소유하고 표현하는 속성들이 무엇인지 식별하는 수단이다.

넬슨 굿맨(Nelson Goodman), 『예술의 언어들(*Languages of Art*)』

음악에서의 감정 환기와 감정 표현

4장에서 우리는 소설에 의해 야기되거나 환기된 감정 반응이 우리가 소설을 이해하는 데 도움을 주고 그 소설에 대한 해석의 기반이 된다는 것을 보았다. 이 장에서 나는 음악에 대한 우리의 감정 반응이 아주 자주 동일한 방식으로 작동한다고 주장할 것이다. 즉, 많은 음악은 감정 반응을 야기하며, 그러한 반응을 인지적으로 모니터하거나 고찰함으로써 우리는 그 음악이 **표현하는 것**뿐만 아니라 그 음악의 구조도 파악할 수 있게 된다. 나는 이전 논의에서와 같이 내가 이야기하고자 하는 바의 가장 좋은 예가 되는 복잡한 '예술' 음악에 집중할 것이다. 문학의 경우와 마찬가지로, 이 논의와 관련 있는 감정 반응은 「징글벨(Jingle Bells)」이 지난날 내가 누리지 못한 크리스마스들을 떠올리게 함으로써 나를 울리는 것과 같이 당신이나 내가 음악을 들으면서 우연히 가지게 되는 특이한 연상 작용의 결과가 아니다.

이 논의와 관련 있는 것은 음악 자체를 주의 깊게 들음으로써 그 결과로 생겨나는, 그리고 어느 정도 **자격 있는 청자들**에게 생겨나는 감정 반응이다. '자격 있는 청자'라는 말이 의미하는 것은 자신이 듣고 있는 음악을 지배하고 있는 미적 그리고 양식적 원칙들에 대해 어느 정도 이해하고 있는 청자들이다. 그들은 반드시 훈련된 음악 이론가들일 필요는 없지만, '예술' 음악(소위 '클래식' 음악)을 결코 듣지 않는 사람들 역시 아니다.[1] 우리가 곧 살펴보게 되겠지만, 그러한 자격 있는 청자들이 가지는 감정 반응은 그들로 하여금 그 반응이 아니었다면 놓칠 수도 있었을 음악의 표현적 국면과 구조적 국면 모두에 주의를 기울이게 할 수 있다.

이 장에서 내가 집중하고자 하는 것은 상당히 명확한 것이다. 그것은 우리의 감정이 어떻게 음악에 대한 **이해를 이끄는 것**으로 작용하는가 하는 것이다. 물론 내가 관심을 가지고 볼 것들 중 하나는 한 곡의 음악작품이 청자에게 환기하는 감정이 그 음악이 표현하는 것과 관계가 있는가 하는 것이다. 만약 낭만주의적 표현 이론이 옳다면, 최소한 가끔씩은 한 곡의 음악작품이 자격 있는 청자들에게 환기하는 감정들은 그 곡이 표현하는 바로 그 감정들일 것이다. 그러나 음악이 환기하는 감정들이 언제나 그 음악이 표현하는 감정들과 같은 것은 아니다. 지금부터 살펴보게 되겠지만, 음악이 우리에게 환기하는 감정들이 그 음악이 표현하는 것을 우리가 **파악하도록 도울** 때조차 환기된 감정은 표현된 감정과 완전히 동일한 것이 아닐 수 있다.[2]

피터 키비(Peter Kivy)가 음악이 환기하는 감정들은 그 음악이 표현하는 바를 우리가 이

1) 사실, 훈련된 음악가들이 다른 이들과는 다르게 음악을 처리한다는 것을 보여주는 약간의 증거가 있다. 르네 콕스(Renée Cox)는 '음악가가 아닌 사람들의 경우 선율은 우반구(왼쪽 귀)에서 처리될 가능성이 높은 반면, 음악가들의 경우 선율은 좌반구(오른쪽 귀)에서 처리될 가능성이 높다'는 증거가 있다고 기록한다. Renée Cox, 'Varieties of Musical Expressionism', George Dickie, Richard Sclafani, and Ronald Roblin (eds.), *Aesthetics: A Critical Anthology* (New York: St Martin's, 1989), 623-4 참조. 내가 '자격 있는 청자'로 염두에 두고 있는 사람들은 바흐, 하이든, 베토벤 등을 들으며 자라왔기 때문에 설령 음악 이론에 대해 공부한 적이 없다 하더라도 그러한 음악 양식에 대한 어느 정도의 이해를 가지고 있는 사람들이다. 레빈슨(Levinson)의 용어로 말하자면 그들은 '적절한 배경지식을 갖춘' 사람들이다. 이제부터 내가 '청자'에 대해 이야기할 때 의미하는 것은 이런 의미에서 '자격 있는 청자'이다. 나는 명시적으로 오로지 훈련된 음악 이론가들에 대해서만 이야기할 때에는 내가 그렇게 하고 있다고 말할 것이다.

2) Jenefer Robinson, 'The Expression and Arousal of Emotion in Music', *Journal of Aesthetics and Art Criticism* 52/1 (1994) 참조. 여기서 나는 처음으로 음악작품이 불러일으키는 감정들이 때때로 우리로 하여금 그 작품이 표현하는 바에 주의를 기울이게 한다고 주장했다. 비록 그 환기된 감정은 표현된 감정과 다를 수 있지만 말이다. 추가적 논의를 보려면 이후 마이어(Meyer) 감정들에 대해 논의하는 부분 참조.

해하려고 할 때 도움이 될 수 **없다고** 보는 것은 놀랄 만한 것이 아니다. 그가 그렇게 보는 이유는 간단히 말해 음악은 그것이 표현하는 '보통 종류의(garden-variety)' 감정들을 환기할 수 없기 때문이다. 즉, 음악이 환기하는 감정들은 그것이 표현하는 감정들과 상당히 다르다는 것이다. 나는 키비의 입장에 대해 간단히 살펴봄으로써 이 장을 시작할 것이다. 그런 다음 그 반대 극단에 서 있는 한 입장, 즉 음악은 보통 종류의 감정들을 환기할 뿐만 아니라, 이러한 감정들을 음악 속에 표현한다는 것은 **바로** 청자들에게 동일한 감정을 환기하는 것이라는 견해를 살펴볼 것이다. 일부 사람들은 이러한 극단적인 형식의 입장을 견지하고 있지만, 이러한 입장의 보다 온건한 버전들을 옹호하는 사람들도 있다. 나는 내가 부분적으로 공감하는 애론 리들리(Aaron Ridley)의 입장에 대해, 그리고 내가 보기에는 불필요할 정도로 바로크적인 켄들 월튼(Kendall Walton)의 입장에 대해 논의할 것이다. 일반적인 나의 입장을 밝히자면, 나는 우리가 표현을 '청자의 감정 환기'로 **정의할** 수 있다고 생각하지는 않는다. 그럼에도 불구하고 우리가 음악을 들을 때 느끼는 감정들은 때때로 그 음악이 표현하는 것을 반영하며, 그렇게 함으로써 그것을 우리에게 드러낸다.

4장에서 나는 문학 이론가인 볼프강 이저(Wolfgang Iser)를 언급하면서 소설로부터 유발된 적절한 감정을 가짐으로써 독자가 그 소설의 내러티브적 구조에 주의를 기울일 수 있게 된다는 것을 보였다. 이와 유사한 것이 음악에 대해서도 참이다. 레너드 마이어(Leonard Meyer)가 밝혔듯이, '적절한 순간'에 야기된 '적절한 감정'을 가짐으로써 우리는 한 곡의 복잡한 조성음악의 **구조**에 주의를 기울일 수 있게 된다. 나는 마이어의 입장을 검토한 다음 그것을 다음과 같이 확장할 것이다. 적절한 순간에 적절한 감정을 가지는 것은 또한 우리로 하여금 작품이 **표현하는** 것에 주의를 기울일 수 있게 한다. 그러나 그 유발된 감정들 — 놀람이나 어리둥절함 등 — 이 반드시 그 작품에 의해 표현된 감정들인 것은 아니다.

나는 심리학자 캐럴 크럼한슬(Carol Krumhansl)이 수행한 최근의 실험에 대해 기술함으로써 이 장을 마무리할 것인데, 그 실험은 키비가 주장한 것과는 반대로 음악이 실제로 보통 종류의 감정들을 불러일으킨다는 것을 보여준다. 그리고 이것은 음악이 불러일으키는 감정들에 주의를 기울임으로써 우리는 종종 음악이 가진 중요한 구조적 속성들과 표현성에 주의를 기울일 수 있게 된다는 나의 입장을 확증한다. 그러나 이 실험은 또한 음악에 대한 반응으로 무엇을 느끼는 것이 적절한가 하는 것은 문학에 대한 적절한 반응과 비교하여 훨씬 덜 명확하다는 것을 시사한다. 한 곡의 음악작품에 대한 적절한 감정 반응의 범위는 소설에 대한 적절한 반응의 범위보다 더 넓다.

음악에 감동하다: 키비 감정들

피터 키비(Peter Kivy)는 자신의 책 『순수 음악의 미학(*Music Alone*)』에서 음악이 **표현할** 수 있는 '두려움, 슬픔, 기쁨과 같은 보통 종류의 감정'[3)]을 음악이 **환기할** 수 있다는 아이디어를 거부한다. 실제 삶에서의 보통 종류의 감정들에는 음악에 대한 우리의 경험에는 개입되지 않는 '인지적 대상'이 있다. 자신의 주장을 잘 드러내기 위해 키비는 삼촌 찰리가 숙모 벨라에 대한 이기적인 거짓말을 함으로써 어떻게 자신을 항상 화나게 하는지 묘사하면서 일상적 삶의 이러저러한 감정 상태들에는 항상 찰리 삼촌과 같이 자신이 그것에 **대해** 화내는, 두려워하는, 혹은 행복해하는 대상이 있다고 지적한다. 그러나 음악의 경우에는 내가 그것에 **대해** 슬퍼하거나 행복해하거나 그리워하거나 괴로워하는 감정의 대상이 될 만한 명백한 후보가 없다. 키비가 날카롭게 질문하는 것과 같이 음악에서 '찰리 삼촌은 어디 있는가?'[4)]

키비는 여기에서 감정에 대한 판단 이론의 한 버전을 가정하고 있다. 감정은 그 감정이 향하는 혹은 그 감정이 그것에 관한 것이 되는 인지적 대상을 가져야 한다고 주장하는 버전을 가정하고 있는 것이다. 그가 보기에 음악은 슬픔이나 두려움 같은 보통 종류의 감정을 불러일으킬 수 없는데, 왜냐하면 음악의 청자들에게는 그가 생각하기에 감정에 필수적인 인지적 내용이 없기 때문이다. 그는 데카르트를 비롯한 많은 이론가들이 음악이 '자극 대상'으로 기능하여 쾌나 슬픔 혹은 여타의 보통 종류의 감정들을 자극할 수 있다고 가정한

---

3) Peter Kivy, *Music Alone: Philosophical Reflections on the Purely Musical Experience* (Ithaca, NY: Cornell University Press, 1990), 175.

4) Ibid. 149.

것에 불만을 표시했다. 그러나 만약 음악이 쾌나 다른 감정 상태들을 직접적으로 자극할 수 있다면, 그가 보기에 이것은 음악을 마약과 같은 것으로 보는 것과 마찬가지이다. 그리고 그는 이러한 결론에 맹렬히 반대한다. 키비는 음악이 '자극 대상이 아니라 인지적 대상'이라고 생각한다. 음악은 '지각과 인지의 대상'[5]이며, 음악에서 우리가 얻는 즐거움은 음악에 대한 이해에서 오는 것이지 음악에 의한 단순한 자극에서 오는 것이 아니다.

그러나 키비는 우리가 때때로 음악에 감정적으로 반응한다는 것을 인정한다. 그는 이런 경우 음악 자체가 우리 감정의 인지적 대상이라고 본다. 우리는 음악작품의 아름다움, 그 대위법에서 드러나는 '비할 데 없는 솜씨', 제약들을 극복하는 대담한 방식에 감정적으로 **마음이 움직일** 수도 있다. 우리는 조스캥(Josquin)의 「아베 마리아(*Ave Maria*)」에서, 그 작곡가가 성부들이 한 박자씩만 떨어져 있는 5도의 아주 아름다운 카논을 써낸 부분에 의해 이러한 모든 방식으로 감동할 수 있다.[6] 그러한 예들에서 우리는 음악 자체의 국면들, 즉 음악의 아름다움과 어떤 음악적 문제를 그 음악이 우아하게 해결해내는 방식에 감정적으로 반응한다.

표현적인 슬픈 음악작품에서 우리를 감동시킬 수 있는 것들 중 하나는 우리가 그 안에서 알아채는 슬픔인데, 키비는 음악 속 슬픔에 감동하는 것은 그 음악에 의해 슬퍼지는 것과 전혀 같은 것이 아니라고 주장하고 싶어 한다.

> 우리는 음악이 우리에게 감정을 환기할 수 있다는 주장을 음악이 때때로 슬프거나 화나 있거나 두려워한다는 주장으로부터 완전히 분리해야 한다. 다시 말해 우리는 음악이 (분노나 두려움 같은 감정에 대해) 표현적이라는 주장과 음악이 우리의 감동시킨다는 의미에서 음악이 감정을 환기한다는 주장을 분리시켜야 한다. …… 슬픈 음악은 (부분적으로는) 그것이 슬픔에 대해 표현적이기 때문에 우리를 감동시킬 수도 있지만, 그것은 우리를 슬프게 만듦으로써 우리를 감동시키지는 않는다.[7]

---

5) Ibid. 401. 감정에 대한 판단 이론을 보려면 1장 참조.

6) Ibid. 159-60.

7) Ibid. 153.

같은 이유에서 비록 우리가 음악작품 속 표현적 속성들에 감동할 수도 있지만, '감동함'이라는 감정은 보통 음악에 의해 표현되는 것이 아니다. 음악에 의해 표현되는 감정들은 음악이 환기하는 (그런 감정이 만약 있다 하더라도) 감정들과는 상당히 다르고 그 감정들과 독립적이다.

키비의 견해에는 수많은 문제가 있다. 첫째, '감동함'은 음악에 대해 **유일하게** 가능한 감정 반응이 아니다. 앞으로 살펴보겠지만 사람들은 음악 감상의 결과로 행복함, 슬픔, 흥분, 소망, 향수 등을 느낀다고 실제로 말하고 있고, 그들이 옳다는 것을 보여주는 좋은 증거가 있다. '감동함'은 사람들이 음악에 대해 가질 수 있는 많은 감정 반응들 중 하나일 뿐이다. 둘째, 감동한다는 것이 과연 무엇인지 불분명하다. 그것은 단순히 이런저런 감정 상태에 있음을 의미하는 것으로, 혹은 어쩌면 감정적 흥분 상태에 있는 것을 의미하는 것으로 보인다. 다시 말해 키비는 음악이 이런저런 감정 상태를 유발하면서도 그 상태가 무엇인지는 명시하지 않는다고 말하는 것으로 받아들여질 수 있다. 그러므로 이러한 경우에 유발된 것이 어떤 보통 종류의 감정이 아니라는 것은 분명하지 않다. 사실 키비는 음악의 **아름다움**과 **솜씨**에 의해 야기된 감정 상태에 대해 이야기하고 있기 때문에 어쩌면 '감동함'은 감탄, 경외, 기쁨의 혼합 혹은 이러한 종류의 무언가라고 해석될 수 있을 것이다. 그러나 이것들은 키비가 음악이 야기할 수 있다고 보기를 거부한 보통 종류의 감정들로 추정된다.[8] 셋째, 음악이 때로 감정의 인지적 대상이라는 것은 음악이 또한 자극 대상일 수 있다는 가능성을 배제하지 않는다. 우리가 곧 (특히 13장에서) 살펴보겠지만, 음악이 때로 인지적 대상이긴 하지만 음악은 감정의 자극 대상으로도 기능할 수 있다.

마지막으로 키비는 음악작품의 아름다움이나 기술에 감동하는 것이 가능하다고 하더라도 그것은 음악이 표현하는 특정한 감정들과 관련이 없다고 본다. 그러나 만약 음악에 의해 감동받는 것이 때로는 음악이 표현하는 것과 무관하다고 하더라도 특정한 화성 변화나 리듬의 변화, 혹은 이전 선율의 특정 부분이 반복되는 것에 감동할 때, 우리가 사실 부분적으로는 그 음악이 표현하는 바에 의해 감동받는 것일 경우가 종종 있을 수 있다.[9] 실제로

---

8) 공정하게 말하자면 키비(Kivy)가 주로 관심을 가진 것은 우리가 음악이 표현하는 보통 종류의 감정들을 느끼도록 마음이 움직인다는 것을 부정하는 것이다.

9) 아마도 키비는 이 점을 인정한다. 그는 아름답게 표현적인 음악에 의해 우리의 마음이 움직일 수 있다고 말한다.

키비 자신이 사용한 예에서 우리는 부분적으로 조스캥의 동정녀에 대한 경외에 가득 찬 존경심의 **표현**에 감동받을 수도 있다. 게다가 이러한 방식으로 감동받음으로써 우리는 음악에서 표현되는 것에 **주의를 기울일 수** 있다. 우리는 조스캥의 솜씨와 그의 음악이 가진 아름다움과 복잡함뿐만 아니라 그가 이 음악작품에서 표현하는 것에도 감동하고, 그럼으로써 그것들에 집중할 수 있게 된다.

음악이 표현하는 것 느끼기: 애론 리들리

키비는 음악에 의한 감정의 환기가 음악에 의한 감정 표현과 아무런 관계가 없다고 주장하는 반면, 그 반대편 극단에서는 표현이 다른 어떤 것도 아닌 바로 감정을 환기하는 것이라고 주장하는 사람들도 있다. 이러한 대담한 형태의 주장을 하는 사람이 많지는 않지만 말이다. 한편으로 어떤 음악작품은 분명히 그것이 표현하지 않는 감정을 환기할 수 있는 것처럼 보인다. 「징글벨」이 내가 지난날 놓쳤던 크리스마스를 기억나게 함으로써 내 기분을 상하게 하고 눈물이 글썽거리게 하는 것처럼 말이다. 설령 「징글벨」이 나를 슬프게 하더라도 그것은 슬픔을 표현하는 것이 아니다. 그리고 다른 한편으로는 「징글벨」이 유쾌함이나 쾌활함을 표현한다는 데 많은 사람들이 동의한다고 해도 그들이 모두 그 음악에 쾌활함으로 반응하는 것은 아니다. 우리 중 다수는 그 유명한 선율을 듣고 짜증을 내거나 지루해할 것이다. 그러나 음악적 표현과 어떤 느낌을 환기하는 것 사이에 어떤 관계가 있다는 아이디어는 쉽게 사라지지 않는다. 최근에는 환기 이론(arousal theory)이 적절하게 변형될 경우 그 이론에 올바른 통찰이 담길 수 있다는 것을 보여주려는 여러 시도가 있었다.

그러나 스티븐 데이비스(Stephen Davies)가 *Musical Meaning and Expression* (Ithaca, NY; London: Cornell University Press, 1994), 286에서 주장하듯이, '[키비의] 설명에는 음악이 이를테면 행복감보다는 슬픔을 표현한다는 사실에 청자가 직접적으로 반응한다는 주장, 혹은 표현된 슬픔이라는 특질에 청자가 직접적으로 반응한다는 주장을 수용할 수 있는 공간이 없다. 키비의 이론은 슬픔이 어떻게 표현되었는가 하는 것이 청자의 반응에 영향을 미칠 수 있다는 것—청자는 표현적 성취의 절묘함이나 그 반대에 반응한다는 것—은 허용하지만 무엇이 표현되었는가 하는 것이 그 반응을 형성한다는 아이디어는 허용하지 않는다'.

애론 리들리(Aaron Ridley)는 자신의 책 『음악, 가치 그리고 정념(*Music, Value, and the Passions*)』에서 음악적 표현의 '약한 환기 이론'이라고 부르는 것을 옹호한다. 그는 음악에 의해 **유도된** 감정들이 그 음악이 **표현하는** 감정들의 식별을 돕는다고 본다. 리들리는 우리가 표현적인 음악의 제스처들에 공감적으로 반응함으로써 그것들을 자각할 수 있게 된다고 주장한다. 예를 들어, 베토벤의 「영웅(*Eroica*)」교향곡 중 장송행진곡을 들으면서 '음악적 제스처들에 주의를 기울이는 과정에서 나 자신이 비통하지만 단호하게 느끼는 바로 그 과정을 통하여 나는 그 제스처들이 가지는 비통하지만 단호한 특질에 대해 자각하게 된다.'[10]

리들리는 '멜리스마적 제스처', 즉 '음악 외적인 인간 행위 — 신체적 행위나 발성적 행위 — 의 표현적 레퍼토리에 있는 항목들'[11]을 닮은 음악적 제스처에 집중한다. 그는 음악이 종종 '표현적인 인간 목소리의 음색, 어조, 억양'[12] 혹은 '특정 형식의 열정적 경험에 특징적인 움직임들'을 닮는다는 개 이론에 동의한다.[13] 그러나 리들리가 보기에 멜리스마적 제스처는 단지 닮음 때문에 표현적인 것이 아니다. 우리는 모두 그 음악이 전개되는 활기 넘치는 방식 때문에 「징글벨」이 활기찬 음악이라는 데 동의하지만, 그 때문에 「징글벨」이 특별히 표현적인 음악이 되지는 않는다. 음악은 우리의 마음을 감정적으로 움직이지 않고서도 슬프거나 활기찰 수 있다. 표현적이라는 것은 슬프거나 활기찬 '윤곽'을 가지는 것과 같은 것이 아니다.[14] 리들리가 보기에 어떤 음악적 제스처가 표현적인지 아닌지의 여부는 그것이 우리를 **감정적으로 움직이는지의 여부**에 달려 있고, 음악적 제스처가 무엇을 표현하는가 하는 것은 부분적으로 그것이 청자에게 환기하는 감정의 정확한 음영과 함수 관계에 있다.

> 음악을 표현적인 것으로 듣는다는 것은 정감적 국면을 가진 음악을 경험하는 것으로, 이를테면 멜리스마적 제스처를 우리가 공감적으로 경험하는 마음 상태에 대해 표현적인

---

10) Aaron Ridley, *Music, Value, and the Passions* (Ithaca, NY: Cornell University Press, 1995), 128.

11) Ibid. 192.

12) Ibid. 76.

13) Ibid. 94.

14) 9장에서 살펴보았듯이, 나는 이것이 '표현적 특질들' 일반에 대해서는 옳다고 생각한다.

것으로 듣는 것이다. 음악에 민감하게 반응하는 청자에게 그러한 상태들은 그 자체로 무한히 개별적인데, 왜냐하면 그것들은 무한히 개별적인 음악적 제스처를 경험하는 방식이기 때문이다. 그리고 그렇게 전달된 상태들, 즉 그 음악의 표현적 특질들은 그러한 상태들의 본성과 청자들이 사용하는 언어의 가능성이 허용하는 정도만큼 정확한 방식으로 기술될 수 있다.[15)]

리들리는 우리가 어떤 음악 특유의 슬픔을 알아차리게 되는 것은 그러한 특유한 방식으로 그 음악에 의해 슬퍼진 결과라고 본다.[16)] 내가 다른 사람들에게 공감적으로 반응함으로써 그들의 마음 상태를 이해할 수 있게 되는 것과 마찬가지로, 나는 음악적 멜리스마에 공감적으로 반응함으로써 그것을 이해하게 된다. 우리가 다른 사람의 우울함을 이해하게 되는 것은 부분적으로 그 우울함을 **느끼는 것**을 통해서이다. 나는 '그의 제스처가 반영하는 그 마음 상태에 있다는 것이 어떤 것일지' 깨닫게 된다.[17)] 음악도 이와 유사하다. 우리는 결코 음악이 표현하는 것을 아무런 감정 없이 그저 알아차릴 수 없다. 어떤 음악이 무엇을 표현하는지 식별하는 것은 부분적으로 음악이 우리로 하여금 무언가를 느끼게 하는 방식을 통해서이다. 리들리는 여기에 덧붙여 우리에게 **익숙하지 않은** 멜리스마적 제스처들의 경우, 그것들이 무엇을 표현하는지 조금이라도 이해하기 위해서는 우리가 그것들을 느낄 수 **있어야 한다**고 말한다.

그러나 이것은 음악적 멜리스마에 대한 공감적 반응이 단지 그 음악에 대한 특이한 연상 작용이라는 것을 의미하지는 않는다. 왜냐하면 '음악에 대해 공감적으로 반응하는 경험은 …… 그 반응을 야기한 음악에 대한 경험일 수밖에 없으며',[18)] 따라서 대중의 평가에 열려 있기 때문이다. 만약 내가 베토벤의 장송행진곡이 나를 기쁘게 뛰놀고 싶게 한다고 말한다면, 당신은 그 경우 내가 (그 음악과 관련해서 내가 가지고 있을 수 있는 고유하고 특이한 어떤 연상들에 대

---

15) Ridley, *Music, Value, and the Passions*, 138.

16) 우리가 음악 속 슬픔을 알아차린 결과로 슬픈 음악에 의해 슬퍼진다고 보는 스티븐 데이비스와 대조해보라. Davies, *Musical Meaning and Expression*, Ch. 6.

17) Ridley, *Music, Value, and the Passions*, 131.

18) Ibid. 135.

해서라기보다는) 음악 자체에 대해 반응하는 것일 수 없다고 지적할 것이다. 왜냐하면 그 음악 속 멜리스마적 제스처는 사실 비통하고 단호하기 때문이다. '멜리스마적 제스처들은 음악 작품의 속성들로서, 그에 대한 공감적 반응을 통해 표현적 속성들로 파악된다. 그리고 공감적 반응에 기반을 둔 표현적 속성들은 다시 그 멜리스마적 제스처들에 호소함으로써 설명된다.'[19]

리들리는 자신의 이론이 음악이 표현하는 것은 말로 표현하기에 너무 애매한 것이 아니라 '너무 명확하다'는 멘델스존의 수수께끼 같은 말을 설명한다고 본다. 왜냐하면 일종의 우울함에 대해 표현적인 어떤 음악작품을 경험할 때 표현된 그 우울함의 정확한 본성은 그것이 나로 하여금 무언가를 느끼게 하는 방식을 통해 드러나기 때문이다. 음악이 무엇을 표현하는 것으로 들리는지는 부분적으로 그것이 내 안에 유도하는 마음 상태가 무엇인지에 달려 있다. 그래서 쇼팽의 B단조 피아노 소나타의 장송행진곡을 들을 때 내가 느끼는 정확한 슬픔은 베토벤의 장송행진곡을 들을 때 마주하게 되는 — 그리고 느끼게 되는 — 슬픔과는 다르고, 이러한 서로 다른 슬픔이 바로 **음악이 표현하는 것**이다. 게다가 우리가 그 두 장송행진곡이 표현한다고 생각하는 것은 '두 경우 모두 사실 **우리의** 마음 상태이기 때문에 이것은 음악을 표현적으로 듣는 것이 왜 종종 모든 미적 경험들 중 가장 친밀한 것으로 느껴지는지를 설명한다.'[20]

리들리의 이론은 독창적이며, 끈질기게 우리를 곤혹스럽게 하는 음악적 표현의 몇 가지 특징들에 대해 답하고 있다. 예를 들어 그는 음악이 표현적인 것과 음악이 우리의 마음을 감정적으로 움직이는 것 사이의 관계에 대해 설명한다. 그가 보기에 표현적 음악은 우리를 감정적으로 움직이는 음악, 즉 그가 식별해내는 미세하게 조율된 감정적 경험을 불러일으키는 음악**이다**. 나는 또한 그의 견해의 기저를 이루는 동기 중 하나에 공감한다. 많은 사람들이 음악적 멜리스마에 감정으로 반응하지 않았다면 '결코 음악이라는 맥락에 표현적 술어들이 확장되어 적용되게 되지 않았을 것'이라는 것은 아마도 참일 것이다.[21]

그럼에도 불구하고 그의 견해에는 문제가 있다. 그의 견해에 대한 한 가지 반박은 그

19) Ibid. 140.

20) Ibid. 138.

21) Ibid. 133.

것이 멜리스마에만 집중할 뿐 화성과 리듬 같은 다른 중요한 음악적 변수들을 간과한다는 것이다. 우리가 살펴보았듯이 화성의 변화는 음악에서 가장 표현적인 순간일 수 있다. 그러나 리들리는 음악이 자신이 논의한 것 외의 많은 방식으로 느낌을 불러일으킬 수 있음을 공공연하게 인정한다.

또 다른 잠재적 문제는 리들리가 제공하는 예시들에 있다. 우리가 곧 살펴보겠지만, 음악이 사람들을 행복하거나 슬프게 만든다는 것에 대해서는 충분한 증거가 있다 그러나 음악은 어떻게 우리로 하여금 좀 더 세밀한 뉘앙스의 감정을 느끼게 할 수 있을까? 예를 들어 음악은 어떻게 우리로 하여금 **단호한** 느낌을 가지게 할 수 있을까? 일반적으로 우리는 단호한 느낌을 가지기 위해 특정 종류의 인지적 상태 — 의도, 욕구, 목표 — 와 도덕적 용기 등 음악이 야기할 수 있을 것 같지 않은 것들이 필요하다고 생각할 수 있다. 의심의 여지없이 키비도 지적하겠지만, 「영웅」교향곡의 장송행진곡을 들을 때 우리가 단호하게 느낄 어떤 대상이 과연 그 음악에 있는가?

나는 리들리가 이 반박에 대해 논박할 수 있으리라고 생각한다. 경험적 증거는 음악이 생리적 변화, 움직임, 제스처 그리고 행동 경향을 유도할 수 있음을 시사하는 것으로 보인다. 따라서 어쩌면 음악은 우리로 하여금 어깨를 펴고, 턱을 당기고, 어떤 엄숙한 방식으로 움직이도록 — 혹은 그런 방식으로 움직일 경향을 가지도록 — 할 수 있고, 어쩌면 이것이 '단호함'이라는 느낌을 유도할 것이다.[22] 또는 어쩌면 우리는 음악 속에서 (내가 11장에서 제안한 방식으로) 베토벤의 페르소나, 나폴레옹의 페르소나, 혹은 보다 일반적으로 투쟁하는 영웅의 페르소나를 상정하여 이 같은 음악 속 페르소나의 단호함과 자신을 동일시할 수 있다. 그리고 물론 우리는 내가 방금 언급한 것처럼 음악이 유도할 수 있는 바로 그 행동 경향 — 펴진 어깨, 긴장한 근육 등 — 을 가짐으로써 그 단호한 페르소나와 자신을 동일시할 수 있다. 이와 유사하게, 리들리가 서로 다른 장송 음악이 미세하게 서로 다른 슬픔의 느낌을 불러일으킬 수 있다고 주장할 때, 서로 다른 음악이 서로 다른 생리적 상태, 행동 경향, 그리고 제스처를 야기할 수 있고 그것들이 그로 하여금 다르게 **느끼게** 한다고 주장한다는 점에서 그는 옳을 수 있다.

---

22) 나는 13장에서 이 아이디어를 보다 완전하게 발전시킬 것이다.

제럴드 레빈슨(Jerrold Levinson)은 리들리의 견해에 대해 또 다른 반박을 한다. 리들리의 견해는 음악이 나에게 경험하게 하는 미세하게 차별화된 감정들 혹은 느낌들이 음악이 표현하는 바로 그 감정들 혹은 느낌들이라는 것이기 때문에 레빈슨은 리들리가 '오싹한 나르시시즘'에 빠져 있다고 말한다. 왜냐하면 리들리의 견해에 따르면 음악작품이 표현하는 것은 '청자의 자기표현'[23]이기 때문이다. 이와 달리 레빈슨은 표현성은 개별 청자에 의해 결정되는 것이 아니라 공적인 것이라고 본다. 레빈슨을 괴롭히는 것은 음악작품이 표현하는 것은 개별 청자로 하여금 무언가를 느끼게 하는 방식에 의해 **결정된다**고 하는 아이디어인 것 같다. 이것은 마치 리들리가 음악 속 표현을 개별 청자에게 감정을 환기하는 것으로 **정의하는** 것처럼 들리게 한다.

그러나 리들리는 음악을 듣는 청자의 마음 상태가 음악이 표현하는 것을 **완전하게 결정한다고** 보지 않는다. 왜냐하면 그에게 있어 표현성이란 부분적으로는 개에서 보이는 것 같은 표현적 윤곽의 문제이기 때문이다. 리들리가 보기에 개별 청자에 의해 결정되는 것은 우리가 음악이 표현한다고 알고 있는 — 독립적으로 개 이론에 근거해서 알고 있는 — 감정의 정확한 **음영**일 뿐이다. 그가 보기에 개인의 감정 반응에 의해 결정되는 것은 멜리스마의 미세한 특질일 뿐이다. 따라서 리들리가 음악적 표현을 항상 '청자의 자기표현'이라 한다고 그를 비판하는 것은 오도하는 것이다.

리들리의 이론에 대한 나의 견해는 그것을 표현이란 **무엇인지**에 대한 이론으로 보아서는 안 된다는 것이다. 나는 4개의 장에 걸쳐 상당히 다른 ('낭만주의') 표현 이론에 대한 주장을 펼쳤다. 표현은 부분적으로조차 감정의 환기로 **정의될** 수 없다. 표현은 예술가와 작곡가들에 의해 이루어지는 것이지 독자와 청자에 의해 결정되는 것이 아니다.[24] 다른 한편 내가 9장에서 주장했듯이 작곡가들이 음악작품에서 감정을 표현하는 데(명료화하고 설명하는 데) 성공한다면, 그들의 성공을 가늠할 수 있는 좋은 기준은 자격 있는 청자들이 그 음악을 마주했을 때 적절한 감정을 느끼는가 하는 것이 될 것이다. 따라서 어떤 의미에서 리들리가 말하는 것은 상당히 옳은 것이다. 음악작품이 표현하는 것은 음악작품 안에서 작곡가

---

23) Jerrold Levinson, *The Pleasures of Aesthetics: Philosophical Essays* (Ithaca, NY: Cornell University Press, 1996), 97.

24) 아마도 나는 이 지점에서 레빈슨과 결별한다. 음악적 표현성에 대한 레빈슨의 정의를 보려면 Ibid. 107 참조.

가 어떤 감정들의 연속을 명료화하는 것으로, 개별 청자들에게 **경험되고** 그렇게 **해석되는** 것과 함수관계에 있다. 그래서 비록 청자의 경험은 음악에서 표현된 것이 무엇인지를 **결정하는** 것은 아니지만, 두 곡의 미세하게 다른 우울한 음악작품에 청자가 어떻게 반응하는지는 음악 속에 표현된 것의 미세한 차이에 상응하여 미세하게 다를 가능성이 매우 크다.

우리가 만약 음악이 표현하는 바를 청자가 어떻게 **이해하고 해석하게 되는지에** 대한 관찰을 한 것으로 리들리를 해석한다면, 그가 말하는 바는 흥미롭기도 하고 통찰력이 있기도 하다. 그는 우리가 베토벤이나 쇼팽의 장송행진곡을 들을 때 서로 다른, 그래서 다양한 방식으로 서로 다르게 **느껴지는** 일련의 감정 상태 혹은 정감적 상태가 유발된다고 주장한다. 그리고 또 옳은 것은 음악이 미세하게 서로 다른 감정을 표현하거나 미세하게 서로 다른 표현적 특질들을 가지고 있다는 바로 그 이유 때문에 우리가 이 두 작품을 주의 깊게 들을 때 다르게 느낄 수 있다는 것이다. 게다가 우리가 가지는 미세하게 다른 우울함의 느낌은 우리로 하여금 그 느껴지는 방식의 차이를 만들어낸 음악 속 차이점들에 주의를 기울일 수 있게 한다. 여기에 더하여 **동일한** 음악도 서로 다른 자격 있는 청자에게 어느 정도 상이한 반응을 야기할 수 있고, 이 청자들이 그 음악을 어떻게 해석하는가 하는 것(무엇보다 음악이 표현하는 바에 대한 해석 포함)은 아마도 그들이 그 음악에 대한 반응으로 정확히 어떻게 느끼는가 하는 것에 크게 의존할 것이다. 한 곡의 음악작품을 들을 때 우리가 어떻게 느끼는가 하는 것과 우리가 그 음악을 무엇을 표현하는 것으로 해석하는가 하는 것 사이에는 지속적인 상호작용이 있다.

이러한 측면에서 음악은 문학 및 회화와 상당히 유사하다. 『암초(*The Reef*)』나 「드레스덴의 큰 사유지(*The Large Enclosure at Dresden*)」에 대한 반응으로 우리가 어떻게 느끼는가 하는 것이 아주 상이한 이 작품들에 대한 우리의 이해에 영향을 미치는 것과 마찬가지로, 음악에 대한 반응으로 우리가 어떻게 느끼는가 하는 것은 그 음악에 대한 우리의 이해에 영향을 미친다. 우리의 감정 반응에 대한 반성은 우리로 하여금(우리가 생각하기에) 그 반응을 유발한 음악의 국면들에 집중하게 할 가능성이 높다. 자격 있는 서로 다른 독자, 청자 혹은 관객이 한 예술작품을 어떻게 해석하는가 하는 것은 부분적으로 그 작품이 그들에게 감정적으로 어떤 영향을 미치는지에 달려 있다. 그리고 내가 9장에서 주장했듯, 예술적 **표현**이 성공적으로 이루어진 작품에서 예술가는 특정한 감정을 분명하게 드러내기 위해 작품을 주의 깊게 구성한다. 감상자들은 작품이 표현하는 바에 대한 그들의 이해를 돕는 방식으로 그 작품에 감정적으로 반응하도록 적극적으로 장려된다.

한 곡의 표현적인 순수 기악음악에 대한 적절한 감정 반응을 무엇으로 간주할 것인가와 관련해서는 아마도 『암초』나 「드레스덴의 큰 사유지」에 대한 반응과 비교하여 제한이 덜 가해질 것이다. 그러나 문학과 회화에 대해서도 그렇듯이 모든 감정 반응이 적절하지는 않을 것이고, 모든 감정 반응이 우리를 음악 자체의 국면들에 주의를 기울이게 하지도 않을 것이다. 콘서트홀에서 이리저리 즐겁게 뛰어다니는 것은 베토벤의 장송행진곡에 대한 적절한 반응이 아닐 것이고, 그러한 반응은 작품에 대한 보다 깊은 이해를 가능하게 하기보다는 작품으로부터 우리를 멀어지게 할 것이다.

내가 리들리의 아이디어를 받아들이기 주저하게 되는 주된 이유는 그가 음악에 대한 반응이 **공감적** 반응이라고, 즉 내가 경험하는 느낌은 내가 그 음악이 표현하는 것으로 귀속시키는 바로 그 느낌이라고 주장하기 때문이다. 것이다. 그는 음악에서 표현되는 것이 언제나 혹은 일반적으로 청자에게 환기되는 것은 아니라는 사실을 간과하고 있다.[25] 예를 들어 「내 잠은 점점 깊어가고(Immer leiser wird mein schlummer)」를 들으면서 나는 음악 속 주인공과 **함께** 갈망과 괴로움을 느낄 수도 있지만, 그녀의 운명에 대해 생각하면서 연민과 절망을 느낄 수도 있다. 브람스의 간주곡 작품 117의 2번을 들으면서 나는 때로는 이 관점, 때로는 저 관점과 동일시하면서 내가 지적한 두 가지 관점 사이의 갈등을 **함께** 느낄 수 있다. 그렇지만 나는 또한 페르소나의 음악적 갈등에 대해 관조하면서 마음이 무거워지고 동정적이 될 수도 있다. 나는 그와 **함께** 느끼기보다는(feel with) 그에 **대해** 느낄(feel for) 수 있다.[26]

25) 리들리는 우리가 때때로 기악음악을 '영혼의 여정'에 있는 페르소나를 담고 있는 것으로 듣는다는 것을 인정하지만, 여전히 그러한 페르소나에 대한 청자의 이해에 기반을 둔 반응이 기본적으로 공감적이거나 어쩌면 '감정 이입적'이라고 믿는 것으로 보인다. 즉, 우리는 페르소나가 느끼는 것을 느낀다는 것이다. 우리는 그 혹은 그녀와 **함께** 느끼는 것일 뿐 그 혹은 그녀에 **대해** 느끼는 것이 아니다.

26) 나는 많은 낭만주의 가곡(리트)과 간주곡 같은 많은 '자기 성찰적' 서정 조곡들(lyric pieces)이 청자로 하여금 음악 속 페르소나와 동일시하도록 장려할 수 있다는 것을 인정한다. 이와 유사하게 내가 9장 끝부분에서 사용한 키츠(Keats)의 「송가(Ode)」와 프리드리히(Friedrich)의 「큰 사유지(*Large Enclosure*)」 같은 예에서 독자나 청자는 전형적으로 작품의 명백한 '발화자'의 느낌 안으로 들어가 그 화가나 극적 화자와 **함께** 느낄 수 있다. 왜냐하면 이것들은 화가, 시인 혹은 작곡가에 의한 (명백한) 자기표현을 담고 있는 '서정' 작품들이기 때문이다.

그리고 우리는 표현적 특질을 가지기는 하지만, 내가 9장에서 논의했던 완전한 낭만주의적 의미에서 감정을 표현하지는 않는 음악에 대해서도 유사한 이야기를 할 수 있다. 내가 생각하기에 어떤 음악작품은 나에게 **우울함**을 유발하면서도 **그리움**을 표현할 수 있고, 어떤 곡은 **불안감**만 유발하면서 **두려움**을 표현할 수도 있다.

요약하자면, 음악을 어떤 감정에 대해 표현적인 것으로 경험하기 위해서는 그 음악에 대한 감정 반응이 필요하다고 말한 데서, 그리고 정확히 어떤 음영의 감정이 느껴졌는가 하는 것이 그 음악에 대한, 특히 그 음악이 무엇을 표현하는지에 대한 우리의 해석에 영향을 미친다고 말한 것에서 리들리는 옳다. 그러나 그의 이론은 표현이 무엇인지 성공적으로 **정의하지** 못하고 있다. 그것은 음악작품이 무엇을 표현하는지에 대한 이해를 청자가 어떻게 얻을 수 있는지에 대한 이론으로 더 잘 이해될 수 있다. 그리고 음악적 표현에 대한 청자의 이해에 대한 이론으로서 그것은 (자격 있는) 청자들에게 야기된 감정은 청자들이 음악이 표현하는 것으로 듣는 감정과 언제나 동일한 것은 아닐 수도 있다는 문제에 직면한다.

상상하며 듣기: 켄들 월튼

켄들 월튼(Kendall Walton)은 음악이 때로 청자들에게 어떤 느낌을 야기한다는 점에서 리들리에게 동의하지만, 그는 음악이 보통 우리로 하여금 실제 감정을 경험하게 하기보다는 우리의 상상적 능력을 사용하도록 우리를 초대하기도 한다고 본다. 그래서 예를 들어 「내 잠은 점점 깊어가고」 같은 노래는 그 안에서 주인공이 그녀의 비통함과 사랑하는 이에 대한 열망을 표현하는 하나의 '세계'를 만들어낸다. 월튼에게 이것이 의미하는 바는 그 노래를 들으며 우리가 사랑하는 이에 대한 열망과 비통함을 표현하는 주인공을 **상상하게** 된다는 것이다. 나는 또한 감정적으로 반응할 수도 있다. 즉, 월튼의 견해에 따르면 나는 (상상 속에서) 「내 잠은 점점 깊어가고」의 주인공의 비통함과 갈망을 그녀와 함께 느끼면서 그녀에게 감정 이입적으로 반응할 가능성이 크다.

그러나 음악에 대한 반응으로 우리 자신이 무언가를 느끼는 것으로 상상하는 것은 노래와 관련해서만은 아니다. 순수 기악음악도 (만약 그것이 **표현적**이라면) 우리로 하여금 '우리 자신이 활기나 긴장 — 혹은 이완, 투지, 자신감, 괴로움, 아쉬움 — 을 느끼거나 경험한다고 상상'하도록 유도할 수 있다.[27] 게다가 월튼은 '비통하거나 격정적이거나 활기찬 음악'은 우리로 하여금 '비통하거나 격정적이거나 활기찬 느낌을 가지는 것을 상상하도록' 유도할 뿐만 아니라 '우리의 청각 경험이 고뇌와 격정과 활기참의 경험**이라고** 상상하도록' 유도할 수도 있다고 제안함으로써 우리가 그렇게 경험되는 음악에 대해 느끼는 특이한 친밀감을 설명한다.[28] 「내 잠은 점점 깊어가고」에는 '작품 세계'가 있고, 이것은 누가 그 음악을 듣게 되는가 하는 것과 독립적으로 존재하는 것으로, 그 안에서 자신의 연인에게 돌아오라고 간청하는 주인공이 있다는 것은 '허구적으로 참'이다. 순수 기악음악에는 이러한 의미의 '작품 세계'가 없다. 월튼이 보는 것처럼 나의 청각 경험에 대해 그것이 사실은 감정에 대한 경험이라고 상상할 때 나의 상상은 오로지 음악과 나 자신의 개인적 상호작용에만 기인한다. '그것은 마치 내가 음악 안에 있거나 음악이 내 안에 있는 것과 같다.'[29]

월튼은 느끼는 것과 듣는 것 사이의 유비관계를 지적함으로써 음악에 대한 우리의 청각적 경험에 대해 그것이 '괴로움이나 격정 혹은 활기참'의 경험이라고 상상한다는 자신의 이론을 옹호한다. 그 유비관계란 이를테면 우리가 소리를 '그것의 원천과는 구분된 독립체'로서[30] 우리에게 와서 우리의 의식에 침투하는 것, 커졌다가 줄어드는 것, 강화되었다가 사라지는 것 등으로 생각한다는 것이다.[31] 그러나 이것은 그리 제대로 된 논증이 아니다. 내가 전에 말했듯이, 음악적 소리와 다른 현상들(날씨나 풍경 등) 사이에는 끝없는 유비관계가 있고, 유비관계 자체는 우리의 음악적 경험이 무엇의 경험인지에 대한 이론의 토대가 될 수

27) Kendall Walton, 'Listening with Imagination', Jenefer Robinson (ed.), *Music and Meaning* (Ithaca, NY: Cornell University Press, 1997), 73.

28) Ibid.

29) Ibid. 71. 월튼에게 있어 음악 자체는 내가 괴로움이나 격정 혹은 활기참을 느낀다고 주장하는 '허구적 참'을 발생시키지 않는다. 음악은 나에게 이러한 허구적 참을 발생시키는 개인적인 청각 경험을 제공할 뿐이다. 13장에서 나는 이 현상에 대한—내가 보기에 더 그럴듯한—대안적 설명을 제공한다.

30) Ibid. 77.

31) Ibid. 78.

없기 때문이다.[32] 나는 월튼이 음악이 상상 속에서도 감정을 불러일으킨다고 가정하게 된 유일한 이유는 음악이 **실제로** 감정을 불러일으키기 때문이 아닌지 의심한다. 우리가 이후에 꽤 자세하게 살펴보겠지만, 음악은 우리가 느낀다고 상상만 할 수 있다고 월튼이 생각한 많은 감정들을 직접적으로 유발할 수 있는 능력을 가지고 있다.

나는 명랑한 음악은 내가 명랑하게 느낀다고 **상상하도록** 나를 이끌 수 있지만, 다른 조건들이 동일하다면 명랑한 음악은 명랑함에 대한 상상을 유도하지 않는다고 본다. 그것은 그저 나로 하여금 명랑하게 느끼게 한다. 나는 전형적으로, 명랑한 음악에 대한 청각 경험을 명랑함을 느끼는 경험이라고 상상하지도 않는다. 오히려 그 반대이다. 즉, 내가 경험하는 느낌은 단순히 명랑함의 느낌이다. 이와 유사하게 활기찬 음악은 나를 활기차게 느끼게 하고, 격정적인 음악은 나를 격정적으로 느끼게 하는 경향이 있다. 걱정하는 듯, 불안한 듯, 긴장한 듯 들리는 음악은 우리를 걱정하게, 불안하게, 긴장하게 한다. 차분한 음악은 우리를 차분하게 한다. 슬픈 음악은 우리를 슬프게 한다. 행복한 음악은 우리에게 기운이 나게 한다. 이것들은 모두 상상의 개입 없이 음악이 꽤 단도직입적으로 우리에게 유도할 수 있는 감정 상태이다. 음악이 청자에게 이러한 감정 반응을 어떻게 이끌어낼 수 있는지를 설명하기 위해 우리가 상상력을 언급할 필요는 없다. 우리는 이 장과 13장에서 이것을 보여주는 충분한 증거를 보게 될 것이다.[33] 그리고 만약 그 현상에 대한 좀 더 간단한 설명이 있다면, 우리는 아마도 그것을 받아들여야 할 것이다.

어리둥절함, 놀람 그리고 안도감: 마이어 감정들

내가 구성해낸 리들리의 이론에 따르면, 자격 있는 청자가 한 곡의 음악작품을 주의 깊게 들을 때 자신이 경험하는 감정들에 주의를 기울인다면 그것은 청자로 하여금 그 음

32) 음악을 감정의 '도상적 기호'로 보는 비어즐리에 대해서는 11장의 각주 14 참조.

33) 13장에서 나는 또한 음악이 괴로움 같은 좀 더 복잡한 감정을 어떻게 유도하는지에 대해 논의한다.

악이 무엇을 **표현하는지에** 대한 이해를 얻을 수 있도록 돕는다. 모든 자격 있는 청자가 동일한 방식으로 그 음악을 이해하는 것은 아닌데, 그 부분적 이유는 그들의 반응이 어느 정도 다를 것이고, 따라서 그들이 음악에서 감지해내는 표현적 특질들 또한 다를 것이기 때문이다. 그러나 음악작품이 유발하는 감정은 그 음악의 보다 순수하게 **구조적인** 국면들에 대한 청자의 이해를 돕는다는 것 역시 참이다. 이것이 레너드 마이어(Leonard Meyer)에게로 거슬러올라가는, 그리고 보다 최근에는 유진 나모어(Eugene Narmour)가 취한 아이디어이다.[34)]

『음악에서의 감정과 의미(*Emotion and Meaning in Music*)』에서 마이어가 옹호하는 이론은 음악적 **구조**의 이해에 대한 이론이다. 그것은 어떤 이들이 생각해온 것과 같이 음악적 표현에 대한 이론이 아니다. 마이어는 표현에 대한 자신의 견해를 가지고 있긴 했지만, 그것을 연상의 측면에서 설명하고 그것에 대한 자신의 논의를 '영상 처리, 함축 그리고 분위기에 대한 메모(Note on Image Processes, Connotations, and Moods)'라고 이름 붙인 — 일종의 재고(afterthought)인 — 마지막 장으로 미루었다. 마이어는 복잡한 서구 조성음악작품을 마주한 음악 이론가는 그 음악이 선율, 리듬, 화성 등의 측면에서 전개되는 방식을 '인식'함으로써 그것을 **이해할** 수 있다고 본다. 그러나 음악 이론 분야에서 훈련받지 않은 — 그러나 음악을 많이 들은 — 사람도 음악적 전개의 적절한 순간에 적절한 감정 반응을 경험한다면 음악적 구조를 파악할 수 있다. 마이어는 설령 내가 전문적인 음악 이론의 방식으로 음악적 구조를 기술할 수 없다고 해도 음악 속 적절한 순간에 적절한 반응을 느낄 수 있다면 그 음악을 제대로 **이해할** 수 있다고 주장한다. '한 곡의 음악이 정감적 경험을 낳을지 지적 경험을 낳을지는 청자의 경향과 훈련에 달려 있다. …… 그러므로 훈련된 음악가는 딸림 7화음의 예상되는 해결을 의식적으로 기다리는 반면, 훈련되지는 않았지만 경험이 풍부한 청자는 그 해결까지의 지연을 정감으로 느낀다.'[35)] 마이어가 보기에 시간의 흐름에 따라 음악적 구조가 펼쳐질 때 그 구조에 감정적으로 반응하는 것은 음악적 구조를 **이해하는** 하나의 방식이다.[36)]

34) 일례로 Eugene Narmour, 'The Top-Down and Bottom-up Systems of Musical Implication: Building on Meyer's Theory of Emotional Syntax', *Music Perception* 9 (1991) 참조.

35) Leonard B. Meyer, *Emotion and Meaning in Music* (Chicago: University of Chicago Press, 1956), 40.

36) '조성음악을 들을 때 모든 청자들이 공유하는 함축적(implicit) 지식'에 대한 허버트(Herbert), 페레츠(Peretz), 가뇽(Gagnon)의 글 참조. Sylvie Hebert, Isabelle Peretz, and Lise Gagnon, 'Perceiving the Tonal Ending of Tune Excerpts: The Roles of Preexisting Representation and Musical Expertise', *Canadian Journal of Experimental Psychology* 49 (1995),

한 곡의 (서구 조성)음악의 구조는 전문가에 의해 인지될 수 있지만, 전문가가 아닌 사람들에게도 '정감으로서' 느껴질 수 있다.

마이어에 따르면 놀람, 어리둥절함, 불안함, 안심 그리고 만족 같은 감정들은 주어진 음악의 양식과 관련된 규범들에 대한 우리의 암묵적 이해에 비추어 우리가 가지게 되는 (서구 조성)음악에 대한 기대에 의해 유도될 수 있다. 우리는 예기치 못한 조 변화에 **놀라거나 어리둥절해질** 수 있고, 으뜸화음에서 훨씬 더 멀어지도록 전조한 조에 음악이 길게 머물 때 **불안해지고**, 화성이 '정상'으로 돌아올 때 **안도하거나 만족하는** 등의 반응을 보인다. 게다가 이런 모든 감정들 — 놀람, 어리둥절함, 불안함, 안도감, 만족 — 은 키비의 용어를 빌리면 그 '인지적 대상'으로서의 음악을 향하는 감정들이다.

예를 들어 우리가 브람스의 「내 잠은 점점 깊어가고」를 주의 깊게 들을 때 우리는 단조의 으뜸화음이 평행 장음계로 옮겨갈 때 **놀랄** 수 있고, 종결부에서의 해결에 **만족할** 수 있다. 브람스 간주곡의 발전부를 들을 때 우리는 피아노 연주가 훨씬 더 멀리 있는 건반에까지 이르는 방식에 **어리둥절해질** 수 있고, 69마디에서의 급작스러운 화성 변화에 **불안해지고**, 주제 B가 돌아오는 좀 더 느리게(*più adagio*) 부분에 이르렀을 때 **안심할** 수 있다. 그러나 그 후 우리는 종결부의 내림 B장조와 단조 사이의 애매함 때문에 **혼란스러워하고 불안해하는** 자신을 발견할 수도 있다.

마이어의 이론은 '감정이나 정감은 반응하려는 경향이 저지되거나 억제될 때 유발된다'는 전제에서 출발한다.37) 서구 조성음악의 전통에서 음악은 특정한 종류의 기대를 유발한다. 화성의 측면에서 우리는 특정 종지(cadence)가 으뜸화음으로 이어질 것을, 혹은 C단조로 시작한 작품이 올림 C단조로 곧바로 전조하지 않을 것을 기대한다. 일반적으로 마이어는 '정감이나 느껴진 감정은 음악적 자극 상황에 의해 활성화된 기대 — 반응하려는 경향 — 가 일시적으로 억제되거나 영구적으로 저지되었을 때 유발된다'고 주장한다.38) 비록 이것이 감정에 대한 일반적 이론으로 기능할 수는 없겠지만(다른 것보다도 행복 같은 긍정적인 감정을 설명하지 못하므로), 우리의 기대를 저지하거나 억제하는 것이 감정을 유발할 수 있는 **하나의**

207.

37) Meyer, *Emotion and Meaning in Music*, 14.

38) Ibid. 31.

좋은 방법이라는 것은 분명히 참이다.

마이어-나모어 이론은 어느 정도 경험적으로 뒷받침되어왔다. 사람들은 정말로 음악적 양식에 대한 자신들의 내면화된 이해와 그것이 포함하는 개연성에 근거하여 음악이 어떻게 발전할지에 대한 기대를 가지고 있다. 예를 들어 마이어의 견해에 따르면 음악작품이 전개될 때 조성의 변동감(fluctuating sense) — 그것의 '불안정성과 안정성, 애매함과 명료함'[39] — 은 청자의 감정 반응에 있어 매우 중요할 것이다. 캐럴 크럼한슬은 사람들이 정말로 조성감을 가지고 있다는 것과 시간이 흐르면서 일련의 화음이 펼쳐짐에 따라 그들의 조성감이 변한다는 것을 입증했다. 예를 들어 한 실험에서 그녀는 각각 아홉 개의 화음으로 이루어진 열 개의 서로 다른 화음의 연속을 사용했다. 그 연속 중 일부는 한 화음에서 다른 화음으로의 조성 변화를 암시하도록 고안되었고, 그중 일부는 다른 것들보다 좀 더 거리가 먼 조성으로 변조된다. 먼저 하나의 화음이 들리고 그다음 반음계의 열두 검사음(probe tone)이 각각 따라오는데, 청자들은 그 다양한 음이 이전 음과 얼마나 잘 어울리는지에 대해 이야기하도록 요청되었다. 그다음 첫 화음과 두 번째 화음이 연속해서 들리고, 각각의 검사음이 뒤따라와 아홉 개의 화음이 전부 들릴 때까지 계속된다. 그녀의 연구 결과는 '청자들이 여러 화음에 걸쳐 화음이 담당할 수 있는 기능에 대한 정보를 통합하고 있었고, 각각의 개별적 화음이 예견할 만한 것보다 더 강한 의도된 조성에 대한 감각(sense)에 이르고 있었다'는 것을 보여준다.[40] 이러한 조성에 대한 감각은 '또 다른 조성을 암시하는 다음 사건들이 일어남에 따라 변화한다'.[41] 게다가 조성들이 좀 더 거리를 두고 연결될 때 '청자들은 새로운 조성으로의 변화에 좀 더 오래 저항하는 경향을 보이고, 처음의 조성에 대한 감각을 억누르면서 갑자기 새로운 조성으로 옮겨간다.'[42] 크럼한슬은 청자들이 표명하고 있는 것의 정감적 국면들에 대해 연구하지는 않았지만, 청자들이 예측 가능한 방식으로 안정적이고 불안정한, 명료하고 애매한 화음의 연속에 반응한다는 것과, 화음의 연속이 전개되는 것을 듣는 방식에 영향을 미치는 내적 '조성감'이 청자들에게 있다는 것을 확실히 한다.

39) Carol L. Krumhansl, *Cognitive Foundations of Musical Pitch* (New York: Oxford University Press, 1990), 214.

40) Ibid. 219.

41) Ibid. 225.

42) Ibid. 226.

많은 사람들은 한 곡의 음악이 전개되는 동안 중요한 순간들에 '스릴'이나 '전율'을 느꼈다고 보고한다. 어쩌면 이러한 현상 역시 문제의 그 작품이 가진 양식에 익숙한 청자들이 형성하는 기대의 측면에서 설명될 수 있다. 음악 심리학자인 존 슬로보다(John Sloboda)는 그러한 반응을 야기하는 경향이 있는 음악의 특징들을 연구하고, 그것들에 '음악적 기대의 생성, 유지, 확증 또는 붕괴와 공통적으로 친밀한 관계를 맺고 있는 당김음, 이명동음적 전환, 선율의 앞꾸밈음, 그리고 여타 음악 이론적 구성'이 포함된다는 것을 발견했다.[43] 그러나 슬로보다는 거의 모든 음악적 사건이 어떠한 측면에서 기대되거나 기대되지 않기 때문에 분명히 감정적 효과에 기여하는 다른 요소들이 있을 것이라고 주장한다. 그는 이러한 요소들에는 '야기하는 사건들의 조밀성, 작곡적 구성 내에서의 위치, 그리고 그가 "차원들의 비동시성(asynchrony)"이라고 부르는 것 — 한 차원에서는 예상한 바를 확증하는 동시에 다른 차원에서는 그것을 위반하는 사건' — 이 포함된다고 주장한다.[44] 아무튼 슬로보다가 옳다면 감정적 스릴이나 전율은 음악이 우리의 예상을 어떻게 다루는가 하는 것의 결과이다. 흥미롭게도 기대하지 못한 것들과 만족스럽게도 기대한 것들의 혼합인 것이다.[45]

음악의 '구조적 상위지점들(high points)'에서 우리에게 영향을 미치는 스릴과 전율은 우리로 하여금 이러한 상위지점들이 있다는 것에 주의를 기울이게 한다. 만약 슬로보다가 옳다면 스릴과 전율은 리듬, 조성, 음색, 선율의 방향, 박자, 강약의 변화를 포함한 구조적으로 중요한 사건들에 의해 유도되며, 이러한 생리적 반응들 — 스릴과 전율 — 은 우리로 하여금 그에 상응하는 구조적 변화들에 주의를 기울이게 한다. 비록 우리가 이것을 그 당시에는 **자각하지** 못할 수도 있지만 말이다.

---

43) John A. Sloboda and Patrik N. Juslin, 'Psychological Perspectives on Music and Emotion', eid., *Music and Emotion: Theory and Research*, (Oxford: Oxford University Press, 2001), 91. 그리고 Alf Gabrielsson, 'Emotions in Strong Experiences with Music', Juslin and Sloboda (eds.), *Music and Emotion*, 433 참조. 이 주제와 관련하여 가장 자주 인용되는 논문들은 Jaak Panksepp, 'The Emotional Sources of "Chills" Induced by Music', *Music Perception* 13 (1995)과 A. Goldstein, 'Thrills in Response to Music and Other Stimuli', *Physiological Psychology* 8 (1980)인 것으로 보인다.

44) Sloboda and Juslin, 'Psychological Perspectives on Music and Emotion', 92.

45) 제럴드 레빈슨(Jerrold Levinson)은 스릴과 전율을 만들어내는 데는 슬로보다(Sloboda)가 인식하는 것보다 더 많은 것이 개입된다고 본다. 그의 'Varieties of Musical Pleasure: Musical Chills and Other Delights' (2002년 필라델피아 템플대학 먼로 비어즐리(Monroe Beardsley) 강연에서 발표된 논문) 참조. 나는 13장에서 레빈슨에 대해 좀 더 이야기할 것이다.

음악의 인상적인 부분들(hotspot)은 보통 구조적 기대들을 가지고 장난치는 특정한 구조적 사건들을 포함하는 것으로 밝혀졌다. 이것은 반복적으로 긴장을 만들어냈다가 해소하는 것을 통해, 혹은 기대되는 사건을 기대한 것보다 더 일찍 혹은 더 나중에 일어나게 하는 시간 변수의 조종을 통해 이루어진다. 그래서 음악에 대한 감정 반응은 우리의 음악 감상 중에 진행되는 직관적 구조분석의 필연적 결과이다.[46]

요약하자면 음악적 사건들이 펼쳐질 때 — 전율과 스릴을 느끼는 것뿐만 아니라 — 놀람, 어리둥절함, 안도감 등을 느끼는 것은 음악의 구조를 이해하는 하나의 방식이다. 나의 인지적 평가는 (만약 내가 음악 이론에 대해 그리 아는 게 없다면) 빈약할 수도 있고, 나는 음악적 구조에 대해 그다지 말로 설명할 수 없을 수도 있다. 그러나 한 곡의 음악을 들으면서 '옳은' 순간에 놀라고, 어리둥절해하고, 안도한다면, 어떤 의미에서 나는 그 작품을 이해한 것이다.

우리가 음악을 들을 때 일어나는 일들에 대한 마이어의 그림은 내가 1부에서 개괄한 감정 이론과 잘 맞아떨어진다. 음악에서 벌어지는 일들에 의해 놀라거나 어리둥절하거나 안도했을 때 우리는 음악적 사건을 놀랍거나 혼란스러운 것으로, 혹은 만족스러운 방식으로 기대치 못한 것으로 정감적으로 평가하고 있는 것이고 — **그건 이상하다**! **그건 기대치 못한 것이다**! **그것은 내 목표를 만족시킨다**! — 이러한 평가는 즉각적으로 생리적 반응을 이끌어낸다. 스릴과 전율은 어쩌면 이러한 종류의 반응들 중 가장 극적인 것이다.[47] 어떠한 감정 과정에서든지 정감적 평가는 인지적 평가에게 길을 내준다. 그리고 내가 돌이켜 생각해볼 가능성이 큰 것들 중 하나는 음악의 무엇이 나로 하여금 내가 반응한 방식으로 감정적(생리적)으로 반응하도록 하는가 하는 것이다. 나는 왜 놀랐는가? 왜 어리둥절해졌는가? 왜 안도했는가? 나는 왜 그렇게 스릴을 느꼈는가? 이런 것들을 돌아보는 가운데 나는 내가 기대하지 않았던 조성 변화에 놀랐고, 불안정한 조성의 악절에 어리둥절해졌으며, 종잡을 수 없는 화성이 으뜸화음으로 돌아올 때 안도했고, 오케스트라의 전개가 마법 같은 화성과

---

46) John A. Sloboda, 'Music Where *Cognition and Emotion* Meet', *The Psychologist* 12 (1999), 452.

47) 이 장의 후반부와 다음 장에서 우리는 음악이 생리적 변화를 야기한다는 몇몇 경험적 증거를 검토할 것이다. 다음 장에서 나는 이러한 생리적 변화들이 진짜 감정적인 것인지의 여부를 검토할 것이다. 결국, 으뜸화음으로 옮겨가는 것의 지연이 왜 '나 혹은 나에게 속한 것에게 중요한 무언가'로 간주되어야 하는가?

선율의 변화를 동반할 때 스릴을 느꼈음을 알게 될 수도 있다. 만약 이런 것을 알아낼 수 있을 만큼 음악에 대해 충분히 알지 못하더라도 나는 갑자기 분위기가 어두워지는 것 같아 보이는 이상한 순간에 놀란다거나 선율이 친숙한 방식으로 들릴 때(즉, 으뜸화음에서 들릴 때) 안도한다고 말할 수 있을 것이다.

중요한 것은 내가 4장에서 설명한 것과 같이 우리가 문학을 이해하는 방식과 관련하여 이것과 아주 유사한 것이 참이라는 것이다. 실제로 음악의 이해에 대한 마이어의 '청자-반응 이론'은 문학의 이해에 대한 이저의 독자-반응 이론의 음악적 등가물이다. 이 둘 모두는 작품을 감상할 때 적절한 순간에 유발되는 적절한 감정을 가짐으로써 우리가 작품의 구조를 이해하게 되는 방식에 대한 이론들이다. 두 이론 모두 **옳은** 순간에 **옳은** 반응을 가지는 '이상적인' 청자 혹은 독자가 있는지에 대한 동일한 의문들을 제기한다. 이 시점에서 나는 이전에 문학에 대해 말했던 것을 음악에 대해 말하려고 한다. 우리의 감정 반응은 독자 혹은 청자와 작품 사이의 상호작용이며, 작품이 어떻게 구성되어 있는지에 대한 우리의 해석에서 미세하거나 그리 미세하지 않은 차이들에 상응하는 서로 다른 수많은 적절한 반응들이 있을 수 있다.[48] **적절한** 감정 반응은 그 작품이 쓰인 역사적 맥락, 작품의 장르, 그리고 어쩌면 그것이 연주되는 관행의 역사를 고려할 필요가 있지만, 어떤 작품에 대해서도 하나의 이상적인 반응집합은 없다.[49]

흥미롭게도 음악적 구조에 우리가 감정적으로 반응하는 방식에 대해 내가 그린 그림은 '마이어 역설'을 설명하는 데 도움이 된다. 마이어가 생각하기에 자신의 이론이 낳는 수수께끼들 중 하나는 좌절된 기대에 의해 '정감'이 유발되게 되어 있음에도 불구하고, 우리가 작품에 대해 잘 알고 무엇이 언제 펼쳐질지 정확히 알 때에도 우리가 여전히 정감을 경험할 것이라는 것이다.[50] 이것이 내가 4장에서 간단하게 언급한 '긴장감의 역설'의 음악 버

48) 다른 곳에서와 마찬가지로 여기에서도 나는 연주의 문제들을 떼어놓고 있다. 분명히 동일한 작품의 상이한 연주들은 그 곡 안의 상이한 구조를 찾을 수 있고 악절 구분상의 차이, 특정 선율에서의 강조점의 차이, 음색과 강약의 차이 등으로 그것들을 강조할 수 있다.

49) 그리고 당연히 **부적절한** 반응도 있을 수 있다. 이를테면 내가 베토벤의 3번 교향곡을 잘 이해하지 못하기 때문에, 오늘 벌써 10번이나 그 곡을 들었기 때문에, 내가 다른 것에 정신이 팔려 있거나 부주의하거나 기분이 좋지 않거나 혹은 어떤 '어려운' 것도 듣고 싶지 않기 때문에 그 곡에 **지루해하는** 것이 예가 될 수 있다. 4장 참조.

50) 'On Rehearing Music', Leonard B. Meyer, *Music, the Arts, and Ideas* (Chicago: University of Chicago Press, 1967), 42-53.

전이다. 이 수수께끼의 해결책은 우리의 기대가 위반되었다는 평가가 비인지적인 정감적 평가라는 것이다. 그것은 무의식적으로 이루어진다. 뇌는 음악을 자동적으로 처리하며, '우리가 작품을 얼마나 잘 알든지 간에 그 작품을 처리하는 부분은 그것을 항상 "처음으로" 듣기 때문에 기대, 긴장감, 놀람은 여전히 생겨날 수 있다'.[51] 마이어가 논의한 감정들은 특정 규범들에 대한 지식에 의존하지만, 일단 이러한 규범들이 내면화되고 나면 관련 감정들은 자동적으로 또는 비인지적으로 유발된다. 당신의 인지체계가 호른의 거친 불협화음이나 갑작스러운 조성 변화를 얼마나 분명하게 예상하든 당신의 정감체계는 언제나 그것을 놀랍게 받아들일 것이다.

감정은 음악의 표현성에 대한 이해에 어떻게 도움이 되는가?

마이어의 이론은 어떻게 청자들이 자신의 감정이 환기됨을 통하여 음악적 구조를 파악할 수 있는가?에 대한 것이다. 놀람, 어리둥절함, 안도함 등의 감정 반응은 우리로 하여금 음악적 구조에서 일어나고 있는 일들에 주의를 기울이게 한다. 그러나 마이어가 언급하지는 않았지만, 그의 견해가 이끌어내는 또 다른 결론이 있다. 한 곡의 음악이 유발하는 감정들은 청자로 하여금 그 음악에 **표현된** 것에 주의를 기울이게 할 수 있다. 브람스의 「내 잠은 점점 깊어가고」를 들을 때 나는 하강하는 모든 단 3도들뿐 아니라 그 단 3도들이 표현하는 것으로 보이는 염세주의로의 하강에 의해 동요될 수 있다. 나는 작품 종결부의 조성 변화에 의해서만이 아니라 그 조성 변화의 도움으로 분명히 드러나는, 슬픔에서 환하게 빛나는 수용으로의 극적 변화에 의해서도 **안도하거나 놀랄** 수 있다. 다시 말해 나의 정감적 반응을 인지적으로 모니터할 때 나는 내가 순수한 음악적 구조뿐만 아니라 음악에 의해 표현되는 것에도 반응하고 있음을 깨달을 수 있다.

51) 여기서는 Sloboda and Juslin, 'Psychological Perspectives on Music and Emotion', 92. R. Jackendoff, 'Musical Processing and Musical Affect', M. R. Jones and S. Holleran (eds.), *Cognitive Bases of Musical Communication* (Washington, DC: American Psychological Association, 1992)을 인용하고 있다.

리들리가 강조하듯이 음악을 들을 때 우리는 무엇이 표현되고 있는지를 단지 지적으로만 파악하지 않는다. 우리는 음악의 표현성을 그것이 우리에게 유발하는 감정을 통해 이해한다. 그러므로 비록 마이어는 이러한 연결을 명시적으로 드러내지 않았지만, 음악이 **유발한다고** 그가 생각하는 감정들은 청자들로 하여금 음악의 **구조**뿐만 아니라 그것의 **표현성**에도 주의를 기울이게 한다. 즉, 그것들은 청자들로 하여금 완전한 낭만주의적 의미에서 음악이 표현하는 것은 무엇인지, 그리고 표현적 특질을 찾는 것이 적절한 경우 그 표현적 특질이 무엇인지 하는 양자 모두에 주의를 기울이게 하는 것이다.

브람스의 간주곡 작품 117의 2번에서 주제 A는 우리로 하여금 **걱정스럽고 불안하게** 느끼게 하는데, 그러한 느낌은 우리가 주제 속에 담긴 열망하는 특질을 알아챌 수 있도록 도와준다. 주제 B가 시작될 때 나는 **안도하고 즐거워하는데**, 이것은 주제 B가 그것이 대체하는 주제 A보다 더 견고하고 안심시킨다는 것을 내가 알아챌 수 있도록 돕는다. 비록 그와 동시에 내가 불안감의 언저리를 경험하고, 그것이 나로 하여금 주제 B의 내성부에 주제 A가 불안하게 반영되어 있다는 것에 주의를 기울이게 할 수도 있지만 말이다. 전개부에서 나는 화성적 전조에 의해 **불안정해지고**, 탐색하는 주제 A가 주제 B에 대한 암시 없이 전개부 전체에 걸쳐 계속된다는 사실에 의해 야기된(나는 이러한 인과관계를 반성을 통해 알아낼 수 있다) 무언가 잘못되었다는 어떤 모호한 감각에 의해 **혼란스러워질** 수 있다. 69마디에서 나는 화성의 기대치 못한 변화에 **깜짝 놀라고 안절부절못하게 된다**. 좀 더 느리게 부분에서 주제 B가 주제 A와 얽혀 돌아올 때 나는 **불안한** 채로 남게 되는데, 왜냐하면 나는 어떤 선율과 어떤 조성이 살아남게 될지 알 수 없기 때문이다. 이러한 불안한 감정들은 나로 하여금 그 작품이 담아내고 있는 갈등을 **느끼고**, 그 작품이 표현하는 것이 무엇인지 파악할 수 있도록 도와준다. 그러나 이와 동시에 만약 음악작품에 대한 11장에서의 나의 설명이 조금이라도 말이 된다면, 음악에 의해 나에게 **환기되는** 감정들은 혼란스러움, 걱정, 불안함 등인 반면, **음악에 의해 표현되는 것**은 충족되지 못한 갈망에 대한 마지못한 수용이다.[52]

52) 스티븐 데이비스(Stephen Davies)는 그러한 감정이 유발되는 것은 우리가 음악적 구조나 표현성을 구체적으로 따라갈 수 있게 하는 데 충분하지 않다고 반박한다. 이것은 참일 수 있다. 내가 분명히 주장하고자 하는 것은 우리의 감정이 유발되는 것은 음악에서 무엇이 표현되었는지를 알아내고 그 표현된 바를 경험하는 과정에서 **중요한 역할**을 한다는 것뿐이다. Stephen Davies, 'Contra the Hypothetical Persona in Music', Mette Hjort and Sue Laver (eds.), *Emotion and the Arts* (New York: Oxford University Press, 1997), 105-6 참조.

나는 앞서 하나의 음악작품이 청자에게 유도하는 특정 상태의 느낌은 청자가 그 음악이 무엇을 표현하는 것으로 듣는가 하는 것에 영향을 미친다는 리들리의 주장을 받아들였다. 일반적으로 음악작품에 의해 **유도되는** 마이어 감정들은 보통 그 음악이 **표현하는** 감정들이 아니다. 이러한 마이어 감정들 — 놀람, 어리둥절함, 걱정, 안도감 등 — 이 우리로 하여금 음악에 의해 표현되는 것을 이해하고 경험하도록 하는 데 중요한 역할을 함에도 불구하고 말이다. 나는 「내 잠은 점점 깊어가고」의 종결부 근처에서 화성이 단조에서 장조로 바뀌는 것에 **놀라지만**, 그 노래는 놀람을 표현하지 않는다. 그것은 (내가 듣기에는) 환하게 빛나는 수용을 표현한다. 나는 브람스 간주곡의 발전 부분에서 화성의 변화에 **어리둥절해지지만**, 그 음악은 완화될 수 없는 갈망이나 그러한 종류의 무언가를 표현한다. 다른 한편, 때로는 표현된 감정과 환기된 감정이 우연히 일치할 수 있다. 그 간주곡의 전개부는 어쩌면 **걱정과 불안함**을 표현하기도 하고 환기하기도 한다고 이야기될 수도 있다.

마이어의 이론은 음악에 대한 감정 반응이 음악의 형식과 음악의 표현성 모두에 대한 우리의 이해를 어떻게 돕는가? 하는 문제를 탐구하는 데 어느 정도까지는 크게 도움이 된다. 그러나 음악작품에 대한 우리의 감정적 경험이 그 음악에 대한 우리의 이해를 돕는 다른 방식들도 있다. 「내 잠은 점점 깊어가고」나 브람스의 간주곡 같은 기악 소극을 들을 때 나는 음악적 사건에만 놀라거나 어리둥절해지는 것이 아니다. 나는 그 노래를 통해 상연되는 극에도 감정적으로 반응한다. 나는 죽어가는 여인이 자신의 느낌을 표현하는 것에 감정적으로 반응한다. 나는 안나 카레니나에게 내가 반응하는 것과 같은 종류의 방식으로, 첫 연에 나오는 죽어가는 여인의 고뇌에 슬픔과 동정심으로 반응하고, 둘째 연에서 그녀가 체념에 이를 때는 안도감으로 반응한다. 노래의 종결부에서 나는 음악 속 주인공이 표현하는 환하게 빛나는 희망을 약간 느낄 수도 있고, 단순하게 주인공에게 내려오는 차분함을 느낄 수도 있는데, 이것은 차분한 종결부에 반영되어 있다. 내 감정의 정확한 연속이 무엇이든 내가 느끼는 바에 주의를 기울이고 그것을 인지적으로 모니터할 때, 나의 감정 반응은 나로 하여금 그 노래가 무엇에 대한 것인지 그리고 노래 속 주인공이 표현하고 있는 것이 무엇인지 하는 것에 주의를 기울이게 한다.

이러한 측면에서 「내 잠은 점점 깊어가고」의 소극을 이해하는 것은 문학극을 이해하는 것과 상당히 유사하다. 문학에서와 마찬가지로 음악에 의해 유발되는 감정 반응은 음악에 의해 표현되는 감정들과 동일할 수도 있고 아닐 수도 있다. 이와 유사하게 브람스의 간주곡에 대한 나의 감정 반응은 나로 하여금 그 곡 속 '이야기'의 국면들에 주의를 기울이게 할 수도 있지만, (만약 내가 옳다면) 그 음악은 비극적인 체념(혹은 그와 같은 무엇)을 표현하는 반면 나는 진심 어린 공감이나 슬픔 혹은 심지어 (그 공연이 지나치게 센티멘털하다면) 성마른 경멸로 반응할 수도 있다. 내가 그 음악을 들을 때 가지는 감정적 경험들은 나로 하여금 음악적으로 그리고 표현적으로 펼쳐지고 있는 것이 무엇인지 이해하도록 돕지만, 내가 느끼는 감정들이 음악이 표현하는 감정들과 완전히 동일한 것일 필요는 없다.

어떤 표현적 음악 — 표현적 특질들을 가진 음악 — 은 어떤 이야기를 담고 있지도, 극을 상연하지도, 9장에서 서술한 완전한 낭만주의적 의미에서 감정을 표현하지도 않지만 그럼에도 불구하고 마이어에 의해 기술된 방식으로 우리의 음악적 기대에 호소하지 않으면서도 감정 반응을 유발한다. 내가 염두에 두고 있는 것은 차분한 음악에 의해 내가 차분해지고, 격앙된 음악을 듣고 내가 불안해지거나 격앙되고, 즐거운 음악을 듣고 기운이 나는 것 등의 사례들이다. 만약 음악이 나를 차분하게 한다면, 나는 내가 어떻게 느끼는지에 대해 생각하고 그 때문에 음악의 차분한 특질을 알아차리게 될 수 있다. 만약 내가 어떤 음악 작품 때문에 불안해지거나 걱정스러워진다면, 이것은 나로 하여금 음악의 불안하고 걱정스러운 특질을 알아차리도록 이끌 수 있다. 내가 쾌활하게 느끼기 시작한다면, 내 감정 상태에 대한 인지적 모니터링은 나로 하여금 음악의 쾌활함에 주의를 기울이게 할 수 있다. 그러나 다시 한 번 말하지만, 내가 음악에서 듣는 표현적 특질들을 가장 잘 기술하는 방식은 단순히 내가 느끼는 방식대로 그것들에 이름을 붙이는 것이 아닐 수도 있다. 내가 리들리에 대한 논의에서 지적한 것처럼 향수를 자극하는 음악은 나를 우울하게 만들 수 있고, 낙관주의를 표현하는 음악은 내 마음을 가볍게 할 수 있고, 우리가 곧 살펴보겠지만 두려움을 표현하는 음악은 나를 두렵게 하기보다는 걱정되게 할 수 있다. 이와 유사하게 어떤 음악은 나를 재치 있고 건방진 듯하게 느끼게 하지 않으면서도 재치 있고 건방진 듯한 표현적 특질을 가질 수 있다. 그리고 그럼에도 불구하고 나는 그것이 나를 미소 짓게 한다는

사실 때문에 그 재치와 건방짐에 주의를 기울이게 될 수 있다.[53)]

이저와 마찬가지로 마이어가 암묵적으로 가정하는 것은 음악에 감정적으로 반응할 때 우리 모두가 어느 정도 접근하게 되는 이해의 규범이 있다는 것이다.[54)] 앞 장들에서 나는 감상자의 독특한 감정적 경험은 문학의 독자이든, 음악의 청자이든, 시각예술작품의 관람자이든 그들이 읽고 있거나 듣고 있거나 보고 있는 것의 해석에 영향을 미치며, 예술작품에 대한 이해는 언제나 독자, 청자 혹은 관람자와 작품 사이의 상호작용을 개입시킨다고 주장했다. 리들리가 주장한 것처럼 어떤 음악이 우리로 하여금 특정한 뉘앙스의 가벼운 마음이나 우울함을 느끼게 할 때, 이것은 우리가 그 음악을 무엇을 표현하는 것으로 듣는지에 영향을 미친다. 그러나 이러한 종류의 음악에 대한 반응들 사이에도 중요한 개인적 차이가 있을 것이다. 베토벤의 장송행진곡은 어떠한 자격 있는 청자에게도 즐겁게 뛰노는 느낌을 가지게 하지 않을 수 있지만, 이 곡이 각각의 청자에게 정확히 동일한 생리적 변화와 그에 동반되는 느낌을 가지게 할 것이라고 보기는 아주 어렵다. 그리고 음악에 대한 반응으로 어떻게 느끼는가 하는 것은 우리가 그 음악이 무엇을 표현하는 것으로 듣는지에 영향을 미치기 때문에 음악이 사람들로 하여금 어떻게 느끼도록 하는지, 그리고 사람들이 그 음악에 어떤 표현적 특질들을 귀속시키는지 하는 모든 것에 차이들이 있다는 것은 놀라운 것이 아니다.[55)] 이와 유사하게, 서로 다른 청자들은 작품의 구조에 어느 정도 상이한 방식으로 반응할 수 있다. 우리는 완전히 동일한 지점에서 놀라거나 어리둥절해하거나 안도하지 않는다.

---

53) 13장에서 나는 이러한 사례들, 특히 유발된 감정을 시작하게 할 어떤 '정감적 평가'도 명백하게 결여되어 있는 사례들에 대해 좀 더 이야기할 것이다.

54) 문학에 대해 논의하면서 나는 이저(Iser)의 독자-반응 이론을 홀랜드(Holland)와 피시(Fish)의 보다 극단적인 견해와 구분했다. 마이어는 이저의 이론과 비슷한, 음악을 듣는 것에 대한 '청자-반응' 이론을 제공한다. 내가 여기에서 하고 있는 것은 마이어가 허용하고자 하는 것으로 보이는 것보다 더 다양한 범위의 적절한 감정 반응을 허용하는, 그러면서도 4~7장의 문학에서의 해석에 대한 논의에서 내가 개괄한 '적절성'의 제한을 준수하는 음악 이해에 대한 청자-반응 이론의 윤곽을 드러내는 것이다.

55) 그리고 다시 말하지만 일부 청자들에 의한 부적절한 반응도 언제나 있을 것이다. 만약 내가 기분이 좋지 않고 지루하다면 나는 가장 위대한 음악조차 따분하고 가식적인 것으로 볼 수도 있다.

크럼한슬의 실험

키비와 리들리 사이의 논쟁에서 키비는 음악은 그것이 전형적으로 표현하는 보통 종류의 감정을 환기할 수 없다고 주장하고, 리들리는 음악이 대부분의 보통 종류의 감정들을 포함해서 그것이 표현하는 어떤 감정이라도 환기할 수 있다고 추정한다.[56] 최근 심리학자인 캐럴 크럼한슬은 '감정은 청자들이 음악 속에서 재인하는 음악의 표현적 속성이지만, 청자들 스스로 경험하는 것은 아니라는'[57] 키비의 가정을 검증하려 시도한다. 자신의 실험에서 그녀는 뚜렷하게 표현적 특질들[58]을 지닌 몇 곡의 음악을 선택하고 이 작품들이 자신들이 표현하는 감정들을 환기하는지 아닌지를 알아내려 했다. 그녀는 두 곡의 **슬픈** 음악[그 유명한 알비노니(Albinoni)의 아다지오와 바버(Barber)의 아다지오], 두 곡의 **행복한** 음악[비발디의 「사계(*Four Seasons*)」 중 '봄'과 휴고 알벤(Hugo Alfven)의 「하지 철야제(*Midsommarvaka*)」], 그리고 그녀가 **두려움**을 재현한다고 분류한 두 곡[무소르그스키의 「민둥산의 하룻밤(*Night on Bald*)」과 홀스트의 「행성(*The Planets*)」 모음곡 중 '화성, 전쟁의 신']을 선택했다. 이 실험에 참여한 모든 피험자들은 몇 년간 음악 훈련(보통 성악이나 악기)을 받았고 클래식 음악에 익숙했지만(그래서 그들은 '자격 있는 청자들'이었지만), 그들은 음악 이론가들도 아니었고 음악 전공자들조차 아니었다.

피험자들은 두 그룹으로 나누어졌다. 첫 번째 그룹 — '역동적 감정' 그룹 — 은 이 작품들을 들을 때 자신들의 감정 상태가 시간이 지남에 따라 변화했다고 보고했다. 이 그룹은 네 개의 하부그룹으로 나누어졌는데, 각각의 그룹은 슬픔, 두려움, 행복, 긴장이라는 서로 다른 감정을 배정받았다. '슬픔'이라는 하부그룹의 구성원들은 컴퓨터 화면에 있는 슬라이더를 움직여 여섯 곡을 들으면서 경험한 슬픔의 양을 나타내도록 요청되었다. '행복', '두려움', '긴장'이라는 하부그룹도 마찬가지였다.

---

56) 좀 더 엄밀히 말하자면 리들리는 음악이 '느낌들', 즉 '자신들의 인지적 국면을 박탈당한' 감정들을 환기할 수 있다고 말한다. Ridley, *Music, Value, and the Passions*, 32. 나는 13장에서 이 점에 대해 좀 더 자세히 서술할 것이다.

57) Carol L. Krumhansl, 'An Exploratory Study of Musical Emotions and Psychophysiology', *Canadian Journal of Experimental Psychology* 51 (1997), 338.

58) 용어에 대해 한마디 하자면, 키비에게 있어 '표현적 속성'은 단순히 음악을 정확하게 묘사하는 감정 단어에 의해 이름 붙여진 속성이다. 그러나 우리가 보게 되겠지만, 그 실험은 크럼한슬이 선택한 곡들이 나와 리들리가 사용하는 의미에서도 '표현적 특질들'을 가진다는 것을 보여준다. 즉, 그것들은 감정 단어에 의해 이름 붙여질 뿐만 아니라 상응하는 감정을 유발하기도 한다.

두 번째 그룹—'생리학' 그룹—의 경우에는 여섯 곡을 듣는 동안 그들에게 일어나는 생리적 변화가 지속적으로 모니터되었다. 심박동수, 호흡수, 혈압, 피부전도도, 손가락 온도를 포함한 열두 가지 서로 다른 척도가 사용되었다.

실험에서 음악을 듣는 부분이 끝나자마자 두 그룹 모두 설문지를 받았고, 그 음악이 그들에게 미친 **감정적 영향**에 대한 자기보고서를 0~8의 평가척도와 특정 선택지 집합—두려운, 즐거운, 화난, 염려하는, 경멸하는, 만족한, 혐오감을 느끼는, 쑥스러운, 행복한, 흥미 있어 하는, 안도한, 슬픈, 놀란—을 사용하여 작성하도록 요청받았다.

크럼한슬은 자기보고서(설문지에 대한 피험자들의 답)에서 두 그룹 모두에 속한 피험자들이 매우 유사한 반응들을 보인다는 것을 발견했다. 그들은 '슬픈' 음악에 대한 자신들의 반응이 '슬픔'이라는 감정의 측면에서 가장 강하고, '두려움' 음악에 대한 자신들의 반응이 '염려하는, 두려운, 놀란'이라는 감정의 측면에서 가장 강하고, 그리고 '행복한' 음악에 대한 자신들의 반응이 '행복한'이라는 감정의 측면에서 가장 강하고, 그다음으로 '즐겁고 만족한'이라는 감정의 측면에서 강하다고 보고했다.[59]

역동적 감정 그룹에서 시간의 흐름에 따른 역동적 감정의 평가 역시 그 발췌된 음악에서 의도된 감정을 드러냈고, 문제의 그 감정은 듣기 실험 내내 꽤 높은 수준으로 유지되었다. 느껴진 슬픔의 양은 슬픈 음악의 경우에서 가장 많았고, 두려움의 양은 두려움 발췌 음악에서 가장 많았으며, 다른 것도 마찬가지였다. 흥미롭게도 '긴장감' 그룹은 두려움 그룹이 최고의 두려움을 느꼈던 그 지점에서 최고의 긴장감을 느꼈지만, 행복 그룹이 최고의 행복을 느끼고 슬픔 그룹이 최고의 슬픔을 느낀 곳에서도 좀 더 적은 정도로 긴장감을 느꼈다. 크럼한슬은 이것이 '긴장감은 다면적인 특질로서, 음악에 대한 두드러진 감정 반응에 의해 영향을 받는다는 것을 시사한다'고 본다.[60]

'생리학적 연구'에서 크럼한슬은 서로 다른 유형의 발췌 음악을 듣는 것과 연관된 뚜렷한 생리적 변화가 있음을 발견했다. 발견된 차이점에 대해 조금 이야기해보자면, 슬픈 발췌 음악(알비노니와 바버)은 심박동수, 혈압, 피부전도도, 손가락 온도에서 가장 큰 차이를 이끌

59) Krumhansl, 'An Exploratory Study of Musical Emotions and Psychophysiology', 347-8.

60) Ibid. 348.

어냈고, 행복한 발췌 음악(비발디와 알벤)은 호흡에서 가장 큰 차이를 이끌어냈다.

게다가 역동적 감정 그룹의 피험자들에 의해 이루어진 역동적 감정 평가와 생리학 그룹에 의해 매겨진 역동적인 생리적 척도 사이에 중요한 상관관계도 있었다. 여기에서도 슬픔의 평가와 가장 많이 관련된 것은 생리학 그룹 피험자들의 심박동수, 혈압, 피부전도도, 손가락 온도이다. 행복의 평가와 가장 많이 관련된 것은 다양한 호흡의 척도들이다. 흥미롭게도 '각 감정 유형에서 가장 강력한 생리적 영향은 일반적으로 시간이 지남에 따라 증가하는 경향을 보이거나, 그게 아니더라도 최소한 기본 수준 쪽으로 강하게 돌아오지는 않았다'.[61]

그러나 느껴진 감정의 강도에 대한 (설문지에 대한 답으로 주어진) 자기보고서가 각 발췌 음악에 대한 생리적 척도들의 **평균값**과 비교되었을 때, 그 상관관계는 가장 대단치 않았다. 크럼한슬은 이러한 부정적 결과가 암시하는 바는 다음과 같다고 추정한다.

> 발췌 음악들 전체에 걸쳐 생리적 척도들을 평균화하는 것은 생리적 척도들이 시간의 흐름에 따라 어떻게 역동적으로 변하는지에 대해 고찰하는 것보다 훨씬 덜 체계적인 결과를 낳는다. 다시 말해, 척도들의 역동적 변화는 음악적 감정의 중요한 지표이며, 생리적 척도들이 발췌 음악들 전체에 걸쳐 평균화될 때 이 정보는 상실된다.[62]

또 다른 '부정적' 결과는 '감정-특정적인 생리적 변화들이 비음악적인 감정들에 대한 연구에서 발견된 것들과 깔끔하게 연결되지 않았다는 것'이다.[63] 따라서 크럼한슬의 연구 결과는 내가 2장에서 기록한 행복, 슬픔, 두려움을 식별하는 생리적 특징들에 대한 에크먼(Ekman)과 레빈슨(Levenson)의 자료들과 완전히 일관적이지는 않았다. 흥미롭게도 '수많은 생리적 척도들에 미치는 음악의 영향'은 그로스(Gross)와 레빈슨이 진행한 연구에서의 '억제된 감정 조건과 유사했다'. 크럼한슬은 '이러한 유사성들은 음악을 듣는 중에 공공연한 행동

61) Ibid. 345.

62) Ibid. 349.

63) Ibid. 351.

이 억제되는 것 역시 생리적 척도에 영향을 끼칠 수 있음을 암시한다'고 말한다.[64] 나는 앞에서 클래식 음악을 듣는 사람들은 대체로 춤을 추거나 특정 감정적 상태에 전형적인 방식으로 행동하지 않는다고 말했다. 즉, 그들은 자신의 행동 경향과 운동 활동을 억제한다. 따라서 음악을 들을 때 느껴지는 감정들의 생리적 징후들이 일상의 삶에서 느껴지는 감정들의 생리적 징후들과 어느 정도 다르다는 것은 놀랍지 않다. 크럼한슬은 자신의 생리적 척도들이 영화의 조작을 통해 실험을 진행한 몇몇 다른 실험자들의 척도들과 맞아떨어진다는 사실이 이 아이디어를 어느 정도 뒷받침한다고 본다. 그 다른 실험자들의 실험에서도 감정의 정상적인 행위적 징후들은 억제되었다.

요약하자면, 크럼한슬은 서로 다른 표현적 혹은 감정적 특질들을 가진 음악이 실제로 심박동수, 혈압, 호흡수, 피부온도 그리고 피부전도도와 같은 자율신경계의 척도에서 통계적으로 중요한 차이를 만들어낸다는 것을 발견했다. 게다가 생리적 영향은 **음악을 듣는 동안 역동적으로 변했고**, 이러한 역동적인 생리적 척도들은 (슬라이더를 움직임으로써 이루어지는) 역동적인 감정 평가와 중요한 상관관계에 있었다. 그리고 피험자들의 자기보고서에서는 '감정 형용사들'이 '의도된 감정에 부합하는' 발췌 음악들에 지속적으로 할당되었고, 피험자들은 슬픈 발췌 음악을 들을 때 슬프게 느끼고 다른 감정과 관련해서도 그렇다고 보고했다.[65] 역동적 감정 그룹 안에서 각 하부그룹의 다양한 구성원들 사이의 반응들은 강한 상관관계를 보였고, 각 범주(행복한, 슬픈, 무시무시한)에 속하는 두 곡의 발췌 음악에 대해서는 매우 유사한 판단들이 이루어졌다. 크럼한슬은 청자들이 음악 속 감정들을 알아보지만 그것들을 실제로 경험하지는 않는다고 보는 '인지적' 입장을 옹호한다는 점에서 키비가 틀렸다고 결론 내린다.

크럼한슬의 연구가 작은 표본(역동적 감정 그룹에 속한 40명의 피험자와 생리학 연구 그룹에 속한 38명의 피험자)을 통해 이루어졌다는 것과 생리학 실험이 보통 그러하듯이 그 피험자들이 대학생들이라는 것은 참이다. 그러나 이 대학생들이 클래식 음악에 대한 이상한 태도를 가졌을 것이라고 가정할 이유는 없다. 일반적으로 음악생리학에서의 실험들이 그러하듯 이 연구는

64) Ibid. 350.

65) Ibid.

매우 철저하고 훌륭하게 기획되었으며, 세심하게 수행되었다.

내 관점에서 보았을 때 이 실험은 키비의 입장뿐 아니라 마이어와 리들리의 입장을 보다 분명하게 할 수 있는 수많은 흥미로운 결과들을 낳았다.

1. 첫째 그 실험은 어떤 특정 감정을 표현하는 음악작품을 듣는 과정에서 어떤 뚜렷한 감정을 느꼈는지 물었을 때 청자들이 그런 감정을 느꼈다고 보고한다는 것을 보여준다. 그들은 행복한 음악을 들을 때 '행복한', '즐거운' 혹은 '만족한' 느낌을 가지며, 두려움을 표현하거나 재현하는 음악을 들을 때 '염려하는', '두려운' 혹은 '놀란' 느낌을 가지고, 슬픈 음악을 들을 때 '슬픈' 느낌을 가진다고 보고한다. 그들이 어떤 뚜렷한 감정을 느낀다는 것은 음악이 펼쳐질 때 매겨지는 역동적인 감정 평가에 의해 확증된다. 그리고 이보다 더욱 중요한 것은 어쩌면 뚜렷한 감정적 특징 혹은 표현적 특징을 가진 음악이 정말로 뚜렷한 생리적 변화를 야기한다는 것이다. 이러한 결과들은 피험자들이 정말로 감정이나 정감적 상태를 경험하며, 이러한 감정과 정감적 상태가 뚜렷한 것들이라는 것을 보여준다.

2. 마이어의 이론에 따르면 음악을 들을 때 우리의 감정은 구조적 사건과 표현적 사건의 정확한 연속에 따라 항상 변한다. 그 실험은 마이어가 이러한 주장을 한 것이 옳다는 것을 보여준다. 표현적인 발췌 음악을 들을 때 사람들에게는 지속적인 생리적 변화가 있으며, 이러한 변화는 주관적으로 경험되는 역동적 감정들과 상관관계를 가진다. 사실 음악에 대한 생리적 변화가 실제로 (감정과 관계없는 어떤 생리적 변화라기보다는) **감정 반응**인 것은 그 생리적 변화가 경험되는 감정의 변화와 상관관계에 있기 **때문이다**. 그러나 생리적 척도들의 **평균값**이 그다지 정보를 주지 않을 것이라는 것은 그와 동일한 정도로 놀랍지 않은데, 왜냐하면 감정적 변화를 보여주는 것은 다양한 생리적 척도들이 **시간이 지남에 따라 변화하는** 방식인 것으로 보이기 때문이다.

3. 그 실험은 음악의 표현적 성격('음악이 표현하는 것')이 청자들의 감정 반응에 최소한 부분적으로 책임이 있다는 것을 드러낸다. 그러나 만약 이것이 참이라면, 청자들이 경험하

는 감정적(심리적) 상태에 대한 인지적 모니터링이 다시 청자들로 하여금 그들의 감정적 상태에 명백하게 책임이 있는 음악 속 표현적 특질들에 주의를 기울이게 할 수도 있다고 추론하는 것은 타당해 보인다.[66] 그러므로 무소르그스키의 「민둥산의 하룻밤」을 들을 때 염려를 느낀다고 보고한 청자들은 아마도 음악 속 **무시무시한** 특질에 주의를 기울이게 되었을 것이다. 즐겁거나 행복하다고 느낀 청자들은 비발디의 협주곡 「사계」중 '봄'에서 행복을 알아차리도록 인도될 수도 있다. 그리고 나머지도 마찬가지이다. 게다가 무소르그스키의 작품에서 최고로 불안을 야기하는 악절이나 비발디의 작품에서 최고로 행복을 야기하는 악절에 대한 반응으로 피험자들이 느끼는 긴장은 그들로 하여금 자세를 바로하고 이 악절들에서 표현되고 있는 것을 알아차리게 할 가능성이 크다. 청자들이 반응하고 있는 표현적 특질들이 무엇이든 그들이 느끼는 긴장은 음악 속 긴장을 반영하고 있는 것으로 보인다. 요약하자면, 진행되고 있는 음악에 의해 유발되는 감정들이 실제 청자들로 하여금 음악의 전개되는 표현적 특징에 주의를 기울이게 할 것이라고 가정하는 것은 타당해 보인다. 물론 음악을 들을 때 우리는 표현적 윤곽을 **알아보고** 음악의 표현적 특징이 어떻게 전개되는지 **파악할** 수도 있지만, 음악을 이해하는 이러한 인지적 방식들은 음악이 우리로 하여금 무언가를 **느끼게** 하는 방식에 의해 도움을 받을 가능성이 매우 크다.

4. 다양한 발췌 음악을 들으면서 자신들이 느낀 감정을 특징지을 때 피험자들이 고르는 감정 단어들에는 약간의 흥미로운 차이가 있었다. 이것은 '두려움을 재현한다'고 이야기되는 발췌 음악의 사례, 즉 홀스트의 「행성」 중 '화성'과 무소르그스키의 「민둥산의 하룻밤」의 경우에 특히 두드러졌다. 이 음악이 환기하는 것을 기술할 때 가장 인기 있는 단어는 '불안한'이었는데, 아주 흥미롭게도 이것은 '지향적 대상'을 필요로 하지 않는 감정 상태이다. 즉, 음악은 나로 하여금 어떤 특정한 것에 대해 불안해하지 않으면서도 불안해하도록 할 수 있다.

---

66) 그러나 브루스 맥클렁(Bruce Mcclung)이 (사적 대화에서) 지적하듯, 크럼한슬이 선택한 곡들에는 뚜렷한 문화적 연상이 있다. 최소한 미국인 청자들에게는 그렇다. 예를 들어 바버의 「아다지오」는 J. F. K.의 죽음을 연상시키고 「민둥산의 하룻밤」은 할로윈을 연상시킨다. 청자들이 느끼는 감정들 중 일부는 부분적으로 이러한 연상들에 기인한 것일 수 있다. 나는 특정한 표현적 특질을 가진 음악이 어떻게 청자에게 상응하는 감정을 불러일으키는지에 대해 13장에서 좀 더 논의할 것이다.

그러나 어떤 청자들은 그들이 두려운 발췌 음악을 들을 때 '두려움'을 느꼈다고 말했고, 다른 이들은 '놀람'을 느꼈다고 말했다. 중요한 것은 두 곡 모두 준표제(semi-programmatic) 음악이라는 것이고, 그것들 안에 페르소나를 상정하는 것은 말이 된다는 것이다. 우리는 홀스트의 작품을 무시무시한 행성인 화성, 즉 '전쟁의 신'에 대해 사고하는 누군가의 **두려움**을 표현하는 것으로 들을 수 있고, 무소르그스키의 작품을 민둥산 위의 마녀들을 보는 목격자의 **두려움**을 표현하는 것으로 들을 수 있다. 청자가 그러한 목격자의 역할을 취하고 이 작품들에 두려움을 품고 공감적으로 반응하는 것은 말이 된다. 그 경우에 이 작품들은 거의 틀림없이 내가 완전한 낭만주의적 의미라고 불렀던 방식으로 두려움을 **표현하는 것이다**. 이와 유사하게, 어쩌면 무소르그스키의 작품은 **놀람**, 즉 우연히 마녀들을 발견한 구경꾼의 놀람을 표현한다고 이야기될 수도 있다.

크럼한슬은 서로 다른 피험자들이 자신들의 감정 상태를 어느 정도 상이하게 기술한다는 사실을, 음악에 의해 환기되는 감정들이 '기본 감정 범주들 안에서 미세한 차원으로 구별되지 않는다'는 것으로 해석한다.[67] 실제 삶에서는 두려움, 놀람, 염려가 서로 상당히 다른 감정 반응들인 반면 음악을 들을 때 그것들은 하나의 큰 범주 안에 담긴다. (다른 문화권에서 온 피험자들이 두려운 표정을 놀란 표정과 구분하지 못했던 에크먼의 실험들을 기억하는 것이 어쩌면 도움이 될 것이다.)

그러나 리들리는 아마도 그와는 다른 교훈을 이끌어낼 것이다. 그것은 서로 다른 청자들은 음악에 대한 반응으로 서로 다른 미세한 차원으로 구분되는 감정들을 느낀다는 것이다. 나도 동의한다. 음악에 대한 반응으로 경험되는 미세하게 상이한 감정들은 청자와 음악 간의 상이한 상호작용을 반영한다. 예를 들어 만약 내가 홀스트 음악의 발췌 부분을 어떤 페르소나를 담고 있는 것으로 듣는다면, 나는 단순한 염려보다는 두려움을 느낄 가능성이 훨씬 크다. 그러나 불행히도 우리는 실험 속 피험자들이 그 음악이 무엇을 **표현한다고** 기술했을지 알지 못하고, 그래서 우리는 그들이 기록한 감정들 — '불안한', '놀란', '두려운' — 사이의 차이가 그들이 음악 속에서 발견한 표현적 특질들 사이의 차이를 실제로 반영하는지 아닌지 알 수 없다.

그러나 나는 음악이 표현하는 감정들이 언제나 음악이 환기하는 감정들과 정확히 동

---

67) Krumhansl, 'An Exploratory Study of Musical Emotions and Psychophysiology', 348.

일한 것이 아니라는 나의 견해에 대한 어떤 잠정적 확증을 끌어낼 것이다. 비록 나는 알벤과 비발디의 작품 때문에 **즐거워하고** 그것들을 **즐거운** 작품들로 볼 수도 있지만, 둘 중 하나라도 '즐거움을 표현한다'고 말하는 것은 좀 이상하다고 본다. 이와 유사하게 나는 무소르그스키나 홀스트의 작품이 놀람을 **표현한다고** 생각하지 않으면서도(특히 그것들이 놀란 페르소나를 담고 있다고 내가 생각하지 않는다면 그러할 것이다) 그 작품 속의 예기치 않은 몇몇 전개들에 **놀랄** 수 있다. 좀 더 일반적으로, 청자들에 의해 보고된 감정들은 모두 그들이 들은 음악에 분명히 **적절하다**. 청자들이 '음악이 표현하는 것으로 들은 감정들'과 그것들이 정확히 일치하든 아니든 말이다. 어쩌면 우리는 몇몇 다른 예술들보다 음악에 대해 더 넓은 범위의 감정 반응이 적절한 것이 될 수 있다는 적당히 온건한 결론을 내려야 할 것이다.

5. 마지막으로 크럼한슬의 실험 결과는 음악과 관련된 오래된 수수께끼에 대한 하나의 답을 제시한다. 리들리와 월튼 모두 우리가 주목하는 음악에 대해 우리가 기이한 **친밀감**을 느낀다는 것을 지적했고, 둘 모두 그 친밀감에 대해 설명하고자 했다. 리들리는 음악적 멜리스마에 대한 반응으로 우리가 실제로 느끼는 미세하게 구분되는 감정들이 바로 그 음악이 표현하는 것이라고 말한다. 월튼은 표현적 음악은 그것(그 음악)에 대한 경험이 우리 자신의 느낌을 경험하는 것이라고 상상하도록 우리를 이끈다고 본다. 그러나 크럼한슬의 실험은 우리가 음악 '안에' 있고 음악이 '우리 안에' 있다고 느끼는 것이 훨씬 더 간단한 이유 때문임을 시사한다. 음악은 안에서 우리에게 영향을 미친다. 즉, 그것은 생리적으로 그리고 율동적으로 우리에게 영향을 미친다. 음악의 리듬은 우리의 심장 리듬에 반영된다. 음악 속 긴장은 근육의 긴장으로 느껴진다. 이것은 **정말로** 친밀한 연결이다. 앞에서 프리드리히의 풍경화에 대한 논의에서 살펴보았듯이, 회화는 우리로 하여금 세계를 새로운 방식으로 보게 하고 어느 정도 새로운 방식으로 느끼게 할 수도 있다. 소설과 시는 어느 정도의 생리적 변화와 행동 경향을 낳을 뿐만 아니라 세계에 대한 새로운 관점을 제공한다. 그러나 다른 어떤 예술도 음악이 하는 방식으로, 즉 직접적인 생리적 방식으로 그렇게 강렬하게 우리에게 영향을 미치지 않는다. 나는 이것이 음악이 종종 모든 예술 중 가장 감정적으로 우리의 마음을 움직인다고 이야기되는 가장 중요한 이유가 아닐까 생각한다.

흐름 따라가기

내가 이 장에서 주로 확립하고자 한 것은 음악에 대한 반응으로 우리가 감정을 경험한다는 것과 음악을 들을 때 경험하는 감정들이 음악에 대한 **이해**를 돕는다는 것이다. 그것들은 우리에게 음악적 구조와 음악적 표현을 드러낸다. 음악을 듣는 것은 감정적인 일이다. 이것은 단순한 낭만주의적 신화가 아니라 확립된 경험적 사실이다.

이러한 결론은 내가 9장의 끝부분에서 했던 주장, 즉 감정의 적절한 유발은 성공적인 예술적 표현의 훌륭한 기준이라는 주장을 확증한다. 음악작품이 성공적으로 감정을 표현할 때 우리는 그 작품에 감정적으로 반응하는 것으로 보인다. 게다가 우리가 느끼는 감정은 종종 우리로 하여금 음악적 직물의 세밀한 사항들에 주의를 기울이게 한다고 주장한 점에서 리들리는 옳다.

마이어 감정을 논의하면서 나는 한 곡의 복잡한 음악이 일련의 감정적 반응 혹은 정감적 반응을 이끌어내는 방식, 아마도 음악적 변수들과 선율의 발전, 그리고 리듬 및 화성과 관련 있을 그 방식을 강조했다. 우리가 어떤 노래에서 이야기의 전달이나 감정의 표현에 반응할 때 혹은 기악음악작품에서 펼쳐지는 심리극에 반응할 때, 그 이야기나 극이 펼쳐짐에 따라 우리의 감정 반응 역시 변화한다. 이러한 복잡한 음악의 경우 우리가 느끼는 변화하는 감정들은 우리의 관심을 펼쳐지고 있는 음악적 직물로 이끈다. 자신의 정감적 반응을 인지적으로 모니터할 때 우리는 그 반응에 책임이 있는 음악의 구조적 특징 혹은 표현적 특징들을 감지해낼 수 있다. 간단히 말하자면, 우리가 감정들의 흐름을 따라갈 때 그 감정들은 음악의 흐름을 밝히는 데 중요한 역할을 할 수 있다.

마이어는 적절한 방식으로 감정적으로 반응하는 것이 음악을 이해하는 한 가지 방법일 뿐이라고 본다. 하지만 음악 이론가들은 이와는 다른 방식으로 음악을 이해한다. 훈련되지 않은 음악 애호가가 음악을 들을 때 놓치는 것이 많다는 데는 의심의 여지가 없다. 그러나 이와 마찬가지로, 음악을 들을 때 감정을 느끼지 않는 이론가는 순수한 음악적 구조는 파악할 수 있더라도 음악이 표현하는 미세한 것들을 파악하지 못할 수 있고, 그래서 음악 속 표현적 구조를 감지하지 못할 가능성이 크다. 감정이 유발되지 않으면서 음악을 듣는 것은 음악을 듣는 빈곤한 방식이다. 청자가 그러한 방식으로 음악을 들을 때, 그는 음악이 펼쳐짐에 따라 음악적 구조와 음악적 표현 모두가 점차적으로 드러나는 방식 중 일부를 탐지해내지 못하게 된다.

음악에 대한 변화하고 발전하는 우리의 감정 반응에 대해 인지적 모니터링을 하는 것이 어떻게 우리로 하여금 점차적으로 펼쳐지는 음악의 중요한 특징들에 주의를 기울이게 하는지에 대한 나의 그림을 확증하는 것으로 보이는 음악치료 분야에서의 연구가 있다. 음악치료사인 레슬리 번트(Leslie Bunt)와 머세디스 파블리세빅(Mercedes Pavlicevic)은 '음악치료의 관행에는 음악의 표면과 저변 모두의 구조적 국면들과 환자들의 감정적 경험 사이의 연결이 발견되는 많은 예들이 있다'고 주장한다.[68] '음악에서의 유도 이미지(GIM)' 접근법에서 환자들은 '특별하게 프로그램 된 녹음된 음악의 연속을 매우 느긋한 상태에서' 듣는다. 이 접근법은 개인적 연상, 기억, 이미지들을 촉발하고, '음악적 사건들과 음악적이지 않은 사건들의 여러 국면들 사이의 …… 도상적 연상'을 유도할 뿐만 아니라 '다양한 층위의 음악적 기대들과 환자들의 내적 감정들이 지닌 저변의 구조와 형식 및 패턴들 사이의 내재적 연결'을 유발한다.[69] 베토벤, 비발디, J. S. 바흐, 포레 그리고 바그너 음악의 발췌 부분들이 포함된 그러한 음악의 연속이 가지는 효과는 다음과 같이 기술된다.

> 그 작품들의 전체적 질서는 기대하는 분위기와 경외, 놀라움이 깊어지는 느낌을 만들어냈다. 신체에 기반을 둔 반응들 — 호흡의 변화나 몸의 떨림, 복부의 긴장 또는 가벼움의 느낌 등 — 이 음악의 형식적 국면들 — 악절의 구분, 음고의 변화, 급작스러운 화성의 변화, 음량의 변화, 음악적 직물의 조밀성 등 — 에 동반되었다. 로엔그린 서곡에서 절정의 순간들은 그 연주의 가장 명쾌하고 심오하게 감동적인 순간들에 상응했는데, 그 순간들에 대한 강렬한 기억은 오래 지속되면서 여러 가지 방식으로 청자를 변화시키는 것으로 입증되었다.[70]

---

68) Leslie Bunt and Mercedes Pavlicevic, 'Music and Emotion: Perspectives from Music Therapy', Juslin and Sloboda (eds.), *Music and Emotion*, 185.

69) Ibid.

70) Ibid. 186.

다음 장에서 나는 우리를 '변화시키는' 음악의 힘에 대해 좀 더 이야기할 것이다. 한편 번트와 파블리세빅이 그려낸 그림에서 옳은 것은, 크럼한슬이 보여주었듯 복잡한 음악을 듣는 동안 야기되는 생리적 변화는 음악을 들을 때 우리가 느끼는 역동적 감정들과 함께 나타난다는 것과, 그래서 그것들이 음악의 구조와 표현성 역시 보여줄 가능성이 큰 것으로 보인다는 것이다. 이러한 방식으로 우리의 감정 반응은 음악을 듣는 중에 우리 청자들을 인도하고, 중요한 구조적 · 표현적 악절들을 식별할 수 있도록 돕는다. 문학작품의 형식이 그 작품에 대한 우리의 감정 반응을 인도하고 관리하는 것처럼 음악적 구조는 그에 대한 우리의 감정 반응을 인도하고 관리한다. 이러한 순간순간의 반응들에 대한 인지적 모니터링은 주의 깊은 청자에게 음악의 형식적 구조와 표현적 구조 모두에 대해 가르쳐줄 수 있다. 실제로 우리가 음악에서 얻는 쾌의 일부는 내가 7장에서 문학에 대해 기술한 그런 방식으로 음악적 형식에 의해 관리되고 인도되는 감정적 경험을 가지는 것에서 올 수 있다. 그리고 물론 우리는 음악적(그리고 표현적) 구조가 가진 아름다움과 복잡함에도 감동할 수 있다.

13
음악 느끼기

—

리듬과 화성이 마음 깊이 파고들고 가장 강력한 영향을 미치기에……

플라톤, 『국가론(*Republic*)』 3권

—

음악적 감정의 수수께끼

음악이 강한 감정을 일으킨다는 것은 아주 오래된 생각으로, 최소한 플라톤에게까지 거슬러 올라가는 것이다. 『국가론』 3권에서 국가의 미래 지도자계층의 교육에 대해 논의하면서 플라톤은 거의 모든 선법과 리듬의 그리스 음악에 대해 그것이 잘못된 종류의 감정을 유도한다며 통렬히 비난한다. 그에 따르면 애가와 장송가는 죽음에 집중하여 사람들의 도덕적 기질을 약화시키므로 억제되어야 한다. 이와 유사하게 리디아 선법은 사람들을 '취하게 하고 무르게 하고 나태하게 하는' 경향이 있기 때문에 억제되어야 한다.[1] 도리아 선법과 프리기아 선법만이 플라톤의 비판에서 면제된다. 도리아 선법은 '실패하여 부상이나 죽음 혹은 다른 재앙을 마주했을 때조차 규율에 따른 단호한 방식으로 운명에 저항하는 인간의 목소리'에 적합하다. 그리고 프리기아 선법은 누군가에게 자기 자신의 관점을 설득시키려 노력하는 것과 같은 '평화로운 기획에 참여'하거나 '신들에게 기도'하려 하는 그러

1) Plato, *Republic*, trans. Robin Waterfield (Oxford: Oxford University Press, 1993), 110.

한 사람에게 잘 맞는다.[2)]

살터리(psaltery), 하프, 갈대 피리 같은 너무 감각적인(sensuous) 악기들은 밖으로 밀려난다. 수음과 기타라(cithara)는 '도시 내부의 몇몇 목적을 수행하기 위한 도구들로' 남게 되고, 시골에서는 '목동들이 관악기를 쓸 수 있다'. 플라톤은 또한 '복잡한 리듬과 너무 다양한 박자'를 통렬하게 비판한다.[3)] 랩이나 헤비메탈을 단념시키려는 현대의 부모들과 유사한 목소리로 플라톤은 몇몇 종류의 리듬을 '비열함과 난잡함 혹은 착란'에 어울리는 것으로 규정한다. 일반적으로 선(goodness)과 침착함이 음악과 시 모두에서 조화와 우아함에 의해 장려되어야 한다. 플라톤은 음악이 심오한 감정적 · 도덕적 효과를 가질 수 있다는 것과 그에 따라 음악의 사용이 감독되어야 한다는 것을 분명히 한다.

비록 플라톤은 정념(passion)을 불러일으키는 음악의 힘에 내재된 위험성에 대해 경고했지만, 대부분의 음악적 전통에서 이러한 힘은 음악의 덕목들 중 하나로 간주된다. 17, 18세기에 융성한 음악에서의 수사학적 전통은 음악의 주된 기능으로 '정감'의 환기를 강조했다. 연설이 청중에게 감정적으로 영향을 미치도록 디자인되어야 하는 것과 마찬가지로 음악도 그러하다.[4)] 바로크 시대에 특정한 감정 상태 — 슬픔, 증오, 사랑, 기쁨, 화, 두려움 등 — 의 유발은 어떤 특정한 곡이나 모음곡 같은 보다 긴 곡의 한 부분에 대한 통일성의 원칙이었다.[5)] 음악이 감정을 환기해야 한다는 아이디어는 고전 시대에도 살아남았다. 하이든은 작곡가가 도덕적 감성(sentiment)을 포함한 '감성들'을 환기하는 기술공이라고 강조했다.[6)]

앞에서 살펴보았듯이 낭만주의 시대에 음악은 작곡가가 그 안에서 자신의 고유한 개별적 감정을 표현하는 표현의 수단으로 간주되었는데, 예술가나 작곡가는 또한 자신이 경

---

2) Plato, *Republic*, 116.

3) Ibid.

4) 따라서 감정에 대한 아리스토텔레스의 이론은 주로 수사학에서 주어지는데, 거기에서 아리스토텔레스는 연설가가 자신의 청중에게 가장 효과적으로 영향을 미치는 방식들을 묘사하고 있다.

5) 뉴그로브 음악사전은 비록 바로크시대의 많은 필자들이 '감성(affections)의 이론' 혹은 'Affektenlehre'에 대해 이야기했지만, '사실 바로크시대에는 어떻게 음악에서 정감이 얻어지는지에 대한 어떤 포괄적이고 조직적인 이론도 확립되지 않았다'고 말한다. Stanley Sadie (ed.), *The New Grove Dictionary of Music and Musicians* (London: Macmillan, 1980), xxi. 269.

6) Carl Dahlhaus, *The Idea of Absolute Music, trans. Roger Lustig* (Chicago: University of Chicago Press, 1989), 4 참조. 18세기 음악에 미친 수사법적 전통의 영향에 대한 아주 흥미로운 설명을 보려면 Mark Evan Bonds, *Wordless Rhetoric: Musical Form and the Metaphor of the Oration* (Cambridge, Mass.: Harvard University Press, 1991) 참조.

험하고 있는 감정들을 감상자에게 전달하여 감상자가 자신의 경험에서 이 감정들을 재창조해낼 수 있어야 한다고 생각되었다. 나는 성공적인 낭만주의 표현을 가려내기 위한 좋은 기준은 그것이 청자에게 적절한 감정들을 유발하는가 하는 것이라고 주장해왔다.

심지어 음악의 기능이 감정을 유발하는 것임을 거부한 것으로 유명한, 그리고 우리가 느낌의 표현이나 환기가 참된 음악 감상에서 어떠한 역할이라도 할 것이라고 생각하려는 유혹에 저항해야 한다고 본 중요한 형식주의자 에두아르트 한슬릭(Eduard Hanslick)조차 우리의 감정을 유발하는 음악의 능력에 유려한 경의를 표한다.

> 설령 모든 예술이 예외 없이 우리의 느낌에 영향을 미칠 수 있는 힘을 가진다고 인정한다 하더라도 우리는 음악이 그러한 힘을 행사하는 방식에 무언가 분명하고 음악에만 특유한 것이 있다는 것을 부인하지 않는다. 음악은 다른 어떤 예술보다 우리의 마음에 더 빠르고 강렬하게 작용한다. 몇 개의 화음만으로도 음악은 우리를 특정한 마음 상태로 데려갈 수 있는데, 시에서는 그것이 긴 설명을 통해서만 가능하고, 회화에서는 그 마음 상태를 이해하기 위한 지속된 노력이 있어야만 가능하다. …… 음(tones)의 효과는 더 빠를 뿐만 아니라 더 즉각적이고 더 강렬하다. 다른 예술은 설득하지만, 음악은 침습한다. 극심하게 동요되었거나 우울할 때 우리는 이것, 즉 음악이 정신에 미치는 고유한 힘을 가장 강력하게 경험한다.[7)]

오늘날 음악이 정말로 감정을 유발한다는 수많은 경험적 증거가 있다. 음악심리학자인 데이비드 휴론(David Huron)은 사람들이 자신들의 감정 상태를 더 확실히 하거나 바꾸기 위해 특정 종류의 음악을 들으면서 그 음악을 통해 '자신을 치료'한다는 것을 관찰했다.[8)] 우리가 12장에서 살펴보았던 캐럴 크럼한슬(Carol Krumhansl)의 실험은 사람들이 자신이 듣는

---

7) Eduard Hanslick, *On the Musically Beautiful*, trans. Geoffrey Payzant (Indianapolis: Hackett, 1986), 50. 음악이 우리의 기분에 영향을 미치며, 우리가 우울할 때 음악이 무언가를 가장 잘 환기시킨다는 것을 한슬릭(Hanslick)이 자각하고 있다는 것에 주목하는 것은 흥미롭다. 그가 말하는 것은 음악이 '비인지적' 통로를 통해 작용하며, 최소한 감정의 몇몇 국면들—생리적 변화 같은 것들—을 자동적 방식으로 환기시킨다는 아이디어와 일관적이다. 우리가 살펴보게 되겠지만, 이 모든 것에 대해 그는 옳다.

8) David Huron, 'How Music Evokes Emotion' (2001년 신시내티 대학 음대에서 발표된 논문). 이후에 재저사이즈(Jazzercise) 효과에 대해 논의하면서 우리는 이것이 어떻게 일어나는지 볼 것이다.

음악에 의해 유발된 감정을 경험한다는 것을 강하게 시사한다. '스릴과 전율' 및 몇몇 사람들이 음악을 들을 때 경험하는 감정의 여타 심리적 징후들에 대한 연구도 있어왔다. 많은 사람들은 음악에 대한 자신들의 감정적 경험이 힘 있고 심오하며, 심지어 인생을 바꿀 만한 영향력이 있다고 주장한다.[9)]

만약 모든 음악이 「내 잠은 점점 깊어가고(Immer leiser wird mein schlummer)」처럼 어떤 이야기를 전달한다면 우리는 아마도 허구 문학작품에 의한 감정의 환기를 설명하는 것과 동일한 방식으로 음악에 의한 감정의 환기를 설명할 수 있을 것이다. 5장에서 설명한 것처럼 우리는 허구적 인물에 대한 생각에 감정적으로 반응한다. 그러나 모든 음악이 이야기를 전달하는 것도 아니며, 모든 음악이 인물을 담고 있는 것도 아니다. 우리가 음악을 들으면서 그 감정적인 기복을 따라가는 페르소나를 담고 있는 것으로 해석하는 것이 적절하지 않은 많은 기악음악이 있다. 그리고 심지어 이야기를 전달하는 음악조차 그 이야기의 전달을 넘어서는 힘을 가지고 있는 것처럼 보인다. 더욱이 이야기를 전달하지 않는 많은 기악음악도 이야기를 전달하는 음악만큼이나 힘 있는 감정적 효과를 가진다.

따라서 여기에는 문제가 있다. 일상적 삶에서 우리의 감정은 무언가 중요한 결핍이나 목표 혹은 관심사 — 나 혹은 나에게 속한 것의 생존이나 안녕에 영향을 미치는 결핍이나 목표, 이해관계 — 가 걸려 있다는 것을 감지할 때 야기된다. 그러나 음악을 듣는 것은 전형적으로 이러한 종류의 강력한 결핍이나 필요 혹은 이해관계와 관련되어 있는 것 같지 않다. 나는 음악의 주제가 으뜸화음으로 다시 해결되거나 현악기들이 관악기들에게 선율을 넘겨주기를 **원할** 수 있지만, 나에게 중요한 것들이 이러한 나의 바람이 만족되는지의 여부에 달려 있는 것처럼 보이지 않는다. 감정은 좋거나 나쁜 것으로, 내 목표나 이해관계를 만족시키거나 만족시키지 못하는 것으로, 혹은 공격이나 손실이나 위협으로 평가되는 자극에 대한 반응이다. 나는 무언가가 나 혹은 나와 가까운 이들의 기분을 상하게 했다는 것을 감지할 때 화가 나고, 나 혹은 나와 가까운 이들이 위협을 받고 있을 때 두려워하고, 나와 나에게 속한 것들에게 좋은 일이 일어날 때 행복하고, 나쁜 일이 일어날 때 슬프다. 그

---

9) 음악치료가인 번트(Bunt)와 파블리세빅(Pavlicevic)의 음악의 힘에 대한 영향력 있는 주장들을 기억하라. 나는 12장에서 이들을 인용한다.

러나 음악을 들으면서 내가 느끼는 감정들은 흔히 나 혹은 나에게 속한 것들에게 일어나는 나쁘거나 좋은 어떤 것에 대한 반응으로도 보이지 않는다. 만약 으뜸화음이 다시 돌아오지 못한다면 그래서 어쨌다는 것인가? 나의 삶은 이 사건에 의해 영향 받지 않고 거의 똑같이 진행될 것이다.

크럼한슬의 실험은 행복한 음악이 우리를 행복하게 하고, 슬픈 음악이 슬프게 한다는 것을 드러내는 것 같다. 그러나 이것이 어떻게 가능한가? 피터 키비(Peter Kivy)가 상기시키듯, 행복하거나 슬픈 음악은 도움이 될 만한 노랫말을 동반하지 않는 한 우리가 그것에 **대해** 행복해하거나 슬퍼할 어떤 것도 제공하지 않는다. 나는 행복하거나 슬픈 음악이 생리적으로 영향을 미침으로써 우리를 행복하거나 슬프게 할 수 있다고 제안했고, 이 장에서 이러한 아이디어를 훨씬 더 자세하게 발전시킬 것이다. 그러나 이것은 하나의 문제를 해결하는 동시에 또 다른 문제를 발생시킨다. 만약 음악이 하는 것이 행복이나 슬픔에 특징적인 생리적 변화를 유도하는 것뿐이라면, 그렇게 많은 사람들이 음악에 대한 반응으로 심오하게 의미심장한 경험을 한다고 주장하는 것은 어떻게 설명될 수 있는가?

판단 이론은 우리의 음악 경험을 다루는 데 있어 특히 어려움을 겪는다. 피비 엘스워스(Phoebe Ellsworth)가 관찰한 것과 같이

> 기악음악에 대한 감정 반응을 설명하는 것은 평가 이론들이 직면하는 실제적인 문제이며, 감정을 일으키는 것들로서의 평가 일반에 대한 진정한 위협이다. 평가 이론들은 음악에 대한 **일부** 감정 반응들을 설명할 수 있는데, 왜냐하면 우리가 음악을 들을 때에도 다른 자극들에 반응할 때와 거의 마찬가지로 주목과 감정가(valence)가 분명히 발생하기 때문이다. …… 그럼에도 불구하고 많은 사람들이 보고하는 음악에 대한 반응은 단순한 쾌감이나 불쾌감보다 훨씬 더 정교한 것이다.[10)]

앞에서 살펴보았듯이 키비는 보통 종류의 감정들은 인지적 대상을 필요로 하며, 음악

10) Phoebe Ellsworth, 'Levels of Thought and Levels of Emotion', Paul Ekman and Richard J. Davidson (eds.), *The Nature of Emotion: Fundamental Questions* (New York: Oxford University Press, 1994), 195.

은 그런 대상을 제공하지 않기 때문에 — 혹자가 무엇을 주장하든 — 음악은 그런 감정을 유발하지 않는다고 본다.[11] 내 감정 이론에 따르면 더 정확한 결론은 감정들이 단순히 인지적 대상을 필요로 하지 않는다는 것이다. 그러나 설령 당신이 감정은 판단이나 인지적 평가와 관련되어야 한다고 생각하지 않는다 하더라도 감정이 무언가에 의해 자극된다는 것은 여전히 참이다. 당신이 판단 이론가가 아니라 하더라도 기본적인 문제가 질문의 형태로 다시 떠오른다. 음악의 어떤 것이 감정 반응을 야기하는가? 음악이 감정을 유발한다고 믿는 모두가 이러한 도전에 답해야 한다.

이 장에서 나는 그 수수께끼를 해결하기 위해 고안된 수많은 제안들을 검토할 것이다. 나는 그것들 대부분은 음악이 감정 혹은 기분을 환기할 수 있는 중요한 방식들을 가리킨다고 생각한다. 음악에 대한 우리의 감정 반응의 원천은 무수히 많다. 나는 음악심리학의 최근 연구 결과가 1부에서 내가 옹호한 감정 이론을 지지한다는 것을 보이고, 감정에 대한 판단 이론의 관에 못을 몇 개 더 박아 넣을 것이다. 자동적인 정감적 평가와 그 결과로서의 생리적 반응을 강조하는 나의 감정 이론은 음악이 **어떻게** 기분과 감정을 (좀 복잡한 것들조차) 유발하는지 설명할 수 있다. 음악에 대한 우리의 가장 강력한 감정 반응은 종종 대단히 애매하다. 나는 사람들이 왜 음악을 들으면서 그렇게 강력하고 심오한 감정적 경험을 한다고 주장하는지를 설명하기 위한 새로운 제안을 하면서 이 장을 마무리할 것이다.

개인적 연상의 역할

음악적 감정의 수수께끼에 대한 가장 명백한 해결책은 사람들은 음악에 대해 자신들이 가지는 연상 때문에 음악에 감정적으로 반응한다는 것이다. 그러나 이것은 왜 서로 다른 사람들이 같은 음악에 강한 감정으로 반응하는지를 설명하지 못한다. 사무엘 바버(Samuel Barber)의 「현을 위한 아다지오(*Adagio for Strings*)」를 들으면서 내 안에 기분 좋은 따스한 느낌을

11) 이 논증은 감정이 인지적 대상을 요구한다는 견해에 대한 귀류법으로 받아들여질 수 있을 것이다.

가지게 되는 이유가 오로지 당신이 나에게 청혼했을 때 이 곡이 라디오에서 흘러나오고 있었다는 것이라면, 이는 다른 사람들이 이 곡과 관련하여 그러한 연상을 가지지 않음에도 불구하고 나만큼이나 이 곡에 감동하는 이유를 설명하지 못한다. 그리고 물론 만약 당신이 그 대신 「이파네마의 소녀(The Girl from Ipanema)」를 배경으로 나에게 청혼했다면, 나는 다른 사람들을 단지 좀 느긋하게 하거나 약간 낙관적이 되도록 하는 한 곡의 음악에 깊이 감동할 수도 있다. 나는 '연상'이 음악에 의한 감정 유발에서 어떤 역할을 담당하긴 하지만, 그 역할은 이런 식의 직접적인 종류의 것이 아니라는 것이 밝혀질 것이라고 생각한다.

다른 한편으로, '음악은 냄새와 마찬가지로 기억으로부터 자각으로 감정적 경험을 다시 가져오는 매우 강력한 신호로 보인다'는 것이 중요할 수도 있다. 클라우스 쉐러(Klaus Scherer)는 이것이 부분적으로는 음악이 결혼, 장례, 춤 및 여타 축제들과 같은 삶의 중요한 사건들과 연관되어 있다는 사실에 기인하지만, 또한 '음악이 냄새와 마찬가지로, 대뇌 피질에 기반을 둔 삽화적 기억과 대조적으로 추후에 투입되는 것에 의한 변형에 특히 저항적인 뇌의 보다 하위 차원에서 다루어질 수 있기' 때문이라고 추측한다.[12) [쉐러가 여기에서 분명하게 염두에 두고 있는 것은 내가 3장에서 논의한 감정적 기억에 대한 르두(LeDoux)의 연구이다.] 따라서 음악이 강렬하고 무의식적인 방식으로 연상을 환기한다는 것과 음악에 대한 우리의 감정 반응의 일부가 — 모호하게만 이해되기 때문에 더 지속적인 — 감정적 기억에 기초해 있다는 것은 우연이 아니다.[13)]

키비 감정과 마이어 감정

12장에서 우리는 조스캥(Josquin)의 「아베 마리아(*Ave Maria*)」의 아름다움과 기교에 감정적으로 감동할 때와 같이, 키비가 만약 음악 자체가 감정의 인지적 대상이 된다면 음악이

12) Klaus R. Scherer and Marcel R. Zentner, 'Emotional Effects of Music: Production Rules', Patrik N. Juslin and John Sloboda (eds.), *Music and Emotion: Theory and Research* (Oxford: Oxford University Press, 2001), 369.

13) 기분과 기억 사이에는 여타의 흥미로운 연결들이 있는데, 나는 이 장의 뒷부분에서 그것들에 대해 논의할 것이다.

그 감정을 유발할 수 있다고 생각한다는 것을 보았다. 그러한 감정이 어떻게 유발되는지를 이해하기 위해 그가 여기에서 전제하고 있는 판단 이론의 암묵적 가정들을 우리가 받아들일 필요는 없다. 키비 감정의 환기에는 어쨌든 문제가 없기 때문이다. 사람들이 정말로 미로부터 쾌를 얻고, 섬세한 기교 — 특히 그 기교가 무언가 아름다운 것을 만들어낼 때 — 에 감탄한다는 것은 이해하기 어려운 것이 아니다.

마이어 감정은 좀 더 골치 아프다. 한 곡의 소나타 형식 음악을 들으면서 나는 단조의 으뜸화음에서 관계장조로의 급작스런 변화에 **놀랄** 수 있고, 멀리 떨어진 조성으로의 긴 이탈(excursus)에 **어리둥절해할** 수 있으며, 으뜸화음이 마침내 다시 등장한 것에 **안도할** 수도 있다. 12장에서 살펴보았듯이 이러한 감정들 — 놀람, 어리둥절함, 안도감 등 — 은 음악 자체에 의해 불러일으켜진(그리고 그들의 '대상'으로서의 음악을 향한), 그리고 그 음악을 들으면서 우리가 가지는 기대에 의해 불러일으켜진 감정들이다. 청자들은 (음악 양식에 대한 자신들의 지식에 따라) 자신들이 그 음악에 대해 갖는 기대의 측면에서 그 음악의 발전을 놀랍거나 어리둥절하거나 만족스러운 것 등으로 평가한다. 그러나 여기에 명백한 수수께끼가 있다. 감정은 우리의 필요와 목표 및 이해관계가 걸려 있다고 느껴질 때에만 유발된다. 우리가 아름다운 것에 관심을 가지고, 그래서 아름다운 선율이나 그 선율의 아름다운 화성에 감정적으로 반응한다는 것은 완벽하게 자연스러워 보인다. 그러나 브람스 간주곡에서처럼 내림 B단조로부터 내림 D장조로의 단순한 전조가 왜 감정을 환기해야 하는가? 보다 넓은 견지에서 볼 때 그러한 사건은 나 또는 나에게 속한 것에게 개인적으로 그렇게 중요해 보이지 않는다.

여기에 대한 하나의 설명은 조성에 대한 우리의 이해와 '좋은(good) 연결'의 규칙들에 대한 우리의 내면화 등 — 마이어에 따르면 조성음악에 특징적인 것들 — 이 우리에게 강력한 **욕구**, 특히 완결과 해결에 대한 욕구를 야기하는 정도에 주목하는 것일 수 있다. 우리 중 음악에 민감한 사람은 예를 들어 브람스 간주곡이 무한히 전조만을 계속하지 않고 내림 B단조로 돌아와야 한다는 강력한 욕구를 가진다. 그러나 그러한 욕구들이 충족되는 데서 오는 쾌는 그 문제에 대한 전체적인 해결책을 제공하지는 못한다. 왜냐하면 우리는 으뜸화음으로의 회귀를 즐기는 것만큼이나 으뜸화음으로의 전조가 지연되는 데서 오는 긴장도 즐기기 때문이다. 어쩌면 우리는 조성적 여정의 불확실성을 도착의 확실성보다 더 즐길 수도 있다. 음악적 긴장은 그 자체로 감정적으로 흥미진진하며, 바로 그 이유에서 즐길 만한 것으로 보인다.

존 슬로보다(John Sloboda)와 패트릭 저슬린(Patrik Juslin)은 더 좋은 설명을 제시한다. 그들은 마이어의 견해를 니코 프리자(Nico Frijda)의 감정 이론과 연결시키는데, 프리자의 이론에 따르면 감정은 무언가가 행위자의 목표나 관심에 잘 맞는지 아닌지에 대한 평가에 의해 발생한다.

> 조성 체계 같은 대부분의 작곡 체계는 '근거(home)' 지점이나 '안정성' 지점으로부터 심리적 거리를 확립하는 여러 차원을 제공한다. 이런 휴식 지점에 접근하거나 가까워지는 것은 긴장의 감소와 관련되고, 그로부터 떠나거나 거리가 멀어지는 것은 긴장의 증가와 관련된다. 거리는 리듬과 박자(강박은 안정적이고, 약박과 당김음은 불안정하다), 그리고 조성(으뜸화음은 안정적이고 온음계가 아닌 음들은 불안정하다)을 포함한 수많은 차원들에서 측정될 수 있다. 듣는 사람이 그러한 특징들에 민감하다는 것과 그것들과의 관계에서 음악을 표상한다는 실험상의 증거는 이제 많이 있다. …… 이러한 특징들이 제공하는 기준점에 기대어 감정 체계는 마음에 그려지는 종점에 비추어볼 때 무엇이 맞고(match) 맞지 않는지를 그럴듯하게 산정할 수 있다.[14)]

이러한 사고방식은 무언가가 우리의 필요, 목표 그리고 이해관계에 어떤 의미를 가지는지에 대한 자동적 평가에 의해 감정이 발생한다고 보는 나의 견해와 일관적이다. 비록 음악이 나 또는 나에게 속한 것에 특별한 의의를 지닌 상황을 제시하지는 않지만, 음악은 내가 정감적으로 반응하도록 프로그램 되어 있는 사건들을 (그것들이 비록 **음악적** 사건들이긴 하지만) 나에게 제시한다. 즉, 새롭거나, 예상치 못했거나, 나의 욕구나 목표를 만족시키거나 좌절시키는 사건들을 제시하는 것이다.

---

14) John A. Sloboda and Patrik N. Juslin, 'Psychological Perspectives on Music and Emotion', eid. (eds.), *Music and Emotion*, 923은 Nico Frijda, *The Emotions* (Cambridge: Cambridge University Press, 1986)를 인용하고 있다. 그들은 또한 이러한 견해의 확증을 위해 J. J. Bharucha, 'Tonality and Expectation', R. Aiello and J. A. Sloboda (eds.), *Musical Perceptions* (New York: Oxford University Press, 1994)와 Carol L. Krumhansl, *Cognitive Foundations of Musical Pitch* (New York: Oxford University Press, 1990)에 호소한다.

우리가 3장에서 살펴보았듯이 다마지오(Damasio)는 우리가 태어났을 때부터 어떻게 특정 종류의 사건들 — 새롭거나 이상한 사건들 — 에 감정적으로 반응하게 되어 있는지 설명한다. 그 후 우리는 새로운 영역(음악 같은 영역)에서의 새로운 사건들에 감정적으로 반응하도록 학습된다. 비록 브람스 간주곡의 적절한 순간에 놀람이나 어리둥절함 등으로 반응하는 뛰어난 기술이 있다는 것은 특별히 유용하지 않을 수 있지만, 새로운 것, 어리둥절할 만큼 복잡한 것, 놀라운 것 등에 감정적으로 반응하는 것은 우리에게 일반적으로 중요하다. 삶에서의 많은 상황들에서 우리가 이상하거나 예상치 못한 것에 감정적으로 반응하는 것은 중요하며, 음악에서의 이상하고 예상치 못한 것 — 예상치 못한 변주나 선율의 연속 — 에 대한 반응은 우리 기질상의 이러한 일반적 속성으로부터 나오는 부산물이다. 이와 유사하게 우리는 일반적으로 우리의 욕구가 충족되었을 때 쾌로 반응하며, 따라서 으뜸화음이 돌아왔을 때 우리가 안도감과 만족감을 느낀다는 것은 전혀 놀랍지 않다.

예를 들어, 내가 브람스 간주곡에서 두 번째 주제 도입부의 내림 B단조로부터 내림 D장조로의 전조에 유쾌한 놀람으로 반응한다고 상상해보자. 그 음악적 환경에서 나의 주의는 무언가 이상하면서도 유쾌한 것에 끌린다. 나는 이러한 자극을 새롭고 예상치 못한, 그리고 유쾌한 것으로 평가한다. 그 비인지적이고 정감적인 평가(들)는 생리적 변화, 표현적 제스처, 운동 행위, 행동 경향 등을 야기하고, 이것들은 그 자극을 향한 나의 주의집중을 강화한다. 그 후에 내가 그 음악에서 진행되고 있는 것을 인지적으로 모니터한다면 나는 나의 반응을 야기한 것이 내림 B단조로부터 내림 D장조로의 변화임을 깨닫게 될 수도 있다. 그리고 또한 나의 경험을 이렇게 기술할 수도 있다. "나는 조성이 변할 때 **놀랐지만**, 그 전환의 아름다움에 **즐거워했다**"라든가 혹은 이와 비슷한 어떤 표현으로 기술할 수 있는 것이다. (물론 이 악절에는 내가 지금 주목하고 있는 단순한 조성 변화 외에도 우리가 반응할 수 있는 훨씬 많은 것들이 있다.)

이와 유사한 어떤 설명은 한 곡의 음악이 전개되는 동안의 중요한 순간들에 사람들이 느낀다고 기록하는 전율과 스릴에 대해 부분적인 설명을 제공해줄 수 있다. 그리고 슬로보다가 옳다면 그것은 그 음악이 우리의 기대를 가지고 노는 방식 — 흥미롭게도 예상치 못한 것과 만족스럽게도 예상했던 것의 혼합 — 에 따른 결과이다.[15] 그러나 우리가 뒤에서

15) 12장 참조.

살펴보게 되겠지만, 이것은 스릴 및 전율과 관련된 이야기의 일부일 뿐이다.

음악적 '개(Doggy)' 표현에 대한 전염적 반응

키비와 마이어는 모두 음악의 구조에 주의를 기울임으로써 유발되는 감정들에 대해 이야기한다. 그러나 음악에는 좀 더 직접적으로 우리에게 영향을 미칠 수 있는 힘이 있다. 키비의 용어법을 따르자면, 음악은 감정의 인지적 대상이 될 필요가 없다. 음악은 자극 대상으로도 작용할 수 있다.

잘 기록되어 있는 것처럼 사람들은 다른 사람들의 감정 표현에 대해 그 표현된 감정을 거울처럼 반영하는 방식으로 자동적으로 반응한다. 사람들은 서로의 표정을 아주 쉽게 '포착한다'. 당신이 미소 짓거나 웃고 있는 친구와 만났을 때 어떤 일이 일어나는지 생각해 보라. 당신은 왜 그러는지 이유도 모르면서 자신 역시 웃고 있는 것을 발견하게 된다. 이러한 현상은 '감정의 전염'으로 알려져 있다.

스티븐 데이비스(Stephen Davies)는 **음악**이 일종의 전염을 통해 감정을 유발할 수 있다고 주장했다. 음악의 '외양상의 감정 특징들'은 거울 반응(mirroring response)을 통해 감상자에게 감정을 직접적으로 전달할 수 있으며, 그러한 전달은 '음악의 표현적 특징을 알아보는 것'에 달려 있다는 것이다.[16] 음악에서 슬픈 표현을 듣는다면 나는 내가 듣는 그 표현을 모방하고 그럼으로써 그에 상응하는 느낌을 갖게 된다. 데이비스에 따르면 '음악의 표현성은 강력하게 우리의 마음을 움직일 수 있다. 그것은 작곡가의 성취에 감탄하도록 우리를 감동

16) Stephen Davies, *Musical Meaning and Expression* (Ithaca, NY: Cornell University Press, 1994), 315. 데이비스(Davies)는 음악의 표현성이 청자의 감정을 환기하는 측면에서 분석될 수 있다고 주장하는 것이 아니라, 외양상 특징적인 감정을 **지각**하거나 **재인**하는 것이 그에 상응하는 느낌의 환기를 촉발한다고 주장한다. 이것이 내가 12장에서 논의한 애론 리들리(Aaron Ridley)의 견해와 같지 않다는 것에 주목하라. 리들리는 음악이 우리에게 느끼게 하는 것 때문에 (부분적으로) 우리가 음악이 표현하는 것을 재인한다고 본다. 데이비스는 음악이 표현하는 것을 우리가 재인하고 **이러한 재인의 결과로** 우리가 동일한 방식으로 느낀다고 본다. 그의 입장에는 Jerrold Levinson, 'Music and Negative Emotion', Jenefer Robinson (ed.), *Music and Meaning* (Ithaca: Cornell University Press, 1997), 228-9의 메아리가 담겨 있다.

시킬 뿐만 아니라 때로는 그것이 표현하는 감정을 느끼게 하기도 한다. 표현적 "외양"은 감정을 유발하는 힘이 큰데, 그것이 누군가의 현재 감정과 관련되어 있다고 우리가 믿지 않을 때에도 그렇다.'[17] 그가 생각하기에는 만약 나의 친구가 비참해 보인다면 실제로 그가 비참하든 아니든 상관없이 그는 자신의 외양상의 비참함으로 나를 전염시킬 수 있다. 이와 유사하게 슬프게 들리고 슬프게 진행되는 음악뿐 아니라 바셋하운드의 슬픈 얼굴도 우리를 전염시킬 수 있고, 그것은 설령 그 음악이 누군가의 슬픔의 표현이 아니라 단지 감정의 '외양'이라고 해도 그렇다.

데이비스의 설명은 두 가지 이유에서 옳을 수 없다. 그 이유 중 하나는 감정의 전염은 보통 무슨 일이 일어나고 있는지 우리가 알아차리지 못한 채로 자동적으로 일어난다는 것이다. 표현은 일종의 운동 모방의 형식으로 자동적으로 획득된다. 표현을 **알아보는 것**은 데이비스가 상정하는 것처럼 필수적이지 않을 뿐만 아니라 심지어 전염 효과를 막거나 완화시킬 수도 있다.

두 번째 이유로, 데이비스의 설명에 따르면 음악은 감정 표현 **같지만** — 바로 바셋하운드의 얼굴 조합이 감정 표현 같은 것처럼 — 정말로 감정 표현은 아니다. 우리는 다른 사람의 슬픔의 표현에 슬픔으로 반응하도록 프로그램 되어 있다. 우리가 아마도 (사람의 슬픈 표정이 보통 슬픈 사람을 나타낸다는 것에 근거하여) 다른 **사람의** 얼굴에 반응하도록 프로그램 되어 있다는 사실은 아마도 개 얼굴에 대한 우리의 반응과 관련하여 아무런 함축도 가지지 않을 것이다. (만약 바셋하운드와 같이 산다는 것이 우울증에 걸린 사람과 같이 사는 것과 같다면, 정상적인 사람들이 그들의 삶의 동반자로 바셋하운드를 택하겠는가?) 비슷한 논리로 우리는 아마도 음악이 어떤 점에서 감정 표현 **같다는** 사실 때문에 음악 소리에 반응하도록 프로그램 되어 있지 않을 것이다. 이런 간단한 논의는 다시 한 번 기본적인 개 이론 유비가 얼마나 오도적인가를 분명히 보여준다.

패트릭 저슬린(Patrik Juslin)은 표현을 알아보는 것에 의존하지 않는 음악적 전염에 대한 설명을 제시한다. 저슬린의 아이디어는 '음악 연주자들은 감정의 발성적 표현에서 사용되는 것과 동일한 청각 코드를 사용함으로써 청자에게 감정을 전달할 수 있다'는 것이다.[18]

---

17) Davies, *Musical Meaning and Expression*, 271.

18) Patrik N. Juslin, 'Communicating Emotion in Music Performance: A Review and Theoretical Framework', Juslin and Sloboda (eds.), *Music and Emotion*, 321.

따라서 아기가 괴로움 때문에 우는 것이 아기를 돌보는 사람에게 자동적으로 감정을 일으키는 것 같이 괴로움의 음악적 울음 — 무엇보다 동일한 음색, 크기, 박자를 가진 음악적 울음 — 은 청자에게 동일한 종류의 반응을 일으킨다. 흥미롭게도 음색, 크기, 박자는 (예를 들어 화음과는 달리) 문화와는 비교적 독립적인 감정적 의의를 지닌다는 것을 보여주는 증거가 있다. 저슬린은 아기의 울음에 대한 우리의 반응과 음악에 대한 우리의 반응 사이의 유사성에 대한 설명은 괴로움의 울음에 반응하는 단순하고 자동적이며 독립적인 뇌 체계 — 혹은 뇌 '모듈' — 가 감정의 발성적 표현과 다른 청각적 표현들 사이의 차이를 '알지는' 못하고, 주어진 자극에 특정한 단서[이를테면 빠른 속도, 시끄러운 강약, 빠른 어택(attack), 많은 배음]들이 있는 한 그 체계는 동일한 방식으로 반응할 것이라는 것이라고 본다.[19)]

저슬린은 음악을 통한 감정 전염에 대한 그럴듯한 메커니즘을 제안했다. 그러나 그것의 적용이 매우 제한적이라는 것에 주목하라. 그것은 감정의 발성적 표현**같이 들리는** 음악에만 적용된다.

게다가 감정의 표현이 이러한 방식으로 우리를 전염시킬 때, 우리에게 전염되는 감정이 항상 혹은 전형적으로 표현된 감정을 **거울처럼 반영하는** 것은 아니다. 괴로움에 우는 아기의 울음에 대한 우리에게 내재된 자동적인 반응은 괴로움일 수 있는 만큼이나 다정함이나 사랑일 수도 있고, 다른 사람의 분노나 적대감에 대한 내재된 반응은 분노나 적개심일 수 있는 만큼이나 두려움일 수도 있다.[20)] 감정은 유기체와 환경의 상호작용이다. 우리는 다른 사람들의 표현에 익숙하고(어떤 사람들은 다른 사람들보다 더 익숙하고), 그래서 우리는 적절하게 반응할 수 있다. 그리고 적절한 반응이 언제나 거울 반응인 것은 아니다.

---

19) Ibid. 329.

20) 하지만 두려움과 화 사이의 밀접한 관계를 시사하는 라자루스(Lazarus)의 이론을 상기해보라. 양자 모두는 적대적인 반응일 수 있다.

사랑의 춤

개 이론가들은 음악 속에서 자신의 감정을 실제로 표현하고 있는 사람이 없다고 생각하면서도 음악에서의 표현성이 **마치** 감정의 진정한 표현인 것처럼 다룬다. 그리고 저슬린의 설명은 마치 감정의 발성적 표현처럼 들리는 음악에 의한 감정 유발에 대한 것이다. 그러나 사람들이 음악을 통해 정말로 감정적인 상호작용을 하는 경우들이 일상생활 속에 많이 있다. 가장 감동적인 경우 중 하나는 엄마가 자신의 아기들에게 노래를 불러줌으로써 아기들과 유대감을 갖게 되는 것이다. 이자벨 페레츠(Isabelle Peretz)는 엄마와 그들의 젖먹이 아기 사이의 정확한 의사소통은 생존에 있어 핵심적이며, '음악은 감정의 규제 및 돌보아 주는 이와 아기 사이의 감정적 의사소통에서 중요한 역할을 담당한다'는 것을 관찰했다.[21]

아기를 돌보는 이들이 그들의 갓난아기들에게 노래를 불러줄 때, 그 아기들은 매우 세심한 주의를 기울인다. 그 아기들은 엄마들이 그저 말만 할 때보다(엄마들이 '아기 말'로 말할 때보다) 노래를 할 때 '더 지속적인 주의'를 기울인다. 아기들은 엄마의 노래에 '최면이 걸린다'. 그러면 엄마나 아기를 돌보는 이들은

> 혼자 부를 때보다 좀 더 천천히, 좀 더 높은 음고와 과장된 리듬으로, 그리고 좀 더 애정 어리거나 매력적인 방식으로 노래를 부름으로써 아기의 지각 능력을 멋지게 반영한다. …… 그러한 유아 지향적 노래에 대한 반응성(responsiveness)은 타고나는 것으로 보인다. 선천적으로 귀 먹은 부모(수화를 하지만 노래하거나 말할 수 없는 부모)에게서 태어난 지 이틀 된 들을 수 있는 아기는 성인 지향적 노래보다 유아 지향적 노래를 선호한다.[22]

다시 말해, 엄마의 노래는 사랑의 표현이며, 아기의 감정 반응은 상호적 사랑의 반응이다. 아기는 단지 감정의 '외양', 즉 '개 표현'에 반응하는 것이 아니라 모성애의 진정한 표현에 반응하는 것이다.

---

21) Isabelle Peretz, 'Listen to the Brain: A Biological Perspective on Musical Emotions', Juslin and Sloboda (eds.), *Music and Emotion*, 114.

22) Ibid.

게다가 번트(Bunt)와 파블리세빅(Pavlicevic)이 기록하듯, 엄마의 노래에 대한 반응은 엄마와 아기 사이의 의사소통의 보다 광범위한 패턴의 일부이다.

> 갓난아기들은 자기 엄마의 제스처, 목소리, 표정에 있는 움직임의 윤곽과 리듬, 제스처 및 발성을 식별하고 그에 반응하는 신경학적 경향을 가진다. …… 게다가 그들은 발성의 높이, 박자, 크기 변화의 세밀한 변화에 '주의를 기울이고', 엄마와 절충하여 자기와 엄마 사이에 유연한 음악적 맥박을 공유하는데 그들은 서로에게 '맞추고' 서로와 소통하기 위하여 자신들의[원문 그대로] 소리, 움직임, 제스처의 박자, 강도, 운동, 형태 및 윤곽을 끊임없이 조정한다. …… 엄마와 아기는 상호적 의미를 가진 풍부한 음악적 '코드'를 발전시키고 공유한다.[23)]

번트와 파블리세빅은 이러한 상호작용을 이후의 '상호 동시성'을 예고하는 것으로 보는데, 상호 동시성이란 우리가 시선을 조정하고 머리 움직임과 손의 제스처 등을 조율함으로써 서로, 그리고 사회적으로 상호작용할 때 일어나는 '사람들 사이의 춤'이다.[24)] 그들은 또한 엄마와 아기 사이의 '춤' — 그 안에서 서로가 서로의 감정 표현 변화에 민감하고, 그에 따라 자신의 행위를 조정하는 춤 — 을 음악치료에 대한 자신들의 연구를 위한 모델로 본다.

페레츠는 음악의 환경 순응적(adaptive) 가치에 대한 '지배적 견해'는 그 가치가 집단 차원에서 가장 잘 설명된다는 것이라고 기록한다. 즉, 음악은 집단의 응집을 촉진하도록 돕는다는 것이다. 음악은 문자 그대로 그리고 은유적으로 조화를 장려하고, 규칙적 리듬은 '운동 동시성'을 촉진한다.[25)] 기본적으로 그것은 함께 춤추고 노래하는 것이 사회집단을 결속시키는 데 도움이 된다는 아이디어이다. 근대 서구문화에서 우리는 이것을 록 공연, 스

---

23) Leslie Bunt and Mercedes Pavlicevic, 'Music and Emotion: Perspectives from Music Therapy', Juslin and Sloboda (eds.), *Music and Emotion*, 193. Daniel N. Stern, *The Interpersonal World of the Infant: A View from sychoanalysis and Developmental Psychology* (New York: Basic Books, 1985)도 참조.

24) Bunt and Pavlicevic, 'Music and Emotion: Perspectives from Music Therapy', 194.

25) Peretz, 'Listen to the Brain: A Biological Perspective on Musical Emotions', 115.

퀘어 댄스, 그리고 다른 많은 장소에서 본다. 그리고 아마도 엄마와 아기 사이의 음악적 상호작용은 이것의 초기적 사례일 것이다. 엄마의 노래하기에 대한 한 연구자는 그 아이디어를 다음과 같이 정리한다. '엄마의 노래하기는 다른 상황에서의 노래가 노래 부르는 이와 듣는 이 사이의 심리적 간격을 좁히는 것과 마찬가지로 엄마와 아기 사이의 감정적 유대를 강화하기 쉽다. 실제로 엄마의 노래하기는 이후에 음악이 집단 유대감 형성에서 담당할 역할을 준비할 수 있다.'[26]

그러나 오늘날 우리는 예술 음악을 전형적으로 혼자 있을 때 혹은 조용한 콘서트홀에서 듣게 되고, 음악을 따라 부르는 것과 음악에 맞춰 몸을 앞뒤로 흔드는 것을 자제하게 된다. 그러나 「내 잠은 점점 깊어가고」와 브람스 간주곡조차 연주자와 청자 사이의 감정적 상호작용을 촉진한다. 나는 「내 잠은 점점 깊어가고」가 완전한 낭만주의적 의미와 콜링우드적 의미에서 감정의 표현이라고 주장했다. 그 음악이 감정 반응을 유발하는 것은 부분적으로 그것이 감정의 표현**이기** 때문이지 단지 그것이 감정의 표현인 것**처럼** 들리기 때문이 아니다. 이 노래에 대한 적절한 반응은 부분적으로 감정적인 것**이어야 한다**. 이를테면 나는 주인공의 상실감과 주인공이 마침내 상실을 수용하는 것에 감정이입 하면서 주인공과 함께 느낄 수 있거나, 이러한 감정에 대한 그녀의 표현에 공감이나 동정심으로 반응할 수 있다. 물론 나는 또한 나의 반응을 인지적으로 모니터하면서 내가 무엇에 반응하고 있는지를 파악하고, 어쩌면 반성을 통해 내 감정 반응을 '회한'이나 '동정'으로 '분류'하고 있기도 할 것이다. 엄마가 자장가 부르는 것을 들으면서 거기에 푹 빠져 있는 아기는 단지 비인지적이고 정감적인 평가, 즉 '**아이 맛있어**(Yum)!'나 그런 종류의 어떤 평가만을 하고 있을 수 있는 반면, 음악에 대한 나의 정감적 평가에는 상당한 인지적 활동이 관여한다. 그럼에도 불구하고 최소한 「내 잠은 점점 깊어가고」에 대한 나의 반응 중 일부는 주인공의 괴로움의 울음에 대한 즉각적인 감정 반응을 포함한다.

---

26) Sandra Trehub, 'Musical Predispositions in Infancy: An Update', R. J. Zatorre and Isabelle Peretz (eds.), *The Cognitive Neuroscience of Music* (Oxford: Oxford University Press, 2003), 13.

재저사이즈(Jazzercise) 효과

감정의 전염은 다른 사람들의 감정 표현에 대한 모방으로부터 오는 피드백을 통해 작동하게 되어 있다. 데이비스가 생각하는 것처럼 우리가 감정적 개 표현을 알아봄으로써 감정적으로 영향을 받는다는 것은 아마도 참이 아닐 것이다. 그러나 음악이 우리에게 생리적으로 직접적인 영향을 미친다는 것과 운동 체계에 직접적으로 작용한다는 것, 그리고 이러한 방식으로 음악에 영향을 받은 결과 우리의 주관적 느낌이 변한다는 것은 참인 것으로 보인다. 진정한 감정의 전염에서와 마찬가지로 이러한 반응은 무엇이 그 반응을 초래하는지에 대해 우리가 알아보지 **못한 채로** 초래된다.

일레인 햇필드(Elaine Hatfield)와 그녀의 동료들은 일상생활에서의 감정 전염의 메커니즘을 3개의 명제로 요약했다.

> 명제 1. 대화를 할 때 사람들은 타인의 표정, 목소리, 자세, 움직임 그리고 도구적 행위를 따라하고, 자신의 움직임을 그것들과 일치시키는 자동적이고 지속적인 경향이 있다.
>
> 명제 2. 주관적인 감정적 경험들은 순간순간 그러한 모방으로부터의 활성화 그리고(또는) 그로부터의 피드백에 의해 영향을 받는다.
>
> 명제 3. 명제 1과 2를 고려할 때 사람들은 순간순간 타인의 감정을 '포착'하는 경향이 있다.[27)]

다시 말해 감정 전염의 메커니즘은 운동 모방으로부터의 피드백에 의존한다. 어떤 의미에서 음악은 우리로 하여금 음악의 움직임을 모방하도록 유도한다. 그러나 보다 일반적으로 음악은 우리의 운동 체계와 다른 신체적 체계에 영향을 미침으로써 우리의 감정에 영향을 미친다.

---

27) Elaine Hatfield, John T. Cacioppo, and Richard L. Rapson, *Emotional Contagion* (Cambridge: Cambridge University Press; Paris: Editions de la Maison des Sciences de l'Homme, 1994), 10-11.

음악에 대한 어떠한 선행하는 '인지적 평가'가 **없어도**(혹은 선행하는 **정감적** 평가조차 **없어도**) 행복한 음악이 정말로 사람을 기분 좋게 하고 슬픈 음악이 슬프게 한다는, 그리고 불안한(restless) 음악은 사람을 불안하게 하고 차분한 음악은 차분하게 한다는 수많은 증거가 있다. 나는 이것을 '재저사이즈(Jazzerùse) 효과'라 부른다. 재저사이즈 효과에서 행복한 음악에 대한 행복한 반응은 음악이나 다른 어떤 것에 대한 평가에도 기초해 있지 않다. 그것은 반드시 음악을 누군가의 행복의 **표현**으로 듣는 것의 결과도 아니다. 행복한 음악은 그것이 행복의 표현으로 들리지 않을 때조차 우리에게 직접적인 영향을 끼친다. 「징글벨」은 '행복한 음악'이며 적당한 맥락에서 그것이 사람들을 더 행복해지게 할 수 있지만, 그것은 특히 표현적인 음악도 아니고 전형적으로 누군가의 행복의 표현으로 들리지도 않는다.

음악이 단지 아름답거나 흥미롭거나 표현적이라고 해서 우리에게 **쾌**를 주는지 그렇지 않은지, 혹은 음악이 들리거나 움직이는 방식에 대한 직접적 반응 때문에 음악이 우리에게 **행복**을 전염시키는지 그렇지 아닌지가 언제나 명확하지는 않다는 것은 널리 인정된다. 음악심리학에서의 많은 실험들은 음악이라는 인지적 대상을 향한 감정으로서의 쾌와 음악의 감정적 특질에 의해 직접적으로 유도된 감정으로서의 행복을 구분하지 못한다. 그리고 물론 실제 삶에서는 이 두 현상이 의심의 여지없이 자주 나란히 존재한다.

음악에 있는 감정 특질들 중 상응하는 감정 상태를 유도해내는 것으로 드러난 것은 오직 몇 가지뿐이다. 문학의 경우 반복적으로 나타나는 것은 행복, 슬픔, 불안함 그리고 차분함이다. 흥미롭게도, 이 심리 상태들은 — 판단 이론가들이 말할 수 있는 방식으로 — 어떤 것에 **대한** 것일 필요도 없으며(**그 상황은 나빠** 혹은 **그 상황은 좋아** 같은) 구체적인 정감적 평가에 의해 유발될 필요도 없다. 이것은 음악이 감정들 자체를 야기하는 것이 아니라 **기분**을 야기한다는 것을 시사한다. 실제로 고요함과 동요됨은 종종 기분으로 분류되긴 해도 일상적 의미에서의 감정은 전혀 아닌 것 같다.[28] 행복과 슬픔은 통상적인 감정 반응을 나타내는 용어 — '나는 제인이 상을 받았을 때 행복했고, 그 개가 죽었을 때 슬펐어' — 로 사용되기도 하고, 기분을 나타내는 용어 — '나는 하루 종일 행복한데/슬픈데 왜 그런지 모르겠

28) 예를 들면 데이빗 왓슨(David Watson)에 의해 그렇게 분류된다. *Mood and Temperament* (New York: Guilford, 2000) 참조.

어' — 로 사용되기도 한다.

기분과 감정은 모두 생리적 변화, 행동 준비태세에 있어서의 변화, 관점과 특징적인 주관적 느낌에 있어서의 변화를 포함한다. 그러나 대부분의 이론들에 따르면 기분은 감정보다 좀 더 **포괄적**이며 **퍼져** 있다. 또 기분은 **좀 더 오래 지속되고 좀 덜 강렬**하다.[29] 기분은 외부 사건들에 대한 평가를 포함하지 않는 방식으로, 예를 들어 약물이나 날씨에 의해서도(그리고 우리가 살펴보게 되겠지만 음악에 의해서도) 야기될 수 있다. 니코 프리자(Nico Frijda)와 폴 에크먼(Paul Ekman) 모두 기분이 감정 상태에 있기 위한 **역치를 낮춘다**고 주장한다. 프리자는 기분이 '어떤 사건들에 유쾌한 혹은 불쾌한 국면들이 있다고 평가하기 위한 역치가 낮춰진 상태'라고 말한다.[30] 그는 분명히 여기에서 긍정적인 기분과 부정적인 기분만을 고려하고 있다. 좀 더 일반적으로 말하자면 에크먼은 기분은 '감정을 불러일으키기 위한 역치를 낮추는데, 이것은 어떤 특정한 기분에서 가장 빈번하게 일어난다'고 말한다.[31] 그래서 불안한 기분일 때 무언가가 잘못되면 우리는 자제력을 잃기 쉽고, 행복한 기분일 때 역경을 대수롭지 않게 넘기기 쉽다.

몇몇 철학자들은 음악이 유발하는 감정들은 어떤 방식으로 잘려나가거나 색이 바랜 것이라고 말해왔다. 스티븐 데이비스는 우리가 정말로 음악에 감정적으로 반응하며 그 반응은 음악이 표현하는 것을 거울처럼 반영하지만, 그러한 반응은 표준적인 대상 지향적 감정 반응들보다 '사고에 덜 기초하고 있으며',[32] 대상을 결여하고 있다고 말한다. 즉, '음악에 대한 반응'은 슬픔, 기쁨, 두려움 같은 '대상이 없는 일상적 반응들에 비교될 수 있다'는 것이다.[33] 애론 리들리(Aron Ridley)는 이에 동의하여 음악이 유발하는 것은 '물질적 대상'을

29) 예를 들면 Nico Frijda, 'Moods, Emotion Episodes, and Emotions', M. Lewis and J. M. Haviland (eds.), *Handbook of Emotions* (New York: Guilford, 1993)와 Keith Oatley and Jennifer M. Jenkins, *Understanding Emotions* (Oxford: Blackwell, 1996) 참조.

30) Frijda, 'Moods, Emotion Episodes, and Emotions', 384.

31) Paul Ekman, 'Moods, Emotions, and Traits', Paul Ekman and Richard J. Davidson (eds.), *The Nature of Emotion: Fundamental Questions* (New York: Oxford University Press, 1994), 57.

32) Davies, *Musical Meaning and Expression*, 315.

33) Ibid. 302. 이러한 입장의 중요한 선구자는 제럴드 레빈슨(Jerrold Levinson)으로, 그는 음악에 대한 우리의 감정 반응에 있는 '인지적(혹은 생각 같은) 요소'는 '실제 삶 속 감정들의 인지적 요소와의 비교를 통해 변색된다(etiolated)'고 주장한 바 있다. Levinson, 'Music and Negative Emotion', 229.

결여하고 있기 때문에 감정의 실제적 에피소드가 아니라고 말한다. 오히려 유발되는 것은 '느낌'으로, 그가 이 단어를 통해 의미하는 것은 '인지적 국면을 박탈당한' 감정이다.[34] 그러나 감정이 자신들의 인지적 국면을 '박탈당한' 채로 유발될 수 있다고 단언하는 것만으로는 충분하지 않다. 우리는 이런 식으로 박탈당한 채로 감정이 어떻게 살아남을 수 있는지 알아야 한다. 내가 보기에 더 문제가 되는 것은 이러한 감정 상태들이 음악에 의해 어떠한 **정감적 평가** 없이도 유발되는 것으로 보이는데, 정감적 평가는 보통 감정 반응의 **필수조건**이라는 사실이다.

이에 대한 명백한 해결책은 음악이 감정 자체보다는 기분을 유발한다고 말하는 것이지만,[35] 데이비스는 최소한 이러한 결론에 저항한다. 그가 보기에 '음악에 대한 반응은 대상이 없는 기분과 같지 않다. 왜냐하면 전자는 음악에 대한 밀접한 관심을 개입시키며 그 집중적 관심에 대한 반응인 반면 후자는 감정의 대상을 결여하고 있을 뿐만 아니라 구체적 원인이나 초점도 결여하고 있다는 점에서 대상이 없는 것이기 때문이다.'[36] 데이비스의 논의는 그가 염두에 두고 있는 것이 「내 잠은 점점 깊어가고」 같은 진지한 '예술' 음악에 대해 우리가 보이는 풍부하고 미적인 종류의 반응이라는 것을 시사하며, 그러한 음악은 정말로 그 감정적 효과를 위해 음악의 세부사항들에 대한 집중된 관심을 요구할 수 있다. 그러나 이것들만이 우리가 음악에 보이는 **유일한** 반응은 아니다. 음악은 또한 우리가 (주의를 기울이더라도) 많은 주의를 기울여야 하는 것이 아닌 방식으로도 기분을 유도한다. 기분을 유도하는 음악의 힘은 주로 우리의 의식적 자각의 저변에서 작용하는 것으로 보인다. 실제로 당신이 엘리베이터나 식료품점에서 흘러나오는 음악에 주의를 기울이기 시작한다면 당신은 결국 출구로 향하게 될 가능성이 크다. 유행하는 많은 음악들은 대체 어떻게 그렇게 되는지 청자가 알지도 못한 채로 청자로 하여금 즐겁거나 우울하거나 성적으로 흥분되거나

34) Aaron Ridley, *Music, Value, and the Passions* (Ithaca NY: Cornell University Press, 1995), 32. 그러나 이러한 '느낌들'은 상응하는 감정의 '형식적 대상'에 의해 주어진 기술 하에서 세계를 경험하는 경향에 의해 구분된다. 그래서 슬픈 음악은 '특징적 형식의 행동'과 '식별을 가능케 하는 경험적 성격(주어진 느낌이 어떠한지, 그 느낌을 우리가 가지고 있다는 것을 우리가 어떻게 아는지)'뿐만 아니라 세계를 슬프게 보는 경향을 촉발한다. Ibid. 136. 리들리의 견해는 그가 감정보다는 기분에 대해 이야기하고 있다는 아이디어와 일관적이다.

35) 뒤에서 나는 이 견해를 수정할 것이다.

36) Davies, *Musical Meaning and Expression*, 302-3.

호전적인 상태가 되게 한다. 그리고 비록 「내 잠은 점점 깊어가고」에 대한 적절한 감정 반응이 그 음악에 섬세한 주의를 기울이기를 요구한다고 하더라도 이것이 동시에 잠재의식의 차원**에서도** 이 노래가 우리에게 영향을 미치는 것은 아니라는 것을 의미하지는 않는다.

어떻게 행복한 음악이 사람들을 행복하게, 그리고 차분한 음악이 사람들을 차분하게 할 수 있는가? 그에 대한 간단한 답은 행복한, 슬픈, 차분한 그리고 불안한 성격의 음악이 행복함, 슬픔, 고요함 혹은 불안함으로 경험되는 **생리적 변화, 운동 행위 그리고 행동 경향**을 야기한다는 것이다. 이러한 상태들은 단지 생리적인 상태이기보다는 **감정** 상태들이며, 특징적인 주관적 느낌만이 아니라 특징적인 인지적 활동을 야기한다. 즉, 사람들은 특징적 방식들로 세계를 보는 경향을 가지는 것이다. 그러나 비록 세계가 '재조합되고(regestalted)', 그래서 우리가 사물들에 대해 특정 관점을 취하고 특정 방식으로 세계를 보는 경향을 더 크게 가지게 되더라도 감정 과정을 촉발하는 어떤 개별적 사건이나 상황에 대한 정감적 평가는 없다(그리고 물론 감정의 '인지적 대상'도 없다). 우리가 취하는 관점은 포괄적인 것이 되기 쉽다. 우리는 우리 자신과 세계 일반을 긍정적이거나 부정적인 방식으로, 안심시키거나 불안정한 방식으로 본다.

그렇다면 음악이 기분을 유발한다는 것을 보여주는 증거는 무엇인가? 심리학에는 음악이 일터, 구매자 등에게 미치는 효과에 대한 연구를 포함하는 '인간요소 연구'라고 불리는 연구 영역이 있다. 그러나 나는 어떻게 음악이 병원에서 사람들을 차분하게 하는가 혹은 슈퍼마켓에서 구매자로 하여금 더 많이 구매하게 하는가보다는 음악 자체와 음악이 기능하는 방식에 관심을 가진 음악심리학자들이 제시하는 증거들에 집중할 것이다. 먼저 나는 음악이 정말로 신체적 변화를 야기한다는 것을 보여주는 증거에 집중한 다음, 그다음 절에서 이러한 신체적 변화가 감정적인 것으로 혹은 기분의 변화로 경험되고 기술되며, 인지의 다양한 국면들에 모종의 결과를 초래한다는 증거를 제시할 것이다.

재저사이즈 효과의 증거

음악이 생리에 영향을 미친다는 증거

음악이 신체에 직접적인 영향을 미친다는 기록은 많이 있다. 나는 음악이 청자에게 생리적 영향을 미친다는 것을 상당히 분명하게 보여주는 캐럴 크럼한슬의 실험에 대해 이미 논의한 바 있다. 그러나 수많은 다른 증거도 있다. 데일 발렛(Dale Barlett)은 생리적 변화를 초래하는 음악의 능력에 대한 1900년 초반부터 1994년까지의 130개의 연구조사를 살펴본 후, 그들 중 '대다수'가 '음악과 소리자극이라는 실험환경에 대한 심리적 반응을 입증한다'고 결론 내렸다.[37] 그가 살펴본 연구들 사이의 많은 차이들에도 불구하고 '자극적이라고 분류될 수 있는 (음악 혹은 음원의) 시험 자극'[예를 들어 행진곡 유형의 음악, 리듬이 있는 선율, 매우 큰 소리 조건, 백색 소음, 빠른 박자, 자극적 리듬, 그리고 청각적 개시(onset)]이 심박동수나 맥박수를 **증가시키고**, '진정시키는 것으로 분류될 수 있는 시험 자극'(예를 들어 '우울한' 음악, 느린 박자, 긴장 이완형의 음악, 진정시키는 클래식 음악, 화음의 조화 등)은 심박동수나 맥박수를 **감소시킨다**는 것을 알아냈다.[38] 심박동수나 맥박수를 증가시키는 곡들 중에는「카르멘(*Carmen*)」의 '투우사의 노래(Toreador song)'와「성조기여 영원하라(Stars and Stripes)」가 있고, 그것들을 감소시키는 것에는 차이코프스키의「전원(*Pathétique*)」교향곡이 있다.

음악이 사람을 동요시키거나 차분하게 할 수 있다는 가장 분명한 증거는 피부전도도의 측정에서 발견된다. 흥분시키는 음악은 피부전도도의 저항을 감소시키고, 차분하게 하는 음악은 저항을 증가시킨다.[39] 연구된 다른 측정치에는 호흡수, 혈압, 근육의 긴장과 운동 행위, 손가락 혹은 말초 온도 그리고 위 수축이 있다. 안타깝게도 그 실험들은 너무 많은 상이한 유형의 음악적 자극과 너무 많은 상이한 실험 포맷을 사용하기 때문에 특정한 기분

---

37) Dale L. Bartlett, 'Physiological Responses to Music and Sound Stimuli', Donald A. Hodges (ed.), *Handbook of Music Psychology*, 2nd edn. (San Antonio, Tex.: Institute for Music Research, 1996), 375.

38) Ibid. 355.

39) 그 예로는 G. H. Zimny and E. W. Weidenfeller, 'Effects of Music Upon GSR and Heart Rate', *American Journal of Psychology* 76 (1963)이 있다.

상태를 특정한 음악적 변수와 연결할 수 있을 수많은 연구들을 아우르는 일치하는 결과가 없다. 그럼에도 불구하고 — 놀랍지 않게도 — 그것은 적절한 종류의 음악이 사람들을 생리적으로 동요시키거나 차분하게 할 수 있다는 것을 입증한다.

비록 이것은 경험적으로 확증하기에 다소 흥미로운 것이긴 하지만, 음악이 특정한 기분을 유발한다는 것을 보여주기에는 충분하지 않다. 2장에서 싸움-도주 증후군(고전적인 '동요'증후군)에 대해 논의하면서 우리는 동요가 몇몇 상이한 부정적 감정에 특징적으로 나타난다는 것과 일부 긍정적 감정에도 특징적으로 나타난다는 것을 보았다. 나는 동요되고 행복할(들뜨고 활기 넘칠) 수도 있고, 동요되고 행복하지 않을(불안하고 초조할) 수도 있다. 나는 차분하고 행복할(고요할) 수도 있고, 차분하고 행복하지 않을(무기력하거나 낙담될) 수도 있다. 음악에 의해 유도된 생리적 변화에 대한 다른 연구들은 좀 더 많은 정보를 준다.

각각 독립적으로 행복한, 슬픈, 고요한 그리고 격앙된(agitated) 것으로 판단되는 클래식 음악을 발췌하여 사용한 니클리섹(Nyklicek)과 그의 동료들의 연구는 그러한 음악에 의해 유도되는 감정이 심폐활동에 기반을 두고 믿을 만한 방식으로 구별된다는 것을 알아냈다.[40] 뚜렷하게 행복한, 슬픈, 고요한, 격앙된 성격의 음악 사례들을 이용한 실험에서 윗블리엣(Witvliet)과 동료들은 불안한 음악이 피부전도도와 심박동수의 자율신경계 측정에서 뚜렷한 동요 효과를 유발한다는 것을 발견했다.[41] 어쩌면 더 중요한 것은 그들이 얼굴 근운동 기록 기술을 사용하여 행복한 음악은 잠재의식 속에서 **미소**를 유도하고, 슬픈 음악은 잠재의식 속에서 **찌푸린 얼굴**을 유도한다는 것을 알아냈다는 것이다. 다시 말해, 이것은 특별히 행복하거나 슬픈 성격을 가진 음악이 상응하는 감정 상태에 특징적인 표정을 유도한다는 증거이다. 런크비스트(Lundqvist)와 그의 동료들은 본질적으로 동일한 것을 좀 더 전문적인 언어로 기록한다. 그들의 실험에서 '행복한 음악은 슬픈 음악에 비해 더 큰 광대뼈 활

40) I. Nyklicek, J. F. Thayer, and L. J. P. van Doornen, 'Cardiorespiratory Differentiation of Musically-Induced Emotions', *Journal of Psychophysiology* 11 (1997). 논의를 보려면 Scherer and Zentner, 'Emotional Effects of Music: Production Rules', 376 참조.

41) C. V. Witvliet and S. R. Vrana, 'The Emotional Impact of Instrumental Music on Affect Ratings, Facial Emg, Autonomic Response, and the Startle Reflex: Effects of Valence and Arousal', *Psychophysiology Supplement* 91 (1996). C. V. Witvliet, S. R. Vrana, and N. Webb-Talmadge, 'In the Mood: Emotion and Facial Expressions During and after Instrumental Music, and During an Emotional Inhibition Task', *Psychophysiology Supplement* 88 (1998). Juslin, 'Communicating Emotion in Music Performance', 329와 Scherer and Zentner, 'Emotional Effects of Music', 376에서 논의되었다.

동[미소], 더 큰 피부전도도, 더 낮은 손가락의 온도, (피험자 자신이 기록하기에) 더 큰 행복, 그리고 더 적은 슬픔을 야기했다'.[42]

음악은 또한 명백하게 호르몬 활동에도 직접적인 영향을 미친다. 페레츠는 음악이 '엔도르핀의 대립자의 활동, …… 그리고 코티솔(cortisol) 측정에서 시사되듯 [신경화학적] 반응을 일으키는 데 효과적'이라는 것을 시사하는 자료들이 있다고 기록한다.[43] 예를 들어 엄마의 노래를 듣는 젖먹이 아기의 경우 그들의 타액 속 코티솔에서 뚜렷한 동요-조정 효과가 보였다.[44] 신경생리학자 월터 프리먼(Walter Freeman)도 음악을 듣는 동안 옥시토신이 분비될 수 있다고 주장했다.[45] 그러나 지금까지는 이 문제에 대한 아주 적은 양의 자료만 있을 뿐이다. 게다가 이러한 호르몬 활동 중 일부는 단지 음악이 좋게 들리기 때문에 생기는 그 음악에 대한 유쾌한 반응 혹은 복잡한 음악적 구조가 펼쳐지는 동안의 고양된 긴장의 순간에 대한 유쾌한 반응의 일부일 수 있다.

특정 유형의 감정적 특징을 가진 음악이 움직임과 행동 경향에 미치는 효과에 대한 더 좋은 논증도 있다. 음악과 움직임의 연결은 아리스토텔레스 이후로 강조되어왔고, 바로크 이론가들에 이르기까지 데카르트적 전통의 일부였다. 데카르트에 따르면 음악은 직접적으로 동물 영혼의 움직임을 유도하고, 그것은 다시 근육에 작용한다. 많은 음악은 특정 활동을 촉진하기 위해 만들어졌다. 이를테면 군대의 행진을 위한 활기차고 군인다운 음악, 장례행렬을 위한 슬프고 위엄 있는 음악, 자장가를 위한 온화하고 부드러운 음악, 다양한 춤을 위한 다양한 종류의 다양한 정도로 동요시키는 음악, 노동요(work tune) 등이 있는 것이다. 이 모든 것은 직관적으로 명백해 보인다. 그러나 슬로보다와 저슬린은 음악이 움직임을 유도한다는 아이디어에 대한 경험적 증거가 있음을 주장하는 몇몇 출처를 인용한다. 그들은 또한 '음악에 대한 공공연한 반응을 억제할 때조차 청자들은 여전히 잠재의식적인

42) Scherer and Zentner, 'Emotional Effects of Music', 376에서 쉐러에 의해 인용되었다.

43) Peretz, 'Listen to the Brain', 126.

44) Trehub, 'Musical Predispositions in Infancy: An Update', 11.

45) 이것은 David Huron, 'Is Music an Evolutionary Adaptation?', R. J. Zatorre and Isabelle Peretz (eds.), *The Biological Foundations of Music* (New York: New York Academy of Sciences, 2001), 57에 기록되어 있다.

(subliminal) 물리적 활동에 참여할 수 있다'고 지적한다.[46]

진짜 '전염적'인 것인 것으로 보이는 음악의 국면은 '리듬'이다. 한 흥미로운 연구는 자장가를 듣는 동안 성인들의 심장박동수가 뚜렷하게 감소하고, 그들의 '호흡 리듬이 음악의 리듬과 일치되었다'는 것을 보여주었다.[47] (재즈를 듣고 있던 대조군에서는 그런 효과가 발견되지 않았다!) 쉐러는 '영향을 받기 쉬운 사람들'은 음악을 따라 움직이지 **않기** 어려워한다고 말하고, '그러한 내적 리듬과 외적 동인의 연결은 …… 매우 어린 나이에 있을 수도 있다'는 것을 보여주는 것으로 보이는 연구들을 인용한다.[48]

그렇다면 어떤 의미에서 음악은 정말 전염성이 **있는데**, 그 전염성은 우리가 음악 속에서 감정 표현을 알아보기 때문이 아니라 데이비스가 생각하는 것처럼 우리가 음악 속 감정 표현에 의해 영향을 받기 때문에 있는 것이다. 음악은 재저사이즈 효과 덕분에 전염성이 있다. 그것은 사람들의 생리에 직접적으로 영향을 미친다. 그렇다면 키비가 주장한 것과는 반대로, 음악이 약물과 아주 유사하게 자극 대상으로 작용할 수 있다는 것은 꽤 분명하다. 운동 활동과 자율신경계 활동의 측정이 나타내듯, 동요시키는 음악은 정말로 사람들을 동요시키며 차분한 음악은 정말로 사람들을 차분하게 한다. 더욱이 음악은 행복과 슬픔에 특징적인 생리적 변화와 행동 경향을 유도한다. 그러나 이것은 사람들이 실제로 서로 다른 **기분**에 있다는 것을 보여주기에 충분한가? 이것이 단지 생리적 변화, 운동 활동, 그리고 행동 준비태세만이 아닌 **관점의 변화, 특징적 방식으로 세계를 보는 경향**(비관적으로 혹은 낙관적으로 보는 경향) 또한 포함한다는 것을 기억하라.

음악이 기분을 조종한다는 증거

12장에서 우리는 크럼한슬의 실험에서 자신들이 서로 다른 유형의 음악을 들으면서

46) Sloboda and Juslin, 'Psychological Perspectives on Music and Emotion', 88.

47) Scherer and Zentner, 'Emotional Effects of Music', 378.

48) Ibid. 371-2. 이 분야의 선구자는 맨프레드 클라인즈(Manfred Clynes)이다. 일례로 그의 'Neurobiologic Functions of Rhythm, Time and Pulse in Music,' id. (ed.), *Music, Mind, and Brain* (New York: Plenum, 1982) 참조.

실제로 구별되는 감정들을 경험했다고 기록하는 피험자들의 보고와 생리적 변화들이 서로 관련되어 있었음을 보았다.[49] 그러나 잘 알려져 있듯 피험자들의 자기보고가 항상 믿을 만하지는 않다. 음악의 생리적 효과가 사람들의 관점과 세계를 보는 방식의 변화 역시 초래한다는 것을 우리가 다른 수단을 통해 확증할 수 있다면 좋을 것이다.

신체 변화가 단독으로 견해나 관점의 변화와 같은 인지적 변화를 만들어낼 수 있다는 아이디어는 윌리엄 제임스(William James)에게로 거슬러 올라간다.

> 경험을 해본 누구나 알고 있듯, 도덕교육에서 이것보다 더 가치 있는 교훈은 없다. 만약 우리가 우리 안의 바람직하지 않은 경향들을 억누르기 원한다면 우리는 끊임없이 그리고 먼저 냉철하게 우리가 양성하기를 원하는 반대되는 성향들의 **외적 움직임**을 경험해야 한다. 지속적인 노력의 보상은 어김없이 찾아와 음울함이나 우울함은 희미해지고, 진정한 쾌활함이나 친절함이 그 자리에 찾아올 것이다. 이마를 펴고 눈을 밝히고 배 부분보다는 등 부분을 수축시키고, 장조 조성으로 말하고, 온화한 칭찬을 건네라. 그랬을 때 당신의 심장이 차차 녹지 않는다면 당신의 마음은 몹시 차가운 것이 분명하다![50]

의미심장하게도 우울증의 주된 치료법 중 하나는 행위적인 것이다. 이전에 당신이 즐겼던 활동들에 참여하는 것은 당신의 기분을 나아지게 하는 좋은 처방이다.[51] 기분 전문가인 데이빗 왓슨(David Watson)은 당신의 기분을 나아지게 하는 최고의 방법은 단순하게 어떤 활동에 참여하는 것임을 분명히 한다.[52] 이와 유사하게, 내가 2장에서 기록한 바와 같이 폴 에크먼은 사람들에게 특정한 표정을 짓게 하면 그것이 그에 상응하는 생리적 활동과 주관적 느낌을 유도한다는 것을 알아냈다.

음악 자체에 특별한 관심이 없는 심리학자들은 종종 음악을 기분 유도의 방편으로 사

49) 슬로보다와 저슬린 역시 '청자들이 음악과 관련하여 감정을 경험한다는 자기보고에서 증거를 제공하는' 수많은 다른 연구들을 나열한다. 'Psychological Perspectives on Music and Emotion', 84.

50) William James, *The Works of William James*, ed. Frederick H. Burkhardt, 3 vols. (Cambridge, Mass.: Harvard University Press, 1981), ii. 1077-8. 나는 3장에서 이미 이 구절을 인용했다.

51) Peter M. Lewinsohn et al., *Control Your Depression* (New York: Prentice-Hall, 1986), 특히 6장 참조.

52) Watson, *Mood and Temperament*, 102.

용하여 피험자가 긍정적이거나 부정적인 특정 기분에 있을 때 일어나는 일들을 측정한다. 이와 관련하여 몇몇 흥미로운 결과들이 있다. 한 연구에서 '슬픈 음악을 들은 후 우울함을 느낀 참가자들은 애매한 감정 표현을 하고 있는 얼굴에서 더 많은 거절이나 슬픔을 지각해냈고, 분명하고 애매하지 않은 표현을 하고 있는 얼굴에서 더 적은 초대나 행복을 감지해냈다.'[53] 폴라 니덴탈(Paula Niedenthal)과 그녀의 동료들은 행복한(슬픈) 음악이 피험자들로 하여금 다른 이들에게서 행복한(슬픈) 얼굴을 더 빨리 감지해내도록 하며, '행복한'('슬픈') 같은 단어들을 더 빨리 알아차리게 한다는 것을 알아냈다.[54] 음악은 또한 기억에도 영향을 미친다. 적절한 음악을 들려주는 것을 통해 기분을 유도해냈다고 알려진 한 기분 유도에 대한 연구는 특정 기분의 영향 하에서 누군가가 기억한 사건들은 그 기분이나 그와 비슷한 기분이 유발되었을 때(이 경우 음악에 의해 그러한 기분이 유발되었을 때) 더 잘 상기된다는 것을 보여주었다. 쉐러는 '그러한 효과를 촉발하는 것은 대체로 그 감정 상태의 감정가 차원'이라고 말한다.[55] 즉 문제의 그 감정들이 단순히 긍정적이고 부정적인 정감 혹은 '행복'과 '슬픔'이라는 것이다.

한 실험자는 '음악의 기분 유도 절차가 결정 시간, 거리 측정 그리고 쓰기 속도(기분에 의해 영향을 받는다고 믿어지는 행위들)와 같은 행위 척도들에 큰 영향을 미쳤다'는 것을 알아냈다.[56] 다른 한 연구에서는 '긍정적, 부정적 혹은 중립적 효과'를 유도하기 위해 그에 적합한 음악을 들려준 후 청자들에게 그들 자신의 '특유한 기질과 성격(당신은 얼마나 영리한가? 당신은 얼마나 친절한가?)에 대해 평가하도록 요청했다. 피험자들은 슬픈 음악을 들은 후와 비교해서 행복한 음악을 들은 후에 자기 자신에 대해 더 호의적으로 등급을 매긴다는 것이 밝혀졌다.'[57] 이

---

53) Scherer and Zentner, 'Emotional Effects of Music: Production Rules', 374. 여기서는 A. L. Bouhuys, G. M. Bloem, and T. G. Groothuis, 'Induction of Depressed and Elated Mood by Music Influences the Perception of Facial Emotional Expressions in Healthy Subjects', *Journal of Affective Disorders* 33 (1995)을 인용하고 있다.

54) 그 예로 P. M. Niedenthal and M. B. Setterlund, 'Emotion Congruence in Perception', *Personality and Social Psychology Bulletin* 20 (1994); P. M. Niedenthal, M. B. Setterlund, and D. E. Jones, 'Emotional Organization of Perceptual Memory', P. M. Niedenthal and Shinobu Kitayama (eds.), *The Heart's Eye* (San Diego, Calif.: Academic Press, 1994); P. M. Niedenthal and M. Brauer, J. B. Halberstadt and A. H. Innes-Ker, 'When Did Her Smile Drop? Facial Mimicry and the Influences of Emotional State on the Detection of Change in Emotional Expression', *Cognition and Emotion* 15 (2001) 참조.

55) Scherer and Zentner, 'Emotional Effects of Music', 373.

56) Sloboda and Juslin, 'Psychological Perspectives on Music and Emotion', 84.

57) 이것은 Scherer and Zentner, 'Emotional Effects of Music', 380에 기록되어 있다.

실험은 쉐러에 의해 기록되었는데, 그는 '흥미롭게도 이러한 효과는 낮은 자긍심을 가진 피험자들에게 더 크게 나타났는데, 이것은 이 특정 그룹이 기분 조정에 더 민감하다는 것을 시사한다'라고 말한다.[58] 그리고 플라톤에 대한 한 유쾌한 주석에서 프리드(Fried)와 베르코비츠(Berkowitz)의 실험은 네 그룹의 사람들에게 진정시키는, 자극하는 혹은 '혐오감을 주는' 음악의 사례들을 들려주었을 때(혹은 대조군의 경우, 아무런 음악도 들려주지 않았을 때), '진정시키는 음악을 들은 피험자들이 그 이후 즉각적으로 이타적 행동을 가장 잘 보여주는 경향이 있었다.'[59] 다양한 그룹에서의 기분 등급측정은 '진정시키는 음악과 자극하는 음악이 다소 다른 긍정적 기분들을 만들어낸다'는 것을 시사했다.[60]

우리는 모두 '정신전환(mind-altering)' 물질을 취하는 것의 효과는 물론이고 재저사이즈나 다른 종류의 운동이 가지는 기분전환 효과에 익숙하다. 우리가 너무도 잘 알고 있듯이 술과 같은 어떤 약물은 우울하게 하는 효과를 가지고 있기도 하지만, 보통 그러한 약물 사용의 목적은 행복이나 희열을 얻는 것이다. 두드러지게 행복하거나 슬픈 성격의 음악도 이와 다르지 않은 방식으로 작용하는 것 같다. 그것은 신체적 변화를 유도하고, 제임스가 아주 유려하게 제안했듯이 그 변화는 다시 세계를 긍정적으로 혹은 부정적으로 평가하는 경향을 이끌어낸다. 그러한 효과는 무언가 좋은 일이 일어났다거나 누군가가 상실을 겪었다는 정감적 평가에 의해 야기되는 행복이나 슬픔의 경향을 상쇄하지는 않을 것이다. 만약 어머니가 돌아가셨다는 사실을 내가 방금 알았다면 행복한 음악은 아마도 나를 기운 나게 하지 않을 것이다. 오히려 그것은 세계를 보는 나의 관점과 맞지 않는 신체적 효과를 야기하는 경향이 있다는 바로 그 이유로 나를 짜증나게 할 수 있다. 내가 이야기하고 있는 효과들은 또한 아주 오래 지속되지 않을 수 있다. 그럼에도 불구하고 아무리 약하고 일시적인 것이든 간에 그 효과들은 진짜인 것 같다.

58) Ibid.

59) Ibid. 378. 여기서는 R. Fried and L. Berkowitz, 'Music That Charms …… and Can Influence Helpfulness', *Journal of Applied Social Psychology* 9 (1979)를 인용하고 있다. 이 '이타적 행동'은 다른 연구를 위해 자원하는 것이다!

60) 그 혐오스러운 음악은 '부정적 느낌을 유발하는 경향이 있다'. Scherer and Zentner, 'Emotional Effects of Music: Production Rules', 378. 이런 문제들에 대해 글을 쓰는 심리학자들은 지속적으로 마치 음악에서 쾌나 불쾌를 찾는 것이 음악에 의해 차분하거나 동요된 상태 혹은 행복하거나 슬픈 기분에 놓이는 것과 같은 종류의 '감정적 효과'인 것처럼 이야기한다. 그러나 그 음악을 싫어하는 것은 그 음악을 향한 정감적 상태이지 그 음악에 의해 야기된 상태도 아니고 어떤 특정한 것을 향하고 있는 것도 아니다.

재저사이즈 감정들에 이름 붙이기

보통 감정들은 **위협**! **상실**! 혹은 **목표달성**! 같은 **정감적** 평가의 결과이다. 그러나 음악은 — 그것이 서구적 예술 음악이든 록 음악이든 혹은 아프리카 북 음악이든 — 생리적 변화, 표정, 행동 경향을 유도할 수 있고, 제임스적 의미에서 이것들은 모두 그 자체로 청자를 특정한 기분에 놓이게 할 수 있다. 그러나 청자들은 단지 어떤 동요의 상태나 기분에 있다고 스스로를 묘사하지 않는다. 그들은 음악을 들은 결과로 자신들에게 종종 **감정**을 귀속시킨다. 예를 들어 크럼한슬의 실험에서 사람들은 자신들이 '행복한' 느낌뿐만 아니라 '만족한' 혹은 '즐거운' 느낌을 가지며, 또 '염려하는' 느낌뿐만 아니라 '두려운' 그리고 '놀란' 느낌을 갖는다고 묘사했다. 우리는 음악이 생리적으로 매우 유사한 방식으로 영향을 미침에도 불구하고 왜 서로 다른 청자가 자신들의 정감적 경험을 각기 다르게 묘사하는지 알지 못한다. 그러나 여기에 대한 그럴듯한 추측은 청자들은 자신들이 음악에 가져오는 서로 다른 맥락에 따라 자신의 생리적/정감적 상태에 상이하게 **이름을 붙인다**는 것일 것이다. 우리가 11장에서 살펴보았듯이 에드워드 콘(Edward T. Cone)은 음악이 서로 다른 수많은 '내용들'과 일관적이며, 각 내용은 서로 다른 '맥락'에 의해 구분된다고 말한다. 이와 유사한 무언가가 음악에 대한 우리의 감정 반응에 있어 참일 수 있다. 음악은 기분 — 흥분함이나 차분함, 행복함이나 슬픔 — 을 유도하며, 기분은 청자들이 음악에 가져오는 맥락에 따라 서로 다른 방식으로 해석된다. 크럼한슬의 실험에서 하나의 명백한 맥락은 몇몇 곡에 동반되는 표제이다. 또 다른 명백한 맥락은 이 곡들을 둘러싼 문화적 연상일 것이다. 특히 바버의 「아다지오」나 「민둥산에서의 하룻밤」은 구체적인 우울한 사건들 혹은 으스스한 사건들을 연상시킨다.[61]

3장의 끝부분에서 나는 '잘못된 귀속(misattribution)'의 전문가인 심리학자 스탠리 섁터(Stanley Schachter)의 연구에 대해 논의했다. 그는 일련의 실험들을 통해 사람들이 동요된 상태에 있는데 그에 대한 적절한 설명이 그들에게 없을 때 그들은 섁터가 '평가적 필요'라고 부

61) 12장 각주 66 참고.

르는 것을 경험한다는 것을 보여준다.[62] 다시 말해 그들은 자신들의 동요된 상태를 가장 **적절한** 방식으로 이해할 필요를 느낀다. 그 결과 사람들은 자신들이 처해 있는 맥락에 가장 적절해 보이는 감정 단어를 사용하여, 어떤 설명할 수 없는 동요의 상태에 이름을 붙이는 경향이 있다. 그 유명한 '섹터와 싱어의 실험'에서 피험자들은 동요된 상태에 있었는데, 그들에게는 그에 대한 적절한 설명이 없었다. 그래서 그들은 그 상태에 대한 설명을 찾았다. 그리고 그들은 자신들이 처한 사회적 맥락에 따라 그 상태에 이름을 붙였다. 동일한 동요의 상태에 있는 서로 다른 사람들은 그 상태를 자신들이 제시한 서로 다른 맥락에 비추어 해석했기 때문에 그 상태에 서로 다른 이름을 붙였다.[63]

이 모든 것은 어떻게 음악과 관련이 있는가? 나의 제안은 최소한 때로는 음악이 섹터의 유명한 실험에서 에피네프린(부신호르몬)이 담당했던 것과 유사한 역할을 한다는 것이다. 그것은 청자를 **동요시키고** 청자로 하여금 어떤 신체적 상태나 기분 상태에 있게 한다. 그러나 실험에서와 마찬가지로 청자들에게는 자신들의 동요된 상태에 대한 좋은 설명이 없다. 결국 왜 음악이 나를 염려하거나 두렵게 느끼도록 해야 하는가? **위협**!이라는 정감적 평가를 보증하는 것은 아무것도 없다. 그러한 설명되지 않는 동요의 상황에서 청자들은 평가적 필요를 경험한다. 그래서 그들은 섹터의 실험에서 피험자들이 했던 것을 한다. 그들은 자신들에게 모호하게 느껴지는 정감적 상태에 붙일 적절한 이름을 찾아 주위를 살피고, 자신들이 그 경험에 가져오는 맥락에 따라 자신들의 동요된 상태에 **이름을 붙인다**. 그 결과 서로 다른 사람들은 자신들이 음악에 가져오는 서로 다른 맥락에 따라 그 동요된 상태에 서로 다른 방식으로 이름을 붙인다. 만약, 음악을 들을 때 내가 하고 있는 것이 **음악을 듣는**

62) 어떻게 집단들이 (일종의 전염 효과를 통해) 자신들의 상황에 어떤 반응이 적절한지에 대한 의견 일치를 이루게 되는지에 대한 흥미로운 연구를 보려면 Stanley Schachter, *The Psychology of Affiliation: Experimental Studies of the Sources of Gregariousness* (Stanford, Calif.: Stanford University Press, 1959) 참조. 나는 이 참조 문헌과 관련하여 마이클 손택(Michael Sontag)에게 감사한다. 섹터(Schachter) 역시 Stanley Schachter and Jerome Singer, 'Cognitive, Social, and Physiological Determinants of Emotional State', *Psychological Review* 69 (1962)에서 '평가적 필요'를 언급한다.

63) 오늘날 많은 이론가들은 섹터와 싱어(Singer)의 실험이 신빙성를 잃었다고 본다. 왜냐하면 그 실험은 정확하게 다시 시행된 적이 한 번도 없기 때문이다. 그러나 나는 '감정 이론'과 관련하여 그 실험이 가지는 어떤 결론에도 기대고 있지 않다. 나는 애매한 상황에서 우리가 우리 자신에게 그럴듯해 보이는 방식으로 감정 상태를 귀속시키는 방식과 관련하여 섹터가 수행한 많은 실험 중의 하나로 그 실험을 취급한다. 그러나 내가 강조하겠지만, 그 실험을 '작화'의 일례로 취급함에 있어 우리는 자신의 감정 상태에 이름 붙이는 것은 실제로 우리의 감정 상태를 바꾸는 효과를 가진다는 것을 유념해야 한다.

것임을 완벽하게 자각하고 있기 때문에 나의 동요된 상태에 대한 설명을 찾기 위해 주위를 살필 필요가 없다고 누군가 반박한다면,[64] 나는 감정이 작동하는 방식을 고려할 때 어떤 감정이 우리에게 야기된 것으로 보이는데 그 감정에 책임이 있을 수 있는 어떠한 정감적 평가도 찾지 못하는 것은 우리를 어리둥절하게 한다고 주장한다. 우선 첫째로 재저사이즈 효과는 의식적 자각의 저변에서 그리고 우리의 통제 밖에서 작동한다. 나는 음악이 나의 신체에 어떻게 영향을 미치는지를 파악하기 위해 주의를 기울여야 한다. 그리고 둘째로, 만약 우리가 의식적으로 자신이 동요되었음을 **느끼고**, 자신이 어떤 기분상태에 있다는 것을 **느낀다고** 하더라도 우리는 여전히 어리둥절할 것이다. 왜냐하면 두려움이나 비탄이나 만족이라는 감정 반응을 정당화할 수 있는 어떤 일도 실제 세계에서 일어나고 있지 않기 때문이다. 일어나고 있는 일이라고는 음악이 들리고 있다는 것뿐이다.[65]

내가 3장에서 설명한 것과 같이, 섹터와 싱어의 실험은 종종 단순한 '잘못된 귀속'의 한 예로 묘사된다.[66] 사람들은 자신들이 화가 났거나 희열에 빠져 있다고 생각하지만 (어쩌면) 그들은 착각하고 있다는 것이다. 그러나 내가 앞서 지적한 바와 같이 우리의 감정에 이름을 붙이는 것은 종종 자기 충족적 예언이 된다. 만약 내가 심리적으로 동요된 상태에 있고 나의 그 상태에 '불안한'이라는 이름을 붙인다면, 나는 불안한 정감적 평가를 하고 불안한 듯 행동하는 등의 모습을 취할 가능성이 매우 크다. 반면 만약 내가 자신에게 '두려운' 혹은 '놀란'이라는 이름을 붙인다면 나는 앞서와 다른 정감적 평가를 하고, 다소 다른 감정 상태에 도달할 가능성이 크다.[67] 경험에 이름을 붙이는 것은 **인지적 모니터링**의 일부이며, 인지적 모니터링은 그 자체로 신체적 변화, 행동 경향 그리고 정감적 평가에 다시 영향을 줌으로써 **경험의 성격을 바꾼다**.

---

64) 내가 2003년 워싱턴 미국철학회 동부지구 모임에서 열린 음악철학에 대한 심포지엄에 초대를 받고 읽은 이 장의 한 버전과 관련하여 제럴드 레빈슨은 이 점을 분명히 했다. 나는 레빈슨의 사려 깊은 논평에 감사한다.

65) 내가 여기에서 나의 주의를 재저사이즈 효과에 한정하면서 일단 감정의 다른 가능한 원천들—키비 감정이나 마이어 감정 혹은 음악을 어떤 주인공의 감정 표현으로 들음으로써 귀결될 수도 있는 감정 같은 것들—을 도외시하고 있다는 점에 주목하라. 그러나 이 원천들은 모두 우리가 음악을 그 안에서 듣게 되는 맥락의 일부일 것이다.

66) 예를 들면 Paul Griffiths, *What Emotions Really Are: The Problem of Psychological Categories* (Chicago: University of Chicago Press, 1997)에서 그렇게 기술하고 있다.

67) '두려움(afraid)'을 느끼려면 나는 무언가에 의해 혹은 민둥산의 마녀들에 대한 생각 같은 무시무시한 생각에 의해 무서워져야 한다. 따라서 내가 음악에 가져가는 맥락은 이것을 허용해야 한다.

오틀리(Oatley)와 젠킨스(Jenkins)는 '어떤 상황에서 획득된 감정이나 동요는 다른 상황에서의 행동과 감정의 강도에 영향을 미칠 수 있는데, 특히 관련된 사람들이 자신들의 기분이 왜 그런지 모르는 경우에 더욱 그렇다'는 것에 주목한다.[68] 동요의 효과를 보여주는 한 예를 더튼(Dutton)과 애론(Aaron)이 수행한 유명한 실험에서 볼 수 있는데, 이들은 피험자들이 '높고 꽤 겁나는 현수교를 건넌 후 좀 더 쉽게 사랑에 빠지게 된다'는 것을 알아냈다.[69] 오틀리와 젠킨스는 이것을 '잘못된 귀속'의 한 예로 본다. 그러나 내가 동요되었고, 그 이유를 모르기 때문에 내가 나 자신에게 '사랑에 빠진'이라는 이름을 붙이고, 사랑에 빠졌다는 것이 나의 동요된 상태에 대해 주어진 가장 좋은 설명으로 보인다면 거의 틀림없이 나는 재빨리 **사랑에 빠지게 될** 것이다. 이름을 붙이는 나의 행동은 나의 감정 상태에 영향을 미친다. 이와 유사하게 우리가 음악을 들을 때 동요된 상태가 유도되고, 그 동요된 상태에 우리가 어떻게 이름 붙이는가 하는 것은 어느 정도까지는 내가 어떻게 느끼는지에 영향을 미친다. 음악이 나에게 유도한 정감적 상태를 묘사할 때 내가 단지 기분 용어만을 사용하지 않는 이유가 그것이다. 나는 또한 **감정**도 나에게 귀속시킨다. 비록 나의 느낌 상태가 어떤 정감적 평가의 결과가 아닐 수 있더라도 말이다. 엄밀히 말하자면, 내가 적절한 정감적 평가를 하기 시작하지 않는 한, 그리고 그러한 평가를 하기 시작할 때까지 나는 어떠한 감정도 나에게 귀속시켜서는 안 된다. 그러나 일단 내가 나의 느낌을 특정한 감정 상태인 것으로 해석하고 나면, 이것은 자기 충족적 예언이 되는 경향이 있다. 나는 세계를 적합한 방식으로 보기 시작하고, 그에 상응하는 정감적 평가를 내리기 시작한다. 요약하자면 감정은 신체적 변화에서 시작하고, 그것은 또 기분을 유도하며, 우리로 하여금 어떤 감정 상태에 들어가기 더 쉽게 한다. 우리가 어떤 감정 상태에 들어가는가 하는 것은 우리 자신이 처한 맥락을 참고하여 우리의 신체적 상태를 해석한 결과이다.[70] 우리는 이러한 과정을 '작화(confabulation)'라

---

68) Oatley and Jenkins, *Understanding Emotions*, 281.

69) Ibid.

70) 그러나 이러한 인지적 모니터링이 음악에 대한 많은 통찰을 가져오지 않을 수 있다는 것에 주목하라. 내가 계속 강조하고 있듯 재저사이즈 효과는 음악이 좋은 나쁘든, 단순하든 복잡하든 어떤 음악에서도 일어나는 아주 광범위한 효과이다. 따라서 재저사이즈 효과에 이름을 붙이는 것은 아마도 음악에 반응하는 특별히 통찰력 있는 방식이 아닐 것이고 당연히 우리를 분명히 오도할 수 있다. 반면 우리가 복잡하고 좋은 음악을 듣는다면 음악을 들으면서 우리 몸의 상태에 주목하는 것은 내가 12장에서 주장했듯이 음악 속 발전들을 재인하는 데 도움이 될 수 있다.

고 기술할 수도 있지만, 꾸며낸 이야기로 시작한 것이 실현되게 될 수도 있다.

만약 이와 같은 그림이 정확하다면, 음악의 어떤 악절이 특히 감정적으로 동요시키는지에 대한 일반적인 의견 일치는 있겠지만, 그 악절이 정확히 무엇을 나타내고(signify) 무엇을 유발하는지에 대해서는 의견이 일치하지 않을 것이다. 내가 입증하려고 노력하고 있는 것처럼 나의 제안은 기분과 감정이 작동하는 방식에 대해 알려진 바와 일치한다. 그러나 그 견해를 좀 더 직접적으로 뒷받침하는 다른 증거도 있다. 우선 워터맨(Waterman)이 다음의 실험에서 주목한 시사적인 사실이 있다. 한 실험에서 청자들은 음악이 전개될 때 그 음악에 대한 반응으로 '무언가를 느낄' 때마다 버튼을 누르도록 되어 있었는데, 서로 다른 청자는 음악의 **동일한 지점**에서 '무언가를 느꼈지만' 그들로 하여금 버튼을 누르게 한 '이유라고 그들이 진술한 것은' '서로 매우 달랐다'.[71] 이것은 사람들이 음악이 전개될 때 거의 동일한 지점에서 음악에 의해 동요되면서도(청자들은 해당 음악의 양식에 어느 정도 익숙하다고 가정된다) 자신들의 경험에 동일한 방식으로 이름 붙이지 않는다는 것을 강하게 시사한다. 콜링우드의 말을 바꾸어 표현하자면, 청자들은 자신들이 무엇인지 모르는 무언가를 느낀다.

둘째로 음악인류학에서 얻을 수 있는 증거는 동일한 종류의 음악이 서로 다른 문화에서 서로 다른 방식으로 이름 붙여질 수 있음을 시사한다. 주디스 베커(Judith Becker)는 '음악에 대한 감정 반응은 자발적으로도 그리고 "자연스럽게도" 일어나지 않으며, 오히려 음악이 무엇을 의미하는지, 무엇을 위한 것인지, 어떻게 지각되는지, 그에 대한 적절한 종류의 표현적 반응은 무엇이 될 수 있을지에 대한 생각과 행위의 복합적인 체계 안에서 일어난다'는 것에 주목한다.[72] 그녀는 사람들이 음악을 듣는 동안 '행복하다'고 말하는 것이 종종 단순한 동요의 효과라고 지적한다. '우리는 음악적으로 동요되고 흥분될 때 기분 좋아지는 경향이 있다.'[73] 그러나 특정한 문화적 맥락 안에서 이러한 '동요'나 '행복'은 매우 다른 방식으로 해석될 수 있다.

마지막으로 많은 심리학자들은 음악에 대한 우리의 감정적 경험을 특징화하는 '애매성과 단서 부족'에 주목했다. 슬로보다와 저슬린이 말하듯,

71) Sloboda and Juslin, 'Psychological Perspectives on Music and Emotion', 91.

72) Judith Becker, 'Anthropological Perspectives on Music and Emotion', Juslin and Sloboda (eds.), *Music and Emotion*, 137.

73) Ibid. 145.

음악에 대한 감정 반응으로 보이는 아주 많은 것들에는 어디에 그 의의가 놓여 있는지에 대한 강한 감각(sense)이 동반되지 않는다. 어떤 사람은 음악의 특정 악절 때문에 눈물을 흘리면서도 그 비애를 유도하는 특질을 설명할 음악의 어떠한 객관적 속성에 대해서도 대략적으로조차 전혀 명시하지 못할 수 있다.

그들은 계속해서 르두와 자이언스(Zajonc)를 '사람들은 종종 감정적 정보를 전의식적(pre-conscious) 방식 혹은 자동적 방식으로 지각하거나 처리한다'는 것을 보이는 것으로 인용하는데,[74] 이것은 내가 나의 논의 전반에 걸쳐 강조해온 것이다. 음악을 들으면서 우리는 종종 어떤 종류의 감정 상태에 있다고 느끼지만, 그것에 어떻게 이름을 붙여야 하는지가 즉각적으로 명백하지는 않다.

그렇다면 음악에 대한 우리의 감정적 경험에 이름을 붙이는 방식에 영향을 미치는 맥락적 요소들은 무엇인가? 그 요소들 중 하나는 아마도 개인적 연상과 감정적 기억일 것이다. 당신은 향수를 느끼고 나는 아쉬움을 느끼며, 그녀는 우울함을 느끼고 그는 외로움과 버려진 느낌을 갖는다. 이와 같은 차이는 부분적으로 그 음악과 함께 연상되는 개인적 경험들 및 기억들의 차이에 기인한다. 적절한 감정적 평가는 내가 과거에 있었던 어떤 중요한 감정적 사건에 대해 생각하기 시작했다는 사실에서 일어날 수 있다. 또한 감정적 기억의 집요함도 우리가 음악적 경험이 강력하고 깊이 있다는 느낌을 종종 가지는 이유일 수 있다.

또 하나의 중요한 맥락적 요소가 있다면 그것은 음악이 표현하는 것이다.[75] 「내 잠은 점점 깊어가고」의 도입부를 들으면서 나는 아마도 넓은 의미에서의 '슬픔'을 느낄 것이다. 그 노래의 가사들에 관심을 기울인다면 나는 노래의 주인공에 의해 표현된 감정에 적절한 방식으로 나의 슬픈 느낌에 이름 붙이기 쉽다. 나는 내가 그녀가 느끼는 것처럼 느끼기 때문에 '열망하는' 혹은 '갈망하는' 느낌을 갖는다고 말할 수 있다. 혹은 나 자신의 잃어버린 젊음이나 사랑에 대한 '그리움'이나 '아쉬움'을 느낀다고 말할 수도 있고, 아니면 주인공의

---

74) Sloboda and Juslin, 'Psychological Perspectives on Music and Emotion', 85.

75) 쉐러는 피험자들에게 작품에 의해 표현된 감정과 그것이 청자에게 환기하는 감정을 구분하도록 요청했을 때, 그들에게 어려움이 없었다는 것에 주목한다. 나는 그와 반대되는 어떠한 것도 주장하고 있지 않다. 표현되는 감정은 우리가 느끼는 것에 어떻게 이름 붙이는가 하는 것에 영향을 미치지만, 그것들이 필연적으로 우리가 느끼는 감정과 동일하지는 않다.

상황에 대해 깊이 생각한 결과로 '비탄'에 잠기거나 '동정심'을 느낄 수도 있다.[76] 기악음악의 경우, 우리는 때때로 음악 속 페르소나를 상정하고 그의 감정 표현에 반응할 수 있다. 예를 들어 나는 크럼한슬의 실험에 대해 논의하면서 무소르그스키의 음악을 감정의 완전한 낭만주의적 표현으로 들은 사람들은 자신들이 그 음악에 대한 반응으로 '두려움'을 느꼈다고 말할 가능성이 좀 더 크다고 제안했다. 왜냐하면 그들은 민둥산의 무서운 마녀들을 목격한 음악 속 두려움에 찬 페르소나와 자신들을 동일시할 수 있을 것이기 때문이다.

문화적 맥락 또한 우리가 감정에 이름 붙이는 방식에 있어 중요하다. 이것은 서로 다른 문화에서 감정에 대한 일반적 참이지만, 음악에는 특별하게 적용된다. 일상적 삶의 상황들에서 우리는 우리의 특정한 언어에서 사용할 수 있는 감정 개념들에 비추어 적절하다고 간주되는 것과 문화적 맥락에 부분적으로 의지하여 우리의 감정들에 이름을 붙인다. 음악의 애매함은 단순하게 무엇이 우리의 감정 경험에 '적절한' 이름으로 간주되는지에 대해 좀 더 많은 여지를 허용한다. 음악이 우리에게 유발하는 감정들은 상당히 상이한 방식들로 이름 붙여지는데 이것은 부분적으로 다양한 종류의 문화적 규범에 따른 것이다. 예를 들어 우리의 문화에서는 데노라(DeNora)가 주목했듯이[77] 음악이 자아상 생성, 특히 10대의 자아상 생성에서 중요한 역할을 하며, 우리가 특정한 종류의 음악에 어떻게 감정적으로 반응하는가 하는 것은 부분적으로 그 음악이 우리의 자아상에 어떻게 영향을 미치는지에 달려 있을 것으로 기대된다. 감정에 이름을 붙이는 것은 철저하게 사회적이고 문화적인 일이다.

음악의 힘

재저사이즈 효과는 일종의 전염이나 운동 모방을 통해 우리를 어떤 기분으로 '전염시

76) 어떤 주인공의 감정에 대한 낭만주의적 표현에 감정적으로 반응하고 있을 때, 나는 나의 반응을 설명하기 위해 재저사이즈 효과를 언급할 필요가 없다는 반박이 있을 것이다. 나는 감정 표현에 대한 어떤 감정 반응도 거의 확실히 음악의 직접적인 생리적 효과에 의한 영향을 받는다고 제안할 것이다.

77) Sloboda and Juslin, 'Psychological Perspectives on Music and Emotion', 97.

키는' 상당히 일반적인 음악의 — 브람스든 록이든 민속음악이든 — 한 능력이다. 음악은 자율신경계 변화, 운동 활동, 그리고 행동 경향에 영향을 미침으로써 기분을 유발하고, 그것은 청자를 어떤 기분상태, 즉 그들이 자신에게 더 기꺼이 감정을 귀속시키는 상태에 놓이게 한다. 서로 다른 청자는 그들의 상태에 서로 다른 맥락을 참고하여 이름 붙이고, 그것이 서로 다른 사람들이 완전히 동일한 음악에 대한 반응으로 다소 상이한 감정 상태를 느낀다고 말하는 하나의 큰 이유이다. 그러나 나의 설명은 또한 우리를 더욱 혼란스럽게 하는 현상을 설명한다. 자격 있는 많은 청자들 — 꼭 음악 전문가일 필요는 없는 음악애호가들 — 은 좋은 음악을 들을 때[78] 때때로 왜 그런지도 모른 채 갑자기 감정적으로 압도당하는 느낌을 갖는다. 이것은 브람스나 말러를 들을 때 일어날 수도 있지만, 좋은 록 음악이나 다른 대중음악 장르를 들을 때에도 일어날 수 있다. 사람들은 자신들이 전율을 느끼거나 머리카락이 곤두서는 느낌을 갖는다고 묘사한다.

나는 12장에서 존 슬로보다가 이런 강렬한 감정 경험의 순간들을 음악 전개에서 구조적으로 중요한 시점이나, 절정 혹은 긴장이 최고조에 이르는 순간에 일어나는 것으로 규정했다는 데 주목했다. 그 순간들이 음악에서 고도의 긴장의 순간들에 일어난다는 것은 놀랍지 않은데, 왜냐하면 우리가 보았듯이 긴장된 음악은 **동요시키기** 때문이다. 그것은 다양한 방식으로 우리의 자율신경 체계와 운동 체계에 영향을 미친다. 그러나 이러한 스릴이나 전율이 구조적으로 중요한 시점에 일어난다고 하는 데 있어 슬로보다가 옳다 하더라도 왜 그러한 순간들이 그렇게 엄청나게 격정적으로 경험되는지는 설명되지 않는다. 만약 내가 소름이 돋았던 것이 그 조성이 변했을 때라는 것을 알아냈다고 하더라도 나는 단지 조성이 변했다는 이유로 왜 그렇게 강력한 감정적 경험이 유발되는 것인지 어리둥절할 수 있다. 나는 나의 감정을 무언가 다른 것에 귀속시키기 더 쉽다. 내가 들은 것은 단순한 내림 D의 사육화음이 아니라 인간과 자연의 화해, 신의 목소리, 혹은 오래전에 잃은 사랑하는 이의 무덤 저편에서 들려오는 울음이다. 다시 말해, 사람들은 이러한 절정의 순간에 어떤 강력한 감정을 느낀다고 보고하지만, 그들은 이 강력한 감정이 정확히 무엇인지에 대해 상당

78) 나는 '위대한(great) 음악'보다는 '좋은(good) 음악'이라고 말한다. 왜냐하면 나는 음악적 전율이 음악적 위대함의 순간들과 정확하게 상관관계에 있다는 확신을 가지고 있지 않기 때문이다. 음악적 전율이 어떻게 유래하는지에 대한 나의 생각을 고려한다면 이건 그리 놀랍지 않은 것이다.

히 상이하게 묘사할 수 있다.

때때로 나는 나의 경험에 대해 더 나은 설명을 가지고 있기도 하다. 내가 음악에 의해 **표현된** 것에 감정적으로 반응한다는 것이 그것이다.[79] 만약 내가 베토벤의 「영웅」교향곡에서의 승리에 흥분하거나,[80] 10번 교향곡 도입부에서 쇼스타코비치의 염세적인 페르소나에 대한 고뇌에 찬 공감으로 고통스러워하거나, 또는 브람스 간주곡의 갈등에 빠진 페르소나와 함께 체념을 느끼고 있다면, 이것은 왜 내가 특별히 동요될 수 있게 되는지를 설명하는 것으로 보인다.[81] 그러나 그 이야기만으로는 이러한 반응이 왜 그렇게 강력한지 설명되지 않는다는 것 역시 참이다. 예를 들어 「내 잠은 점점 깊어가고」의 원래 시는 필연적으로 그 노래와 동일한 이야기를 전달하지만, 그 시 단독으로는 브람스의 음악적 무대에서 전달되는 것보다 훨씬 더 약한 감정적 효과를 가진다. 게다가 모든 위대한 음악이 이야기를 전달하거나, 고통 받거나 승리하는 페르소나의 감정을 표현하는 것은 아니다. 이런 음악들에 대해서는 **왜** 우리의 마음이 그리도 깊이 흔들리게 되는지에 대한 명백한 설명이 없다. 예를 들어 라벨의 도입부와 알레그로 혹은 「골드베르크 변주곡(*Goldberg Variations*)」의 주제를 생각해보라. 그런 곡들은 물론 매우 아름답고, 그 아름다움은 음악이 우리의 마음을 움직이는 힘 중 일부를 설명할 수 있지만, 전율을 유발하는 어떤 곡들과 악절들은 특별히 아름답지 않으면서도 강력할 수 있다. (특별히 뛰어나지 않은 어떤 대중음악을 들으면서 전율을 얻기는 쉽다.) 또한 그러한 음악은 표현적 **특질들**을 가질 수 있는데, 나는 이러한 특질들이 (이러저러한 이유에서) 우리의 감정을 환기시키는 특질들이라고 제안했다. 그런데 왜 단순한 표현적 특질들이 우

79) 의심의 여지없이, (키비가 기술하듯) 음악의 아름다움과 힘에 의해 마음이 움직이는 것 역시 이러한 경험의 일부일 것이다.

80) Scott Burnham, *Beethoven Hero* (Princeton, NJ: Princeton University Press, 2000) 참고.

81) 제럴드 레빈슨이 음악적 전율과 스릴('frissons')은 우리가 음악에 귀속시키는 내러티브에 의해 환기된다고 보는 것은 흥미롭다. 만약 그가 옳다면 이것은 내가 이야기하고 있는 바로 그러한 종류의 이름 붙이기 과정이다. Jerrold Levinson, 'Varieties of Musical Pleasure: Musical Chills and Other Delights' [2002년 필라델피아 템플대학의 먼로 비어즐리(Monroe Beardsley) 강연에서 발표된 논문] 참조. 또한 만약 어떤 사람이 한 곡의 음악에 자신이 왜 감정 반응을 가지는지 자신이 이해한다고 생각한다면, 즉 예를 들어 그가 마이어 식의 구조적 상위 지점을 재인한다면, 그는 자신의 느낌 상태에 대한 어떤 추가적인 설명도 추구하지 않을 수 있다는 것에도 주목하라. 피터 키비가 브람스 간주곡의 정점을 내림 B단조와 장조의 복잡한 상호작용으로 듣는다면 그는 단순히 구조적으로 일어나고 있는 일이 무엇인지를 재인하고 그것을 찬미할 수 있다. 그는 자신의 경험에 대한 추가적 설명을 찾으려 할 필요가 없다. (만약 그가 감동받았다면) 그는 감동받았고, 음악이 펼쳐지는 방식에 의해 감동받았다. 그러나 무엇이 긴장과 불확실함을 야기하는지 모르는 이들은 강렬한 감정적 경험일 수 있는 것에 대한 타당한 설명을 물색할 것이다.

리에게 그렇게 깊게 영향을 미치는 것인가?

흥미롭게도, 전율을 유도하는 음악에 대한 반응 속 대뇌 혈류를 측정한 연구에서 앤 블러드(Anne Blood)가 알아낸 바에 따르면,

> [음악에 대한 반응으로서] 전율을 느꼈다는 피험자의 보고는 심장박동과 근전도 및 호흡의 변화를 동반한다. 이러한 전율의 강도가 증가함에 따라 복부 선조, 중뇌, (소뇌의) 편도, 안와전두 피질, 그리고 복부 내측 전전두피질을 포함하여 보상/동기부여, 감정, 동요에 관여한다고 생각되는 뇌의 부분들에서 대뇌 혈류의 증가와 감소가 관찰되었다. 이러한 뇌의 구조들은 음식과 성행위 그리고 약물남용과 같은 희열을 유도하는 여타 자극들에 대한 반응에서 활발히 작용하는 것으로 알려져 있다.[82]

성적 황홀경에 빠져 있거나 헤로인에 취해 있는 이들이 하는 것과 동일한 종류의 주장을 사람들이 음악에 대해 한다는 것은 주목할 만하다. 그들 역시 자신들이 신의 목소리를 들었다고, 혹은 눈부신 섬광 속에서 갑자기 삶의 의미를 이해했다고 공언한다.

나는 이러한 전율을 주는 음악적 사례들에서 음악이 다시 한 번 섁터와 싱어의 실험에서 에피네프린이 담당했던 것과 거의 동일한 역할을 한다고 주장한다. 음악은 우리를 강하게 동요시키지만, 우리는 **왜** 그런지 이해할 수 없다. 음악이 만들어내는 극도의 흥분상태가 단순히 생리적 효과라는 것은 정말로 있을 수 없는 일인 것 같다. 확실히 좀 더 강력하고 심오한 무언가가 그러한 흥분을 초래했음에 분명하다! 음악의 구조적 상위 지점들을 경험할 때 우리는 생리적으로 강렬하게 자극되지만, 우리가 왜 그러한 방식으로 느끼는지

82) A. J. Blood and R. J. Zatorre, 'Intensely Pleasurable Responses to Music Correlate with Activity in Brain Regions Implicated in Reward and Emotion', *Proceedings of the National Academy of Sciences of the U. S. A.* 98 (2001)의 초록에서 인용. 실험의 피험자들은 록 음악에서 베토벤에 이르기까지 자신들의 선택 곡을 고른다. 블러드(Blood)는 '이 발견은 음악을 생물학적으로 관련 있고 생존에 관계하는 자극과 연결시키는데, 이 연결은 쾌와 보상에 관여하는 뇌 회로의 공통적 보급을 통한 것이다'라고 평한다. 흥미롭게도, 음악 사회학자인 티아 데노라(Tia Denora)는 음악 애호가들이 미적 경험을 준비할 때 마약 복용자처럼 행동하는 방식들에 주목했다. 그녀는 '음악 "복용자"는 …… 자신의 고유한 감정 반응을 만들어내는 사람으로서 깊이 연루되어 있다'고 말한다. 청자들은 적극적으로 음악에 대한 자신들의 '수동성'을 구축한다는—자신들의 '감동받을' 능력을 구축한다는—것이다. Tia Denora, 'Aesthetic Agency and Musical Practice: New Directions in the Sociology of Music and Emotion', Juslin and Sloboda (eds.), *Music and Emotion*, 168-9.

를 설명할 수는 없다. 그래서 우리는 (우리가 보기에) 감정 상태의 강력함과 강렬함에 상응하는 방식으로 그 상태를 해석한다. 이를테면 우리는 신으로부터의 편지를 받아 종교적 황홀감을 느끼거나 삶의 의미에 대한 깊은 통찰의 순간을 맞이하여 압도적인 기쁨을 느끼는 것으로 그 상태를 해석한다.

슬로보다는 사람들이 그러한 강력한 감정을 음악의 효과로 귀속시키는 하나의 이유는 음악이 원래 애매하기 때문이라고 시사한다.

> 그러한 애매하고 단서가 부족한 상태에서 우리가 음악이 생성하는 것으로 보이는 심오하고 반신비적인(semi-mystical) 경험을 기대하는 것은 무리가 아니다. 우리 자신의 잠재의식적 욕구와 기억 그리고 집착은 음악이 암시하는 감정적 윤곽의 표면에 떠오른다. 그러한 소위 음악의 '힘'은 음악에 감정적 단서가 부족하다는 데 있는 것일 수도 있다.[83]

이것은 설명의 일부일 수 있다. 즉, 각 사람은 자신의 고유한 감정적 기억과 연상들을 자신이 음악에 가져오는 맥락의 일부로 포함한다. 그러나 슬로보다가 말하듯 음악은 '일종의 음악적 로르샤흐 잉크 반점(성격검사)'이 아니다.[84] **단지** 개인적 연상만이 음악에 대한 반응으로 우리가 무엇을 느끼게 될지를 결정하는 것이 아니다. 개인적 연상은 청자가 음악에 가져오는 전체적 맥락 중 일부일 뿐이다. 나의 제안은 왜 서로 다른 청자들이 음악에서 이러한 신비적 상태를 동일한 순간들에 경험하는 경향이 있는지, 왜 이 순간들이 음악에서 **고도의 긴장**이 있는 순간들인지, 그리고 왜 '단서 부족'이 강력한 감정적 경험을 이끌어내게 되는지를 설명한다. 그 이유는 우리가 고도의 음악적 긴장의 순간들에 생리적으로 강렬하게 자극되지만, 그 자극을 **야기하는** 명백한 무언가가 없고, 그래서 우리가 그 경험의 강렬함과 잘 맞는 설명을 찾으려 한다는 것이다.

내가 앞서 제안했듯이, 우리의 동요된 상태를 정확히 어떻게 해석하는가 하는 것은 우

---

83) Sloboda and Juslin, 'Psychological Perspectives on Music and Emotion', 96. 여기서는 John Sloboda, 'Musical Performance and Emotion: Issues and Developments', S. W. Yi (ed.), *Music, Mind, and Science* (Seoul: Western Music Research Institute, 2000), 226을 인용하고 있다.

84) Sloboda, 'Musical Performance and Emotion', 96.

리가 들여오는 맥락에 달려 있을 것이다. 물론 음악이 어떤 힘 있는 감정을 표현한다면, 그 감정은 우리의 감정에 이름을 붙일 때 우리가 의존하는 맥락의 매우 중요한 일부가 될 것이다. 그러나 다시 말하지만 모든 음악이 감정을 표현하는 것은 아니며, 음악이 감정을 표현할 때조차 표현된 감정은 그 음악에 대한 우리의 감정 반응의 명백한 심오함을 설명할 만큼 충분히 설득력 있는 것이 아닐 수 있다. 「내 잠은 점점 깊어가고」는 강력하게 표현적일 수 있지만, 그보다 훨씬 뛰어나지 못한 음악 역시 전율을 유도할 수 있다.

나는 완전한 낭만주의적 의미에서의 감정 표현에 대해 이야기하기 위해 사용하는 중요한 예들 중 하나로 「내 잠은 점점 깊어가고」를 선택했다. 그 작곡가는 개별 감정을 명료화하면서 주의 깊은 청자가 음악에 표현된 것에 적절하게 반응하기를 — 어쩌면 작품에 표현된 것에 가까운 그들 자신의 개별적 감정상태로 반응하기를 — 기대한다.[85] 음악이 그렇게 강력하게 표현적인 매체로 보이는 이유 중 하나는 우리가 「내 잠은 점점 깊어가고」에서 발견하는 것 같은 표현에 반응할 때 우리의 반응을 유발하는 것은 단지 우리가 세심한 주의를 기울이는 대상만은 아니라는 것이다. 그것은 키비 감정과 마이어 감정만이 아니며, 표현되고 있는 것에 대해 우리가 **주목하는** 것만이 아니다. 음악에 대한 반응으로 우리가 그렇게 깊이 무언가를 느끼는 이유 중 하나는 우리가 제대로 이해할 수 없는 방식으로 음악이 우리에게 생리적으로 영향을 미친다는 것이다. 음악에 대한 반응으로서의 우리의 깊은 느낌은 부분적으로 '원초적' 재저사이즈 효과의 전율과 스릴에 기인한다.

이러한 강력한 경험에 우리가 어떻게 이름 붙이는가 하는 것은 우리가 음악에 들여오는 맥락에 달려 있을 것이다. 만약 내가 「장엄 미사곡(*Misa Solemnis*)」을 들으면서 스릴을 경험한다면 아마도 나는 그것을 종교적 경외에서 오는 스릴로 해석할 것이다. 만약 내가 (미국에 사는 영국인인) 피터 버터워스(Peter Butterworth)의 「슈롭셔의 젊은이(*A Shropshire Lad*)」를 들으며 전율을 경험한다면, 아마도 나는 그것을 고국에 대한 향수의 느낌으로 해석할 것이다. 다른 것들도 마찬가지이다. 다시 말하지만, 프레드 마우스(Fred Maus)는 가스펠과 소울 음악이 음

85) 내가 12장에서 주목했던 것처럼 그럼에도 불구하고 음악에 세심한 주의를 기울이는 서로 다른 독자들은 다소 상이한 방식들로 그 음악에 적절하게 반응할 수 있다. 특히 모든 청자들이 주인공과 동일시함으로써 반응하는 것은 아니다.

악적 공통점을 많이 가지고 있다고 지적한다.[86] 완전히 동일한 음악작품이 종교적 황홀경을 유발할 수도 있고, 성적 황홀경을 유발할 수도 있다는 것이다.

문화적 맥락 역시 중요하다. 베커(Becker)는 강하고 강렬하게 동요시키는 음악에 이름을 붙이는 데 있어 문화적 맥락이 어떻게 영향을 미치는지 보여주는 좋은 예를 제공한다. 엄청나게 강렬한 음악을 들으면서 수피교 신비주의자들은 '알라에 대한 직접적이고 개인적인 지식에서 오는 궁극적 기쁨'을 경험할 수 있는 반면,[87] 오순절파 신도들은 다른 곳으로 옮겨져 '자기 자신의 몸 안에 거하는 성령'을 경험하기를 '기대하고, 의식하면서, 기다릴' 수 있다.[88] 이와 대조적으로 흥분시키는 음악에 의해 유도되는 발리 섬의 베부튼(bebuten) 가수 상태는 황홀경이 아니다. 그것은 마녀 랑다를 향한 분노의 느낌이고, 가수 상태에 빠진 이는 그 상태에서 한 자신의 행위 때문에 이후에 당혹감을 느끼고 며칠 동안 지속되는 탈진 상태에 있게 될 수 있다.[89] 베커의 아이디어는 다음의 내 제안과 잘 맞아떨어진다. 그것은 우리를 동요시키는 음악은 그 음악이 들려지는 문화적 맥락에 따라 서로 다르게 이름 붙여질 것이라는 것이다.

이와 동시에 인류학적 관점은 우리에게 음악에 대한 이러한 '지고체험(peak experiences)'이 서로 다른 문화에서 서로 다른 형태를 취할 수 있음을 상기시킨다. 현대 서구 음악의 콘서트홀에서 이런 경험들은 강렬하게 감정적이면서도 본질적으로 사적인 경향을 가진다. 이런 경험은 서구 낭만주의 이후의 고급문화의 특징일 수도 있다. 우리는 음악이 우리에게 강력하고 사적인 감정적 경험을 제공하기를 기대한다. 음악이 그렇게 하게 되어 있다는 것은 우리 문화에서는 구전 지식의 일부이다. 그러나 모든 문화에서 음악에 대한 반응으로 감정 표현을 억제하도록 장려하지는 않는다. 다른 문화에서 다른 종류의 음악과 관련하여, 그리고 우리 사회에서도 음악이 사회적 활동에 깊이 박혀 있는 좀 더 대중적인 문화에서 '지고체험'은 매우 다르고 좀 더 공적인 형태를 취할 수 있다.

---

86) 사적 대화에서 나온 이야기이다.

87) Becker, 'Anthropological Perspectives on Music and Emotion', 146.

88) Ibid. 150.

89) Ibid. 146.

음악 경험의 감정적 풍부함

이 장에서 나는 우리가 음악을 들을 때 경험하는 감정의 여러 가지 원천들에 대해 기술했다. 우리는 음악의 미나 기교에 **기뻐하거나 감동받을 수** 있고(키비 감정들), 음악의 구조적 전개와 표현적 전개에 **놀라고 어리둥절해하고 안도할** 수 있으며(마이어 감정들), 노래나 기악곡 속에서 자신의 감정을 표현하고 있는 주인공과 함께 혹은 주인공을 위해 **향수와 체념** 그리고 **고뇌**를 경험할 수도 있다. 이 중 많은 경우에 우리는 우리가 감정적으로 반응하고 있다는 것을 자각하고 있다. 우리가 5도 화음의 교묘한 카논에 **감동하거나**, 예기치 못한 화성 변화에 **놀라거나**, 노래 속 주인공의 가슴 아픈 한탄에 **비통해할** 수 있는 것은 우리가 그 음악에 세심한 주의를 기울이고 있기 때문이다. 그러나 때로 우리는 음악에 의해 우리가 감정적으로 영향을 받고 있다는 것을 자각하지 못한다(혹은 어쩌면 최소한 꼬치꼬치 캐묻는 어떤 심리학자에 의해 심문을 받기 전까지는 자각하지 못한다). 우리는 무의식적인 감정적 기억의 영향 아래 있을 수도 있고, 우리가 알지 못한 채로 음악이 마치 불행한 아이의 황량한 울음처럼 우리에게 영향을 미칠 수도 있다. 좀 더 흔하게는 음악은 **신체적 방식**으로 무의식적으로 우리에게 영향을 미친다. 음악은 자율신경계의 변화와 표정 그리고 행동 경향 등을 유도하여 그것이 우리의 세계관을 변화시키고, 우리를 독특한 **기분**에 놓이게 한다. 음악의 전염적 효과는 우리가 그것을 알아채지 못하거나 완전히 이해하지 못할 때 더 강력하기 쉽다. 감정을 환기할 수 있는 여러 가지 메커니즘들이 있고, 환기되는 감정들은 서로 다를 수 있기 때문에 음악이 그 감정적 효과에 있어 애매하다는 것은 놀랍지 않다.

게다가 크럼한슬이 보여주었듯, 복잡한 음악작품이 유발하는 생리적 변화는 우리가 음악을 듣는 내내 변화하고 있다. 우리는 펼쳐지는 음악적 구조의 **지도를 그리는** 방식으로 어느 정도 시간의 흐름에 따른 음악 속 변화에 반응한다. 베토벤의 3번 교향곡이나 쇼스타코비치의 10번 교향곡은 종종 인지적 도전을 주는 것만큼이나 우리를 물리적으로 피곤하게 하고 감정적으로 소모되게 한다. 그 음악의 끝에서 우리는 마치 일련의 강력한 경험들, 즉 음악 속 페르소나뿐만 아니라 우리 자신에게도 일어난 중대한 감정적 드라마를 경험한 것같이 느낄 수 있다. 그러나 우리가 음악을 들을 때 우리의 정감적 경험은 계속 변하기 때문에 그 작품이 끝날 때 전체적으로 우리가 어떤 기분이나 감정을 경험했는지 말하기는 매우 어려울 수 있다. 우리가 「징글벨」을 들을 때, 그것이 우리를 쾌활하게(혹은 경우에 따라서는 짜증나게) 만든다는 것이 우리에게 분명할 수 있지만, 길고 복잡한 곡 — 그 안에서 음악적 풍경 자체가 변하고 있는 애매한 곡 — 을 들을 때는 우리 자신의 반응 역시 변하고 있는 애매한 것일 가능성이 크다.

마지막으로, 음악이 어떤 주인공의 감정 표현이든 아니든, 그것의 미나 기교로 우리를 감동시키든 아니든, 우리가 그것의 구조적 전개와 표현적 전개에 감정적으로 반응하든 아니든, 모든 종류의 음악 — 고급 음악과 저급 음악, 바로크 음악과 낭만주의 음악, 민속 음악과 록 음악 — 은 우리의 몸에 영향을 미침으로써 우리에게 감정적으로 영향을 미친다. 재저사이즈 효과는 모든 종류의 음악에서 작용하여 자율신경계의 변화, 미소와 찡그림, 운동 활동, 그리고 행동 경향을 유도하고, 이것들은 다시 삶에 대한 사람들의 견해와 사람들이 다른 이들의 표정에서 얼마나 많은 슬픔과 행복을 감지하는지, 그리고 그들이 자신들을 얼마나 긍정적으로 혹은 부정적으로 평가하는지 등에 영향을 미친다. 일단 그러한 생리적 상태 혹은 기분 상태에 놓이게 되면, 우리가 우리 자신을 어떠한 감정 상태에 있는 것으로 이름 붙이기는 더 쉬워진다. 그리고 우리가 놓여 있는 동요된 상태가 강력하게 강렬하다면 우리는 그것을 깊고 지속적인 기쁨 혹은 종교적 황홀경의 상태에 귀속시킬 수 있다.

이 모든 상이한 감정의 메커니즘들이 동시에 작동하고 있을 수 있다는 것도 거론되어야 할 것이다. 이를테면 복잡한 '예술' 음악작품을 들을 때 나의 개인적 기억이 환기될 수 있고, 나는 음악의 교묘한 화성과 선율 그리고 리듬의 전개에 잠시 어리둥절해했다가 유쾌하게 놀라고 기뻐할 뿐만 아니라 그 곡의 아름다움과 기교에 감동할 수도 있다. 또한 나는 음악 속 노래 부르는 이나 페르소나의 발랄한 감정 표현처럼 들리는 것에 반응하고 있을 수도 있다. 게다가 그 음악은 그것의 리듬과 음높이 그리고 역동적 특질들을 통해 나에게 행복한 기분을 유도할 수 있고, 나를 '활기찬' 혹은 '쾌활한'이라고 적절하게 이름 붙일 수 있어 보이는 동요된 상태에 놓이게 할 수도 있다. 실제로 나는 그 음악을 듣는 동안 나 자신과 세계에 대해 더 좋게 생각하는 경향을 가질 수도 있다. 이 모든 감정의 원천들이 나에게 영향을 미치고 나의 명랑함의 느낌을 강화한다.

다른 한편, 감정의 서로 다른 원천들은 서로를 강화하기보다는 서로를 거스르고, 그래서 애매함이라는 효과를 낳는 데 기여하면서 내가 나의 감정 상태에 어떻게 이름 붙일지 확신하지 못하게 할 수도 있다. 우리가 살펴보았듯이 음악은 **혼합된** 감정, 즉 **애매한** 감정들과 순간순간 **움직이고 변형되는** 감정들의 혼합을 표현할 수 있다. 음악은 또한 혼합된 감정과 애매한 감정, 그리고 움직이고 변형되는 감정들을 **환기할** 수도 있는 것으로 보인다.

감정의 여러 원천들이 서로를 더 분명히 하고 음악적 효과를 강화하는 하나의 예는 헨리 퍼셀(Henry Purcell)의 노래 「주여 내 기도를 들으소서(Hear my Prayer, O Lord)」이다. 그 곡은 내가 이 장에서 논의한 전 범위의 감정을 나에게 유도한다. 그것은 키비 감정을 환기하는데, 이를테면 나는 8부 다성음악의 아름다움과 기교에 감동한다. 그것은 또 마이어 감정을 환기하는데, 이를테면 그 곡의 불협화음은 우리를 놀라고 불안하게 하며, 그 최종적 해소는 안도감을 준다. 그것은 또한 고뇌에 찬 애원의 표현이어서 그것에 대한 나의 감정 반응은 부분적으로 이러한 표현에 대한 반응이다. 그러나 이 곡은 아마도 곡의 음량과 강도가 끝까지 천천히 증가하는 그 방식 때문에 가장 유명할 것이다. (보통은 마지막 마디가 다소 부드럽게 노래된다.) 긴장의 고조는 강력하게 나를 동요시키고, 수많은 차원에서 나에게 생리적으로 영향을 미친다. 두드러진 불협화음의 지점들에서 나는 전율을 느낀다. 이 곡을 들으면서 내가 무엇을 느끼는지 누군가 물어본다면 나는 '슬픔'이라고 말할 수도 있지만, 이 이름은 나에게 지독하게 부적절하다는 인상을 준다. 이 곡에는 노랫말이 있기 때문에 이 노랫말은 내가 갖는 경험의 강렬함과 강력함에 적절한 이름을 찾을 수 있게 하는 맥락을 제공한다. 그 곡은 나로 하여금 '정말 필요할 때에 신의 도움을 간청하는 부서지기 쉽고 연약한 인간의 고뇌'를 느끼게 한다. 이러한 방식으로 나는 그 곡의 강렬하고 강력하고 심오한 효과를 정당하게 다루려 시도한다.

에필로그

이 책에서는 감정이 예술과 상호작용하는 몇 가지 중요한 방식들을 검토했다. 이 책은 하나의 '예술 이론'을 표상하지 **않으며**, 모든 예술 혹은 모든 좋은 예술이 감정과 관련되어 있다고 주장하지 않는다. 왜냐하면 감정을 다루지 않는 온갖 종류의 훌륭한 예술작품들이 있기 때문이다. 세상에 있는 많은 예술을 이해하기 위해서는 아마도 감정의 메커니즘보다 지각의 메커니즘을 조사하는 것이 더 중요할 것이다.

나는 주로 르네상스시대와 그 이후의 서구 예술에 집중했다. 그리고 내가 주로 사용한 예들은 19세기 사실주의와 낭만주의의 위대한 작품들이었다. 톨스토이, 헨리 제임스, 이디스 워튼, 들라크루아, 프리드리히, 베토벤 그리고 브람스의 작품들이 그것이다. 나는 사진, 조각, 무용보다는 문학과 음악에 대해 더 많이 이야기했다. 그것은 부분적으로는 나의 단순한 선호 때문이기도 하지만, 시간적 과정인 감정을 다루는 데 시간예술이 특별히 적합하기 때문이기도 하다. 예를 들어, 영화라는 시간예술에 대해서는 내가 거의 이야기하지 않았지만, 내가 이야기한 많은 것들은 영화에도 적용될 수 있다.

오늘날 우리는 예술과 인문학을 위한 공적 보조금이 줄어들고 있는 시대에 살고 있다. 이 책에 담긴 나의 숨겨진 의도의 일부는 내가 논의하고 있는 위대한 시와 소설 및 음악작품들, 즉 영유럽권(Anglo-European) 문화의 가장 위대한 업적들의 일부와 계속해서 교류하는 것이 왜 중요한지를 보이는 것이었다. 그것은 단지 이러한 작품들이 우리의 감정을 연루시키기 때문만이 아니다. 어쨌든 할리퀸 로맨스와 싸구려 공포소설 그리고 지극히 평범한 대중가요도 우리의 감정을 유발하니 말이다. 그러나 내가 이야기하고 있는 작품들은 좀 더 복잡하고 애매한 감정들을 유발한다. 그리고 더 중요한 것은 그 작품들이 우리로 하여금 우리의 감정 반응들을 반성해보고, 그것들로부터 배우도록 적극적으로 장려한다는 것이다.

이 책은 내가 1부에서 제시한 감정 이론이 담고 있는 몇 가지 함축을 끌어낸다. 그 이론이 틀렸다고 밝혀진다고 가정해보자. 그렇다고 나의 전체적 기획이 무효가 되는가? 나는 그렇지 않기를 바란다. 설령 그 감정 이론의 모든 구체적 사항들이 정확하지는 않다 하더라도 어쨌든 나는 그 이론의 몇몇 국면들이 폭넓은 동의를 얻기 바란다. 그 국면들이란 감정에 있어 생리적 변화가 중요하다는 것, 감정적 '평가'는 자동적이며 어떤 의미에서 '더 고차원적인' 인지적 개입의 영향을 받지 않는다는 사실, (이 사실에 따라오는 아이디어로서) 감정에 이름을 붙이는 것과 인지적 모니터링은 초반의 직감적 반응 이후에 일어난다는 아이디어, 그리고 감정은 일차적으로 대상이나 상태가 아니라 **과정**이라는 근본적인 관념이다.

이 책 전체에 걸쳐 나는 감정에 대한 판단 이론이 미학의 수많은 이슈들에 대한 우리의 이해를 어떻게 왜곡시키는지, 그리고 자동적 처리와 생리적 동요를 강조하는 나의 과정 중심적 설명이 그 논점들을 훨씬 잘 설명한다는 것을 강조하려 했다. 이러한 측면에서 이 책 전체는 처음 세 장에서 제시된 이론을 위한 하나의 논증이다.

마지막으로 이 책에서 나는 C. P. 스노우(C. P. Snow)가 말하는 '두 문화', 즉 과학적 문화와 인문적 문화를 결합시키고자 하는 야심을 가지고 있었다. 한편으로 나는 특정 문학작품들 및 음악작품들에 대한 구체적인 설명을 제공했다. 그리고 다른 한편으로 나는 과학적 연구, 주로 심리학자들의 연구에 크게 의존했다. 나는 이러한 두 가지 접근이 공생관계에 있다는 것을 이 책이 보여주었기를 바란다. 과학에 기대어 논의를 전개하는 것은 감정의 기능에 대한 나의 주장에 신빙성을 빌려주고, 감정이 특정한 예술작품과의 관계에서 어떻게 기능하는지에 대한 분석은 완전한 인간의 삶에서 예술이 가지는 중요성을 확증한다.